# 石油天然气钻井工程造价理论与方法

黄伟和　刘文涛　司　光　魏伶华　著

石 油 工 业 出 版 社

## 内 容 提 要

本书论述了石油天然气钻井工程造价管理的概念及其全过程的造价计算体系、计价标准体系、造价控制方法等，建立了一套钻井工程造价理论与方法。

本书可作为石油勘探钻井专业全国建设工程造价员资格考试和继续教育的培训教材，也可作为石油天然气钻井工程投资管理、项目管理及工程造价管理专业人员的业务工具书，还可作为高校石油与天然气工程专业学生和相关研究人员的参考书。

**图书在版编目（CIP）数据**

石油天然气钻井工程造价理论与方法/黄伟和等著．
北京：石油工业出版社，2010.5
ISBN 978-7-5021-7677-8

Ⅰ．石…
Ⅱ．黄…
Ⅲ．油气钻井－工程造价
Ⅳ．F407.226.72

中国版本图书馆CIP数据核字（2010）第035826号

---

出版发行：石油工业出版社
（北京安定门外安华里2区1号　100011）
网　址：www.petropub.com.cn
发行部：（010）64523620
经　　销：全国新华书店
印　　刷：北京晨旭印刷厂

---

2010年5月第1版　2010年5月第1次印刷
787×1092毫米　开本：1/16　印张：32.75
字数：837千字　印数：1—2000册

---

定价：128.00元

# 前　　言

基于科学造价的理念，通过分析借鉴国内外工程造价管理研究的相关理论和方法，本书建立了一套满足全过程造价管理的钻井工程造价理论与方法。这套理论与方法是随着工作实践中对钻井工程造价管理认识的不断深入，经过10年的不懈探索而形成的。

《石油天然气钻井工程造价理论与方法》总体上分成三大部分。第一部分为概论，是这套理论和方法的基础内容和核心，主要论述了钻井和钻井工程造价管理概念、钻井工程造价与钻井工程成本的关系、全过程的钻井工程造价计算体系、一整套的钻井工程计价标准体系、钻井工程造价项目分类。第二部分包括钻前工程、钻进工程、固井工程、录井工程、测井工程、完井工程、建设单位管理的造价理论与方法，以及钻井工程造价预算和指标编制，主要是规定和介绍各项工程的基本概念、工程造价构成要素、工程造价计算方法、工程计价标准编制方法，并举例说明工程量清单模式下的造价计算。第三部分为钻井工程造价控制方法，主要论述了全过程钻井工程造价控制方法、6个钻井单项工程造价控制措施和钻井工程计价标准动态调整。

《石油天然气钻井工程造价理论与方法》基于中国石油天然气钻井市场化发展的需求。钻井工程技术服务市场化是适应社会主义市场经济的必由之路。基于此，这套理论和方法主要体现在以下三个方面：一是建立了一套市场条件下的钻井工程量清单计价模式，替代了适应企业内部财务管理需要的钻井工程成本计价模式；二是建立了一套市场条件下基础标准、消耗标准、费用标准、预算标准、概算标准、概算指标、估算指标、投资参考指标、钻井造价指数的钻井工程计价标准编制方法；三是建立了一套适应钻井市场需要的钻井工程计价标准动态调整的基本原则和方法。

《石油天然气钻井工程造价理论与方法》基于全过程工程造价管理的思想和理论。全过程工程造价管理是工程造价管理的发展方向。基于此，这套理论和方法主要体现在以下三个方面：一是建立了一口石油天然气井从工程预算到结算的钻井工程造价管理基本方法；二是建立了一个石油天然气勘探开发项目中从投资估算到决算的钻井工程造价管理基本方法；三是建立了一项石油天然气勘探开发规划或某一年度计划编制中的钻井工程造价管理基本方法。

《石油天然气钻井工程造价理论与方法》基于标准化工程造价管理的理念。标准化管理是复杂大系统工程管理的发展趋势。基于此，这套理论和方法主要体现在以下三个方面：一是建立了标准井的概念，尽管每口井的实际具体内容有所差别，但是同类井存在着很强的共性和一致性，以一口标准井来代表某一类井是可以做到的，并且能够大幅度减少工程造价管理的工作量；二是建立了一套标准化的工程造价项目，在综合分析各油田现有工程造价项目相同点和差别的基础上，给出了钻前工程、钻进工程、固井工程、录井工程、测井工程、完井工程、建设单位管理等7项工程的造价项目和编码，并说明了进一步扩展的原则和方法；三是建立了一套标准化的钻井工程造价计算方法和模式，包括各分部分项工程量清单计价方法和模式、各单项工程计价方法和模式，以及工程概算投资、工程估算投资、规划计划投资的计算方法。

参加编写工作的还有周建平、张新兰、吴贤顺、陈毓云、李臻、孙立国、郭正、胡勇、吕雪晴、孙晓军、王伟、毛祖平、马建新、郝明祥、严学文、赵林生、王元成、赵连起、种德俊、张满仓、王少贤等。感谢中国石油大学（北京）罗东坤教授的指导。

由于石油天然气钻井市场非常复杂，加之编者水平和知识有限，书中的缺点和不足在所难免，敬请广大读者批评指正，以便今后不断完善。

# 目　　录

# 1 概　　论

## 1.1 钻井工程概念

### 1.1.1 石油天然气钻井工程概念

井，是人类探查地下资源并将它们采出地面的必要通道（信息和物质通道）。钻井，就是围绕井的建设与信息测量而实施的资金与技术密集型工程。

石油与天然气埋藏在地下几十米至几千米深的油气层中，把地下的石油与天然气开采到地面上来，需要一个通道，这个通道被称为井眼。利用钻井设备按一定的深度和轨迹向地层钻出一个井眼的工作就叫石油天然气钻井。

石油天然气钻井工程是建设地下石油天然气通道的系统工程的总称，即利用专用设备，按一定的方向和深度向地下钻井，通过在井内下入测井、测试仪器，采集录取地下的地层性质和石油、天然气、水等资料，并且建立石油天然气生产的安全通道。

### 1.1.2 石油天然气钻井技术发展简介

人类的钻井活动已有两千多年的历史，公元前 250 年在四川成都双流凿成中国第一口天然气井，公元 1303 年以前在中国陕北延长、延川等地钻成油井，公元 1521 年在四川乐山也钻成油井。钻井方式的历史变革归结为四种方式：人工掘井、人工冲击钻、机械顿钻（绳索冲击钻）、旋转钻井。1859 年德拉克（E.H.Drake）上校在美国宾夕法尼亚州的石油湾采用绳索冲击钻方法钻出第一口具有商业开采价值的油井，井深只有 21.64m，这被普遍认为是现代石油工业的开始。1901 年采用特制工具（钻头）加压旋转、以机械破岩方式为主的旋转钻井方式问世，在全世界被广泛应用。

1901—1920 年为旋转钻井概念时期，将钻进与洗井结合在一起，开始使用牙轮钻头和注水泥固井技术；1921—1948 年为旋转钻井发展时期，牙轮钻头、固井工艺及钻井液技术进一步发展，同时出现大功率钻井设备。

1949—1969 年为科学化钻井时期。钻柱力学与井斜控制技术、喷射钻井技术、无固相不分散钻井液及固控技术、钻井参数优选、地层压力检测和井控技术及平衡钻井技术等得到迅速发展。

1970—1999 年为自动化钻井时期。在工具方面开发出 PDC 钻头和螺杆钻具，使得井下动力钻井比重逐步上升，转盘旋转钻井比重逐步下降；测量技术方面引入计算机技术，1979 年开发出无线随钻测量系统（Measurement While Drilling，简称 MWD），1989 年开发出无线随钻测井系统（Logging While Drilling，简称 LWD）；在装备方面开发了用于深井超深井的自动垂直钻井系统（VDS）和顶部驱动装置。这些高新技术的开发极大地提升了钻井水平，20 世纪 70 年代突破定向井、80 年代突破水平井、90 年代突破深井、大位移井、多分支井和小井眼，1992 年 7 月在前苏联科拉半岛钻成世界最深井 CY-3 井（12200m）。1999 年 7 月英国 BP 公司在英国 Wytch Farm 油田钻成的 1M-16SPZ 井，水平位移已达 10728m，保证了石油工业快速发展。

2000 年后进入到智能钻井和完井时期。占全球钻井数量 40%以上并处于世界领先地位的美国于 1995 年启动了一项重大长期研究和开发计划，称为“国家先进的钻井与掘进技术（The National Advanced Drilling & Excavation Technologies，简称 NADET）”，致力于研究与开发一种智能钻井系统（The Smart Drilling Systems），2000 年后开始大规模现场实施。斯伦贝谢（Schlumberger）公司研制出测传马达和遥控可变径稳定器，开发出自动旋转导向钻井系统（Rotary Steering Drilling System），传感器距钻头仅 2m 左右，解决了薄油层精确测量问题。同时，贝克休斯（Baker Hughes）公司到 2001 年初采用自动跟踪旋转闭环钻井系统钻进了 $71\times10^4$m 进尺，在 15 个国家共打了 486 口井，节省 $3\times10^8$ 美元。随着石油天然气勘探开发难度越来越大，大位移井技术、欠平衡钻完井技术、多分支井完井技术、完井投产和增产措施等突飞猛进，斯伦贝谢公司下属的 Schlumberger Cambridge Research 和 Schlumberger Doll Research 两个科研机构与多家大学合作，研究最大限度提高多分支水平井产量的完井方法，完井的概念也从钻井工程的最后一道工序逐渐分离出来，成为一个独立的完井工程。1999 年哈里伯顿（Halliburton）公司组织一批美国的油田技术服务公司、大学及研究机构的技术专家完成了《石油建井工程——钻井和完井》（Petroleum Well Construction——Drilling & Well Completion）一书。该书分两大部分 21 章，第一部分 1～6 章为钻井工程，第二部分 7～21 章为完井工程。我国专家也分别在 1996 年和 2000 年出版了《现代完井工程》第一版和第二版，认为完井工程是衔接钻井和采油工程而又相对独立的工程，是从钻开油层开始，到下套管注水泥固井、射孔、下生产管柱、排液，直至投产的一项系统工程。

### 1.1.3 石油天然气井分类

石油天然气井分类形式很多，分类的标准也有所不同。石油天然气井的类型不仅体现了钻井的目的，而且是加强钻井工程管理和施工的重要依据。因为探井和开发井、直井和定向井的钻探工艺要求不同，考核的项目不同，各项技术经济指标的水平也不同，风险程度也不同，所以对石油天然气井进行分类是非常必要的。

根据中国石油天然气股份有限公司统计核算研究组编制并于 2004 年出版的《统计核算指标解释》，石油天然气井的 4 种分类见图 1-1。

#### 1.1.3.1 按照地质设计目的分类

按照地质设计目的分为探井和开发井两大类。

##### 1.1.3.1.1 探井

探井指为查明地层及油气藏情况所钻的井，包括地层探井、预探井、详探井和地质浅井等。

（1）地层探井（也有称区域探井，国外一般称野猫井）。又称参数井或基准井，指以了解构造的地层年代、岩性、厚度、生储盖层组合等，并以提供各种地球物理解释参数为目的所钻的探井。

（2）预探井。指在地震详查和地质综合研究后所确定的有利圈闭上，以发现油气藏为目的所钻的探井，以及在已知的油气田上，以发现未知的新油气藏为目的所钻的探井。

（3）详探井。又称评价井，指在已发现油气的圈闭上，以探明含油气面积和储量，了解油气层变化结构和建产能为目的所钻的探井。

（4）地质浅井。又称剖面探井、制图井或构造井，指为配合地面、地质和地球物理勘探工作，以了解区域地质构造、地层剖面和局部构造为目的所打的探井。

- 石油天然气井分类
  - 按地质设计目的分类
    - 探 井
      - 地层探井（参数井、基准井）
      - 预探井
      - 详探井（评价井）
      - 地质浅井
    - 开发井
      - 油气井（生产井）
      - 注水（气）井（辅助生产井）
      - 调整井（滚动开发井）
      - 检查资料井（观察井）
      - 浅油（气）井
  - 按井身轨迹分类
    - 直井
      - 直井
      - 斜直井
    - 定向井
      - 常规定向井
      - 多底井（分支井）
      - 水平井
      - 大位移井
      - 丛式井
  - 按钻井深度分类
    - 浅井（井深≤1500m）
    - 中深井（1500m＜井深≤2800m）
    - 深井（2800m＜井深≤4000m）
    - 超深井（井深＞4000m）
  - 按钻井地域分类
    - 陆地井
    - 海上井
      - 浅海井（水深≤5m）
      - 海洋井（水深＞5m）

图 1-1　石油天然气井分类

1.1.3.1.2　开发井

开发井指为开发油气田、补充地下能量及研究已开发地下情况的变化所打的井，包括油气井、注水井、调整井、检查资料井及浅油气井等。

（1）油气井。又称生产井，指为开发油气田，用大中型钻机所打的采油井、采气井，包括生产井、基础井、生产探边井、生产评价井、扩边井、控制井、完善井、加密井、更新井、挖潜井、基础准备井等。

（2）注水（气）井。又称辅助生产井，指为合理开发油气田，有计划有目的地给地层补充能量，所钻的用于注水、注气和开采稠油的注气井。

（3）调整井。又称滚动开发井，指在油田开采过程中，为提高采收率而在老油田上按新井网所打的井。

（4）检查资料井。又称观察井，是指在已开发的油气田内，为了解、研究开发过程中地下情况变化所打的井。

（5）浅油（气）井。指为开发浅油气层，一般用轻便钻机所打的 500m 以内的采油井、采气井。

1.1.3.2　按井身轨迹分类

按照井身轨迹轴线方向分为直井和定向井两大类。

1.1.3.2.1　直井

（1）直井。指井眼轴线大体沿铅垂方向，其井斜角、井底水平位移和全角变化率均在规定要求范围内的井，见图 1-2。

（2）斜直井。是根据设计井斜角和方位角的要求，从地面一开始就钻出一条斜直井眼轨迹的井，见图 1-3。

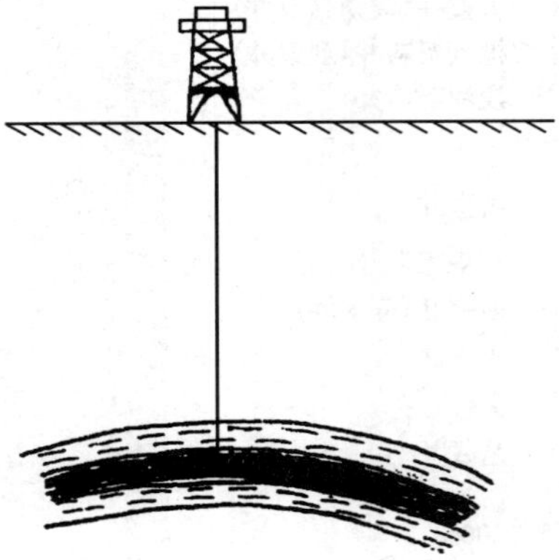

图 1-2　直井

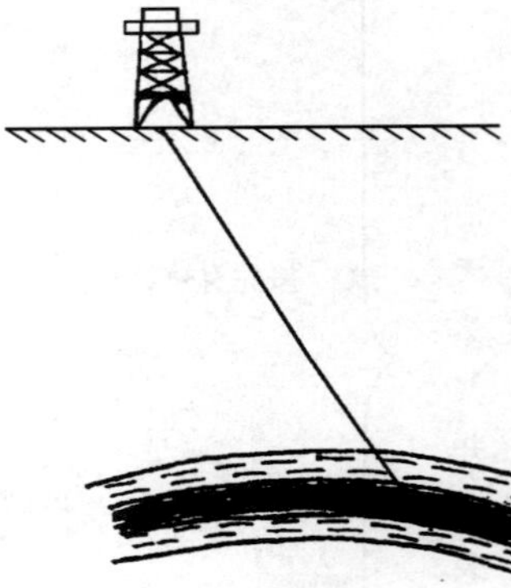

图 1-3　斜直井

1.1.3.2.2　定向井

定向井指采用特殊的钻井工艺，按设计的井斜角和方位角钻达目标点的井，特点是井眼轨迹为倾斜状。定向井又分为常规定向井、多底井（分支井）、水平井、大位移井和丛式井。

（1）常规定向井。按设计给定的井斜角和方位角，井眼轴线在某一个给定平面内变化，见图 1-4。

（2）多底井。又称分支井，采用特殊的钻井工艺，在一个井筒内，按设计要求，向不同的方向和距离钻两个以上的井眼。特点是下部有多个井底（眼），并呈放射状向不同方向展开，地面只有一个井口，见图 1-5。

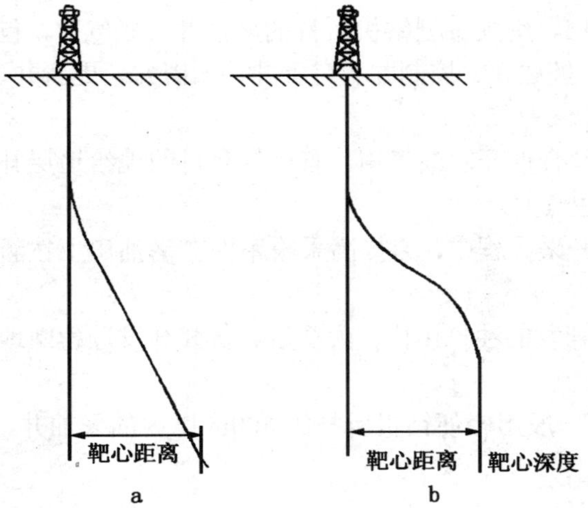


图 1-4　常规定向井

a—直接造斜；b—S 型弯曲

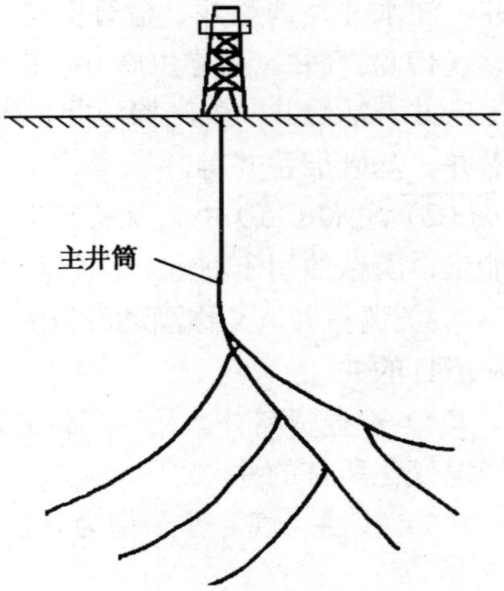


图 1-5　多底井（分支井）

（3）水平井。井斜角等于或大于 86°，达到水平段以后，井眼在目的层中继续延伸一定长度的定向井，见图 1-6。

（4）大位移井。通常是指井的水平位移与井的垂深之比等于或大于 2 的定向井，见图 1-7。

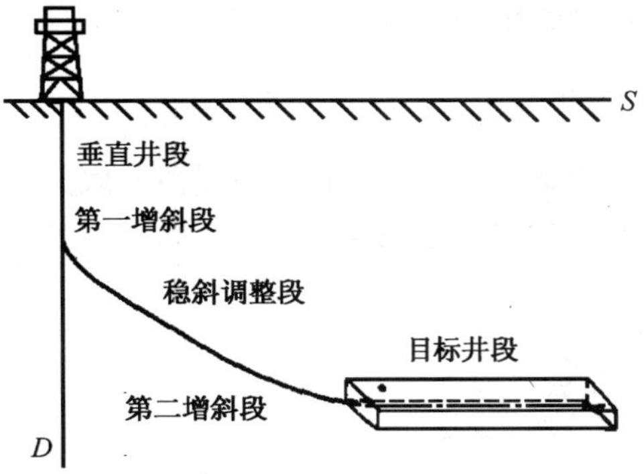


图 1-6　水平井

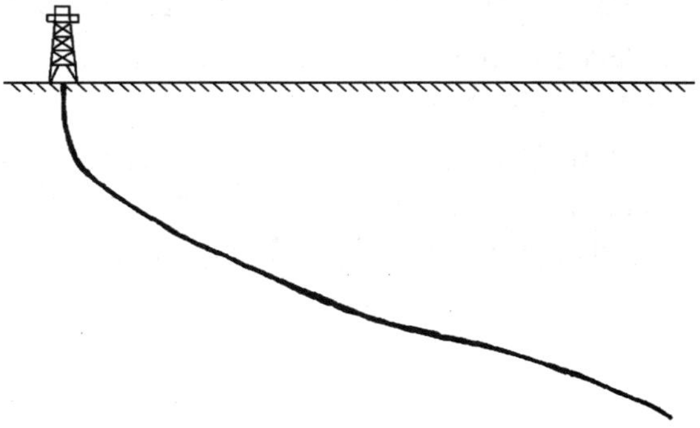

图 1-7　大位移井

（5）丛式井。按照钻井设计规定，采用特殊的钻井工艺和手段，在一个井场内，按照预定的要求，向不同方位和距离钻两口以上的井，地下有几个井底，地面就有几个对应的井口，见图 1-8。

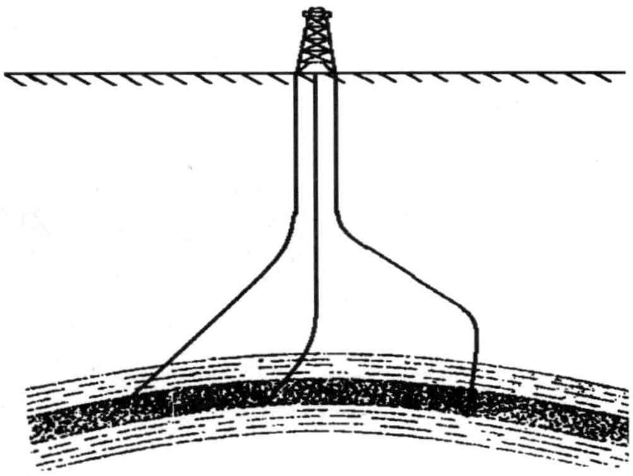

图 1-8　丛式井

#### 1.1.3.3　按照钻井深度分类

按照钻井深度分为浅井、中深井、深井和超深井四类。图 1-1 中给出了一种按钻井深度的分类情况。此外还有 3 种分类情况，见表 1-1。前两种主要是国内的分类情况，后两种主要是国外的分类情况。

**表 1-1　按钻井深度（$H$）分类情况**

| 类　别 | 分类 1 | 分类 2 | 分类 3 | 分类 4 |
|---|---|---|---|---|
| 浅井 | $H \leqslant 1500$m | $H \leqslant 2000$m | $H \leqslant 2000$m | $H \leqslant 2500$m |
| 中深井 | 1500m$< H \leqslant$2800m | 2000m$< H \leqslant$4000m | 2000m$< H \leqslant$4500m | 2500m$< H \leqslant$4500m |
| 深井 | 2800m$< H \leqslant$4000m | $H >$4000m | 4500m$< H \leqslant$6000m | 4500m$< H \leqslant$6000m |
| 超深井 | $H >$4000m | | $H >$6000m | $H >$6000m |

#### 1.1.3.4　按照钻井地域分类

按照钻井地域分为陆地井和海上井两大类。

（1）陆地井。指在陆地范围内所钻的井，包括在湖泊和沼泽地区所钻的井。

（2）海上井。指在海洋范围内所钻的井，可分为海洋井和浅海井。

①海洋井。指在水深超过 5m 的海域内所钻的井。

②浅海井。指水深在 5m 以内（含 5m）海域所钻的井，包括在海滩、滩涂和潮汐波及区内所钻的井。

### 1.1.4 钻井方法

钻井方法主要有顿钻钻井和旋转钻井两大类，旋转钻井又分为转盘旋转钻井、井下动力钻具旋转钻井、顶部驱动钻井 3 种方法。旋转钻井是从顿钻钻井演变而来的，但旋转钻井比顿钻钻井优点多，已被世界各国广泛应用。

#### 1.1.4.1 顿钻钻井

顿钻钻井也叫冲击钻井，它是通过地面提升设备将钢丝绳拉起，使钻头提离井底，再向下冲击，岩石随之破碎；再不断地向井内注水，将岩屑和泥混成泥浆；再下入捞砂筒捞出岩屑，使井眼不断加深的一种钻井方法，见图 1-9。

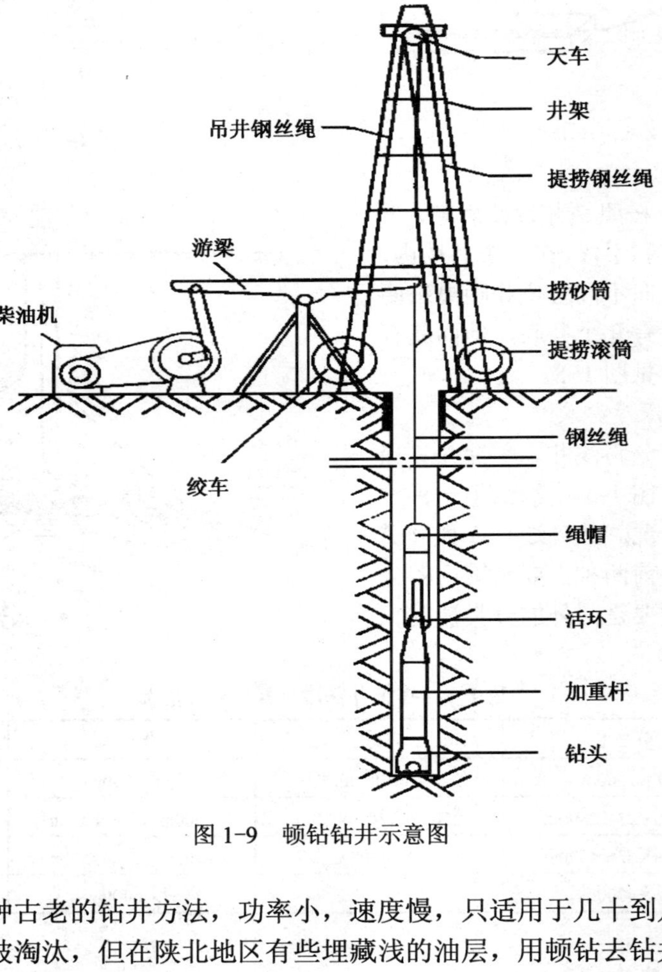


图 1-9　顿钻钻井示意图

顿钻钻井是一种古老的钻井方法，功率小，速度慢，只适用于几十到几百米的浅井，这种钻井方法虽然早被淘汰，但在陕北地区有些埋藏浅的油层，用顿钻去钻井，成本很低；如果用旋转钻机，钻井成本就会大幅度上升。

#### 1.1.4.2 转盘旋转钻井

转盘旋转钻井是通过地面一套设备，即钻机、井架以及一套提升、旋转系统，将井下钻具提起、下放、转动，使钻具带动钻头旋转，不断破碎岩石；破碎了的岩屑被泵入井内的钻井液沿着循环系统带到地面；钻头磨损以后，将钻具起出来换上新的钻头，再重新下钻钻进，使井眼不断加深，见图 1-10。

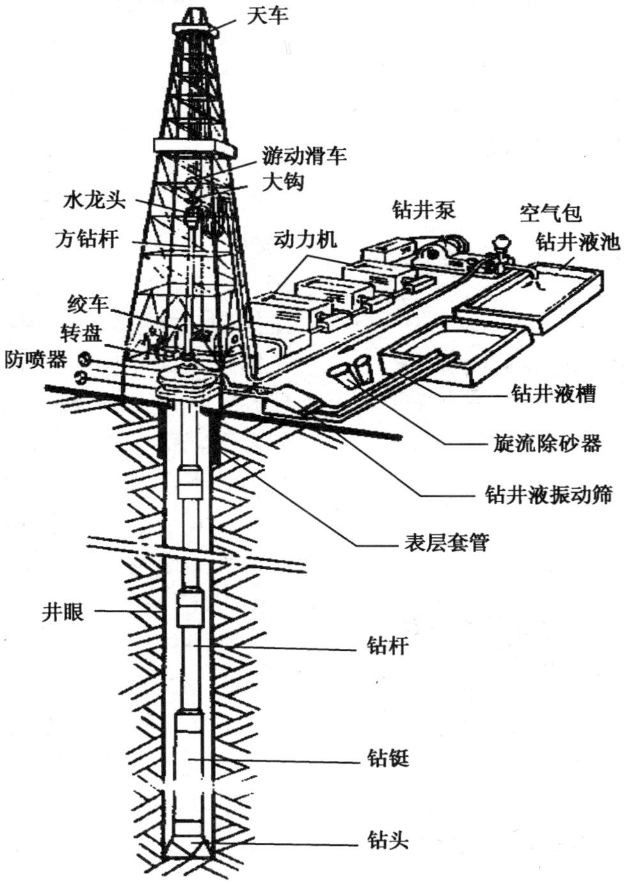


图 1-10　转盘旋转钻井示意图

1.1.4.3　井下动力钻具旋转钻井

井下动力钻具旋转钻井就是在钻头上接上井下动力钻具，以钻井液循环作动力，通过井下动力钻具的转子旋转带动钻头破碎岩石，使井眼不断加深。井下动力钻具包括涡轮钻具和螺杆钻具，由于其转速高，配合使用金刚石钻头后，大大提高了钻井速度。这种钻井方法特别适用于钻定向井。

1.1.4.4　顶部驱动钻井

顶部驱动钻井是通过安装在水龙头上的顶部驱动装置（TDS），从井架空间上部直接旋转钻柱，并沿井架内专用导轨向下移动，完成钻柱旋转钻进。顶部驱动钻井不仅比转盘旋转钻井具有更大的功率，而且可以节省接单根时间，提高钻井效率。同时顶部驱动钻井还可以进行倒划眼操作，解除在起下钻过程中出现的卡钻等复杂情况，从而大大缩短了钻井周期，使得这种钻井方法在最近几年得到了较快发展。

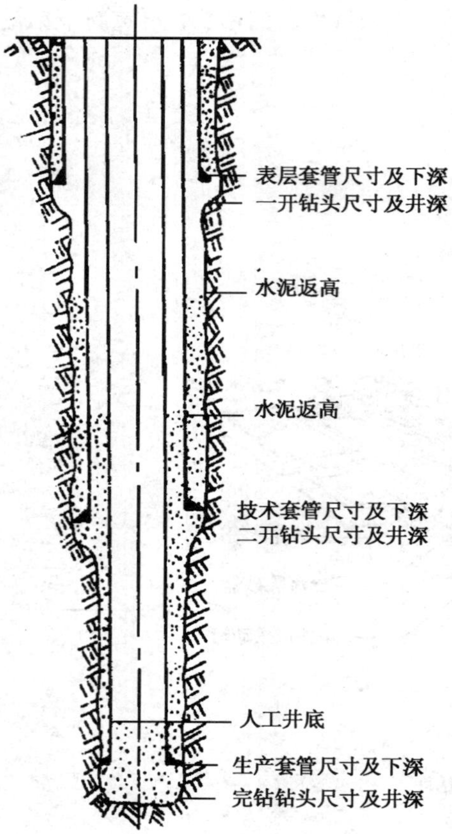


图 1-11　井身结构示意图

### 1.1.5　钻井工程内容和工艺流程

#### 1.1.5.1　井身结构

井身结构指一口井下入的套管层次和每层套管的深度以及套管和井眼尺寸的配合，又称套管程序，见图 1-11。钻井工程建设的对象是以某种井身结构显现的一口井。

井身结构确定了一口井下入套管的层次、各层套管的直径、下入的深度以及各层套管相对应的钻头尺寸和套管外水泥浆封固高度，决定了钻井工程主要材料消耗量和钻进、测井、下套管、注水泥等作业的工作量，是控制钻井速度、质量、安全和消耗量的最关键因素。井身结构设计得科学合理，就会使井打得快、质量高、事故与复杂情况少、周期短、费用低；反之，井身结构设计得不科学、不合理，不仅钻井速度慢，而且会使事故和复杂情况频频发生，周期延长，井身质量受到影响，油气层受到污染，甚至造成井的报废，致使钻井工程费用大幅度增加。

常用井身结构的推荐方案见表 1-2。

#### 1.1.5.2　钻井工程内容和工艺流程

钻井工程内容包括钻前工程、钻进工程、固井工程、录井工程、测井工程、完井工程等 6 个单项工程，建设单位管理贯穿于建设全过程，钻井工程内容和主要工艺流程如图 1-12。

表 1-2　常用井身结构推荐方案

| 井型 | 方案 | 钻头序列（mm） | 套管序列（mm） | 备　注 |
|---|---|---|---|---|
| 浅井开发井 | 方案 1 | 311.1×215.9（$12^1/_4$in×$8^1/_2$in） | 244.5×139.7（$9^5/_8$in×$5^1/_2$in） | |
| | 方案 2 | 346.1×215.9（$13^5/_8$in×$8^1/_2$in） | 273.1×139.7（$10^3/_4$in×$5^1/_2$in） | |
| | 方案 3 | 400.1×215.9（$15^3/_4$in×$8^1/_2$in） | 324×139.7（$12^3/_4$in×$5^1/_2$in） | |
| | 方案 4 | 444.5×241.3（$17^1/_2$in×$9^1/_2$in） | 339.7×177.8（$13^3/_8$in×7in） | |
| | 方案 5 | 444.5×215.9（$17^1/_2$in×$8^1/_2$in） | 339.7×139.7（$13^3/_8$in×$5^1/_2$in） | |
| 探井 | 方案 1 | 444.5×215.9（$17^1/_2$in×$8^1/_2$in） | 339.7×139.7（$13^3/_8$in×$5^1/_2$in） | |
| | 方案 2 | 444.5×311.1×215.9（$17^1/_2$in×$12^1/_4$in×$8^1/_2$in） | 339.7×244.5×139.7（$13^3/_8$in×$9^5/_8$in×$5^1/_2$in） | |
| | 方案 3 | 444.5×311.1×215.9（$17^1/_2$in×$12^1/_4$in×$8^1/_2$in） | 339.7×244.5×177.8（$13^3/_8$in×$9^5/_8$in×7in） | $8^1/_2$in 钻头与 7in 套管环隙小 |
| | 方案 4 | 444.5×241.3×152.4（$17^1/_2$in×$9^1/_2$in×6in） | 339.7×177.8×127.0（$13^3/_8$in×7in×5in） | 6in 钻头与 5in 套管环隙小 |

续表

| 井型 | 方案 | 钻头序列 (mm) | 套管序列 (mm) | 备注 |
|---|---|---|---|---|
| 深井超深井 | 方案 1 | 444.5×311.1×215.9×152.4（$17^{1}/_{2}$in×$12^{1}/_{4}$in×$8^{1}/_{2}$in×6in） | 339.7×244.5×177.8×127（$13^{3}/_{8}$in×$9^{5}/_{8}$in×7in×5in） | $8^{1}/_{2}$in 钻头与 7in 套管，6in 钻头与 5in 套管环隙小 |
| | 方案 2 | 660.4×444.5×311.1×215.9（26 in×$17^{1}/_{2}$in×$12^{1}/_{4}$in×$8^{1}/_{2}$in） | 508×339.7×244.5×139.7（20in×$13^{3}/_{8}$in×$9^{5}/_{8}$in×$5^{1}/_{2}$in） | |
| | 方案 3 | 660.4×444.5×311.1×215.9×152.4（26in×$17^{1}/_{2}$in×$12^{1}/_{4}$in×$8^{1}/_{2}$in×6in） | 508×339.7×244.5×177.8×127（20in×$13^{3}/_{8}$in×$9^{5}/_{8}$in×7in×5 in） | $8^{1}/_{2}$in 钻头与 7in 套管，6in 钻头与 5in 套管环隙小 |

建设单位管理

钻前工程

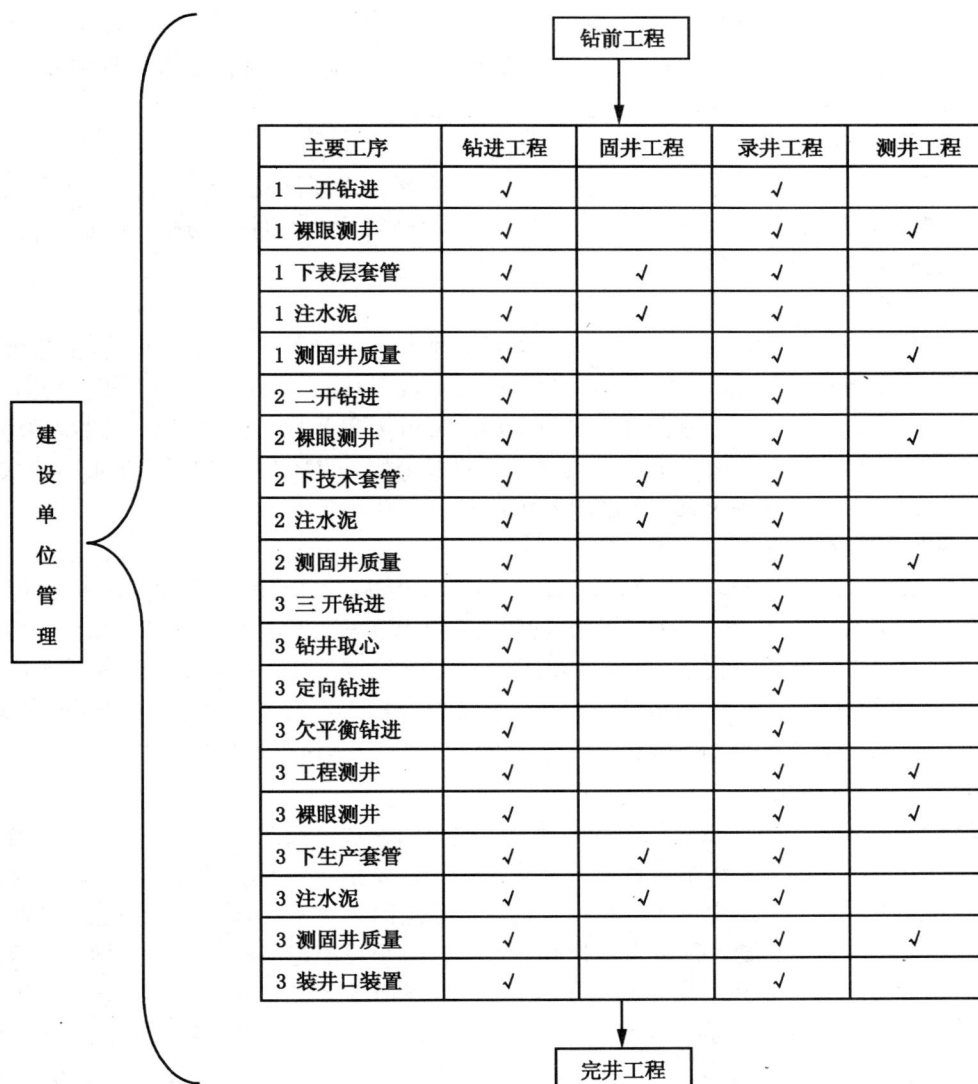

| 主要工序 | 钻进工程 | 固井工程 | 录井工程 | 测井工程 |
|---|---|---|---|---|
| 1 一开钻进 | √ | | √ | |
| 1 裸眼测井 | √ | | √ | √ |
| 1 下表层套管 | √ | √ | √ | |
| 1 注水泥 | √ | √ | √ | |
| 1 测固井质量 | √ | | √ | √ |
| 2 二开钻进 | √ | | √ | |
| 2 裸眼测井 | √ | | √ | √ |
| 2 下技术套管 | √ | √ | √ | |
| 2 注水泥 | √ | √ | √ | |
| 2 测固井质量 | √ | | √ | √ |
| 3 三 开钻进 | √ | | √ | |
| 3 钻井取心 | √ | | √ | |
| 3 定向钻进 | √ | | √ | |
| 3 欠平衡钻进 | √ | | √ | |
| 3 工程测井 | √ | | √ | √ |
| 3 裸眼测井 | √ | | √ | √ |
| 3 下生产套管 | √ | √ | √ | |
| 3 注水泥 | √ | √ | √ | |
| 3 测固井质量 | √ | | √ | √ |
| 3 装井口装置 | √ | | √ | |

完井工程

图 1-12　钻井工程内容和主要工艺流程

标“√”表示此工程内容与该工序相关

### 1.1.6 钻井工程特点

石油天然气钻井工程与一般地面建设工程有很大不同，主要有以下 6 个特点。

#### 1.1.6.1 施工对象隐蔽性

钻井工程施工对象在地下，施工范围是直径几十厘米到十几厘米、深度数百米到一万多米的圆柱形井筒，看不见，摸不着，是个隐蔽性工程。

#### 1.1.6.2 施工手段集成性

钻井工程以大型设备和高精密仪器为主要施工手段，必须是成套的钻井设备、固井设备、测井设备，每一套都是数百万元至数千万元，甚至于上亿元。

#### 1.1.6.3 专业技术密集性

施工队伍人员一般以设备为前提设置，钻井队按钻机型号编制队号，如 ZJ50 钻井队、ZJ70 钻井队等；测井队按测井仪器系列编制队号，分为 CSU 测井队、3700 测井队、5700 测井队、EXCELL2000 测井队等。每一套设备的操作和使用都需要很强的专业知识和专业技能，各专业之间不能互相替换，需要共同完成一口井建设。

#### 1.1.6.4 生产组织连续性

石油天然气井一旦开钻后，施工过程一般不能中断，必须每天 24h 连续施工。各工种之间配合必须按程序连续作业，如钻井队打完进尺后，必须马上由测井队进行裸眼测井，测井完必须固井队紧接着下套管固井。

#### 1.1.6.5 工程投资大额性

钻井工程投资额度大，每口井的投资一般都在数百万元至数千万元，有些井的投资在亿元以上。根据美国《石油基础数据手册》（Basic Petroleum Data Book ）资料分析，2000-2005 年美国陆上平均每口井投资分别为 48.05 万美元、58.80 万美元、71.07 万美元、78.66 万美元、133.81 万美元、133.50 万美元，海上平均每口井投资分别为 735.52 万美元、914.36 万美元、1259.91 万美元、1405.67 万美元、1583.39 万美元、2307.40 万美元。

#### 1.1.6.6 风险因素多样性

钻井工程涉及地质风险、环境风险、技术风险、经济风险、政治风险等各种各样的风险。

（1）地质风险。主要是因为地下情况复杂而对钻井工程造价造成的影响，如设计地层厚度与实际钻遇地层厚度的变化很大、设计地层压力与实际地层压力差异大等。根据美国《石油基础数据手册》（Basic Petroleum Data Book）资料分析，由于地下地质条件复杂，1987—2003 年美国干井率为 32.3%到 12.1%，平均每年为 22.5%，美国平均每年约有 42 亿美元投资花费在干井上，无法回收。

（2）环境风险。一方面是自然环境影响，因为石油天然气钻井常常是在无人区的野外露天施工，暴风雨、暴风雪、洪水等恶劣天气影响施工，以及环保要求导致钻井工程造价发生变化；另一方面社会关系协调量大，租用土地、开通道路、供水等都需要同当地政府和群众打交道，某个环节出了问题，都会直接影响到施工，甚至可能造成停工，发生额外费用。

（3）技术风险。技术风险主要是由于设计、施工操作和测量的不完善，可能导致工程报废，甚至发生井喷、火灾等恶性事故。据近年统计分析，处理复杂情况和钻井事故的时间约占钻井施工总时间的 6%～8%，一个拥有上百台钻机的油田，一年之中就相当于有 6～8 台钻机全年都在处理复杂和事故。胜利油田 1964 年会战到 1992 年底，共发生各类上报事故 2458 起，损失时间达 22612 天 23 小时，折合 754.02 钻机月。按年工作时间 10 个钻机月计算，相当于 75.4 台钻机一年没有生产。如果按处理一起事故平均需用 50 万元计算，则上报的 2458

起事故的经济损失累计为 12.29 亿元。

（4）经济风险。主要是考虑市场价格变化对钻井工程造价的影响，油料、化工材料、工具等价格变化直接影响到工程成本。

（5）政治风险。主要考虑油气资源是战略资源，政治经济政策的变化甚至政府的更替都对工程产生直接影响。

#### 1.1.7 钻井工程成果及作用

##### 1.1.7.1 钻井工程成果

钻井工程的最终成果是两种形态的资产。第一种是有形资产，即具有石油、天然气开采价值的探井、开发井和做其他用途的地质报废井。第二种是无形资产，即反映地下地质情况，反映油气藏的生、储、盖、运、圈、保等信息的资料。

##### 1.1.7.2 钻井工程作用

钻井工程是石油天然气勘探开发项目中的一个关键工程，其作用主要表现在：

（1）钻井工程是勘探部署最终决策的落脚点，是发现油气田的最终手段。所有通过地质调查、重力、磁力、电法、化学、地震等地球物理化学勘探得到的对地下认识，所有经各种论证而确定的勘探部署方案，都要钻探井来证实，通过钻开地层，直接从地层取得地下信息资料，发现油气层。因此，决定勘探效益的关键环节落在钻井工程上。

（2）钻井工程是油气田增储上产的主要手段。每年都需要钻大批的评价井、开发井来保证油气田增储上产。根据美国《世界石油》相关资料分析，1999—2006 年全球钻井数量从 51376 口上升到 104009 口，平均每年钻井 78847 口，8 年累计增长 102.4%，年均增长 10.6%。2008 年，中国钻井数量已经超过 30000 口，仅次于美国，居世界第二位。

（3）钻井工程是石油天然气勘探开发项目中投资最大的工程，钻井工程造价的高低决定了石油天然气勘探开发项目投资的高低。根据有关资料分析，全球钻井投资从 2000 年的 650 亿美元增加到 2004 年的 980 亿美元，2008 年超过 2500 亿美元，2008 年比 2000 年增长 385%。近几年全球钻井市场总投资一直占全球石油天然气勘探开发投资的 60%左右。钻井工程投资一般占国际大石油公司每年总投资的 40%～50%，甚至达到 60%～70%。

## 1.2 钻井工程造价管理概念

#### 1.2.1 钻井工程造价概念

钻井工程造价指石油天然气勘探项目或油气田开发建设项目中的钻井工程投资，即完成一个石油天然气勘探开发建设项目中的钻井工程预期开支或实际开支的全部费用的总和。表示石油天然气勘探开发建设项目中的钻井工程所消耗资金的数量标准。

#### 1.2.2 钻井工程造价特点

##### 1.2.2.1 工程造价的差异性

每一口探井或开发井都有其特定的地理位置、井身结构、完钻井深、用途、功能，因此工程内容和实物形态都具有个别性、差异性，进而决定了每一口探井或开发井的造价也不同。

##### 1.2.2.2 工程造价的动态性

石油天然气勘探项目和油气田开发建设项目从决策到竣工交付使用，都有一个较长的工程建设期间，由于不可控因素影响，钻井工程造价在整个建设期间处于不确定状态，直至竣工决算后才能最终确定钻井工程的实际造价。

1.2.2.3 工程造价的层次性

一般来讲，一个建设项目构成包括建设项目、单项工程、单位工程、分部工程、分项工程等多个层次。对于钻井工程而言，单项工程分为钻前工程、钻进工程、固井工程、录井工程、测井工程、完井工程等，钻前工程中的单位工程又可分为土建工程、钻前准备工程等，土建工程中的分部工程可以分为道路工程和井场修建工程等，每一个层次需要分别计价。造价的层次性取决于工程的层次性。

1.2.2.4 工程造价的复杂性

在整个项目建设过程中，要分别确定估算价、概算价、预算价、合同价、结算价、决算价；做预算时要分别计算直接费（人工费、设备费、材料费、其他直接费）、间接费、税金；招投标和谈合同时还要确定甲方费用、乙方费用。

1.2.2.5 工程造价的大额性

钻井工程造价高昂，动辄数百万、数千万、数亿或数十亿以上。工程造价的大额性使它关系到有关各方面的重大经济利益，这就决定了工程造价的特殊地位，也说明了造价管理的重要意义。

### 1.2.3 钻井工程造价管理概念

1.2.3.1 钻井工程造价管理

钻井工程造价管理是以钻井工程为研究对象，以钻井工程的造价确定与造价控制为主要内容，运用科学技术原理、经济与法律管理手段，解决钻井工程建设活动中的技术与经济、经营与管理等实际问题，从而提高投资效益和经济效益。

1.2.3.2 钻井工程造价管理目标

钻井工程造价管理目标是按照经济规律的要求，根据社会主义市场经济的发展形势，利用科学管理方法和先进管理手段，合理地确定钻井工程造价和有效地控制钻井工程造价，提高投资效益和施工企业经营效果。

1.2.3.3 钻井工程造价管理任务

钻井工程造价管理任务是加强工程造价的全过程动态管理，强化工程造价的约束机制，维护有关各方面的经济利益，规范价格行为，促进微观效益和宏观效益的统一。

### 1.2.4 钻井工程造价管理基本内容

工程造价管理的核心就是合理确定工程造价和有效控制工程造价。

1.2.4.1 工程造价的合理确定

所谓工程造价的合理确定，就是在建设程序的各个阶段，合理确定工程投资估算价、概算价、预算价、合同价、结算价、决算价。

1.2.4.2 工程造价的有效控制

所谓工程造价的有效控制，就是在优化建设方案、设计方案的基础上，在建设程序的各个阶段，采用一定的方法和措施把工程造价的发生控制在合理的范围和核定的造价限额以内。

因此，工程造价管理基本内容包括投资决策阶段工程造价管理、工程设计阶段工程造价管理、招标投标阶段工程造价管理、工程施工阶段工程造价管理、竣工决算阶段工程造价管理。

### 1.2.5 钻井工程成本概念

2004 年 1 月 1 日施行的《钻井系统工程成本核算和管理办法》（中油财字［2003］577 号文件）明确了中国石油钻井工程成本的概念和要求。

钻井工程成本包括施工过程中发生的直接材料费、直接人工费、机械使用费、其他直接费、制造费用等。

### 1.2.6 钻井工程成本核算的具体项目和内容

#### 1.2.6.1 钻井工程

（1）直接材料费。指钻井过程中直接消耗的各种材料费用，包括钻头、钻井液、钻具、润滑油、燃料、动力、其他等7项。

（2）直接人工费。指直接从事钻井作业人员的工资、工资附加费及其他的人员相关费用，包括生产人员工资、工资附加费、劳动保险费、住房公积金、外雇人工费、物业管理及采暖费、劳动保护费、其他等8项。

（3）机械使用费。指在钻井工程使用的自有机械设备发生的机械使用费和租用外单位机械设备的租赁费，包括折旧费、修理费、井控和固控装置摊销、设备租金、其他机械使用费等5项。

（4）其他直接费。指钻井作业中发生的其他直接费用，包括运输费、养路费、保温费、财产保险费、环保处理费、QHSE专项费用（QHSE项目管理费、质量管理费、健康管理费、安全技措费、安全管理费和环境保护费）、钻井技术服务费、钻井液技术服务费、其他等 9项。

（5）制造费用。指管理部门为组织和管理生产所发生的各项间接费用，包括材料费、燃料费、水费、电费、低值易耗品摊销、工资、工资附加费、独生子女父母奖金、住房公积金、劳动保险费、劳动保护费、财产保险费、折旧费、修理费、技术转让费、研究与开发费、无形资产摊销、长期待摊费用摊销、招投标费用、租赁费用、存货盘亏和盘盈、土地使用税、房产税、车船使用税、印花税、办公费、差旅费、会议费、业务招待费、咨询费、聘请中介机构费、诉讼费、运输费、车辆管理费、物业管理费、取暖费、排污费、微机联网安装费、宣传费、上级管理费、其他费用等41项。

#### 1.2.6.2 其他工程支出

（1）钻前准备工程费。包括土地征用费、临时房屋费、井场修建费、搬安费、工程设计费、其他准备费等6项。

（2）固井工程费。指固井工程发生的套管、水泥、添加剂以及固井作业费用。

（3）录井工程费。指按照单井的地质工程设计，由地质录井单位进行地质录井、综合录井仪录井、气测录井等费用。

（4）测井工程费。指为中途电测、完井电测和测三样等发生的测井费用。

（5）试油工程费。指为完钻试油作业发生的试油费用。

### 1.2.7 钻井作业成本计算

#### 1.2.7.1 材料成本的核算

（1）耗用的材料按实际成本法核算，如按计划价格计算，计划价格和实际价格的差异，每月按差异率（可按上月差异率）分摊进入成本。

（2）钻具应按规定的摊销标准和本期实际钻井进尺计算计入成本。钻具因事故折断、以钻杆代替套管固井的，以及其他原因致使钻具不能继续使用时，其余值采用个别认定法，一次进入成本。一次性消耗的打捞工具直接计入单井成本，不再摊销。

#### 1.2.7.2 人工成本的核算

井队人员的工资、提取的职工福利费、工会经费、教育经费、劳动保险费及人员相关费用计入单井的钻井施工成本内。

1.2.7.3 机械使用费的核算

（1）按月计提的折旧费按实际钻机月分配列入单井成本。

（2）固定资产修理费在发生当期一次性进入成本费用。

（3）井控、固控装置应在3年内摊销列入成本，并按照一定标准分摊计入单井成本。月摊销金额＝井控、固控装置原值÷摊销月份

（4）设备租金通过待摊费用科目核算，在合同期内按照钻机月分摊计入单井成本。

1.2.7.4 制造费用的核算

每月按实际钻机月分摊进入各单井成本。

1.2.7.5 活动房、野营房摊销

为井队配备的活动房、野营房应在三年内摊销，每年摊销的金额应按照一定标准分摊计入单井成本中。月摊销额＝活动房等的原值÷摊销月份

1.2.7.6 其他工程支出

钻前准备工程、固井、录井、测井、试油工程的费用直接计入单井成本。

**1.2.8 钻井工程造价与钻井工程成本主要区别**

从前面关于钻井工程造价概念和钻井工程成本概念的内容和要求分析，二者既有区别，又有联系。其区别主要有以下5个方面。

（1）二者的主体不同。

工程造价是对投资方、业主、项目法人或建设单位而言的；工程成本是对施工方、承包方而言的。

（2）二者的管理角度不同。

工程造价管理侧重于工程投资管理；工程成本管理则侧重于工程施工企业费用管理。

（3）二者的管理过程不同。

工程造价管理实行从项目前期开始直到竣工的全过程管理与控制；工程成本管理主要是在工程施工中实施管理。

（4）二者的费用项目设置不同。

工程造价是按分部分项工程进行费用项目设置；而工程成本既有按分部工程设置费用项目，也有按人员、机械、材料设置费用项目。

（5）二者的费用计算方法不同。

工程造价的计算方法有些与工程成本相同，但大部分与工程成本不同。

**1.2.9 钻井工程造价与钻井工程成本主要联系**

钻井工程造价与钻井工程成本的联系包括两个方面：

（1）二者都是分析研究解决钻井工程花费的钱和支出的问题。

（2）工程造价包括工程项目的全部费用，工程成本一般是工程造价的重要组成部分；工程造价往往大于工程成本，有时二者也相等。

**1.2.10 关于钻井工程费用、成本与造价三个概念的认识**

费用概念外延大，应用范围广；成本、造价概念外延小，应用范围受限制。费用一般无载体，成本的载体一般是产品，造价的载体是工程。使用时成本和造价下面一般包括多项费用。

对于研究钻井工程花费的钱而言，若是从工程费用构成角度分析，可称为钻前工程费、钻进工程费、固井工程费等，或是人工费、设备费、材料费、其他直接费等；若是从钻井公

司或技术服务公司等施工企业角度分析，称为施工单位“钻井作业成本”更合适；若是从建设单位角度分析，应视为钻井工程项目的“工程造价”更科学、更合理。

## 1.3 钻井工程造价管理需求分析

钻井工程具体实施时要落实到石油天然气勘探开发项目建设中。“石油天然气勘探项目指在一定的时间内，以一定的地质单元为对象，以不同勘探阶段的地质任务或油气储量为目的，由物化探、钻井、录井、测井、试油和地质综合研究所组成的综合勘探工程”。“油气田开发建设项目指以开发油气资源为目的，以油气田（区块）为单元，在一个开发建设总体设计或初步设计范围内的钻井工程、地面建设工程及相应的附属配套工程等”。在石油天然气勘探项目中所钻的井称为探井，一般探井投资占石油天然气勘探项目总投资的 70%～80%；在油气田开发建设项目中所钻的井称为开发井，一般开发井投资占油气田开发建设项目总投资的 40%～70%。

钻井工程造价管理主要需求概括为两个层次 3 个方面。两个层次：宏观需求和微观需求；3 个方面：宏观投资决策和编制年度投资计划、项目可行性研究估算和概算编制与审查、工程预算和结算编制与审查。

### 1.3.1 宏观需求

钻井工程投资一般在国际大石油公司所有业务板块中所占比例最大。在制定公司 3 年、5 年、10 年规划时，需要按油田和区块重点测算钻井工程总投资，进行宏观投资决策；在制定公司年度投资计划时，需要按油田和区块、分井别和井型确定钻井工程投资。适应宏观需求，钻井工程对应的工程造价计算体系、工程计价标准体系、计价单元体系及应用单位情况如表 1-3。

**表 1-3 钻井工程造价与宏观需求对应关系**

| 序号 | 需 求 | 造价计算体系 | 计价标准体系 | 计价单元体系 | 应用单位 |
|---|---|---|---|---|---|
| 1 | 规划投资决策 | 总投资 | 钻井造价指数<br>投资参考指标<br>估算指标 | 油田或区块 | 建设单位 |
| 2 | 年度投资计划 | 区块投资 | 钻井造价指数<br>投资参考指标<br>估算指标<br>概算指标 | 单井或区块标准井 | |

### 1.3.2 微观需求

按我国基本建设程序，石油天然气勘探开发项目建设一般分为 6 个阶段。石油天然气勘探和开发工程造价管理是一个按建设项目管理程序分阶段由粗到细多次计价过程，主要分为工程估算价、工程概算价、工程预算价、工程合同价、工程结算价和工程决算价等 6 种货币表现形式，相应地钻井工程造价也主要表现为上述 6 种形式。钻井工程对应的工程造价计算体系、工程计价标准体系、计价单元体系及应用单位情况如表 1-4。

可见要实现全过程工程造价管理，就必须建立起贯穿工程项目全过程的钻井工程造价计算体系和计价标准体系。

表 1-4　钻井工程造价与石油天然气勘探开发项目建设关系

<table>
<tr><th>序号</th><th>建设阶段</th><th>造价计算体系</th><th>计价标准体系</th><th>计价单元体系</th><th colspan="2">应用单位</th></tr>
<tr><td>1</td><td>可行性研究及项目立项</td><td>估算价</td><td>钻井造价指数<br>投资参考指标<br>估算指标</td><td>探井或开发井</td><td rowspan="2"></td><td rowspan="6">建设单位</td></tr>
<tr><td>2</td><td>勘探开发方案编制</td><td>概算价</td><td>概算指标</td><td>单井或区块标准井</td></tr>
<tr><td>3</td><td>工程设计</td><td>预算价</td><td rowspan="2">概算标准<br>预算标准</td><td rowspan="4">钻前、钻进<br>固井、录井<br>测井、完井<br>建设单位管理</td><td rowspan="4">施工单位</td></tr>
<tr><td>4</td><td>招标投标</td><td>合同价</td></tr>
<tr><td>5</td><td>工程施工</td><td>结算价</td><td rowspan="2">预算标准<br>费用标准<br>消耗标准<br>基础标准</td></tr>
<tr><td>6</td><td>竣工验收</td><td>决算价</td></tr>
</table>

## 1.4　钻井工程造价计算体系

钻井工程造价计算体系包括规划计划投资计算、工程估算投资计算、工程概算投资计算、工程预算费用计算、工程合同价确定、工程结算价确定、工程决算价确定。

### 1.4.1　规划计划投资计算

在编制规划和年度计划时，计算钻井工程总投资，进行宏观决策。计算方法主要有钻井造价指数法、投资参考指标法、历史成本法、工程造价系数法。

#### 1.4.1.1　钻井造价指数法

钻井造价指数法指采用钻井工程造价指数和建设项目工程量编制钻井工程总投资的方法。计算公式为

$$Vtz = \sum_{i=1}^{n} Vtz_0 \times Dtz_i$$

式中，$Vtz$ 为计划钻井工程总投资，万元；$Vtz_0$ 为基期钻井工程总投资，万元；$Dtz_i$ 为钻井造价指数。

#### 1.4.1.2　投资参考指标法

投资参考指标法指采用钻井工程投资参考指标和建设项目工程量编制钻井工程总投资的方法。计算公式为

$$Vtzck = \sum_{i=1}^{n} Ctzck_i \times Qtzck_i \div 10000$$

式中，$Vtzck$ 为钻井工程总投资，万元；$Ctzck$ 为投资参考指标，元/m；$Qtzck$ 为计划进尺工程量，m。

例如，$A$ 区块计划进尺工程量为 $20\times10^4$m，投资参考指标为 1800 元/m；$B$ 区块计划进尺工程量为 $8\times10^4$m，投资参考指标为 2000 元/m；则钻井工程总投资 $Vtzck$ =（$1800\times20\times10^4+2000\times8\times10^4$）÷10000＝52000 万元。

#### 1.4.1.3　历史成本法

历史成本法指以上年度同类别探井或开发井实际发生成本为基数进行投资测算的方法。

拟新上探井或开发井在同一地区或区块与上年的施工参数、技术标准、设备类型等项目内容基本相似时，可参考上年度同类型探井或开发井实际发生成本编制投资。如技术标准、施工参数、施工难易程度等项目内容与上年度实际施工项目有差别时，在上年度实际发生费用的基础上进行相应调整，可附加或减除一定的费用额度。

1.4.1.4　工程造价系数法

根据本年度定向井、水平井、深井等特殊工艺井计划工程量比上年实际完成工程量增减情况，按某类特殊工艺井平均造价比常规直井造价增加的折算系数，将这些特殊井的进尺折算成直井进尺，确定工程造价系数，再用工程造价系数乘以上年平均决算价和本年计划工程量求得本年计划估算投资。计算方法为

$$Vtzck = Csnjs \times \theta \times Qtzck \div 10000$$

$$\theta = (\sum(Qt \times \theta t) + Qtzck - Qt) \div Qtzck$$

式中，$Vtzck$ 为钻井工程总投资，万元；$Csnjs$ 为上年平均决算价，元/m；$\theta$ 为本年工程造价系数；$Qtzck$ 为计划进尺工程量，m；$Qt$ 为特殊进尺工程量，m；$\theta t$ 为特殊进尺造价折算系数。

例如，本年计划进尺工程量为 $20\times10^4$m，同上年相比，特殊进尺工作量 $2.1\times10^4$m，其中定向井 3 口井 9000 m，造价折算系数 1.5；水平井 1 口 3000m，造价折算系数 2.5；深井 2 口井 9000 m，造价折算系数 2.0，上年钻井平均决算价 1700 元/m。则本年工程造价系数 $\theta$＝［(9000×1.5)＋(3000×2.5)＋(9000×2.0)＋($20\times10^4-2.1\times10^4$)］÷$20\times10^4$＝1.09，钻井工程总投资 $Vtzck$＝1700×1.09×$20\times10^4$÷10000＝37060 万元。

## 1.4.2　工程估算投资计算

工程估算投资是建设单位判断勘探项目或开发项目可行性和进行项目投资决策的重要依据之一，并作为勘探或开发工程投资的最高限额。计算方法主要有钻井造价指数法（见 1.4.1.1）、估算指标法、历史成本法（见 1.4.1.3）、工程类比法。

1.4.2.1　估算指标法

估算指标法指采用钻井工程投资估算指标和建设项目工程量编制工程估算投资的方法。计算方法为

$$Vzg = Czg \times Qzg \div 10000$$

式中，$Vzg$ 为钻井工程估算投资，万元；$Czg$ 为估算指标，元/m；$Qzg$ 为计划进尺工程量，m。

例如，某区块计划进尺工程量为 $8\times10^4$m，投资参考指标为 2000 元/m，则钻井工程总投资 $Vzg$＝(2000×8×$10^4$)÷10000＝16000 万元。

1.4.2.2　工程类比法

工程类比法指拟新上探井或开发井与技术标准、地表条件、自然条件、施工难易程度相似或相同条件下的探井或开发井进行类比，借用投资参数的估算方法。运用类比估算法可大大加快估算速度。

对于新上项目没有相邻区块作为参考时，可类比国内其他油田已施工项目的井身结构、预测地层层序及岩性、钻井周期等参数基本相似的工程成本或结算资料，编制投资估算。针对新上项目的实际情况，如钻井井深、井身结构、钻机类型基本相似，地层层序及岩性、地形及地貌、自然条件及施工项目内容等有一定差别时，应对钻井周期等与费用有关的项目进行相应调整，可在参考项目的费用基础上采用一定的系数方法附加或减除一定的费用额度。

### 1.4.3 工程概算投资计算

工程概算投资主要用于建设单位进行技术经济评价、编制项目计划，比工程估算投资的计算更详细更准确。计算方法主要有钻井造价指数法、概算指标法、标准井法。

#### 1.4.3.1 概算指标法

概算指标法指采用钻井工程投资概算指标和建设项目工程量编制工程概算投资的方法。计算方法为

$$Vzgs = Vzgsj + Vzgsl + Vzgsz + Vzgsy$$

$$Vzgsj = Czgsj \times Qzgsj$$

$$Vzgsl = Czgsl \times Qzgsl$$

$$Vzgsc = Czgsc \times Qzgsc$$

$$Vzgsy = Czgsy \times Qzgsy$$

式中，*Vzgs* 为钻井工程概算投资，万元；*Vzgsj* 为探井（开发井）工程概算投资，万元；*Vzgsl* 为特殊道路工程概算投资，万元；*Vzgsz* 为特殊测井工程概算投资，万元；*Vzgsy* 特殊压裂酸化工程概算投资，万元；*Czgsj* 为探井（开发井）工程概算指标，万元/口井；*Qzgsj* 为探井（开发井）计划工程量，口井。*Czgsl* 为特殊道路工程概算指标，万元/km；*Qzgsl* 为特殊道路工程计划工程量，km；*Czgsc* 为特殊测井工程概算指标，万元/次；*Qzgsc* 为特殊测井工程计划工程量，次；*Czgsy* 为特殊压裂酸化工程概算指标，万元/次；*Qzgsy* 为特殊压裂酸化工程计划工程量，次。

例如，某勘探项目计划钻探井 6 口，其中二开井 2 口，概算指标 580 万元/口井；三开井 3 口，概算指标 950 万元/口井；四开井 1 口，概算指标 1480 万元/口井。另外，修海堤道路 12km，概算指标 80 万元/km；5700 成像测井 5 次，概算指标 50 万元/次；大型压裂酸化 2 次，概算指标 200 万元/次。则钻井工程概算投资 *Vzgs*=（580×2+950×4+1480×1）+（80×12）+（50×5）+（200×2）=7100 万元。

#### 1.4.3.2 标准井法

根据勘探开发方案，做出几种标准井工程设计，采用预算标准分别计算出各种标准井的总费用，测算出单位进尺费用，再乘以各种标准井所分别代表的计划工程量，计算出勘探开发项目概算投资。计算方法为

$$Vzgs = \sum_{i=1}^{n} Cb_i \times Qb_i \div 10000$$

$$Cb_i = Cbz_i \div Qbz_i$$

式中，*Vzgs* 为钻井工程概算投资，万元；$Cb_i$ 为第 $i$ 种标准井单位费用，元/m；$Qb_i$ 为第 $i$ 种标准井所对应的探井（开发井）计划工程量，m；$n$ 为建设项目中所需要的标准井数量；$Cbz_i$ 为第 $i$ 种标准井总费用，元；$Qbz_i$ 为第 $i$ 种标准井进尺工程量，m。

例如，某开发项目计划钻开发井 10 口，其中二开井 4 口，进尺 8200m，对应的标准井单井测算总造价为 $200\times10^4$ 元，单井进尺 2000m；三开井 6 口，进尺 14000m，对应的标准井单井测算总造价为 $300\times10^4$ 元，单井进尺 2500m。则二开标准井单位费用 $Cbz_1=200\times10^4\div2000=1000$ 元/m；三开标准井单位费用 $Cbz_2=300\times10^4\div2500=1200$ 元/m；钻井工程概算投资 *Vzgs*=（1000×8200+1200×14000）÷10000=2500 万元。

标准井总造价计算方法同下面工程预算费用计算方法。

### 1.4.4 工程预算费用计算

工程预算费用是建设单位确定工程标底和施工单位确定工程报价的依据。每项钻井工程均有一本投资或费用预算书，国内一般称为某井钻井工程投资预算书，国外一般称为费用批准书 AFE（Authorization for Expenditure）。由于目前还没有统一的工程量计量方法和管理方式，因此编制预算时采用的计价标准模式有所差别。综合分析国内外钻井工程预算模式，大体上分为 4 种类型，将其命名为美国模式、加拿大模式、委内瑞拉模式、中国模式，详见附录 A。本书将建立 1 种新模式——工程量清单计价模式，将在后续各部分内容详细进行说明。

这里给出目前我国各油田进行一套钻井工程预算的基本费用项目及计算方法，在具体做某一口井的预算时可能与此模式略有不同，要根据工程设计项目和定额项目确定。考虑到目前在用的预算标准是一套预算定额，沿用钻井系统工程的叫法，这里称为钻井系统工程费用预算，见表 1-5。

**表 1-5　钻井系统工程费用预算**

| 序 号 | 项　　目 | 计 算 方 法 |
|---|---|---|
| | 钻井系统工程费 | 一+二+三+四+五+六 |
| 一 | 钻前工程费 | 参见表 1-6 |
| 二 | 钻井工程费 | 参见表 1-7 |
| 三 | 固井工程费 | 参见表 1-8 |
| 四 | 录井工程费 | 参见表 1-9 |
| 五 | 测井工程费 | 参见表 1-10 |
| 六 | 试油工程费 | 参见表 1-11 或表 1-12 |

**表 1-6　钻前工程费**

| 序 号 | 项　　目 | 计 算 方 法 |
|---|---|---|
| 一 | 钻前工程费 | （一）+（二）+（三）+（四） |
| （一） | 工程设计费 | 定额 |
| （二） | 土地征用费 | 征地面积×征地价格 |
| （三） | 土建工程费 | 1+2+3+4+5+6+7 |
| 1 | 勘测设计费 | （1）+（2）+（3）+（4）+（5）+（6）+（7） |
| （1） | 井位测量费 | 定额 |
| （2） | 井场测量费 | 定额 |
| （3） | 进井路测量费 | 定额 |
| （4） | 水电工程勘测设计费 | 定额 |
| （5） | 工程地质勘察费 | 定额 |
| 2 | 进井路修建费 | 定额×长度 |
| 3 | 井场修建费 | （1）+（2）+（3） |
| （1） | 井场平整费 | 定额 |
| （2） | 池类修建费 | 定额 |
| （3） | 基础修建费 | 定额 |
| 4 | 生活区修建费 | 定额 |

续表

| 序号 | 项目 | 计算方法 |
| --- | --- | --- |
| (四) | 钻前准备工程费 | 1+2+3+4 |
| 1 | 钻机拆迁安费 | (1)+(2) |
| (1) | 钻机拆安费 | 定额 |
| (2) | 钻机搬迁费 | Σ(运输价格×距离×吨位) |
| 2 | 供水工程费 | (1)+(2) |
| (1) | 泵站供水费 | 定额×管线长度+泵站定额 |
| (2) | 水井供水费 | 定额 |
| 3 | 供电工程费 | 定额 |
| 4 | 供暖工程费 | 定额 |

**表 1-7 钻井工程费**

| 序号 | 项目 | 计算方法 |
| --- | --- | --- |
| 二 | 钻井工程费 | (一)+(二)+(三) |
| (一) | 直接费 | 1+2+3+4 |
| 1 | 人工费 | 定额×钻井周期 |
| 2 | 设备费 | (1)-(2)+(3)+(4)+(5) |
| (1) | 钻机折旧费 | 定额×钻井周期 |
| (2) | 钻机修理费 | 定额×钻井周期 |
| (3) | 钻具摊销费 | 定额×钻井井深 |
| (4) | 井控摊销费 | 定额×钻井周期 |
| (5) | 固控摊销费 | 定额×钻井周期 |
| 3 | 材料费 | (1)+(2)+(3)+(4)+(5)+(6) |
| (1) | 钻头费 | Σ(钻头价格×数量) |
| (2) | 钻井液费 | 定额×钻井井深 |
| (3) | 柴油费 | 消耗定额×柴油价格×钻井周期 |
| (4) | 机油费 | 消耗定额×机油价格×钻井周期 |
| (5) | 水费 | 定额×钻井周期 |
| (6) | 其他材料费 | 定额×钻井周期 |
| 4 | 其他直接费 | (1)+(2)+(3)+(4) |
| (1) | 通讯费 | 定额×钻井周期 |
| (2) | 日常运费 | 定额×钻井周期 |
| (3) | 其他费 | 定额×钻井周期 |
| (4) | 保温费 | 定额×冬季施工周期 |
| (二) | 间接费 | 1+2+3 |
| 1 | 管理费 | (一)×定额费率 |
| 2 | 风险费 | ((一)+(二)1)×定额费率 |
| 3 | 利润 | ((一)+(二)1)×定额费率 |
| (三) | 技术服务费 | 1+2+3 |
| 1 | 钻井液技术服务费 | 定额×钻井周期 |
| 2 | 定向井技术服务费 | 定额×定向井服务周期 |
| 3 | 钻井取心技术服务费 | 定额×取心长度 |

**表 1-8 固井工程费**

| 序 号 | 项 目 | 计 算 方 法 |
| --- | --- | --- |
| 三 | 固井工程费 | （一）+（二）+（三）+（四）+（五） |
| （一） | 固井设计费 | Σ定额 |
| （二） | 材料费 | 1+2+3+4 |
| 1 | 套管费 | Σ（套管价格×单重×长度×（1+损耗率）） |
| 2 | 套管附件费 | Σ（套管附件价格×消耗量） |
| 3 | 水泥费 | Σ（水泥价格×消耗量） |
| 4 | 水泥外加剂费 | Σ（外加剂价格×消耗量） |
| （三） | 运输费 | 1+2+3 |
| 1 | 套管及附件运输费 | Σ（运输价格×距离×吨位） |
| 2 | 水泥运输费 | Σ（运输价格×距离×吨位） |
| 3 | 水泥外加剂运输费 | Σ（运输价格×距离×吨位） |
| （四） | 注水泥作业费 | 1+2 |
| 1 | 行驶费 | Σ（行驶定额×距离） |
| 2 | 作业费 | Σ作业定额 |
| （五） | 技术服务费 | 1+2+3+4+5 |
| 1 | 套管检测费 | 定额×套管总长度 |
| 2 | 水泥实验费 | 定额 |
| 3 | 水泥混拌费 | 定额×水泥量 |
| 4 | 下套管服务费 | 定额×下套管长度 |
| 5 | 零星作业费 | Σ（行驶定额×距离+作业定额） |

**表 1-9 录井工程费**

| 序 号 | 项 目 | 计 算 方 法 |
| --- | --- | --- |
| 四 | 录井工程费 | （一）+（二）+（三）+（四）+（五）+（六） |
| （一） | 录井队搬迁费 | 定额×搬迁距离 |
| （二） | 录井作业费 | 定额×录井周期 |
| （三） | 分析化验费 | Σ（定额×分析化验项目数量） |
| （四） | 岩心成像费 | 定额×岩心成像作业井次数 |
| （五） | 岩心扫描费 | 定额×岩心长度 |
| （六） | 资料处理解释费 | 定额 |

**表 1-10 测井工程费**

| 序 号 | 项 目 | 计 算 方 法 |
| --- | --- | --- |
| 五 | 测井工程费 | （一）+（二）+（三）+（四）+（五）+（六） |
| （一） | 表层套管井段测井费 | 1+2 |
| 1 | 裸眼测井费 | （1）+（2） |
| （1） | 行驶费 | Σ（行驶定额×距离） |
| （2） | 作业费 | $A+B$ |
| ① | 深度费 | Σ（测量项目深度定额×仪器下深） |

续表

| 序号 | 项目 | 计算方法 |
| --- | --- | --- |
| ② | 测量费 | Σ（测量项目测量定额×测量井段长） |
| 2 | 测固井质量费 | （1）+（2） |
| （1） | 行驶费 | Σ（行驶定额×距离） |
| （2） | 作业费 | $A+B$ |
| ① | 深度费 | Σ（测量项目深度定额×仪器下深） |
| ② | 测量费 | Σ（测量项目测量定额×测量井段长） |
| （二） | 技术套管井段测井费 | 1+2 |
| 1 | 裸眼测井费 | （1）+（2） |
| （1） | 行驶费 | Σ（行驶定额×距离） |
| （2） | 作业费 | $A+B$ |
| ① | 深度费 | Σ（测量项目深度定额×仪器下深） |
| ② | 测量费 | Σ（测量项目测量定额×测量井段长） |
| 2 | 测固井质量费 | （1）+（2） |
| （1） | 行驶费 | Σ（行驶定额×距离） |
| （2） | 作业费 | $A+B$ |
| ① | 深度费 | Σ（测量项目深度定额×仪器下深） |
| ② | 测量费 | Σ（测量项目测量定额×测量井段长） |
| （三） | 生产套管井段测井费 | 1+2+3 |
| 1 | 裸眼测井费 | （1）+（2） |
| （1） | 行驶费 | Σ（行驶定额×距离） |
| （2） | 作业费 | $A+B$ |
| ① | 深度费 | Σ（测量项目深度定额×仪器下深） |
| ② | 测量费 | Σ（测量项目测量定额×测量井段长） |
| 2 | 测固井质量费 | （1）+（2） |
| （1） | 行驶费 | Σ（行驶定额×距离） |
| （2） | 作业费 | $A+B$ |
| ① | 深度费 | Σ（测量项目深度定额×仪器下深） |
| ② | 测量费 | Σ（测量项目测量定额×测量井段长） |
| （四） | 井壁取心 | Σ（定额×取心颗数） |
| （五） | 电缆地层测试 | Σ（取样桶数×单价+测压点数×单价+取样深度×单价） |
| （六） | 资料处理解释费 | Σ（处理解释定额×项目处理解释井段长） |

**表 1-11　新井投产工程费**

| 序号 | 项目 | 计算方法 |
| --- | --- | --- |
| 六 | 新井投产工程费 | （一）+（二）+（三）+（四）+（五）+（六）+（七） |
| （一） | 作业队搬迁费 | 定额×搬迁距离 |
| （二） | 投产作业费 | 作业队日费定额×完井周期 |
| （三） | 材料费 | 1+2+3+4 |
| 1 | 采油树费 | 定额 |

续表

| 序号 | 项　目 | 计算方法 |
|---|---|---|
| 2 | 油管费 | Σ定额×油管长度 |
| 3 | 完井液 | 定额×完井液消耗量 |
| 4 | 施工材料费 | Σ（摊销定额×工序材料消耗量） |
| （四） | 射孔费 | 射孔米定额×射孔长度 |
| （五） | 运输费 | Σ（运输价格×距离×吨位） |
| （六） | 废液处理及环保费 | 定额 |
| （七） | 地貌恢复费 | 定额 |

**表 1-12　探井试油工程费**

| 序号 | 项　目 | 计算方法 |
|---|---|---|
| 六 | 探井试油工程费 | （一）+（二）+（三）+（四）+（五）+（六）+（七）+（八）+（九）+（十） |
| （一） | 试油设计费 | 定额 |
| （二） | 作业队搬迁费 | 定额×搬迁距离 |
| （三） | 试油作业费 | 作业队日费定额×试油周期 |
| （四） | 材料费 | 1+2+3+4 |
| 1 | 采油树费 | 定额 |
| 2 | 油管费 | 定额×油管长度 |
| 3 | 完井液 | 定额×完井液消耗量 |
| 4 | 施工材料费 | Σ（摊销定额×工序材料消耗量） |
| （五） | 射孔费 | 射孔米定额×射孔长度 |
| （六） | 地层测试费 | Σ定额×测试层数 |
| （七） | 压裂酸化费 | 1+2+3 |
| 1 | 施工费 | （1）+（2） |
| （1） | 行驶费 | Σ（行驶定额×距离） |
| （2） | 作业费 | $A+B$ |
| ① | 压裂车费 | 水马力定额×施工水马力数×泵注时间 |
| ② | 辅助设备费 | Σ（设备台时定额×设备台时消耗量） |
| 2 | 专用材料费 | Σ（定额×材料消耗量） |
| 3 | 专用工具费 | Σ（定额×工具摊销量） |
| （八） | 运输费 | Σ（运输价格×距离×吨位） |
| （九） | 废液处理及环保费 | 定额 |
| （十） | 地貌恢复费 | 定额 |

### 1.4.5　工程合同价确定

钻井工程合同价的确定方法比较多，同管理模式和组织方式密切相关。国内普遍采用总包费合同形式，一般以预算定额为基础编制工程招标标底，在标底的基础上下降几个百分点确定合同价，低限一般在0.5%～1.5%，高限可达到20%，大多数一般在3%～5%。国际上普遍采用日费合同形式，一般在合同中确定正常施工、组织停工等几种日费率标准，即为合同价，按实际钻井周期结算费用。

### 1.4.6　工程结算价确定

钻井工程结算价的确定方法同合同价的确定方法相一致，按照合同约定，根据工程量的变化进行相应的调整。

### 1.4.7　工程决算价确定

在钻井工程结算价的基础上，将建设单位相关的管理费以及研究项目费用按一定的方法分摊进该项工程，形成钻井工程决算价。

## 1.5　钻井工程计价标准体系

石油天然气钻井工程计价标准指根据一定的技术标准和施工组织条件，完成石油天然气井钻井工程量所消耗的人工、设备、材料和费用的标准额度，是一种经济技术标准。石油天然气钻井工程计价标准体系包括基础标准、消耗标准、费用标准、预算标准、概算标准、概算指标、估算指标、投资参考指标和钻井造价指数等 9 种，见图 1-13 和图 1-14。

基础标准、消耗标准、费用标准、预算标准、概算标准等标准是以 1 口井的钻井工程中各分部分项工程为研究对象和目标，而概算指标、估算指标、投资参考指标和钻井造价指数等指标是以 1 口井、1 个区块、1 个油田甚至 1 个公司为研究对象和目标。

### 1.5.1　钻井工程计价标准内容

#### 1.5.1.1　基础标准

基础标准指一定管理模式和生产组织方式下设备和人员的配备标准以及相关技术标准和规定，代表了当前油气田企业的生产力水平，是编制消耗标准和费用标准的基础。

##### 1.5.1.1.1　定员标准

定员标准为完成钻井工程而必须配备的施工队伍定员标准。如钻井队定员标准、固井设备定员标准、测井队定员标准、试油队定员标准和压裂队定员标准等，以及与定员标准相配套的年人工费标准。

##### 1.5.1.1.2　设备标准

设备标准为完成钻井工程而必须配备的施工设备配置标准。如各种钻机配套标准、不同固井作业规模设备标准、各种系列测井设备配置标准和常规测井组合标准等，以及与之相配套的资产原值、折旧和修理费率标准。

##### 1.5.1.1.3　技术标准

技术标准为完成钻井工程而必须具备的施工条件标准。如年额定工作时间、钻机钻深能力、井场占地面积、固定基础标准、活动基础标准、特车平均行驶速度、井身结构标准等。

#### 1.5.1.2　消耗标准

消耗标准指在一定的工艺技术、生产组织和设备条件下，为完成钻井工程中分项工程量所必须消耗的人工、设备和材料的数量标准。

##### 1.5.1.2.1　工时标准

工时标准指完成钻井工程中某一分项工程量消耗的人工工时和设备台时标准。大部分钻井作业是人机合一状态，人工工时和设备台时是一致的，如钻机搬安、钻进、固井、测井、完井等工序施工过程中钻井队人工工时消耗和钻机台时消耗是一致的。部分工作可以分为人工工时和设备台时标准，如水电安装工程的人工工时、吊车工作台时等。

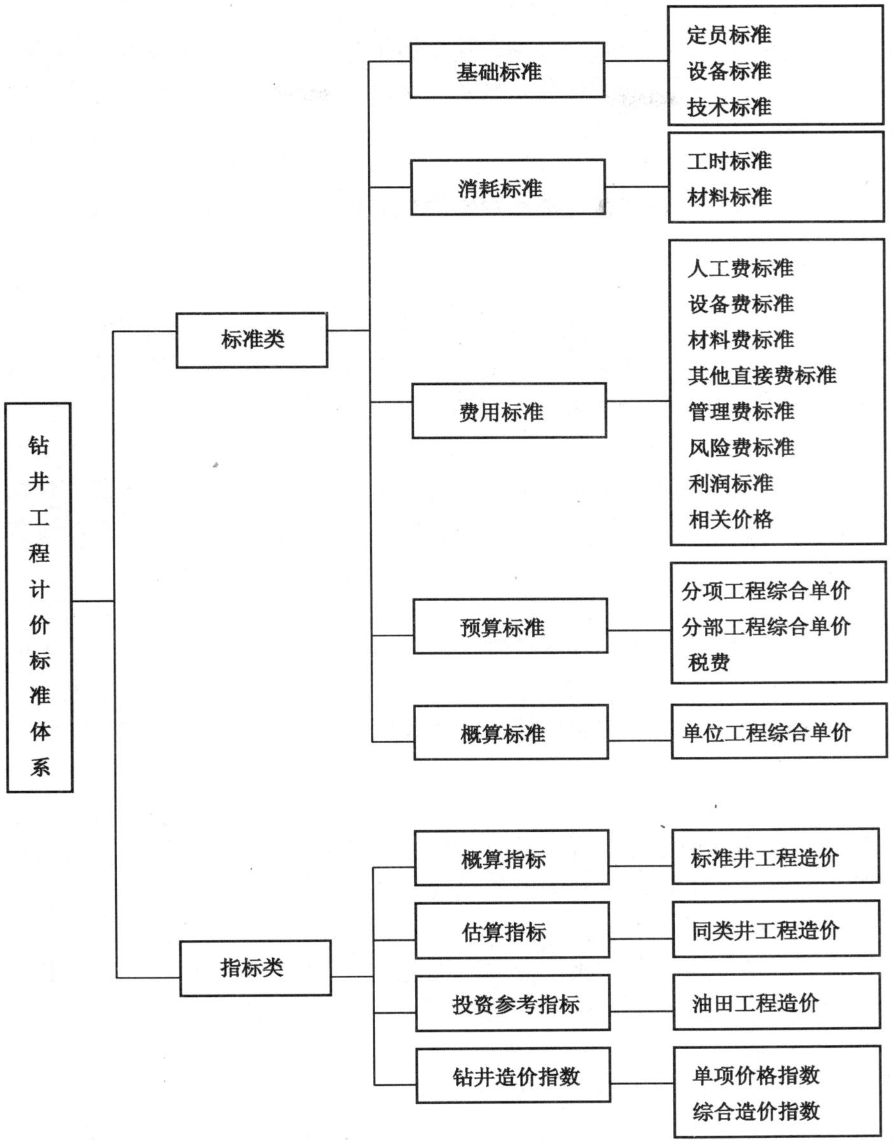


图 1-13　石油天然气钻井工程计价标准体系

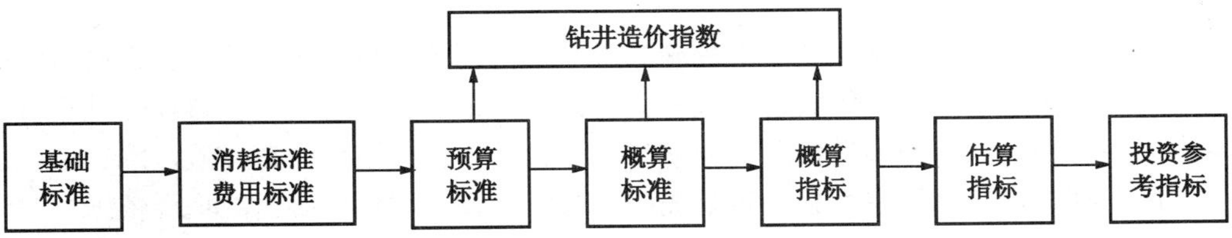


图 1-14　石油天然气钻井工程计价标准关系

1.5.1.2.2 材料标准

材料标准指完成钻井工程中某一分项工程量所消耗的常规材料数量标准，如钻机的油料、电消耗数量标准等。对于开发井的钻头、套管、水泥、钻井液等具有较强消耗规律的主要材料要编制消耗材料标准。

1.5.1.3 费用标准

费用标准指在基础标准和消耗标准所规定的生产条件下，完成钻井工程中某一分项工程量所必须消耗的单位费用。

1.5.1.3.1 人工费标准

人工费标准指完成钻井工程中某一分项工程量所必须消耗的单位人工费。一般按队型、工种、岗位分别确定人工费，包括技能工资、岗位工资、各种津贴、保险等与人员有关的全部费用，再按一定的计算方法测算出单位人工费标准。

1.5.1.3.2 设备费标准

设备费标准指完成钻井工程中某一分项工程量所必须消耗的单位设备费。包括设备折旧费、修理费，有些设备和重复使用的工具按摊销费计算。根据设备标准配套和相关规定，测算出单位设备费标准等。

1.5.1.3.3 材料费标准

材料费标准指完成钻井工程中某一分项工程量所必须消耗的单位材料费。主要材料由材料消耗标准乘以相关价格确定单位材料费，如油料费、水费等；对于消耗量大、价值较低、在工程造价中所占比重不大的一般材料消耗，直接以费用形式或者按费用比例确定，如钻进工程中的其他材料费。

1.5.1.3.4 其他直接费标准

其他直接费标准指完成钻井工程中某一分项工程量所必须直接消耗的但不能归入上述三种费用标准的相关费用，如钻进工程中的通讯费、日常运输费等。

1.5.1.3.5 管理费标准

管理费标准指完成钻井工程中某一分项工程量所要分摊的管理性和辅助性费用，是施工企业管理费，包括项目组（部）、分（子）公司和公司总部三级管理费。

1.5.1.3.6 风险费标准

风险费标准指完成钻井工程中某一分项工程量所要分摊的风险性费用。风险性费用指意外情况下发生的自然灾害、井下复杂和事故，造成大幅度时间和材料消耗增加而发生的费用。

1.5.1.3.7 利润标准

利润标准指施工企业进行钻井工程施工而应得的行业平均名义利润。

1.5.1.3.8 相关价格

相关价格指钻井工程中某一分项工程施工所必须消耗的材料、运输等相关价格。一般可根据上一年的全年平均价格、年底价格或有关协议，确定出各类主要消耗材料的预期价格，作为某个时期内相对固定的参考价格，如油料、套管、水泥、钻头、钻井液、水、电、运输等价格。施工期可按实际发生调整。它是编制综合单价及工程预算必需的重要依据。

1.5.1.4 预算标准

按施工工序和分项工程将多个同类性质计费项目所对应的费用标准或消耗标准乘以相关价格得出的费用进行综合，形成综合单价，便于计算和管理。表现形式主要有三种：时间类综合单价、长度类综合单价、井次类综合单价。此外，给出预算时需要的各种税费标准。

（1）时间类综合单价。以工时、台时、日或台月为单位进行计价，如钻井日费、录井日费、试油日费等单价。

（2）长度类综合单价。以行驶距离或测量长度为单位进行计价，如测井工程中的行驶费单价以车公里为计价单位，深度费单价以仪器入井单位深度米为计价单位等。

（3）井次类综合单价。以施工一井次为单位进行计价，如钻前工程中的搬迁费单价、固井工程中的注水泥作业费单价等。

（4）税费。指国家和当地政府有关部门制定的税费标准。我国陆上油田一般指应计入钻井工程造价的增值税（营业税）、城乡维护建设税和教育附加费。

#### 1.5.1.5 概算标准

以单位工程或分部工程为对象，将多个预算标准按单井进行归类，得出 1 口井费用标准，再考虑相关的各种税费，形成单项综合单价。在后面每个单项工程计价标准编制中会给出具体实例。

#### 1.5.1.6 概算指标

概算指标指完成石油公司所属油田和区块中一口标准井或典型井全部工程量所需要的全部投资，除工程施工费用外，还包括工程设计费、工程监督费、项目管理费等建设单位费用。详见第 9 章。

#### 1.5.1.7 估算指标

估算指标指石油公司所属油田或区块中同一类井钻井工程综合平均造价。详见第 9 章。

#### 1.5.1.8 投资参考指标

投资参考指标指石油公司所属油田或区块的钻井工程综合平均投资额度。详见第 9 章。

#### 1.5.1.9 钻井造价指数

钻井造价指数是反映一定时期内由于价格变化对钻井工程造价影响程度的一种指标，是调整钻井工程造价价差的依据。详见第 9 章。

## 1.6 钻井工程造价项目分类

钻井工程造价项目分类直接决定了钻井工程预算模式。不同的建设单位，其钻井工程造价项目分类有所不同，目前还没有统一的标准和要求，前面的预算模式实例已经说明了这个问题。钻井工程造价项目分类主要考虑 7 个方面因素：一是钻井承包商和技术服务商等施工队伍专业化发展趋势；二是工程施工程序；三是能包含目前各类石油天然气钻井工程的基本工程内容；四是最小计价单元；五是国际通行模式和惯例；六是全过程工程造价管理发展趋势；七是工程量清单计价模式。首先分析目前钻井工程施工队伍情况。

### 1.6.1 钻井工程施工队伍

钻井工程由钻井公司与众多的专业技术服务公司共同完成。在石油企业不断的重组中，钻井的核算单位已由过去一个包括各种钻井技术服务和生产服务的钻井公司分解为若干个专业服务公司，所以钻井工程造价必须要以各专业施工单位为单元进行核算。图 1-15 给出了基本的钻井工程施工队伍组织网络，下面进行简要分析说明。

钻井公司：钻井的主体工程即钻进工程的承担单位，钻井公司一般管理多支钻井队，钻井队是直接从事钻井生产的基层组织，钻井队又分大班、钻井班等班组。

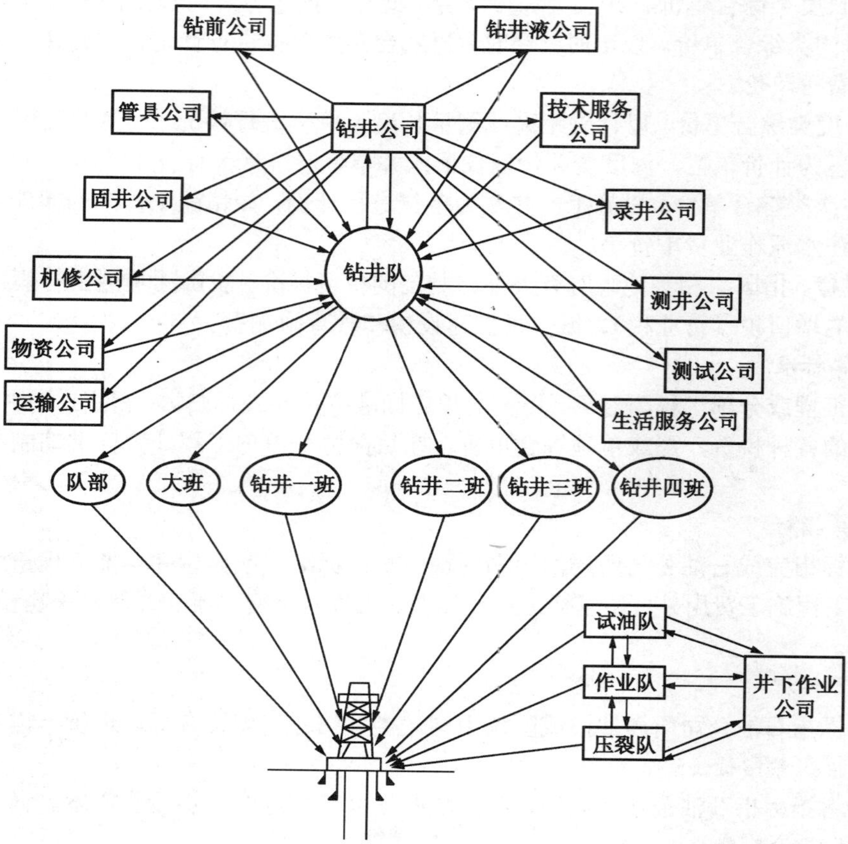


图 1-15　钻井工程施工队伍网络

钻前公司：主要承担钻前土建工程和准备工程，钻前公司下面一般设有土方、搬迁、安装、水电暖和锅炉等队站。

管具公司：主要负责钻井工具和钻具等的供井、转井、更换与回收、维修与试压以及探伤等工作。

固井公司：固井工程的承担单位，主要负责导管、表层套管、技术套管和生产套管的固井设计及施工，固井公司一般下设固井队和化验室等。

机修公司：主要负责钻机和相关设备的大修、中修工作，一般为石油机械厂，下设多个车间。

物资公司：负责套管、水泥等钻井物资的采购和供应，也有称供应处。

运输公司：主要负责钻井过程中的燃料、水、钻井液、器材和上下班人员的运送工作。

钻井液公司：主要负责钻井液的技术服务、散装重晶石粉和特殊钻井液的供应、井场钻井液的回收、转井等工作。

技术服务公司：主要负责定向井、水平井、欠平衡钻井等各种特殊工艺井的定向施工及随钻测量等钻井工艺技术服务与管理工作。

录井公司：录井工程的承担单位，主要负责井位测量、地质设计、现场资料采集、化验分析、完井地质报告编写等工作。

测井公司：测井工程的承担单位，负责全部测井资料的采集、处理解释。测井公司一般下设测井、射孔、仪修及综合处理解释等队站。

测试公司：负责钻井过程中中途测试和完井后地层测试和试井等工作。

生活服务公司：主要负责钻井队餐饮和后勤保障和生活区管理等工作。

井下作业公司：完井工程的承担单位，主要负责探井试油和开发井投产的各种作业，一般设作业队、试油队、射孔队、测试队、压裂队和保养站等单位。

上述所列 14 个钻井工程的施工单位，每个施工单位又分为多个施工队，一般一口井的钻井施工需要 20～30 个单独管理的施工队。钻前工程中一般需要工程设计人员、井位测量队、钻前工程队、水电安装队、井架（塔形）安装队、机械化作业队、综合队、测绘队、锅炉队以及相关技术和管理人员；钻进工程中一般需要钻井队、取心队、钻井液服务队、定向井服务队、欠平衡服务队、测试队、运输队、生活服务队、管具服务队以及相关技术和管理人员；固井工程中一般需要固井队、下套管服务队、实验室人员、运输队以及相关技术和管理人员；测井工程中一般需要测井队、井壁取心队、资料处理解释人员以及相关技术和管理人员；录井工程中一般需要录井队、综合解释评价人员以及相关技术和管理人员；完井工程中一般需要作业队、试油队、射孔队、压裂队、测试队、计量队、试井队、运输队、生活服务队以及相关技术和管理人员。

### 1.6.2 钻井工程造价项目分类

根据钻井工程建设的特点，借鉴基本建设项目工程分类方法和思路，将钻井工程造价项目分为 4 个层次：Ⅰ单项工程、Ⅱ单位工程、Ⅲ分部工程、Ⅳ分项工程，具体内容详见表 1-13。如果有必要，还可分出第 5 个层次，即Ⅴ子项工程。

**表 1-13 钻井工程造价项目分类**

| 编　码 | Ⅰ单项工程 | Ⅱ单位工程 | Ⅲ分部工程 | Ⅳ分项工程 |
|---|---|---|---|---|
| 100000 | 1. 钻前工程 | | | |
| 110000 | | 1. 井位勘测 | | |
| 111000 | | | 1. 道路勘测 | |
| 112000 | | | 2. 井场勘测 | |
| 113000 | | | 3. 井位测量 | |
| 120000 | | 2. 道路修建 | | |
| 121000 | | | 1. 新建道路 | |
| 122000 | | | 2. 维修道路 | |
| 123000 | | | 3. 桥涵修建 | |
| 130000 | | 3. 井场修建 | | |
| 131000 | | | 1. 井场和生活区修建 | |
| 131100 | | | | 1. 井场平整 |
| 131200 | | | | 2. 生活区平整 |
| 132000 | | | 2. 池类构筑 | |
| 132100 | | | | 1. 沉砂池构筑 |
| 132200 | | | | 2. 废液池构筑 |
| 132300 | | | | 3. 放喷池构筑 |
| 132400 | | | | 4. 垃圾坑构筑 |

续表

| 编　码 | Ⅰ单项工程 | Ⅱ单位工程 | Ⅲ分部工程 | Ⅳ分项工程 |
|---|---|---|---|---|
| 132500 | | | | 5. 圆井(方井)构筑 |
| 133000 | | | 3. 现浇基础构筑 | |
| 133100 | | | | 1. 钻机基础构筑 |
| 133200 | | | | 2. 设备基础构筑 |
| 134000 | | | 4. 桩基基础构筑 | |
| 134100 | | | | 1. 钢筋混凝土预制桩构筑 |
| 134200 | | | | 2. 振动灌注桩构筑 |
| 134300 | | | | 3. 钻孔灌注桩构筑 |
| 134400 | | | | 4. 爆扩桩构筑 |
| 134500 | | | | 5. 水泥搅拌桩构筑 |
| 134600 | | | | 6. 石灰桩构筑 |
| 135000 | | | 5. 人工岛建造 | |
| 140000 | | 4. 钻前准备 | | |
| 141000 | | | 1. 钻井设备搬迁安装 | |
| 141100 | | | | 1. 钻机拆卸安装 |
| 141200 | | | | 2. 钻机搬迁 |
| 141300 | | | | 3. 野营房搬迁 |
| 141400 | | | | 4. 活动基础搬迁 |
| 141500 | | | | 5. 顶部驱动装置搬迁 |
| 142000 | | | 2. 井场供水 | |
| 142100 | | | | 1. 泵站供水 |
| 142200 | | | | 2. 水井供水 |
| 143000 | | | 3. 井场供电 | |
| 143100 | | | | 1. 自发电供电 |
| 143200 | | | | 2. 外接电供电 |
| 144000 | | | 4. 井场供暖 | |
| 145000 | | | 5. 钻井队搬迁 | |
| 150000 | | 5. 其他作业 | | |
| 151000 | | | 1. 井场围堰构筑 | |
| 152000 | | | 2. 隔离带构筑 | |
| 200000 | 2. 钻进工程 | | | |
| 210000 | | 1. 钻进作业 | | |
| 211000 | | | 1. 一开钻进 | |
| 211100 | | | | 1. 一开钻进施工 |
| 211200 | | | | 2. 一开完井施工 |
| 212000 | | | 2. 二开钻进 | |
| 212100 | | | | 1. 二开钻进施工 |
| 212200 | | | | 2. 二开完井施工 |
| 213000 | | | 3. 三开钻进 | |
| 213100 | | | | 1. 三开钻进施工 |

续表

| 编　码 | Ⅰ单项工程 | Ⅱ单位工程 | Ⅲ分部工程 | Ⅳ分项工程 |
| --- | --- | --- | --- | --- |
| 213200 | | | | 2. 三开完井施工 |
| 214000 | | | 4. 四开钻进 | |
| 214100 | | | | 1. 四开钻进施工 |
| 214200 | | | | 2. 四开完井施工 |
| 215000 | | | 5. 五开钻进 | |
| 215100 | | | | 1. 五开钻进施工 |
| 215200 | | | | 2. 五开完井施工 |
| 216000 | | | 6. 其他施工 | |
| 216100 | | | | 1. 取心钻进 |
| 216200 | | | | 2. 钻杆测试 |
| 220000 | | 2. 主要材料 | | |
| 221000 | | | 1. 钻具 | |
| 222000 | | | 2. 钻头 | |
| 222100 | | | | 1. 一开钻进 |
| 222200 | | | | 2. 二开钻进 |
| 222300 | | | | 3. 三开钻进 |
| 222400 | | | | 4. 四开钻进 |
| 222500 | | | | 5. 五开钻进 |
| 222600 | | | | 6. 取心钻进 |
| 223000 | | | 3. 钻井液材料 | |
| 223100 | | | | 1. 一开钻进 |
| 223200 | | | | 2. 二开钻进 |
| 223300 | | | | 3. 三开钻进 |
| 223400 | | | | 4. 四开钻进 |
| 223500 | | | | 5. 五开钻进 |
| 224000 | | | 4. 水 | |
| 225000 | | | 5. 柴油 | |
| 230000 | | 3. 大宗材料运输 | | |
| 231000 | | | 1. 钻具运输 | |
| 232000 | | | 2. 钻头运输 | |
| 233000 | | | 3. 钻井液材料运输 | |
| 234000 | | | 4. 水运输 | |
| 235000 | | | 5. 柴油运输 | |
| 240000 | | 4. 技术服务 | | |
| 241000 | | | 1. 钻井液服务 | |
| 242000 | | | 2. 管具服务 | |
| 242100 | | | | 1. 钻具修理 |
| 242200 | | | | 2. 井控装置摊销 |
| 242300 | | | | 3. 井控装置修理 |
| 243000 | | | 3. 定向井服务 | |

续表

| 编　码 | Ⅰ单项工程 | Ⅱ单位工程 | Ⅲ分部工程 | Ⅳ分项工程 |
|---|---|---|---|---|
| 242100 | | | | 1. 搬迁 |
| 242200 | | | | 2. 定向施工 |
| 244000 | | | 4. 欠平衡服务 | |
| 244100 | | | | 1. 搬迁 |
| 244200 | | | | 2. 欠平衡施工 |
| 245000 | | | 5. 测试服务 | |
| 245100 | | | | 1. 路途行驶 |
| 245200 | | | | 2. 测试施工 |
| 250000 | | 5. 其他作业 | | |
| 251000 | | | 1. 环保处理 | |
| 251100 | | | | 1. 钻井污水处理 |
| 251200 | | | | 2. 废弃钻井液处理 |
| 252000 | | | 2. 地貌恢复 | |
| 300000 | 3. 固井工程 | | | |
| 310000 | | 1. 固井作业 | | |
| 311000 | | | 1. 导管固井 | |
| 312000 | | | 2. 表层套管固井 | |
| 313000 | | | 3. 技术套管固井 | |
| 314000 | | | 4. 生产套管固井 | |
| 320000 | | 2. 主要材料 | | |
| 321000 | | | 1. 套管 | |
| 321100 | | | | 1. 导管 |
| 321200 | | | | 2. 表层套管 |
| 321300 | | | | 3. 技术套管 |
| 321400 | | | | 4. 生产套管 |
| 322000 | | | 2. 套管附件 | |
| 322100 | | | | 1. 导管附件 |
| 322200 | | | | 2. 表层套管附件 |
| 322300 | | | | 3. 技术套管附件 |
| 322400 | | | | 4. 生产套管附件 |
| 323000 | | | 3. 井下工具 | |
| 323100 | | | | 1. 表层套管固井井下工具 |
| 323200 | | | | 2. 技术套管固井井下工具 |
| 323300 | | | | 3. 生产套管固井井下工具 |
| 324000 | | | 4. 水泥 | |
| 324100 | | | | 1. 导管固井水泥 |
| 324200 | | | | 2. 表层套管固井水泥 |
| 324300 | | | | 3. 技术套管固井水泥 |
| 324400 | | | | 4. 生产套管固井水泥 |
| 325000 | | | 5. 水泥外加剂 | |

| 编　码 | Ⅰ单项工程 | Ⅱ单位工程 | Ⅲ分部工程 | Ⅳ分项工程 |
|---|---|---|---|---|
| 325100 | | | | 1. 导管固井水泥外加剂 |
| 325200 | | | | 2. 表层套管固井水泥外加剂 |
| 325300 | | | | 3. 技术套管固井水泥外加剂 |
| 325400 | | | | 4. 生产套管固井水泥外加剂 |
| 326000 | | | 6. 固井水 | |
| 326100 | | | | 1. 导管固井水 |
| 326200 | | | | 2. 表层套管固井水 |
| 326300 | | | | 3. 技术套管固井水 |
| 326400 | | | | 4. 生产套管固井水 |
| 330000 | | 3. 大宗材料运输 | | |
| 331000 | | | 1. 套管运输 | |
| 332000 | | | 2. 套管附件运输 | |
| 333000 | | | 3. 井下工具运输 | |
| 334000 | | | 4. 水泥运输 | |
| 335000 | | | 5. 水泥外加剂运输 | |
| 336000 | | | 6. 固井水运输 | |
| 340000 | | 4. 技术服务 | | |
| 341000 | | | 1. 套管检测 | |
| 342000 | | | 2. 水泥试验 | |
| 343000 | | | 3. 水泥混拌 | |
| 344000 | | | 4. 下套管服务 | |
| 350000 | | 5. 其他作业 | | |
| 351000 | | | 1. 打水泥塞 | |
| 352000 | | | 2. 试压 | |
| 400000 | 4. 录井工程 | | | |
| 410000 | | 1. 录井作业 | | |
| 411000 | | | 1. 搬迁 | |
| 412000 | | | 2. 资料采集 | |
| 412100 | | | | 1. 一开井段录井 |
| 412200 | | | | 2. 二开井段录井 |
| 412300 | | | | 3. 三开井段录井 |
| 412400 | | | | 4. 四开井段录井 |
| 412500 | | | | 5. 五开井段录井 |
| 413000 | | | 3. 资料处理解释 | |
| 420000 | | 2. 技术服务 | | |
| 421000 | | | 1. 荧光显微图象录井 | |
| 422000 | | | 2. 罐顶气轻烃录井 | |
| 423000 | | | 3. 热解气相色谱录井 | |
| 424000 | | | 4. PK 仪录井 | |
| 425000 | | | 5. 快速色谱仪录井 | |

续表

| 编　码 | Ⅰ单项工程 | Ⅱ单位工程 | Ⅲ分部工程 | Ⅳ分项工程 |
|---|---|---|---|---|
| 426000 | | | 6. 钻柱应力波频谱录井 | |
| 427000 | | | 7. 核磁共振扫描录井 | |
| 428000 | | | 8. 随钻地震监测录井 | |
| 429000 | | | 9. 荧光显微图象录井 | |
| 430000 | | 3. 其他作业 | | |
| 431000 | | | 1. 化验分析 | |
| 432000 | | | 2. 卫星传输 | |
| 500000 | 5. 测井工程 | | | |
| 510000 | | 1. 测井作业 | | |
| 511000 | | | 1. 一开井段测井 | |
| 511100 | | | | 1. 裸眼井测井 |
| 511200 | | | | 2. 固井质量检查测井 |
| 512000 | | | 2. 二开井段测井 | |
| 512100 | | | | 1. 裸眼井测井 |
| 512200 | | | | 2. 固井质量检查测井 |
| 513000 | | | 3. 三开井段测井 | |
| 513100 | | | | 1. 裸眼井测井 |
| 513200 | | | | 2. 固井质量检查测井 |
| 520000 | | 2. 技术服务 | | |
| 521000 | | | 1. 电缆地层测试 | |
| 521100 | | | | 1. 路途行驶 |
| 521200 | | | | 2. 资料采集 |
| 522000 | | | 2. 井壁取心 | |
| 521100 | | | | 1. 路途行驶 |
| 521200 | | | | 2. 资料采集 |
| 523000 | | | 3. 井温测井 | |
| 523100 | | | | 1. 路途行驶 |
| 523200 | | | | 2. 资料采集 |
| 523300 | | | | 3. 资料处理 |
| 524000 | | | 4. 套管质量评价测井 | |
| 524100 | | | | 1. 路途行驶 |
| 524200 | | | | 2. 资料采集 |
| 524300 | | | | 3. 资料处理 |
| 530000 | | 3. 其他作业 | | |
| 531000 | | | 1. 下电缆桥塞 | |
| 532000 | | | 2. 爆炸切割 | |
| 533000 | | | 3. 爆炸松扣 | |
| 534000 | | | 4. 打捞 | |
| 600000 | 6. 完井工程 | | | |

续表

| 编　码 | Ⅰ单项工程 | Ⅱ单位工程 | Ⅲ分部工程 | Ⅳ分项工程 |
|---|---|---|---|---|
| 610000 | | 1. 完井作业 | | |
| 611000 | | | 1. 搬迁 | |
| 612000 | | | 2. 井筒准备 | |
| 612100 | | | | 1. 通井 |
| 612200 | | | | 2. 刮削 |
| 612300 | | | | 3. 洗井 |
| 612400 | | | | 4. 探人工井底 |
| 612500 | | | | 5. 试压 |
| 613000 | | | 3. 配合井下作业 | |
| 613100 | | | | 1. 配合射孔 |
| 613200 | | | | 2. 配合地层测试 |
| 613300 | | | | 3. 配合压裂 |
| 613400 | | | | 4. 配合酸化 |
| 613500 | | | | 5. 配合试井 |
| 614000 | | | 4. 排液求产 | |
| 614100 | | | | 1. 排液 |
| 614200 | | | | 2. 求产 |
| 614300 | | | | 3. 测压 |
| 614400 | | | | 4. 取样 |
| 615000 | | | 5. 起作业管柱 | |
| 615100 | | | | 1. 起射孔管柱 |
| 615200 | | | | 2. 起测试管柱 |
| 615300 | | | | 3. 起气举管柱 |
| 615400 | | | | 4. 起压裂管柱 |
| 615500 | | | | 5. 起酸化管柱 |
| 615600 | | | | 6. 起组合管柱 |
| 616000 | | | 6. 下生产管柱 | |
| 616100 | | | | 1. 下油井生产管柱 |
| 616200 | | | | 2. 下注水井生产管柱 |
| 616300 | | | | 3. 下天然气井生产管柱 |
| 617000 | | | 7. 交井(封井) | |
| 617100 | | | | 1. 交井 |
| 617200 | | | | 2. 封井 |
| 618000 | | | 8. 特殊作业 | |
| 620000 | | 2. 主要材料 | | |
| 621000 | | | 1. 采油树 | |
| 622000 | | | 2. 油管 | |
| 630000 | | 3. 大宗材料运输 | | |
| 631000 | | | 1. 采油树运输 | |
| 632000 | | | 2. 油管运输 | |

续表

| 编　码 | Ⅰ单项工程 | Ⅱ单位工程 | Ⅲ分部工程 | Ⅳ分项工程 |
|---|---|---|---|---|
| 640000 | | 4. 技术服务 | | |
| 641000 | | | 1. 射孔 | |
| 641100 | | | | 1. 路途行驶 |
| 641200 | | | | 2. 射孔施工 |
| 642000 | | | 2. 地层测试 | |
| 642100 | | | | 1. 路途行驶 |
| 642200 | | | | 2. 测试施工 |
| 643000 | | | 3. 地面计量 | |
| 643100 | | | | 1. 路途行驶 |
| 643200 | | | | 2. 计量施工 |
| 644000 | | | 4. 压裂 | |
| 644100 | | | | 1. 压裂准备 |
| 644200 | | | | 2. 压裂施工 |
| 644300 | | | | 3. 压裂材料 |
| 645000 | | | 5. 酸化 | |
| 645100 | | | | 1. 酸化准备 |
| 645200 | | | | 2. 酸化施工 |
| 645300 | | | | 3. 酸化材料 |
| 646000 | | | 6. 试井 | |
| 646100 | | | | 1. 路途行驶 |
| 646200 | | | | 2. 试井施工 |
| 650000 | | 5. 其他作业 | | |
| 651000 | | | 1. 环保处理 | |
| 651100 | | | | 1. 完井污水处理 |
| 651200 | | | | 2. 废弃完井液处理 |
| 652000 | | | 2. 地貌恢复 | |
| 700000 | 7. 建设单位管理 | | | |
| 710000 | | 1. 钻井工程管理 | | |
| 711000 | | | 1. 建设单位管理 | |
| 712000 | | | 2. 钻井工程监督 | |
| 720000 | | 2. 钻井设计 | | |
| 721000 | | | 1. 钻井地质设计 | |
| 722000 | | | 2. 钻井工程设计 | |
| 730000 | | 3. 土地租用 | | |
| 731000 | | | 1. 进井场道路用地 | |
| 732000 | | | 2. 井场用地 | |
| 733000 | | | 3. 生活区用地 | |
| 740000 | | 4. 环保管理 | | |
| 741000 | | | 1. 环境评价 | |
| 742000 | | | 2. 环保监测 | |

续表

| 编　码 | Ⅰ单项工程 | Ⅱ单位工程 | Ⅲ分部工程 | Ⅳ分项工程 |
|---|---|---|---|---|
| 750000 | | 5. 工程研究试验 | | |
| 751000 | | | 1. 钻井工程方案编制 | |
| 752000 | | | 2. 钻井工程技术先导试验 | |
| 760000 | | 6. 工程保险 | | |
| 770000 | | 7. 工程预备费管理 | | |

在实际操作过程中，不是每一口井都具有表 1-13 所列的全部项目，很可能是其中的一大部分项目。若钻井工程相关作业工序中有重复多次的同一工序，则在编码最后一位数字的后面标注 A，B，C，……，如完井作业工序中下 3 次射孔管柱，则编码分别为 613100A、613100B、613100C，以此类推。

### 1.6.3　钻井工程造价决定因素

钻井工程造价的决定因素是构成钻井工程实体消耗的人员、设备、材料等要素，这些要素的消耗量直接代表了油气田现有钻井工程生产能力和水平。因此按照上述钻井工程造价项目分类，分别确定各单位工程、分部工程、分项工程对应的主要人员、主要设备、主要材料，见表 1-14。

**表 1-14　钻井工程造价决定因素**

| 编 码 | 工 程 项 目 | 主 要 人 员 | 主 要 设 备 | 主 要 材 料 |
|---|---|---|---|---|
| 100000 | 钻前工程 | | | |
| 110000 | 井位勘测 | 井位测量队 | 全站仪、卫星定位仪 | |
| 120000 | 道路修建 | 土建队 | 土方机械、石方机械、混凝土机械 | 石料、水泥、钢材、木材、炸药 |
| 130000 | 井场修建 | 土建队 | 土方机械、石方机械、混凝土机械 | 石料、水泥、钢材、木材、炸药 |
| 140000 | 钻前准备 | | | |
| 141000 | 钻井设备搬迁安装 | 搬迁队、钻井队 | 运输车辆 | |
| 142000 | 井场供水 | | | |
| 142100 | 泵站供水 | 水电队 | | 水泵、电缆、水管线 |
| 142200 | 水井供水 | 水井队、水电队 | 水井钻机 | 钻头、套管、水泵、电缆、水管线 |
| 143000 | 井场供电 | 水电队 | 运输车辆 | 电器、电杆、电线 |
| 144000 | 井场供暖 | 锅炉队 | 锅炉 | 锅炉配件 |
| 145000 | 钻井队搬迁 | 钻井队 | 运输车辆 | |
| 150000 | 其他作业 | 土建队 | 土方机械、石方机械、混凝土机械 | 石料、水泥、钢材、木材、炸药 |
| 200000 | 钻进工程 | | | |
| 210000 | 钻进作业 | 钻井队 | 钻机 | |
| 220000 | 主要材料 | | | 钻具、钻头、钻井液材料、水、柴油 |
| 230000 | 大宗材料运输 | 运输队 | 运输车辆 | |
| 240000 | 技术服务 | | | |
| 241000 | 钻井液服务 | 钻井液队 | | |

续表

| 编 码 | 工 程 项 目 | 主 要 人 员 | 三 要 设 备 | 主 要 材 料 |
|---|---|---|---|---|
| 242000 | 管具服务 | 管具公司 | 井控设备、特殊工具 | |
| 243000 | 定向井服务 | 定向队 | 测量仪器和工具 | 动力钻具、定向工具 |
| 244000 | 欠平衡服务 | 欠平衡队 | 防喷设备、泡沫发生器 | |
| 245000 | 测试服务 | 测试队 | 测试仪器 | 测试器 |
| 250000 | 其他作业 | | | |
| 251000 | 环保处理 | 钻井队 | 污水处理装置、车辆 | 化学药品 |
| 300000 | | | 固井工程 | |
| 310000 | 固井作业 | 固井队 | 固井车组 | |
| 320000 | 主要材料 | | | 套管、套管及附件、井下工具、水泥、水泥外加剂、固井水 |
| 330000 | 大宗材料运输 | 运输队 | 运输车辆 | |
| 340000 | 技术服务 | | | |
| 341000 | 套管检测 | 管子车间 | 检测仪 | |
| 342000 | 水泥试验 | 试验人员 | 试验仪器 | 化学药品 |
| 343000 | 水泥混拌 | 水泥混拌站 | 鼓风机、立罐 | |
| 344000 | 下套管服务 | 下套管队 | 套管钳 | |
| 350000 | 其他作业 | | | |
| 351000 | 打水泥塞 | 固井队 | 水泥车 | 水泥及外加剂 |
| 352000 | 试压 | 固井队 | 水泥车 | 水 |
| 400000 | | | 录井工程 | |
| 410000 | 录井作业 | 录井队 | 运输车辆 | |
| 411000 | 搬迁 | 录井队 | 运输车辆 | |
| 412000 | 资料采集 | 录井队 | 录井仪、化验仪器 | |
| 413000 | 资料处理解释 | 解释评价人员 | 计算机 | |
| 420000 | 技术服务 | 相关技术人员 | 特殊录井仪器 | |
| 430000 | 其他作业 | | | |
| 431000 | 化验分析 | 化验人员 | 化验仪器 | 化学药品 |
| 432000 | 卫星传输 | 录井人员 | 专用仪器 | |
| 500000 | | | 测井工程 | |
| 510000 | 测井作业 | 测井队、资料评价人员 | 测井车、测井仪、计算机、工作站 | |
| 520000 | 技术服务 | | | |
| 521000 | 电缆地层测试 | 测井队 | 测井车、测井仪 | 测试器 |
| 522000 | 井壁取心 | 取心队 | 测井车、测井仪 | 取心器 |
| 523000 | 井温测井 | 测井队 | 测井车、测井仪 | |
| 524000 | 套管质量评价测井 | 测井队 | 测井车、测井仪 | |
| 530000 | 其他作业 | 测井队 | 测井车、测井仪 | 桥塞、打捞工具 |
| 600000 | | | 完井工程 | |
| 610000 | 完井作业 | 作业队 | 作业机、运输车辆 | 井下工具、化工材料、完井液 |
| 620000 | 主要材料 | | | 油管、采油树、 |
| 630000 | 大宗材料运输 | 运输队 | 运输车辆 | |

续表

| 编码 | 工程项目 | 主要人员 | 主要设备 | 主要材料 |
|---|---|---|---|---|
| 640000 | 技术服务 | | | |
| 641000 | 射孔 | 射孔队 | 运输车辆、测井车 | 射孔枪、射孔弹 |
| 642000 | 地层测试 | 测试队 | | 测试器 |
| 643000 | 地面计量 | 计量队 | 分离器 | |
| 644000 | 压裂 | 压裂队 | 压裂车组 | |
| 645000 | 酸化 | 酸化队 | 酸化车组 | |
| 646000 | 试井 | 试井队 | 试井车 | |
| 650000 | 其他作业 | | | |
| 651000 | 环保处理 | 作业队 | 污水处理装置、车辆 | 化学药品 |
| 652000 | 地貌恢复 | 作业队或土建队 | 运输车辆 | |
| 700000 | 建设单位管理 | | | |
| 710000 | 钻井工程管理 | 管理人员、监督 | | |
| 720000 | 钻井设计 | 设计人员 | 计算机 | |
| 730000 | 土地租用 | 土地管理人员 | | |
| 740000 | 环保管理 | 管理人员 | | |
| 750000 | 工程研究试验 | 研究人员 | | |
| 760000 | 工程保险 | 管理人员 | | |
| 770000 | 工程预备费管理 | 管理人员 | | |

在表 1-14 中，未完全按照表 1-13 所列的全部项目进行一一对应的给出人员、设备、材料等要素，因为有些分项工程和分部工程是由一个施工队伍完成的，对相关工程项目进行合并。

# 2 钻前工程造价理论与方法

## 2.1 钻前工程基本概念

钻前工程是为油气井开钻提供必要条件所进行的各项准备工作。钻前工程主要内容包括井位勘测、道路修建、井场修建、钻前准备和其他作业等，其基本工作流程见图 2-1。

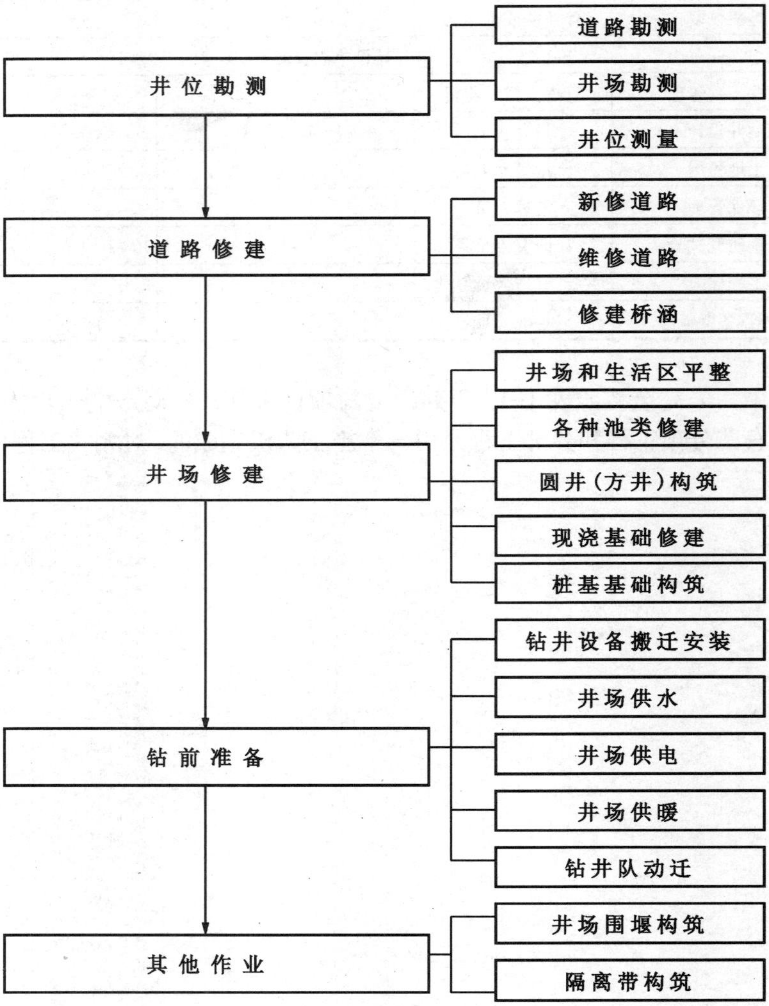


图 2-1　钻前工程基本内容和工作流程

钻井设计（钻井地质设计、钻井工程设计）和土地租用（进井场道路用地、井场用地、生活区用地）也在钻前阶段实施，一般由建设单位负责管理，将在第 8 章详细介绍。

### 2.1.1 井位勘测

井位勘测也称定井位，是按地质设计要求，结合地形、水文、地质及施工条件，勘查测量并确定井口位置。定井位的基本原则是：地面服从地下，地下照顾地面，经济安全，保护环境。一般有以下基本要求。

（1）全面考虑地形、地势、地物、土质、地下水位、水源、排水、交通条件等情况，充分利用有利地形，做到少占耕地，靠近水源，少修道路，方便施工，并便于废液处理场地的布置，优选出最佳井位点。

（2）选择井位应尽量避开洪水区、山洪暴发区、山体滑坡带、泥石流等不良地段和海滩地、沼泽地及砾石带等土方工程难度大及易冲刷的地区。

（3）根据设计井深、建井周期、钻机型号、泵型号及其他工程技术方面的要求确定井位。在地质设计井位允许的前提下，尽量满足工程设计的要求。现场实地测量时，井位移动距离是以井口为中心的 50m 范围内变动；当地面条件满足不了设计要求时，可移动井位后打定向井达到勘探开发的目的。

#### 2.1.1.1 道路勘测

##### 2.1.1.1.1 道路勘测主要内容

道路勘测是对搬迁钻井设备等所经道路和拟修建道路进行实地调查了解，为顺利安全搬迁所做的准备工作。道路勘测的主要内容是施工单位有关人员勘察沿途的道路路况、隧道、工业和民用建筑以及桥梁和涵洞的承载能力，掌握沿途横跨道路的通讯线、电力线、高架管线及其他障碍物的情况，估算道路里程，估计土石方、桥梁、涵洞等工程数量，估计修路长度及越岭线的高差等，并编写调查报告，据此确定施工方案。

##### 2.1.1.1.2 道路勘测报告基本内容

（1）概述。包括道路勘测的依据、组织和经过；道路路线的地理位置以及在公路网中的作用；阐明所拟修建道路的原则和推荐方案在技术上的可行性。

（2）道路概况。包括道路路线经过的主要控制点、走向、长度；经过地区的地形、地质、土壤、水文、气象、地震、筑路材料及经济资源；越岭跨河、水库影响和严重地质不良地段；重点工程及其数量。

（3）方案比选。包括主要道路路线、大桥的论证及推荐；推荐道路路线所经控制点、走向和独立大桥桥位及主要技术指标；有关部门对道路路线、大桥方案的意见；工程数量、投资、占用土地数量以及钢材、木材、水泥等主要材料用量的估算。

（4）工作安排意见。设计阶段或勘测工作安排意见。

当然，若在老油田老区块钻井，也可不必要编写此勘测报告。

##### 2.1.1.1.3 井场道路设计主要要求

（1）土方工程量少。尽量利用已有的乡村公路、土路和桥涵，并按进井场道路要求进行改造；尽量避免填大深沟和远距离运土，修筑道路不得在距井场 10m 以内地方取土；在地形复杂时要进行多方案设计比较，优选最佳方案进行施工；在条件允许的情况下考虑机械化施工方案。

（2）便于道路与井场的衔接。进井场道路一般由井场前方或侧面进入，在地形限制和土方量特大的情况下，可由井场后方进入，但不得占用井场。

（3）道路要符合相关标准规定。一般进井场道路路基宽度为 6m，路面宽度为 3.5m，拐弯处路面要加宽 1～2m，最小转弯半径 6m，在适当距离内还要有会车道路。道路要设计排

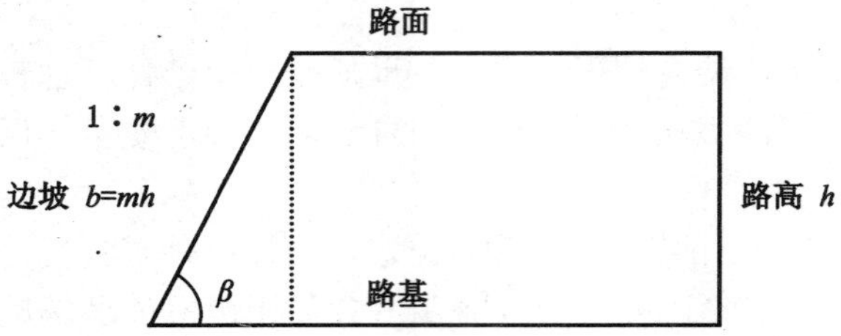


图 2-2　边坡示意图

水沟，根据需要设置排水涵洞及道路标志。

边坡就是路基两侧的路缘和地面连起来所成的倾斜面，边坡一般用 1∶m 表示，见图 2-2。在进井场道路施工中，推荐边坡坡度为 1:1 至 1:1.25。$\beta$ 角为 45°～38° 40′，其中路高 $h$ 为 1，边坡长度为 $mh$。

纵坡是顺着道路前进方向的上下坡。纵坡坡度通常用百分比值表示，就是该段斜坡的两端的高度差值与其水平长度的比值。主要指标包含最大纵坡、最小纵坡以及相应坡长。最大纵坡指载重汽车在油门全开的情况下持续以等速行驶时所能克服的坡度；最小纵坡是根据路基边沟纵向排水的需要而产生的，一般情况下，等于路基边沟纵坡。

根据交通部 2004 年发布的 JTG B01—2003《公路工程技术标准》，四级公路主要技术指标为：设计行驶速度 20km/h，其最小纵坡坡长为 60m，最大纵坡坡长见表 2-1。

表 2-1　四级公路最大纵坡坡长

| 序　号 | 纵坡坡度（%） | 最大坡长（m） |
|---|---|---|
| 1 | 4 | 1200 |
| 2 | 5 | 1000 |
| 3 | 6 | 800 |
| 4 | 7 | 600 |
| 5 | 8 | 400 |
| 6 | 9 | 300 |
| 7 | 10 | 200 |

（4）确定进井场道路类型。通常有简易道路、四级公路两种类型，简易道路是首选。

（5）绘制道路平面图。道路平面图如图 2-3 所示。一般包括地形、地物、地貌；道路路线中心线及导线、偏角、里程桩号；桥涵隧道位置及结构类型、孔径、长度；人工构造物位置；曲线要素；土地及作物类型；主要材料料场位置等。

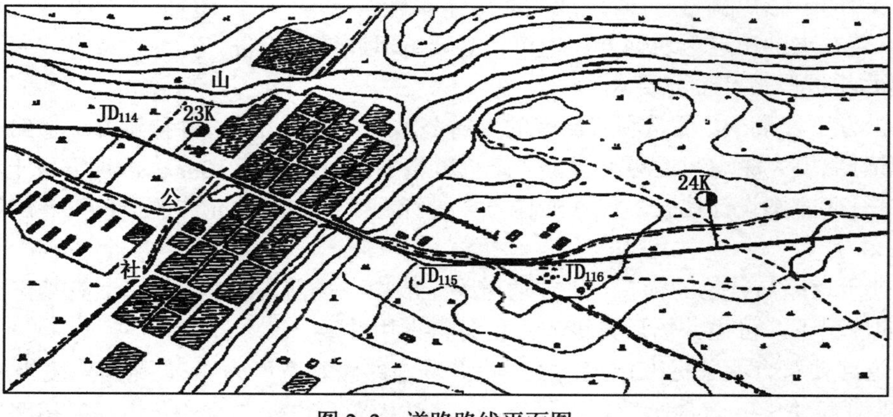


图 2-3　道路路线平面图

2.1.1.2　井场勘测

2.1.1.2.1　井场勘测主要要求

井场是钻井施工必需的作业场所。井场勘测是实地勘查测量钻井施工井场，其主要要求有：

（1）井场边缘与卫生企业、医疗区、学校等也应保持一定距离，一般不少于100m，高压油气井距离再各增加50m。含硫油气田的井，井口距民房距离应以其不受硫化氢扩散影响为准则；尽量在前后或左右方向应能让盛行风畅通。

（2）井场边缘与铁路、江河大堤、高压线、公路干线、高大建筑物、水源（水库）及其他永久设施，距离不得少于50m，距民房100m以外。水利交通等部门有特殊规定者按规定执行。

2.1.1.2.2　井场勘测报告基本内容

井场勘测报告通常包括以下内容：

（1）项目概况。包括勘探开发项目概况和钻井施工井场要求。

（2）地理环境。包括井场周围地形、地貌特征；地质特征及复杂情况；邻区及邻近井的施工情况；水文和水质情况，包括河流、湖泊、水库、水渠和地下水等；可能发生的自然灾害；农业及水利设施；钻井施工区的工业、民用建筑及水力、电力设施；文物和遗址；野生动植物分布及保护区，旅游资源保护区。

（3）社会环境。包括钻井作业区域的民族分布、民俗民情；社会治安；交通和通信设施；医疗条件和设施；地方病及传染病；施工所在地有关健康、安全与环境的法律、法规情况；气象情况；外部依托情况，主要是在发生单靠钻井队力量无法控制的紧急情况时，可依托的当地医疗急救、消防、治安力量和环境监测部门，以及与这些单位、机构、人员的通讯联络方式方法。

（4）井场布置设计。井位确定后，即可进行井场布置设计。

当然，若在老油田老区块钻井，也可简化此勘测报告。

2.1.1.2.3　井场有效面积

井场有效面积指按不同类型钻机设备安装、摆放所需最小面积，加上设备安装及钻井施工时进出井场所必需的车道面积。以钻深能力5000m的ZJ45钻机为例，井场有效面积计算如下。

井架有效高度（不含底座高度4.5m）为38.5m，井架安装或放倒拆卸时，井架大门正前方所需最小长度40m，加上5m宽的行车车道及吊车摆放位置等，需要长度约50m；井架大门后面的井架底座、柴油机和联动机底座、钻井泵、钻井液循环罐、清水罐或钻井液储备罐所需长度约45m；需要最小长度95m（50m+45m）。井场宽度按井场设备摆放标准最小需要45m。则钻深能力5000m的ZJ45钻机井场有效面积为：95m×45m＝4275m$^2$。

各种级别钻机井场有效面积见表2-2。

**表2-2　各种级别钻机井场有效面积**

| 序号 | 钻机级别 | 井场面积（m$^2$） | 长度（m） | 宽度（m） |
|---|---|---|---|---|
| 1 | 2000m | 1800 | 60 | 30 |
| 2 | 3000m | 2100 | 60 | 35 |
| 3 | 4000m | 2800 | 80 | 35 |

续表

| 序号 | 钻机级别 | 井场面积（$m^2$） | 长度（m） | 宽度（m） |
|---|---|---|---|---|
| 4 | 5000m | 4275 | 95 | 45 |
| 5 | 7000m | 4500 | 100 | 45 |
| 6 | 9000m | 5250 | 105 | 50 |

2.1.1.2.4　井场设计

井场设计主要内容有井场平面设计和井场横断面设计。

（1）井场平面设计。

井场平面设计主要是井场场地平面布置要求，主要内容如下：

①根据各种类型钻机要求进行井场设计布置。

②井场的朝向以背风和不受烈日曝晒为原则，同时应考虑与道路衔接方便。

③井场内设备基础不得设置在管线上。井架安装好后，井架绷绳不应触及电线、通讯线，一般井位距电线40m以外，井位无法移动时，应考虑移动这些障碍物。

④井架大门前的长度应保证井架整体安装和拆卸作业，井架大门前的宽度要按三层排列摆放固井时所需要的技术套管或生产套管，并能保证车辆倒车调头。

⑤井场布置要满足季节生产及防喷、防爆、防火、防毒、防冻等工作要求。

⑥井场周围应与毗邻的农田隔开，不允许废油、污水、钻井液等流入田间或溪流，以防井场外地表淡水源被污染。

⑦油罐、水罐、储浆罐应放在高处，使用时能自动流向使用的地方。油罐位置应考虑尽量远离火源及油罐车卸油方便。

⑧值班房、工具房要考虑工作方便，值班房要距井口稍近，能看到钻台上的情况。

⑨道路从井场的前方或侧面进入，能通行到装卸车的地方。

⑩需要借助爆破方式施工的井场，炸药和雷管要分别运输和存放，不可混装，并要有公安机关颁发的准运证及押运证。

⑪锅炉房的位置应根据井场设备布置和地形进行合理选择，一般安装在井场右后方或左前方。

⑫锅炉专用煤场的位置距井口不少于40m；距油罐区不少于15m；距锅炉房不少于5m；距井场其他设施不少于5m。

⑬在国家规定的水源保护区、名胜古迹、风景游览区、盐池及重要水利工程区禁止进行钻探活动，如遇特殊需要进行施工，必须经有关部门和环保部门同意方能施工。

⑭在含硫化氢地区钻井，需测主风向。井口位于主风向上方，主风向下方距道路不少于30m，井场边缘距村镇1km以上，井场应有两个出入口。

（2）井场横断面设计。

井场横断面设计主要是场基面坡度和排水沟的设计。井场标准横断面如图2-4所示。

场基面的坡度，常设置单向横坡或双向横坡，坡度为1%～2%，使井场积水流入水沟排走，在基墩部分之外，做向井口倾斜1%的坡度，使井口附近积水流入方井，从暗沟中排走。

井场两侧设有排水沟，排水沟尺寸一般底宽为0.4m，深为0.6m。如汇水量过大而有漫溢可能时，则应根据径流量，在迎水一侧加设一道或数道截水沟，或加大排水沟断面。排水沟至场基应有一定距离，称为自然护道，其宽度约0.8m左右。为了使排水沟内水不影响场

图 2-4　井场标准横断面

基的稳固性，在无排水沟的一侧也应设护道，以免外部有积水时对场基产生不利影响。排水沟至用地界线应留有一定宽度，以保持沟壁的完整性。

半挖半填的场基是在山区或丘陵地区修井场时所常采用的一种场基平整方法，见图 2-5。为了保证山坡场基的稳定和节省场基土石方数量，在外边坡坡脚上可用大块石、条石叠砌成挡土墙加固坡脚。

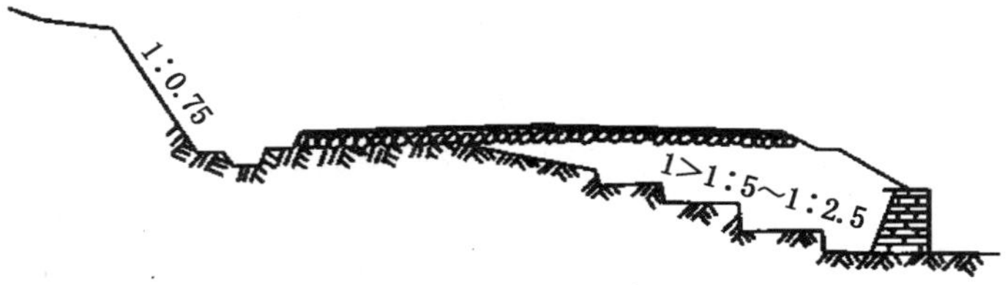


图 2-5　半挖半填场基的横断面

2.1.1.3　井位测量

井位测量是按地质设计要求，结合地形、水文、地质及施工条件，采用全站仪或卫星定位仪测量确定井口位置。

2.1.1.3.1　大地坐标简介

根据《中华人民共和国测绘法》规定，我国建立全国统一的大地坐标系统。20 世纪我国分别建立了 1954 年北京坐标系和 1980 年西安坐标系。1954 年北京坐标系采用克拉索夫斯基椭球体，在计算和定位的过程中没有采用中国数据，该系统在我国范围内符合得不好，不能满足高精度定位以及空间科学和战略武器发展的需要。1980 年西安坐标系采用 1975 年国际大地测量与地球物理学联合会（IUGG）第 16 届大会推荐的参考椭球参数，在我国经济建设、国防建设和科学研究中发挥了巨大作用，但其长半轴要比现在国际公认的 WGS84 椭球长半轴的值大 3m 左右，而这可能引起地表长度误差达 10 倍左右。2008 年 7 月 1 日起启用 2000 国家大地坐标系，采用原点位于地球质量中心的三维国家大地坐标系，建立以全球参考基准为背景的坐标系统，以适应全球卫星导航定位系统为主的现代空间定位技术快速发展的需要；2000 国家大地坐标系与现行国家大地坐标系转换、衔接的过渡期为 8 年至 10 年。目前石油行业进行井位测量用的还是 1954 年北京坐标系。

2.1.1.3.2　井位测量基本要求

一般 1 口井的井位测量分为井位初测和设备就位后的井位复测。《石油天然气井位测量规范》（SY/T 5518—2000）规定：在井位测量中，初测误差要求开发井小于 10m、评价井小于 30m、预探井小于 50m，复测误差要求开发井和评价井小于 3m、预探井小于 5m。

2.1.1.3.3　主要测量方法

全站型电子速测仪简称全站仪，它是由机械、光学、电子元件组合而成的测量仪器，可以同时进行角度（水平角、竖直角）测量、距离（斜距、平距、高差）测量和数据处理。测量井位时，首先设定测站点的三维坐标，通过设定后视方向的水平度盘读数确定测量点的方位角，再通过电磁波或光波反射时间或脉冲数量测量距离，计算显示测量点的三维坐标。

卫星定位仪即 GPS，其全称为卫星测时测距导航/全球定位系统 Navigation Satellite Time and Ranging/Global Positioning System。测量井位时，采用 GPS 信号接收机捕获到按一定卫星截止角所选择的待测卫星信号后，就可测量出接收天线至卫星的伪距离和距离的变化率，接收机中的微处理计算机就可按定位解算方法进行定位计算，计算出用户所在地理位置的经纬度、高度、速度、时间等信息，再按一定的方法计算出大地坐标。

井位初测时采用 GPS 实时测量，精度高、速度快、作业灵活，但只能在有良好卫星接收条件的地区实施，否则会出现较大误差或假值。井位复测时，如果把 GPS 放在似网状的井架中心，会导致卫星信号频繁失锁，使 GPS 很难解算，几分钟的工作常常要等上近一个小时，而全站仪可以弥补 GPS 的不足。所以，为了更精确定位井位，二者配合使用最好，初测用 GPS，复测时用全站仪。

### 2.1.2 道路修建

#### 2.1.2.1 道路基本要求

道路指为满足各种钻井设备进出井场，以及保证钻井施工期间生产材料的拉运而修建的临时性道路。

##### 2.1.2.1.1 道路结构

道路主要由路基、路面组成，见图 2-6。

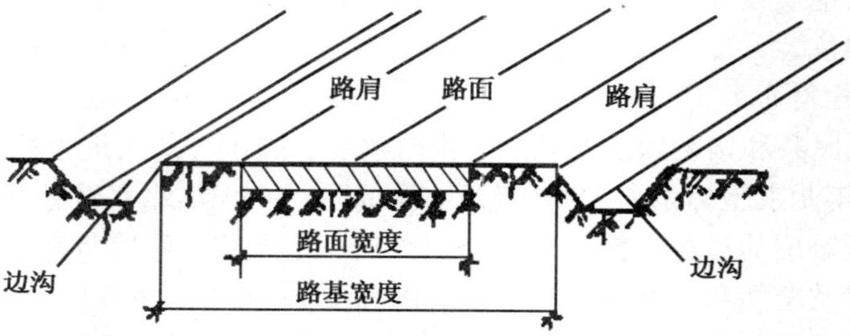


图 2-6 路面和路基示意图

路基是路面的基础，是用当地的土石填筑或在原地面开挖而成的道路主体结构。在“地基基础设计规范中”一般将路基土分为碎石土、砂土、砂性土、粉性土、黏性土、重黏土六类。

路面是在路基表面上用各种不同材料或混合料分层铺筑而成的一种层状结构物。它的功能是要保证汽车以一定的速度，安全、舒适而经济地行驶。路面按其组成的结构层次从下至上又可分为垫层、基层和面层，见图 2-7。

##### 2.1.2.1.2 四级公路

根据交通部 2004 年发布的 JTG B01—2003《公路工程技术标准》，四级公路主要技术指标见表 2-3。

道路修建主要内容是修建简易道路或达到四级公路标准的进井场道路，以及道路使用过程中的维护。

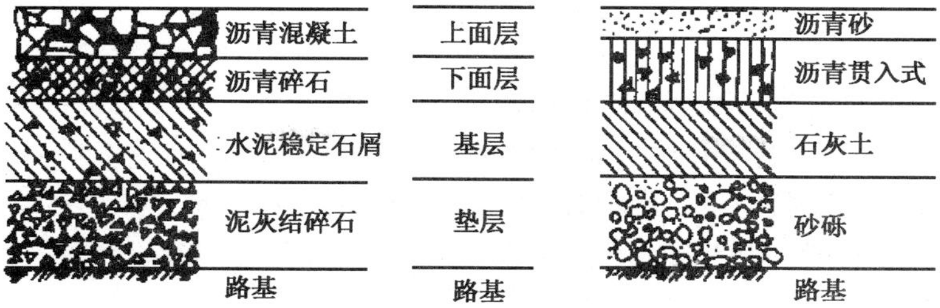

图 2-7　等级路面结构层示意图

**表 2-3　四级公路主要技术指标**

| 序　号 | 公 路 等 级 | 四　级 |
|---|---|---|
| 1 | 年平均日交通量（辆） | 小于 400 |
| 2 | 设计行车速度（km） | 20 |
| 3 | 路面宽度（m） | 3.5 |
| 4 | 路基宽度（m） | 4.5（单车道），6.5（双车道） |
| 5 | 超车视距（m） | 100 |
| 6 | 停车视距（m） | 20 |
| 7 | 会车视距（m） | 40 |
| 8 | 最大纵坡（%） | 9 |
| 9 | 凸形竖曲线最小半径（m） | 200 |
| 10 | 凹形形竖曲线最小半径（m） | 200 |

#### 2.1.2.2　道路修建

##### 2.1.2.2.1　简易道路修建

（1）路基修筑。

路基修筑是简易道路的重点，一般采用当地的土，水平分层平铺并压实，最低厚度 500mm。钻井工程周期较短时，原有土路或乡村公路路基较稳定，可按所需宽度修平后压实成为路基。

（2）路面修筑。

简易道路路面有石灰土路面和碎砾或废矿渣路面两种形式。

石灰土路面除干旱地区及黏性太低的土不适用外，其余地区均适用。石灰土路面施工应在冰冻前一个月完成。石灰土路面修筑材料：轻黏土、重亚黏土、粉质重亚黏土、粉质轻亚黏土。

碎砾或废矿渣路面根据当地情况，利用碎砖或废矿渣铺筑路面，一般铺 4 次，每次铺洒厚度为 100～150mm，并反复压实。

##### 2.1.2.2.2　四级公路修建

（1）路基修筑。

路基修筑的主要工程内容是小型人工构造物修筑和路基土石方工程。

小型人工构造物修筑主要是小桥涵洞、挡土墙等，通常要求先行完工。

路基土石方工程主要是开挖路堑，填筑路堤路基，压实整平路基表面，修建排水沟渠及防护加固工程，这是路基施工的关键。路基施工常用机械化施工。常用的路基土方机械有：

松土机、平地机、推土机、铲运机和挖掘机，此外还有羊角碾等夯实压实工具。

（2）路面修筑。

四级公路路面是泥结碎石路面，这种路面以碎石为骨料，以黏土为结合料，主要靠碎石颗粒互相嵌挤和黏性土壤的作用下达到稳定路面的目的，是我国公路多年来常用的结构形式。泥结碎石路面优点是施工简单，在盛产石料、黏土而缺乏砂料的地方可以广泛采用。缺点是水稳定性差，平整度较差，雨天易泥泞，晴天易扬尘，养护工作量大。

泥结碎石路面的施工方法主要有灌浆法和拌和法。

灌浆法施工符合泥结碎石路面的特点，可获得最大的嵌挤和摩阻作用，因而使路面具有较大的强度和稳定性。其施工工序：备料→制备泥浆→铺撒碎石→初步碾压→浇灌泥浆→铺撒嵌缝料→碾压→交工。

拌和法除了要保证碎石的嵌挤和摩擦作用外，还要求提高路面的密实度。其碾压工作量小，路面成型快而且不必封闭交通。施工工序：备料→铺撒碎石→铺撒黏土→拌和→洒水→碾压→交工。

2.1.2.2.3　特殊地区道路修建

（1）沙漠地区。

沙漠地区可用特种塑胶连续格栅直立于路中，网格用砂子填实，或用竹笆子、钢板等铺在路上。

（2）川藏地区。

川藏地区有些井位选在岩石上，需放炮施工修筑道路，需用大量人工和施工机械，为特殊作业。其道路宽度、转弯半径、路面倾向、会车地点、护坡、挡土墙等均另有要求。

（3）滩涂地区。

滩涂地区道路施工一般采取以下措施：①清除淤泥，排除积水，填入好土并逐层夯实；②用竹篱笆分层铺设道路，分层填入袋装土或毛石等，视滩涂情况，一般需三层以上，每层厚 300mm；③用编织袋、草袋、毛石等砌置边坡，砌置的边坡要呈鱼鳞状；④若上述方法无法修筑道路，则考虑修筑水泥混凝土道路。

（4）浅海地区。

辽河、大港、冀东、胜利等油田在浅海地区钻井时，有时要修筑海堤。按与海水接触的方式分为围堤和突堤两种形式，围堤是单侧向海，用于围地，突堤则伸入海中，两侧与海水接触。按海堤的断面结构形式大体上分为直立式、斜坡式和介于二者之间的混合式，目前渤海湾几个油田建成的海堤基本上是斜坡式土堤或斜坡式土石堤。修筑海堤是一项较为复杂且工程量很大的工程，应按海洋工程相关技术要求实施。

2.1.2.2.4　维修道路

钻井周期长，行驶车辆多，时常会压坏进井场道路；自然条件恶劣，如山区雨水多，经常冲垮道路，进井场道路要经常进行维护，保证进出井场车辆正常安全运行。

2.1.2.3　桥涵修建

2.1.2.3.1　桥涵分类

根据交通部 2004 年发布的 JTG B01—2003《公路工程技术标准》，按跨径桥涵分类见表 2-4。

2.1.2.3.2　涵洞组成

涵洞一般由洞身和洞口两部分组成，见图 2-8。

**表 2-4　桥涵分类**

| 序　号 | 桥 涵 分 类 | 多孔跨径总长 $L$（m） | 单孔跨径 $L_K$（m） |
|---|---|---|---|
| 1 | 特大桥 | $L>1000$ | $L_K>150$ |
| 2 | 大　桥 | $100\leqslant L\leqslant 1000$ | $40\leqslant L_K<150$ |
| 3 | 中　桥 | $30\leqslant<L<100$ | $20\leqslant L_K<40$ |
| 4 | 小　桥 | $8\leqslant L\leqslant 30$ | $5\leqslant L_K<20$ |
| 5 | 涵　洞 | | $L_K<5$ |

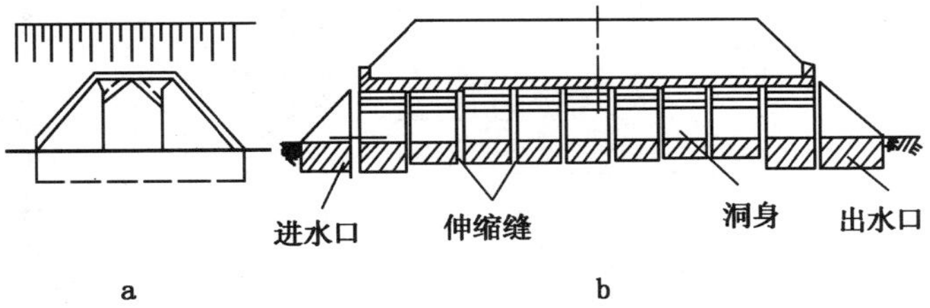


图 2-8　涵洞组成

a—洞口；b—纵剖面

2.1.2.3.3　桥涵修筑和加固

在石油行业，桥涵载荷以通过 40t 平板挂车计算；履带车或平板挂车通过桥涵时，应慢速行驶。尽量利用原有桥涵，原有桥涵承载能力不够，可在上部铺钢板或钻杆（套管）排，钻杆排平行铺设，单个钻杆排宽度应在 500mm 左右；钻杆排必须搭接在两岸之外，两头均需超过岸边 2m。桥涵中的通讯线、电力线、高架管线等不得妨碍车辆行驶，否则要采取措施，架高或深埋。没有桥梁处可商请有关单位架设临时桥，或本单位利用废井架底座架设简易桥。

### 2.1.3　井场修建

井场修建是在确定的井场范围内，为满足各种钻井设备、钻井工具的摆放，铺垫、平整施工场地，开挖、砌筑各种池类，构筑钻机及设备基础。主要工程内容是根据井场设计，进行井场标高测量，画线定桩，平整井场和生活区，修建沉砂池、废液池、放喷池、垃圾坑、圆井（方井），清理余土等。

2.1.3.1　测定井场基准线

井场基准线由两条相互垂直的轴线组成，一条是井场中轴线，为由井口中心至井场大门中心的延伸线；另一条是井场横轴线，为由井口中心引出的垂直于中轴线的直线，见图 2-9。这两条轴线是井场所有构筑物施工放样主要依据。所以在井场修建前，要用经纬仪或其他方法将轴线引申到施工区之外的地方，用石桩或木桩作为标记固定，以备校核之用。

2.1.3.2　常规井场修建

（1）井场和生活区平整。平整铺垫井场和生活区，清理转移余土。

（2）池类构筑。主要是构筑沉砂池、废液池、放喷池、垃圾坑（井场和生活区各 1 个）等，不同地区、不同钻机、不同井别会有差异。

（3）圆井（方井）构筑。圆井（方井）是在钻机基础中心用人工开挖并砌筑一个深度 1.5～1.7m、直径或边长 2m 的圆井（方井）。圆井（方井）的主要作用是满足套管头及井控装置安装的需要。

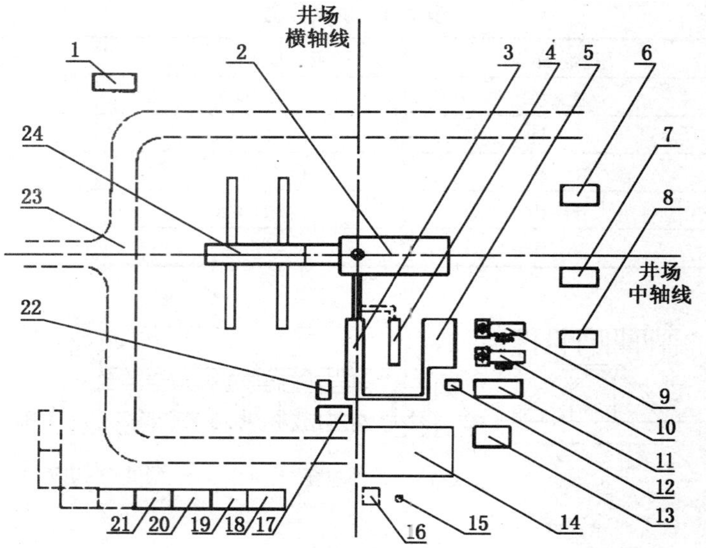


图 2-9　井场修建基准线及构筑物布局示意图

1—锅炉房；2—钻台；3—1 号沉砂池；4—2 号沉砂池；5—钻井液池；6—发电机；7—压风机；8—高架油罐；9—1 号钻井泵；10—2 号钻井泵；11—振动筛；12—除砂泵；13—石粉爬犁；14—储备池；15—水井；16—高架水罐；17—20m$^3$ 水池；18—综合录井房；19—地质值班房；20—钻井液化验房；21—工程值班房；22—药池；23—井场道路；24—管架

2.1.3.3　特殊基础构筑

2.1.3.3.1　现浇基础构筑

现浇基础又名固定基础或死基础，是现场浇筑的一次性使用的混凝土基础。有混凝土浇筑基础、填石灌浆基础两种。填石灌浆基础在现场施工中被普遍采用。其方法是在挖好的基础坑内按技术要求码放块石，然后用混凝土浇灌并抹光找平，按规定时间养护后即可使用，多用于钻机（井架）基础、设备（机泵房、净化装置）基础。

（1）开挖基础坑。

基础埋置深度主要依据地基承载力，钻机负荷等确定；冬季基础埋置深度主要根据土壤冻结深度确定 （土壤的冻结深度：大庆油田 1.6～2m，华北油田 0.6～1m，胜利油田 0.4～0.55m，玉门油田 1～1.4m）；为防止井架底座被水及其他物质浸泡或腐蚀，基础底表面最好高出地面 100mm。

基础尺寸的确定必须根据钻井设备本身要求决定，在进行深井和钻机负荷大的井架基础施工时，由于地基（土壤）强度的限制，要加宽基础底部的尺寸。基础尺寸计算公式如下。

基础顶面面积：$S=\dfrac{P_{C1}}{S_P}$

式中，$P_{C1}$ 为基础面上的压力，kN；$S_P$ 为混凝土抗压强度，一般为 2755.6kPa。

基础底面积：$S_1=\dfrac{P_{C2}}{\delta_a}$

式中，$P_{C2}$ 为土地面上的压力，kN；$\delta_a$ 为土地抗压强度，约为 98～127kPa。

基础高度：$H=\dfrac{(S_1-S)P_{C1}}{4S_1\sqrt{SJ_S}}$

式中，$S_1$ 为基础底面积，$m^2$；$S$ 为基础顶面面积，$m^2$；$P_{C1}$ 为基础面上的压力，kN；$J_S$ 为混凝土剪切强度，一般为 3442.1kPa。

按施工图纸，用白灰在地上画出，确定基础开挖的范围。开挖尺寸应大于基础图上所标定的尺寸，俗称放宽余线，在黏土、亚黏土地层为场基时，只要挖深 0.5～0.7m 即可；如果场基土层是淤泥质软土，就应对软土进行技术处理，方法有石灰桩、木桩、沙桩、灰土搅拌桩等，目的是提高地基承载力，保证钻井设备在地基依托下安全运转。

（2）浇筑基础。

填石灌浆基础：挖好基础坑后，再回填片石至地面，用水泥砂浆或混合砂浆砌筑。

混凝土基础：挖好基础坑后，浇筑混凝土。要求水泥、中砂、碎石配合比为 1:2:4，配合比按质量计，所用材料要适当选择；水泥要求为 325#以上的普通水泥；砂子为小于 5mm 的洁净中砂；碎石尺寸 5～40mm；水为洁净的饮用水；混凝土达到设计强度 80%以上才允许安装井架设备。

2.1.3.3.2　桩基基础构筑

当井场地基处在淤泥或软质土层较厚时，采用浅埋基础不能满足钻井施工对地基变形的要求，做其他人工地基又没有条件或不经济时，常采用桩基基础来满足钻机设备基础的承载能力。

桩基基础的作用是将钻机载荷通过桩传给埋藏较深的坚硬土层，或通过桩周围的摩擦力传给基础。前者称为端承桩，后者称为摩擦桩，见图 2-10。

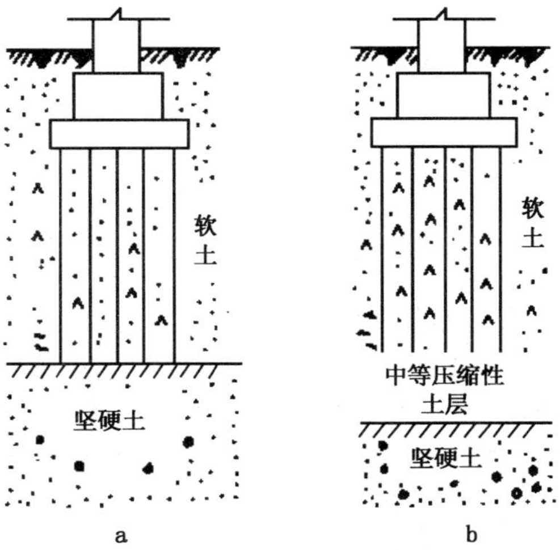


图 2-10　桩基

a—端承桩；b—摩擦桩

端承桩适用于表层软质土层不太厚，而下部为坚硬土层。端承桩的上部荷载主要由桩尖阻力来平衡，桩侧摩擦力较小。

摩擦桩适用于软质土层较厚，下部有中等压缩性的土层，而坚硬土层距地表很深。摩擦桩的上部荷载由桩侧摩擦力和桩尖阻力共同来平衡。

按施工方法分为钢筋混凝土预制桩、振动灌注桩、钻孔灌注桩、爆扩桩、水泥搅拌桩、石灰桩。

（1）钢筋混凝土预制桩。

这种桩预先在钢筋混凝土构件厂或现场预制，然后用打桩机打人土中。预制桩横截面尺寸不小于 20cm×20cm，一般为 25cm×25cm、30cm×30cm，桩长一般不超过 12m。在选择打桩机时，必须注意锤重与桩重相适应，否则不是桩打不下去，就是把桩打坏。

（2）振动灌注桩。

这种桩是将带活瓣桩尖的钢管经振动沉入土中至设计标高，然后在钢管内灌入混凝土，再将钢管振动拔出，使混凝土留在孔中，即成灌注桩。灌注桩直径一般为 30 cm，桩长一般不超过 12m。

（3）钻孔灌注桩。

这种桩施工方法是使用钻孔机械在桩位上钻孔，然后在孔内灌注混凝土。桩的直径有 30 cm、40 cm、50 cm 等。钻孔灌注桩的优点是振动噪声比打桩机小，其缺点是灌注混凝土时质量不易控制，有断桩缩颈现象，影响桩的承载力。

（4）爆扩桩。

爆扩桩用钻机钻或爆扩等方法成孔，孔径 30～50cm。成孔后放人用塑料布或玻璃瓶包装的炸药包（药量经试验确定），并浇筑混凝土至离孔口 30cm，迅速将药包通电引爆，在巨大气压下，孔底形成一个圆头球体，并随即捣实混凝土，再插入钢筋骨架，二次浇混凝土，捣实后即成爆扩桩。

目前，广泛用孔深 3m 左右的爆扩短桩。因爆扩桩头较大，故承载力较高，但施工经验不足时，容易产生颈缩现象。图 2-11 是爆破桩示意图。

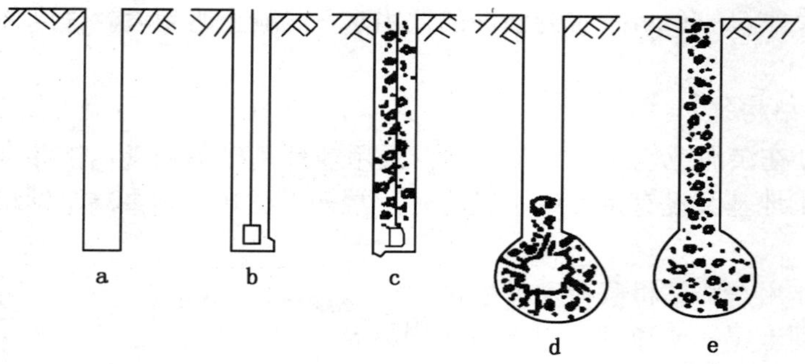


图 2-11　爆扩桩施工过程

a—直径 30～50cm 的钻孔；b—将炸药包放入孔内；c—浇筑混凝土；d—引爆炸药包；e—在爆破孔内捣实混凝土

（5）水泥搅拌桩。

水泥搅拌桩是用水泥搅拌法加固深厚层软黏土地基，适用于海滨相淤泥、淤质黏土的软质地基。它以水泥等材料为固化剂，用专门机械在地基深部就地将固化剂与软黏土强制拌和，将软土固化成为具有足够强度、变形模量和稳定性的水泥加固土，从而达到地基加固的目的。

（6）石灰桩。

石灰桩是用石灰加固软质地基。石灰桩的成桩方法是将搅拌器旋入土中达到要求的深度，即石灰柱的长度，然后反向旋转慢慢地退出。在向上退出的过程中，用压缩空气将生石灰通过搅拌器上端的孔洞压入土中，对于直径为 50cm 的石灰桩，通常的石灰用量是 14～24kg/m，石灰桩的深度一般可达 10～15m。用石灰加固软质地基一般有块灰灌入法、粉灰搅拌法、石灰浆压力喷注法。

#### 2.1.3.4　人工岛建造

辽河、大港、冀东、胜利等油田在浅海地区钻井时，有时要建造人工岛，在人工岛建设钻井井场。国内浅海地区人工岛主要有堆积式人工岛、钢导管架平台结构人工岛、大型沉箱式人工岛、桩排围堰式人工岛、固定式钢筋混凝土沉井式人工岛等结构类型。砂石类人工岛是一种堆积式人工岛，也是浅海地区海油陆采的主要方式，它的建造通常于海堤联系在一起，建造技术与海堤基本相同。建造人工岛是一项较为复杂且工程量很大的工程，应按海洋工程相关技术要求实施。

### 2.1.4 钻前准备

钻前准备指为钻井施工进行必要的设备、人员和条件准备工作，包括钻井设备搬迁安装、井场供水、井场供电、井场供暖和钻井队搬迁，在浅海钻井时，还要安装固定式钻井平台或牵引就位移动式钻井平台。

#### 2.1.4.1 钻井设备搬迁安装

钻井设备包括井架、钻台设备及辅助设备、动力系统、循环系统、钻井液净化系统、井控系统、野营房、活动基础、机泵房（防砂棚）、顶部驱动装置等设备。搬迁安装分为拆卸、搬迁、安装3个环节。根据施工工序内容和便于计价，分为钻机拆卸安装、钻机搬迁、野营房搬迁、活动基础搬迁、顶部驱动装置搬迁。

##### 2.1.4.1.1 钻机拆卸安装

钻机拆卸安装包括钻台设备及辅助设备、钻井泵、动力机、机泵房（防砂棚）、钻井液循环净化设备、罐、导管、大鼠洞、小鼠洞、井场用房和井架的拆卸与安装，拆卸和安装的施工过程往往相反。井架分为塔形井架和自升式井架两种。塔形井架安装有3种方法：自下而上的安装法，自上而下凯森堡安装法，地面整体组装提升法，现大部分都采用自下而上的旋转扒杆安装法。自升式井架安装主要内容有摆放和固定底座、摆放和连接井架、装天车、摆放游车、穿钢丝绳、起井架等。

##### 2.1.4.1.2 钻机搬迁

钻机搬迁包括钻台设备及辅助设备、钻井泵、动力机、机泵房（防砂棚）、钻井液循环净化设备、罐、导管、大鼠洞、小鼠洞、井场用房和井架的装配车、绑车、运输、卸车等。

井架除了正常运输搬迁外，还可以采用整体运移方法，主要有以下三种：

（1）履带（或轮胎）式托架运移法。此方法是用专门履带（或轮胎）托架进行运移，它适用于平坦和坡度不大的地区及较长距离的搬迁。

（2）滑轮运移法。此法是通过一套复滑轮系统来进行井架整体运移，主要用于丛式井组及地层承载能力较大的地区，是目前丛式井组应用较多的整拖方法。

（3）直拖运移法。此法是将一定数量的拖拉机串联起来，靠拖拉机的拉力拖拉井架向前移动。它适用于地形平坦、中长距离的整拖。特点是使用拖拉机多，运移速度快，但比较危险，容易倾倒或歪扭。

##### 2.1.4.1.3 野营房搬迁

野营房搬迁指钻井队生活用房搬迁。在部分油田钻井井位距离较近，钻井队生活用房往往不同钻机一起搬迁，钻机搬迁几次后，生活用房才搬迁1次。

##### 2.1.4.1.4 活动基础搬迁

活动基础分为钢筋混凝土预制基础、铁制基础（套管或钻杆基础）、木制基础、钢木基础。活动基础搬迁指活动基础的转运和摆放，有些油田需要单独的施工队伍负责。如果活动基础在钻机配套中，可以随钻机一起搬迁。

##### 2.1.4.1.5 顶部驱动装置搬迁

顶部驱动装置一种新型钻井设备，集机械、电控、液压技术信息于一体，由顶驱本体、液压工作站和电控系统组成，配备上下滑动轨道，其拆卸、搬迁、安装往往需要专业人员来完成。

#### 2.1.4.2 井场供水

井场供水是为钻井提供生产和生活用水的临时性配套工程。井场供水分为罐车运水、泵站供水和水井供水三种形式。罐车运水主要在钻进工程中实施。

##### 2.1.4.2.1 泵站供水

泵站供水常用场外自然水源（自然河流、湖泊或水井），主要设备和工程内容是：

（1）设立水泵站。水泵站应设置在安全区，水泵至少配 2 台，有时在泵站处还要设置高架水罐，容量 $4m^3$ 以上；如供水距离较远，应在管路中加设加压泵。

（2）铺设管线。管线直径应满足生产用水最大需求量；可采用金属管、胶质管、塑料管或玻璃钢管；当采用金属管时，每根管线长度不宜大于 7.5m；横穿公路的管线，必须使用钢管；架空管线应采取固定措施。

（3）设置储水罐。井场内设置储水罐，水罐容量不小于 $20m^3$。

（4）架设电线。架设电源线，供水泵用电。

（5）水管线安装。井场和生活区水管线、阀门等连接和安装。

（6）专用水罐。需要使用生活水的井场，配备一个不小于 $4m^3$ 的密封水罐；生活区设置密封水罐一个，容量为 $10m^3$。

##### 2.1.4.2.2 水井供水

水井供水主要是在井场内打 1 口水井，主要工程内容是：

（1）在井场内打 1 口水井。

（2）在水井处设置临时泵站，配 2 台水泵。

（3）井场和生活区水管线、阀门等连接和安装。

（4）专用水罐。需要使用生活水的井场，配备一个不小于 $4m^3$ 的密封水罐；生活区设置密封水罐一个，容量为 $10m^3$。

#### 2.1.4.3 井场供电

井场供电是为钻井提供生产和生活用电的临时性配套工程。井场供电分为自发电供电和外接电供电两种形式。

##### 2.1.4.3.1 自发电供电

自发电供电一般需要配备两台以上发电机。自发电供电工程主要内容是施工场地内、外供电线路安装和拆除，具体工作内容包括下述区域或设备的电缆或电线敷设、电器安和拆：井架照明、钻台电动设备；钻井液循环照明、各电动设备；生活区照明、电动设备；井场、油罐区、井控装置照明、电动设备；井场内、外供水系统照明、电动设备。

##### 2.1.4.3.2 外接电供电

外接电供电指从地方电力系统的枢纽变电所或输电线路外接线路，经变压后输送至钻井施工工地。主要工程内容是施工场地外供电线路、设施修建安装，以及配电设施、变电设施、供电路线安装、拆除等。

外接电供电井场内供电内容同自发电供电，只是增加 1 台变压器、电源至变压器的高压电线和电杆、变压器至井场电缆等。

#### 2.1.4.4 井场供暖

井场供暖是为冬季钻井提供生产和生活供暖的配套工程。主要供暖保温区有井口、钻台、钻井液净化系统、机房、泵房、供水系统、井场值班房、生活区等。

2.1.4.4.1 井场供暖方式

供暖方式有锅炉蒸汽供暖、燃油热风供暖、电热器供暖三种。

（1）锅炉蒸汽供暖。锅炉蒸汽供暖是大部分钻井队在寒冷地区工作所采用的供暖方式，比较简捷方便，钻井中许多需用蒸汽的部位都能得到满足。

（2）燃油热风供暖。对于需要进行较大空间的供暖和供暖区的保暖密封性较高的场所，宜采用燃油热风机供暖。

（3）电热器供暖。电热器供暖必须在电力供应充足或井场发电能力很强的情况下施行。每个需取暖的地点配油加热电热器。

2.1.4.4.2 主要工程内容

锅炉蒸汽供暖主要工程内容是供暖锅炉、管汇的安装和拆除。锅炉的型号和安装台数应根据地区、钻机类型和供热面积合理选配，每台锅炉应配备一个 $20m^3$ 的水罐和锅炉专用煤场。供暖管汇架设方式和管线的要求：

（1）供暖管汇采用架空和地面铺设结合，一般应和供水管线平行安装，并用保温材料包裹；

（2）各主管线、支管线均应安装控制阀门，阀门应齐全完好；

（3）各保温区应在管线最低处安装 $\phi$20mm 放空阀门；

（4）管线间连接采用活接头或法兰连接，连接要紧固，不刺、不漏；

（5）散热器在各保温区的布置，应满足保温要求；

（6）采暖主管线要采用金属管，直径不小于 50mm；支管线宜采用直径不小于 25mm 的钢管，每根钢管长度不宜大于 7.5m，临时用管线宜采用胶管。

2.1.4.5 钻井队搬迁

钻井队搬迁指钻井队从基地或老井场搬迁到新井场。一般钻井设备搬迁安装过程中，以钻前队为主，钻井队全程参与；有时钻井设备搬迁安装完全由钻井队独立完成。在钻前工程的搬迁时间中，钻井队还要完成一开钻进前的各项准备工作，主要内容有：

（1）挖圆井。在与天车、转盘相垂直的地面上，按照设计下入导管的直径及深度，挖出一个用来埋设、固定导管的圆坑。

（2）下导管。导管主要用来固定地表疏松的土壤、流沙，并将钻井液从地表引导到循环系统的平面上。下入导管后要灌注水泥，俗称打水泥帽子。

（3）打鼠洞。冲或钻大鼠洞和小鼠洞。在地层较软时，可以用方钻杆带喷射钻头，用水力喷射的作用直接冲刷地层；当地层较硬时，可以用动力钻具（涡轮或螺杆）带动钻头来钻凿地层。

（4）配制钻井液。按工程设计的要求配制一开钻进用钻井液。

（5）组合钻具。按工程设计要求，组合一开钻进的钻具结构。

（6）检查工具、材料准备情况。常用工具包括井口工具、钻具、手工工具、打捞工具、特殊井施工（如定向井、水平井）专用的仪器、仪表、专用工具等。常用的材料包括钻头、油料、钻井液材料、各种设备的维修材料等。检查落实表层套管及套具送井情况，其数量、钢级、壁厚、外径是否符合工程设计要求。

### 2.1.5 其他作业

2.1.5.1 井场围堰构筑

在大风雪地区、海滩附近，雪的堆积、水淹等易对钻井生产造成危害，或对周围环境造成危害，均应进行隔离工程施工，筑围堰，避免风吹的积雪、海水进入井场。

构筑围堰一般就地取材或从周边地区取材，在井场使用面积外围，砌筑梯形截面的低矮围堰，其下底尺寸×上底尺寸×高度为2m×1.4m×1.4m，仅留两个出入口，紧急情况时全封闭。用编织袋装上泥土等堆成鱼鳞状更佳。一般围堰延长米为500～600m，总土方量2200～3000m$^3$。

2.1.5.2　隔离带构筑

在草原、林区、苇田等易引起火灾地区和大风雪地区，均应修建隔离带，避免草原、林区、苇田的火源进入井场或风吹的积雪进入井场。

在井场使用面积外围，利用推土机等施工机械，推成一个宽8～20m不含任何杂草的光秃地带，施工延长米为500～750m。

## 2.2　钻前工程造价构成要素

钻前工程造价构成要素包括钻前工程劳动定员、钻前工程主要机具和钻前工程主要材料。

### 2.2.1　钻前工程劳动定员

钻前工程劳动定员根据中国石油天然气集团公司企业标准Q/SY 1011—2007《钻井工程劳动定员》（Q/CNPC 11—2003）中第5项“钻前工程劳动定员”确定。

2.2.1.1　重丘、山岭钻前工程劳动定员

（1）工作内容。

①新井开钻前的道路、桥涵、井场的测绘，包括选线、断面测量、地形测量、水准测量、钻前钻后井位的测量；②新井开钻前道路、桥涵修建，井场土方施工、基础施工、井场机泵房建筑、维修；③井场内外电路、电器、水管线、排污管线安装、回收和维修；④钻井队机房、钻台金属板的加工制作及维修、野外施工人员的运送、钻前施工机具、运输车辆的维修，以及所需配件的机械加工、材料供应和保管。

（2）适用地区。

重丘、山岭钻前工程劳动定员适用于四川、云南、贵州地区和江汉的建南地区。

（3）劳动定员。

劳动定员参见表2-5，计算公式为

$$Y_3 = 61 + 8.7X$$

式中，$Y_3$表示重丘、山岭钻前工程劳动定员人数，人；$X$表示钻机数量，台。

**表2-5　重丘、山岭钻前工程劳动定员**

| 定员编号 | 钻机数量（台） | 定员人数（人） | 其中 | | | | |
|---|---|---|---|---|---|---|---|
| | | | 管理人员（人） | 工程队（人） | 测绘队（人） | 水电队（人） | 综合队（人） |
| 5.1 | 10 | 148 | 4 | 52 | 16 | 37 | 39 |
| 5.2 | 15 | 192 | 5 | 64 | 18 | 49 | 56 |
| 5.3 | 20 | 235 | 6 | 78 | 19 | 61 | 71 |
| 5.4 | 25 | 279 | 7 | 91 | 21 | 74 | 86 |
| 5.5 | 30 | 322 | 9 | 105 | 22 | 86 | 100 |
| 5.6 | 35 | 366 | 10 | 119 | 23 | 98 | 116 |
| 5.7 | 40 | 409 | 11 | 132 | 25 | 111 | 130 |
| 5.8 | 45 | 453 | 12 | 146 | 26 | 123 | 146 |

### 2.2.1.2 平原、丘陵钻前工程劳动定员

（1）工作内容。

①新井开钻前道路、井场的测绘，土石方爆破、施工及钻机基础施工，井场机泵房拆装及维修；②水泵房至井区的管线拆装，井场高压线路的架设及低压照明线路的拆装、维修；③金属钻台板的安装及修补；④钻井队井架整拖、钻井设备拆卸及安装时供给所需的拖拉机，推土机、拖拉机上下井路途拖运，以及所有机动设备的维修。

（2）适用地区。

平原、丘陵钻前工程劳动定员适用于大庆、吉林、辽河、大港、华北、胜利、中原、河南、江苏、江汉地区。

（3）劳动定员。

劳动定员参见表 2-6，计算公式为

$$Y_4=57+5.1X$$

式中，$Y_4$表示平原、丘陵钻前工程劳动定员人数，人；$X$表示钻机数量，台。

**表 2-6 平原、丘陵钻前工程劳动定员**

| 定员编号 | 钻机数量（台） | 定员人数（人） | 其中 | | | | |
|---|---|---|---|---|---|---|---|
| | | | 管理人员（人） | 钻前工程队（人） | 水电安装队（人） | 机械化作业队（人） | 综合队（人） |
| 6.1 | 10 | 108 | 3 | 30 | 22 | 23 | 30 |
| 6.2 | 15 | 134 | 4 | 37 | 27 | 28 | 38 |
| 6.3 | 20 | 159 | 4 | 44 | 34 | 34 | 43 |
| 6.4 | 25 | 185 | 4 | 51 | 40 | 38 | 52 |
| 6.5 | 30 | 210 | 5 | 58 | 46 | 43 | 58 |
| 6.6 | 35 | 236 | 5 | 65 | 52 | 48 | 66 |
| 6.7 | 40 | 261 | 6 | 71 | 60 | 53 | 71 |
| 6.8 | 45 | 287 | 6 | 73 | 65 | 56 | 87 |

### 2.2.1.3 塔形井架安装队劳动定员

塔形井架安装队劳动定员参见表 2-7。

**表 2-7 塔形井架安装队劳动定员**

<table>
<tr><th rowspan="3">定员编号</th><th rowspan="3">钻机数量（台）</th><th rowspan="3">定员人数（人）</th><th colspan="8">其中</th></tr>
<tr><th rowspan="2">队部（人）</th><th colspan="4">井架安装工</th><th rowspan="2">绞车工（人）</th><th rowspan="2">绞车司机（人）</th><th rowspan="2">焊工（人）</th></tr>
<tr><th>上井架（人）</th><th>绑铁（人）</th><th>拉绳（人）</th><th>挖绷绳坑（人）</th></tr>
<tr><td>7.1</td><td>≤10</td><td>31</td><td>2</td><td>12</td><td>4</td><td>6</td><td>2</td><td>–</td><td>–</td><td>–</td></tr>
<tr><td>7.2</td><td>11～15</td><td>46</td><td>–</td><td>–</td><td>–</td><td>–</td><td>–</td><td>–</td><td>–</td><td>–</td></tr>
<tr><td>7.3</td><td>16～20</td><td>61</td><td>3</td><td>24</td><td>8</td><td>12</td><td>4</td><td>6</td><td>2</td><td>2</td></tr>
<tr><td>7.4</td><td>21～25</td><td>76</td><td>–</td><td>–</td><td>–</td><td>–</td><td>–</td><td>–</td><td>–</td><td>–</td></tr>
<tr><td>7.5</td><td>26～30</td><td>91</td><td>4</td><td>36</td><td>12</td><td>18</td><td>6</td><td>9</td><td>3</td><td>3</td></tr>
<tr><td>7.6</td><td>31～35</td><td>106</td><td>–</td><td>–</td><td>–</td><td>–</td><td>–</td><td>–</td><td>–</td><td>–</td></tr>
</table>

续表

| 定员编号 | 钻机数量（台） | 定员人数（人） | 其中 | | | | | | | |
|---|---|---|---|---|---|---|---|---|---|---|
| | | | 队部（人） | 井架安装工 | | | | 绞车工（人） | 绞车司机（人） | 焊工（人） |
| | | | | 上井架（人） | 绑铁（人） | 拉绳（人） | 挖绷绳坑（人） | | | |
| 7.7 | 36～40 | 121 | 5 | 48 | 16 | 24 | 8 | 12 | 4 | 4 |
| 7.8 | 41～45 | 136 | – | – | – | – | – | – | – | – |
| 7.9 | 46～50 | 151 | 6 | 60 | 20 | 30 | 10 | 15 | 5 | 5 |

使用机具：旋转式双扒杆及四滚筒解放绞车。

#### 2.2.1.4 钻前工程劳动定员调整

（1）在新疆、青海、玉门、长庆等地区施工的钻前工程队伍，其定员人数在平原、丘陵标准基础上乘以系数 1.06。

（2）本标准工作内容以外的工种、队种，各单位可自定劳动定员标准。

（3）根据钻井工作量变化，钻前工程劳动定员调整系数见表 2–8。

**表 2–8 钻前工程劳动定员调整系数**

| 平均单台钻机年完井口数 | 4 | 5 | 6 | 7 | 8 | 9 | 10 | 11 | 12 | 13 | 14 | 15 | 16 | 17 | 18 | 19 | 20 |
|---|---|---|---|---|---|---|---|---|---|---|---|---|---|---|---|---|---|
| 定员调整系数 | 0.97 | 0.98 | 0.99 | 1.00 | 1.01 | 1.02 | 1.03 | 1.04 | 1.05 | 1.06 | 1.07 | 1.08 | 1.09 | 1.10 | 1.11 | 1.12 | 1.13 |

### 2.2.2 钻前工程主要机具

不同地区、不同钻机类型所要求的钻前工程主要施工机具有所不同，表 2–9 根据工程项目给出了钻前工程主要机具。

**表 2–9 钻前工程主要机具**

| 序号 | 工程项目 | 主要机具 |
|---|---|---|
| 1 | 井位勘测 | 全站仪、卫星定位仪、值班车 |
| 2 | 道路修建 | 土方机械：单斗挖掘机、推土机、铲运机、装载机、平路机；<br>石方机械：凿岩机、凿岩台车、潜孔钻、牙轮钻、单斗挖掘机、装岩机、耙式装载机、载重汽车和自卸汽车；<br>混凝土机械：破碎机、洗砂机、混凝土搅拌机、混凝土振捣器；<br>其他机械：打桩机、小钻机、吊车、卡车、值班车 |
| 3 | 井场修建 | |
| 4 | 钻井设备搬迁安装 | 吊车、卡车、拖车、客车、油罐车、拖拉机、工具车、餐车、旋转扒杆、滚筒车、整拖装置、电气焊设备、打孔机、发电车、值班车 |
| 5 | 井场供水 | 水井钻机、水泵、压风机、吊车、工具车、电气焊设备、发电车、值班车 |
| 6 | 井场供电 | 变压器、电气焊设备、吊车、卡车、工具车、值班车 |
| 7 | 井场供暖 | 锅炉、吊车、卡车、工具车、值班车 |
| 8 | 钻井队搬迁 | 客车、值班车 |
| 9 | 围堰和隔离带修建 | 单斗挖掘机、推土机、值班车 |

表 2-10 是东部某油田平均每台钻机配备的钻前工程主要施工机具。

**表 2-10 钻前工程主要施工机具配备**

| 序 号 | 机具名称 | 规格型号 | 单 位 | 数 量 |
|---|---|---|---|---|
| 1 | 履带拖拉机 | 80kW 以上 | 台 | 1.5 |
| 2 | 单斗挖掘机 | $1m^3$ 以内 | 台 | 0.2 |
| 3 | 履带式推土机 | 80kW 以上 | 台 | 1.0 |
| 4 | 自行式平地机 | 75kW | 台 | 0.4 |
| 5 | 光轮压路机 | 12～15t | 台 | 0.4 |
| 6 | 自卸汽车 | 8t 以内 | 台 | 0.5 |
| 7 | 洒水汽车 | $6m^3$ 以内 | 台 | 0.2 |
| 8 | 汽车式起重机 | 30t 以内 | 台 | 0.5 |
| 9 | 装载机 | ZL30 | 台 | 0.2 |
| 10 | 锅炉 | 1t | 台 | 1.2 |
| 11 | 餐车 | | 台 | 0.4 |
| 12 | 客车 | | 台 | 0.4 |
| 13 | 井架安装车 | | 台 | 0.4 |
| 14 | 水准仪 | | 套 | 0.2 |
| 15 | 望远镜 | | 套 | 0.2 |
| 16 | 生产指挥车 | | 台 | 0.5 |
| 17 | 客货车 | 2.5t | 台 | 0.4 |
| 18 | 静力触探车 | ZJYY-20A | 台 | 0.2 |
| 19 | 风动内燃凿岩机 | | 台 | 0.2 |
| 20 | 经纬仪 | | 套 | 0.02 |
| 21 | 卫星定位仪 | | 套 | 0.002 |
| 22 | 管线探测仪 | | 套 | 0.002 |
| 23 | 复印机 | | 台 | 0.10 |
| 24 | 打印机 | | 台 | 0.10 |
| 25 | 计算机 | | 台 | 0.10 |

### 2.2.3 钻前工程主要材料

#### 2.2.3.1 土建工程主要材料

土建工程材料是用于修建道路、井场场地及井场构筑物和其他工程的所有材料，是原材料、半成品、成品的总称。土建工程由于具有公路和建筑工程的特点，施工中一般消耗的是建筑材料，根据材料在工程费用中所占的比重，分为主要材料和次要材料两大类。

（1）主要材料。包括石料（火成岩、沉积岩、变质岩）、砂石（砂、石子、块石和条石）、砂浆（气硬性、水硬性、混合性）、混凝土、水泥（普通水泥、火山灰质水泥、矿渣水泥）、钢材（钢结构用材、钢筋）、木材（原木、板材、方材）、模板（木制模板、钢制模板）、火工材料（炸药、雷管、引爆线、导电线）。

（2）次要材料。包括电焊条、铁钉及其他。

#### 2.2.3.2 钻前准备主要材料

钻前准备消耗的材料主要是安装工程材料。

（1）钻井设备搬迁安装材料。包括各种钢丝绳、螺丝、螺母、绳套、绳卡、销子、别针、棕绳、安全带、旧钻杆、旧套管等。

（2）井场供水材料。包括各种水泵、水管线、有缝管、无缝管、水阀、法兰、丝扣短节、三通、弯头、接箍、螺栓、螺丝等。

（3）井场供电材料。包括各种电杆、角铁、横担、瓷瓶、报箍、开关、电缆、铝芯皮线、花线、防爆灯、探照灯、灯泡、补偿器等。

（4）供暖工程材料。包括各种管线、闸门、弯头、由壬、接箍等。

## 2.3 钻前工程造价计算方法

### 2.3.1 钻前工程量计算规则

钻前工程由井位勘测、道路修建、井场修建、钻前准备和其他作业 5 部分构成。钻前工程量计算规则如表 2-11 所示。

**表 2-11 钻前工程量计算规则**

| 编　码 | 项 目 名 称 | 计量单位 | 工程量计算方法 |
|---|---|---|---|
| 100000 | 钻前工程 | | |
| 110000 | 井位勘测 | | |
| 111000 | 道路勘测 | 次 | Σ勘测次数（1 条道路按勘测 1 次计） |
| 112000 | 井场勘测 | 次 | Σ勘测次数（1 个井场按勘测 1 次计） |
| 113000 | 井位测量 | 次 | Σ测量次数（1 口井测量 2～3 次） |
| 120000 | 道路修建 | | |
| 121000 | 新建道路 | km | Σ各种新建道路长度（km） |
| 122000 | 维修道路 | km | Σ各种维修道路长度（km） |
| 123000 | 桥涵修建 | 座 | Σ各种桥涵（座） |
| 130000 | 井场修建 | | |
| 131000 | 井场和生活区修建 | | |
| 131100 | 井场平整 | 井次 | Σ平整次数（1 口井计 1 次，多井 1 平台计 1 次） |
| 131200 | 生活区平整 | 井次 | Σ平整次数（1 口井计 1 次，多井 1 平台计 1 次） |
| 132000 | 池类构筑 | | |
| 132100 | 沉砂池构筑 | 个 | Σ构筑数量（个） |
| 132200 | 废液池构筑 | 个 | Σ构筑数量（个） |
| 132300 | 放喷池构筑 | 个 | Σ构筑数量（个） |
| 132400 | 垃圾坑构筑 | 个 | Σ构筑数量（个） |
| 132500 | 圆井（方井）构筑 | 个 | Σ构筑数量（个） |
| 133000 | 现浇基础构筑 | | |
| 133100 | 钻机基础构筑 | 井次 | Σ构筑次数（1 口井计 1 次，多井 1 平台计 1 次） |
| 133200 | 设备基础构筑 | 井次 | Σ构筑次数（1 口井计 1 次，多井 1 平台计 1 次） |
| 134000 | 桩基基础构筑 | | |
| 134100 | 钢筋混凝土预制桩构筑 | 井次 | Σ构筑次数（1 口井计 1 次，多井 1 平台计 1 次） |

续表

| 编　码 | 项 目 名 称 | 计量单位 | 工程量计算方法 |
|---|---|---|---|
| 134200 | 振动灌注桩构筑 | 井次 | Σ构筑次数（1 口井计 1 次，多井 1 平台计 1 次） |
| 134300 | 钻孔灌注桩构筑 | 井次 | Σ构筑次数（1 口井计 1 次，多井 1 平台计 1 次） |
| 134400 | 爆扩桩构筑 | 井次 | Σ构筑次数（1 口井计 1 次，多井 1 平台计 1 次） |
| 134500 | 水泥搅拌桩构筑 | 井次 | Σ构筑次数（1 口井计 1 次，多井 1 平台计 1 次） |
| 134600 | 石灰桩构筑 | 井次 | Σ构筑次数（1 口井计 1 次，多井 1 平台计 1 次） |
| 135000 | 人工岛建造 | 座 | Σ人工岛数量（座） |
| 140000 | 钻前准备 | | |
| 141000 | 钻井设备搬迁安装 | | |
| 141100 | 钻机拆卸安装 | 井次 | Σ拆安次数（1 口井计 1 次，多井 1 平台计 1 次） |
| 141200 | 钻机搬迁 | 井次 | Σ搬迁次数（1 口井计 1 次，多井 1 平台计 1 次） |
| 141300 | 野营房搬迁 | 井次 | Σ搬迁次数（1 口井计 1 次，多井 1 平台计 1 次） |
| 141400 | 活动基础搬迁 | 井次 | Σ搬迁次数（1 口井计 1 次，多井 1 平台计 1 次） |
| 141500 | 顶部驱动装置搬迁 | 井次 | Σ搬迁次数（1 口井计 1 次，多井 1 平台计 1 次） |
| 142000 | 井场供水 | | |
| 142100 | 泵站供水 | 次 | Σ安装泵站次数（次） |
| 142200 | 水井供水 | 口 | Σ打水井数量（口） |
| 143000 | 井场供电 | | |
| 143100 | 自发电供电 | 次 | Σ供电设备拆安次数 |
| 143200 | 外接电供电 | 次 | Σ供电设备拆安次数 |
| 144000 | 井场供暖 | 次 | Σ供暖设备拆安次数 |
| 145000 | 钻井队搬迁 | 次 | Σ搬迁次数（1 口井计 1 次，多井 1 平台计 1 次） |
| 150000 | 其他作业 | | |
| 151000 | 井场围堰构筑 | m | Σ构筑长度（m） |
| 152000 | 隔离带构筑 | m | Σ构筑长度（m） |

### 2.3.2　钻前工程造价构成及计算方法

钻前工程造价由井位勘测费、道路修建费、井场修建费、钻前准备费、其他作业费和税费 6 部分构成。钻前工程造价构成内容及计算方法如表 2-12 所示。钻前工程的分部分项工程造价构成内容及计算方法如表 2-13 所示。

**表 2-12　钻前工程造价构成**

| 编　码 | 项 目 名 称 | 计价单位 | 造价计算方法 |
|---|---|---|---|
| 100000 | 钻前工程费 | 元/口井 | 110000+120000+130000+140000+150000+160000 |
| 110000 | 井位勘测费 | 元/口井 | 分部分项工程造价 110000 |
| 120000 | 道路修建费 | 元/口井 | 分部分项工程造价 120000 |
| 130000 | 井场修建费 | 元/口井 | 分部分项工程造价 130000 |
| 140000 | 钻前准备费 | 元/口井 | 分部分项工程造价 140000 |
| 150000 | 其他作业费 | 元/口井 | 分部分项工程造价 150000 |
| 160000 | 税费 | 元/口井 | （110000+120000+130000+140000+150000）×折算税率 |

表 2-13　分部分项工程造价构成

| 编　码 | 项 目 名 称 | 计价单位 | 造价计算方法 |
|---|---|---|---|
| 110000 | 井位勘测 | 元/口井 | 111000+112000+113000 |
| 111000 | 道路勘测 | 元/口井 | Σ综合单价（元/次）×勘测次数 |
| 112000 | 井场勘测 | 元/口井 | Σ综合单价（元/次）×勘测次数 |
| 113000 | 井位测量 | 元/口井 | Σ综合单价（元/次）×测量次数 |
| 120000 | 道路修建 | 元/口井 | 121000+122000+123000 |
| 121000 | 新建道路 | 元/口井 | Σ综合单价（元/km）×长度（km） |
| 122000 | 维修道路 | 元/口井 | Σ综合单价（元/km）×长度（km） |
| 123000 | 桥涵修建 | 元/口井 | Σ综合单价（元/座） |
| 130000 | 井场修建 | 元/口井 | 131000+132000+133000+134000+135000 |
| 131000 | 井场和生活区修建 | 元/口井 | 131100+131200 |
| 131100 | 井场平整 | 元/口井 | Σ综合单价（元/井次）×平整井次数 |
| 131200 | 生活区平整 | 元/口井 | Σ综合单价（元/井次）×平整井次数 |
| 132000 | 池类构筑 | 元/口井 | 132100+132200+132300+132400+132500 |
| 132100 | 沉砂池构筑 | 元/口井 | Σ综合单价（元/个）×沉砂池数量（个/口井） |
| 132200 | 废液池构筑 | 元/口井 | Σ综合单价（元/个）×废液池数量（个/口井） |
| 132300 | 放喷池构筑 | 元/口井 | Σ综合单价（元/个）×放喷池数量（个/口井） |
| 132400 | 垃圾坑构筑 | 元/口井 | Σ综合单价（元/个）×垃圾坑数量（个/口井） |
| 132500 | 圆井（方井）构筑 | 元/口井 | Σ综合单价（元/个）×圆井（方井）数量（个/口井） |
| 133000 | 现浇基础构筑 | 元/口井 | 133100+133200 |
| 133100 | 钻机基础构筑 | 元/口井 | Σ综合单价（元/井次）×构筑井次数 |
| 133200 | 设备基础构筑 | 元/口井 | Σ综合单价（元/井次）×构筑井次数 |
| 134000 | 桩基基础构筑 | 元/口井 | 134100+134200+…+134600 |
| 134100 | 钢筋混凝土预制桩构筑 | 元/口井 | Σ综合单价（元/井次）×构筑井次数 |
| 134200 | 振动灌注桩构筑 | 元/口井 | Σ综合单价（元/井次）×构筑井次数 |
| 134300 | 钻孔灌注桩构筑 | 元/口井 | Σ综合单价（元/井次）×构筑井次数 |
| 134400 | 爆扩桩构筑 | 元/口井 | Σ综合单价（元/井次）×构筑井次数 |
| 134500 | 水泥搅拌桩构筑 | 元/口井 | Σ综合单价（元/井次）×构筑井次数 |
| 134600 | 石灰桩构筑 | 元/口井 | Σ综合单价（元/井次）×构筑井次数 |
| 135000 | 人工岛建造 | 元/口井 | Σ综合单价（元/座）×人工岛数量（座） |
| 140000 | 钻前准备 | 元/口井 | 141000+142000+143000+144000+145000 |
| 141000 | 钻井设备搬迁安装 | 元/口井 | 141100+141200+141300+141400+141500 |
| 141100 | 钻机拆卸安装 | 元/口井 | Σ综合单价（元/井次）×拆安井次数 |
| 141200 | 钻机搬迁 | 元/口井 | Σ综合单价（元/井次）×搬迁井次数 |
| 141300 | 野营房搬迁 | 元/口井 | Σ综合单价（元/井次）×搬迁井次数 |
| 141400 | 活动基础搬迁 | 元/口井 | Σ综合单价（元/井次）×搬迁井次数 |
| 141500 | 顶部驱动装置搬迁 | 元/口井 | Σ综合单价（元/井次）×搬迁井次数 |
| 142000 | 井场供水 | 元/口井 | 142100+142200 |
| 142100 | 泵站供水 | 元/口井 | Σ综合单价（元/次）×安装泵站次数 |
| 142200 | 水井供水 | 元/口井 | Σ综合单价（元/口）×打水井数量（口） |
| 143000 | 井场供电 | 元/口井 | 143100+143200 |

续表

| 编　码 | 项 目 名 称 | 计价单位 | 造价计算方法 |
|---|---|---|---|
| 143100 | 自发电供电 | 元/口井 | Σ综合单价（元/次）×供电设备拆安次数 |
| 143200 | 外接电供电 | 元/口井 | Σ综合单价（元/次）×供电设备拆安次数 |
| 144000 | 井场供暖 | 元/口井 | Σ综合单价（元/次）×供暖设备拆安次数 |
| 145000 | 钻井队搬迁 | 元/口井 | Σ综合单价（元/次）×搬迁次数 |
| 150000 | 其他作业 | 元/口井 | 151000+152000 |
| 151000 | 井场围堰构筑 | 元/口井 | Σ综合单价（元/m）×围堰构筑长度（m/口井） |
| 152000 | 隔离带构筑 | 元/口井 | Σ综合单价（元/m）×隔离带构筑长度（m/口井） |

### 2.3.3　钻前工程造价其他计算方法

上述分部分项工程造价计算方法同目前各油田在用定额和取费标准基本一致。但由于钻前工程内容比较复杂，其造价构成和计算方法有时会有所不同，这里举几个例子进行说明。

#### 2.3.3.1　井位勘测费

##### 2.3.3.1.1　井场和道路勘测费

在山区钻井或部分探井钻前工程中，要实施进井路、井位、线路、水源的勘定和测量、工程地质勘察和设计等工作，此部分工程造价少数油田制定了定额。定额中未包括的内容可分别套用相关标准。勘察部分可参照国家工程水文地质勘察收费标准执行；测量部分可参照国家测绘局颁发的设计收费标准执行；工程设计部分可参照国家建设部颁发的工程设计收费标准执行。部分油田取费标准举例参见表 2-14 至表 2-17。

**表 2-14　公路及井场勘察设计费**

| 序 号 | 项　　目 | 取 费 标 准 |
|---|---|---|
| 1 | 勘察测量费 | 按直接工程费的 2.5%计取 |
| 2 | 设计费 | 按直接工程费的 1.0%计取 |
| 3 | 其他费 | 按直接工程费的 1.0%计取 |

**表 2-15　井位踏勘费**

| 序 号 | 距离 | 100km 以内 | 100～200km | 200～300km | 300km 以上 |
|---|---|---|---|---|---|
| 1 | 井位勘定及踏勘费（元） | 2450 | 3700 | 5550 | 9250 |

**表 2-16　井场测量费**

| 序 号 | 名　称 | 单 位 | 金 额 |
|---|---|---|---|
| 1 | 井场测量 | 元/口井 | 2000 |

**表 2-17　道路测量费**

| 序 号 | 名　称 | 单 位 | 金 额 |
|---|---|---|---|
| 1 | 道路测量 | 元/km | 2400 |

##### 2.3.3.1.2　井位测量费

井位测量是每口井必须要做的工作，目前在用定额中有以井次为计价单位的，也有以口井为计价单位的，但具体分类有很大不同，主要归纳出三种形式，见表 2-18 至表 2-20。

表 2-18　以井别为主要分类计价

| 序 号 | 油 田 | 项 目 | 单 位 | 探 井 | 开发井 | 不分井别 |
|---|---|---|---|---|---|---|
| 1 | A 油田 | 井位测量 | 元/井次 | | | 20000 |
| 2 | B 油田 | 井位测量 | 元/口井 | | | 2845 |
| 3 | C 油田 | 井位测量 | 元/井次 | | | 1859 |
| 4 | D 油田 | 井位测量 | 元/井次 | 4057 | 3046 | |
| 5 | E 油田 | 井位测量 | 元/井次 | 4100 | 2935 | |

表 2-19　以设备类型为主要分类计价

| 序 号 | 油 田 | 项 目 | 单 位 | 全站仪 | 卫星定位仪 |
|---|---|---|---|---|---|
| 1 | X 油田 | 井位测量 | 元/井次 | 3618 | 5397 |
| 2 | Y 油田 | 井位测量 | 元/井次 | 1218 | 1218 |

表 2-20　以地区为主要分类基础计价

| 序 号 | 项 目 | 单 位 | 长垣东西部 | 外 围 |
|---|---|---|---|---|
| 1 | 井位测量 | 元/口井 | 25150 | 31881 |

2.3.3.2　道路修建费

道路修建费大多数油田按“km”计价，个别油田按“口井”计价，少数油田按国家和地方政府有关部门颁布的地面工程中土建工程定额进行计价。

2.3.3.3　井场修建费

井场修建费绝大多数油田按“口井”计价，但各油田具体细分工程项目有所区别，如有的油田分为井场修建、生活区场地平整、池类修建（又分开发井、探井、丛式井）；有的油田分为固定基础、活动基础、导管作业材料；有的油田分为井场地貌恢复、井场土方工程、井场固定基础工程、池类修建工程。少数油田按国家和地方政府有关部门颁布的地面工程中土建工程定额进行计价。

2.3.3.4　钻前准备费

钻前准备费中钻井设备拆安费绝大多数油田按“口井”或“井次”计价，但各油田具体细分工程项目有所区别。搬迁费绝大多数油田按“口井”计价，其中设置了搬迁距离区间段；少数油田按“km”计价。供水、供电、供暖费计价主要是按“口井”计价。

## 2.4　钻前工程计价标准编制方法

钻前工程内容多，涉及面广，计价标准编制方法有所不同，但总体上还是有规律性。以道路修建计价标准、井场修建计价标准为例进行土建工程计价标准编制说明，钻前准备中钻井队搬迁计价标准将在钻进工程日费计价标准编制中进行说明，其他计价标准可参照上述计价标准编制方法进行编制。

### 2.4.1　道路修建计价标准编制

以平原地形地貌为例，说明一套新建 1km 简易道路的计价标准编制方法。

2.4.1.1　基础标准

（1）新建简易道路标准。参见表 2-21。

**表 2-21 新建简易道路标准** 计量单位：km

| 标准编号 | | | D1-1 |
|---|---|---|---|
| 项　目 | | | 地形地貌 |
| | | | 平　原 |
| 序号 | 名　称 | 单位 | 数　量 |
| 1 | 道路长度 | m | 1000.00 |
| 2 | 路基宽度 | m | 6.00 |
| 3 | 路面宽度 | m | 4.00 |
| 4 | 路面铺垫厚度 | m | 0.80 |

未考虑错车道。

（2）车辆平均行驶速度。参见表 2-22。

**表 2-22 车辆平均行驶速度** 计量单位：h

| 标准编号 | | | D1-2 |
|---|---|---|---|
| 项　目 | | | 地形地貌 |
| | | | 平　原 |
| 序号 | 名　称 | 单位 | 数　量 |
| 1 | 平均行驶速度 | km | 30.00 |

（3）平均运输距离。参见表 2-23。

**表 2-23 平均运输距离** 计量单位：趟

| 标准编号 | | | | D1-3 |
|---|---|---|---|---|
| 序号 | 起　点 | 终　点 | 单位 | 数　量 |
| 1 | 基地 | 进井场道路 | km | 30.00 |
| 2 | 进井场道路 | 碎石拉运处 | km | 15.00 |

（4）平均运输单趟工作时间。参见表 2-24。

**表 2-24 平均运输单趟工作时间** 计量单位：车次

| 标准编号 | | | D1-4 |
|---|---|---|---|
| 序号 | 名　称 | 单位 | 数　量 |
| | 合计 | 台时 | 3.00 |
| 1 | 进井场道路至碎石拉运处往返 | 台时 | 1.00 |
| 2 | 装车时间 | 台时 | 1.00 |
| 3 | 卸车时间 | 台时 | 1.00 |

#### 2.4.1.2 消耗标准

（1）路基施工消耗标准。参见表 2-25。

**表 2-25　路基施工消耗标准**　　　　计量单位：km

| 标准编号 | | | | D1-5 |
|---|---|---|---|---|
| 项　目 | | | | 地形地貌 |
| | | | | 平　原 |
| 序 号 | 名　称 | 规格型号 | 单 位 | 数　量 |
| 1 | 人工 | | 工日 | 6.00 |
| 2 | 设备 | | | |
| 2.1 | 推土机 | T-170 | 台时 | 96.00 |
| 2.2 | 平板拖车 | 30t | 台时 | 16.00 |
| 2.3 | 油罐车 | 8t | 台时 | 8.00 |
| 2.4 | 值班车 | | 台时 | 24.00 |

工程内容：钉桩，放线，场地清理，填土，压实。

（2）路面施工消耗标准。参见表 2-26。

**表 2-26　路面施工消耗标准**　　　　计量单位：km

| 标准编号 | | | | D1-6 |
|---|---|---|---|---|
| 项　目 | | | | 地形地貌 |
| | | | | 平　原 |
| 序 号 | 名　称 | 规格型号 | 单 位 | 数　量 |
| 1 | 人工 | | 工日 | 16.00 |
| 2 | 设备 | | | |
| 2.1 | 推土机 | T-170 | 台时 | 128.00 |
| 2.2 | 平板拖车 | 25t | 台时 | 16.00 |
| 2.3 | 油罐车 | 8t | 台时 | 32.00 |
| 2.4 | 值班车 | | 台时 | 64.00 |
| 2.5 | 挖掘机 | | 台时 | 48.00 |
| 2.6 | 卡车 | 25t | 台时 | 1008.00 |
| 3 | 材料 | | | |
| 3.1 | 碎石 | | $m^3$ | 3360.00 |

工程内容：拉运碎石 3360$m^3$，铺垫碎石，压实。

### 2.4.1.3　费用标准

（1）人工费标准。参见表 2-27。

**表 2-27　人工费标准**　　　　计量单位：工日

| 标准编号 | | | D1-7 |
|---|---|---|---|
| 序 号 | 名　称 | 单 位 | 金　额 |
| 1 | 人工费 | 元 | 43.35 |

（2）其他费用标准。参见表 2-28。

**表 2-28 其他费标准**

| 标 准 编 号 | | | D1-8 |
| --- | --- | --- | --- |
| 序 号 | 名 称 | 单 位 | 费 率 |
| 1 | 其他费 | % | 5.00 |

以直接工程费为基数。

（3）间接费标准。参见表 2-29。

**表 2-29 间接费标准**

| 标 准 编 号 | | | D1-9 |
| --- | --- | --- | --- |
| 序 号 | 名 称 | 单 位 | 费 率 |
| 1 | 企业管理费 | % | 10.00 |
| 2 | 风险费 | % | 1.00 |
| 3 | 利润 | % | 5.00 |

以直接费为基数。

（4）设备台时价格。参见表 2-30。

**表 2-30 设备台时价格**

计量单位：台时

| 标 准 编 号 | | | | D1-10 |
| --- | --- | --- | --- | --- |
| 序 号 | 名 称 | 规格型号 | 单 位 | 金 额 |
| 1 | 推土机 | T-170 | 元 | 107.14 |
| 2 | 平板拖车 | 25t | 元 | 140.79 |
| 3 | 油罐车 | 8t | 元 | 61.25 |
| 4 | 值班车 | | 元 | 35.00 |
| 5 | 挖掘机 | | 元 | 184.56 |
| 6 | 卡车 | 25t | 元 | 132.13 |

（5）材料价格。参见表 2-31。

**表 2-31 材料价格**

| 标 准 编 号 | | | | D1-11 |
| --- | --- | --- | --- | --- |
| 序 号 | 名 称 | 规格型号 | 单 位 | 金 额 |
| 1 | 碎石 | | 元/$m^3$ | 40.00 |

#### 2.4.1.4 预算标准

（1）路基施工预算标准。参见表 2-32。

表 2-32　路基施工预算标准　　计量单位：km

| 标准编号 | | | D1-12 |
|---|---|---|---|
| 项　目 | | | 地形地貌 |
| | | | 平　原 |
| 序号 | 名　称 | 单位 | 金　额 |
| | 综合单价 | 元 | 17208.12 |
| 1 | 直接费 | 元 | 14834.59 |
| 1.1 | 人工费 | 元 | 260.10 |
| 1.2 | 设备费 | 元 | 13868.08 |
| 1.2.1 | 推土机 | 元 | 10285.44 |
| 1.2.2 | 平板拖车 | 元 | 2252.64 |
| 1.2.3 | 油罐车 | 元 | 490.00 |
| 1.2.4 | 值班车 | 元 | 840.00 |
| 1.3 | 其他费 | 元 | 706.41 |
| 2 | 间接费 | 元 | 2373.53 |
| 2.1 | 企业管理费 | 元 | 1483.46 |
| 2.2 | 风险费 | 元 | 148.35 |
| 2.3 | 利润 | 元 | 741.73 |

工程内容：钉桩，放线，场地清理，填土，压实。

（2）路面施工预算标准。参见表 2-33。

表 2-33　路面施工预算标准　　计量单位：km

| 标准编号 | | | D1-13 |
|---|---|---|---|
| 项　目 | | | 地形地貌 |
| | | | 平　原 |
| 序号 | 名　称 | 单位 | 金　额 |
| | 综合单价 | 元 | 362118.81 |
| 1 | 直接费 | 元 | 312171.38 |
| 1.1 | 人工费 | 元 | 693.60 |
| 1.2 | 设备费 | 元 | 162212.48 |
| 1.2.1 | 推土机 | 元 | 13713.92 |
| 1.2.2 | 平板拖车 | 元 | 2252.64 |
| 1.2.3 | 油罐车 | 元 | 1960.00 |
| 1.2.4 | 值班车 | 元 | 2240.00 |
| 1.2.5 | 挖掘机 | 元 | 8858.88 |
| 1.2.6 | 卡车 | 元 | 133187.04 |
| 1.3 | 材料费 | 元 | 134400.00 |
| 1.3.1 | 碎石 | 元 | 134400.00 |
| 1.4 | 其他费 | 元 | 14865.30 |
| 2 | 间接费 | 元 | 49947.42 |
| 2.1 | 企业管理费 | 元 | 31217.14 |
| 2.2 | 风险费 | 元 | 3121.71 |
| 2.3 | 利润 | 元 | 15608.57 |

工程内容：拉运碎石 3360m$^3$，铺垫碎石，压实。

（3）新建 1km 道路预算标准。参见表 2-34。

**表 2-34 新建 1km 道路预算标准** 计量单位：km

| 标准编号 | | | D1-14 |
|---|---|---|---|
| 项目 | | | 地形地貌 |
| | | | 平原 |
| 序号 | 名称 | 单位 | 金额 |
| | 综合单价 | 元 | 379326.93 |
| 1 | 路基施工 | 元 | 17208.12 |
| 2 | 路面施工 | 元 | 362118.81 |

（4）税费。指国家和当地政府有关部门制定的税费标准。我国陆上油田一般指应计入钻井工程造价的增值税或营业税、城乡维护建设税和教育费附加（参见表 2-35）。各种税费计算方法如下：

①增值税：应纳税额 = 销项税额-进项税额。

销项税额 = 销售额×增值税率 = 销售收入（含税销售额）÷（1+增值税率）×增值税率

进项税额 = 外购原材料、燃料及动力费÷（1+增值税率）×增值税率

目前适用增值税率为 17%。

②营业税：应纳税额 = 营业额×适用税率。

目前建筑业适用税率为 3%，其他行业适用税率为 5%。

③城乡维护建设税：应纳税额 = 增值税（营业税）应纳税额×适用税率。

目前市区适用税率为 7%，县城、建制镇适用税率为 5%，农村适用税率为 1%。

④教育费附加：应纳教育费附加额 = 增值税（营业税）应纳税额×适用税率。

目前国家适用费率 3%，有些地区还要征收地方教育费附加，费率 1%，共计 4%。

对于大部分油田大部分钻井工程，建设单位和施工单位属于关联交易方，需要交纳增值税、城乡维护建设税和教育费附加 3 项税费。由于增值税是个变数，3 项税费有所变化，计算钻井工程造价中的税费时，3 项税费折算税率一般是 0.9%～1.0%。

少数油田部分钻井工程需要交纳营业税、城乡维护建设税和教育费附加 3 项税费。由于营业税及附加等 3 项税费是价内税，以营业额为计税基数，即招投标时以工程合同额为基数，而计算工程造价时是以工程费为基数，需要进行税费折算，折算税率公式：

折算税率 = 营业税、城乡维护建设税和教育费附加 3 项税费适用税率÷（1-营业税、城乡维护建设税和教育费附加 3 项税费适用税率）。

表 2-35 给出了折算税率，可见折算税率同政府规定税率的具体数值是有差别的，计算工程造价中的税费时，以折算税率计算：工程造价中税费 = 工程费×折算税率。

**表 2-35 税费标准**

| 标准编号 | | | D1-15 | D1-16 | D1-17 | D1-18 |
|---|---|---|---|---|---|---|
| 行业 | 纳税人所在地 | 单位 | 营业税 | 城建税 | 教育费附加 | 折算税率 |
| 建筑业 | 市区 | % | 3.00 | 7.00 | 4.00 | 3.44 |
| | 县城、建制镇 | % | 3.00 | 5.00 | 4.00 | 3.38 |
| | 农村 | % | 3.00 | 1.00 | 4.00 | 3.25 |

续表

| 标准编号 | | | D1-15 | D1-16 | D1-17 | D1-18 |
|---|---|---|---|---|---|---|
| 行 业 | 纳税人所在地 | 单 位 | 营业税 | 城建税 | 教育费附加 | 折算税率 |
| 其他行业 | 市区 | % | 5.00 | 7.00 | 4.00 | 5.88 |
| | 县城、建制镇 | % | 5.00 | 5.00 | 4.00 | 5.76 |
| | 农村 | % | 5.00 | 1.00 | 4.00 | 5.54 |

以工程费为基数。

2.4.1.5 概算标准

(1) 新建1km简易道路概算标准。参见表2-36。

表2-36 新建1km简易道路概算标准　计量单位：km

| 标准编号 | | | D1-19 |
|---|---|---|---|
| 项　目 | | | 地形地貌 |
| | | | 平 原 |
| 序号 | 名称 | 单位 | 金 额 |
| | 综合单价 | 元 | 391730.92 |
| 1 | 路基施工 | 元 | 17208.12 |
| 2 | 路面施工 | 元 | 362118.81 |
| 3 | 税费 | 元 | 12403.99 |

税费取折算税率3.38%。

(2) 单井新建简易道路概算标准。参见表2-37。

表2-37 单井新建简易道路概算标准　计量单位：口井

| 标准编号 | | | D1-20 |
|---|---|---|---|
| 项　目 | | | 地形地貌 |
| | | | 平 原 |
| 序 号 | 名 称 | 单 位 | 金 额 |
| | 综合单价 | 元 | 117519.28 |
| 1 | 路基施工 | 元 | 5162.44 |
| 2 | 路面施工 | 元 | 108635.64 |
| 3 | 税费 | 元 | 3721.20 |

税费取折算税率3.38%；单井平均道路长度0.3km。

### 2.4.2 井场修建计价标准编制

以某油田ZJ70D、ZJ-70L钻机为例，说明一套井场修建计价标准编制方法。

2.4.2.1 基础标准

(1) 井场及生活区面积标准。参见表2-38。

表 2-38　井场及生活区面积标准　　计量单位：口井

| 标准编号 | | K1-1 | | |
|---|---|---|---|---|
| 项　目 | | 钻机类型 | | |
| | | ZJ-70D、ZJ-70L | | |
| | | 面积（$m^2$） | 长（m） | 宽（m） |
| 序号 | 名　称 | 数　量 | | |
| 1 | 井场 | 22500.00 | 150.00 | 150.00 |
| 2 | 生活区 | 2500.00 | 50.00 | 50.00 |

（2）井场构筑物标准。参见表 2-39。

表 2-39　井场构筑物标准　　计量单位：口井

| 标准编号 | | K1-2 | | | |
|---|---|---|---|---|---|
| 项　目 | | 钻机类型 | | | |
| | | ZJ-70D、ZJ-70L | | | |
| | | 长度（m） | 宽度（m） | 深度（m） | 体积（$m^3$） |
| 序号 | 名　称 | 数　量 | | | |
| | 合计 | | | | 15015.00 |
| 1 | 井场地表土 | 150.00 | 150.00 | 0.30 | 6750.00 |
| 2 | 井场生土 | 150.00 | 150.00 | 0.10 | 2250.00 |
| 3 | 生活区地表土 | 50.00 | 50.00 | 0.20 | 500.00 |
| 4 | 沉砂池 | 75.00 | 15.00 | 4.50 | 5062.50 |
| 5 | 废液池 | 5.00 | 2.00 | 2.00 | 20.00 |
| 6 | 放喷池 | 10.00 | 5.00 | 4.00 | 400.00 |
| 7 | 水井沉砂池 | 5.00 | 2.00 | 2.00 | 20.00 |
| 8 | 方井 | 2.50 | 2.50 | 2.00 | 12.50 |

生土用于堆防火堤，放喷池 2 个。

#### 2.4.2.2　消耗标准

（1）井场平整。参见表 2-40。

表 2-40　井场平整　　计量单位：口井

| 标准编号 | | | | K1-3 |
|---|---|---|---|---|
| 项　目 | | | | 钻机类型 |
| | | | | ZJ-70D、ZJ-70L |
| 序号 | 名　称 | 规格型号 | 单位 | 数　量 |
| 1 | 人工 | | 工日 | 17.00 |
| 2 | 设备 | | | |
| 2.1 | 推土机 | T-170 | 台时 | 340.00 |
| 2.2 | 推土机 | b-170MI | 台时 | 340.00 |
| 2.3 | 平板拖车 | 30t | 台时 | 32.00 |

续表

| 标准编号 | | | | K1-3 |
|---|---|---|---|---|
| 项目 | | | | 钻机类型 |
| | | | | ZJ-70D、ZJ-70L |
| 序号 | 名称 | 规格型号 | 单位 | 数量 |
| 2.4 | 铲车 | | 台时 | 12.00 |
| 2.5 | 油罐车 | 8t | 台时 | 68.00 |
| 2.6 | 值班车 | 15 座 | 台时 | 98.00 |

工程内容：推井场地表土和生土，土方量 9000m$^3$。

（2）生活区平整。参见表 2-41。

**表 2-41　生活区平整**　　计量单位：口井

| 标准编号 | | | | K1-4 |
|---|---|---|---|---|
| 项目 | | | | 钻机类型 |
| | | | | ZJ-70D、ZJ-70L |
| 序号 | 名称 | 规格型号 | 单位 | 数量 |
| 1 | 人工 | | 工日 | 1.00 |
| 2 | 设备 | | | |
| 2.1 | 推土机 | T-170 | 台时 | 20.00 |
| 2.2 | 推土机 | b-170MI | 台时 | 20.00 |

工程内容：推生活区地表土，土方量 500m$^3$。

（3）沉砂池和废液池修建。参见表 2-42。

**表 2-42　沉砂池和废液池修建**　　计量单位：口井

| 标准编号 | | | | K1-5 |
|---|---|---|---|---|
| 项目 | | | | 钻机类型 |
| | | | | ZJ-70D、ZJ-70L |
| 序号 | 名称 | 规格型号 | 单位 | 数量 |
| 1 | 人工 | | 工日 | 8.50 |
| 2 | 设备 | | | |
| 2.1 | 挖沟机 | 1.5m$^3$ | 台时 | 84.00 |
| 2.2 | 平板拖车 | 30t | 台时 | 10.00 |
| 2.3 | 自卸车 | 12t | 台时 | 252.00 |
| 2.4 | 油罐车 | 8t | 台时 | 33.60 |
| 2.5 | 值班车 | | 台时 | 58.80 |

工程内容：挖池，土方量 5083m$^3$。

（4）放喷池修建参见表 2-43。

（5）方井和水井沉砂池挖建。参见表 2-44。

**表 2-43　放喷池修建**　　计量单位：口井

| 标准编号 | | | | K1-6 |
|---|---|---|---|---|
| 项　目 | | | | 钻机类型 |
| | | | | ZJ-70D、ZJ-70L |
| 序号 | 名　称 | 规格型号 | 单位 | 数　量 |
| 1 | 人工 | | 工日 | 1.30 |
| 2 | 设备 | | | |
| 2.1 | 挖沟机 | $1.5m^3$ | 台时 | 10.70 |
| 2.2 | 平板拖车 | 30t | 台时 | 10.70 |
| 2.3 | 值班车 | 15 座 | 台时 | 10.70 |

工程内容：挖池，土方量 $400m^3$。

**表 2-44　方井和水井沉砂池挖建**　　计量单位：口井

| 标准编号 | | | | K1-7 |
|---|---|---|---|---|
| 项　目 | | | | 钻机类型 |
| | | | | ZJ-70D、ZJ-70L |
| 序号 | 名　称 | 规格型号 | 单位 | 数　量 |
| 1 | 人工 | | 工日 | 5.00 |
| 2 | 设备 | | | |
| 2.1 | 挖沟机 | $1.5m^3$ | 台时 | 6.00 |
| 2.2 | 平板拖车 | 30t | 台时 | 6.00 |
| 2.3 | 卡车 | 10t | 台时 | 5.00 |
| 2.4 | 吊车 | 25t | 台时 | 5.00 |
| 2.5 | 电焊车 | | 台时 | 5.00 |
| 2.6 | 吊车 | 25t | 台时 | 5.00 |
| 2.7 | 值班车 | 15 座 | 台时 | 9.00 |
| 3 | 材料 | | | |
| 3.1 | 水泥板 | 2.2m×2.2m×0.2m | 块 | 4.00 |

工程内容：挖池，吊水泥板，焊水泥板，土方量 $32.5m^3$。

（6）沉砂池和井场铺塑料布。参见表 2-45。

**表 2-45　沉砂池和井场铺塑料布**　　计量单位：口井

| 标准编号 | | | | K1-8 |
|---|---|---|---|---|
| 项　目 | | | | 钻机类型 |
| | | | | ZJ-70D、ZJ-70L |
| 序号 | 名　称 | 规格型号 | 单位 | 数　量 |
| 1 | 人工 | | 工日 | 10.00 |
| 2 | 设备 | | | |
| 2.1 | 卡车 | 5t | 台时 | 5.00 |
| 2.2 | 值班车 | 15 座 | 台时 | 10.00 |
| 3 | 材料 | | | |
| 3.1 | 塑料布 | | t | 6.50 |

工程内容：铺塑料布，覆盖面积 $2322m^2$。

#### 2.4.2.3 费用标准

（1）人工费标准。参见表 2-46。

**表 2-46 人工费标准** 计量单位：工日

| 标准编号 | | | K1-9 |
| --- | --- | --- | --- |
| 序号 | 名称 | 单位 | 金额 |
| 1 | 人工费 | 元 | 206.91 |

（2）其他费标准。参见表 2-47。

**表 2-47 其他费标准**

| 标准编号 | | | K1-10 |
| --- | --- | --- | --- |
| 序号 | 名称 | 单位 | 费率 |
| 1 | 其他费 | % | 5.00 |

以直接工程费为基数。包含手工具、临时用料、木板、包装材料、劳保用品等费用。

（3）间接费标准。参见表 2-48。

**表 2-48 间接费标准**

| 标准编号 | | | K1-11 |
| --- | --- | --- | --- |
| 序号 | 名称 | 单位 | 费率 |
| 1 | 企业管理费 | % | 10.00 |
| 2 | 风险费 | % | 1.00 |
| 3 | 利润 | % | 5.00 |

以直接费为基数。

（4）设备台时价格。参见表 2-49。

**表 2-49 设备台时价格** 计量单位：台时

| 标准编号 | | | | K1-12 |
| --- | --- | --- | --- | --- |
| 序号 | 名称 | 规格型号 | 单位 | 金额 |
| 1 | 油罐车 | 8t | 元 | 24.50 |
| 2 | 推土机 | T-170 | 元 | 75.67 |
| 3 | 推土机 | b-170MI | 元 | 107.52 |
| 4 | 自卸车 | 12t | 元 | 80.64 |
| 5 | 挖沟机 | $1.5m^3$ | 元 | 113.61 |
| 6 | 铲车 | | 元 | 51.24 |
| 7 | 吊车 | 25t | 元 | 81.06 |
| 8 | 平板拖车 | 30t | 元 | 156.52 |
| 9 | 卡车 | 5t | 元 | 30.52 |
| 10 | 卡车 | 10t | 元 | 168.49 |
| 11 | 值班车 | 15 座 | 元 | 15.96 |
| 12 | 电焊车 | | 元 | 42.00 |

（5）材料价格。参见表 2-50。

**表 2-50　材料价格**

| 标准编号 | | | | K1-13 |
|---|---|---|---|---|
| 序号 | 名　称 | 规格型号 | 单位 | 金额 |
| 1 | 水泥板 | 2.2m×2.2m×0.2m | 元/块 | 931.70 |
| 2 | 塑料布 | | 元/t | 14000.00 |

### 2.4.2.4　预算标准

（1）井场平整预算标准。参见表 2-51。

**表 2-51　井场平整预算标准**　　计量单位：口井

| 标准编号 | | | K1-14 |
|---|---|---|---|
| 项　　目 | | | 钻机类型 |
| | | | ZJ-70D、ZJ-70L |
| 序 号 | 名　称 | 单 位 | 金　额 |
| | 综合单价 | 元 | 90930.69 |
| 1 | 直接费 | 元 | 78388.52 |
| 1.1 | 人工费 | 元 | 3517.54 |
| 1.2 | 设备费 | 元 | 71138.20 |
| 1.2.1 | T-170 推土机 | 元 | 25727.80 |
| 1.2.2 | b-170MI 推土机 | 元 | 36556.80 |
| 1.2.3 | 30t 平板拖车 | 元 | 5008.64 |
| 1.2.4 | 铲车 | 元 | 614.88 |
| 1.2.5 | 8t 油罐车 | 元 | 1666.00 |
| 1.2.6 | 15 座值班车 | 元 | 1564.08 |
| 1.3 | 其他费 | 元 | 3732.79 |
| 2 | 间接费 | 元 | 12542.16 |
| 2.1 | 企业管理费 | 元 | 7838.85 |
| 2.2 | 风险费 | 元 | 783.89 |
| 2.3 | 利润 | 元 | 3919.43 |

工程内容：推井场地表土和生土，土方量 9000m$^3$。

（2）生活区平整预算标准。参见表 2-52。

**表 2-52　生活区平整预算标准**　　计量单位：口井

| 标 准 编 号 | | | K1-15 |
|---|---|---|---|
| 项　　目 | | | 钻机类型 |
| | | | ZJ-70D、ZJ-70L |
| 序 号 | 名　称 | 单 位 | 金　额 |
| | 综合单价 | 元 | 4714.53 |
| 1 | 直接费 | 元 | 4064.25 |
| 1.1 | 人工费 | 元 | 206.91 |
| 1.2 | 设备费 | 元 | 3663.80 |
| 1.2.1 | T-170 推土机 | 元 | 1513.40 |

续表

| 标准编号 | | | K1-15 |
|---|---|---|---|
| 项目 | | | 钻机类型 |
| | | | ZJ-70D、ZJ-70L |
| 序号 | 名称 | 单位 | 金额 |
| 1.2.2 | b-170MI 推土机 | 元 | 2150.40 |
| 1.3 | 其他费 | 元 | 193.54 |
| 2 | 间接费 | 元 | 650.28 |
| 2.1 | 企业管理费 | 元 | 406.42 |
| 2.2 | 风险费 | 元 | 40.64 |
| 2.3 | 利润 | 元 | 203.21 |

工程内容：推生活区地表土，土方量 500m$^3$。

（3）沉砂池和废液池修建预算标准。参见表 2-53。

**表 2-53　沉砂池和废液池修建预算标准**　　计量单位：口井

| 标准编号 | | | K1-16 |
|---|---|---|---|
| 项目 | | | 钻机类型 |
| | | | ZJ-70D、ZJ-70L |
| 序号 | 名称 | 单位 | 金额 |
| | 综合单价 | 元 | 42569.27 |
| 1 | 直接费 | 元 | 36697.64 |
| 1.1 | 人工费 | 元 | 1758.77 |
| 1.2 | 设备费 | 元 | 33191.37 |
| 1.2.1 | 挖沟机 | 元 | 9543.24 |
| 1.2.2 | 平板拖车 | 元 | 1565.20 |
| 1.2.3 | 卡玛斯自卸车 | 元 | 20321.28 |
| 1.2.4 | 油罐车 | 元 | 823.20 |
| 1.2.5 | 值班车 | 元 | 938.45 |
| 1.3 | 其他费 | 元 | 1747.51 |
| 2 | 间接费 | 元 | 5871.62 |
| 2.1 | 企业管理费 | 元 | 3669.76 |
| 2.2 | 风险费 | 元 | 366.98 |
| 2.3 | 利润 | 元 | 1834.88 |

工程内容：挖池，土方量 5083m$^3$。

（4）放喷池修建预算标准。参见表 2-54。

**表 2-54　放喷池修建预算标准**　　计量单位：口井

| 标准编号 | | | K1-17 |
|---|---|---|---|
| 项目 | | | 钻机类型 |
| | | | ZJ-70D、ZJ-70L |
| 序号 | 名称 | 单位 | 金额 |
| | 综合单价 | 元 | 3671.49 |
| 1 | 直接费 | 元 | 3496.66 |

续表

| 标准编号 | | | K1-17 |
|---|---|---|---|
| 项目 | | | 钻机类型 |
| | | | ZJ-70D、ZJ-70L |
| 序号 | 名称 | 单位 | 金额 |
| 1.1 | 人工费 | 元 | 268.99 |
| 1.2 | 设备费 | 元 | 3061.16 |
| 1.2.1 | 挖沟机 | 元 | 1215.63 |
| 1.2.2 | 平板拖车 | 元 | 1674.76 |
| 1.2.3 | 值班车 | 元 | 170.77 |
| 1.3 | 其他费 | 元 | 166.51 |
| 2 | 间接费 | 元 | 559.47 |
| 2.1 | 企业管理费 | 元 | 349.67 |
| 2.2 | 风险费 | 元 | 34.97 |
| 2.3 | 利润 | 元 | 174.83 |

工程内容：挖池，土方量400m$^3$。

（5）方井和水井沉砂池挖建预算标准。参见表2-55。

**表2-55　方井和水井沉砂池挖建预算标准**　　计量单位：口井

| 标准编号 | | | K1-18 |
|---|---|---|---|
| 项目 | | | 钻机类型 |
| | | | ZJ-70D、ZJ-70L |
| 序号 | 名称 | 单位 | 金额 |
| | 综合单价 | 元 | 6385.21 |
| 1 | 直接费 | 元 | 5504.49 |
| 1.1 | 人工费 | 元 | 1034.57 |
| 1.2 | 设备费 | 元 | 3627.47 |
| 1.2.1 | 挖沟机 | 元 | 681.66 |
| 1.2.2 | 平板拖车 | 元 | 939.12 |
| 1.2.3 | 卡车 | 元 | 842.45 |
| 1.2.4 | 吊车 | 元 | 405.30 |
| 1.2.5 | 电焊车 | 元 | 210.00 |
| 1.2.6 | 吊车 | 元 | 405.30 |
| 1.2.7 | 值班车 | 元 | 143.64 |
| 1.3 | 材料费 | 元 | 3726.80 |
| 1.3.1 | 水泥板 | 元 | 3726.80 |
| 1.4 | 其他费 | 元 | 419.44 |
| 2.1 | 间接费 | 元 | 880.72 |
| 2.1 | 企业管理费 | 元 | 550.45 |
| 2.2 | 风险费 | 元 | 55.04 |
| 2.3 | 利润 | 元 | 275.22 |

工程内容：挖池，吊水泥板，焊水泥板，土方量32.5m$^3$。

（6）沉砂池和井场铺塑料布预算标准。参见表 2-56。

**表 2-56　沉砂池和井场铺塑料布预算标准**　　计量单位：口井

| 标准编号 | | | K1-19 |
|---|---|---|---|
| 项　目 | | | 钻机类型 |
| | | | ZJ-70D、ZJ-70L |
| 序号 | 名称 | 单位 | 金额 |
| | 综合单价 | 元 | 96686.47 |
| 1 | 直接费 | 元 | 83350.41 |
| 1.1 | 人工费 | 元 | 2069.14 |
| 1.2 | 设备费 | 元 | 312.20 |
| 1.2.1 | 卡车 | 元 | 152.60 |
| 1.2.2 | 值班车 | 元 | 159.60 |
| 1.3 | 材料费 | 元 | 77000.00 |
| 1.3.1 | 塑料布 | 元 | 77000.00 |
| 1.4 | 其他费 | 元 | 3969.07 |
| 2 | 间接费 | 元 | 13336.06 |
| 2.1 | 企业管理费 | 元 | 8335.04 |
| 2.2 | 风险费 | 元 | 833.50 |
| 2.3 | 利润 | 元 | 4167.52 |

工程内容：铺塑料布，覆盖面积 2322m$^2$。

（7）税费。考虑增值税、城乡维护建设税和教育费附加，取折算税率 1%。

### 2.4.2.5　概算标准

（1）井场修建概算标准。参见表 2-57。

**表 2-57　井场修建概算标准**　　计量单位：口井

| 标准编号 | | | K1-22 |
|---|---|---|---|
| 项　目 | | | 钻机类型 |
| | | | ZJ-70D、ZJ-70L |
| 序号 | 名称 | 单位 | 金额 |
| | 综合单价 | 元 | 247407.24 |
| 1 | 井场平整 | 元 | 90930.69 |
| 2 | 生活区平整 | 元 | 4714.53 |
| 3 | 沉砂池和废液池修建 | 元 | 42569.27 |
| 4 | 放喷池修建 | 元 | 3671.49 |
| 5 | 方井和水井沉砂池挖建 | 元 | 6385.21 |
| 6 | 沉砂池和井场铺塑料布 | 元 | 96686.47 |
| 7 | 税费 | 元 | 2449.58 |

## 2.5 钻前工程造价计算举例

钻前工程造价计算主要分为钻前工程量清单编制和钻前工程造价计算两部分。根据钻井工程设计、现场踏勘情况和相关技术标准要求，编制钻前工程量清单。依据钻前工程量清单和相关计价标准，计算出钻前工程造价。

### 2.5.1 钻前工程量清单编制

编制钻前工程清单时，按钻前工程量计算规则要求，以分部分项工程为基础编制工程量清单；若有特殊钻前工程项目，未包含在已设立钻前工程项目，则放在其他作业下面，根据编码规则补充新的编码。表 2-58 给出了示例。

**表 2-58 分部分项工程量清单**

| 编 码 | 项 目 名 称 | 计量单位 | 工 程 量 | 备 注 |
|---|---|---|---|---|
| 110000 | 井位勘测 | | | |
| 113000 | 井位测量 | 次 | 2 | |
| 120000 | 道路修建 | | | |
| 121000 | 新建道路 | km | 0.8 | |
| 130000 | 井场修建 | | | |
| 131000 | 井场和生活区平整 | | | |
| 131100 | 井场平整 | 井次 | 1 | |
| 131200 | 生活区平整 | 井次 | 1 | |
| 132000 | 池类构筑 | | | |
| 132100 | 沉砂池修建 | 个 | 2 | |
| 132200 | 废液池修建 | 个 | 1 | |
| 132300 | 放喷池修建 | 个 | 1 | |
| 132400 | 垃圾坑修建 | 个 | 2 | |
| 132500 | 圆井（方井）修建 | 个 | 1 | |
| 133000 | 现浇基础构筑 | 井次 | 1 | |
| 140000 | 钻前准备 | | | |
| 141000 | 钻井设备搬迁安装 | | | |
| 141100 | 钻机拆卸安装 | 井次 | 1 | |
| 141200 | 钻机搬迁 | 井次 | 1 | |
| 141300 | 野营房搬迁 | 井次 | 1 | |
| 142000 | 井场供水 | | | |
| 142200 | 水井供水 | 口 | 1 | |
| 143000 | 井场供电 | | | |
| 143100 | 自发电供电 | 井次 | 1 | |

### 2.5.2 钻前工程造价计算

钻前工程造价计算包括钻前工程费汇总和钻前分部分项工程量清单计价两个部分，见表 2-59 和表 2-60。首先进行钻前分部分项工程量清单计价，根据工程项目选取相应的综合单价，采用工程量乘以综合单价，得出分部工程或分项工程费用金额，再归类合计。其次按单位工程费（井位勘测费、钻前准备费等）进行汇总，并计算税费，再汇总成钻前工程造价。

**表 2-59 钻前工程造价**

| 编 码 | 项 目 名 称 | 单 位 | 金 额 | 备 注 |
|---|---|---|---|---|
| 100000 | 钻前工程费 | 元 | 553950.34 | 110000+120000+130000+140000+160000 |
| 110000 | 井位勘测费 | 元 | 5978.00 | 分部分项工程造价 110000 |
| 120000 | 道路修建费 | 元 | 311309.69 | 分部分项工程造价 120000 |
| 130000 | 井场修建费 | 元 | 156498.00 | 分部分项工程造价 130000 |
| 140000 | 钻前准备费 | 元 | 110872.00 | 分部分项工程造价 140000 |
| 160000 | 税费 | 元 | 5484.66 | （110000+120000+130000+140000）×折算税率 |

**表 2-60 分部分项工程量清单计价**

| 编 码 | 项 目 名 称 | 计量单位 | 工程量 | 综合单价（元） | 金额（元） | 备 注 |
|---|---|---|---|---|---|---|
| 110000 | 井位勘测 | | | | 5978.00 | |
| 113000 | 井位测量 | 井次 | 2 | 2989.00 | 5978.00 | |
| 120000 | 道路修建 | | | | 311309.69 | |
| 121000 | 新建道路 | km | 0.8 | 389137.11 | 311309.69 | |
| 130000 | 井场修建 | | | | 156498.00 | |
| 131000 | 井场和生活区平整 | | | | 82365.00 | |
| 131100 | 井场平整 | 井次 | 1 | 80365.00 | 80365.00 | |
| 131200 | 生活区平整 | 井次 | 1 | 2000.00 | 2000.00 | |
| 132000 | 池类构筑 | | | | 37941.00 | |
| 132100 | 沉砂池修建 | 个 | 2 | 8927.50 | 17855.00 | |
| 132200 | 废液池修建 | 个 | 1 | 12580.00 | 12580.00 | |
| 132300 | 放喷池修建 | 个 | 1 | 3200.00 | 3200.00 | |
| 132400 | 垃圾坑修建 | 个 | 2 | 928.00 | 1856.00 | |
| 132500 | 圆井（方井）修建 | 个 | 1 | 2450.00 | 2450.00 | |
| 133000 | 现浇基础构筑 | 井次 | 1 | 36192.00 | 36192.00 | |
| 140000 | 钻前准备 | | | | 110872.00 | |
| 141000 | 钻井设备搬迁安装 | | | | 83300.00 | |
| 141100 | 钻机拆卸安装 | 井次 | 1 | 37374.00 | 37374.00 | |
| 141200 | 钻机搬迁 | 井次 | 1 | 39154.00 | 39154.00 | |
| 141300 | 野营房搬迁 | 井次 | 1 | 6772.00 | 6772.00 | |
| 142000 | 井场供水 | | | | 16850.00 | |
| 142200 | 水井供水 | 口 | 1 | 16850.00 | 16850.00 | |
| 143000 | 井场供电 | | | | 10722.00 | |
| 143100 | 自发电供电 | 井次 | 1 | 10722.00 | 10722.00 | |

# 3 钻进工程造价理论与方法

## 3.1 钻进工程基本概念

钻进工程是按照地质设计和工程设计规定的井径、方位、位移、深度等要求，从地面开始钻达设计目的层，建成油气通道。钻进工程主要内容包括一开钻进、二开钻进、三开钻进甚至多开钻进，是一个重复作业过程，其基本工作流程见图 3-1。

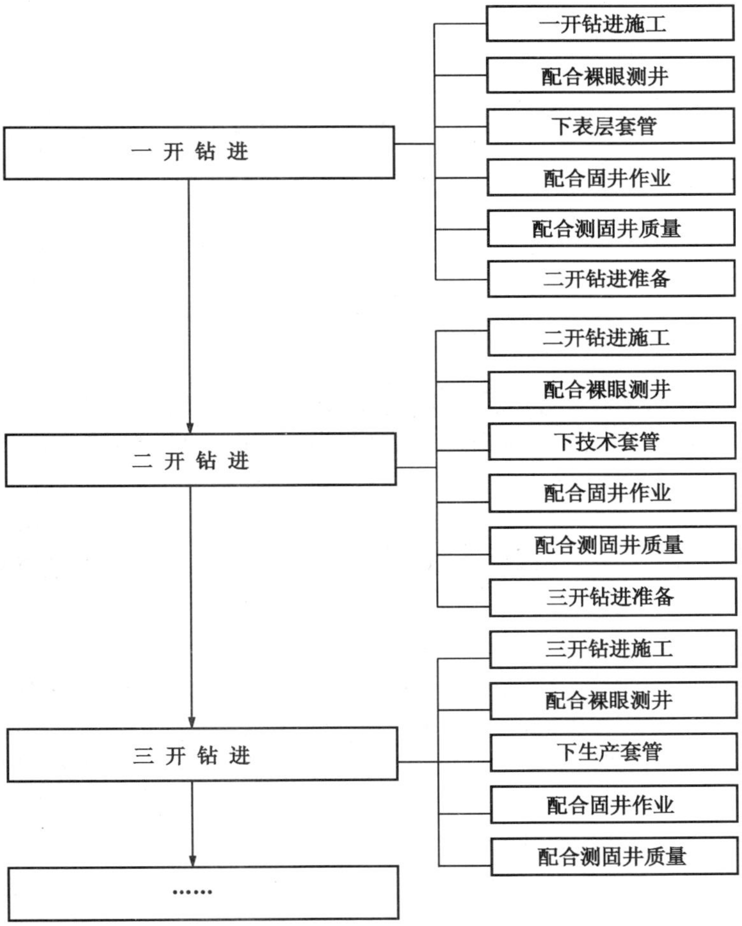


图 3-1 钻进工程基本内容和工作流程

从工程造价项目角度分，钻进工程包括钻进作业、主要材料、大宗材料运输、技术服务和其他作业。

### 3.1.1 钻进作业

在钻进工程中，主要是由钻井队实施的钻进作业，其内容包括钻进、取心钻进、换钻头、接钻杆单根、划眼、起钻、下钻、循环钻井液等；其次是钻井队与测井队、固井队的配合工作；钻井液、管具、定向井、欠平衡和钻杆测试等技术服务经常在钻进作业过程中实施。

#### 3.1.1.1 一开钻进

##### 3.1.1.1.1 一开钻进概念

一开钻进是从埋设的导管内或从地面开始，钻至下入表层套管深度，并进行一开完井。一开钻进一般要使用较大尺寸的钻头，钻出较大的井眼，下入大直径的表层套管。

一次开钻的时间是在准备工作就绪后，启动转盘，带动钻柱和钻头旋转，从地面开始破碎地层开始计算。

##### 3.1.1.1.2 一开钻进施工内容

（1）进尺工作。指使井眼不断加深的工作，包括纯钻进、接单根、划眼、扩眼、起下钻、循环钻井液等工序。

（2）辅助工作。包括调整处理钻井液、测斜、检查保养设备等工作。

##### 3.1.1.1.3 一开完井施工内容

（1）配合裸眼测井。一开钻进井深较深时，要进行裸眼测井，测量井径等参数，为固井作业提供参数。如果井深较浅时，有时不测井，直接下表层套管。

（2）下表层套管。一般按工程设计钻完进尺后，钻井队下表层套管。表层套管主要用来封隔上部松软的易塌地层和易漏地层，用以安装井口，控制井喷，支承技术套管和生产套管，保护地表水不受污染。

（3）配合固井作业。表层套管下完后，按照工程设计要求，由固井队进行固井作业，需要钻井队配合。

（4）配合测固井质量。表层套管固井注水泥后，经过一定候凝时间，使水泥石达到一定强度，由测井队测量声波、放射性和磁性定位等项目，简称“测声放磁”，检测固井质量。

（5）二开钻进准备工作。

①装井口。安装井口和套管头。套管头作用有三点：一是用来连接套管与井控装置，密封两层套管之间的环形空间；二是用来承接技术套管、生产套管、油管的重量；三是当固井质量不合格时，用来补注水泥。

②安装井控设备。井控设备包括封井器组、节流管汇、压井管汇、司钻控制台、远程控制台、方钻杆上旋塞和下旋塞等。首先在套管头上安装相应压力等级的封井器组，然后依次连接相关管汇和控制设备。井控设备安装好后，按照设计要求进行试压，合格后方可进行二次开钻。

③组合钻具。组合下部钻具结构，包括钻铤、扶正器、震击器、减震器的外径、数量、安放位置等。

④设备试运转。进行设备高压试运转，按照相关标准进行检查验收。

⑤处理钻井液。

⑥钻水泥塞。

#### 3.1.1.2 二开钻进

##### 3.1.1.2.1 二开钻进概念

二开钻进是从表层套管内，用小一级尺寸钻头继续钻进至下技术套管前或至完钻井深，并进行二开完井。

二次开钻的时间是在表层套管内钻完水泥塞至一开钻进井深，钻头接触井底后，再重新破碎地层开始的时间。

3.1.1.2.2　二开钻进施工内容

（1）进尺工作。包括钻进、接单根、划眼、扩眼、起下钻、循环钻井液等。

（2）辅助工作。包括处理钻井液、测斜、检查保养设备等。

3.1.1.2.3　二开完井施工内容

（1）配合裸眼测井。当二开钻进钻至地质设计的中途完井井深时，起钻，进行裸眼测井，然后进行资料绘解，确定技术套管下入深度。

（2）通井。测井施工完成后，下一趟钻，进行通井，为下技术套管准备好井眼。

（3）下技术套管。由钻井队或专业下套管队下技术套管。主要用于封固难于控制的复杂地层，如高压水层、严重坍塌层、大漏层，压力系数相差悬殊的油层、气层等，以保证后续钻进作业顺利进行。

（4）配合固井作业。下完技术套管后，按照工程设计要求，由固井队进行固井作业，需要钻井队配合。

（5）配合测固井质量。技术套管固井注水泥后，经过一定候凝时间，通常为24～48h，使水泥石达到一定强度，由测井队测量声波、放射性和磁性定位等项目，检测固井质量。

（6）三开钻进准备工作。

①安装井控设备。安装井控设备，试压。

②组合钻具。组合下部钻具组合或更换钻具。

③调整和配制钻井液。

④钻水泥塞。钻水泥塞，磨阻流环或浮箍、浮鞋。

3.1.1.3　三开钻进

3.1.1.3.1　三开钻进概念

三开钻进是从技术套管内下入再小一级尺寸钻头往下钻进的过程。根据地质设计和地下地质情况，可以一直钻进到完钻井深，然后下入生产套管完井。对于一些探井和深井，三开钻进可能只钻进到下第二层技术套管的中途完井井深，实施中途完井作业，有时需要进行四开钻进和完井、五开钻进和完井，直到最后钻达目的层深度，下入生产套管，实施完井工程。每一次新的开钻都要使用小一些尺寸的钻头，在技术套管底部继续钻出新的井眼。

三次开钻时间是在技术套管内，钻头钻完固井水泥塞至二开完钻时的井深后，再开始钻新井段的起始时间。四次开钻、五次开钻时间计算方法与三次开钻时间相同。

3.1.1.3.2　三开钻进施工内容

三开钻进中的进尺工作、辅助工作、测斜工作都与二开钻进的工作内容相同，其他需要进行的工作有：

（1）地层破裂压力试验。

在每层技术套管固井后，下次开钻钻到新地层30～50m后，都要进行地层破裂压力试验，检查管鞋处的套管、水泥及地层的承压能力情况，作为设计压井、确定最大钻井液密度、实施节流操作、控制立管和套管压力的参考依据。

（2）完钻工作。

完钻就是钻头钻到目的层不再往下钻进，转盘停止了转动，钻头提出了井口。

3.1.1.3.3　三开完井施工内容

三开完井施工内容与中途完井施工内容基本一致，可能时间长些，配合施工项目多些。

（1）配合裸眼测井。

当三开钻进钻至地质设计的中途完井井深或完钻井深时，起钻，进行裸眼测井，然后进行资料绘解，确定技术套管或生产套管下入深度。

（2）通井。

测井施工完成后，下一趟钻，进行通井，为下技术套管或生产套管准备好井眼。

（3）下技术套管或生产套管。

由钻井队或专业下套管队下技术套管或生产套管。

（4）配合固井作业。

下完技术套管或生产套管后，按照工程设计要求，由固井队进行固井作业，需要钻井队配合。

（5）配合测固井质量。

技术套管或生产套管固井后，水泥经过24～48h凝固，然后由测井队电测声波、放射性、磁性定位等项目，检查固井质量。

若是生产套管固井质量检测合格，则钻进作业全部完成，钻井队开始甩钻具，准备搬迁到下一口井。若是生产套管固井质量检测不合格，则采取挤水泥等补救措施，直至固井质量检测合格。

#### 3.1.1.4 取心钻进

##### 3.1.1.4.1 取心钻进概念

根据石油天然气勘探开发需要，采用取心工具和钻头在井底获取圆柱形岩心的钻进过程，习惯上称为钻井取心。一般探井都要进行取心，在二开钻进、三开钻进、四开钻进、五开钻进过程中都有可能根据需要进行取心钻进，大多数情况是在预期油气层井段取心钻进。

##### 3.1.1.4.2 岩心的用途

取心是提供地层剖面原始标本第一性资料的唯一途径，是储层评价具有决定意义的手段，在勘探开发中具有不可取代的地位和作用，是因为岩心具有以下重要用途：

（1）研究地层。利用岩心的岩性、物性、电性、矿物成分及化石等资料，对比分析地层。通过对岩心的机械力学性能测定，了解地层强度、可钻性、研磨性等性能，以指导钻井作业。

（2）研究生油层。通过化验分析从目的层钻取岩心的各项生油指标，确定有无含油构造，选择勘探有利地区和目的层。

（3）研究油气层性质。通过对岩心样品的测定，获得油气层的孔隙度、渗透率、含油气饱和度以及油气层有效厚度等参数，进一步了解储集层中油、气、水的分布情况，确定油气层的工业开采价值。

（4）指导油气田开采。在实验室内，用岩心模拟各种油层模型，进行注水采油试验，了解不同条件下油水运移规律，为二次采油等油田开发提供理论依据。

（5）检查开发效果。油田开发过程中，为了及时掌握油田开采动态、注入流体推动情况及驱油效率，需要钻一些取心检查井，以获取油层的油水饱和度资料及岩心物性资料，从中得出有关规律，以提高采收率，指导油田开发实践。

（6）校核电测曲线。利用观察和测定岩心的有关资料，在已电测而未取心的井上校核电测曲线。

（7）提供措施作业资料。通过对岩心的测定分析，为低渗透油气田的酸化压裂提供资料依据。

##### 3.1.1.4.3 取心质量标准

取心质量标准见表3-1。

**表 3-1　取心质量标准**

<table>
<tr><th rowspan="2" colspan="2">取心类型</th><th rowspan="2">项　目</th><th colspan="2">指标（%）</th></tr>
<tr><th>一般地层</th><th>散碎地层</th></tr>
<tr><td colspan="2">常规取心</td><td>收获率</td><td>≥90</td><td>≥50</td></tr>
<tr><td rowspan="7">特殊取心</td><td rowspan="2">密闭取心</td><td>收获率</td><td>≥90</td><td>≥50</td></tr>
<tr><td>密闭率</td><td>≥80</td><td>≥50</td></tr>
<tr><td rowspan="3">保压取心</td><td>收获率</td><td>≥80</td><td>≥50</td></tr>
<tr><td>保压率</td><td>≥80</td><td>≥80</td></tr>
<tr><td>密闭率</td><td>≥70</td><td>≥40</td></tr>
<tr><td rowspan="2">定向取心</td><td>收获率</td><td>≥80</td><td>≥50</td></tr>
<tr><td>定向成功率</td><td>≥80</td><td></td></tr>
</table>

岩心收获率与地层及取心方式有关，因此各油田根据所在地区的地层岩性都制定了相应的质量标准，如华北油田制定的常规岩心收获率指标是：砂泥岩地层岩心收获率90%以上；碳酸盐地层岩心收获率60%以上；破碎灰岩及岩层松散、岩心极不易形成的地层岩心收获率35%以上。

3.1.1.4.4　取心方法

取心方法有常规取心和特殊取心两种。常规取心包括短筒取心、中长筒取心、橡皮筒取心、绳索取心，特殊取心包括密闭取心、保压密闭取心、定向取心等方法。

（1）短筒取心。短筒取心就是在取心钻进中途不接单根的常规取心。在整个钻井取心工作中，所占的比例最大。取心工具只含有一节岩心筒，结构最简单，在任何地层条件下均可进行。

（2）中长筒取心。中长筒取心就是在取心钻进中途要接单根。取心工具由多节岩心筒组装而成，通常在地层岩石的胶结性与可钻性较好时进行中长筒取心。

（3）橡皮筒取心。橡皮筒取心就是在取心工具中含有特制的橡皮筒，通过橡皮筒与工具的协调作用，能将钻出的岩心及时有效地保护起来。

（4）绳索取心。绳索取心就是利用钢丝绳把内岩心筒提出地面的取心，即不用起钻即可起出岩心，是出心速度最快的取心方式，并可连续取心。

（5）密闭取心。密闭取心就是用密闭取心工具与密闭液，在水基钻井液条件下，取出几乎不受钻井液自由水污染的岩心。

（6）保压密闭取心。保压密闭取心就是用保压密闭取心工具与密闭液，在水基钻井液的条件下，取得能保持储层流体完整性、不受钻井液自由水污染的岩心。

（7）定向取心。定向取心就是用定向取心工具，取出能反映地层倾角、倾向、走向等构造参数的岩心。

3.1.1.5　钻杆测试

3.1.1.5.1　钻杆测试概念

钻杆测试简称DST，（Drill Stem Testing 的缩写），又叫地层测试，是在钻进过程中，用钻杆将地层测试器送入井内，操作测试器开井、关井，对目的层进行测试，取得井下压力—时间关系曲线及地层条件下的油、气、水样品。通过对曲线和样品的分析可获得动态条件下地层和流体的各种资料，计算出地层和流体的特性参数，及时对储层进行评价。

钻杆测试是在钻进过程中途实施的，因此有时也称为中途测试；与其对应的是在完井时进行的测试，叫完井测试。又因为是在裸眼中进行的，也称其为裸眼测试；与其对应的是在套管内进行的测试，叫套管测试。

目前大多数钻杆测试是在完井阶段进行套管测试，将在完井工程中进行详细的说明。

3.1.1.5.2 钻杆测试类型

对于井壁岩石强度较高、井筒较规则的井段，如灰岩、砂泥岩井段，可进行钻杆测试，但钻杆测试一般卡钻风险较大。不同测试类型的使用条件是：

（1）裸眼单封隔器测试：适用于下部单层测试或下部多层测试。

（2）裸眼双封隔器选层锚（又称井壁锚）测试：对测试层段离井底很远，若下部加过长尾管（超过 80m），有卡钻的危险，而且管柱弯曲可能造成封隔器偏心而密封不良，这时可用选层锚支撑管柱进行测试；选层锚必须选坐在坚硬的层段上，作为一个可靠的固定器，一旦封隔器坐封后，封隔器承受负荷。裸眼双封隔器用来把测试层段以上和以下的其他层段都隔离开，只测试两个封隔器之间的地层。

（3）支撑于井底的裸眼双封隔器测试：当测试层的下部还有渗透层存在，测试时要求与目的层分开，则在测试层上、下各下一组封隔器，整个测试管柱靠筛管和钻铤支撑于井底。

（4）膨胀式封隔器测试：对于裸眼井段不规则，用压缩式胶筒封隔器可能密封不严，可选用膨胀式测试工具，可以采用单封隔器或双封隔器。

3.1.1.6 钻井事故与井下复杂

石油天然气钻井工程是一个隐蔽性工程，钻井事故与井下复杂情况经常发生，预防钻井事故和井下复杂情况是有效控制钻井工程造价的重要因素。图 3-2 给出了常见的钻井事故与复杂情况类型。这些钻井事故与复杂情况绝大多数是钻进过程发生的，而且处理事故和复杂情况主要由钻井队完成。

3.1.1.6.1 钻井事故

钻井事故主要是由于操作失误和处理井下复杂措施不当造成的，经常发生的井下事故主要是卡钻事故、钻具事故、井下落物事故、测井事故、固井事故、井喷事故。

（1）卡钻事故。

卡钻事故是在钻进过程中，由于各种原因造成钻具陷在井内不能上下活动、自由转动的现象，是钻进过程中经常发生的井下事故。

常见卡钻事故有压差卡钻、坍塌卡钻（见图 3-3）、砂桥卡钻（见图 3-4）、缩径卡钻（见图 3-5 和图 3-6）、键槽卡钻（见图 3-7）、泥包卡钻（见图 3-8）、干钻卡钻、落物卡钻、水泥固结卡钻等。其中地层坍塌卡钻和砂桥卡钻是钻井事故中性质最为恶劣的事故，这种事故处理最复杂，耗费时间最多，风险性最大，甚至有全井或部分井眼报废的可能。

卡钻事故处理的方法主要有以下几种：

①强力活动解卡。在发现卡钻的最初阶段应该在设备（特别是井架和悬吊系统）和钻柱的安全负荷以内尽最大的力量进行活动。

②震击解卡。用随钻震击器，在卡钻初期启动上击器进行上击或启动下击器进行下击。

③浸泡解卡。常用的浸泡液有原油、柴油、煤油、盐酸、土酸、碱水、盐水、清水及专用物料配制成的用于解除压差卡钻的解卡剂等。

④小排量循环解卡。可以小排量循环时维持小排量循环，逐步增加黏度、切力、排量，力争把循环通路打开。

- 钻井事故与井下复杂类型
  - 钻井事故
    - 人身事故
    - 机械事故
    - 井下事故
      - 卡钻事故
        - 压差卡钻
        - 坍塌卡钻
        - 砂桥卡钻
        - 缩径卡钻
        - 键槽卡钻
        - 泥包卡钻
        - 落物卡钻
        - 干钻卡钻
        - 水泥卡钻
      - 钻具事故
        - 钻杆事故
        - 钻铤事故
        - 接头事故
        - 井下工具事故
      - 井下落物事故
        - 钻头落物
        - 细长杆件落物
        - 工具落物
        - 其它物品落物
      - 测井事故
        - 电缆事故
        - 测井仪器事故
      - 固井事故
        - 套管事故
        - 注水泥作业事故
      - 井喷事故
  - 复杂情况
    - 井漏
    - 井塌
    - 井涌
    - 蹩钻和跳钻
    - 遇阻
    - 憋泵
    - 划出新井眼
    - 填井重钻
    - 水泥浆窜槽

图 3-2　钻井事故与井下复杂类型

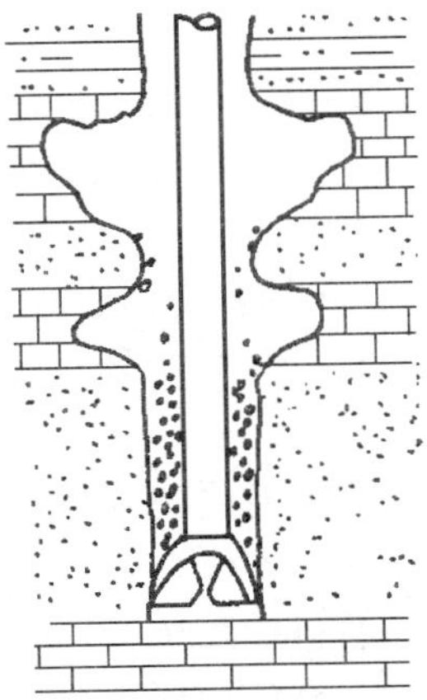

图 3-3　坍塌卡钻示意图

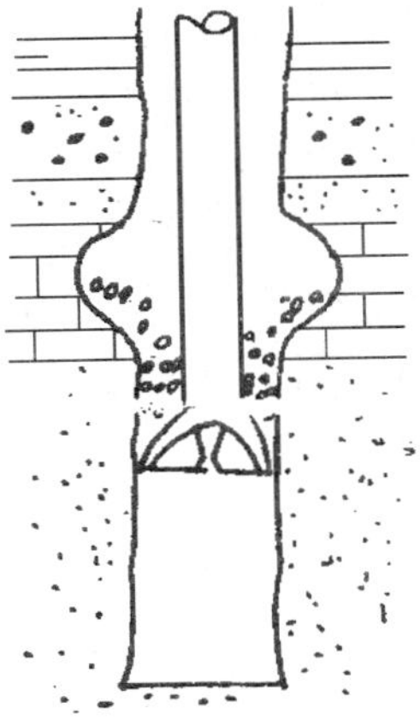

图 3-4　砂桥卡钻示意图

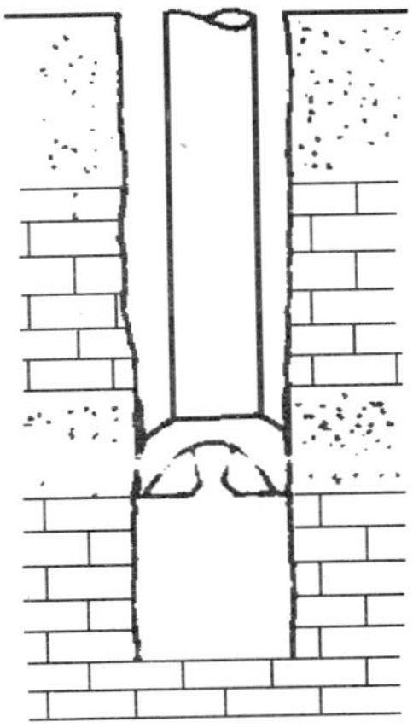

图 3-5　砂砾岩缩径卡钻示意图

⑤倒扣套铣解卡。遇到严重的卡钻时，用以上方法不能解除且不能循环时，现场常用倒扣、套铣的方法来取出井内全部或部分钻具。

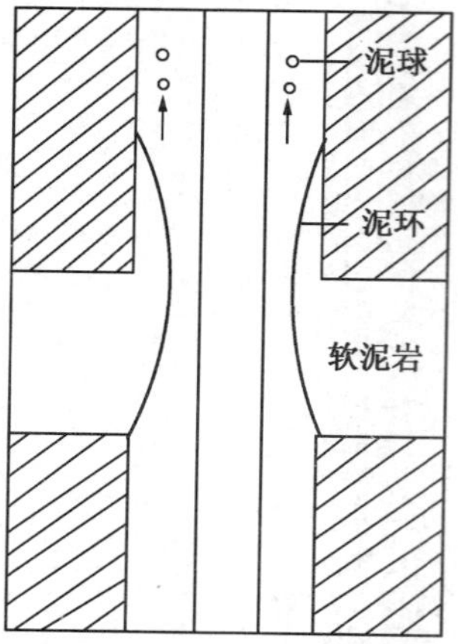


图 3-6　软泥岩缩径卡钻示意图

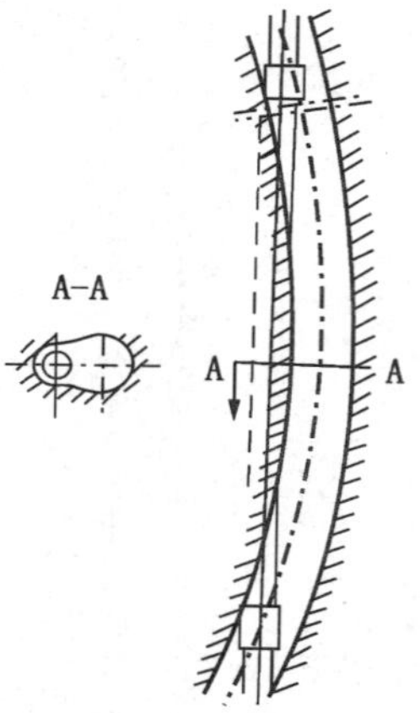


图 3-7　键槽卡钻示意图

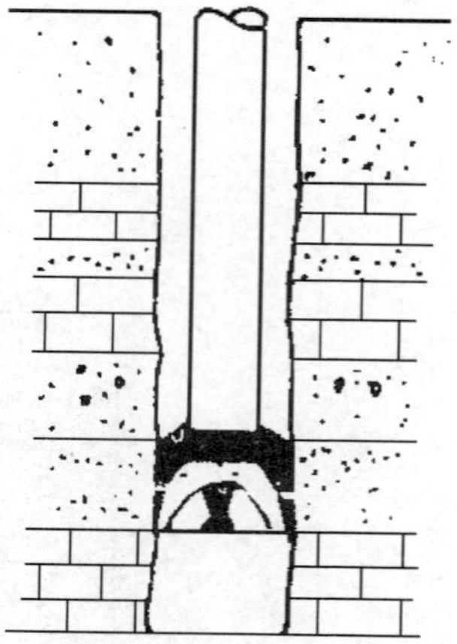

图 3-8　泥包卡钻示意图

⑥爆炸解卡。采用爆炸松扣，然后倒扣或套铣出钻具；有时用炸药炸断钻具，再起出上部钻具。

（2）钻具事故。

钻具事故就是在钻进过程中发生的钻具折断、滑扣、脱扣，致使一部分钻具掉落井中的事故。常见的钻具事故有钻杆或钻铤折断、钻杆或钻铤滑扣脱扣、接头滑扣脱扣、扶正器、减震器、震击器等井下工具落井，螺杆、涡轮等井下动力钻具落井等，掉入井中的钻具俗称“落鱼”。

钻具事故处理方法：根据鱼顶和井眼的实际情况选择适当的打捞工具，常用的打捞工具有卡瓦打捞筒、卡瓦打捞矛、公锥、母维等，常用的辅助打捞工具有安全接头、可变弯接头、弯钻杆、壁钩、铅模、套筒、铣鞋、领眼磨鞋、扩孔铣锥等，必要时另外设计特殊的打捞工具。

（3）井下落物事故。

井下落物事故指在钻进或起下钻过程中，由于所使用的钻具等工具质量不过关、操作不当等原因掉在了井下的事故。井下落物事故种类繁多，有钻具、套管、油管、电缆、钢丝绳等大型落物落入井，也有碎小的不规则的没有打捞部位可与打捞工具连接的落物，如牙轮、刮刀片、手工具等。井下落物事故是井下事故中发生频率最多的事故，造成的损失非常大。

井下落物事故处理的方法因落物大小、形状而异，主要有以下几种：

①牙轮、刮刀片、钳牙、卡瓦牙、小型手工具等不规则细碎物件，可用打捞器进行打捞。常用的打捞器有一把爪、随钻打捞杯、磁力打捞器、反循环打捞篮、反循环强磁打捞器、反循环一把爪打捞篮、取心筒式打捞器等。

②测斜仪、电测仪、撬杠等细长杆落物，可用卡板式打捞筒、卡簧式打捞筒、钢丝打捞筒等打捞。

③形状不规则，体积又较大，在井下难以打捞的落物，可以先进行破碎再进行打捞；或者彻底破碎成碎屑随钻井液带至地面。常用的打捞工具有井底聚能爆炸、磨鞋、随钻打捞杯等。

④对弹子、销子、刮刀片等较小落物，井眼不深且地层较软、钻井周期很短时，可不必打捞，只需用废刮刀钻头将落物强行挤压进井壁埋藏起来即可，此方法称为井壁埋藏法。

（4）测井事故。

测井事故指发生在测井过程中，由于井下情况复杂或由于地面操作失误所造成的一些事故，如卡仪器、卡电缆、掉仪器、断电缆等事故。

（5）固井事故。

固井事故指发生在下套管、下尾管和注水泥过程中的井下事故，主要有卡套管、掉套管、挤毁套管、套管断裂或滑扣、尾管挂断裂或脱扣、注水泥“灌香肠”等事故。

（6）井喷事故。

钻井中由于各种原因造成地层流体流入井筒，使井内钻井液连续或间断喷出的现象叫井涌，失去控制的井涌称为井喷。井喷失控可能会导致严重的后果，除了造成设备毁坏、人员伤亡、油气井报废以外，还会造成资源浪费、环境污染等严重后果。

3.1.1.6.2 井下复杂

井下复杂是钻遇到特殊地层时，由于钻井技术措施及钻井液性能与之不相适应，而使井下状况变差产生的不正常情况。井下复杂情况主要包括井漏、井塌、井涌、蹩钻和跳钻、遇阻、憋泵、划出新井眼、填井重钻、水泥浆窜槽等。

（1）井漏。

钻进过程中钻井液或固井过程中水泥浆漏入地层的现象称为井漏。井漏是钻井施工中严重而又常见的井下复杂情况之一，分为渗透性漏失、裂缝性漏失、溶洞性漏失。

处理井漏的基本原则是保证井下安全和不损害油气层，避免因井漏引起井塌、卡钻、井喷等其他事故，常用处理方法是平衡漏层压力钻进、用堵漏材料堵漏两种方法。

（2）井塌。

井塌是钻井施工过程中由于井壁不稳定而引起的，轻者称为掉块，重者称为垮塌，井壁垮塌常造成卡钻事故。

（3）井涌。

在钻进中发生油、气、水侵，使钻井液密度下降，地层流体流入井筒的现象。

（4）蹩钻和跳钻。

钻进过程中发生的蹩钻和跳钻，主要原因是在钻进时地层变硬、井底不清洁或有落物、井眼缩径、井壁垮塌、钻头选型不对、扶正器尺寸过大、钻具发生严重弯曲、牙轮卡死、井身偏斜严重、全角变化率大、丛式井两相邻井眼相碰等。

（5）遇阻。

起下钻或下套管过程中遇阻，主要原因是井下发生缩径、存在键槽、井壁掉块、有沉砂、钻头泥包等。

（6）憋泵。

下钻或下套管后开不开泵，主要原因是钻井液黏度和切力大、含砂量高、钻头水眼被堵、钻具水眼被堵或操作措施不当等。

（7）划出新井眼。

多在有砂桥、改变下部钻具组合、定向井造斜段等复杂井段出现，当下钻遇阻严重时，需进行长井段划眼，划出新井眼。

（8）填井重钻。

因井斜角等质量指标超过规定要求而进行纠斜，或者由于井壁垮塌需用水泥将部分井段填埋重钻。

（9）水泥浆窜槽。

固井后水泥浆未完全驱替钻井液或地层流体进入到水泥浆中发生窜槽。

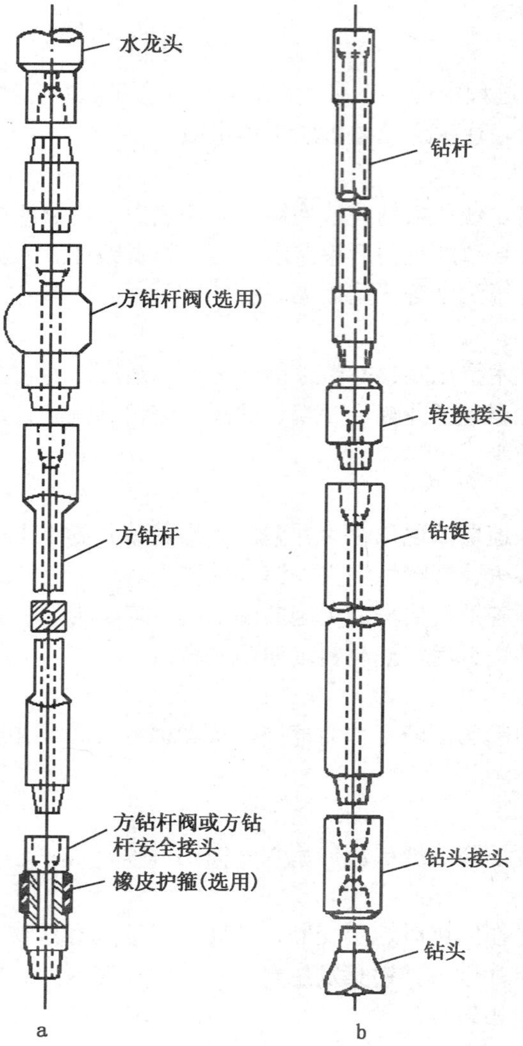


图 3-9　典型的钻柱组合

### 3.1.2　主要材料

主要材料包括钻具、钻头、钻井液材料、水和柴油。

#### 3.1.2.1　钻具

##### 3.1.2.1.1　钻具内容和作用

钻具主要指的是方钻杆、钻杆、钻铤和其他井下工具。钻具是组成钻进工程不可缺少的重要工具——“钻柱”的主体。钻柱是由方钻杆、钻杆、钻铤和其他井下工具（转换接头、稳定器、减震器、悬浮器等）组成的管串，见图 3-9。

在钻进过程中，钻柱上端与水龙头连接，下端连接钻头，通过钻柱把钻头和地面设备连接起来,为钻井液循环提供通道,随着井的加深而不断延长。钻具具有以下重要作用：

（1）给钻头动力。把地面动力（扭矩）传递给钻头，并给钻头加压，使钻头破碎岩石，钻凿地层形成井眼。

（2）为钻井液提供循环通道。通过钻具中心孔为钻井液提供循环通道，使钻井液从钻头水眼喷出，冷却和清洗钻头，协助钻头破碎岩石，携带岩屑，清洗井底。

（3）起下钻头。

（4）精确计算井深。通过钻杆的用量和方钻杆进入转盘的长度，随时可以精确计算井深。

（5）分析工况。通过对钻具工作状况如蹩跳等现象的分析，了解与观察地层岩性变化、井眼状况，判断钻头磨损和井下复杂情况，以便采取适当措施。

（6）承受反扭矩。使用涡轮和螺杆钻具时，承受来自钻头的反扭矩。

（7）进行特殊作业。进行取心、预防和处理井下事故与复杂情况、送入尾管、挤水泥、测井斜等特殊井下作业。

（8）测试。对地层液体及压力状况进行测试与评价。

##### 3.1.2.1.2　方钻杆

方钻杆位于钻柱最上端，其主要作用是传递扭矩。方钻杆上部连接水龙头，下部连接钻杆，在接单根时承受全部钻柱重量的拉力；钻进时传递转盘的扭矩，带动整个钻柱旋转。在使用涡轮和螺杆钻具时，方钻杆承受反扭矩。方钻杆另一主要作用是用它来测量井深。

方钻杆分为三方钻杆、四方钻杆、六方钻杆三种，大型石油钻机一般都采用四方钻杆，国外有时采用六方钻杆。

3.1.2.1.3 钻杆

钻杆是组成钻柱的主要部分，用量最大，是钻柱中最长的一段，主要作用是传递扭矩和输送钻井液。钻杆上部连接方钻杆，下部连接钻铤。每一根钻杆都包括钻杆主体及钻杆接头两个部分，利用钻杆接头的特殊螺纹使钻杆连接起来。

API 钻杆按钢的强度分为 D 级、E 级、X 级、G 级和 S 级五种，国产钻杆规格见表 3-2。常用的钻杆为外径 127mm 钢级 G105 钻杆。

**表 3-2 钻杆规格**

| 外径 $D$（mm） | 壁厚 $t$（mm） | 管体长度 $L_1$（m） | | | 钻杆长度 $L$（m） | 钢 级 | 管端加厚型式 |
|---|---|---|---|---|---|---|---|
| | | 1 级长度 | 2 级长度 | 3 级长度 | | | |
| 60.3 | 7.11 | 6.1～6.7 | 8.2～9.1 | 11.6～13.7 | $L_1$+0.521 | E、X、G、S | E·U |
| 73 | 9.19 | 6.1～6.7 | 8.2～9.1 | 11.6～13.7 | $L_1$+0.557 | E、X、G、S | I·U 或 E·U |
| 88.9 | 6.45 | 6.1～6.7 | 8.2～9.1 | 11.6～13.7 | $L_1$+0.595 | E | I·U 或 E·U |
| 88.9 | 9.35 | 6.1～6.7 | 8.2～9.1 | 11.6～13.7 | $L_1$+0.620 | E、X、G、S | I·U 或 E·U |
| 88.9 | 11.4 | 6.1～6.7 | 8.2～9.1 | 11.6～13.7 | $L_1$+0.620 | E、X、G、S | I·U·E·U<br>或 I·E·U |
| 101.6 | 8.38 | 6.1～6.7 | 8.2～9.1 | 11.6～13.7 | $L_1$+0.582 | E、X、G、S | I·U 或 E·U |
| 114.3 | 6.88 | 6.1～6.7 | 8.2～9.1 | 11.6～13.7 | $L_1$+0.582 | E | I·U 或 E·U |
| 114.3 | 8.56 | 6.1～6.7 | 8.2～9.1 | 11.6～13.7 | $L_1$+0.582 | E、X、G、S | E·U 或 I·E·U |
| 114.3 | 10.92 | 6.1～6.7 | 8.2～9.1 | 11.6～13.7 | $L_1$+0.582 | E、X、G、S | E·U 或 I·E·U |
| 127 | 7.52 | 6.1～6.7 | 8.2～9.1 | 11.6～13.7 | $L_1$+0.582 | X、G、S | I·U |
| 127 | 9.19 | 6.1～6.7 | 8.2～9.1 | 11.6～13.7 | $L_1$+0.582<br>或 $L_1$+0.607 | E、X、G、S<br>E、X、G、S | I·E·U 或 E·U<br>E·U 或 I·E·U |
| 127 | 12.7 | 6.1～6.7 | 8.2～9.1 | 11.6～13.7 | $L_1$+0.582<br>或 $L_1$+0.607 | E、X、G、S<br>E、X、G、S | E·U 或 I·E·U<br>E·U 或 I·E·U |
| 139.7 | 9.17 | 6.1～6.7 | 8.2～9.1 | 11.6～13.7 | $L_1$+0.607 | E、X、G、S | I·E·U |
| 139.7 | 10.54 | 6.1～6.7 | 8.2～9.1 | 11.6～13.7 | $L_1$+0.607 | E、X、G、S | I·E·U |
| 168.3 | 8.38 | 6.1～6.7 | 8.2～9.1 | 11.6～13.7 | $L_1$+0.607 | E、X、G、S | I·E·U |
| 168.3 | 9.19 | 6.1～6.7 | 8.2～9.1 | 11.6～13.7 | $L_1$+0.607 | E、X、G、S | I·E·U |

I·U 为内加厚，E·U 为外加厚，I·E·U 为内外加厚。

3.1.2.1.4 钻杆接头

钻杆一端为内螺纹接头，另一端为外螺纹接头。螺纹类型分为数字型（NC）、正规型（REG）、贯眼型（FH）和内平型（IF）四种。以上四种螺纹同样适用于方钻杆、钻铤、转换接头和其他下井工具的螺纹。

3.1.2.1.5 加重钻杆

加重钻杆就是壁厚比普通钻杆增加了 2～3 倍，接头比普通钻杆接头长，钻杆中间还有特制的磨锟的钻杆，见图 3-10。

加重钻杆主要用于以下几个方面：用于钻铤和钻杆的过渡区，缓和两者弯曲刚度的变化，以减少钻杆的损坏；在小井眼中代替钻铤，操作方便；在定向井中代替大部分钻铤，以减少扭矩和黏附卡钻等问题的发生。

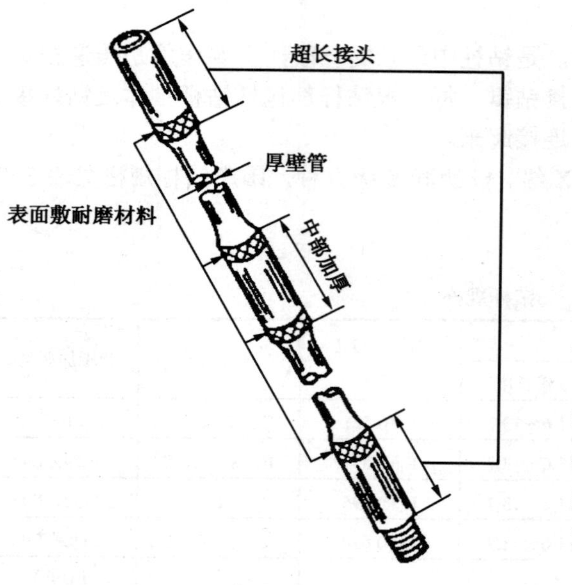


图 3-10 加重钻杆

3.1.2.1.6 钻铤

钻铤是钻柱的重要组成部分，位于钻柱的最下端，上端连接钻杆，下端连接钻头。主要作用：一是给钻头提供钻压，使旋转的钻头在钻压的作用下，不断吃入岩石形成井眼；二是对钻头扶正，使钻头工作稳定，并有利于克服井斜问题，保证井眼的垂直。钻铤水眼小、壁厚大，单位长度的重量是钻杆的 4～5 倍。

国产钻铤和 API 钻铤结构、尺寸、参数相同，根据外形与材料分为 A 型钻铤（圆柱式）、B 型钻铤（螺旋式）、C 型钻铤（无磁式）三种形式。

3.1.2.1.7 转换接头

转换接头又叫配合接头，其作用是连接两种不同扣型或相同扣型而外径不同的井下工具，组成钻柱的特殊的接头。转换接头可分为三种类型，见图 3-11。

A 型（同径式）：一只转换接头只有一种外径 $D$，代号为 JTA；

B 型（异径式）：一只转换接头两种外径（$D_L$，$D_m$），代号为 JTB；

C 型（左旋式）：转换接头连接螺纹为左旋形式，代号为 JTC。

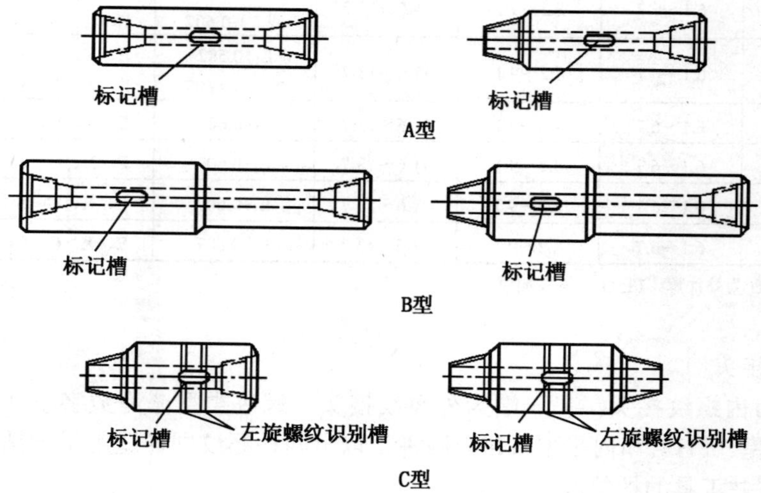


图 3-11 转换接头类型

3.1.2.1.8 井下动力钻具

井下动力钻具是依靠钻井液循环为动力，旋转钻头破碎地层的钻井工具，又称液马达。它安装在钻柱下部，直接与钻头连接，是旋转钻井的又一种工具。目前常用的井下动力钻具有涡轮钻具和螺杆钻具两大类，见图 3-12。

- 井下动力钻具
  - 涡轮钻具
    - 单节式——只有一个涡轮节的涡轮钻具
    - 多节式——有两个以上涡轮节的复式涡轮钻具
    - 支承节式——全部轴向推力轴承安装成专门单体的涡轮钻具
  - 螺杆钻具
    - 单瓣钻具—— $^1/_2$螺杆钻具
    - 多瓣钻具
      - $^3/_4$螺杆钻具
      - $^5/_6$螺杆钻具
      - $^7/_8$螺杆钻具
      - $^9/_{10}$螺杆钻具

图 3-12　动力钻具分类

$^1/_2$、$^3/_4$、$^5/_6$、$^7/_8$、$^9/_{10}$ 指液马达转子螺旋线的瓣数与定子内螺旋线的瓣数之比

涡轮钻具和螺杆钻具由于转数高，机械钻速高，进尺快，使用金刚石钻头钻进最合适，特别适用于钻定向井、水平井、小尺寸井眼井等特殊井。

（1）涡轮钻具。

涡轮钻具是一种井底水力发动机，靠水力冲击叶片使整个轮子转动。涡轮钻具由外壳、中心轴、定子和转子三大部分组成。定子固定在外壳内不能转动，转子用键固定在中心轴上，中心轴可以旋转，中心轴与钻头相接，见图 3-13。涡轮钻具按其结构和用途可以分为单式涡轮钻具、复式涡轮钻具、短涡轮钻具、弯壳涡轮钻具、带减速器的涡轮钻具、带滚动轴承的涡轮钻具和高速涡轮钻具等。

（2）螺杆钻具。

螺杆钻具是 20 世纪 60 年代美国研制成功的一种新型井下动力钻具。螺杆钻具主要由旁通阀、转子、定子、万向轴、外壳和主轴组成，见图 3-14。螺杆钻具上下端均采用内螺纹。螺杆钻具按定子和转子的线数分单线和多线两大类，按结构特征分单瓣钻具和多瓣钻具两大类。

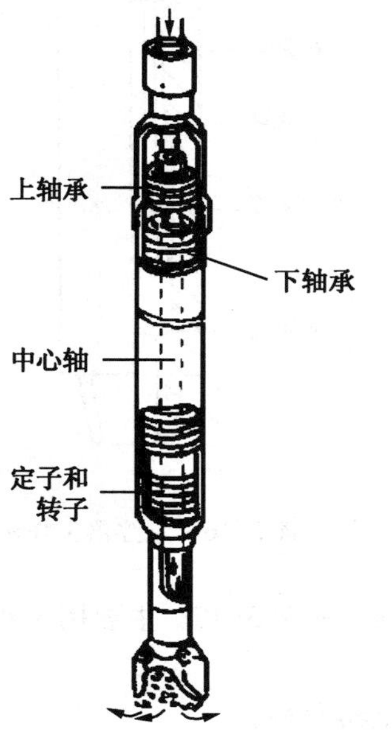


图 3-13　涡轮钻具

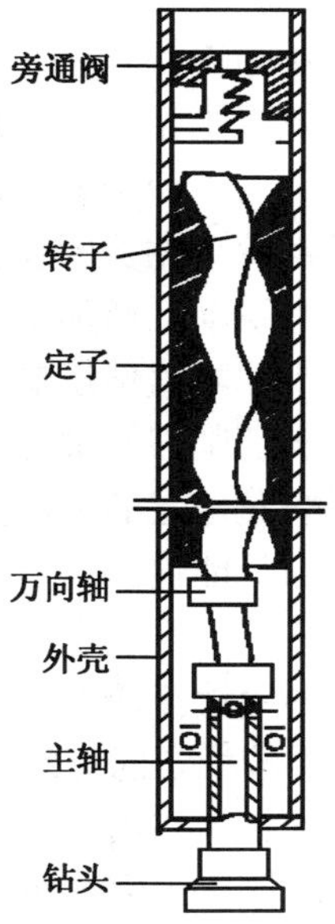


图 3-14　螺杆钻具

3.1.2.1.9 随钻震击器

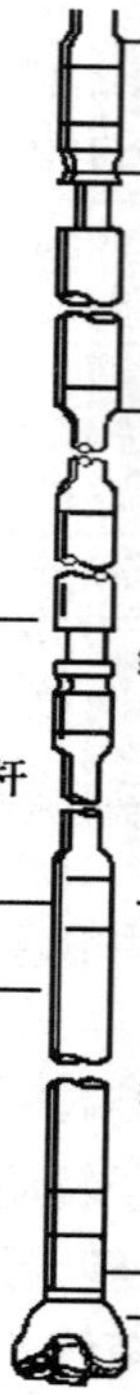

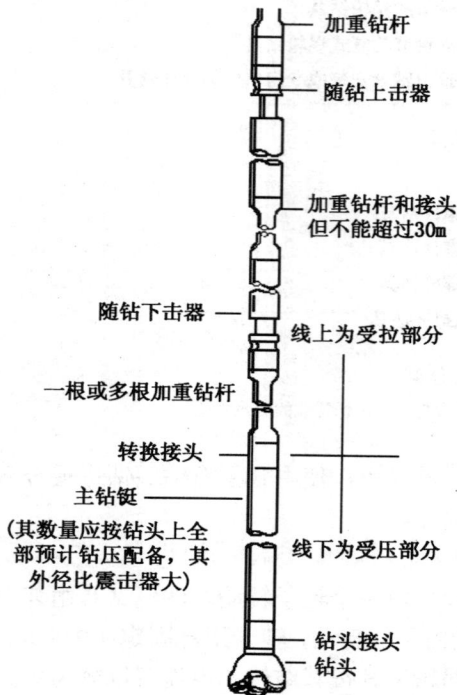

图 3-15 震击器在钻柱中位置

随钻震击器是连接在钻具中随钻柱一起进行钻进作业的井下解卡工具，通常连接在钻铤和钻杆之间，或钻铤上部，或钻柱“中和点”（即钻铤加压后不受压、不受拉的部位）以上3根钻杆处，见图 3-15。在深井和定向井中，经常在下部钻具安放随钻震击器，以便一旦下部钻具被卡，即可操纵震击器，通过向上或向下的震击作用解卡。

随钻震击器按原理分为机械式、液压式和液压机械式三种；按功能分为随钻上击器、随钻下击器和上下击一体式三种。

3.1.2.1.10 减震器

减震器是利用减震元件吸收或减小钻进过程中的冲击和振动负荷，保护钻头牙齿、轴承和钻具的一种钻井工具。一般主要由减震元件（弹簧、橡胶、可压缩的液体）、驱动部分、密封元件及内外筒等几个部分组成，其实质是一个减震和缓冲弹簧。

减震器通常连接在接近钻头处。钻具减震器的种类很多，国内常用的是液压式、组合式和双向液压式。

3.1.2.1.11 悬浮器

悬浮器是一种新型的具有伸缩机构的钻井井下工具，见图 3-16。一般安装在钻柱中和点附近，其功能与减震器相同，主要是减少钻进过程中的震动，提高钻头使用效率。

钻进时，中和点以上钻柱变化的旋转离心力作用产生的轴向伸缩力，由于悬浮器伸缩，传递不到钻头上，从而消除了钻头因受到巨大峰值钻压影响而产生的剧烈跳动，增加了钻头在井底的有效工作行程，减少了峰值钻压对牙轮钻头的轴承、牙齿或其他钻头切削刃的破坏，减少了钻杆高速旋转对井壁滤饼及地层的破坏，大幅度减少了井塌及电测遇阻的可能性。

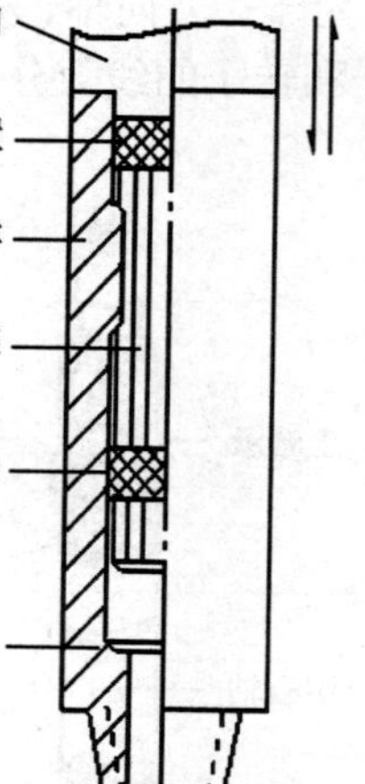


图 3-16 悬浮器工作示意图

3.1.2.1.12 水力加压器

水力加压器是利用液流通过加压器时产生较大压差，给钻头提供较稳定的可靠钻压的一种新型工具，见图 3-17。主要用于小井眼和水平井钻进中，克服钻柱纵向和横向扭转振动和摩阻力。

水力加压器有悬浮式水力加压器和冲击式水力加压器两种。

3.1.2.1.13　稳定器

稳定器又叫扶正器，是钻直井满眼钻具、钟摆钻具和钻定向井时增斜、稳斜、降斜钻具组合中必要的工具。

在满眼钻具组合中，稳定器和钻头直径相近，作用是减小钻铤弯曲变形和限制钻头横向位移，以保证井眼垂直，见图 3-18。

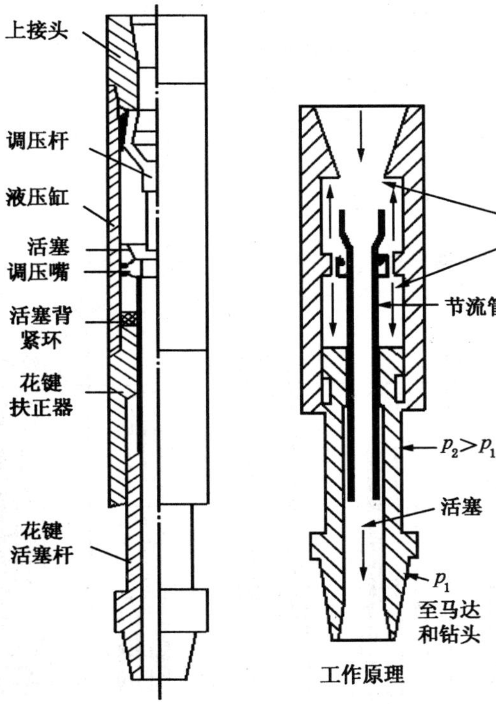


图 3-17　水力加压器工作示意图

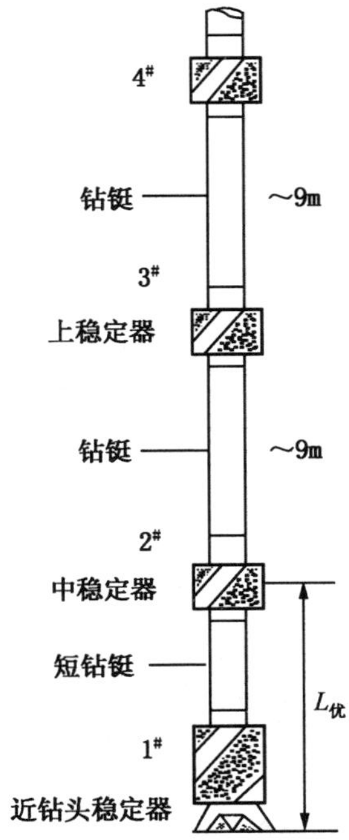


图 3-18　常用满眼钻具组合中稳定器

在钟摆钻具组合中，稳定器一般安放在钻头以上 2 根钻铤的位置，起支点作用。在斜直井段，稳定器以下钻铤自重使钻头受到一个使之恢复垂直状态的作用力，通常称为钟摆效应。这个力能抵抗地层造斜力和钻具弯曲偏斜力，起到防止井斜的作用。

在增斜钻具组合中，近钻头稳定器为支点，稳定器上部的钻铤受压后向下弯曲，迫使钻头产生斜向力，达到增加井斜的目的。

在降斜钻具组合中，稳定器离钻头的距离一般为 10～20m，稳定器下面的钻具靠自身重力，以稳定器为支点产生向下的钟摆力，达到降斜作用的目的。

在稳斜钻具组合中，安放多个稳定器，稳定器与钻头、稳定器与稳定器之间的相对距离小，起增加下部钻具组合刚性的作用，从而达到稳定井斜和方位目的。

稳定器分类见图 3-19，稳定器基本型式见图 3-20。

3.1.2.1.14　取心工具

（1）取心工具组成。

取心工具指用来在钻进过程中获取岩心的工具。取心工具由取心钻头、岩心筒、岩心爪、止回阀、扶正器和悬挂轴承等组成，见图 3-21。

- 稳定器
  - 直棱式
    - 三棱
    - 四棱
  - 螺旋式
    - 三旋
    - 四旋
    - （三旋、四旋）
      - 整体
      - 可换
        - 可换套式
        - 可换扶正片式
  - 滚轮式
    - 三滚轮
      - 镶齿型三滚轮稳定器
      - 宽齿型三滚轮稳定器
      - 窄齿型三滚轮稳定器
    - 六滚轮
  - 橡胶套稳定器
  - 组合式稳定器
  - 可调位置稳定器

图 3-19　稳定器分类

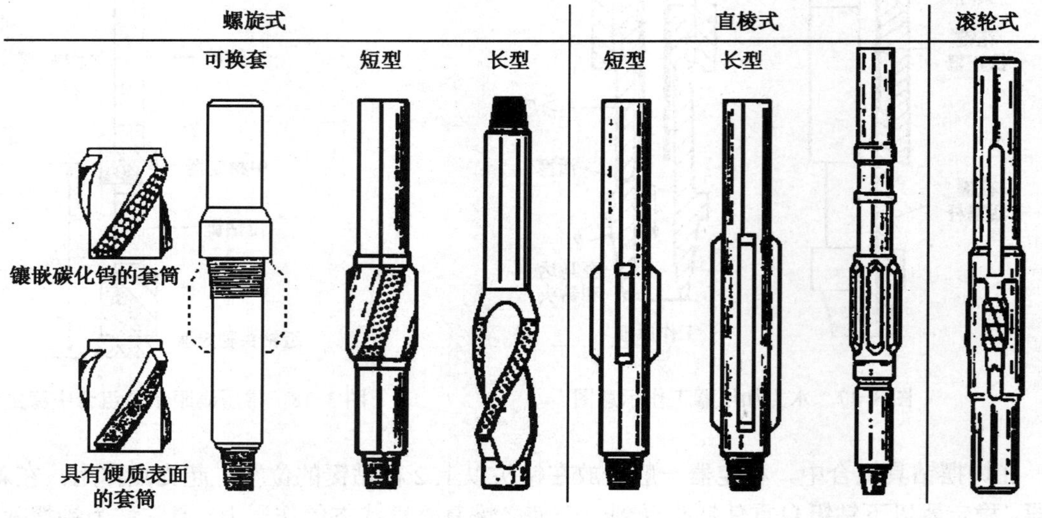


图 3-20　稳定器基本型式

取心钻头：用以钻取岩心的钻头，详见钻头部分内容。

岩心筒：岩心筒是取心钻进时用来容纳和储存岩心的管子，分为内岩心筒、内外岩心筒。内岩心筒不旋转，其作用是容纳和储存岩心，与岩心之间没有相对运动；外岩心筒用来连接钻头和钻柱，并承担钻压和扭矩。

岩心爪：岩心爪是用来割取岩心和承托住已割取岩心柱的爪状工具，有板簧式、卡瓦式和卡箍式等类型。

扶正器：分内外两种扶正器。外筒扶正器可以保持外筒和钻头平稳，也有利于防斜；内筒扶正器保持内筒稳定，使岩心筒与钻头对中性好，岩心易进入岩心筒，不易偏磨岩心。

止回阀：是装在内岩心筒上端的一个单流阀，用来防止钻井液自上面冲刺岩心，让钻井液从内、外筒之间循环，而随着岩心增加，内筒中的钻井液可以从单流阀流出。

悬挂装置：此装置在双筒取心时才用，用以悬挂内岩心筒，使其在取心钻进时内岩心筒不随外筒转动，减少岩心磨损。

（2）取心工具类型。

取心工具类型很多，见图 3-22。

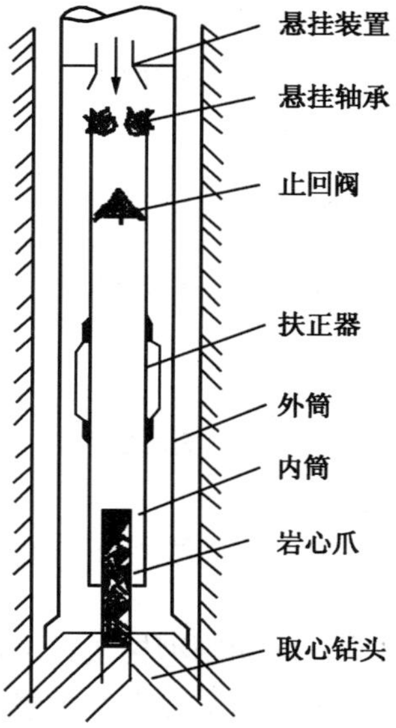

图 3-21 取心工具组成

### 3.1.2.1.15 定向井工具

定向井中除常用钻井工具外，经常还要用到弯接头、无磁钻铤、水力冲造斜工具、领眼钻头、变向器、涡轮偏心短节等井下工具。在水平井中有时还要用到无磁稳定器、无磁钻杆、变径稳定器、铝合金钻杆、弯壳体螺杆钻具等。

### 3.1.2.1.16 井下事故处理工具

井下事故处理工具分为四种类型：震击类、打捞类、套铣切割类和测卡与爆炸松扣类等。

（1）震击类工具。

震击类工具主要有超级震击器、液压上击器、开式下击器、闭式下击器、地面震击器、液压加速器。

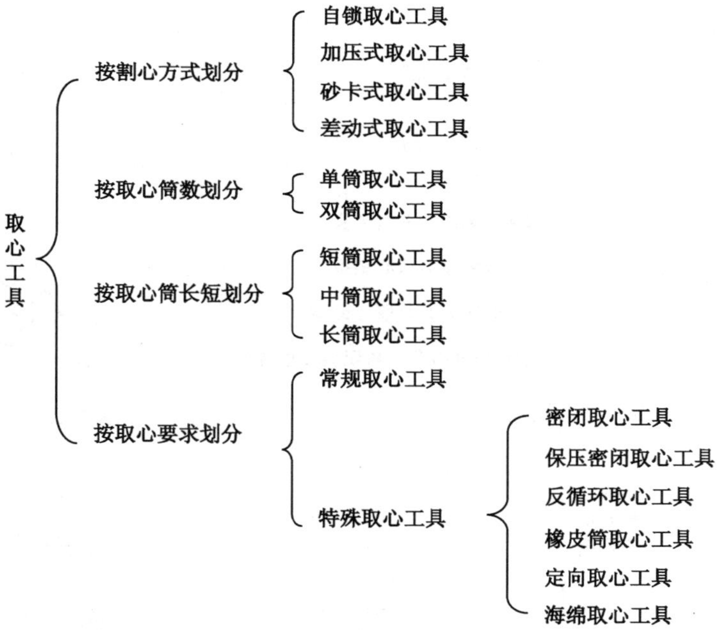

图 3-22 取心工具类型

（2）打捞类工具。

打捞类工具主要有可退式卡瓦打捞筒、可退式打捞矛、公锥、母锥、磁力打捞器、反循环打捞篮。

（3）套铣、切割类工具。

套铣、切割类工具主要有套铣筒、机械式外割刀、机械式内割刀。

（4）测卡与爆炸松扣工具。

是一种用于测出卡点，对自由段钻具进行爆炸松扣的井下工具。

- 钻进钻头
  - 刮刀钻头
    - 两翼刮刀钻头
    - 三翼刮刀钻头
    - 四翼刮刀钻头
  - 牙轮钻头
    - 单牙轮钻头
    - 双牙轮钻头
    - 三牙轮钻头
    - 多牙轮钻头
  - 金钢石钻头
    - 天然金刚石钻头
    - 人造金刚石钻头

图 3-23　钻进钻头分类

3.1.2.2　钻头

3.1.2.2.1　钻头分类

钻头是破碎岩石形成井眼的主要工具，分钻进钻头和取心钻头两大类。

钻进钻头分为刮刀钻头、牙轮钻头和金刚石钻头三大类，见图 3-23。

取心钻头分为牙轮取心钻头、硬质合金取心钻头和金刚石取心钻头三大类，见图 3-24。

3.1.2.2.2　钻进钻头

（1）刮刀钻头。

刮刀钻头是旋转钻井法中最早使用的钻头，属切削型钻头，其破岩机理主要以切削、剪切和刮挤方式破岩，见图 3-25。

刮刀钻头按刀片数量分为两翼刮刀钻头、三翼刮刀钻头、四翼刮刀钻头和多翼刮刀钻头，见图 3-26，最常用的是三翼刮刀钻头。

- 取心钻头
  - 牙轮取心钻头
  - 硬质合金取心钻头
    - 刮刀式取心钻头
    - 研磨式取心钻头
  - 金刚石取心钻头
    - 表镶式金刚石取心钻头
    - 孕镶式金刚石取心钻头
    - 人造金刚石聚晶取心钻头
    - 复合片(PDC)和三角聚晶取心钻头

图 3-24　取心钻头分类

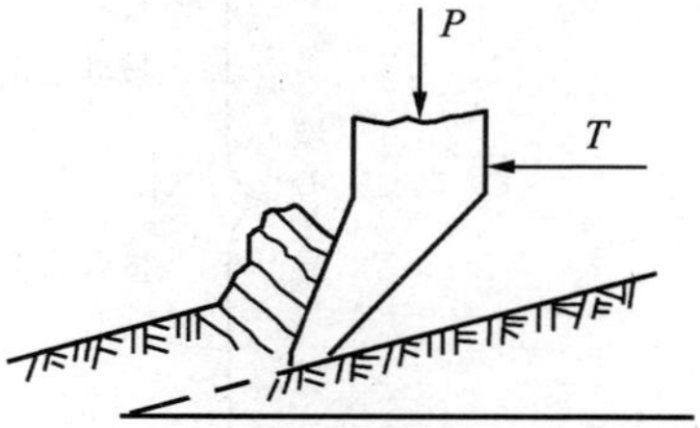


图 3-25　刮刀钻头破岩机理

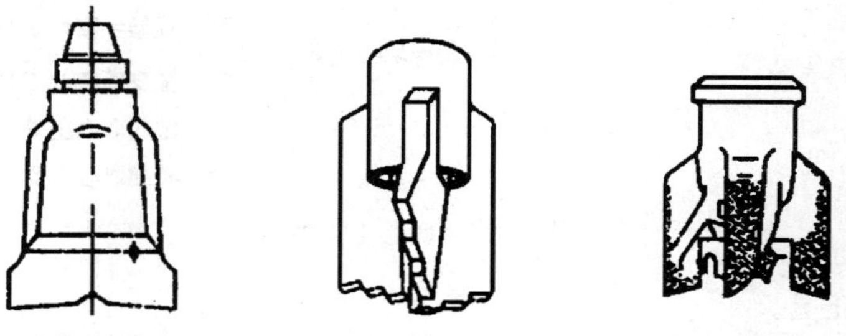


图 3-26　刮刀钻头

（2）牙轮钻头。

牙轮钻头是应用范围最广的钻头。旋转钻进时，牙轮钻头具有冲击、压碎和剪切岩石的作用，具有牙齿与井底的接触面积小、比压高、工作扭矩小、工作刃总长度大等特点，只要改变齿高、齿距、齿宽、移轴距、牙轮布置等不同的钻头设计参数，就可以适应不同的地层需要。

按牙轮数目分为单牙轮钻头、双牙轮钻头、三牙轮钻头和多牙轮钻头，普遍使用的是三牙轮钻头，见图 3-27。

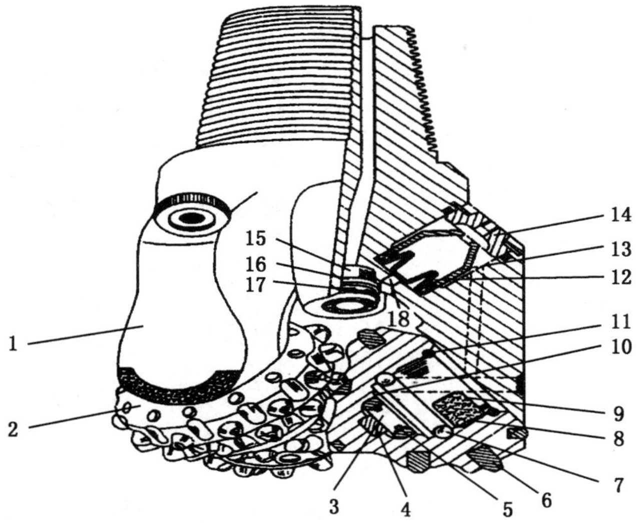


图 3-27 镶齿密封滑动轴承喷射式三牙轮钻头

1—牙爪；2—牙轮；3—牙轮轴；4—止推块；5—衬套；6—镶齿；7—滚珠；8—银锰保金；9—耐磨合金；10—第二密封；11—密封圈；12—压力补偿膜；13—护膜杯；14—压盖；15—喷嘴；16—喷嘴密封圈；17—喷嘴卡簧；18—传压孔

（3）金刚石钻头。

金刚石钻头是将金刚石颗粒镶装在钻头切削刃上的钻头，金刚石钻头有以下几种分类，见图 3-28。

金刚石钻头
- 按切削齿镶装方式分类
  - 孕镶金刚石钻头
  - 表镶金刚石钻头
  - 潜铸式金刚石钻头
- 按钻头体制造方法分类
  - 刚体金刚石钻头
  - 胎体金刚石钻头
- 按切削材料分类
  - 天然金刚石钻头(ND钻头，代号N)
  - 人造聚晶金刚石复合片钻头(PDC钻头，代号B)
  - 热稳定聚晶金刚石钻头(TSP钻头或BDC钻头，代号P)

图 3-28 金刚石钻头分类

3.1.2.2.3 取心钻头

（1）牙轮取心钻头。

牙轮取心钻头在结构、材质及制造方面都比较复杂，其强度低、成本高、寿命较短，国内选用甚少，而在国外仍有一定的市场。牙轮取心钻头适用于均质的中硬至硬地层。

（2）硬质合金取心钻头。

①刮刀取心钻头。

刮刀取心钻头由硬质合金块、刮刀片、钻头上体和下体等组成，该类钻头分为有水眼和无水眼两种，如图 3-29 和图 3-30 所示。

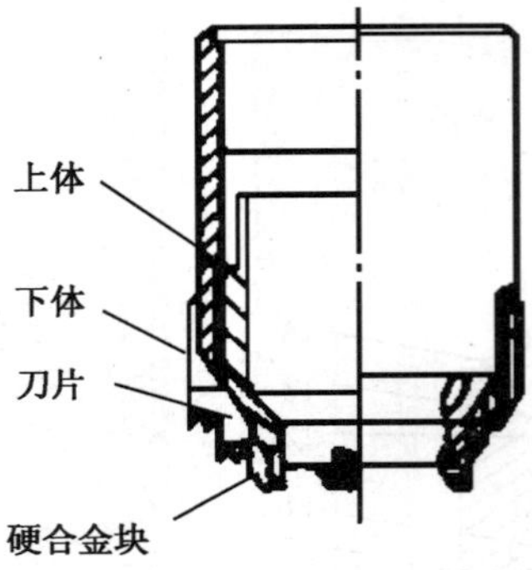


图 3-29　水眼式刮刀取心钻头

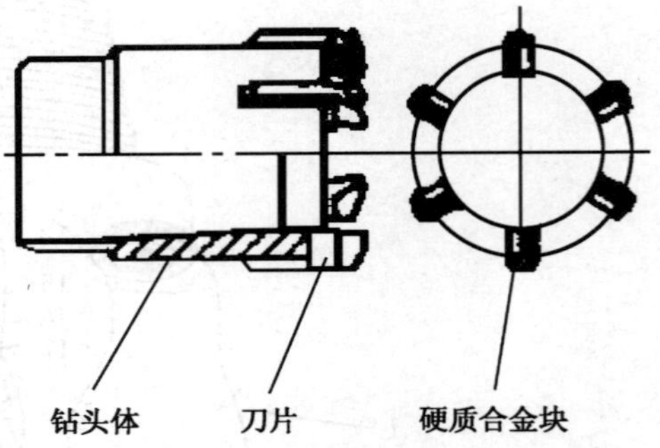


图 3-30　无水眼式刮刀取心钻头

②研磨式取心钻头。

研磨式取心钻头由硬质合金柱、钻头冠、钻头体组成，见图 3-31。该种钻头的冠部和保径部位均钻孔镶焊六棱或八棱柱状硬质合金，有较好的耐磨性。适用于在中硬至硬地层取心。

（3）金刚石取心钻头。

常用的有人造金刚石聚晶取心钻头、孕镶式金刚石取心钻头（见图 3-32）、表镶式金刚石取心钻头（见图 3-33）、复合片（PDC）取心钻头（见图 3-34）和三角聚晶取心钻头等，金刚石取心钻头造价高，但连续工作时间比硬质合金取心钻头长，总进尺多，在深井段均质的中硬和硬地层中取心，综合经济效益高。

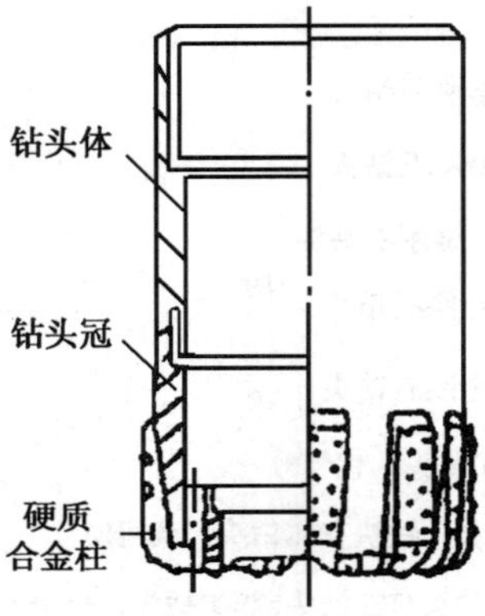


图 3-31　研磨式取心钻头

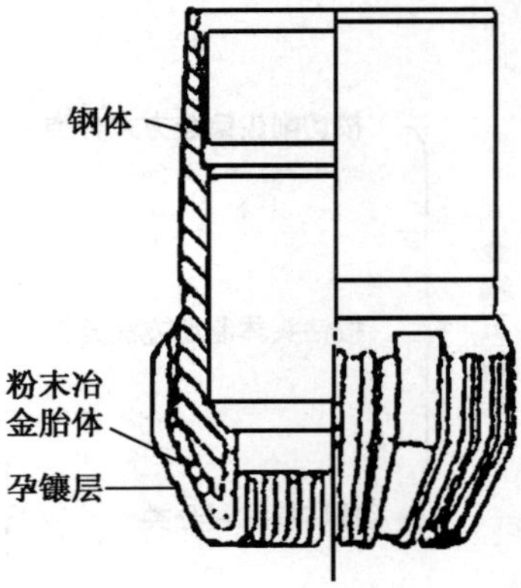


图 3-32　孕镶式金刚石取心钻头

### 3.1.2.3　*钻井液材料*

钻井液所用材料主要是原材料及处理剂。原材料是钻井液的基本组分，而且用量较大，如膨润土、有机土、加重材料等；处理剂是为改善和稳定钻井液性能而加入的化学添加剂，目前我国处理剂已有 300 多个品种。钻井液材料是与钻井液体系密切相关的。

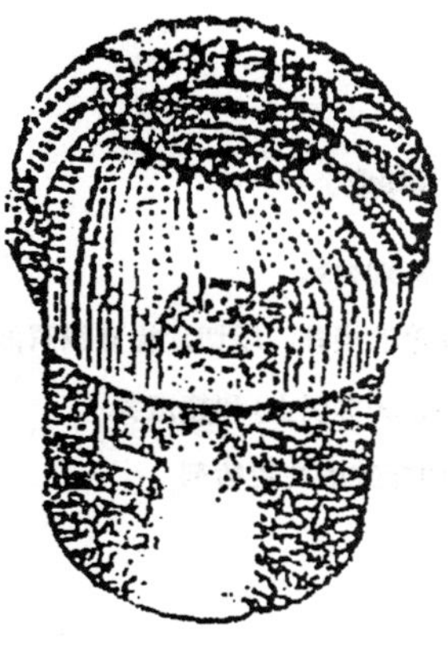

图 3-33　表镶式金刚石取心钻头

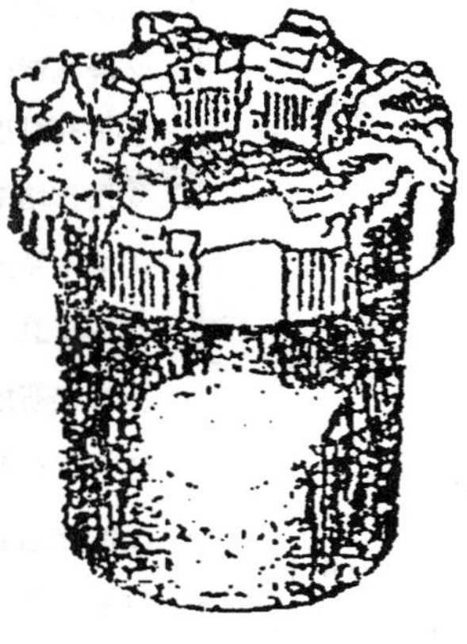

图 3-34　复合片取心钻头

3.1.2.3.1　钻井液体系

美国石油学会（API）和国际钻井承包商协会（IADC）把钻井液分为九种体系，国内分为 8 种体系，见表 3-3。

**表 3-3　国内外钻井液体系分类**

| 序 号 | API、IADC 认可的钻井液体系 | SY/T 5596—93 认可的钻井液体系 | 说　明 |
|---|---|---|---|
| 1 | 不分散钻井液 | 不分散钻井液 | 膨润土（钠土或钙土）和清水配制，基本不加处理剂或加极少量处理剂，主要用于浅层钻进 |
| 2 | 分散型钻井液 | 分散钻井液 | 膨润土+水+各类分散剂配制成水基钻井液，主要用于深井或较复杂地层钻进 |
| 3 | 钙处理钻井液 | 钙处理钻井液 | 一种含有游离钙而且有抑制性的水基钻井液，由石灰、石膏、氯化钙提供钙，抑制黏土膨胀，控制页岩坍塌和井径扩大 |
| 4 | 聚合物钻井液 | 聚合物钻井液 | 含有絮凝包被作用的聚合物，是一种增黏、降滤失、稳定地层的水基钻井液 |
| 5 | 低固相钻井液 | | 一种低密度固相总含量在 6%～10%（体积比）的水基钻井液，其中膨润土含量控制在 3%或更低 |
| 6 | 饱和盐水钻井液 | 盐水钻井液 | 氯离子达到饱和（189000mg/L）为饱和盐水；氯离子含量为 6000～189000mg/L 为盐水钻井液；氯离子更低为含盐或海水钻井液 |
| 7 | 修井完井液 | 完井液 | 为减少油气层损害而设计的特种钻井液，抑制黏土膨胀、微粒运移，用于钻进油气层、酸化、压裂及修井作业等 |
| 8 | 油基钻井液 | 油基钻井液 | 油包水乳化钻井液和油基钻井液 |
| 9 | 空气、雾、泡沫和气体 | 气基钻井液 | 用于空气钻井、雾钻井、稳定泡沫钻井、气化流体钻井，我国仅有空气钻井、泡沫钻井 |

3.1.2.3.2　钻井液原材料

配制水基钻井液的主要原材料是膨润土，配制油基钻井液的主要原材料是有机土，配制盐水钻井液、饱和盐水钻井液的主要原材料是膨润土和抗盐土。图 3-35 给出了钻井液主要原材料及用途。

- 钻井液原材料
  - 膨润土
    - ①水基钻井液基础材料
    - ②降低滤失量
    - ③提高黏度和切力
    - ④用作堵漏材料
  - 抗盐土
    - ①盐水钻井液或饱和盐水钻井液的基础材料
    - ②用作盐水钻井液和饱和盐水钻井液的增黏、增切，提高携屑能力
    - ③海泡石能抗高温，可用于地热井(260℃以上)和超深井
    - ④海泡石酸溶率高(大于60%)，可用作酸溶性暂堵剂
  - 有机土
    - ①配制油基钻井液基础材料
    - ②配制油包水钻井液基础材料
  - 加重材料
    - ①石灰石粉：适合用于密度在1.30g/cm³以下的钻井液和完井液
    - ②重晶石粉：是目前用量最大的一种加重材料，不易溶酸、解堵
    - ③钛铁矿粉：钻井液、完井液及修井液的加重材料，部分溶于酸
    - ④氧化铁矿粉：配制超高密度钻井液，溶于酸，便于对油层酸化解堵
    - ⑤菱铁矿：用于提高钻井液、完井液密度
    - ⑥液体加重剂：主要是一些可以在水中溶解而形成较高密度的水溶液的无机盐类($NaCl$、$KCl$、$NaBr$、$CaCl_2$、$KBr$、$NaCl/CaCl_2$、$CaBr_2$、$CaCl_2/CaBr_2$、$CaCl_2/CaBr_2/ZnBr$)

图 3-35　钻井液主要原材料及用途

### 3.1.2.3.3　钻井液处理剂

在石油天然气行业标准 SY/T 5596—93“钻井液和处理剂体系代号”中将钻井液处理剂类型分为 18 类，见表 3-4。

**表 3-4　钻井液处理剂分类**

| 序号 | 代号 | 中文名称 | 英文名称 |
|---|---|---|---|
| 1 | A | 碱度调整剂 | Alkalinity Controller |
| 2 | B | 杀菌剂 | Bactericide |
| 3 | CA | 除钙剂 | Calcium Remover |
| 4 | CO | 缓蚀剂 | Corrosion Inhibitor |
| 5 | D | 消泡剂 | Defoamer |
| 6 | E | 乳化剂 | Emulsifier |
| 7 | FI | 降滤失剂 | Filtration Reducer |
| 8 | FL | 絮凝剂 | Flocculant |
| 9 | FO | 发泡剂 | Foaming Agent |
| 10 | LO | 堵漏材料 | Lost Circulation Material |
| 11 | LU | 润滑剂 | Lubricant |
| 12 | P | 解卡剂 | Pipe-Freeing Agent |
| 13 | SH | 页岩抑制剂 | Shale Inhibitor |

续表

| 序号 | 代号 | 中文名称 | 英文名称 |
|---|---|---|---|
| 14 | SU | 表面活性剂 | Surfactant |
| 15 | TE | 温度稳定剂 | Temperature Stability Agent |
| 16 | TH | 降黏剂 | Thinner |
| 17 | V | 增黏剂 | Viscositier |
| 18 | W | 加重材料 | Weighting Material |

处理剂主要分无机处理剂、有机处理剂和表面活性剂三大类。根据用途可分为增黏剂、降滤失剂、页岩抑制剂、降黏剂、润滑剂和解卡剂、絮凝剂、表面活性剂、缓蚀剂和杀菌剂及温度稳定剂、堵漏材料共9个类型，各类产品及用途见表3-5。

**表3-5 常用处理剂及用途**

| 序号 | 处理剂类型 | 品种 | | 主要用途 |
|---|---|---|---|---|
| 1 | 增黏剂 | ①生物聚合物XC | | 用于提高黏度和切力 |
| | | ②羟乙基纤维素HEC | | 常用于完井液 |
| | | ③高黏羧甲基纤维素钠盐HV—CMC | | 用来提高黏度，有降滤失量作用 |
| | | ④石棉 | | 在钻井液中加入6～14kg/m³石棉可提高动切力和切力，对滤失量没有影响 |
| | | ⑤正电胶MMH | | 正电胶加入膨润土钻井液中提高钻井液黏度和切力，形成具有独特的流变性钻井液 |
| 2 | 降滤失剂 | 腐殖酸类降滤失剂 | ①腐殖酸钠NaC或NaHm；②硝基腐殖酸钠；③硝基腐殖酸；④磺甲基褐煤（磺化褐煤）SMC等；⑤硅基腐殖酸钾 | |
| | | 纤维素类降滤失剂 | ①羧甲基纤维素钠盐CMC；②聚阴离子纤维素PAC | PAC降滤失增黏效能优于CMC，可使盐溶液增稠，对泥页岩有特殊抑制作用 |
| | | 淀粉类降滤失剂 | ①予胶化淀粉；②羧甲基淀粉CMS；③改性淀粉DEP-Ⅱ；④抗温淀粉DFD-150；⑤羟丙基淀粉HPS | |
| | | 聚合物类降滤失剂 | ①聚丙烯腈钠盐NaPAN | 稍增钻井液黏度，抗盐至饱和，耐高温，但抗钙性差 |
| | | | ②水解聚丙烯腈胺盐NPAN | 抑制性强，具有较好的防塌能力 |
| | | | ③聚丙烯酸钙CaPAM | 具有降低钻井液滤失量，调整钻井液流型，提高携砂能力 |
| | | | ④两性离子降滤失剂JT888 | 具有很好的降滤失效果和较强的抑制性，抗盐抗钙能力强，适合于盐水、饱和盐水和MMH体系钻井液 |
| | | 树脂类降滤失剂 | SMP（Ⅰ） | 抗13%的盐 |
| | | | SMP（Ⅱ） | 抗饱和盐水 |
| | | | 褐煤树脂及其衍生物SPNH | 可用于深井，降低高温高压滤失量 |

续表

| 序号 | 处理剂类型 | 品种 | | 主要用途 |
|---|---|---|---|---|
| 3 | 页岩抑制剂 | 聚合物类 | ①聚丙烯酸钾 KPAM 或 KPHP；②水解聚丙烯腈钾 KPAN；③两性离子聚合物 FA367、FA368；④小阳离子聚合物 NW-1；⑤聚合醇或多元醇；⑥硅稳定剂 GWJ | 页岩抑制剂又称防塌剂，主要通过抑制地层中黏土矿物水化膨胀，抑制、封堵层理裂隙，提高液相黏度形成半透膜，降低钻井液活性，化学固壁，阻止地层坍塌 |
| | | 沥青类产品 | ①氧化沥青粉；②磺化沥青 SAS 或 FT-1、FT-342；③高改沥青粉 KAHm；④水分散沥青 SR401 | |
| | | 无机盐 | KCl、磷酸钾、醋酸钾、NaCl、$NH_4Cl$、石灰、石膏、硅酸钠 | |
| | | 腐殖酸类 | 硝基腐殖酸钾、硝化或磺化腐殖酸钾 | |
| 4 | 降黏剂 | 强分散型降黏剂 | ①单宁酸钠 NaT；②栲胶碱液；③磺化烤胶 SMK 与磺化单宁 SMT；④磺化褐煤 SMC；⑤无络稀释剂 HJN-101；⑥铁络木质素磺酸盐 FcLs（含铬多，污染强，已淘汰） | |
| | | 低聚合物 | ①XA40；②XB40；③XY27；④XY28 | |
| | | 有机磷酸盐类 | 乙二胺四甲叉膦酸盐 EDTMPS | |
| | | 有机硅类 | ①有机硅腐殖酸钾 OXAM-K；②有机硅稀释剂 HJN-30；③硅基腐殖酸钾 HFT-202 | 主要成分是甲基硅醇钠，在硅基聚合物氯化钾等类钻井液中，具有较强的降黏、抗温和抑制地层坍塌的作用 |
| 5 | 润滑剂和解卡剂 | 润滑剂 | 无荧光润滑剂：塑料球、玻璃球、石墨等 | 润滑剂主要用来降低钻井液的摩阻系数，减少钻具扭矩，防止钻具压差卡钻，降低钻井液的流动阻力，阻止钻头泥包 |
| | | | 低荧光润滑剂：RH 系列、RT443 | |
| | | | 有荧光润滑剂：原油、柴油、RT—9051 | |
| | | 解卡剂 | ①粉末固体解卡剂 SR-301<br>②油基液体解卡剂，由柴油、沥青、有机土、石灰、表面活性剂、渗透剂快 T 和水等配制而成，如 AYA-150、DJK-1 和辽河-1<br>③水剂解卡剂，采用润滑性能好的水溶性处理剂水溶液和加入渗透剂而配成，如 SMP+快 T，配成解卡剂 | |
| 6 | 絮凝剂 | ①聚丙烯酰胺 PAM；②水解聚丙烯酰胺 PHP；③丙烯酰胺与丙烯酸钠共聚物 80A51；④阳离子聚丙烯酰胺 CPAM | | 絮凝剂主要用来絮凝钻井液中的钻屑，使钻井液体系中保持无固相或低固相 |
| 7 | 表面活性剂 | 乳化剂 | ①斯盘-80（SPAM-80）；②OP 系列乳化剂；③十二烷基苯磺酸钙；④油酸；⑤硬脂酸；⑥环烷酸酰胺 YNC-1；⑦石油磺酸铁；⑧腐殖酸酰胺；⑨十二烷基苯磺酸三乙醇胺 ABSN；⑩SN-1；⑪A-20；⑫CS-94；⑬OT | 合适的表面活性剂处理钻井液，对提高钻井液体系的热稳定性、保护油气层、降低摩阻、防塌、防腐、提高钻速、预防和处理复杂问题等方面都有较好的效果 |
| | | 发泡剂 | YFP-1、CT5-2 | 配制泡沫液 |
| | | 消泡剂 | ①烷基磺酸钠 AS；②烷基苯磺酸钠 ABS；③椰子油单乙醇酰胺磺化琥珀酸酯二钠盐 F842；④F873；⑤K12 或 TAS | 消除地层和处理剂产生的气泡 |

续表

| 序号 | 处理剂类型 | 品种 | | 主要用途 |
| --- | --- | --- | --- | --- |
| 8 | 缓蚀剂、杀菌剂和高温稳定剂 | 缓蚀剂 | ①碱式碳酸锌；②海棉铁；③亚硫酸钠、亚硫酸铵；④咪唑啉类缓蚀剂 | 用缓蚀剂控制地层中硫化氢、二氧化碳、盐水、处理剂和钻井液中所含的盐及氧等对钻具、套管、地面管线产生的腐蚀 |
| | | 杀菌剂 | 甲醛、多聚甲醛、氯化苯酚等 | 用杀菌剂控制会使钻井液中所含的淀粉、生物聚合物等处理剂发酵而失效的微生物 |
| | | 温度稳定剂 | 重铬酸钾、酚及其衍生物、苯胺及其衍生物、亚硫酸盐、硫化物、铜粉、多元醇、甲酸盐、AS、ABS、S—80 | 采用温度稳定剂提高钻井液的抗高温能力，防止处理剂在高温下降解，从而引起钻井液失去热稳定性 |
| 9 | 堵漏材料 | 高失水堵漏材料 | ①狄塞尔 DSL 堵漏剂；②Z-DTR 堵漏剂；③DTR 堵漏剂；④DCM 堵漏剂 | 是近几年发展起来的新型堵漏材料。种类较多，使用方便，见效快，适用范围广 |
| | | 暂堵材料 | ①单向压力封闭剂（单封）；②DF-1 堵漏剂；③PCC 暂堵剂；④酸溶性固化材料 ASC-1；⑤超细碳酸钙 QS-2 | 暂堵材料是为解决石灰岩堵漏后酸化解堵施工困难而新开发的堵漏剂 |
| | | 化学堵漏材料 | ①PMN 化学凝胶堵漏剂；②SYZ 膨胀性堵漏剂；③PAT、TP-9010 膨胀堵漏剂；④聚丙烯酰胺堵剂；⑤水解聚丙烯腈堵剂 | 化学堵漏材料可分高分子化合物堵漏剂、无机凝胶—高分子化合物混合而成的堵漏剂、以钻井液为基础加入固化剂所形成的堵漏剂三种类型 |
| | | 无机凝胶堵剂 | 以水泥为主的水泥、石膏、石灰等混合浆液 | |
| | | 桥接堵漏材料 | ①颗粒状材料：核桃壳、胶粒、炭粒、珍珠岩、贝壳、石灰、石灰石、沥青等；②纤维状材料：纸屑、甘蔗渣、棉籽、石棉、废棕绳等；③片状材料：云母、稻壳、鱼鳞等 | ①用作架桥剂，起架桥作用。<br>②用作“悬浮拉筋剂”，起相互拉扯作用。<br>③用做“填塞剂”，起填塞作用 |

#### 3.1.2.4 水

##### 3.1.2.4.1 用水分类

主要分为生产用水和生活用水两大类。

生产用水主要包括配制钻井液用水、固井用水、施工机械用水、锅炉用水、消防用水等；生活用水主要包括钻井队生活用水和配合施工单位的生活用水。除了有足够供水量外，还必须满足生产、生活对水质的要求。生产用水主要是配制钻井液用水和固井用水。

##### 3.1.2.4.2 供水量计算

平均日用水量（$m^3$）= 生产用水量（$m^3$）+生活用水量（$m^3$）。

（1）生产用水量计算。

钻井工程生产平均日用水量可用理论方法计算，以钻井工程设计不同井段井眼的每米容积计算出理论用水量总和，考虑到钻井过程中井径扩大及井漏等因素，乘以一定的系数，一般取 3.4～5.1，除以钻井周期（$d$），即可估算出每天的用水量。但在实际施工中，钻井工程用水量不是固定的，它与地层岩性的变化、钻井速度的快慢及每天的钻井施工项目内容等因素有着密切的关系。如上部地层松软，机械钻速快而地层的渗漏量也大，钻井施工用水量较大；地层岩性可钻性差，机械钻速慢或进行其他辅助作业时，用水量就少或基本上不用水。

因影响钻井工程生产用水量的因素很多，这里介绍一种理论用水量计算方法，供参考。

生产用水理论用水量计算公式为

平均日生产用水量（$m^3$）=Σ［不同井段长度（*m*）×环容（*L/m*）×系数÷钻井周期（*d*）］。

（2）生活用水量计算。

生活用水量主要根据不同类型钻机人员配备数量及配合施工单位人员数量乘以人均日用水量计算，计算公式为

平均日生活用水量（$m^3$）= 人均日用水量（$m^3$）×总人数（人）。

3.1.2.5 柴油

柴油主要用于为钻井工程施工提供动力和电力的柴油机，国内一般使用柴油型号为10#、0#、-10# 、-20#、-35#、-50#。

若钻井日费中含有柴油消耗和费用，则不再计为主要材料费。

### 3.1.3 大宗材料运输

大宗材料运输包括钻具、钻头、钻井液材料、水和柴油的运输。

3.1.3.1 钻具运输

钻具运输指钻具的配车、绑车、运输、卸车、就位等。目前国内钻具运输往往不是一次性将全部钻具运到井场，而是根据一开钻进、二开钻进、三开钻进等不同钻进施工阶段需要，分批次将钻具运到井场；有些时候根据实际情况，可能一次性将钻具全部运到新井场。钻具运输时，根据当地或油田实际情况，往往需要多种型号的吊车、卡车、拖车。

钻具配车应根据不同钻具类型、规格和重量选择运输车辆，表3-6给出了某油气田钻具运输车辆配装标准，供参考。

**表3-6 钻具运输配车标准**

| 序号 | 钻具名称 | 型号规格（in） | 单车装配数量（根/车） | 配车吨位（t） | 备注 |
|---|---|---|---|---|---|
| 1 | 方钻杆 | $5^1/_4$～$3^1/_2$ | 1 | 9 | 三超件 |
| 2 | 涡轮钻具 | 8 | 2 | 9 | 三超件 |
| 3 | 钻铤 | 9 | 3 | 15 | 三超件 |
| 4 | 钻铤 | 8 | 4 | 15 | 三超件 |
| 5 | 钻铤 | 7 | 6 | 15 | 三超件 |
| 6 | 钻铤 | $6^1/_4$ | 7 | 15 | 三超件 |
| 7 | 钻铤 | $4^3/_4$ | 14 | 15 | 三超件 |
| 8 | 钻杆 | 5 | 30 | 15 | 三超件 |
| 9 | 钻杆 | $3^1/_2$ | 45 | 15 | 三超件 |
| 10 | 钻杆 | $2^7/_8$ | 60 | 15 | 三超件 |

3.1.3.2 钻头运输

钻头运输指从基地或材料库将钻头运到井场。当钻头用量较少时，往往不单独配车运送钻头，而是同其他材料一起配车。当钻头用量较多或严格管理钻头使用时，需要单独配车运送钻头。运送钻头车辆一般是小型卡车。

3.1.3.3 钻井液材料运输

钻井液材料运输是大宗材料运输的重要组成部分。1 口井钻井液材料往往需要消耗数百

吨至数千吨，运输工作量很大。钻井液材料运输车辆主要是小型卡车和大型卡车。

3.1.3.4 水运输

水运输主要是采用水罐车，有时生活水和生产水需要不同的水罐车运输。正常钻进作业过程中，几乎每天都需要水罐车运水，有时还需要多辆水罐车同时往井场运水。若是采用泵站供水或水井供水，则不需要运输水。

3.1.3.5 柴油运输

正常钻进作业时，每天消耗数吨柴油，需要用油罐车，不断地向井场运输柴油。

### 3.1.4 技术服务

3.1.4.1 钻井液服务

钻井液服务指由单独的服务队伍实施钻井液设计、现场配制钻井液和随钻施工服务的一整套技术服务。钻井液俗称泥浆，因此有时称泥浆服务。

发生钻井液服务时，一般钻井队中不再设有钻井液工、钻井液工程师（技师、大班）等相关人员。钻井液服务以日费方式计价。

3.1.4.2 管具服务

管具服务指在钻进工程中，由单独的服务队伍对钻具、井下工具、井口工具、特殊钻井工具、井控装置等管具进行送井、回收、保养和修理等工作。

管具服务工作内容：

（1）负责钻具及配合接头的修理、供井、回收，成品钻具管理及建档，取心工具、套铣筒等管螺纹配件加工；

（2）负责井口工具、取心工具、打捞工具、井下动力钻具、封井器修理，上井安装调试及回收，特殊打捞工具、钻井工具加工；

（3）负责套管供井和回收，站内套管检查、修理和资料管理；

（4）负责钻井设备、修理工具的加工；

（5）负责钻具的转井和管理。

3.1.4.3 定向井服务

定向井服务指在钻进工程中，由单独的服务队伍采用专门的定向造斜工具和测量仪器，在一定的工艺技术措施配合下，沿着工程设计的井眼轨道（井身剖面），钻进到目的层位。

3.1.4.3.1 定向井井身剖面类型

根据常规二维定向轨道的四种基本类型，派生出14种定向井剖面类型，见图3-36。

3.1.4.3.2 定向井井身剖面的用途

定向井工程设计人员可根据钻井目的、地质要求等具体情况，选用合适的图3-36中14种定向井井身剖面类型，进行定向井设计，各种井身剖面的主要用途见表3-7。

3.1.4.4 欠平衡服务

欠平衡服务指在钻进工程中，由单独的服务队伍采用专门的欠平衡钻井设备和工具，在一定的工艺技术措施配合下，实施欠平衡钻井作业。

3.1.4.4.1 欠平衡钻井概念

在钻井过程中，利用自然条件或采取人工方法，在可以控制的条件下，使井筒内钻井液液柱压力低于所钻地层的压力，从而在井筒内形成负压，这一钻进过程叫欠平衡钻井，又叫负压钻井。

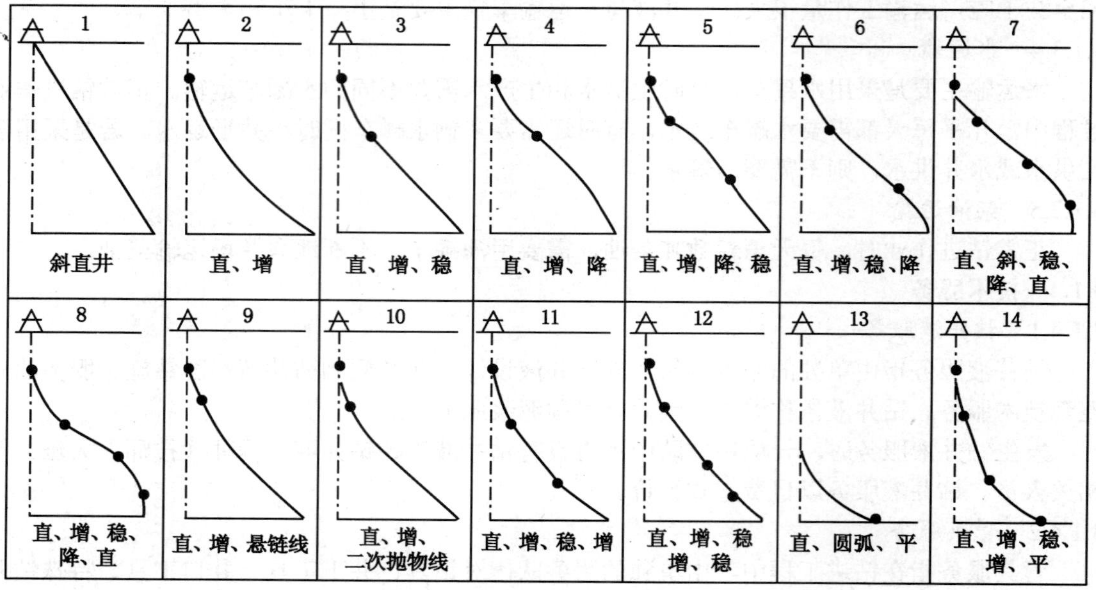


图 3-36　定向井井身剖面类型

**表 3-7　定向井井身剖面类型用途**

| 类型序号 | 井身剖面类型 | 用　途 |
| --- | --- | --- |
| 1 | 斜直井 | 开发浅层油气藏 |
| 2 | 二段制 | 开发浅层油气藏 |
| 3 | 三段制 | 常规定向井剖面（应用较普遍） |
| 4 | | 多目标井（不常用） |
| 5 | 四段制 | 多目标井（不常用） |
| 6 | | 用于深井、小位移常规定向井 |
| 7 | 五段制 | 用于深井、小位移常规定向井 |
| 8 | | |
| 9 | 悬链线 | 中深井、深井、大位移井 |
| 10 | 二次抛物线 | |
| 11 | 双增剖面 | 深井、大位移井、多目标井 |
| 12 | | |
| 13 | 水平井 | 圆弧单增型水平井 |
| 14 | | 双增型水平井 |

3 1.4.4.2　欠平衡钻井方式

欠平衡钻井有边喷边钻、浮动钻井液帽钻井、立管气体注入、环空气体注入、连续软管钻井五种方式。

（1）边喷边钻。即流动钻井，是在钻井过程中井底循环压力小于地层流体压力，地层中的流体随钻井液有控制的流向地面，再经地面循环系统进行处理的一种钻井方式。

（2）浮动钻井液帽钻井。是在环空打入一段密度和黏度较高的钻井液柱，控制环空液柱压力，关闭井口时，经钻柱向井内打入成本较低的低密度钻井液的一种钻井技术。这项技术适用硫化氢含量高的气体层。

（3）立管气体注入。通过向立管注入氮气等非凝析气体来降低钻井液密度的方式。

（4）环空气体注入。分为伴生管气体注入和同心管气体注入两种。伴生管气体注入指下套管时，在套管外下入一根或两根 25.4～50.8mm 并行的管子，管子可以是有接箍的管子或软管，通过这根管子和套管向环空注入气体，产生类似气举的效果，降低钻井液密度。同心管气体注入指下入两层套管，通过两层套管形成的空间向环空注入气体，降低钻井液密度。环空注入的优点是可以使正脉冲 MWD 的数据正常传输。

（5）连续软管钻井。连续软管钻井可消除充气钻井中接单根时，因无法充气而产生高密度段塞流的现象，同时为欠平衡钻井提供了有利条件。

3.1.4.4.3　欠平衡钻井工艺流程

与普通钻井相比，欠平衡钻井增加了体外循环系统，有体内循环与体外循环两种流程。

（1）体外循环系统钻井液流程：钻井泵→地面高压管汇→钻具内→钻头→环空→封井器四通出口→节流管汇（有条件的可安两级节流管汇）→气体分离器→体外振动筛→油液分离设施→真空泵→原钻井循环罐系统→钻井泵。

主要作用：控压、节流、分离地层产出的液、气及除砂，使泵入的钻井液性能保持不变。

（2）体内循环系统钻井液流程：钻井泵→地面高压管汇→钻具内→钻头→环空→旋转控制头旁通出口→原振动筛→原钻井循环罐系统→钻井泵。

主要作用：在欠平衡钻井前期，地层流体未进入井眼或少量进入井眼，不需要节流或油气分离时使用。

3.1.4.5　测试服务

测试服务指在钻进工程中，由测试队采用专门的测试仪器和工具，在一定的工艺技术措施配合下，实施钻杆测试（中途测试）施工。

**3.1.5　其他作业**

其他作业主要包括环保处理和地貌恢复。

3.1.5.1　环保处理

钻井现场施工中环境保护要求是使现场排放的“三废”（有害的气体、液体、固体废弃物）减少到最低限度；对有利用价值的废弃物，集中回收；暂时不能利用的废弃物，按政府法令规定的要求，进行无害化处置。其具体内容有防治水污染、防治空气污染、防治噪声污染、搞好废弃物处理、清理完井后场地等，涉及钻前土建工程中的废液池、污水池、垃圾坑，钻进工程中的设备噪声控制、柴油机和车辆尾气排放、污水净化处理等众多方面。其中需要单独发生费用且额度较大的主要有钻井污水处理、废弃钻井液处理。

3.1.5.1.1　钻井污水处理

除正常控制和管理措施外，钻井污水处理主要指采用污水处理设备和化学处理剂，对钻进过程中的各种污水实施处理，达到国家和当地政府规定的排放标准，排出井场或重复利用。排出井场的废水必须符合国家《污水综合排放标准》（GB 8978—1996）的二类标准值要求，表 3-8 摘录了主要水质指标。

3.1.5.1.2　废弃钻井液处理

目前国内外常用的废弃钻井液处理方法有以下几种：

（1）直接排放法。

这是既经济又方便的方法之一，主要适用于常规淡水基钻井液。所有的油基钻井液、盐

表 3-8　《污水综合排放标准》GB 8978—1996 二级标准值

| 序　号 | 污染物 | 允许浓度（mg/l） | 序　号 | 污染物 | 允许浓度（mg/l） |
|---|---|---|---|---|---|
| 1 | 总汞 | 0.05 | 8 | pH 值 | 6～9 |
| 2 | 烷基汞 | 不得检出 | 9 | 石油类 | 10 |
| 3 | 六价铬 | 0.5 | 10 | 悬浮物 | 200 |
| 4 | 总砷 | 0.5 | 11 | 挥发酚 | 0.5 |
| 5 | 总铅 | 1.0 | 12 | 硫化物 | 1.0 |
| 6 | 总镉 | 0.1 | 13 | 化学需氧量 | 150 |
| 7 | 总银 | 0.5 | | | |

水钻井液和“三磺”体系钻井液均不可直接排放。由于“无毒、无害”性界限的界定困难，难以推广。在《固体废物环境污染防治法》及 ISO 14000 环境国际标准正在全国推行的今天，这种方法以不选择为宜。

（2）直接填埋法。

这种方法的适用条件是废弃钻井液中盐类、有机物质、油、重金属含量很低，对储存坑周围地下水污染可能性很小，污染物浓度维持在环境可接受范围以下。对油类、COD、$Cl^-$、$F^-$、重金属等含量严重超标的废钻井液不能用这种方法。

（3）坑内密封法。

这种方法又称安全土地填埋。储存坑的衬垫材料有：软膜材料如聚氯乙烯、聚乙烯和氯化聚乙烯；掺和材料如沥青、混凝土和土壤沥青；天然土壤类如压实的土壤；掺和材料如聚合物与膨润土和土壤的掺和物。目前国内部分油田采用这种方法。

（4）土地耕作法。

这种方法是把废弃钻井液按一定的比例与土壤混合，充分地稀释其中有害物。此方法在加拿大和英国使用较广泛，在美国受到限制。英国公司曾将油和土壤按 1:20 比例混合，柴油或原油在土壤中很快就消失，一年内最多的消失达 90%。钙、钡、锌含量虽然增加，但仍在农用土壤的正常范围内，同时 pH 值从 6.0 上升到 7.5，使土壤中微生物降解更为有利，重金属几乎不渗滤，减少了对环境的进一步危害。

土地耕作法使用条件是：①有开阔平坦的土地，便于机械化耕作；②具备防止发生侵蚀的地表条件；③地下水位有足够的深度；④淡水基废弃钻井液。

不能用此法处理的废弃钻井液是：氯离子含量高、公害成分含量高（COD、BOD、油等）及生物毒性很大的废弃钻井液。

（5）化学脱稳干化场处理法。

在干旱地区，可将废弃钻井液先进行脱稳处理后，直接将其存于人造处理场，待水分蒸发或浸出液回收处理后，在自然条件下干化。这种方法需要建设大的储存地，以足够容纳一定范围内钻井产出的废弃钻井液。储存池有条件的可造混凝土池或密封填埋的储池，待废弃物于储存池内干化，堆放到一定程度后，可直接封土填埋。同直接密封填埋相比，这种方法最大的优点是处理量大，废钻井液脱水迅速。

该方法适用于生产井或井距近、周围环境污染控制要求不高的地区。

（6）注入安全地层或环形空间法。

将废钻井液注入压力梯度较低且周围不渗透的深井地层，也可将钻井液注入井眼环形空间或不渗透地层间的盐水层。这种方法对地层条件选择有严格要求，要准确地勘探地层结构条件，投入资金大，有潜在的污染威胁，因此很多国家限制或禁止使用此法。

（7）闭合回路系统法。

这是一种采取把废钻井液通过闭合回路系统循环使用的方法，这种方法可用于陆上、海上油田，适用于水基和油基钻井液体系。闭合回路系统主要组成单元为絮凝单元、脱水单元、水控单元和固控单元，如图 3-37 所示。

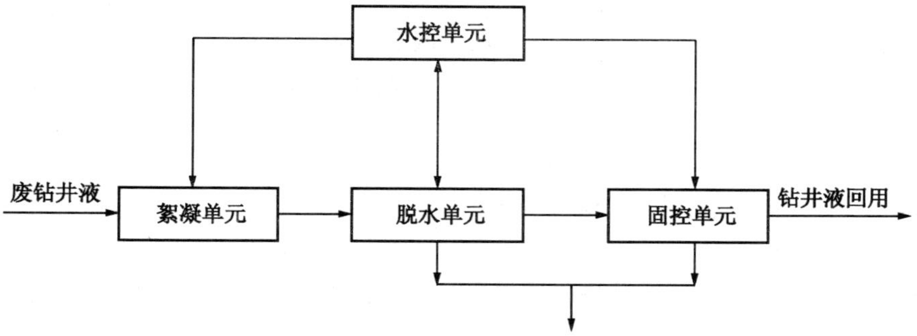


图 3-37　闭合回路系统

闭合回路系统对废弃钻井液的处理具有较好的效果，可以充分发挥固控系统的作用，改善钻井液的质量，降低成本，提高固控效率和废钻井液净化率，减少废物体积。在高效率的闭合回路系统中，没有液体排出，脱出的固相很干，含水率低，可填埋、土地耕作、铺路等。但闭合回路系统的造价很高，要依赖技术进口。

（8）焚烧法。

仅适用于油基钻井液。利用焚烧法，使可烧性固体废物氧化分解，从而减少容积，去除毒性，回收能量及副产品。但费用高，很少使用。

（9）微生物法。

这种方法大多在陆地上用来处理含油废钻井液。要求筛选降解力强的菌种。与其他处理方法相比，微生物法具有去除有机物效率高、工艺操作简单、可靠和维护费用低等优点。但是生物降解时间长，使得这项技术的现场应用受到一定限制。

（10）固化处理法。

固化处理法是向废弃水基钻井液中加入固化剂，使其转化成类似土壤的固体，原地填埋或用作建筑材料等。该方法能显著降低废钻井液中金属离子和有机质对土壤的侵蚀和土壤沥滤程度，从而减少对环境的影响和危害，回填还耕地较容易。常用的固化方法有水泥基固化、石灰基固化、水玻璃固化等。

（11）溶解萃取法。

用溶剂对废钻井液尤其是钻屑进行清洗，将油类萃取去除，然后用溶剂闪蒸、重新冷凝收集，重复使用，回收油类可再次用于配制油基钻井液。但成本太高，又仅限于油基钻井液，所以使用受到限制。

（12）钻井液—水泥浆转化法（MTC 水泥浆技术）。

此方法是在废钻井液中加入分散剂、高硬度炉渣等，将其转变成固井用水泥。使用 MTC 水泥浆可以将钻井液回收利用，并可减少固井水泥的数量。但这种方法适宜的范围很窄，转化的废钻井液量很少，不能根本解决大量废弃钻井液问题，而且不同的钻井液体系，配方不同，操作施工较困难。

（13）集中排放法。

将废弃钻井液拉运、排放到指定地点，由专门的环保公司或环保处理场集中管理。目前国内部分油田采取这种方法。

3.1.5.2 地貌恢复

清除井场所有废料和垃圾，拆除井场内所有地上和地下的障碍物，回收所有井场散失的活动基础。清理生活区，填埋或焚烧生活垃圾。恢复工区周围自然排水通道。钻井队搬迁后，应立即用推土机或挖掘机回填各种池坑，然后平整场地，逐层压实，条件许可时，可撒上草籽或植物种子进行绿化。

## 3.2 钻进工程造价构成要素

钻进工程造价构成要素包括钻进工程劳动定员、钻进工程主要设备和钻进工程主要材料。

### 3.2.1 钻进工程劳动定员

中国石油天然气集团公司企业标准 Q/SY 1011—2007《钻井工程劳动定员》（即 Q/CNPC 11—2003）规定了钻井工程劳动定员，包括钻井作业、钻井技术服务、钻井液技术服务、钻前工程、管具工程、固井工程、钻井工程管理机关的劳动定员。这里摘录出钻井作业、钻井技术服务、钻井液技术服务、管具工程劳动定员。

3.2.1.1 钻井队劳动定员

（1）工作内容。

负责钻井设备及相应配套设施的安装、钻井施工、钻井设备及设施的使用与保养、各次开钻前的井口装置安装、完井作业、交井作业及完井后的钻井设备及设施的拆卸、装卸工作。钻井队劳动定员见表 3-9。

（2）钻井队劳动定员调整。

在下列情况下，钻井队定员应相应进行调整：

①钻井队医生由医疗机构提供服务；无医疗机构提供服务，钻井队定员可增加 1 名医生。

②高寒地区冬季钻井队锅炉工为季节工，由锅炉队提供人员上井服务；没有专业化锅炉队服务的井队，可根据需要增加锅炉运行人员。

③材料工由大班兼任，远离基地的边远探井，钻井队定员可增加 1 名材料工。

④有专业服务公司提供生活服务的单位，钻井队定员人数应减少 5 名炊管人员。

⑤在地面海拔 3000m 以上，冬季最低气温在零下 30℃以下地区作业的钻井队，定员人数可增加 4 名钻井工和 4 名发电工。

⑥已成立专业化钻井液技术服务公司的单位，钻井队定员人数应减少 4 名钻井液作业工和 1 名钻井液工程师，该定员人数增加到钻井液技术服务公司。

⑦二层平台有自动操作装置的钻井队，其劳动定员人数应减少 4 名井架工。

⑧在重丘、山岭施工作业的钻井队，钻井队定员人数可增加 1 名打水工和污水处理工。

⑨本标准中未涉及的钻机类型，其劳动定员人数可参照本标准中所列相近钻机类型确定。

3.2.1.2 钻井技术服务劳动定员

（1）工作内容。

## 表 3-9 钻井队劳动定员

| 定员编号 | 钻机类型 | 定员人数 | 管理及技术人员 | | | | | | 大班 | | | 生产班 | | | | | | | | | 其他人员 | | |
|---|---|---|---|---|---|---|---|---|---|---|---|---|---|---|---|---|---|---|---|---|---|---|---|
| | | | 小计 | 队领导 | 钻井工程师 | 机电工程师 | 钻井液工程师 | HSE 监督员 | 小计 | 大班司钻 | 大班司机 | 小计 | 司钻 | 副司钻 | 钻井工 | 柴油机司机 | 柴油机司助 | 电工 | 钻井液作业工 | 小计 | 经管人员 | 炊管人员 |
| 1.1 | 1000m 钻机 | 54 | 6 | 3 | 1 | | 1 | 1 | 2 | 1 | 1 | 40 | 4 | 4 | 20 | 4 | 4 | | 4 | 6 | 1 | 5 |
| 1.2 | 1500m 钻机 | 54 | 6 | 3 | 1 | | 1 | 1 | 2 | 1 | 1 | 40 | 4 | 4 | 20 | 4 | 4 | | 4 | 6 | 1 | 5 |
| 1.3 | 1500m 电动钻机 | 55 | 7 | 3 | 1 | 1 | 1 | 1 | 2 | 1 | 1 | 40 | 4 | 4 | 20 | 4 | | 4 | 4 | 6 | 1 | 5 |
| 1.4 | 2000m 钻机 | 54 | 6 | 3 | 1 | | 1 | 1 | 2 | 1 | 1 | 40 | 4 | 4 | 20 | 4 | 4 | | 4 | 6 | 1 | 5 |
| 1.5 | 2000m 车装钻机 | 54 | 6 | 3 | 1 | | 1 | 1 | 2 | 1 | 1 | 40 | 4 | 4 | 20 | 4 | 4 | | 4 | 6 | 1 | 5 |
| 1.6 | 2000m 电动钻机 | 55 | 7 | 3 | 1 | 1 | 1 | 1 | 2 | 1 | 1 | 40 | 4 | 4 | 20 | 4 | | 4 | 4 | 6 | 1 | 5 |
| 1.7 | 3000m 车装钻机 | 54 | 6 | 3 | 1 | | 1 | 1 | 2 | 1 | 1 | 40 | 4 | 4 | 20 | 4 | 4 | | 4 | 6 | 1 | 5 |
| 1.8 | 4000m 钻机 | 55 | 7 | 3 | 2 | | 1 | 1 | 2 | 1 | 1 | 40 | 4 | 4 | 20 | 4 | 4 | | 4 | 6 | 1 | 5 |
| 1.9 | 4000m 电动钻机 | 57 | 9 | 3 | 2 | 2 | 1 | 1 | 2 | 1 | 1 | 40 | 4 | 4 | 20 | 4 | | 4 | 4 | 6 | 1 | 5 |
| 1.10 | 5000m 电动钻机 | 61 | 9 | 3 | 2 | 2 | 1 | 1 | 2 | 1 | 1 | 44 | 4 | 4 | 24 | 4 | | 4 | 4 | 6 | 1 | 5 |
| 1.11 | 5000m 钻机 | 59 | 7 | 3 | 2 | | 1 | 1 | 2 | 1 | 1 | 44 | 4 | 4 | 24 | 4 | 4 | | 4 | 6 | 1 | 5 |
| 1.12 | 7000m 钻机 | 61 | 9 | 3 | 2 | 1 | 2 | 1 | 2 | 1 | 1 | 44 | 4 | 4 | 24 | 4 | 4 | | 4 | 6 | 1 | 5 |
| 1.13 | 7000m 电动钻机 | 62 | 10 | 3 | 2 | 2 | 2 | 1 | 2 | 1 | 1 | 44 | 4 | 4 | 24 | 4 | | 4 | 4 | 6 | 1 | 5 |
| 1.14 | 9000m 钻机 | 66 | 10 | 3 | 2 | 2 | 2 | 1 | 2 | 1 | 1 | 48 | 4 | 4 | 28 | 4 | 4 | | 4 | 6 | 1 | 5 |

（1）钻井工包括井架工、内钳工、外钳工、场地工。（2）柴油机司助兼发电工。

检查、指导、督促钻井队落实技术措施，钻井新技术、新工艺试验和推广，钻井工艺、取心工艺、井控工艺管理；定向井现场定向施工；钻井事故与复杂问题的处理，各种复杂作业现场组织指导、协调；钻井工程资料及井史的审查、验收、保管、资料整理及录入和上报。

（2）劳动定员。

劳动定员参见表 3-10，计算公式为

$$Y=26+0.9X$$

式中，$Y$ 表示定员人数；$X$ 表示钻机数量，台。

**表 3-10　钻井技术服务劳动定员**

| 定员编号 | 钻机数量（台） | 定员人数（人） | | | |
|---|---|---|---|---|---|
| | | 合　计 | 管理人员 | 技术人员 | 操作人员 |
| 3.1 | 10 | 35 | 3 | 26 | 6 |
| 3.2 | 15 | 40 | 3 | 30 | 7 |
| 3.3 | 20 | 44 | 4 | 32 | 8 |
| 3.4 | 25 | 49 | 4 | 36 | 9 |
| 3.5 | 30 | 53 | 4 | 39 | 10 |
| 3.6 | 35 | 58 | 5 | 42 | 11 |
| 3.7 | 40 | 62 | 5 | 45 | 12 |
| 3.8 | 45 | 67 | 5 | 49 | 13 |

### 3.2.1.3　钻井液技术服务劳动定员

（1）工作内容。

现场钻井液技术管理；钻井液研究、化验，包括保护油气层完井液、洗井液、复杂地层钻井液，堵漏、防卡，现场水样分析、钻井液样品分析；钻井液仪器修理、技术资料整理和录入及上报。

（2）劳动定员。

劳动定员参见表 3-11，计算公式为

$$Y=13+1.7X$$

式中，$Y$ 表示定员人数；$X$ 表示钻机数量，台。

**表 3-11　钻井液技术服务劳动定员**

| 定员编号 | 钻机数量（台） | 定员人数（人） | | | | |
|---|---|---|---|---|---|---|
| | | 合　计 | 管理人员 | 钻井液现场管理服务 | 钻井液研究 | 综合服务 |
| 4.1 | 10 | 30 | 2 | 13 | 7 | 8 |
| 4.2 | 15 | 39 | 2 | 17 | 10 | 10 |
| 4.3 | 20 | 47 | 3 | 19 | 13 | 12 |
| 4.4 | 25 | 56 | 3 | 24 | 15 | 14 |
| 4.5 | 30 | 64 | 3 | 27 | 18 | 16 |
| 4.6 | 35 | 73 | 4 | 30 | 21 | 18 |
| 4.7 | 40 | 81 | 4 | 34 | 23 | 20 |
| 4.8 | 45 | 90 | 4 | 38 | 26 | 22 |

3.2.1.4 管具技术服务劳动定员

（1）工作内容。

负责钻具及配合接头的修理、供井、回收，成品钻具管理及建档，取心工具、套铣筒等管螺纹配件加工；负责井口工具、取心工具、打捞工具、井下动力钻具、封井器修理，上井安装调试及回收，特殊打捞工具、钻井工具加工；负责套管供井和回收，站内套管检查、修理和资料管理；负责钻井设备、修理工具的加工；负责钻具的转井和管理等。

（2）劳动定员。

劳动定员参见表3-12，计算公式为

$$Y=58+5.45X$$

式中，$Y$表示定员人数；$X$表示钻机数量，台。

表3-12 管具技术服务劳动定员

| 定员编号 | 钻机数量（台） | 定员人数（人） | | | | | | | |
|---|---|---|---|---|---|---|---|---|---|
| | | 合 计 | 管理人员 | 管子车间 | 井控车间 | 工具车间 | 套管车间 | 机加工车间 | 综合服务 |
| 9.1 | 10 | 112 | 5 | 28 | 8 | 23 | 17 | 6 | 25 |
| 9.2 | 15 | 139 | 6 | 35 | 11 | 29 | 21 | 8 | 29 |
| 9.3 | 20 | 167 | 7 | 42 | 15 | 34 | 26 | 10 | 33 |
| 9.4 | 25 | 194 | 8 | 49 | 19 | 40 | 30 | 12 | 36 |
| 9.5 | 30 | 223 | 9 | 56 | 22 | 46 | 35 | 14 | 41 |
| 9.6 | 35 | 248 | 10 | 62 | 26 | 51 | 39 | 16 | 44 |
| 9.7 | 40 | 276 | 11 | 69 | 30 | 57 | 43 | 18 | 48 |
| 9.8 | 45 | 304 | 12 | 76 | 33 | 63 | 48 | 20 | 52 |

（3）劳动定员调整系数参见表3-13。

表3-13 管具技术服务工作量劳动定员调整系数

| 平均单台钻机年钻井进尺（$\times10^4$m） | 1.0 | 1.2 | 1.4 | 1.6 | 1.7 | 1.8 | 1.9 | 2.0 | 2.1 | 2.2 | 2.3 | 2.4 | 2.5 | 2.6 |
|---|---|---|---|---|---|---|---|---|---|---|---|---|---|---|
| 定员调整系数 | 0.94 | 0.96 | 0.98 | 1 | 1.02 | 1.04 | 1.06 | 1.08 | 1.1 | 1.12 | 1.14 | 1.16 | 1.18 | 1.2 |

3.2.1.5 钻井工程管理机关劳动定员

（1）工作内容。

负责钻井工程的生产经营管理和党群工作。

（2）劳动定员。

劳动定员参见表3-14，计算公式为

$$Y=36.5+1.5X$$

式中，$Y$表示定员人数；$X$表示钻机数量，台。

### 3.2.2 钻进工程主要设备

石油钻机是整个钻井工程的主要设备，也是钻进工程的主要设备，其配备标准应以目前油田在用主力设备的型号为主，主力设备的能力基本决定了目前该油田的建井周期、设备材料消耗和主要费用的水平，即油田钻井的生产力水平。

**表 3-14 钻井工程管理机关劳动定员**

| 定员编号 | 钻机数量（台） | 定员人数（人） | 员工总量（人） |
|---|---|---|---|
| 13.1 | 10 | 52 | 800～850 |
| 13.2 | 15 | 59 | 1150～1200 |
| 13.3 | 20 | 67 | 1500～1550 |
| 13.4 | 25 | 74 | 1850～1900 |
| 13.5 | 30 | 82 | 2150～2200 |
| 13.6 | 35 | 89 | 2500～2550 |
| 13.7 | 40 | 97 | 2800～2850 |
| 13.8 | 45 | 105 | 3150～3200 |

钻机级别标准按所用钻具的最大额定钻深能力除以 100 来确定，如国内原钻机级别标准按钻深能力分为 ZJ32、ZJ45、ZJ60 等，即钻深能力分别为 3200m、4500m、6000m，是按外径 127mm（5in）钻杆负荷测算的钻深能力。1999 年后同国际标准相接轨，根据 API 标准，是按 114mm（$4^1/_2$in）钻杆负荷测算的钻深能力，划分出 9 个钻机级别，目前我国陆上油田在用主要钻机类型对应钻机级别如表 3-15。

**表 3-15 钻机级别和钻机类型对照**

| 序号 | 钻机级别 | 钻深能力（m） | 钻机类型 |
|---|---|---|---|
| 1 | ZJ10 | 1000 | ZJ10L |
| 2 | ZJ15 | 1500 | ZJ15L、ZJ15D、XJ550S、ZJ15、ZJ15Z、ZJ15X、ZJ15DB-1、BY-40 |
| 3 | ZJ20 | 2000 | ZJ20L、ZJ20D、ZJ20DB、ZJ20CZ、ZJ20Z、ZJ20DF、ZJ20DB、ZJ20J |
| 4 | ZJ30 | 3000 | ZJ30L、ZJ30DZ、ZJ30DB、ZJ30Z、ZJ30B、ZJ30JD、2DH-100、ZJ30K |
| 5 | ZJ40 | 4000 | ZJ32、ZJ40D、ZJ40DB、ZJ40J、ZJ40L、ZJ40T、ZJ40LT、ZJ40DBS、ZJ40DZ、DQ-130 |
| 6 | ZJ50 | 5000 | ZJ45、ZJ50D、ZJ50DB、ZJ50L、ZJ50DBS、ZJ50DZ、F250 |
| 7 | ZJ70 | 7000 | ZJ70L、ZJ70D、ZJ70DB、ZJ70LD、ZJ70DZ、ZJ70DBS、F320、ZJ60D、ZJ60DS |
| 8 | ZJ90 | 9000 | ZJ90DZ、C-3-II、E-2100、F-400、C-2-1 |
| 9 | ZJ120 | 12000 | ZJ120/9000DB-1 |

每部钻机配套包括井架及底座、提升系统、动力与传动系统、循环处理系统、油气水设施、监测系统、井控系统、井场用房、辅助工具与设施、生活设施等 10 个部分 100 多个子项。具体到每 1 部钻机配套时，其类型不同，具体配套标准有较大差异。下面以 ZJ50D 钻机为例，说明国内 1 部钻机的配套内容和费用情况，见表 3-16。

**表 3-16 ZJ50D 钻机配套标准**

| 序号 | 名称 | 规格型号 | 单位 | 数量 | 单价（万元） | 金额（万元） |
|---|---|---|---|---|---|---|
| | 合计 | ZJ50/3150D | 部 | 1 | | 3912.42 |
| 1 | 井架及底座 | JJ315/43-K | 套 | 1 | 351.20 | 351.20 |
| 2 | 提升系统 | | 套 | 1 | | 364.84 |

续表

| 序号 | 名　称 | 规格型号 | 单位 | 数量 | 单价（万元） | 金额（万元） |
|---|---|---|---|---|---|---|
| 2.1 | 绞车 | JC50D | 台 | 1 | 253.73 | 253.73 |
| 2.2 | 天车 | TC-315 | 台 | 1 | 16.00 | 16.00 |
| 2.3 | 游车 | YC315 | 台 | 1 | 22.00 | 22.00 |
| 2.4 | 大钩 | DG315 | 个 | 1 | 22.00 | 22.00 |
| 2.5 | 水龙头 | SL450 | 个 | 1 | 12.41 | 12.41 |
| 2.6 | 转盘 | ZP375 | 个 | 1 | 38.70 | 38.70 |
| 3 | 动力与传动系统 |  | 套 | 1 |  | 1494.55 |
| 3.1 | 发电机组 | VOVOL400kW | 台 | 1 | 51.00 | 51.00 |
| 3.2 | 发电机组 | CAT3512B | 台 | 3 | 220.00 | 660.00 |
| 3.3 | 直流电动机 | YZ08/08A | 套 | 5 | 34.71 | 173.55 |
| 3.4 | SCR 控制系统 | SS50L-7A | 套 | 1 | 550.00 | 550.00 |
| 3.5 | 防爆电路 |  | 套 | 1 | 60.00 | 60.00 |
| 4 | 循环处理系统 |  | 套 | 1 |  | 627.00 |
| 4.1 | 钻井泵 | F-1600 | 台 | 2 | 83.00 | 166.00 |
| 4.2 | 高压管汇 | 4in×3SMPA（双立管） | 套 | 1 | 30.00 | 30.00 |
| 4.3 | 循环罐 |  | 套 | 1 | 241.00 | 241.00 |
| 4.4 | 振动筛 | DRRICR | 套 | 3 | 35.00 | 105.00 |
| 4.5 | 除砂器 | NCS300×2 | 台 | 1 | 3.00 | 3.00 |
| 4.6 | 除气器 | ZCQ 1/4 | 台 | 1 | 4.00 | 4.00 |
| 4.7 | 清洁器 | ZQJ125×8-1.6×0.6 | 台 | 1 | 3.00 | 3.00 |
| 4.8 | 离心机 | LW450-860N | 台 | 2 | 27.00 | 54.00 |
| 4.9 | 剪切泵 | JQB6545 | 台 | 1 | 15.00 | 15.00 |
| 4.10 | 加重混合漏斗 | HQ-200 | 台 | 3 | 2.00 | 6.00 |
| 5 | 油气水设施 |  | 套 | 1 |  | 129.75 |
| 5.1 | 密闭储灰罐 | 30t | 套 | 2 | 10.00 | 20.00 |
| 5.2 | 处理剂罐 |  | 套 | 1 | 4.50 | 4.50 |
| 5.3 | 燃油罐（含高架油罐） | $100m^3+4m^3$ | 套 | 1 | 24.00 | 24.00 |
| 5.4 | 四品油罐 | $10m^3$ | 套 | 1 | 7.50 | 7.50 |
| 5.5 | 废油罐 | $10m^3$ | 套 | 1 | 4.25 | 4.25 |
| 5.6 | 供油管汇 |  | 套 | 1 | 6.50 | 6.50 |
| 5.7 | 电动压风机 | SEP-360X | 台 | 2 | 10.00 | 20.00 |
| 5.8 | 空气储存、处理装置 |  | 套 | 1 | 10.00 | 10.00 |
| 5.9 | 供气管汇 |  | 套 | 1 | 4.00 | 4.00 |
| 5.10 | 套装水罐 | $40m^3\times2$ | 套 | 2 | 8.00 | 16.00 |
| 5.11 | 软化水罐 |  | 套 | 1 | 8.00 | 8.00 |
| 5.12 | 供水管汇 |  | 套 | 1 | 5.00 | 5.00 |
| 6 | 监测系统 |  | 套 | 1 |  | 190.90 |
| 6.1 | 指重表、传压器 |  | 套 | 1 | 5.00 | 5.00 |
| 6.2 | 钻井参数仪 | I.IBT4 | 台 | 1 | 169.00 | 169.00 |
| 6.3 | 测斜仪 |  | 套 | 1 | 16.00 | 16.00 |

续表

| 序号 | 名　　称 | 规格型号 | 单位 | 数量 | 单价（万元） | 金额（万元） |
|---|---|---|---|---|---|---|
| 6.4 | 泥浆液面监测仪 | | 套 | 1 | 0.90 | 0.90 |
| 7 | 井控系统 | | 套 | 1 | | 242.82 |
| 7.1 | 封井器组合 | F35-70 | 套 | 1 | 90.00 | 90.00 |
| 7.2 | 节流管汇 | JG-SY-70 | 套 | 1 | 22.50 | 22.50 |
| 7.3 | 压井管汇 | YG-70 | 套 | 1 | 19.67 | 19.67 |
| 7.4 | 放喷管线 | FGX-88-21 | 套 | 1 | 10.00 | 10.00 |
| 7.5 | 燃烧管线 | | 套 | 1 | 10.00 | 10.00 |
| 7.6 | 远程控制台 | FKQ8007B | 套 | 1 | 23.10 | 23.10 |
| 7.7 | 司钻控制台 | | 套 | 1 | 44.00 | 44.00 |
| 7.8 | 节流管汇控制台 | JY-70-A | 套 | 1 | 3.36 | 3.36 |
| 7.9 | 液气分离器 | DN1200 | 套 | 1 | 18.00 | 18.00 |
| 7.10 | 方钻杆上、下旋塞 | | 套 | 1 | 0.90 | 0.90 |
| 7.11 | 箭形回压阀 | | 套 | 1 | 0.67 | 0.67 |
| 7.12 | 投入式止回阀 | | 套 | 1 | 0.62 | 0.62 |
| 8 | 井场用房 | | 套 | 1 | | 96.00 |
| 8.1 | 钻井值班房 | 12m×3m×3m | 栋 | 1 | 8.50 | 8.50 |
| 8.2 | 钻井监督房 | 12m×3m×3m | 栋 | 1 | 8.50 | 8.50 |
| 8.3 | 钻台偏房 | 10m×3m×3m | 栋 | 2 | 6.00 | 12.00 |
| 8.4 | 机房值班房 | 12m×3m×3m | 栋 | 1 | 8.00 | 8.00 |
| 8.5 | 消防工具房 | 12m×3m×3m | 栋 | 1 | 8.00 | 8.00 |
| 8.6 | 配件材料房 | 12m×3m×3m | 栋 | 2 | 7.00 | 14.00 |
| 8.7 | 泥浆材料房 | 12m×3m×3m | 栋 | 1 | 8.00 | 8.00 |
| 8.8 | 机械修理房 | 10m×3m×3m | 栋 | 1 | 8.00 | 8.00 |
| 8.9 | 泥浆值班房 | 12m×3m×3m | 栋 | 1 | 7.00 | 7.00 |
| 8.10 | 工程师房 | 12m×3m×3m | 栋 | 1 | 7.00 | 7.00 |
| 8.11 | 井口坐岗房 | 12m×3m×3m | 栋 | 1 | 2.00 | 2.00 |
| 8.12 | 厕所 | 12m×3m×3m | 栋 | 1 | 5.00 | 5.00 |
| 9 | 辅助工具与设施 | | 套 | 1 | | 235.36 |
| 9.1 | 方钻杆旋扣器 | | 个 | 1 | 5.00 | 5.00 |
| 9.2 | 液压大钳 | Q10Y—M | 套 | 1 | 8.90 | 8.90 |
| 9.3 | B 形大钳 | | 台 | 2 | 1.00 | 2.00 |
| 9.4 | 动力小绞车 | JC3 | 台 | 3 | 1.50 | 4.50 |
| 9.5 | 滚子方补心 | $2^3/_8$～$8^5/_8$in | 套 | 1 | 0.80 | 0.80 |
| 9.6 | 测斜绞车 | | 台 | 1 | 3.00 | 3.00 |
| 9.7 | 切绳器 | | 台 | 1 | 3.00 | 3.00 |
| 9.8 | 大绳对接器 | | 套 | 1 | 1.80 | 1.80 |
| 9.9 | 链条对接器 | | 套 | 1 | 2.00 | 2.00 |
| 9.10 | 空气包充气装置 | | 套 | 1 | 8.00 | 8.00 |
| 9.11 | 钻井泵修理工具 | | 套 | 1 | 1.25 | 1.25 |
| 9.12 | 倒大绳装置 | | 套 | 1 | 4.00 | 4.00 |

续表

| 序号 | 名　称 | 规格型号 | 单位 | 数量 | 单价（万元） | 金额（万元） |
|---|---|---|---|---|---|---|
| 9.13 | 下套管扶正台 | | 套 | 1 | 3.00 | 3.00 |
| 9.14 | 井口工具 | | 套 | 1 | 30.00 | 30.00 |
| 9.15 | 机房修理工具 | | 套 | 1 | 20.00 | 20.00 |
| 9.16 | 钻工修理工具 | | 套 | 1 | 30.00 | 30.00 |
| 9.17 | 套管钳 | | 套 | 1 | 6.00 | 6.00 |
| 9.18 | 助力器 | | 套 | 1 | 4.00 | 4.00 |
| 9.19 | 电工维修工具和仪器 | | 套 | 1 | 10.00 | 10.00 |
| 9.20 | 钻井液性能测试仪器 | | 套 | 1 | 10.00 | 10.00 |
| 9.21 | 钻杆排放架与猫道 | | 套 | 1 | 10.00 | 10.00 |
| 9.22 | 电焊设备 | AX500 | 台 | 1 | 0.41 | 0.41 |
| 9.23 | 气焊设备 | | 套 | 1 | 1.50 | 1.50 |
| 9.24 | 钻台紧急滑道 | | 套 | 1 | 4.00 | 4.00 |
| 9.25 | 二层台紧急逃离装置 | | 套 | 1 | 6.00 | 6.00 |
| 9.26 | 消防工具 | | 套 | 1 | 6.00 | 6.00 |
| 9.27 | 钻头规、量尺等器具 | | 套 | 1 | 1.00 | 1.00 |
| 9.28 | 计算机 | HPLE8 | 台 | 1 | 1.20 | 1.20 |
| 9.29 | 洗眼架和冲洗喷头 | | 套 | 1 | 1.00 | 1.00 |
| 9.30 | 劳保用品 | | 套 | 1 | 15.00 | 15.00 |
| 9.31 | $H_2S$ 等有害气体探测器 | | 套 | 2 | 2.00 | 4.00 |
| 9.32 | 防毒面具 | | 套 | 14 | 2.00 | 28.00 |
| 10 | 生活设施 | | 套 | 1 | | 180.00 |
| 10.1 | 厨房 | 12m×3m×3m | 栋 | 1 | 16.00 | 16.00 |
| 10.2 | 餐厅 | 12m×3m×3m | 栋 | 1 | 13.00 | 13.00 |
| 10.3 | 食品储存房 | 12m×3m×3m | 栋 | 1 | 10.00 | 10.00 |
| 10.4 | 生活水处理和供水系统 | 12m×3m×3m | 套 | 1 | 18.00 | 18.00 |
| 10.5 | 淋浴洗澡房 | 12m×3m×3m | 栋 | 1 | 14.00 | 14.00 |
| 10.6 | 洗衣房 | 12m×3m×3m | 栋 | 1 | 14.00 | 14.00 |
| 10.7 | 职工住房 | 12m×3m×3m | 栋 | 9 | 10.00 | 90.00 |
| 10.8 | 厕所 | 12m×3m×3m | 栋 | 1 | 5.00 | 5.00 |

### 3.2.3 钻进工程主要材料

#### 3.2.3.1 钻具

钻具配备分按钻深能力配备和实际钻井深度配备两种，钻深能力配备是指根据不同类型钻机按$\phi$127mm 最大钻深能力配备，如 ZJ40 型（大庆-130）钻机应配备$\phi$127mm 钻杆长度 3200m，ZJ50 型钻机应配$\phi$127mm 钻杆长度 4500m。实际钻井深度配备是根据不同类型钻机，按钻井工程设计的钻井深度配备。下面以 ZJ50D 钻机为例，说明国内 1 部钻机钻具按钻深能力配套内容，见表 3-17。

表 3-17 ZJ50 钻机钻具配备

| 序号 | 名　称 | 规　格 | 单位 | 数量 |
|---|---|---|---|---|
| 1 | 钻杆 | 127mm | m | 4500 |
| 2 | 加重钻杆 | 127mm×30ft，S135，18°，RⅡ。 | 根 | 30 |
| 3 | 钻铤 | 228.6mm×30ft（带应力槽，吊卡槽） | 根 | 3 |
| 4 | 钻铤 | 203.2mm×30ft（带应力槽，吊卡槽） | 根 | 6 |
| 5 | 钻铤 | 177.8mm×30ft（带应力槽，吊卡槽） | 根 | 9 |
| 6 | 钻铤 | 158.8mm×30ft（带应力槽，吊卡槽） | 根 | 18 |
| 7 | 钻铤 | 120.7mm×30ft（带应力槽，吊卡槽） | 根 | 15 |
| 8 | 方钻杆 | 133.4mm×12.2m（四方） | 根 | 1 |
| 9 | 螺旋扶正器 | 444.5mm 731×730 | 根 | 1 |
| 10 | 螺旋扶正器 | 444.5mm 730×730 | 根 | 1 |
| 11 | 螺旋扶正器 | 311.1mm 631×630 | 根 | 3 |
| 12 | 螺旋扶正器 | 311.1mm 630×630 | 根 | 1 |
| 13 | 螺旋扶正器 | 215.9mm 4A1×4A0 | 根 | 4 |
| 14 | 螺旋扶正器 | 215.9mm 4A0×430 | 根 | 2 |
| 15 | 配合接头 | 730×730 | 只 | 2 |
| 16 | 配合接头 | 730×630 | 只 | 2 |
| 17 | 配合接头 | 730×620 | 只 | 2 |
| 18 | 配合接头 | 731×630 | 只 | 2 |
| 19 | 配合接头 | 630×630 | 只 | 2 |
| 20 | 配合接头 | 630×620 | 只 | 2 |
| 21 | 配合接头 | 630×410 | 只 | 2 |
| 22 | 配合接头 | 631×631 双反 | 只 | 2 |
| 23 | 配合接头 | 631×421 双反 | 只 | 2 |
| 24 | 配合接头 | 631×410 | 只 | 3 |
| 25 | 配合接头 | 621×410 | 只 | 3 |
| 26 | 配合接头 | 520×411 | 只 | 4 |
| 27 | 配合接头 | 410×411 | 只 | 4 |
| 28 | 配合接头 | 410×4A1 | 只 | 3 |
| 29 | 配合接头 | 4A0×430 | 只 | 3 |
| 30 | 配合接头 | 410×430 | 只 | 3 |
| 31 | 配合接头 | 4A0×411 | 只 | 3 |
| 32 | 配合接头 | 410×411（长 810mm） | 只 | 5 |
| 33 | 配合接头 | 410×311 | 只 | 3 |
| 34 | 配合接头 | 410×311（长 810mm） | 只 | 3 |
| 35 | 配合接头 | 310×330 | 只 | 3 |
| 36 | 配合接头 | 731×410 | 只 | 2 |
| 37 | 配合接头 | 621×630 | 只 | 2 |
| 38 | 配合接头 | 630×521 | 只 | 2 |
| 39 | 配合接头 | 630×411 | 只 | 2 |
| 40 | 配合接头 | 521×410 | 只 | 2 |
| 41 | 配合接头 | 421×410 | 只 | 2 |
| 42 | 配合接头 | 421×4A0 | 只 | 2 |
| 43 | 取心工具 | 常规 | 套 | 1 |

### 3.2.3.2 钻头

钻头的规格型号很多，达数百种。不同的油田和地层条件及选用钻头生产厂家，使每 1 口井实际使用的钻头型号、数量会有很大差异。下面以某油田 1 口井实际使用钻头为例，说明常用钻头尺寸及型号，见表 3-18。

**表 3-18 钻头应用实例**

| 序 号 | 钻头尺寸（mm） | 型 号 | 钻进井段（m） | 进尺（m） |
|---|---|---|---|---|
| 1 | 660.0 | PC1-1 | 0～60 | 60 |
| 2 | 444.5 | MP1-1 | 60～386 | 326 |
| 3 | 444.5 | MP1-1 | 386～802 | 416 |
| 4 | 444.5 | SHT22R | 802～871 | 69 |
| 5 | 311.1 | HJ437G | 871～1152 | 281 |
| 6 | 311.1 | HJ437G | 1152～1283 | 131 |
| 7 | 311.1 | HJ517 | 1283～1438 | 155 |
| 8 | 311.1 | HJ517 | 1438～1492 | 54 |
| 9 | 311.1 | JEG535 | 1492～2620 | 1128 |
| 10 | 311.1 | HC-605-S | 2620～3615 | 995 |
| 11 | 311.1 | HC-605-S | 3615～3750 | 135 |
| 12 | 215.9 | HP3 | 3750～3801 | 51 |
| 13 | 215.9 | HJ517G | 3801～3870 | 69 |
| 14 | 215.9 | FJT-517G | 3870～3938 | 68 |
| 15 | 215.9 | FJT-517G | 3938～3983 | 45 |
| 16 | 215.9 | FJT-517G | 3983～4023 | 40 |
| 17 | 215.9 | HJT517GL | 4023～4150 | 127 |
| 18 | 215.9 | HJT517GL | 4150～4205 | 55 |
| 19 | 215.9 | HJT517GL | 4205～4266 | 61 |
| 20 | 215.9 | HJT517GL | 4266～4318 | 52 |
| 21 | 215.9 | HJT517GL | 4318～4350 | 32 |
| 22 | 149.2 | HA517G | 4309～4350 | 钻塞 |
| 23 | 149.2 | HA517G | 4350～4408 | 58 |
| 24 | 149.2 | HA517G | 4408～4424 | 16 |
| 25 | 149.2 | HA517G | 4424～4474 | 50 |

### 3.2.3.3 钻井液材料

钻井液原材料及处理剂的规格型号很多，达数百种。不同的油田、地层条件和选用钻井液材料生产厂家，使每 1 口井实际使用的钻井液材料型号、数量会有很大差异。下面以某油田 1 口井实际使用钻井液材料为例进行说明，见表 3-19。

### 3.2.3.4 水

每 1 口井实际用水量都会有所不同，甚至差别较大，表 3-20 给出了某油田同一个区块同一种井身结构的 10 口开发井实际生产用水统计结果。

表 3-19 钻井液材料消耗实例

| 钻进阶段 | | | | 一开钻进 | 二开钻进 | 三开钻进 |
|---|---|---|---|---|---|---|
| 钻头尺寸 | | | | 444.5mm | 311.1mm | 215.9mm |
| 钻进井段 | | | | 0～923m | 923～2148m | 2148～3320m |
| 序 号 | 材料名称 | 代号 | 单位 | 数量 | | |
| 1 | 膨润土粉 | | kg | 9000 | 28000 | 25000 |
| 2 | 重晶石 | $BaSO_4$ | kg | 75 | 4200 | 117000 |
| 3 | 纯碱 | $Na_2CO_3$ | kg | | 873 | 5275 |
| 4 | 烧碱 | NaOH | kg | 525 | 823 | 3475 |
| 5 | 两性离子包被剂 | FA-367 | kg | 2000 | 4200 | 2725 |
| 6 | 两性离子降黏剂 | XY-27 | kg | 2600 | 3430 | 5930 |
| 7 | 两性离子降滤失剂 | JT-888 | kg | 900 | 3725 | 5285 |
| 8 | 液体润滑剂 | HY-203 | kg | 2000 | 3000 | 2000 |
| 9 | 盐 | NaCl | kg | | 12000 | |
| 10 | 消泡剂 | YHP-008 | kg | | | 1000 |
| 11 | 羧甲基纤维素钠盐 | CMC | kg | | | 1500 |
| 12 | 磺化酚醛树脂 | SMP-Ⅱ | kg | | | 500 |
| 13 | 油溶性暂堵剂 | EP-1 | kg | | | 3000 |
| 14 | 暂堵剂 | ZD-1 | kg | | | 4000 |
| 15 | 碱式碳酸锌 | $2ZnCO_3·3Zn(OH)_2$ | kg | | | 1200 |

表 3-20 某油田开发井生产用水统计

| 序 号 | 实际井深（m） | 一开钻进（m） | 二开钻进（m） | 三开钻进（m） | 生产用水量（$m^3$） | 与平均值对比（$m^3$） |
|---|---|---|---|---|---|---|
| 1 | 3730 | 902 | 1564 | 1234 | 2738 | 102 |
| 2 | 3750 | 915 | 1641 | 1164 | 2992 | 356 |
| 3 | 3752 | 902 | 1490 | 1330 | 1259 | -1377 |
| 4 | 3790 | 1300 | 1432 | 1021 | 4092 | 1456 |
| 5 | 3800 | 910 | 1702 | 1158 | 1838 | -798 |
| 6 | 3820 | 910 | 2160 | 720 | 3661 | 1025 |
| 7 | 3855 | 910 | 1502 | 1408 | 1632 | -1004 |
| 8 | 3868 | 910 | 1591 | 1337 | 2427 | -209 |
| 9 | 3910 | 900 | 1526 | 1454 | 2377 | -259 |
| 10 | 4175 | 854 | 1631 | 1660 | 3342 | 706 |
| 平均值 | | | | | 2636 | |

#### 3.2.3.5 柴油

柴油消耗量与所钻地层、井身结构、现场管理等多方面相关，但主要与钻机级别和钻机类型密切相关，目前部分油田钻机柴油消耗定额统计见表 3-21。

**表 3-21　部分油田钻机柴油消耗定额统计**　　单位：t/台月

| 序号 | 钻机级别 | 钻机类型 | C油田 | D油田 | A油田 | H油田 | J油田 | L油田 | Q油田 | T油田 | X油田 | XJ油田 |
|---|---|---|---|---|---|---|---|---|---|---|---|---|
| 1 | ZJ10 | 机械 | | | | | 56 | | | | | 46 |
| 2 | ZJ15 | 机械 | | | 69 | | 94 | | | | | 55 |
| 3 | | 电动 | | | 40 | | | | | | | |
| 4 | ZJ20 | 机械 | 65 | | 70 | 80 | | 45 | | | | 65 |
| 5 | | 车装 | | | | | | | | | 36 | 60 |
| 6 | ZJ30 | 机械 | 73 | | 70 | 80 | 102 | | 80 | 90 | 62 | 95 |
| 7 | | 电动 | | | 96 | | | | | | | |
| 8 | ZJ40 | 机械 | 95 | 89 | 96 | 80 | 142 | 76 | 80 | 90 | 62 | 116 |
| 9 | | 电动 | | | 121 | | | | | | | |
| 10 | ZJ50 | 机械 | 101 | 109 | 130 | 85 | | 81 | 100 | 95 | 79 | 127 |
| 11 | | 电动 | | | 171 | | | | | | | |
| 12 | ZJ70 | 机械 | | 116 | | 90 | | | | 125 | 96 | 159 |
| 13 | | 电动 | | | | | | | | | 120 | |
| 14 | ZJ90 | 机械 | | | | | | | | | 108 | |
| 15 | | 电动 | | | | | | | | | 123 | |

（1）A 油田分冬季和夏季柴油消耗定额，这里取夏季柴油消耗定额值，绝大部分油田没有分冬季和夏季。

（2）L 油田按井深台阶给出柴油消耗定额，这里取最大井深台阶和最大消耗定额值。

（3）C 和 X 油田分气井和油井两类，这里取气井对应的定额值。

## 3.3　钻进工程造价计算方法

### 3.3.1　钻进工程量计算规则

钻进工程量由钻进作业、主要材料、大宗材料运输、技术服务和其他作业 5 部分构成。若钻具、井控装置和水、柴油等项目计入钻进作业日费中，则不再单独计算其工程量。钻进作业时间即钻井周期。钻进工程量计算规则如表 3-22 所示。

**表 3-22　钻进工程量计算规则**

| 编 码 | 项 目 名 称 | 计量单位 | 工程量计算方法 |
|---|---|---|---|
| 200000 | 钻进工程 | | |
| 210000 | 钻进作业 | d | 211000+212000+213000+214000+215000+216000 |
| 211000 | 一开钻进 | d | 211100+211200 |
| 211100 | 钻进施工 | d | 消耗标准（h/m）×钻进井段长度（m）÷24 |
| 211200 | 完井施工 | d | 消耗标准（h/m）×钻进井段长度（m）÷24 |
| 212000 | 二开钻进 | d | 212100+212200 |
| 212100 | 钻进施工 | d | 消耗标准（h/m）×钻进井段长度（m）÷24 |
| 212200 | 完井施工 | d | 消耗标准（h/m）×钻进井段长度（m）÷24 |
| 213000 | 三开钻进 | d | 213100+213200 |
| 213100 | 钻进施工 | d | 消耗标准（h/m）×钻进井段长度（m）÷24 |

续表

| 编码 | 项目名称 | 计量单位 | 工程量计算方法 |
|---|---|---|---|
| 213200 | 完井施工 | d | 消耗标准（h/m）×钻进井段长度（m）÷24 |
| 214000 | 四开钻进 | d | 214100+214200 |
| 214100 | 钻进施工 | d | 消耗标准（h/m）×钻进井段长度（m）÷24 |
| 214200 | 完井施工 | d | 消耗标准（h/m）×钻进井段长度（m）÷24 |
| 215000 | 五开钻进 | d | 215100+215200 |
| 215100 | 钻进施工 | d | 消耗标准（h/m）×钻进井段长度（m）÷24 |
| 215200 | 完井施工 | d | 消耗标准（h/m）×钻进井段长度（m）÷24 |
| 216000 | 其他施工 | d | 216100+216200 |
| 216100 | 取心钻进 | d | 消耗标准（h/m）×钻进井段长度（m）÷24 |
| 216200 | 钻杆测试 | d | 消耗标准（h/层）×测试层数（层）÷24 |
| 220000 | 主要材料 | | |
| 221000 | 钻具 | m | 完钻井深（m） |
| 222000 | 钻头 | | |
| 222100 | 一开钻进 | m | 一开钻进井段长度（m） |
| 222200 | 二开钻进 | m | 二开钻进井段长度（m） |
| 222300 | 三开钻进 | m | 三开钻进井段长度（m） |
| 222400 | 四开钻进 | m | 四开钻进井段长度（m） |
| 222500 | 五开钻进 | m | 五开钻进井段长度（m） |
| 222600 | 取心钻进 | m | 取心钻进井段长度（m） |
| 223000 | 钻井液材料 | | |
| 223100 | 一开钻进 | m | 一开钻进井段长度（m） |
| 223200 | 二开钻进 | m | 二开钻进井段长度（m） |
| 223300 | 三开钻进 | m | 三开钻进井段长度（m） |
| 223400 | 四开钻进 | m | 四开钻进井段长度（m） |
| 223500 | 五开钻进 | m | 五开钻进井段长度（m） |
| 224000 | 水 | $m^3$ | 日消耗量（$m^3$/d）×钻井周期（d） |
| 225000 | 柴油 | t | 日消耗量（t/d）×钻井周期（d） |
| 230000 | 大宗材料运输 | | |
| 231000 | 钻具运输 | 口井 | 按1口井计 |
| 232000 | 钻头运输 | 口井 | 按1口井计 |
| 233000 | 钻井液材料运输 | 口井 | 按1口井计 |
| 234000 | 水运输 | 口井 | 按1口井计 |
| 235000 | 柴油运输 | 口井 | 按1口井计 |
| 240000 | 技术服务 | | |
| 241000 | 钻井液服务 | d | 服务时间（d） |
| 242000 | 管具服务 | | |
| 242100 | 钻具修理 | m | 完钻井深（m） |
| 242200 | 井控装置摊销 | d | 服务时间（d） |
| 242300 | 井控装置修理 | d | 服务时间（d） |
| 243000 | 定向井服务 | | |

续表

| 编码 | 项目名称 | 计量单位 | 工程量计算方法 |
|---|---|---|---|
| 243100 | 搬迁 | 井次 | 上井服务1次为1井次 |
| 243200 | 定向施工 | d | 服务时间（d） |
| 244000 | 欠平衡服务 | | |
| 244100 | 搬迁 | 井次 | 上井服务1次为1井次 |
| 244200 | 欠平衡施工 | d | 服务时间（d） |
| 245000 | 测试服务 | | |
| 245100 | 路途行驶 | km | 出发地到井场往返距离（km） |
| 245200 | 测试施工 | 井次 | 上井服务1次为1井次 |
| 250000 | 其他作业 | | |
| 251000 | 环保处理 | 口井 | 按1口井计 |
| 252000 | 地貌恢复 | 口井 | 按1口井计 |

### 3.3.2 钻进工程造价构成及计算方法

钻进工程造价由钻进作业费、主要材料费、大宗材料运输费、技术服务费、其他作业费和税费6部分构成。钻进工程造价构成内容及计算方法如表3-23所示。分部分项工程造价构成内容及计算方法见表3-24，若钻具费、井控装置费、水费、柴油费等项目计入钻进作业日费中，则不再单独取费。

**表3-23 钻进工程造价构成**

| 编码 | 项目名称 | 计价单位 | 造价计算方法 |
|---|---|---|---|
| 200000 | 钻进工程费 | 元/口井 | 210000+220000+230000+240000+250000+260000 |
| 210000 | 钻进作业费 | 元/口井 | 分部分项工程造价210000 |
| 220000 | 主要材料费 | 元/口井 | 分部分项工程造价220000 |
| 230000 | 大宗材料运输费 | 元/口井 | 分部分项工程造价230000 |
| 240000 | 技术服务费 | 元/口井 | 分部分项工程造价240000 |
| 250000 | 其他作业费 | 元/口井 | 分部分项工程造价250000 |
| 260000 | 税费 | 元/口井 | （210000+220000+230000+240000+250000）×折算税率 |

**表3-24 分部分项工程造价构成**

| 编码 | 项目名称 | 计价单位 | 造价计算方法 |
|---|---|---|---|
| 210000 | 钻进作业 | 元/口井 | 日费综合单价（元/d）×钻进作业时间（d） |
| 220000 | 主要材料 | 元/口井 | 221000+222000+223000+224000+225000 |
| 221000 | 钻具 | 元/口井 | 综合单价（元/m）×完钻井深（m） |
| 222000 | 钻头 | 元/口井 | 222100+222200+222300+222400+222500+222600 |
| 222100 | 一开钻进 | 元/口井 | 综合单价（元/m）×一开钻进井段长度（m） |
| 222200 | 二开钻进 | 元/口井 | 综合单价（元/m）×二开钻进井段长度（m） |
| 222300 | 三开钻进 | 元/口井 | 综合单价（元/m）×三开钻进井段长度（m） |
| 222400 | 四开钻进 | 元/口井 | 综合单价（元/m）×四开钻进井段长度（m） |
| 222500 | 五开钻进 | 元/口井 | 综合单价（元/m）×五开钻进井段长度（m） |

续表

| 编 码 | 项 目 名 称 | 计价单位 | 造价计算方法 |
|---|---|---|---|
| 222600 | 取心钻进 | 元/口井 | 综合单价（元/m）×取心钻进井段长度（m） |
| 223000 | 钻井液材料 | 元/口井 | 223100+223200+223300+223400+223500 |
| 223100 | 一开钻进 | 元/口井 | 综合单价（元/m）×一开钻进井段长度（m） |
| 223200 | 二开钻进 | 元/口井 | 综合单价（元/m）×二开钻进井段长度（m） |
| 223300 | 三开钻进 | 元/口井 | 综合单价（元/m）×三开钻进井段长度（m） |
| 223400 | 四开钻进 | 元/口井 | 综合单价（元/m）×四开钻进井段长度（m） |
| 223500 | 五开钻进 | 元/口井 | 综合单价（元/m）×五开钻进井段长度（m） |
| 224000 | 水 | 元/口井 | 综合单价（元/$m^3$）×消耗量（$m^3$/口井） |
| 225000 | 柴油 | 元/口井 | 综合单价（元/t）×消耗量（t/口井） |
| 230000 | 大宗材料运输 | 元/口井 | 231000+232000+233000+234000+235000 |
| 231000 | 钻具运输 | 元/口井 | 综合单价（元/口井） |
| 232000 | 钻头运输 | 元/口井 | 综合单价（元/口井） |
| 233000 | 钻井液材料运输 | 元/口井 | 综合单价（元/口井） |
| 234000 | 水运输 | 元/口井 | 综合单价（元/口井） |
| 235000 | 柴油运输 | 元/口井 | 综合单价（元/口井） |
| 240000 | 技术服务 | 元/口井 | 241000+242000+243000+244000+245000 |
| 241000 | 钻井液服务 | 元/口井 | 日费综合单价（元/d）×服务时间（d） |
| 242000 | 管具服务 | 元/口井 | 242100+242200+242300 |
| 242100 | 钻具修理 | 元/口井 | 综合单价（元/m）×完钻井深（m） |
| 242200 | 井控装置摊销 | 元/口井 | 日费综合单价（元/d）×服务时间（d） |
| 242300 | 井控装置修理 | 元/口井 | 日费综合单价（元/d）×服务时间（d） |
| 243000 | 定向井服务 | 元/口井 | 243100+243200 |
| 243100 | 搬迁 | 元/口井 | 综合单价（元/井次）×上井服务次数（井次） |
| 243200 | 定向施工 | 元/口井 | 日费综合单价（元/d）×服务时间（d） |
| 244000 | 欠平衡服务 | 元/口井 | 244100+244200 |
| 244100 | 搬迁 | 元/口井 | 综合单价（元/井次）×上井服务次数（井次） |
| 244200 | 欠平衡施工 | 元/口井 | 日费综合单价（元/d）×服务时间（d） |
| 245000 | 测试服务 | 元/口井 | 245100+245200 |
| 245100 | 路途行驶 | 元/口井 | Σ综合单价（元/车·km）×出发地到井场往返距离（km） |
| 245200 | 测试施工 | 元/口井 | 综合单价（元/井次）×上井服务次数（井次） |
| 250000 | 其他作业 | 元/口井 | 251000+252000 |
| 251000 | 环保处理 | 元/口井 | 综合单价（元/口井） |
| 252000 | 地貌恢复 | 元/口井 | 综合单价（元/口井） |

### 3.3.3 钻进工程造价其他计算方法

上述分部分项工程造价计算方法同目前各油田在用定额和取费标准基本一致。但由于钻进工程内容比较复杂，钻井工程管理模式有所不同，其造价构成和计算方法有时会有所不同，这里进行说明。

#### 3.3.3.1 钻进作业费

国内部分油田将钻进作业费按财务核算科目进行设置，如某油田预算项目分为柴油费、机油费、其他材料费、工资、职工福利费、折旧费、水费、设备修理费、设备大修理费、钻具修理费、其他费用、井队生活费、制造费、保温费、井控摊销、固控摊销；个别油田按进尺取费，计价单位为：元/m。少数油田按日费管理，如塔里木油田将日费分为10类、12种结算方法。

### 3.3.3.2 主要材料费

（1）钻头费。钻头费计算有两种方法。

第一种：按批准的单井设计和现行价格计算。

钻头费 =Σ［钻头单价（元/只）×钻头消耗量］。

第二种：根据钻头费用定额（元/m），按设计井深计算，并考虑调整系数。

钻头费 = 费用定额（元/m）×设计井深×调整系数×井型系数。

（2）钻井液材料费。钻井液材料费计算有两种方法：

第一种：按批准的单井设计和现行价格计算。

钻井液材料费 =Σ［材料消耗量（t）×材料单价（元/t)］。

第二种：根据钻井液费用定额（元/m），按设计井深计算，并考虑调整系数。

钻井液材料费 = 费用定额（元/m）×设计井深×调整系数。

### 3.3.3.3 技术服务费

目前油田常用的钻井液服务、定向井服务、欠平衡服务等技术服务费计算方法同前面给出方法一致。管具服务费有些内容有所不同，下面分管具摊销费、管具和井控装置修理费、管具和套管检验试压费、管具和井控装置供井费和上井安装服务费等5项进行说明。

（1）管具摊销费。

①井下动力钻具摊销费：

动力钻具摊销标准（元/h）= 动力钻具价格（元）/定额工作时间（h）；

动力钻具摊销费（元）= 动力钻具摊销标准（元/h）×使用时间（h）。

②井口工具摊销费：

井口工具摊销标准（元/d）= Σ工具价格（元）/定额使用时间（d）；

井口工具摊销费（元）= 井口工具摊销标准（元/d）×使用时间（d）。

③特殊取心工具摊销费：

取心工具摊销费（元）= 取心工具摊销定额（元/m）×设计取心进尺（m）。

④井控装置摊销费：

井控装置摊销费（元）= 井控装置摊销定额（元/台月）×设计钻井周期（台月）。

⑤固控装置摊销费：

固控装置摊销费（元）= 固控装置摊销定额（元/台月）×设计钻井周期（台月）。

（2）管具修理费。

①钻具修理费：

钻具修理费（元）= Σ钻具修理费用定额（元/根）×修理量（根）。

②钻井工具修理费：

钻井工具修理费（元）= Σ钻井工具修理费用定额（元/件或套）×修理量（件或套）。

③井控装置修理费：

井控装置修理费（元）= 防喷器修理费（元）+控制系统修理费（元）+节流管汇修理费（元）。

（3）管具检验送井费。

①钻具供井费：

钻具供井费（元）= 钻具供井定额（元/m）×钻具供井数量（m）。

②井控装置供井费：

井控装置供井费（元）= 配车吨位（t）×车次×运距（km）×运费单价（元/t·km）＋装卸车费（元）＋人工费（元）。

（4）上井服务费。

①井控装置上井安装调试费：

井控装置上井安装调试服务费（元）= 上井人员人工费（元）+材料费（元）+运费（元）+其他费（元）。

②钻具现场探伤服务费：

钻具现场探伤服务费（元）= Σ探伤定额（元/头）×探伤量（头）+差旅费（元/人）×人数（人）+其他费（元）。

（5）管具租赁费。

①钻具租赁费：

钻具租赁费（元）=Σ钻具租赁标准（元/根·d）×数量（根）×租赁时间（d）。

②钻井工具租赁费：

钻井工具租赁费（元）= Σ工具租赁标准（元/件·d）×数量（件）×租赁时间（d）。

③井控装置租赁费：

井控装置租赁费（元）= 井控装置租赁标准（元/d）×租赁时间（d）+上井服务费（元）。

## 3.4 钻进工程计价标准编制方法

钻进工程最具钻井工程的特点，重点介绍钻井周期（钻进工时）计价标准、钻进作业日费计价标准、钻头计价标准的编制方法。

### 3.4.1 钻井周期（钻进工时）计价标准编制

钻井周期是石油天然气钻井工程的一个关键参数，对钻井工程投资大小产生直接影响，同时还对油气井能否及时投产和尽早收回投资有重要影响，石油公司和钻井承包商都非常关注钻井周期。

#### 3.4.1.1 国内外钻井周期预测方法分析

综合分析国内外钻井周期预测方法，种类很多，归纳起来主要有五种方法。

##### 3.4.1.1.1 历史水平法

根据往年同类井钻井周期实际资料，统计平均确定钻井周期，这种方法应用比较普遍。

##### 3.4.1.1.2 典型案例法

根据邻井的实际钻井周期，推算出将要设计井的钻井周期，探井钻井周期设计往往采用这种预测方法。

##### 3.4.1.1.3 学习曲线法

T.P.Wright 先生于 1936 年提出学习曲线理论，指当一个人重复地从事某一项工作时，由于熟练程度不断提高和通过学习不断增长经验，从而使继续从事该项工作所需的时间，随着重复次数的增加而逐渐减少，在降低到一定水平后才趋于稳定。这种方法也叫经验曲线法，已广泛应用到各个领域。T.P.Wright 先生最初提出的学习曲线方程

$$Y = aX^b$$

式中，$Y$ 为人工小时数量的累计平均值；$X$ 为累计制造的单元数；$a$ 为第一单元的直接人工小时数量；$b$ 为对数坐标纸上描述这种关系的斜率。Brett 和 Millheim 将学习曲线理论应用于钻井领域，建立了如下学习曲线关系式，即

$$T = C_1 e^{C_2(1-n)} + C_3$$

式中，$T$ 为钻序号为 $n$ 井所需的时间；$n$ 为同一地质条件下所钻井的序号；$C_1$ 为常数，反映钻第一口井时间较最后一口井时间到底多出多少；$C_2$ 为常数，反映钻井公司在一个地区达到最短钻井时间的速度，即学习速度；$C_3$ 为常数，反映在理想情况下一个地区的最短钻井时间。阿莫科（AMOCO）等很多国外大油公司采用这种模式，特别是在海上钻井。国内公司尚未见到应用。

3.4.1.1.4 工序工时法

按钻井工程全过程的施工工序确定工时，再累加计算出钻井周期。国际上应用较多的是哈里伯顿（Halliburton）全资子公司兰德马克绘图国际公司（Landmark Graphics International Inc.）开发的钻井时效分析与成本预算系统 Drillmodel。如某口海上钻井周期设计给出了 416 个工序的工时，从钻机安装开始，按表层套管井段、技术套管井段、生产套管井段中每项施工工序，由工程师给出一个工时，最后累计出全井钻井周期。

3.4.1.1.5 周期定额法

国内普遍采用钻井周期定额编制方法。各油田周期定额表现形式差别较大，大体分为三大类。第一类是分区块按井深段或井身结构，以“h/m”、“h/10m”或“h/100m”形式表现的钻时定额，如新疆油田；有些油田再附加系数，如四川油气田采用井深、井别、井口出露层位、地层倾角、断层、压力系统、泥浆密度及目标系数等八参数法确定难度系数。第二类是按施工内容和井深，以“h/井次”形式表现的定额，如四川油气田的固井作业时间、中途测试占井口时间和华北油田的尾管作业时间定额。第三类是分区块按井型、井别，以“d/口井”、“台月/口井”形式表现的周期定额，如辽河、华北、大港油田的钻井周期基础定额和胜利油田钻井周期预算定额。1989 年中石油开始编制钻井工程定额，当时确定的编制钻井周期定额方案是，根据近三年的历史资料，采用习惯上称为“5、3、2”加权系数法编制单只钻头进尺、钻速定额，钻速定额 =（先进钻速×5+中间钻速×3+落后钻速×2）÷10。

依据工程标准设计和钻速定额预测钻井周期。依据钻井工程设计，套用单工序劳动定额，按每次开钻后每一只钻头对应的钻速定额分别计算出纯钻时间，查表算出起下钻、接单根、循环及辅助维修等其他基本各作业时间，再按比例计算出辅助时间，还要计算出完井作业时间，编制出设计钻井周期，钻井周期 = 一开时间小计+二开时间小计+三开时间小计+完井作业时间小计。计算繁杂，工作量大，实际操作时要充分利用计算机。

在系统分析周期定额编制方法、学习曲线法等多种方法的基础上，按照平均先进性的原则要求，建立了“0.3、0.5、0.2”分段加权钻井周期标准编制方法。下面以某田开发井实际钻井周期标准编制为例进行说明。

3.4.1.2 钻井周期（钻进工时）计价标准编制方法

3.4.1.2.1 基础标准

（1）基本钻井工序。

根据某油田实际情况，基本钻井工序是：$\phi$444.5mm 钻头一开钻进井深 700～1100m，下入$\phi$339.7mm 表层套管固井；然后$\phi$311.1mm 钻头二开钻进井深 2100～2600m，下入$\phi$244.5mm 技术套管固井；最后$\phi$ 215.9mm 钻头三开钻进至完钻井深 3600～4000m，下入$\phi$ 168.3mm 生

产套管固井。

（2）标准井井身结构。

经统计分析，确定标准井的井身结构标准如表 3-25。

**表 3-25 某油田开发标准井井身结构标准**

| 序 号 | 钻进井段 | 钻头规格（mm） | 钻深（m） | 井段长度（m） | 套管规格（mm） | 套管下深（m） |
|---|---|---|---|---|---|---|
| 1 | 一开钻进 | 444.50 | 850 | 850 | 339.70 | 850 |
| 2 | 二开钻进 | 311.10 | 2450 | 1600 | 244.50 | 2450 |
| 3 | 三开钻进 | 215.90 | 3850 | 1400 | 168.30 | 3850 |

3.4.1.2.2 预算标准测算方法

（1）单井平均工时测算。

将每一种尺寸井眼或套管的每口井钻井参数进行分类统计，井眼钻进取纯钻进井段长度，完井作业取套管下深或当前井深，同时统计对应的实际作业时间，测算出同一个尺寸条件下每一口井的平均工时，计算公式为

$$T_p = T_i \div H_i$$

式中，$T_P$ 为某种井眼尺寸或套管尺寸条件下的单井平均工时，h/m；$i$ 为某种井眼尺寸或套管尺寸条件下的统计井数，$i = 1，2，3，\cdots$；$T_i$ 为某种井眼尺寸或套管尺寸条件下的单井实际作业时间，h；$H_i$ 为某种井眼尺寸或套管尺寸条件下的单井实际井段长、套管下深或当前井深，m。

（2）工时标准测算方法。

按单井平均工时由小到大，将同一井眼尺寸或套管尺寸的所有井的参数进行排序，采用下面方法测算工时标准。

当统计样本数 $N$ 除以 3 为整数时，工时标准测算公式为

$$T_d = 0.3 \times \sum_{i=1}^{\frac{1}{3}N} T_i \div \sum_{j=1}^{\frac{1}{3}N} H_j + 0.5 \times \sum_{i=\left(\frac{1}{3}N+1\right)}^{\frac{2}{3}N} T_i \div \sum_{j=\left(\frac{1}{3}N+1\right)}^{\frac{2}{3}N} H_j + 0.2 \times \sum_{i=\left(\frac{2}{3}N+1\right)}^{N} T_i \div \sum_{j=\left(\frac{2}{3}N+1\right)}^{N} H_j$$

当统计样本数 $N$ 除以 3 余 1 时，工时标准测算公式为

$$T_d = 0.3 \times \sum_{i=1}^{\frac{1}{3}(N-1)} T_i \div \sum_{j=1}^{\frac{1}{3}(N-1)} H_j + 0.5 \times \sum_{i=\left[\frac{1}{3}(N-1)+1\right]}^{\frac{2}{3}(N-1)+1} T_i \div \sum_{j=\left[\frac{1}{3}(N-1)+1\right]}^{\frac{2}{3}(N-1)+1} H_j + 0.2 \times \sum_{i=\left[\frac{2}{3}(N-1)+2\right]}^{N} T_i \div \sum_{j=\left[\frac{2}{3}(N-1)+2\right]}^{N} H_j$$

当统计样本数 $N$ 除以 3 余 2 时，工时标准测算公式为

$$T_d = 0.3 \times \sum_{i=1}^{\frac{1}{3}(N+1)} T_i \div \sum_{j=1}^{\frac{1}{3}(N+1)} H_j + 0.5 \times \sum_{i=\left[\frac{1}{3}(N+1)+1\right]}^{\frac{2}{3}(N+1)-1} T_i \div \sum_{j=\left[\frac{1}{3}(N+1)+1\right]}^{\frac{2}{3}(N+1)-1} H_j + 0.2 \times \sum_{i=\frac{2}{3}(N+1)}^{N} T_i \div \sum_{j=\frac{2}{3}(N+1)}^{N} H_j$$

式中，$T_d$ 为某种井眼尺寸或套管尺寸条件下的工时标准，h/m；$N$ 为某种井眼尺寸或套管尺

寸条件下的统计样本井数，$N=1, 2, 3, \cdots$；$T_i$ 为某种井眼尺寸或套管尺寸条件下的单井实际作业时间，h；$H_j$ 为某种井眼尺寸或套管尺寸条件下的单井实际井段长、套管下深或当前井深，m。

表 3-26 给出 311.1mm 钻头二开钻进工时标准测算方法实例，66 口井简单平均钻时为 0.458h/m，66 口井加权平均钻时为 0.441h/m，确定工时标准为 0.44h/m。工时标准值比平均钻时 0.458h/m 先进了 0.018h/m，水平提高了 3.9%。

**表 3-26　311.1mm 钻头二开钻进工时标准测算数据**

| 序 号 | 井 号 | 完钻井深（m） | 311.1mm 井深（m） | 段长（m） | 时间（d） | 工时（h/m） | 权 数 |
|---|---|---|---|---|---|---|---|
| 1 | 3462X | 3829 | 2327 | 1487 | 12.44 | 0.201 | |
| 2 | 3477 | 3770 | 2335 | 1485 | 14.08 | 0.228 | |
| 3 | 3329 | 3908 | 2226 | 1026 | 10.33 | 0.242 | |
| 4 | 3480 | 3790 | 2392 | 1510 | 19.33 | 0.307 | |
| 5 | 3409 | 3880 | 2450 | 1438 | 20.23 | 0.338 | |
| 6 | 3305 | 3873 | 2067 | 1217 | 17.33 | 0.342 | |
| 7 | 2355 | 3873 | 2175 | 1325 | 19.17 | 0.347 | |
| 8 | 3451X | 3816 | 2244 | 1394 | 20.25 | 0.349 | |
| 9 | 3461X | 3822 | 2380 | 1530 | 22.75 | 0.357 | |
| 10 | 3460 | 3784 | 2195 | 1345 | 20.13 | 0.359 | |
| 11 | 3408 | 3881 | 2431 | 1231 | 18.54 | 0.361 | |
| 12 | 4023 | 3816 | 2400 | 1445 | 21.79 | 0.362 | |
| 13 | 3017 | 3832 | 2442 | 1587 | 24.50 | 0.371 | |
| 14 | 3502X | 3840 | 2406 | 1545 | 23.85 | 0.371 | |
| 15 | 3459 | 3785 | 2181 | 1331 | 20.66 | 0.372 | |
| 16 | 3464X | 3848 | 2263 | 1413 | 22.00 | 0.374 | |
| 17 | 3443 | 3862 | 2154 | 1349 | 21.08 | 0.375 | |
| 18 | 4024 | 3865 | 2386 | 1516 | 23.96 | 0.379 | |
| 19 | 3363 | 3885 | 2109 | 879 | 14.00 | 0.382 | |
| 20 | 3360X | 3920 | 2200 | 930 | 14.83 | 0.383 | |
| 21 | 3353 | 3880 | 2131 | 874 | 13.96 | 0.383 | |
| 22 | 2461 | 3785 | 2396 | 1632 | 26.42 | 0.388 | |
| | 平均值 | | | 1340.41 | 19.17 | 0.343 | 0.3 |
| 23 | 3419 | 3870 | 2392 | 1542 | 25.54 | 0.398 | |
| 24 | 3362 | 3876 | 2106 | 814 | 13.54 | 0.399 | |
| 25 | 3309 | 3894 | 2144 | 894 | 14.94 | 0.401 | |
| 26 | 3325 | 3884 | 2086 | 786 | 13.21 | 0.403 | |
| 27 | 3322 | 3887 | 2180 | 873 | 14.73 | 0.405 | |
| 28 | 3361 | 3876 | 2140 | 860 | 14.72 | 0.411 | |
| 29 | 3475 | 3771 | 2385 | 1535 | 26.31 | 0.411 | |
| 30 | 3470 | 3782 | 2253 | 1375 | 24.31 | 0.424 | |
| 31 | 2340 | 3880 | 2379 | 1529 | 27.04 | 0.424 | |

续表

| 序 号 | 井 号 | 完钻井深（m） | 311.1mm 井深（m） | 段长（m） | 时间（d） | 工时（h/m） | 权 数 |
|---|---|---|---|---|---|---|---|
| 32 | 3501 | 3780 | 2393 | 1633 | 29.13 | 0.428 | |
| 33 | 3426 | 3900 | 2248 | 1196 | 21.50 | 0.431 | |
| 34 | 3301 | 3877 | 2000 | 1150 | 20.69 | 0.432 | |
| 35 | 3472 | 3777 | 2435 | 1575 | 28.38 | 0.432 | |
| 36 | 3500 | 3780 | 2397 | 1437 | 27.46 | 0.459 | |
| 37 | 3479X | 3820 | 2337 | 1417 | 27.19 | 0.460 | |
| 38 | 3026 | 3798 | 2354 | 1504 | 29.00 | 0.463 | |
| 39 | 3323 | 3885 | 2168 | 1073 | 21.38 | 0.478 | |
| 40 | 3315 | 3880 | 2079 | 479 | 9.69 | 0.485 | |
| 41 | 3550 | 3780 | 2185 | 1179 | 24.54 | 0.500 | |
| 42 | 3473 | 3784 | 2366 | 1516 | 31.69 | 0.502 | |
| 43 | 3358 | 3882 | 2034 | 794 | 16.88 | 0.510 | |
| 44 | 3457X | 3830 | 2180 | 930 | 20.21 | 0.522 | |
| | 平均值 | | | 1185.95 | 21.91 | 0.443 | 0.5 |
| 45 | 3548 | 3873 | 2219 | 1369 | 29.75 | 0.522 | |
| 46 | 2431X | 3865 | 2155 | 1240 | 27.00 | 0.523 | |
| 47 | 2412 | 3845 | 2514 | 1764 | 38.63 | 0.526 | |
| 48 | 3348 | 3880 | 2098 | 783 | 17.23 | 0.528 | |
| 49 | 3324 | 3885 | 2125 | 925 | 20.43 | 0.530 | |
| 50 | 3317 | 3886 | 2160 | 888 | 19.96 | 0.539 | |
| 51 | 3414 | 3872 | 2359 | 1509 | 34.71 | 0.552 | |
| 52 | 2548 | 3870 | 2364 | 1514 | 34.96 | 0.554 | |
| 53 | 3425 | 3875 | 2346 | 1475 | 34.75 | 0.565 | |
| 54 | 3326 | 3881 | 2125 | 745 | 17.60 | 0.567 | |
| 55 | 3307 | 3885 | 2186 | 976 | 23.23 | 0.571 | |
| 56 | 3304 | 3890 | 2037 | 646 | 15.56 | 0.578 | |
| 57 | 3355 | 3880 | 2105 | 785 | 19.18 | 0.586 | |
| 58 | 3429 | 3871 | 2246 | 1396 | 34.27 | 0.589 | |
| 59 | 2800K | 3870 | 2271 | 1421 | 34.96 | 0.590 | |
| 60 | 2459A | 3781 | 2356 | 906 | 22.73 | 0.602 | |
| 61 | 3306 | 3875 | 2047 | 813 | 23.60 | 0.697 | |
| 62 | 3504X | 3840 | 2475 | 1275 | 37.71 | 0.710 | |
| 63 | 3333 | 3890 | 2247 | 907 | 27.50 | 0.728 | |
| 64 | 3334 | 3890 | 2219 | 1019 | 33.71 | 0.794 | |
| 65 | 3310 | 3870 | 2078 | 826 | 31.17 | 0.906 | |
| 66 | 3354 | 3883 | 2085 | 758 | 35.83 | 1.135 | |
| | 平均值 | | | 1088.18 | 27.93 | 0.616 | 0.2 |
| | 66 口井加权平均值（标准值） | | | 1212.74 | 22.29 | 0.441 | |
| | 66 口井简单平均值 | | | 1204.85 | 23.00 | 0.458 | |

（3）预算标准。

采用“0.3、0.5、0.2”分段加权钻进工时标准编制方法，根据不同井段的样本数量，分别采用工时标准测算公式，编制出某油田钻进工时预算标准，表现形式如表 3-27。

**表 3-27　某油田开发井钻进工时预算标准**

| 序 号 | 项　　目 | 井　型 | 规格（mm） | 完成深度（m） | 工时标准（h/m） |
|---|---|---|---|---|---|
| 1 | 一开钻进 | | | | |
| 1.1 | 钻进施工 | 直井 | 444.5 | 700＜$H$≤1100 | 0.22 |
| 1.2 | 完井施工 | 直井 | 339.7 | 700＜$H$≤1100 | 0.14 |
| 2 | 二开钻进 | | | | |
| 2.1 | 钻进施工 | 直井 | 311.1 | 2100＜$H$≤2600 | 0.44 |
| 2.2 | 完井施工 | 直井 | 244.5 | 2100＜$H$≤2600 | 0.11 |
| 3 | 三开钻进 | | | | |
| 3.1 | 钻进施工 | 直井 | 215.9 | 3600＜$H$≤4000 | 0.67 |
| 3.2 | 完井施工 | 直井 | 168.3 | 3600＜$H$≤4000 | 0.07 |
| 3.3 | 钻进施工 | 定向井 | 215.9 | 3600＜$H$≤4000 | 0.71 |
| 3.4 | 完井施工 | 定向井 | 168.3 | 3600＜$H$≤4000 | 0.07 |

3.4.1.2.3　钻井周期计算方法

采用钻进工时标准预测钻井周期的计算公式为

$$T=\sum_{i=1}^{n}(Tz_i\times Hz_i+Tt_i\times Ht_i)\div 24+T_q$$

式中，$T$ 为预测钻井周期，d；$n$ 为设计井井身结构层次数，$n$=1，2，3，…；$Tz_i$ 为设计井某种尺寸井眼钻进井段工时标准，h/m；$Hz_i$ 为设计井某种尺寸井眼钻进井段段长，m；$Tt_i$ 为设计井某种尺寸完进作业工时标准，h/m；$Hz_i$ 为设计井某种尺寸套管下深或当前井深，m；$T_q$ 为其他特殊作业时间，d。

3.4.1.2.4　概算标准

对于标准井的概算标准见表 3-28。

**表 3-28　某油田开发标准井概算标准**

| 序 号 | 项　　目 | 井 型 | 规格（mm） | 完成深度（m） | 长度（m） | 周期标准（d） |
|---|---|---|---|---|---|---|
| | 合计 | | | | | 103.63 |
| 1 | 一开钻进 | | | | | 12.75 |
| 1.1 | 钻进施工 | 直井 | 444.5 | 850 | 850 | 7.79 |
| 1.2 | 完井施工 | 直井 | 339.7 | 850 | 850 | 4.96 |
| 2 | 二开钻进 | | | | | 40.56 |
| 2.1 | 钻进施工 | 直井 | 311.1 | 2450 | 1600 | 29.33 |
| 2.2 | 完井施工 | 直井 | 244.5 | 2450 | 2450 | 11.23 |
| 3 | 三开钻进 | | | | | 50.31 |
| 3.1 | 钻进施工 | 直井 | 215.9 | 3850 | 1400 | 39.08 |
| 3.2 | 完井施工 | 直井 | 168.3 | 3850 | 3850 | 11.23 |

#### 3.4.1.3 钻井周期（钻进工时）计价标准水平评价

采用钻进工时标准、实际每口井钻井深度和套管下深，按钻井周期计算公式，测算 2002—2004 年正常完成井 74 口，即采用钻进工时计价标准做出 74 口井的预测钻井周期，工时计价标准测算周期同实际钻井周期对比结果如表 3-29，平均单井钻井周期缩短 6.53d，工时计价标准先进率为 5.36%。根据实践经验，先进率一般控制在 3%～8%为宜。可见这套工时标准先进水平比较合适。

**表 3-29　工时计价标准测算周期与实际完成周期对比**

| 项　目 | 实际统计（d） | 工时标准测算（d） | 差值（d） | 变化幅度（%） |
|---|---|---|---|---|
| 总时间 | 9015.40 | 8532.13 | 483.27 | 5.36 |
| 平均单井周期 | 121.83 | 115.30 | 6.53 | 5.36 |

### 3.4.2 钻进作业日费计价标准编制

以某油田 ZJ70D 钻机为例，说明一套钻进作业日费计价标准编制方法。

#### 3.4.2.1 基础标准

##### 3.4.2.1.1 钻井队定员标准

（1）定员标准。参见表 3-30。

**表 3-30　ZJ70D 钻机钻井队定员标准**　　计量单位：队

| 标 准 编 号 | | | K2-1 |
|---|---|---|---|
| 序 号 | 岗　　位 | 单　位 | 数 量 |
| | 合计 | 人 | 56 |
| 1 | 队长 | 人 | 2 |
| 2 | 钻井工程师 | 人 | 2 |
| 3 | 机电工程师 | 人 | 2 |
| 4 | 钻井液工程师 | 人 | 2 |
| 5 | 大班 | 人 | 2 |
| 6 | 司钻 | 人 | 4 |
| 7 | 副司钻 | 人 | 4 |
| 8 | 钻工 | 人 | 20 |
| 9 | 柴油机司机 | 人 | 4 |
| 10 | 柴油机司助 | 人 | 4 |
| 11 | 电工 | 人 | 4 |
| 12 | 钻井液作业工 | 人 | 4 |
| 13 | 炊管人员 | 人 | 4 |

（2）人工费标准。人工费包括基本工资、岗位津贴、各种补助、基本奖金、各种税费等与人工相关费用。采用 2006 年 22 个钻井队人工费统计加权平均确定（表 3-31）。人工费标准编制公式为

$$Czrb = \sum_{i=1}^{22} Czr_i \div 22$$

式中，$Czrb$ 为钻井队人工费标准，元/人年；$Czr_i$ 为第 $i$ 个钻井队 2006 年平均人工费，元；22 为 22 个钻井队。

**表 3-31　钻井队人工费标准**　　计量单位：人年

| 标准编号 | | | K2-2 |
|---|---|---|---|
| 序号 | 项目 | 单位 | 金额 |
| 1 | 人工费 | 元 | 55538.84 |

3.4.2.1.2　设备标准

（1）钻机配备标准。

统计分析全部在用钻机型号和实际配备情况，选择出主力机型和设备配备数量，制定出 ZJ70D 钻机配备标准。参见表 3-32。

**表 3-32　ZJ70D 钻机配备标准**　　计量单位：队

| 标准编号 | | | | K2-3 |
|---|---|---|---|---|
| 序号 | 项目 | 规格型号 | 单位 | 数量 |
| 1 | 井架及底座 | JJ450/45-K5/9-S | 套 | 1 |
| 2 | 提升系统 | | 套 | 1 |
| 2.1 | 绞车 | JC70D4 | 台 | 1 |
| 2.2 | 天车 | TC-450 | 台 | 1 |
| 2.3 | 游车 | YC-450 | 台 | 1 |
| 2.4 | 大钩 | DG-450 | 个 | 1 |
| 2.5 | 水龙头 | SL450 | 个 | 1 |
| 2.6 | 转盘 | ZP375 | 个 | 1 |
| 3 | 动力与传动系统 | | 套 | 1 |
| 3.1 | 发电机组 | CAT3512B | 台 | 4 |
| 3.2 | 辅助发电机组 | VOVOL400kW | 台 | 1 |
| 3.3 | 直流电动机 | YZ08/08A | 套 | 7 |
| 3.4 | SCR 控制系统 | | 套 | 1 |
| 3.5 | 液压传动系统 | | 套 | 1 |
| 3.6 | 防爆电路 | | 套 | 1 |
| 4 | 循环处理系统 | | 套 | 1 |
| 4.1 | 钻井泵 | F-1600 | 台 | 3 |
| 4.2 | 高压管汇 | 4in×3SMPa（双立管双地面） | 套 | 1 |
| 4.3 | 循环罐 | | 套 | 1 |
| 4.4 | 振动筛 | DRRICR | 套 | 3 |
| 4.5 | 除砂器 | NCS300X2 | 台 | 1 |

续表

| 标准编号 | | | | K2-3 |
|---|---|---|---|---|
| 序号 | 项目 | 规格型号 | 单位 | 数量 |
| 4.6 | 除气器 | ZCQ 1/4 | 台 | 1 |
| 4.7 | 清洁器 | NQG120×8 | 台 | 1 |
| 4.8 | 离心机 | LW450-860N | 台 | 2 |
| 4.9 | 剪切泵 | JQB6545 | 台 | 1 |
| 4.10 | 加重混合漏斗 | HQ-200 | 台 | 3 |
| 4.11 | 泥浆搅拌器 | | 台 | 11 |
| 5 | 油气水设施 | | 套 | 1 |
| 5.1 | 处理剂罐 | | 套 | 1 |
| 5.2 | 燃油罐（含高架油罐） | $120m^3+4m^3$ | 套 | 1 |
| 5.3 | 四品油罐 | $10m^3$ | 套 | 1 |
| 5.4 | 废油罐 | $10m^3$ | 套 | 1 |
| 5.5 | 供油管汇 | | 套 | 1 |
| 5.6 | 电动压风机 | HP50S | 台 | 2 |
| 5.7 | 空气储存、处理装置 | | 套 | 1 |
| 5.8 | 供气管汇 | | 套 | 1 |
| 5.9 | 套装水罐 | $60m^3\times2$ | 套 | 2 |
| 5.10 | 软化水罐 | | 套 | 1 |
| 5.11 | 供水管汇 | | 套 | 1 |
| 6 | 监测系统 | | 套 | 1 |
| 6.1 | 指重表、传压器 | | 套 | 1 |
| 6.2 | 钻井参数仪 | I.IBT4 | 台 | 1 |
| 6.3 | 测斜仪 | | 套 | 1 |
| 6.4 | 泥浆液面监测仪 | | 套 | 1 |
| 7 | 井控系统 | | 套 | 1 |
| 7.1 | 封井器组合 | F35-70 | 套 | 1 |
| 7.2 | 节流管汇 | JG-SY-70 | 套 | 1 |
| 7.3 | 压井管汇 | YG-70 | 套 | 1 |
| 7.4 | 放喷管线 | FGX-88-21 | 套 | 1 |
| 7.5 | 燃烧管线 | | 套 | 1 |
| 7.6 | 远程控制台 | FKQ8007B | 套 | 1 |
| 7.7 | 司钻控制台 | | 套 | 1 |
| 7.8 | 节流管汇控制台 | JY-70-A | 套 | 1 |
| 7.9 | 液气分离器 | DN1200 | 套 | 1 |
| 7.10 | 方钻杆上、下旋塞 | | 套 | 1 |
| 7.11 | 箭形回压阀 | | 套 | 1 |
| 7.12 | 投入式止回阀 | | 套 | 1 |
| 8 | 井场用房 | | 套 | 1 |

续表

| 标 准 编 号 | | | | K2-3 |
|---|---|---|---|---|
| 序 号 | 项　　目 | 规 格 型 号 | 单 位 | 数 量 |
| 8.1 | 钻井值班房 | 12m×3m×3m | 栋 | 1 |
| 8.2 | 钻井监督房 | 12m×3m×3m | 栋 | 1 |
| 8.3 | 钻台偏房 | 10m×3m×3m | 栋 | 1 |
| 8.4 | 机房值班房 | 12m×3m×3m | 栋 | 1 |
| 8.5 | 消防工具房 | 12m×3m×3m | 栋 | 1 |
| 8.6 | 配件材料房 | 12m×3m×3m | 栋 | 1 |
| 8.7 | 泥浆材料房 | 12m×3m×3m | 栋 | 1 |
| 8.8 | 机械修理房 | 10m×3m×3m | 栋 | 1 |
| 8.9 | 泥浆值班房 | 12m×3m×3m | 栋 | 1 |
| 8.10 | 工程师房 | 12m×3m×3m | 栋 | 1 |
| 8.11 | 井口坐岗房 | 10m×3m×3m | 栋 | 1 |
| 8.12 | 厕所 | 12m×3m×3m | 栋 | 1 |
| 9 | 辅助工具与设施 | | 套 | 1 |
| 9.1 | 方钻杆旋扣器 | | 只 | 1 |
| 9.2 | 液压大钳 | Q10Y—M | 套 | 1 |
| 9.3 | B 形大钳 | | 套 | 2 |
| 9.4 | 动力小绞车 | JC3 | 台 | 3 |
| 9.5 | 滚子方补心 | $2^3/_8$～$8^5/_8$in | 套 | 1 |
| 9.6 | 测斜绞车 | | 台 | 1 |
| 9.7 | 切绳器 | | 台 | 1 |
| 9.8 | 大绳对接器 | | 套 | 1 |
| 9.9 | 链条对接器 | | 套 | 1 |
| 9.10 | 空气包充气装置 | | 套 | 1 |
| 9.11 | 钻井泵修理工具 | | 套 | 1 |
| 9.12 | 倒大绳装置 | | 套 | 1 |
| 9.13 | 下套管扶正台 | | 套 | 1 |
| 9.14 | 井口工具 | | 套 | 1 |
| 9.15 | 机房修理工具 | | 套 | 1 |
| 9.16 | 钻工修理工具 | | 套 | 1 |
| 9.17 | 套管钳 | | 套 | 1 |
| 9.18 | 助力器 | | 套 | 1 |
| 9.19 | 电工维修工具和仪器 | | 套 | 1 |
| 9.20 | 钻井液性能测试仪器 | | 套 | 1 |
| 9.21 | 钻杆排放架与猫道 | | 套 | 1 |
| 9.22 | 电焊设备 | AX500 | 套 | 1 |
| 9.23 | 气焊设备 | | 套 | 1 |
| 9.24 | 钻台紧急滑道 | | 套 | 1 |

续表

| 标准编号 | | | | K2-3 |
|---|---|---|---|---|
| 序号 | 项目 | 规格型号 | 单位 | 数量 |
| 9.25 | 二层台紧急逃离装置 | | 套 | 1 |
| 9.26 | 消防工具 | | 套 | 1 |
| 9.27 | 钻头规、量尺等器具 | | 套 | 1 |
| 9.28 | 计算机 | HPLE8 | 台 | 1 |
| 9.29 | 洗眼架和冲洗喷头 | | 套 | 1 |
| 9.30 | 硫化氢等有毒气体探测器 | | 套 | 4 |
| 9.31 | 防毒面具 | | 套 | 25 |
| 9.32 | 主机备件 | | 套 | 1 |
| 9.33 | 工程机械 | 多功能工程机 | 台 | 1 |
| 9.34 | 钢木基础 | | 套 | 1 |
| 10 | 生活设施 | | 套 | 1 |
| 10.1 | 厨房 | 12m×3m×3m | 栋 | 1 |
| 10.2 | 餐厅 | 12m×3m×3m | 栋 | 1 |
| 10.3 | 食品储存房 | 12m×3m×3m | 栋 | 1 |
| 10.4 | 供水系统 | 12m×3m×3m | 套 | 1 |
| 10.5 | 淋浴洗澡房 | 12m×3m×3m | 栋 | 1 |
| 10.6 | 洗衣房 | 12m×3m×3m | 栋 | 1 |
| 10.7 | 职工住房 | 12m×3m×3m | 栋 | 12 |
| 10.8 | 厕所 | 12m×3m×3m | 栋 | 1 |

（2）设备原值。

根据报关单和财务资产数据，结合上述设备配备标准，确定 ZJ70D 钻机设备原值。参见表 3-33。

**表 3-33　ZJ70D 钻机设备原值**　　计量单位：队

| 标准编号 | | | K2-4 |
|---|---|---|---|
| 序号 | 项目 | 单位 | 金额 |
| | 合计 | 元 | 50486911.79 |
| 1 | 井架及底座 | 元 | 3795180.69 |
| 2 | 提升系统 | 元 | 3573963.89 |
| 3 | 动力与传动系统 | 元 | 20549638.55 |
| 4 | 循环处理系统 | 元 | 7936964.00 |
| 5 | 油气水设施 | 元 | 1465359.00 |
| 6 | 监测系统 | 元 | 1610000.00 |
| 7 | 井控系统 | 元 | 2047879.54 |
| 8 | 井场用房 | 元 | 1138554.20 |
| 9 | 辅助工具与设施 | 元 | 5902281.00 |
| 10 | 生活设施 | 元 | 2467090.99 |

（3）设备折旧及修理费率标准。

参照有关财务规定和同类型设备相关资料确定。参见表 3-34。

**表 3-34　设备折旧及修理费率标准**　　计量单位：年

| 标 准 编 号 | | | K2-5 | K2-6 |
|---|---|---|---|---|
| 序 号 | 钻 机 类 型 | 单 位 | 折 旧 | 修 理 |
| 1 | ZJ70D | % | 10.00 | 5.25 |

以设备原值为基数。

3.4.2.1.3　技术标准

（1）年额定工作时间。

根据国家法规，每人年工作时间为 251d，8h/d，即 2008h，每人年额定工作时间不能超过上述标准。该油田钻井工作制度为四班两倒，现场工作 14d，每天工作 12h，轮休 14d；折算平均每天工作 6h，年法定工作天数为 335d（2008h÷6h＝335d）。根据 2004—2006 年三年 22 个钻井队实际工作时间统计，平均年工作时间 330d。钻井队和钻机为人机合一开展工作，因此综合分析确定钻机和钻井队年额定工作时间为 330d。钻井队年额定工作时间包括钻井队和钻机搬迁的钻前准备工作时间、钻进工作时间和完井工作时间。参见表 3–35。

**表 3-35　钻井队年额定工作时间**　　计量单位：队

| 标 准 编 号 | | | K2-7 |
|---|---|---|---|
| 序 号 | 钻 机 类 型 | 单 位 | 数 量 |
| 1 | ZJ70D | d | 330 |

（2）特车平均行驶速度。根据现场写实资料统计平均综合确定。参见表 3-36。

**表 3-36　特车平均行驶速度**　　计量单位：h

| 标 准 编 号 | | | K2-8 |
|---|---|---|---|
| 序 号 | 名　称 | 单 位 | 数 量 |
| 1 | 平均行驶速度 | km | 30 |

（3）标准井钻井周期。参见表 3-37。

**表 3-37　某油田开发标准井钻井周期标准**　　计量单位：口井

| 标 准 编 号 | | | | | | K2-9 |
|---|---|---|---|---|---|---|
| 序 号 | 项　目 | 井 型 | 规格（mm） | 完成深度（m） | 长度（m） | 周期标准（d） |
| | 合计 | | | | | 103.63 |
| 1 | 一开钻进 | | | | | 12.75 |
| 1.1 | 钻进施工 | 直井 | 444.5 | 850 | 850 | 7.79 |
| 1.2 | 完井施工 | 直井 | 339.7 | 850 | 850 | 4.96 |
| 2 | 二开钻进 | | | | | 40.56 |

续表

| 标准编号 | | | | | | K2-9 |
|---|---|---|---|---|---|---|
| 序号 | 项目 | 井型 | 规格（mm） | 完成深度（m） | 长度（m） | 周期标准（d） |
| 2.1 | 钻进施工 | 直井 | 311.1 | 2450 | 1600 | 29.33 |
| 2.2 | 完井施工 | 直井 | 244.5 | 2450 | 2450 | 11.23 |
| 3 | 三开钻进 | | | | | 50.31 |
| 3.1 | 钻进施工 | 直井 | 215.9 | 3850 | 1400 | 39.08 |
| 3.2 | 完井施工 | 直井 | 168.3 | 3850 | 3850 | 11.23 |

3.4.2.2　消耗标准

3.4.2.2.1　油料标准

油料标准根据现场实地考察和相关历史记录综合确定（表3-38）。

**表3-38　油料标准**　　计量单位：d

| 标准编号 | | | | K2-10 | K2-11 | K2-12 | K2-13 |
|---|---|---|---|---|---|---|---|
| 序号 | 钻机类型 | 类别 | 单位 | 夏季柴油 | 冬季柴油 | 夏季机油 | 冬季机油 |
| 1 | ZJ70D | 自发电 | t | 6.00 | 6.50 | 0.20 | 0.22 |

3.4.2.2.2　生活水标准

生活水标准根据现场实地考察和相关用水历史记录加权平均综合确定（表3-39）。

**表3-39　生活水标准**　　计量单位：d

| 标准编号 | | | K2-14 |
|---|---|---|---|
| 序号 | 钻机类型 | 单位 | 数量 |
| 1 | ZJ70D | $m^3$ | 8.00 |

3.4.2.3　费用标准

3.4.2.3.1　人工费标准

钻井队人工费标准（表3-40）编制公式为

$$Czrd = Czrb \times Mzrd \div Tzrd$$

式中，*Czrd* 为钻井队人工费标准，元/d；*Czrb* 为钻井队人工费标准，元/人年；*Mzrd* 为ZJ70D钻机钻井队劳动定员，56人；*Tzrd* 为ZJ70D钻机钻井队年额定工作时间，330d。

**表3-40　钻井队人工费标准**　　计量单位：d

| 标准编号 | | | K2-15 |
|---|---|---|---|
| 序号 | 钻机类型 | 单位 | 金额 |
| 1 | ZJ70D | 元 | 9424.77 |

3.4.2.3.2　设备费标准

（1）钻机折旧费标准。

钻机折旧费标准编制公式为

$$Czzd = Czy \times Fzz \div Tzrd$$

式中，*Czzd* 为钻机折旧费标准，元/d；*Czy* 为 ZJ70D 钻机原值，元；*Fzz* 为 ZJ70D 钻机折旧费率，10.00%；*Tzrd* 为 ZJ70D 钻机年额定工作时间，330d。

（2）钻机修理费标准。

钻机修理费标准编制公式为

$$Czxd = Czy \times Fzx \div Tzrd$$

式中，*Czxd* 为钻机修理费标准，元/d；*Czy* 为 ZJ70D 钻机原值，元；*Fzx* 为钻机修理费率，5.25%；*Tzrd* 为 ZJ70D 钻机年额定工作时间，330d。

表 3-41 为 ZJ70D 钻机设备费标准。

**表 3-41　ZJ70D 钻机设备费标准**　　计量单位：d

| 标准编号 | | | K2-16 | K2-17 |
|---|---|---|---|---|
| 序号 | 钻机类型 | 单位 | 折旧费 | 修理费 |
| 1 | ZJ70D | 元 | 15299.06 | 8031.98 |

3.4.2.3.3　材料费标准

（1）油料费标准。参见表 3-42。

油料费标准编制公式为

$$Czyd = Pzyj \times Qzyd$$

式中，*Czyd* 为油料费标准，元/d；*Pzyj* 为油料价格，元/t；*Qzyd* 为油料消耗标准，t/d。

**表 3-42　油料费标准**　　计量单位：d

| 标准编号 | | | | K2-18 | K2-19 | K2-20 | K2-21 |
|---|---|---|---|---|---|---|---|
| 序号 | 钻机类型 | 类别 | 单位 | 夏季柴油 | 冬季柴油 | 夏季机油 | 冬季机油 |
| 1 | ZJ70D | 自发电 | 元 | 19439.70 | 23101.26 | 1102.15 | 1212.40 |

（2）生活水费标准。参见表 3-43。

生活水费标准编制公式为

$$Czsd = Pzsj \times Qzsd$$

式中，*Czsd* 为生活水费标准，元/d；*Pzsj* 为生活水价格，元/$m^3$；*Qzsd* 为生活水消耗标准，$m^3$/d。

**表 3-43　生活水费标准**　　计量单位：d

| 标准编号 | | | K2-22 |
|---|---|---|---|
| 序号 | 钻机类型 | 单位 | 金额 |
| 1 | ZJ70D | 元 | 6.70 |

（3）其他材料费标准。参见表 3-44。

根据历史统计资料加权平均并除以年额定工作时间确定。其他材料费标准编制公式为

$$Czqd = \sum_{i=1}^{n} Czq_i \div n \div Tzrd$$

式中，*Czqd* 为其他材料费标准，元/d；$Czq_i$ 为第 *i* 部钻机年其他材料费，元；*n* 为钻机总数；*Tzrd* 为 ZJ70D 钻机年额定工作时间，330d。

**表 3-44　其他材料费标准**　　计量单位：d

| 标准编号 | | | K2-23 |
|---|---|---|---|
| 序号 | 钻机类型 | 单位 | 金额 |
| 1 | ZJ70D | 元 | 5536.37 |

3.4.2.3.4　其他直接费标准

（1）通讯费标准。参见表 3–45。

根据历史统计资料加权平均并除以年额定工作时间确定。通讯费标准编制公式为

$$Cztd = \sum_{i=1}^{n} Czt_i \div n \div Tzrd$$

式中，*Cztd* 为通讯费标准，元/d；$Czt_i$ 为第 *i* 个钻井队年通讯费，元；*n* 为钻井队总数；*Tzrd* 为钻井队年额定工作时间，330d。

**表 3-45　通讯费标准**　　计量单位：d

| 标准编号 | | | K2-24 |
|---|---|---|---|
| 序号 | 钻机类型 | 单位 | 金额 |
| 1 | ZJ70D | 元 | 210.00 |

（2）日常运输费标准。参见表 3-46。

日常运输费标准编制公式为

$$Czcd = Czca + Czcb + Czcc$$

式中，*Czcd* 为日常运输费标准，元/d；*Czca* 为日常材料运费，元/d；*Czcb* 为生活水运费，元/d；Czcc 为值班车费，元/d。

**表 3-46　日常运输费标准**　　计量单位：d

| 标准编号 | | | K2-25 |
|---|---|---|---|
| 序号 | 钻机类型 | 单位 | 金额 |
| 1 | ZJ70D | 元 | 1349.46 |

（3）保温费标准。参见表 3-47。

保温费标准编制公式为

$$Czbd = Czba + Czbb + Czbc + Czbd + Czbe$$

式中，*Czbd* 为保温费标准，元/d；*Czba* 为锅炉送井费，元/d；*Czbb* 为锅炉安装费，元/d；*Czbc* 为锅炉运行费，元/d；*Czbd* 为锅炉拆卸费，元/d；*Czbe* 为锅炉回收（转井）费，元/d。

**表 3-47　保温费标准**　　计量单位：d

| 标准编号 | | | K2-26 |
|---|---|---|---|
| 序号 | 钻机类型 | 单位 | 金额 |
| 1 | ZJ70D | 元 | 4249.07 |

（4）其他费标准。参见表 3-48。

其他费标准编制公式为

$$Cztd = Czta + Cztb$$

式中，*Cztd* 为其他费标准，元/d；*Czta* 为钻井队杂费，元/d；*Cztb* 为轮休交通费，元/d。

**表 3-48　其他费标准**　　计量单位：d

| 标准编号 | | | K2-26 |
|---|---|---|---|
| 序号 | 钻机类型 | 单位 | 金额 |
| 1 | ZJ70D | 元 | 99.75 |

3.4.2.3.5　管理费标准

管理费标准参照国际通行费率标准估算确定（表 3-49）。

**表 3-49　管理费标准**

| 标准编号 | | | K2-27 |
|---|---|---|---|
| 序号 | 名称 | 单位 | 费率 |
| 1 | 管理费 | % | 10.00 |

以直接费为基数。

3.4.2.3.6　风险费标准

根据近 3 年重大钻井复杂事故损失除以 3 年总结算费用确定。风险费标准（表 3-50）编制公式为

$$Czfd = \sum_{i=1}^{n} Czf_i \div \sum_{j=1}^{3} Czf_j \times 100$$

式中，*Czfd* 为风险费标准，%；$Czf_i$ 为 3 年中第 *i* 起复杂事故经济损失，元；$Czf_j$ 为每一年钻井结算费用，元。

**表 3-50　风险费标准**

| 标准编号 | | | K2-28 |
|---|---|---|---|
| 序号 | 名称 | 单位 | 费率 |
| 1 | 风险费 | % | 3.00 |

以直接费为基数。

3.4.2.3.7 利润标准

利润标准参照相关投资回报规定确定（表 3-51）。

**表 3-51 利润标准**

| 标准编号 | | | K2-29 |
|---|---|---|---|
| 序号 | 名称 | 单位 | 费率 |
| 1 | 利润 | % | 3.00 |

以直接费为基数。

3.4.2.3.8 相关价格

相关价格根据相关合同确定（表 3-52）。

**表 3-52 材料价格**

| 标准编号 | | | K2-30 |
|---|---|---|---|
| 序号 | 名称 | 单位 | 金额 |
| 1 | 柴油（冬夏季平均） | 元/t | 3397.03 |
| 2 | 柴油（夏季） | 元/t | 3239.95 |
| 3 | 柴油（冬季） | 元/t | 3554.04 |
| 4 | 汽油 | 元/t | 3638.25 |
| 5 | 机油 | 元/t | 5510.82 |
| 6 | 原油 | 元/t | 2296.84 |
| 7 | 电 | 元/kWh | 0.42 |
| 8 | 水 | 元/$m^3$ | 5.88 |

此价格为到井场价格。

3.4.2.4 预算标准

（1）钻进作业日费标准。将费用标准按直接费和间接费分别进行组合和计算，得出夏季日费标准和冬季日费标准。考虑到该油田每年夏季作业时间和冬季作业时间各占 50%，因此将夏季日费标准和冬季日费标准进行平均，得出一年平均综合日费标准。考虑到钻进作业过程中等待时一般要发生人工费、设备费、生活水费和间接费，扣除柴油费、机油费、其他材料费等项目，得出 ZJ70D 钻机钻进作业等待日费。参见表 3–53。当然，如果等待时没有人员，还要扣除人工费。需要根据具体管理模式和要求确定。

**表 3-53 ZJ70D 钻机钻进作业日费标准** 计量单位：d

| 标准编号 | | | K2-31 | K2-32 | K2-33 | K2-34 |
|---|---|---|---|---|---|---|
| 序号 | 名称 | 单位 | 夏季日费 | 冬季日费 | 综合日费 | 等待日费 |
| | 综合单价 | 元 | 70226.57 | 79530.71 | 74878.68 | 28977.65 |
| 1 | 直接费 | 元 | 60540.14 | 68560.95 | 64550.58 | 24980.73 |
| 1.1 | 人工费 | 元 | 9424.77 | 9424.77 | 9424.77 | 9424.77 |
| 1.2 | 设备费 | 元 | 23331.04 | 23331.04 | 23331.04 | 15299.06 |
| 1.2.1 | 钻机折旧费 | 元 | 15299.06 | 15299.06 | 15299.06 | 15299.06 |
| 1.2.2 | 钻机修理费 | 元 | 8031.98 | 8031.98 | 8031.98 | |

续表

| 标准编号 | | | K2-31 | K2-32 | K2-33 | K2-34 |
|---|---|---|---|---|---|---|
| 序号 | 名称 | 单位 | 夏季日费 | 冬季日费 | 综合日费 | 等待日费 |
| 1.3 | 材料费 | 元 | 26125.12 | 29896.86 | 28010.99 | 46.90 |
| 1.3.1 | 柴油费 | 元 | 19439.70 | 23101.26 | 21270.48 | |
| 1.3.2 | 机油费 | 元 | 1102.15 | 1212.40 | 1157.31 | |
| 1.3.3 | 生活水费 | 元 | 46.90 | 46.90 | 46.90 | 46.90 |
| 1.3.4 | 其他材料费 | 元 | 5536.37 | 5536.37 | 5536.37 | |
| 1.4 | 其他直接费 | 元 | 1659.21 | 5908.28 | 3783.78 | 210.00 |
| 1.4.1 | 通讯费 | 元 | 210.00 | 210.00 | 210.00 | 210.00 |
| 1.4.2 | 日常运输费 | 元 | 1349.46 | 1349.46 | 1349.46 | |
| 1.4.3 | 保温费 | 元 | | 4249.07 | 2124.57 | |
| 1.4.4 | 其他费 | 元 | 99.75 | 99.75 | 99.75 | |
| 2 | 间接费 | 元 | 9686.42 | 10969.75 | 10328.09 | 3996.92 |
| 2.1 | 管理费 | 元 | 6054.01 | 6856.10 | 6455.06 | 2498.07 |
| 2.2 | 风险费 | 元 | 1816.20 | 2056.83 | 1936.52 | 749.42 |
| 2.3 | 利润 | 元 | 1816.20 | 2056.83 | 1936.52 | 749.42 |

钻井队搬迁日费可考虑取等待日费。

（2）税费。考虑增值税、城乡维护建设税和教育费附加，取折算税率 1%。

#### 3.4.2.5 概算标准

按照标准井钻井周期概算标准，乘以钻进作业综合日费标准，再考虑相关税费，取 1% 折算税率，得出一口标准井的 ZJ70D 钻机钻进作业费概算标准（表 3-54）。

**表 3-54 某油田开发标准井钻进作业费概算标准** 计量单位：口井

| 标准编号 | | | K2-35 |
|---|---|---|---|
| 序号 | 名称 | 单位 | 金额 |
| | 综合单价 | 元 | 7837273.96 |
| 1 | 钻进作业费 | 元 | 7759677.19 |
| 2 | 税费 | 元 | 77596.77 |

### 3.4.3 钻头计价标准编制

以某油田某区块三开井身结构开发井为例，说明一套钻头计价标准编制方法。

#### 3.4.3.1 基础标准

根据油田实钻资料和标准井设计，确定开发井井身结构标准，见表 3-55。

**表 3-55 某油田开发标准井井身结构标准** 计量单位：口井

| 标准编号 | | K2-60 | K2-61 | K2-62 | K2-63 | K2-64 |
|---|---|---|---|---|---|---|
| 序号 | 钻进井段 | 钻头规格（mm） | 井深（m） | 进尺（m） | 套管规格（mm） | 套管下深（m） |
| 1 | 一开钻进 | 444.5 | 850 | 850 | 339.70 | 850 |
| 2 | 二开钻进 | 311.1 | 2450 | 1600 | 244.50 | 2450 |
| 3 | 三开钻进 | 215.9 | 3850 | 1400 | 168.30 | 3850 |

3.4.3.2 消耗标准

根据油田实钻资料统计分析，确定开发井钻头消耗标准，参见表3-56。

**表3-56 某油田开发井钻头消耗标准** 计量单位：口井

| 标准编号 | | | K2-65 | K2-66 |
|---|---|---|---|---|
| 序号 | 规格（mm） | 型号 | 进尺（m） | 数量（只） |
| 1 | 444.5 | MP1-1 | 850 | 3 |
| 2 | 311.1 | SHT22R-1 | 280 | 2 |
| 3 | | MP2R-1 | 240 | 2 |
| 4 | | HJ517G | 570 | 2 |
| 5 | | BD536 | 510 | 1 |
| 6 | 215.9 | HJ517G | 1400 | 8 |

3.4.3.3 费用标准

（1）间接费标准。参见表3-57。

**表3-57 间接费标准**

| 标准编号 | | | K2-67 |
|---|---|---|---|
| 序号 | 名称 | 单位 | 费率 |
| 1 | 企业管理费 | % | 10.00 |
| 2 | 风险费 | % | 3.00 |
| 3 | 利润 | % | 3.00 |

以直接费为基数。

（2）钻头价格。根据油田本年度钻头价格资料和相关合同，确定开发井钻头价格，参见表3-58。

**表3-58 钻头价格** 计量单位：只

| 标准编号 | | | | K2-68 |
|---|---|---|---|---|
| 序号 | 规格（mm） | 型号 | 单位 | 金额 |
| 1 | 444.5 | MP1-1 | 元 | 32025 |
| 2 | 311.1 | SHT22R-1 | 元 | 32970 |
| 3 | | MP2R-1 | 元 | 14462 |
| 4 | | HJ517G | 元 | 66108 |
| 5 | | BD536 | 元 | 451332 |
| 6 | 215.9 | HJ517G | 元 | 37023 |

3.4.3.4 预算标准

（1）钻头预算标准。采用同规格钻头消耗标准乘以钻头价格，除以钻进进尺累计长度，再考虑间接费，确定同一规格钻头平均单位进尺综合单价，见表3-59、表3-60、表3-61。

**表 3-59　444.5mm 钻头预算标准**　　计量单位：m

| 标准编号 | | | | K2-69 |
|---|---|---|---|---|
| 序号 | 项目 | 规格（mm） | 单位 | 金额 |
| | 综合单价 | | 元 | 131.11 |
| 1 | 直接费 | | 元 | 113.03 |
| 1.1 | 钻头费 | 444.5 | 元 | 113.03 |
| 2 | 间接费 | | 元 | 18.08 |
| 2.1 | 企业管理费 | | 元 | 11.30 |
| 2.2 | 风险费 | | 元 | 3.39 |
| 2.3 | 利润 | | 元 | 3.39 |

**表 3-60　311.1mm 钻头预算标准**　　计量单位：m

| 标准编号 | | | | K2-70 |
|---|---|---|---|---|
| 序号 | 项目 | 规格（mm） | 单位 | 金额 |
| | 综合单价 | | 元 | 491.85 |
| 1 | 直接费 | | 元 | 424.01 |
| 1.1 | 钻头费 | 311.1 | 元 | 424.01 |
| 2 | 间接费 | | 元 | 67.84 |
| 2.1 | 企业管理费 | | 元 | 42.40 |
| 2.2 | 风险费 | | 元 | 12.72 |
| 2.3 | 利润 | | 元 | 12.72 |

**表 3-61　215.9mm 钻头预算标准**　　计量单位：m

| 标准编号 | | | | K2-71 |
|---|---|---|---|---|
| 序号 | 项目 | 规格（mm） | 单位 | 金额 |
| | 综合单价 | | 元 | 245.42 |
| 1 | 直接费 | | 元 | 211.56 |
| 1.1 | 钻头费 | 215.9 | 元 | 211.56 |
| 2 | 间接费 | | 元 | 33.86 |
| 2.1 | 企业管理费 | | 元 | 21.16 |
| 2.2 | 风险费 | | 元 | 6.35 |
| 2.3 | 利润 | | 元 | 6.35 |

（2）税费。取增值税、城乡维护建设税和教育费附加 3 项税费折算税率 0.9%。

#### 3.4.3.5　概算标准

按照标准井井身结构标准中各钻进井段长度，乘以钻头预算标准，再考虑相关税费，得出一口标准井的钻头概算标准。参见表 3-62。

**表 3-62　某油田开发标准井钻头概算标准**　　计量单位：口井

| 标准编号 | | | | K2-71 |
|---|---|---|---|---|
| 序号 | 项目 | 规格（mm） | 单位 | 金额 |
| | 综合单价 | | 元 | 1253166.16 |
| 1 | 钻头费 | | 元 | 1241988.27 |
| 1.1 | 钻头费 | 444.5 | 元 | 111444.27 |

续表

| 标准编号 | | | | K2-71 |
|---|---|---|---|---|
| 序号 | 项目 | 规格（mm） | 单位 | 金额 |
| 1.2 | 钻头费 | 311.1 | 元 | 786960.48 |
| 1.3 | 钻头费 | 215.9 | 元 | 343583.52 |
| 2 | 税费 | | 元 | 11177.89 |

## 3.5 钻进工程造价计算举例

钻进工程造价计算主要分为钻进工程量清单编制和钻进工程造价计算两部分。根据钻井工程设计和相关技术标准要求，编制钻进工程量清单。依据钻进工程量清单和相关计价标准，计算出钻进工程造价。根据钻井工程设计，表3-63给出某油田开发井井身结构数据。

**表3-63 某油田开发井井身结构数据**

| 序号 | 钻进井段 | 钻头规格（mm） | 井深（m） | 进尺（m） | 套管规格（mm） | 套管下深（m） |
|---|---|---|---|---|---|---|
| 1 | 一开钻进 | 444.5 | 850 | 850 | 339.7 | 848 |
| 2 | 二开钻进 | 311.1 | 2450 | 1600 | 244.5 | 2445 |
| 3 | 三开钻进 | 215.9 | 3900 | 1450 | 168.3 | 3860 |

### 3.5.1 钻进工程量清单编制

编制钻进工程量清单时，按钻进工程量计算规则要求，以分部分项工程为基础编制工程量清单；若有特殊钻进工程项目，未包含在已设立钻进工程项目，则放在其他作业下面，根据编码规则补充新的编码。表3-64给出了示例。

**表3-64 分部分项工程量清单**

| 编码 | 项目名称 | 计量单位 | 工程量 | 备注 |
|---|---|---|---|---|
| 210000 | 钻进作业 | d | 107.42 | |
| 211000 | 一开钻进 | d | 12.92 | |
| 211100 | 钻进施工 | d | 7.86 | |
| 211200 | 完井施工 | d | 5.06 | |
| 212000 | 二开钻进 | d | 40.63 | |
| 212100 | 钻进施工 | d | 29.4 | |
| 212200 | 完井施工 | d | 11.23 | |
| 213000 | 三开钻进 | d | 53.87 | |
| 213100 | 钻进施工 | d | 43.14 | |
| 213200 | 完井施工 | d | 10.73 | |
| 220000 | 主要材料 | | | |
| 221000 | 钻具 | m | 3900 | |
| 222000 | 钻头 | | | |
| 222100 | 一开钻进 | m | 850 | |

续表

| 编　码 | 项 目 名 称 | 计量单位 | 工 程 量 | 备　注 |
|---|---|---|---|---|
| 222200 | 二开钻进 | m | 1600 | |
| 222300 | 三开钻进 | m | 1450 | |
| 223000 | 钻井液材料 | | | |
| 223100 | 一开钻进 | m | 850 | |
| 223200 | 二开钻进 | m | 1600 | |
| 223300 | 三开钻进 | m | 1450 | |
| 230000 | 大宗材料运输 | | | |
| 231000 | 钻具运输 | 口井 | 1 | |
| 232000 | 钻头运输 | 口井 | 1 | |
| 233000 | 钻井液材料运输 | 口井 | 1 | |
| 240000 | 技术服务 | | | |
| 243000 | 定向井服务 | | | |
| 243100 | 搬迁 | 井次 | 1 | |
| 243200 | 定向施工 | d | 40 | |
| 250000 | 其他作业 | | | |
| 251000 | 环保处理 | 口井 | 1 | |

### 3.5.2 钻进工程造价计算

钻进工程造价计算包括钻进工程造价汇总和分部分项工程量清单计价两个部分，见表3-65和表3-66。首先进行钻进工程分部分项工程量清单计价，根据工程项目选取相应的预算标准中的综合单价，采用工程量乘以综合单价，得出分部工程或分项工程费用金额，再归类合计。其次按单位工程费进行汇总，并计算税费，再汇总成钻进工程造价。

**表3-65　钻进工程造价**

| 编 码 | 项 目 名 称 | 单 位 | 金　额 | 备　注 |
|---|---|---|---|---|
| 200000 | 钻进工程费 | 元 | 10154202.31 | 210000+220000+230000+240000+250000+260000 |
| 210000 | 钻进作业费 | 元 | 6099737.28 | 分部分项工程量清单计价 210000 |
| 220000 | 主要材料费 | 元 | 3131674.00 | 分部分项工程量清单计价 220000 |
| 230000 | 大宗材料运输费 | 元 | 57675.55 | 分部分项工程量清单计价 230000 |
| 240000 | 技术服务费 | 元 | 612578.82 | 分部分项工程量清单计价 240000 |
| 250000 | 其他作业费 | 元 | 152000.00 | 分部分项工程量清单计价 250000 |
| 260000 | 税费 | 元 | 100536.66 | （210000+220000+230000+240000+250000）×1% |

**表3-66　分部分项工程量清单计价**

| 编　码 | 项 目 名 称 | 计量单位 | 工程量 | 综合单价（元） | 金额（元） | 备　注 |
|---|---|---|---|---|---|---|
| 210000 | 钻进作业 | d | 107.42 | 56784.00 | 6099737.28 | |
| 220000 | 主要材料 | | | | 3131674.00 | |
| 221000 | 钻具 | m | 3900 | 188.37 | 734643.00 | |
| 222000 | 钻头 | | | | 916083.00 | |

续表

| 编　码 | 项 目 名 称 | 计量单位 | 工程量 | 综合单价（元） | 金额（元） | 备　注 |
|---|---|---|---|---|---|---|
| 222100 | 一开钻进 | m | 850 | 86.66 | 73661.00 | |
| 222200 | 二开钻进 | m | 1600 | 333.41 | 533456.00 | |
| 222300 | 三开钻进 | m | 1450 | 213.08 | 308966.00 | |
| 223000 | 钻井液材料 | | | | 1480948.00 | |
| 223100 | 一开钻进 | m | 850 | 266.00 | 226100.00 | |
| 223200 | 二开钻进 | m | 1600 | 404.67 | 647472.00 | |
| 223300 | 三开钻进 | m | 1450 | 418.88 | 607376.00 | |
| 230000 | 大宗材料运输 | | | | 57675.55 | |
| 231000 | 钻具运输 | 口井 | 1 | 27325.55 | 27325.55 | |
| 232000 | 钻头运输 | 口井 | 1 | 3650.00 | 3650.00 | |
| 233000 | 钻井液材料运输 | 口井 | 1 | 26700.00 | 26700.00 | |
| 240000 | 技术服务 | | | | 612578.82 | |
| 243000 | 定向井服务 | | | | 612578.82 | |
| 243100 | 搬迁 | 井次 | 1 | 9537.22 | 9537.22 | |
| 243200 | 定向施工 | d | 40 | 15076.04 | 603041.60 | |
| 250000 | 其他作业 | | | | 152000.00 | |
| 251000 | 环保处理 | 口井 | 1 | 152000.00 | 152000.00 | |

# 4 固井工程造价理论与方法

## 4.1 固井工程基本概念

固井是在油气井阶段完钻或最终完井后，在油气井井眼内下入套管，并向套管与井壁或套管与上一层套管间注入油井水泥浆的作业。

固井工程指在完钻电测绘解后，根据绘解结果进行固井设计、下套管、注水泥封固井眼与套管环空的整个作业过程。按一口井施工阶段分，固井工程主要内容包括导管固井、表层套管固井、技术套管固井、生产套管固井，其主要内容和工作流程见图 4-1 和图 4-2。

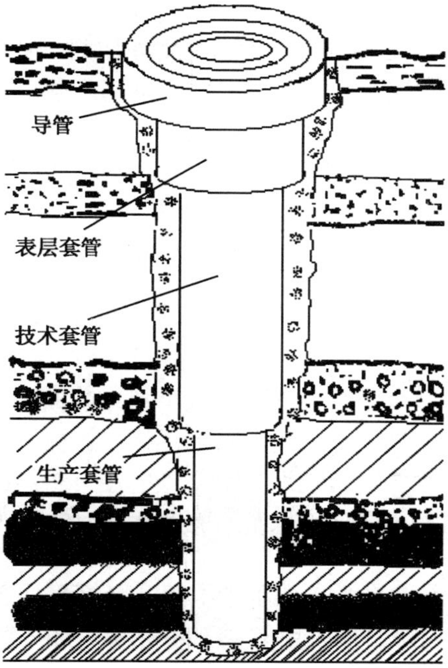


图 4-1 固井工程主要内容

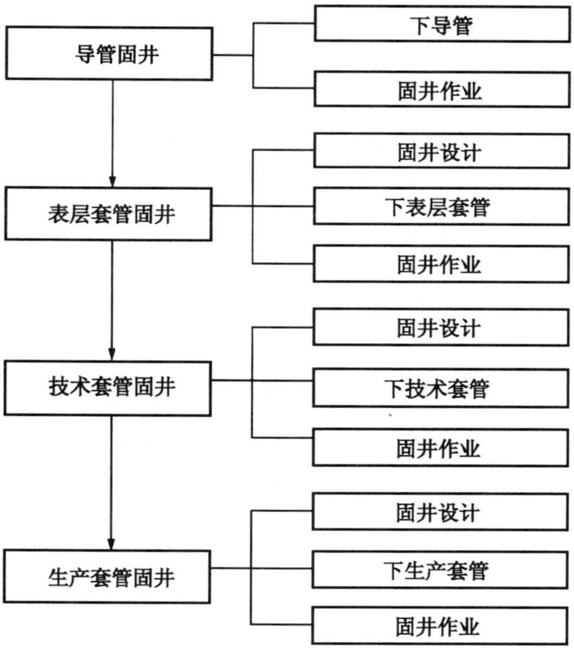


图 4-2 固井工程工作流程

从工程造价项目角度分，固井工程包括固井作业、主要材料、大宗材料运输、技术服务和其他作业。

### 4.1.1 固井工程主要内容

#### 4.1.1.1 导管固井

（1）导管固井概念。

导管一般指在钻机（井架）基础中心自钻台面挖一深度 7～8m 圆井，按设计下入与井深结构设计相匹配的套管或螺纹管，与井口中心线垂直、找平后，管外灌混凝土封固，俗称打水泥帽子。

西部地区采用人工开挖圆井后下导管的方法较多，东部地区因地下水位较浅，地表疏松不宜人工开挖，一般采用水力冲击方法完成导管的下入和封固。部分地区由于地表土壤层厚，也有采用大尺寸钻头钻井后，下入30～60m导管，并注水泥封固。

（2）导管固井作用。

①在第一次开钻时，避免因水力冲蚀与浸泡造成地表松软地层的坍塌，影响钻机基础的稳定性。

②作为第一次开钻时钻井液循环的出口，导管侧向出口与钻井液槽连接或通向钻井液循环系统。

4.1.1.2　*表层套管固井*

（1）表层套管固井概念。

表层套管通常是油气井套管程序中最外层的套管。当钻井深度达到表土层以下的基岩或规定井深后，下入表层套管，用水泥把接近地表的浅地层封固起来。

表层套管的深度与地区、地层及完井井深有关，从几十米到几百米不等。套管尺寸通常为508.0mm或339.7mm。表层套管固井水泥浆一般采用普通的油井水泥，不用外加剂，但个别井钻遇到浅气层或水层，往往用催凝剂做外加剂，使水泥浆尽快凝固，防止窜槽。表层套管所封固的井眼往往不规则，所以施工时水泥用量附加系数要大些。

（2）表层套管固井作用。

①把上部松软地层或砾石层封固起来，防止坍塌。

②将地表的水层和浅气层封固起来，防止污染和气窜。

③用于安装套管头和井口防喷器。

④用于悬挂技术套管和生产套管。

4.1.1.3　*技术套管固井*

（1）技术套管固井概念。

技术套管是油气井套管程序里中间层的套管。并不是每口井都要下技术套管，也不一定只有一层技术套管，取决于井深、地质情况，根据钻井技术的需要而下入技术套管，注水泥封固。

技术套管固井深度与地区、地层及完井井深有关，从几百米到数千米不等。套管尺寸通常为339.7mm、244.5mm或177.8mm。技术套管固井水泥浆一般采用G级油井水泥，加一些外加剂，水泥浆一般返到井口，有的返到设计深度即可。

（2）技术套管固井作用。

①井筒内如存在多套地层压力系统，需用技术套管封固一至两套压力系统，以保证钻井安全。

②用技术套管封固盐层、盐水层和脱水石膏等易对钻井液造成污染的地层和易缩径坍塌造成卡钻的地层，以保证顺利固井。

③为满足钻定向井、水平井等钻井工艺需要，用技术套管保护上部井段。

④用技术套管封固目的层以上高压水层和无开采价值的高压层。

⑤对一些压力系数低的储层需用套管封固上部地层，以防钻井液密度高污染储层。

⑥欠平衡钻井时，需用套管封固储层以上地层，确保施工效果和欠平衡钻井的安全。

4.1.1.4 生产套管固井

（1）生产套管固井概念。

生产套管是油气井套管程序里最内一层套管，又称油层套管。生产套管通常要从井口下到油气层以下，然后注水泥固井。

生产套管固井深度与完井井深有关，从几百米到数千米不等。套管尺寸通常为 177.8mm、139.7mm 或 127.0mm。生产套管固井水泥浆一般采用 G 级油井水泥，加一些外加剂，气井和探井生产套管固井的水泥浆要求返到井口，油井生产套管固井的水泥浆一般要求返到油层以上 150～300m 即可。生产套管固井质量直接影响到油气井的寿命。

（2）生产套管固井作用。

①把油气层和井眼内其他地层全部封隔，使油、气、水不能混窜。

②用于安装采油采气井口设备和悬挂油管，建立油气开采通道。

③对下井的油管和井下工具、仪器起到保护作用。

### 4.1.2 固井作业方法

固井作业方法包括常规单级固井法、分级固井法、插入式固井法、尾管固井法、套管外封隔固井法、预应力固井法等。

4.1.2.1 常规单级固井法

4.1.2.1.1 基本工艺过程

（1）下套管后循环处理好钻井液，做好固井注水泥施工各项准备工作；

（2）停止循环钻井液，注前置液，然后注水泥浆；

（3）注完水泥浆后，再注入后隔离液；

（4）最后用钻井液顶替，一直到水泥浆返至套管外环形空间，套管内部浮箍以下为水泥浆，浮箍以上为后隔离液和钻井液，至此固井注水泥作业结束。

固井注水泥作业基本工艺见图 4-3 所示。

4.1.2.1.2 适用情况

适用于所有油气井固井，是应用最广泛最常用的一种固井作业方法。

4.1.2.2 分级固井法

分级固井就是应用分级注水泥接箍，分两次或三次完成一层套管固井的作业方法。用于双级固井作业的分级注水泥接箍简称双级箍，是使用最广泛的分级注水泥接箍，见图 4-4。

4.1.2.2.1 基本工艺过程

常规的非连续式的二级注水泥工序：

（1）一级注水泥浆施工。

①循环钻井液两周以上，把钻井液性能调整到设计性能；

②先注前置液，再注第一级水泥浆，见图 4-4a；

③然后打开水泥头一级碰压塞（下胶塞）挡销，释放下胶塞；

④开泵注后隔液，替钻井液，直到碰压；

⑤然后泄压，检查有无倒流现象；

⑥无倒流，则投重力塞，再开泵蹩压，剪断打开套销钉，迫使打开套下行露出循环孔，见图 4-4b；

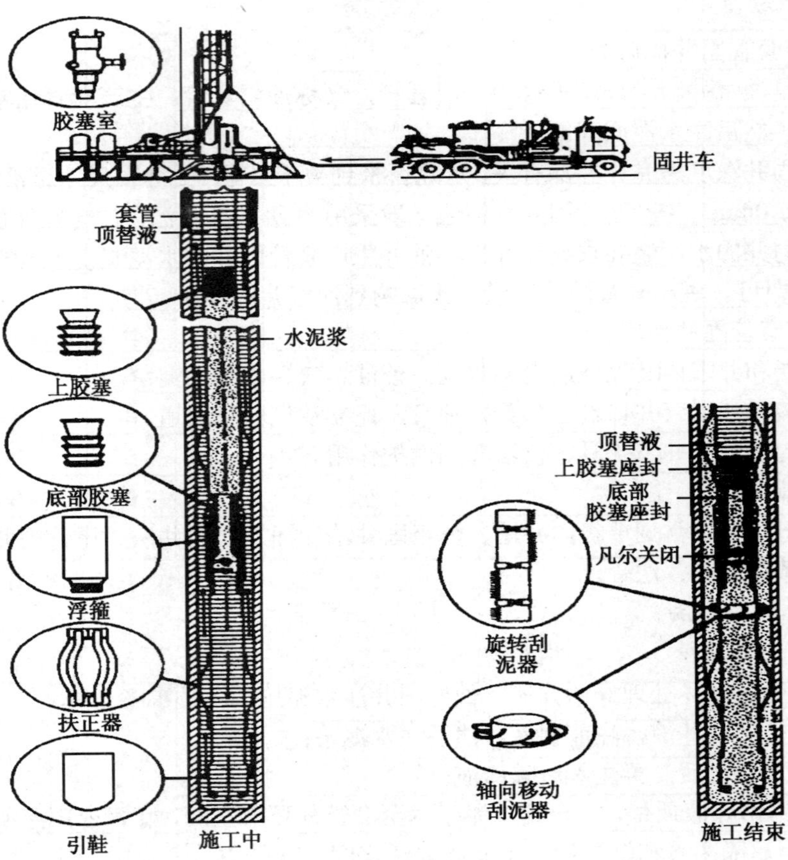


图 4-3　常规单级固井工艺

⑦循环钻井液两周以上，同时一级注水泥浆候凝。

（2）二级注水泥浆施工。

①一级注水泥浆初凝后，同时钻井液性能调整到设计性能；

②注前置液，再注第二级水泥浆；

③然后打开水泥头关闭塞挡销，释放关闭塞；

④注后隔离液，然后开泵替钻井液直到碰压，见图 4-4c；

⑤憋压、关闭循环孔，稳压 5min 后泄压；

⑥检查有无倒流，如倒流则憋压候凝，无倒流则敞压候凝。

4.1.2.2.2　适用情况

（1）在多油气层中，有的下部产层压力系数低，上部产层压力系数高，需要双级注水泥。

（2）同一井眼内两个或两个以上储层间隔较长，采用分级注水泥，间隔段不注水泥，即节省了水泥，又防止因环空水泥浆柱过长造成的种种问题，如上部产层水泥浆因顶替时间过长容易窜槽，下部产层因压差过大容易造成水泥浆漏失污染等。

（3）对于长封固井段，双级注水泥可降低环空液柱压力，防止漏失。

（4）在高压油气层中，可使用两凝水泥浆固井，分级注入不同稠化时间的水泥浆，可防止环空高压油气上窜。

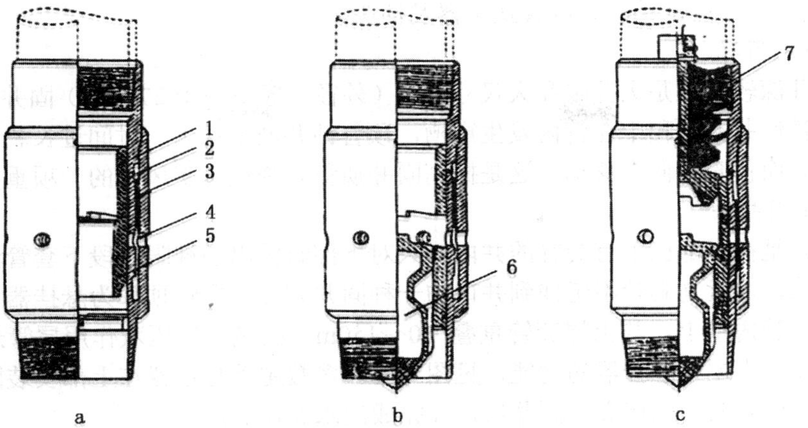


图 4-4　双级注水泥接箍工作原理

1—上内套；2—液压孔；3—关闭套；4—循环孔；5—下内套；6—重力塞；7—关闭塞

#### 4.1.2.3　插入式固井法

##### 4.1.2.3.1　基本工艺过程

在套管下部装配内管注水泥器，见图 4-5，注水泥前将钻杆插入内管注水泥器上的插座。注水泥完，由钻杆胶塞替水泥浆，施工结束时提出钻杆，依靠内管注水泥器上的单向阀或尼龙球控制回流。具体施工过程：

（1）将内管注水泥器插座预先接于套管柱底部；

（2）按设计长度将套管下入井内，下套管过程应及时向套管内灌满钻井液；

（3）接插头、钻杆及安装内管扶正器，按常规要求下钻，准确控制钻柱到达插座时方入和悬重；

（4）接好方钻杆，缓慢下放，接近插座预计位置时开泵，当钻井液灌满套管内环空时停泵，缓慢下放方钻杆对入插座，观察指重表加压到预定值，标记方入位置；

（5）开泵观察泵压及套管内环空钻井液是否外溢，方入标记是否上移；

（6）按常规固井作业，通过钻杆依次注入前置液、水泥浆、后置液和钻井液；

（7）注替水泥浆结束后，立即上提钻柱，开泵循环冲洗，直到将套管内残余水泥浆全部返出井口为止；

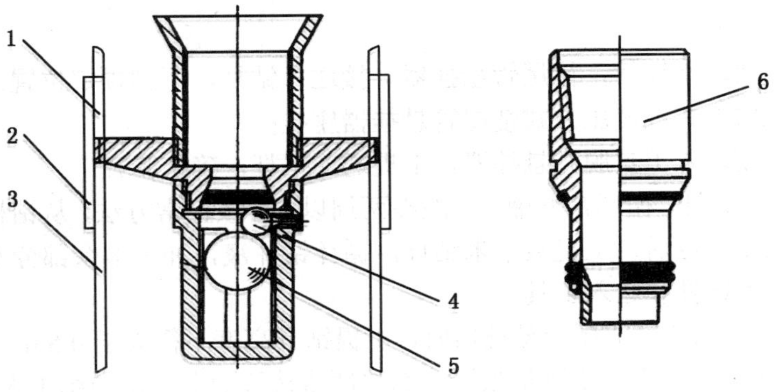


图 4-5　套管嵌装型内管注水泥器

1—套管；2—接箍；3—套管；4—尼龙球；5—限位球；6—配合接头

（8）起出井下全部钻柱、内管扶正器及插头。

4.1.2.3.2　适用情况

适用于井深较浅且是大井眼和大尺寸套管（外径一般不小于 273mm）固井。其作用是防止注水泥及替钻井液过程中在管内发生窜槽，顶替钻井液量过大，时间过长。也可防止产生过大的上顶力而使套管向上移动。这是提高固井质量和降低施工风险的一项重要措施。

4.1.2.4　尾管固井法

尾管固井是在上部已下有套管的井内，只对下部新钻出的裸眼井段下套管注水泥进行封固的固井方法，也就是套管不延伸到井口的一种固井方法。尾管顶部为悬挂器，靠卡瓦和锥套挂在上层套管内壁上，与上层套管重叠 50～150m。机械—液压双作用尾管悬挂器具有轨道式悬挂器和水力尾管悬挂器的功能，见图 4-6。多数尾管悬挂器在上部安装回接筒，可以从回接筒喇叭口处向上回接套管到井口，并完成注水泥作业。

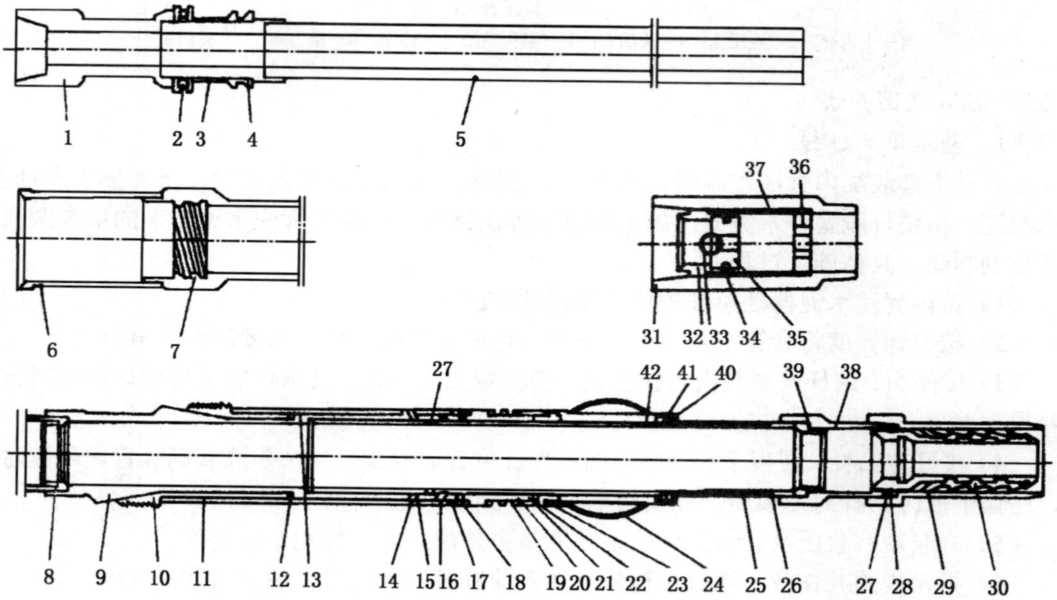


图 4-6　机械—液压双作用尾管悬挂器

1～5—送入工具；6～7—反螺纹；8～32—主体及换向机构；33～36—空心胶塞及短节；37～42—球座短节

4.1.2.4.1　基本工艺过程

（1）按设计要求下尾管，接尾管悬挂器，接送入钻杆，下到预定位置；

（2）采用机械方式或液压方式使尾管悬挂器座挂；

（3）倒扣，使送入工具脱开悬挂器，上提送入钻杆，确认脱开；

（4）下放送入钻杆，循环钻井液，一般在两周以上，按正常方法，从钻杆内注水泥固井；

（5）注水泥完碰压后，上提数十米钻杆，循环钻井液，冲洗多余部分水泥浆；

（6）起出送入钻杆和送入工具。

施工要点：①下入轨道式尾管悬挂器时，上提钻具高度不得大于 0.5m。②下水力式悬挂器中途开泵时，开泵要平稳，小排量顶通。③要严格按说明书，由熟练工人和技术人员进行操作。④严格按设计注入水泥浆量。在注完水泥后，钻具上提 7～8m，循环，将多余的水泥浆循环出来。

4.1.2.4.2　适用情况

（1）上部环形空间大，可降低流动阻力，减少对油层的压力，有利于防漏和保护油层。

（2）减少深井一次下入的套管长度，减轻了套管重量。

（3）可以节省套管和水泥，降低钻井成本。

4.1.2.5　套管外封隔固井法

4.1.2.5.1　基本工艺过程

套管外封隔固井就是应用连接在套管串的管外注水泥封隔器，见图 4-7，在注水泥及水泥凝固过程中，实现套管环形封隔。

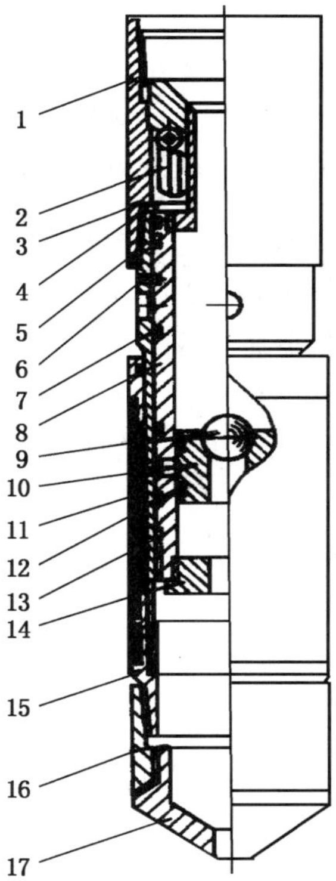

图 4-7　管外注水泥封隔器

1—上接头；2—回压阀总成；3—挡阀套；4—挡圈；5—卡簧；6—剪销Ⅱ；7—“O”形圈；8—关闭套；9—铜球；10—打开套及剪销；11—封隔器总成；12—“O”形圈；13—中心管；14—孔板；15—下接头；16—套管鞋；17—引鞋

工作原理是：下套管前，将套管封隔器接在套管串中的设计位置，下到预定设计深度后，进行正常循环，调整好钻井液性能。投入铜球，憋压剪断打开套销钉后，打开套下行露出进液孔。此时，钻井液通过进液孔进入胶筒与中心管的膨胀腔，使胶筒膨胀而封闭了裸眼井段。随着泵压继续升高到一定值时，剪断关闭套销钉，关闭套下行，露出注水泥孔，同时关闭胶筒进液孔，将使胶筒永久膨胀处于关闭状态。回压阀则恢复到自由状态，这时可转入注水泥作业阶段。

其工艺过程同常规固井作业、分级固井作业或尾管固井作业基本一致，主要是针对管外注水泥封隔器有些特殊工艺要求：

（1）准确计算施工压力：施工最大压力 = 剪销压力+封隔器上下环空压差+附加压力。

（2）安放位置应选在油气层顶部或漏失层以上，井径规则、岩性较坚硬的井段。

（3）确定管外封隔器坐封位置承受的压力差。

（4）检查封隔器外径、内径和销钉尺寸是否符合要求。

（5）封隔器上下应装扶正器。

（6）用水泥车憋压时操作要平稳，以小排量开泵升压到施工压力时停泵，稳压 3min，然后放压到 0。

4.1.2.5.2　适用情况

它可以解决高压井、低压井、复杂井、易漏井和调整井的气窜与漏失问题，还可以解决油层上部的岩石坍落。主要应用情况见图 4-8。

4.1.2.6　预应力固井法

对套管施加预应力的固井方法。

4.1.2.6.1　基本工艺过程

（1）在套管底部安装地锚，见图 4-9，注水泥前给套管提拉预应力。

（2）有时在套管柱下部安放水泥伞，见图 4-10，防水泥浆下沉。

（3）在套管柱上部安放热应力补偿工具，见图 4-11，对套管伸缩进行补偿。

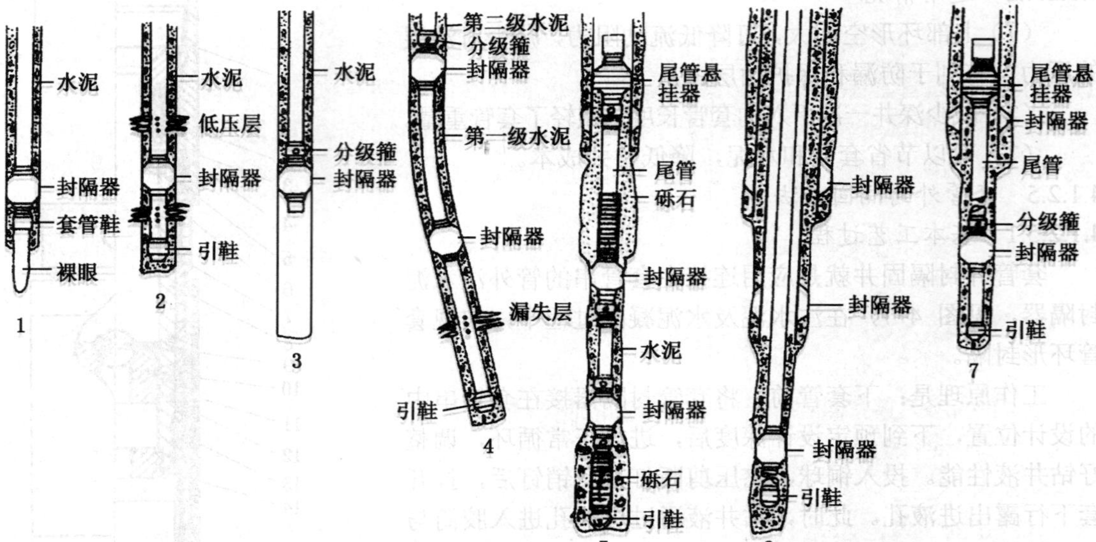


图 4-8　套管外封隔注水泥应用情况

1—密封技术套管；2—隔离地层；3—套管鞋密封；4—定向井分级注水泥；5—多层裸眼砾石充填；6—多层套管完井；7—尾管双级注水泥

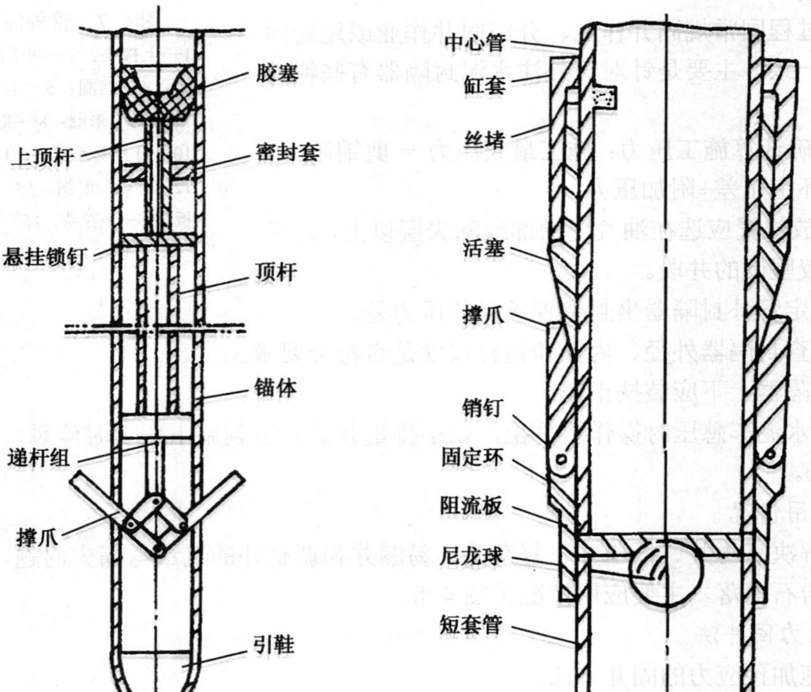


图 4-9　预应力固井用地锚

a—WA-Ⅰ型卡瓦式地锚；b—WA-Ⅱ型空心型地锚

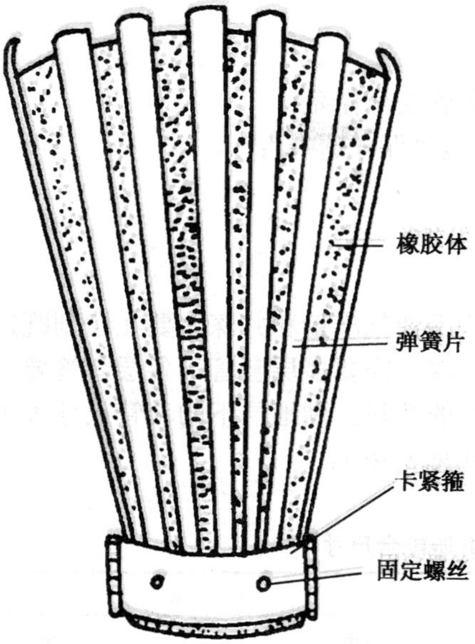

图 4-10　水泥伞

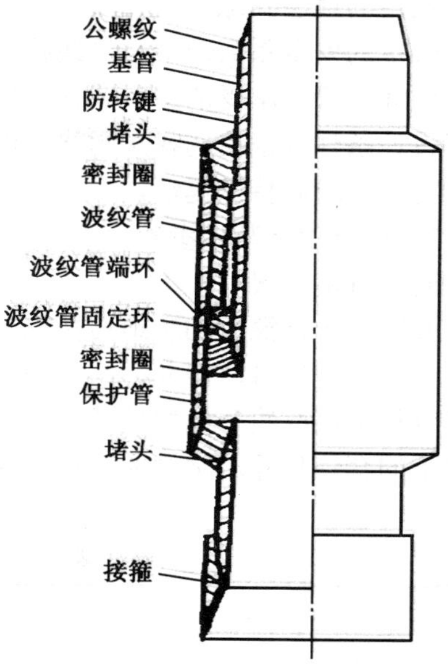

图 4-11　热应力补偿工具

（4）按常规一次注水泥作业进行固井，通常采用加砂油井水泥或耐高温低密度水泥。

4.1.2.6.2　适用情况

主要用于稠油热采井固井。

### 4.1.3　固井工程施工程序

固井工程施工程序主要分固井设计、下套管作业、固井作业。

4.1.3.1　固井设计

固井设计主要内容是套管柱设计和固井施工设计（注水泥方式、固井水泥浆、前置液、隔离液、替钻井液）。

4.1.3.1.1　套管柱设计

套管柱设计对一口井的工程造价影响很大，套管柱费用高，而且下井后一次消耗，所以应当尽量节省，但不能单纯地用节约套管费用来降低工程造价。优化套管柱设计首先要保证勘探开发任务的完成，在此前提下寻找技术和经济的最佳结合点。

（1）设计原则。

套管柱设计总的原则是，必须保证在油气井使用的整个期间，作用在套管柱上的最大应力在允许的安全范围内，即要使油气井得到可靠的保护，又要达到尽可能好的经济效益，降低工程造价。套管安全系数过低，可能出现套管损害，反而经济损失更大；安全系数过高，套管柱的费用就会提高，所以必须根据套管柱在井眼中的所受各种外力，准确制定出既安全又经济的方案。

（2）套管设计必备的资料。

套管尺寸及所下深度、井眼尺寸及深度；钻井液密度梯度、实际地层孔隙压力梯度及地层破裂压力梯度；井径、井斜方位变化和油井完成方法等。设计中所规定的“假设条件”：

①采用最大载荷法设计计算时，井口装备的额定压力值为井口压力值；

②内压力预计的假设井涌量；

③规定的地层孔隙压力梯度；

④规定的安全系数及最小过载拉力；

⑤预计套管所承受的最大载荷，选用合适的套管安全储备；

⑥设计条件及载荷选择采用“一般选择”，还是“保守选择”；

⑦特殊要求和特殊提示。

（3）套管设计基本参数。

①套管规格（尺寸）。

探井取决于钻探目的和地质情况，生产井取决于油气产量和井深。要在达到既定目的前提下做到安全又经济，浅井往往只需要一层套管，深井需要多层套管，各层套管要合理的配合。套管规格还取决于地层性质，同一尺寸钻头打的井眼，硬地层下的套管尺寸大于或等于软地层下的套管尺寸。常规的套管与井眼配合尺寸见表4-1。

**表4-1　常规套管与井眼配合尺寸**

| 套管 | | 井眼 | |
|---|---|---|---|
| mm | in | mm | in |
| 762 | 30 | 914.4 | 36 |
| 508 | 20 | 640.4 | 26 |
| 473.08 | $18^5/_8$ | 589.6 | 24 |
| 406.40 | 16 | 469.90～508 | $18^1/_2$～20 |
| 339.73 | $13^3/_8$ | 444.5 | $17^1/_2$ |
| 298.45 | $11^3/_4$ | 381～444.5 | 15～$17^1/_2$ |
| 273.05 | $10^3/_4$ | 311.15～381 | $12^1/_4$～15 |
| 244.48 | $9^5/_8$ | 311.15 | $12^1/_4$ |
| 219.08 | $8^5/_8$ | 241.30～311.15 | $9^1/_2$～$12^1/_4$ |
| 193.68 | $7^5/_8$ | 215.90～269.88 | $8^1/_2$～$10^5/_8$ |
| 177.80 | 7 | 238.13～250.83 | $9^3/_8$～$9^7/_8$ |
| 168.28 | $6^5/_8$ | 200.03～215.90 | $7^7/_8$～$8^3/_4$ |
| 139.70 | $5^1/_2$ | 171.45～222.25 | $6^3/_4$～$8^3/_4$ |
| 127.00 | 5 | 152.40～200.03 | 6～$7^7/_8$ |
| 114.30 | $4^1/_2$ | 152.40～200.03 | 6～$7^7/_8$ |

②套管下入深度。

套管下入深度要考虑以下几个因素：套管所选择的深度应减少井漏和井喷的机会；各层套管下入深度根据该地区地质资料确定，表层套管和技术套管的下入深度根据地层流体压力、钻井液密度梯度和破裂压力梯度与深度的关系确定；生产套管要穿过生产层。

③需考虑的特殊问题。

在酸性环境必须选用抗酸性套管；在热采条件下套管设计强度要考虑预应力固井，套管强度要满足热采工艺的要求；套管在直井或斜井及水平井中曲率变化大井段（弯曲井眼中）常发生严重弯曲产生弯曲应力，对套管的抗拉强度和抗内压强度产生影响，并使轴向载荷增加，因此在进行抗张设计和抗挤压设计时，要考虑弯曲应力的影响。

（4）套管柱设计主要内容。

通过套管所受的轴向拉力、外挤压力、内压力、双轴应力的计算，确定各层套管的钢级、壁厚和长度。

①轴向拉力。

轴向拉力就是套管在井中某断面、单位面积所受的拉伸力，用 $kg/cm^2$ 表示。井口处套管轴向拉力最大，井越深上部套管轴向拉力越大，计算轴向拉力要考虑作用到套管柱底部的浮力。

②外挤压力。

外挤压力就是套管柱外液柱对套管产生的向内压力。处于钻井液中的套管承受的外挤压力是管外钻井液压力，外挤压力在井口为零。在出现井漏使套管内液面下降、套管被淘空等情况时，就会对套管产生外挤压力。抗挤压力设计系数一般取 1.0。

③内压力。

内压力就是液柱在套管内产生的压力。通常在井底出现井涌和循环漏失时产生内压力，管内压力在套管底部是地层破裂压力，管外压力在套管底部是地层孔隙压力。表层套管应根据内外压力差设计。抗内压设计系数一般取 1.1。

④双轴应力。

双轴应力就是拉伸力和挤压力的合力。

（5）套管柱设计步骤。

先根据外挤压力的大小进行抗挤强度设计，然后自上而下进行抗拉强度校核。

（6）各层套管设计内容。

①表层套管设计。

通过进行外挤压力、内压力、轴向拉力、双轴应力及各规格套管段长度计算，确定表层套管的规格和长度。

②技术套管设计。

根据抗挤力和有效内压力的计算，确定各分段技术套管规格（钢级与壁厚）以及各段的长度。

③生产套管设计。

生产套管设计主要考虑三个问题，一是外挤压力，油井后期可能出现全空状态，外挤压力是管外钻井液压力，这种外挤压力井口最小，井底最大，因此在计算时主要考虑套管柱下部的抗挤强度；二是内压力，套管内压力是封隔器以上完全充满液体压力与井口关井压力之和，有效压力应减去管外压力，确定套管抗内压强度；三是轴向拉力，在计算时要考虑液体的浮力作用，管柱底部受压，而井口拉伸载荷最大。通过计算确立出生产套管各段的规格（钢级与壁厚）以及各段的长度。

④尾管设计。

尾管包括起技术套管作用的钻井尾管和起生产套管作用的采油尾管。由于尾管处于井的下部，一般考虑只要满足外挤压力和内压力要求即可。所以在设计时，只进行抗挤强度计算和抗内压强度计算，而其他受力状况忽略不计；但在计算时考虑液体的浮力。通过计算确立不同深度的分段套管的规格、钢级、壁厚和长度。

4.1.3.1.2 固井施工设计

（1）设计内容。

①井眼温度、压力、钻井液性能等井况条件分析；

②固井目的及方法；

③注水泥作业方式选择；

④送井套管的型号、钢级、尺寸等与设计要求对比校核；

⑤固井工艺设计；

⑥水泥浆设计（水泥浆密度、用量、性能、配方设计和对各种化验数据的要求）；

⑦前置液和后置液设计；

⑧注替水泥浆量工艺设计，替水泥浆量计算，顶替流态、流速选择和施工程序等；

⑨固井设备与工具附件的选择与安装要求，如水泥车等车辆配备，扶正器合理安放位置等；

⑩注水泥前准备工作及要求，如钻井液性能调整，循环洗井时间及排量、人员及固井器具准备；

⑪固井施工动态模拟分析计算结果；

⑫施工技术要求；

⑬施工组织要求；

⑭固井复杂情况计算；

⑮固井费用表；

⑯附图：

a. 套管柱受力与强度校核图；

b. 套管居中曲线；

c. 注替过程井口压力变化；

d. 注替过程井底压力变化；

e. 注替过程特殊地层处压力变化；

f. 注替过程紊流接触时间曲线。

（2）设计程序。

①整理和分析设计所需的资料。

②设计注水泥方案。注水泥设计流程见图4-12。该流程图适用于单级、双级、多级注水泥设计，只不过双级或多级注水泥的每一级，都要按流程图的程序再进行一次设计。

③进行水泥浆前置液等施工流体设计，以化验室最终实测数据确定水泥浆前置液的性能与配方。

④进行作业计划设计：

a. 设计注水泥设备、扶正器安放位置，浮箍、浮鞋位置，封隔器、刮泥器的安放位置，提出使用要求等。

b. 计算出固井过程中所用各种流体（前置液、水泥浆等）在环空封固段不同井径下，要达到设计顶替流态时应采用的临界排量。

c. 编制整体固井作业计划：套管附件使用安排，排量计划，活动套管使用计划，设备调度计划；施工准备要求，施工组织与职责，作业步骤。

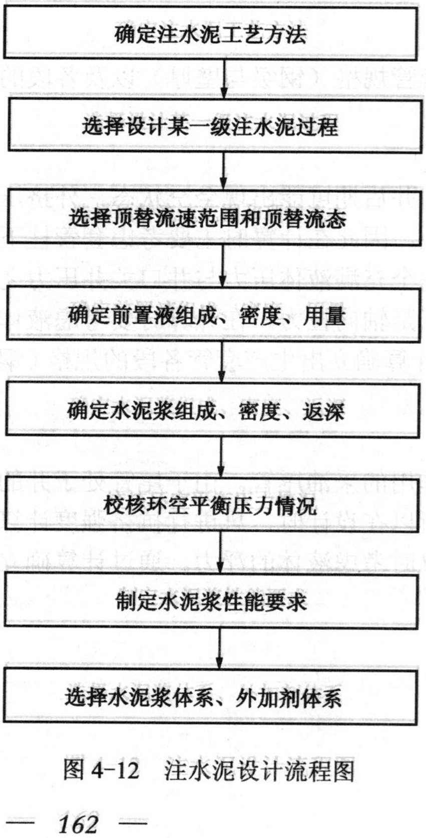


图 4-12　注水泥设计流程图

d. 编制注水泥作业计划：注前置液、注先导水泥浆、注尾随水泥浆的排量、时间；停泵压胶塞时间；顶替排量开始、结束时间；固井候凝碰压压力规定；试压，检查套管密封的要求；放压观察井口的要求，如浮箍、浮鞋回压凡尔是否起作用；确定蹩压候凝，加压候凝还是敞压候凝的方案及实施。

#### 4.1.3.2 下套管作业

下套管作业有时由钻井队单独完成，有时由下套管服务队和钻井队共同完成。

##### 4.1.3.2.1 下套管作业准备

（1）了解钻井历史，井身结构；

（2）井眼准备，井眼质量检查与修整；

（3）下套管队及专用工具和材料（密封脂等）、专用设备准备，钻井液性能处理和准备；

（4）套管和附件准备。选择、购置、验收、储存、运输和送井；套管附件验收，套管及附件井场检查，套管丈量、排列、清洗检查等；

（5）进行钻机和井控装置的检查与准备。

##### 4.1.3.2.2 下套管作业内容

（1）套管附件的连接；

（2）套管的对扣和上扣（上扣扭矩）；

（3）井下工具的连接；

（4）下套管记录；

（5）注水泥后的套管连接及井口安装；

（6）钻水泥塞以及套管保护；

（7）井下套管试压及质量检查（包括 MAC 测井的套管质量评价）。

##### 4.1.3.2.3 下套管作业有关规定

（1）严格按操作规程下套管。在下套管过程中如遇特殊情况，如更换套管或变更入井顺序，应经固井工程师、钻井工程师、钻井监督同意；

（2）下套管遇阻卡，必须通知钻井监督，慎重处理；

（3）下完套管后应对场地所剩套管进行清点，所剩套管根数、钻杆柱数必须与设计数相符。

#### 4.1.3.3 固井作业

固井作业是用固井水泥车将水泥浆注入和顶替到地层与套管或套管与上一层套管环形空间预定位置的作业，又称注水泥施工。

##### 4.1.3.3.1 施工准备

施工前除了做好落实固井施工人员岗位，制定有关管理制度和技术措施等组织管理准备外，重点要做好以下准备工作：

（1）准备好固井用水。

①安装固井专用的储水罐，安装位置要方便固井施工，距井场储灰罐不得超过 25m。

②在储水罐内备足清水，储水罐在装清水前，要认真清洗，避免固井用水污染。

③冬季施工，固井水罐要有防冻保温装置。

④上一次固井剩余已混配的外加剂水溶液，未经化验不得重复使用。

（2）摆放好固井材料及井场车辆。

固井前要将各种固井材料、各种液体外加剂、干混装置、灰罐车、供水车和水泥车整齐有序的摆放于存放场和井场，见图 4-13。

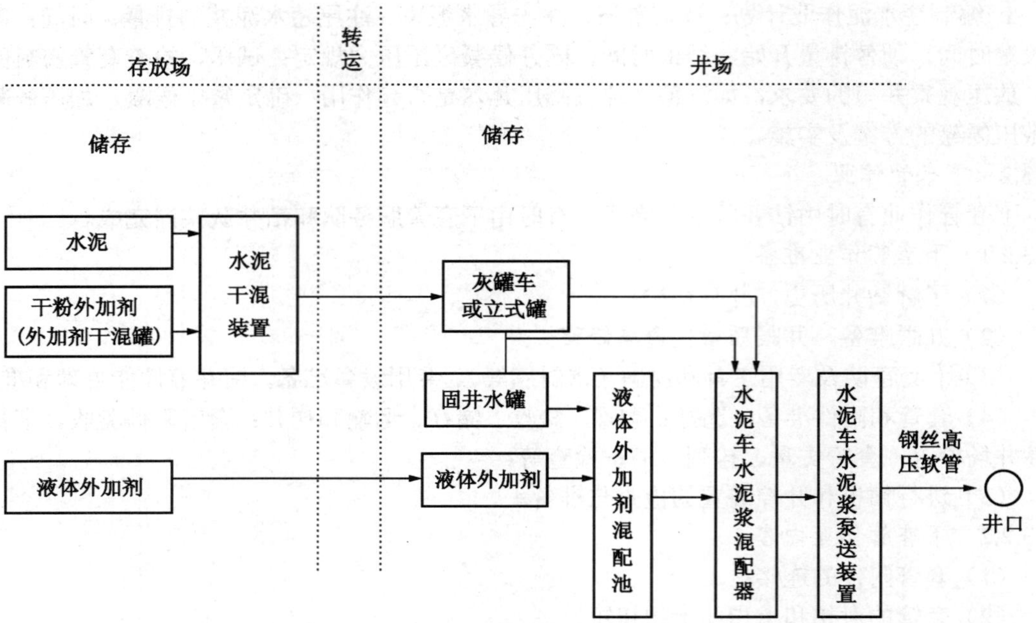


图 4-13 固井作业材料准备和井场布置图

（3）准备好井口装置。

①井口装置要在整个固井施工过程中能有效实施井控，即能关闭套管与井眼环空又能关闭钻杆与井眼环空的要求。

②尾管固井施工要在地面高压管汇中安装反循环管线，以排出尾管喇叭口以上多余水泥浆。

（4）准备好固井用钻具。

①尾管固井送入尾管的钻杆内径必须通畅，内径规能逐柱通过。

②用于下送尾管的钻具钢级、壁厚、长度、排列次序必须正确无误，并要经钻井工程师、地质监督、钻井监督三方核实检查通过。

③用于下送尾管的钻具不能有伤，以保证能承受额定负荷。

（5）洗井。

下完套管后，按规定对钻井液进行循环并予以处理，直至钻井液性能达到注水泥作业要求。

4.1.3.3.2 注水泥施工主要内容及要求

（1）按固井设计的性能参数和排量注入前置液、水泥浆和顶替水泥浆的钻井液。

（2）固井作业必须连续施工。

（3）水泥浆密度要符合设计要求，在注水泥过程中应取水泥浆样品，由专人连续测量、公布、记录水泥浆密度，钻井液样品要保存。

（4）在用钻井液顶替水泥浆过程中，必须用流量计、人工测量、泵冲三种方式同时测量替入量，其中人工测量计量为主要依据，其他计量作为参考。

（5）当替入量余 $5m^3$ 时，应将顶替排量适当减少并密切注意泵压表，当泵压突然升高 3～5MPa 且摘泵后压力不降，则认为已经碰压。

（6）在整个固井作业中应有专人观察出口返出情况，发现异常必须立即通知施工指挥。

（7）施工结束后，应召开钻井、地质、固井有关负责人和技术人员联席总结会，汇总施工资料，进行固井总结，确定测声幅时间。

（8）执行固井候凝规定：

①碰压后，如卸压证实浮箍浮鞋关闭正常，应将水泥头泄压为 0，再按固井设计规定数值对环空蹩压候凝。

②碰压后，如卸压证实浮箍浮鞋失灵，则应保持水泥头压力高于管内外静压差 1～2MPa。

③压力为最低级套管抗内压强度 70%之内为安全压力，超过后，放压至规定范围内。不得任意放压。

## 4.2　固井工程造价构成要素

固井工程造价构成要素包括固井工程劳动定员、固井工程设备仪器和固井工程主要材料。

### 4.2.1　固井工程劳动定员

中国石油天然气集团公司企业标准 Q/SY 1011—2007《钻井工程劳动定员》（即 Q/CNPC 11—2003）规定了钻井工程劳动定员，包括钻井作业、钻井技术服务、钻井液技术服务、钻前工程、管具工程、固井工程、钻井工程管理机关的劳动定员。这里摘录出固井工程劳动定员。

#### 4.2.1.1　固井工程劳动定员

（1）工作内容。

①负责钻井中表层套管、技术套管、油层套管、尾管等固井施工作业，以及钻井中的打原油、打水泥塞、洗井、井口试压、打解卡剂等零星作业；

②负责固井特种车辆及设备的维修，固井作业所需配件及设备维修所需零星配件的机械加工；

③负责固井工具、附件的送收和维修，材料的采购、供应、保管，水泥化验、保管，各种车辆的集中管理。

（2）劳动定员。计算公式为

$$Y=34+5.85X$$

式中，$Y$ 为固井工程劳动定员人数，人；$X$ 为钻机数量，台。

（3）固井工程劳动定员。参见表 4-2。

**表 4-2　固井工程劳动定员**

| 定员编号 | 钻机数量（台） | 定员人数（人） | 其中 | | | |
|---|---|---|---|---|---|---|
| | | | 管理人员（人） | 固井队（人） | 修保车间（人） | 综合队（人） |
| 1 | 10 | 92 | 4 | 48 | 24 | 16 |
| 2 | 15 | 121 | 5 | 68 | 30 | 18 |
| 3 | 20 | 151 | 6 | 88 | 36 | 21 |
| 4 | 25 | 180 | 7 | 108 | 40 | 25 |
| 5 | 30 | 210 | 8 | 128 | 43 | 31 |
| 6 | 35 | 238 | 9 | 148 | 47 | 34 |
| 7 | 40 | 268 | 10 | 168 | 50 | 40 |
| 8 | 45 | 297 | 11 | 189 | 54 | 43 |

（4）固井主要工种单台钻机定员。参见表 4-3。

**表 4-3　固井主要工种单台钻机定员**

| 工种 | 固井工（人） | 司机（人） | 下灰工（人） | 压风机工（人） | 计量工（人） | 井口工（人） | 井口准备（人） | 水泥化验工（人） | 台上修理工（人） |
|---|---|---|---|---|---|---|---|---|---|
| 定员 | 2.70 | 2.50 | 0.80 | 0.20 | 0.30 | 0.40 | 0.10 | 0.25 | 0.30 |

（5）固井特种车辆单车定员。参见表 4-4。

**表 4-4　固井特种车辆单车定员**

| 设备名称 | 合计（人/车） | 司机（人/车） | 固井工（人/车） | 下灰工（人/车） | 压风机工（人/车） | 计量工（人/车） | 水泵工（人/车） | 发电工（人/车） |
|---|---|---|---|---|---|---|---|---|
| 水泥车 | 4 | 1 | 3 | — | | | | |
| 灰罐车 | 2 | 1 | — | 1 | — | | | |
| 压风机车 | 2 | 1 | — | | 1 | — | | |
| 计量仪器车 | 4 | 1 | — | | | 3 | — | |
| 井口管汇车 | 5 | 1 | 4 | — | | | | |
| 背罐车 | 2 | 1 | — | 1 | — | | | |
| 运供水车 | 2 | 1 | — | | | | 1 | — |
| 施工照明车 | 2 | 1 | — | | | | | 1 |
| 固井指挥车 | 1 | 1 | — | | | | | |
| 施工交通车 | 1 | 1 | — | | | | | |
| 大立式灰罐 | 0.45 | — | | 0.45 | — | | | |

4.2.1.2　固井工程劳动定员调整

固井工程劳动定员根据钻井工作量确定调整系数，参见表 4-5。

**表 4-5　固井工程工作量定员调整系数**

| 平均单台钻机年完井口数（口） | 4 | 5 | 6 | 7 | 8 | 9 | 10 | 11 |
|---|---|---|---|---|---|---|---|---|
| 定员调整系数 | 0.91 | 0.94 | 0.97 | 1 | 1.03 | 1.06 | 1.09 | 1.12 |

| 平均单台钻机年完井口数（口） | 12 | 13 | 14 | 15 | 16 | 17 | 18 | 19 | 20 |
|---|---|---|---|---|---|---|---|---|---|
| 定员调整系数 | 1.15 | 1.18 | 1.21 | 1.24 | 1.27 | 1.30 | 1.33 | 1.37 | 1.40 |

## 4.2.2　固井工程设备仪器

### 4.2.2.1　固井设备

固井设备指用于固井作业的专用设备。主要有固井水泥车、固井灰罐车、固井背罐车、固井气灰分离器、固井仪表车、供水车（供液车）、管汇车、固井工具车、固井指挥车、固井水泥罐（下灰罐）、水泥干混装置等。

这里列出固井工程中的主要设备名称及常用型号，参见表 4-6。作业规模大小不同具体设备配套有些差别，目前固井作业车组配套价格范围为 700～2000 万元。

表 4-6　常用固井作业设备

| 序号 | 设备名称 | 规格型号 |
|---|---|---|
| 1 | 固井水泥车 | SNC—H300、AC—400C、AC—400B、SNC35—16、SNC40-17、SNC50-30、SNC-400、CPT986、CTT-441、GJC70-25、GJC40-17、35-16/T815、ACF-700B/T815、400-ACM、CPT-Y4、SDF5210TJC40/T815 |
| 2 | 固井管汇车 | GG-350/EQ141、JHX5100TG/35、EQ140、JHX5100JGH35、EQ1090FJ、TJ-1043A |
| 3 | 固井仪表车 | 金杯 6480、JX64710C、WH5050XGCF、SQC5060TSJ40、XL-1、BJ2033AU、HLJ504TDG |
| 4 | 固井灰罐车 | HC-15/2626、LQH-13/T815、QHC15/T815、LQZ5320GSN、ZYT5250GYS、BENZ2632AK、SX1241、HC-14/BENZ-2629、YCZ-15、ZZ5322GXHW、NC5240GXH、ND1260SA、ZXC52100GSN |
| 5 | 背罐车 | BENZ-2629、BGC2500Y/T815、SSJS140ZBG、JN362、GF16、NC5151ZBG/EQ140、ES5200GBG8 |
| 6 | 供水车 | GRBC-3、GS-200、EQ140-1091、EQ1092、JHX5081TJC |
| 7 | 固井工具车 | QHJ5100-JSQ3、SMJ5090JSQ-30LW、EQ1141GI、QJ-3、HZC5100JSQ/EQ140、MH5040XJC、BJ2032S |
| 8 | 压风机车 | 2V7A-7/12、JN151-20、EQ1108G6D11、W9/7EQ153、EQ-1092F、YW9/7-6135/EQ1108G19DI、EQ140-1091、VF-12/6-C、EQ1146G3、WB7/2EQ140CA141、EQ1061G40D5 |
| 9 | 固井指挥车 | 猎豹 CFA6470G、BJ-2021E、NKR55LLCWA、CQK-2020、CA141 |
| 10 | 固井水泥罐 | JIN-30T、30t/22m$^3$、27t |

4.2.2.1.1　主要固井设备介绍

（1）固井水泥车。

固井水泥车是固井作业时用于将干水泥和水混合成所需密度的水泥浆、并向井下注入水泥浆的油田专用特种车辆，是固井作业的主力设备（图 4-14）。由运载底盘、动力系统、传动系统、固井泵系统、水泥浆混合系统和控制系统等主要部件组成。

有时也用来进行挤水泥、套管试压、顶岩心等特殊作业。

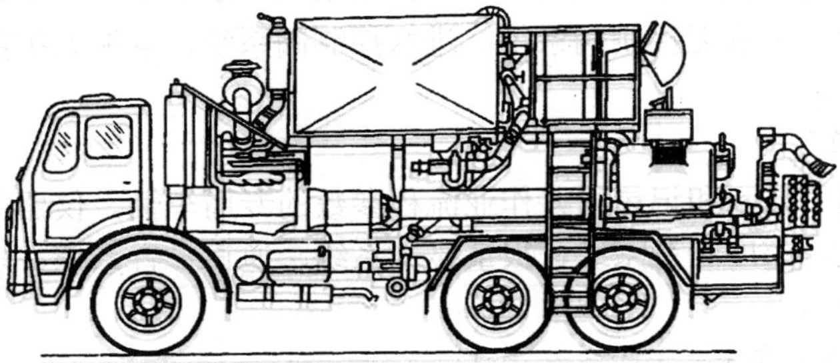

图 4-14　SNC35-16Ⅱ水泥车示意图

（2）固井灰罐车。

固井灰罐车是用于运输油气井固井用散装水泥的专用车辆。常见的有车装立式罐、半拖挂车装立式罐和卧式罐（图 4-15）。

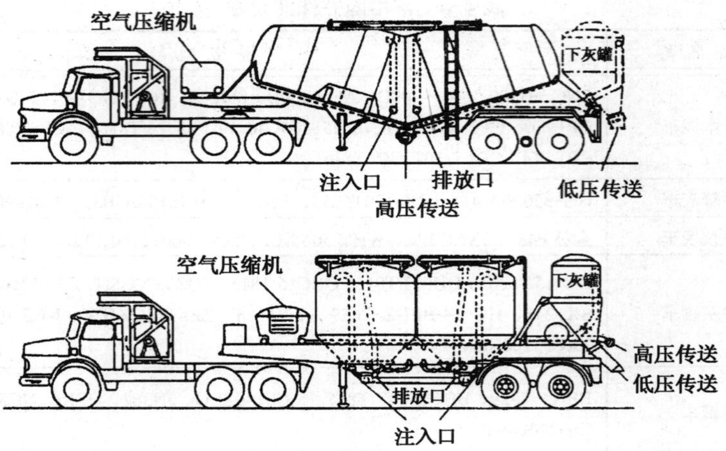


图 4-15　固井灰罐车示意图

固井灰罐车装有空气压风机，它即可以和水泥车配合完成水泥混拌过程，直接用于固井，也可以作为散装水泥运输车，将水泥由灰库运往井场大立罐。

（3）固井背罐车。

固井背罐车是用于自装、自卸和移运固井作业用固井下灰罐的专用车，参见图 4-16。

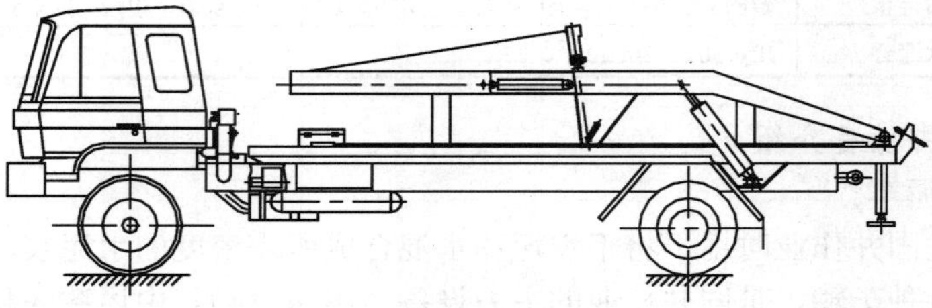

图 4-16　固井背罐车示意图

（4）固井气灰分离器。

固井气灰分离器用于固井作业气动下灰时，将空气从水泥中分离出来，提高混配效率和防止环境污染的装置。由水泥控制阀系统、进水控制阀系统、水泥浆扩散器系统、混合搅拌系统和密度计系统组成。

（5）固井仪表车。

固井仪表车是用于显示和记录固井作业流程参数的专用车辆。仪器主机设置了流量测量系统、压力测量系统、密度测量系统、报量显示系统、通讯扩音系统、电源及其稳压系统、记录系统等 7 个部分。

（6）供水车（供液车）。

供水车是注水泥施工中用来供给其他设备固井液的工程车。要求该车具有大排量、工作可靠、越野性好、轻便和便于操作的特点，具备配制和泵送隔离液、固井液的双重功能。

（7）管汇车。

管汇车是指将所有水泥车、供液车和井口水泥头串成一体的固井工程车，通过管汇车形成固井作业地面流程，起着管汇枢纽作用。

（8）固井工具车。

固井工具车是拉运固井工具的工程车。常用随车吊，可以减轻工人收送器材、工具、附件的劳动强度，提高机械化作业程度，减少工具、附件损坏，提高经济效益。

（9）固井指挥车。

固井指挥车主要用于运送现场技术人员。

（10）固井水泥罐（下灰罐）。

固井水泥罐用于现场及水泥库中水泥或重晶石粉储存和下灰的装置，又称固井下灰罐，见图4-17。可以完成装料和卸料作业，最大限度地减少固井作业中散装水泥罐及重晶石粉罐的数量，以适应固井作业场地狭窄的工况要求。

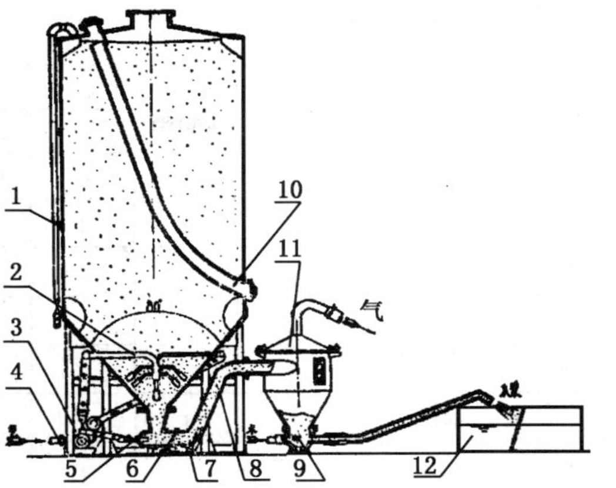


图4-17　固井下灰罐示意图

1—气化放空管；2—气化总管；3—空气分离器；4—空气进气口；5—吹灰咀；6—蝶阀；7—管道吹灰咀；8—下灰管；9—混合器；10—进灰管；11—漩流混浆漏斗；12—方池

（11）水泥干混装置。

水泥干混装置是固井作业前搅拌混合水泥、固体态外加剂和外掺料的装置。通常是由原料罐区、药品罐区、成品罐区和混拌罐区等主要设备以及配套的动力装置（压缩机、储气罐等）、水泥与药品拆袋和转运装置等六大部分组成。其作用是在常规水泥中加入一定比例的外加剂和外掺料，并使这几种粉状物料在气化、流化状态下均匀混合，从而达到各种固井水泥的性能指标。

图4-18　DM2000-V20型移动式固井干水泥混拌橇

DM2000-V20型移动式固井干水泥混拌橇是四机赛瓦石油钻采设备有限公司在引进美国FDC技术基础上自主开发的固井设备，见图4-18，由配料罐、混合罐、混合计量罐、控制及传感操作系统、加料平台、工艺与控制管线、橇架等构成。

4.2.2.1.2　固井作业设备配备举例

这里给出对于不同层次套管固井作业所要求的固井设备配备标准举例。

（1）表层套管固井。

表层套管固井作业设备配备见表4-7。

表4-7中的A代表SNC—H300水泥车，B代表AC—400C水泥车，C代表SNC35—16Ⅱ水泥车，D代表CPT986水泥车，E代表哈里伯顿水泥车。灰罐车按14t装配。下同。

（2）技术套管固井。

技术套管固井作业设备配备见表4-8。

（3）生产套管固井。

井深≤1700m时生产套管固井作业设备配备见表4-9，井深1701～4000m时生产套管固井作业设备配备见表4-10，井深4000m以上参照4000m固井用车。

**表 4-7　表层套管固井作业设备配备**

| 序号 | 项　目 | 单位 | 井　深 | | | | | | | | |
|---|---|---|---|---|---|---|---|---|---|---|---|
| | | | ≤100m | | | 101～250m | | | >250m | | |
| | | | 车 辆 组 合 | | | | | | | | |
| | | | A、B | C | D、E | A、B | C | D、E | A、B | C | D、E |
| 1 | 水泥车 | 台 | 2 | 1 | 1 | 3 | 2 | 2 | 4 | 2 | 2 |
| 2 | 灰罐车 | 台 | 4 | 4 | 4 | 6 | 6 | 6 | 8 | 8 | 8 |
| 3 | 管汇车 | 台 | | | | | | | | | |
| 4 | 仪表车 | 台 | | | | | | | | | |
| 5 | 锅炉车 | 台 | 1 | 1 | 1 | 1 | 1 | 1 | 1 | 1 | 1 |
| 6 | 工具车 | 台 | 1 | 1 | 1 | 1 | 1 | 1 | 1 | 1 | 1 |
| 7 | 指挥车 | 台 | 1 | 1 | 1 | 1 | 1 | 1 | 1 | 1 | 1 |
| 8 | 现场调度车 | 台 | 1 | 1 | 1 | 1 | 1 | 1 | 1 | 1 | 1 |
| 9 | 餐　车 | 台 | 1 | 1 | 1 | 1 | 1 | 1 | 1 | 1 | 1 |

北方地区夏季施工无锅炉，南方地区不配锅炉车。

**表 4-8　技术套管固井作业设备配备**

| 序号 | 项　目 | 单位 | 井　深 | | | | | | | | |
|---|---|---|---|---|---|---|---|---|---|---|---|
| | | | ≤1500m | | | 1501～2500m | | | >2500m | | |
| | | | 车 辆 组 合 | | | | | | | | |
| | | | A、B | C | D、E | A、B | C | D、E | A、B | C | D、E |
| 1 | 水泥车 | 台 | 6 | 4 | 3 | 6 | 4 | 3 | 6-10 | 6 | 4 |
| 2 | 灰罐车 | 台 | 8 | 8 | 8 | 10 | 10 | 10 | 14 | 14 | 14 |
| 3 | 管汇车 | 台 | 1 | 1 | 1 | 1 | 1 | 1 | 1 | 1 | 1 |
| 4 | 仪表车 | 台 | 1 | 1 | 1 | 1 | 1 | 1 | 1 | 1 | 1 |
| 5 | 锅炉车 | 台 | 1 | 1 | 1 | 1 | 1 | 1 | 2 | 1 | 1 |
| 6 | 工具车 | 台 | 1 | 1 | 1 | 1 | 1 | 1 | 1 | 1 | 1 |
| 7 | 指挥车 | 台 | 1 | 1 | 1 | 1 | 1 | 1 | 1 | 1 | 1 |
| 8 | 现场调度车 | 台 | 1 | 1 | 1 | 1 | 1 | 1 | 1 | 1 | 1 |
| 9 | 餐　车 | 台 | 1 | 1 | 1 | 1 | 1 | 1 | 1 | 1 | 1 |

北方地区夏季施工无锅炉，南方地区不配锅炉车。

**表 4-9　生产套管固井作业设备配备（井深≤1700m）**

| 序号 | 项　目 | 单位 | 注 灰 量 | | | | | | | | |
|---|---|---|---|---|---|---|---|---|---|---|---|
| | | | ≤35t | | | 35～60t | | | >60t | | |
| | | | 车 辆 组 合 | | | | | | | | |
| | | | A、B | C | D、E | A、B | C | D、E | A、B | C | D、E |
| 1 | 水泥车 | 台 | 4 | 3 | 2 | 5 | 3 | 2 | 6-8 | 4 | 3 |
| 2 | 灰罐车 | 台 | 3 | 3 | 3 | 5 | 5 | 5 | 6-10 | 6-10 | 6-10 |
| 3 | 管汇车 | 台 | 1 | 1 | 1 | 1 | 1 | 1 | 1 | 1 | 1 |

续表

| 序号 | 项　目 | 单位 | 注　灰　量 | | | | | | | | |
|---|---|---|---|---|---|---|---|---|---|---|---|
| | | | ≤35t | | | 35～60t | | | ＞60t | | |
| | | | 车 辆 组 合 | | | | | | | | |
| | | | A、B | C | D、E | A、B | C | D、E | A、B | C | D、E |
| 4 | 仪表车 | 台 | 1 | 1 | 1 | 1 | 1 | 1 | 1 | 1 | 1 |
| 5 | 锅炉车 | 台 | 1 | 1 | 1 | 2 | 1 | 1 | 2 | 1 | 1 |
| 6 | 工具车 | 台 | 1 | 1 | 1 | 1 | 1 | 1 | 1 | 1 | 1 |
| 7 | 指挥车 | 台 | 1 | 1 | 1 | 1 | 1 | 1 | 1 | 1 | 1 |
| 8 | 现场调度车 | 台 | 1 | 1 | 1 | 1 | 1 | 1 | 1 | 1 | 1 |
| 9 | 餐　车 | 台 | 1 | 1 | 1 | 1 | 1 | 1 | 1 | 1 | 1 |

北方地区夏季施工无锅炉，南方地区不配锅炉车。

**表 4-10　生产套管固井作业设备配备（井深 1701～4000m）**

| 序号 | 项　目 | 单位 | 注　灰　量 | | | | | | | | |
|---|---|---|---|---|---|---|---|---|---|---|---|
| | | | ≤40t | | | 40～80t | | | ＞80t | | |
| | | | 车 辆 组 合 | | | | | | | | |
| | | | A、B | C | D、E | A、B | C | D、E | A、B | C | D、E |
| 1 | 水泥车 | 台 | 5 | 3 | 2 | 6-8 | 4 | 3 | 6-10 | 5 | 4 |
| 2 | 灰罐车 | 台 | 4 | 4 | 4 | 7 | 7 | 7 | 10 | 10 | 10 |
| 3 | 管汇车 | 台 | 1 | 1 | 1 | 1 | 1 | 1 | 1 | 1 | 1 |
| 4 | 仪表车 | 台 | 1 | 1 | 1 | 1 | 1 | 1 | 1 | 1 | 1 |
| 5 | 锅炉车 | 台 | 1 | 1 | 1 | 2 | 1 | 1 | 2 | 1 | 1 |
| 6 | 工具车 | 台 | 1 | 1 | 1 | 1 | 1 | 1 | 1 | 1 | 1 |
| 7 | 指挥车 | 台 | 1 | 1 | 1 | 1 | 1 | 1 | 1 | 1 | 1 |
| 8 | 现场调度车 | 台 | 1 | 1 | 1 | 1 | 1 | 1 | 1 | 1 | 1 |
| 9 | 餐　车 | 台 | 1 | 1 | 1 | 1 | 1 | 1 | 1 | 1 | 1 |

北方地区夏季施工无锅炉，南方地区不配锅炉车。

#### 4.2.2.2　固井专用工具

固井专用工具包括套管卡盘、套管动力钳、水泥头、内插工具、尾管送入器等。

##### 4.2.2.2.1　套管卡盘

套管卡盘是下套管时在转盘上用以卡住套管本体的工具。中间有锥形孔，孔内可放入卡瓦，卡瓦的卡牙紧紧卡住套管本体，由套管本体承受套管紧扣的反扭矩。同一个卡盘可适用多种尺寸的套管，套管卡盘分手动和气动两种。见图 4-19。

##### 4.2.2.2.2　套管动力钳

套管动力钳是用于下套管作业中套管上卸扣的专用工具。配有扭矩监控系统，可记录并保存每次上扣的最终扭矩、圈数值、扭矩/圈数、扭矩/时间、曲线以及日期、时间、井队号、单根及总长等各种数据。可按设备的扭矩、圈数值，自动控制上扣扭矩圈数值，确保每根套管连接的接头处于最佳。见图 4-20。

4.2.2.2.3　水泥头

水泥头是用于存放胶塞、连接套管柱与固井管汇的接头。是联顶节和固井管汇之间的完成固井作业的井口工具，是固井作业地面管汇井口总枢纽，适用各种工艺固井。见图 4-21。

图 4-19　套管卡盘

图 4-20　套管动力钳

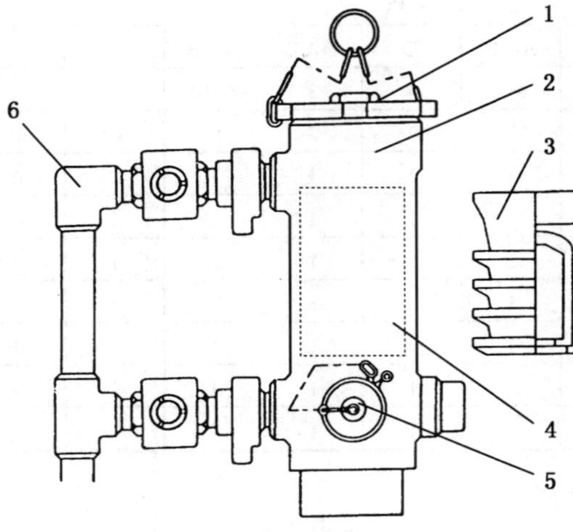


图 4-21　单塞水泥头结构示意图

1—水泥头盖；2—水泥头本体；3—胶塞；4—胶塞安装位置；5—挡销装置；6—组合管汇

（1）水泥头作用。

承受高压，连接套管串和各种管汇，完成循环、注隔离液、注水泥浆、释放胶塞、替浆等施工工序；如果回压阀失灵，可实现憋压，控制水泥浆倒流；通过水泥头实现活动套管操作。

（2）水泥头分类。

按连接螺纹分为钻杆水泥头、套管螺纹水泥头和快装水泥头；按形状结构分为简易水泥头、普通水泥头、带平衡管水泥头等；按装胶塞的作用和个数分为单塞水泥头和双塞水泥头，使用最广泛的是单塞水泥头。

（3）水泥头规格。

单级固井水泥头：140mm、178mm、245mm、273mm、340mm、508mm。

双级固井水泥头：127mm、140mm、178mm、245mm、273mm、340mm。

4.2.2.3　固井化验仪器

4.2.2.3.1　固井化验要求

固井施工前必须对油井水泥和水泥浆的性能进行分析化验，作为固井设计和施工的依据。主要检测性能有“稠化时间”、“抗压强度”、“游离液”、“失水实验”、“流动度”、“水泥细度”、“水泥浆密度”、“流变性能”、“初终凝”等。

4.2.2.3.2　固井化验仪器

根据上述检测试验要求，一般需要配备的固井化验仪器参见表 4-11。

**表 4-11 固井化验仪器配备**

| 编号 | 名称 | 数量 | 编号 | 名称 | 数量 |
|---|---|---|---|---|---|
| 1 | 密度计 | | 30 | 动力配电箱 | |
| 2 | 漏斗黏度计 | | 31 | 空气压缩机 | |
| 3 | 六速旋转黏度计 | | 32 | 架盘天平 | |
| 4 | 高温高压失水仪 | | 33 | 分析天车 | |
| 5 | 高温高压稠化仪 | | 34 | 量筒 | |
| 6 | 高温常压养护釜 | | 35 | 量杯 | |
| 7 | 常温常压养护釜 | | 36 | 温度计 | |
| 8 | 压力试验机 | | 37 | 方孔筛（0.08mm） | |
| 9 | 常温常压失水仪 | | 38 | 方孔筛（0.09mm） | |
| 10 | 瓦林搅拌器 | | 39 | 研钵 | |
| 11 | 磁力恒温搅拌器 | | 40 | 磁铁石 | |
| 12 | 温控器（0～100℃） | | 41 | 钢勺 | |
| 13 | 温控器（0～1000℃） | | 42 | 温湿计 | |
| 14 | 真空泵 | | 43 | 取样筒 | |
| 15 | 烘干箱 | | 44 | 取样器 | |
| 16 | 空调 | | 45 | 称量瓶 | |
| 17 | 电炉子 | | 46 | 烧杯 | |
| 18 | 维卡仪 | | 47 | 长颈漏斗 | |
| 19 | 试模 | | 48 | 容量瓶 | |
| 20 | 搅拌锅 | | 49 | 表面皿 | |
| 21 | 搅拌勺 | | 50 | 细口瓶 | |
| 22 | 抗压强度试验机 | | 51 | 滴瓶 | |
| 23 | 火焰光度计 | | 52 | 滴定管 | |
| 24 | 勃氏比表面仪 | | 53 | 方瓷盘 | |
| 25 | 流变仪 | | 54 | 滤纸 | |
| 26 | 水泥渗透仪 | | 55 | 液化气炉 | |
| 27 | 李氏瓶 | | 56 | 秒表 | |
| 28 | 勃氏透气仪 | | 57 | 电热恒温干燥箱 | |
| 29 | 自动加荷强度试验机 | | | | |

### 4.2.3 固井工程主要材料

固井工程主要材料包括套管、套管附件、井下工具、油井水泥、油井水泥外加剂、固井水等。

#### 4.2.3.1 套管

套管是用于油气井固井的石油专用钢管。由本体和接箍组成，套管本体采用无缝钢管、高频电阻焊管、直缝电焊管制造，套管接箍为无缝钢管制造。

（1）套管规范。主要有套管外径、内径、壁厚、长度、单位长度质量、接箍长度、螺纹型式、钢级等。

（2）套管系列。各厂家生产的套管尺寸系列主要根据 API 标准，非 API 标准由使用者向厂家提出特殊定货。套管系列尺寸是长期形成的，它与钻头尺寸密切相关。表 4-12 给出了常用套管系列以及套管尺寸与钻头尺寸的配合间隙情况。

表 4-12 常用套管尺寸与钻头尺寸配合间隙

| 套管尺寸 | | | | 通径偏差 mm | 钻头尺寸 | | 钻头与套管之间的间隙值 mm |
|---|---|---|---|---|---|---|---|
| 外径 | | 壁厚 mm | 名义内径 mm | | in | mm | |
| in | mm | | | | | | |
| 5 | 127 | 10.72 | 105.6 | 102.4 | $3^7/_8$ | 98.4 | 7.2 |
| | | 9.19 | 108.6 | 105.4 | $4^1/_8$ | 104.8 | 3.8 |
| | | 7.52 | 112.0 | 108.8 | $4^1/_4$ | 107.9 | 4.1 |
| | | 6.43 | 114.1 | 111.0 | $4^1/_4$ | 107.9 | 6.2 |
| | | 5.59 | 115.8 | 112.6 | $4^1/_4$ | 107.9 | 7.9 |
| $5^1/_2$ | 139.7 | 10.54 | 118.6 | 115.4 | $4^1/_2$ | 114.3 | 4.3 |
| | | 9.17 | 121.4 | 118.2 | $4^5/_8$ | 117.5 | 3.9 |
| | | 7.72 | 124.3 | 121.1 | $4^3/_4$ | 120.6 | 3.7 |
| | | 6.98 | 125.7 | 122.6 | $4^3/_4$ | 120.6 | 5.1 |
| | | 6.20 | 127.3 | 124.1 | $4^5/_8$ | 123.8 | 3.5 |
| $6^5/_8$ | 168.8 | 12.06 | 144.10 | 141.0 | $4^7/_8$ | 123.8 | 20.4 |
| | | 10.59 | 147.1 | 143.9 | $5^5/_8$ | 142.9 | 4.2 |
| | | 8.94 | 150.4 | 147.2 | $5^3/_4$ | 146.0 | 4.4 |
| | | 7.32 | 153.7 | 150.5 | $5^7/_8$ | 149.2 | 4.5 |
| 7 | 177.8 | 16.25 | 145.3 | 142.1 | $4^7/_8$ | 123.8 | 21.5 |
| | | 14.98 | 147.8 | 144.7 | $5^5/_8$ | 142.9 | 4.9 |
| | | 13.72 | 150.4 | 147.2 | $5^3/_4$ | 146.0 | 4.4 |
| | | 12.65 | 152.5 | 149.3 | $5^7/_8$ | 149.2 | 3.3 |
| | | 11.51 | 154.8 | 151.6 | $5^7/_8$ | 149.2 | 5.6 |
| | | 10.36 | 157.1 | 153.9 | 6 | 152.4 | 4.7 |
| | | 9.19 | 159.4 | 156.2 | $6^1/_8$ | 155.6 | 3.8 |
| | | 8.05 | 161.7 | 158.5 | $6^1/_8$ | 155.6 | 6.1 |
| | | 6.91 | 164.0 | 160.0 | $6^1/_4$ | 158.7 | 5.3 |
| | | 5.87 | 166.1 | 162.9 | $6^1/_4$ | 158.7 | 7.4 |
| $7^5/_8$ | 193.7 | 12.70 | 168.3 | 165.1 | $6^1/_4$ | 158.7 | 9.6 |
| | | 10.92 | 171.9 | 168.7 | $6^5/_8$ | 168.3 | 3.6 |
| | | 9.52 | 174.7 | 171.4 | $6^5/_8$ | 168.3 | 6.4 |
| | | 8.33 | 177.0 | 173.8 | $6^3/_4$ | 171.4 | 5.6 |
| | | 7.62 | 178.5 | 175.3 | $6^3/_4$ | 171.4 | 7.1 |
| $8^5/_8$ | 219.1 | 14.15 | 190.8 | 187.6 | $7^3/_8$ | 187.3 | 3.5 |
| | | 12.70 | 193.7 | 190.5 | $7^3/_8$ | 187.3 | 6.4 |
| | | 11.43 | 196.2 | 193.0 | $7^3/_8$ | 187.3 | 8.9 |
| | | 10.16 | 198.8 | 195.6 | $7^5/_8$ | 193.7 | 5.1 |
| | | 8.94 | 201.2 | 198.6 | $7^5/_8$ | 193.7 | 7.5 |
| | | 7.72 | 203.7 | 200.5 | $7^5/_8$ | 200.0 | 3.7 |
| | | 6.71 | 295.7 | 202.5 | $7^5/_8$ | 200.0 | 5.7 |
| $9^5/_8$ | 244.5 | 19.05 | 206.4 | 202.4 | $7^7/_8$ | 200.0 | 6.4 |
| | | 15.87 | 212.7 | 208.8 | $7^7/_8$ | 200.0 | 12.7 |
| | | 15.11 | 214.3 | 210.3 | $7^7/_8$ | 200.0 | 14.3 |
| | | 13.84 | 216.8 | 212.8 | $8^3/_8$ | 212.7 | 4.1 |
| | | 11.99 | 220.5 | 216.5 | $8^1/_2$ | 215.9 | 4.6 |
| | | 11.05 | 222.7 | 218.4 | $8^1/_2$ | 215.9 | 6.8 |
| | | 10.03 | 224.4 | 220.4 | $8^5/_8$ | 219.1 | 5.3 |
| | | 8.94 | 226.6 | 222.6 | $8^3/_4$ | 222.2 | 4.4 |
| | | 7.92 | 228.7 | 224.7 | $8^3/_4$ | 222.2 | 6.5 |

续表

| 套管尺寸 | | | | 通径偏差<br>mm | 钻头尺寸 | | 钻头与套管之间的间隙值<br>mm |
|---|---|---|---|---|---|---|---|
| 外径 | | 壁厚<br>mm | 名义内径<br>mm | | in | mm | |
| in | mm | | | | | | |
| $10^3/_4$ | 273.0 | 15.51 | 242.8 | 238.9 | 9 | 228.6 | 14.2 |
| | | 13.84 | 245.4 | 241.4 | 9 | 228.6 | 16.7 |
| | | 12.57 | 247.9 | 243.9 | 9 | 228.6 | 19.3 |
| | | 11.43 | 250.1 | 246.2 | $9^5/_8$ | 244.5 | 5.6 |
| | | 10.16 | 252.7 | 248.8 | $9^5/_8$ | 244.5 | 8.2 |
| | | 8.89 | 255.2 | 251.3 | $9^7/_8$ | 250.8 | 4.4 |
| | | 7.09 | 258.8 | 254.9 | $9^7/_8$ | 250.8 | 8.0 |
| $11^3/_4$ | 298.4 | 12.42 | 273.6 | 269.6 | $9^7/_8$ | 250.8 | 22.8 |
| | | 11.05 | 276.3 | 272.4 | $10^5/_8$ | 269.9 | 6.4 |
| | | 9.52 | 279.4 | 275.4 | $10^5/_8$ | 269.9 | 9.5 |
| | | 8.46 | 281.5 | 277.6 | $10^5/_8$ | 269.9 | 11.6 |
| $13^3/_8$ | 339.7 | 13.06 | 313.6 | 309.7 | 12 | 304.8 | 8.8 |
| | | 12.19 | 315.3 | 311.4 | $12^1/_4$ | 311.1 | 4.2 |
| | | 10.92 | 317.9 | 313.9 | $12^1/_4$ | 311.1 | 6.8 |
| | | 9.65 | 320.4 | 316.5 | $12^1/_4$ | 311.1 | 9.3 |
| | | 8.38 | 322.9 | 319.0 | $12^1/_4$ | 311.1 | 11.8 |
| 16 | 406.4 | 12.57 | 381.3 | 376.5 | $14^3/_4$ | 374.6 | 6.7 |
| | | 11.57 | 384.1 | 379.4 | $14^3/_4$ | 374.6 | 9.5 |
| | | 9.52 | 387.4 | 382.6 | 15 | 381.0 | 6.4 |
| $18^5/_8$ | 473.1 | 11.05 | 451.0 | 446.2 | $17^1/_2$ | 445.5 | 6.5 |
| 20 | 508.0 | 16.13 | 475.7 | 470.9 | $18^1/_2$ | 469.9 | 5.8 |
| | | 12.70 | 482.6 | 477.8 | $18^1/_2$ | 469.9 | 12.7 |
| | | 11.13 | 485.9 | 481.0 | $18^1/_2$ | 469.9 | 15.8 |

（3）套管钢级。API SPEC 5CT 标准将套管钢级分为 4 组 19 个。第 1 组包括 H40、J55、K55、N80-1 和 N80-Q 共 5 个钢级；第 2 组包括 M65、L80-1、L80-9Cr、L80-13Cr、C90-1、C90-2、C95、T95-1、T95-2 共 9 个钢级；第 3 组仅 1 个钢级，即 P110；第 4 组包括 Q125-1、Q125-2、Q125-3、Q125-4 共 4 个钢级。常用的 API 钢级有 J55、K55、N80、C90、P110 和 Q125 等。

（4）套管标记。在套管本体和接箍上印有表示规范的文字、数字、颜色和符号。API 套管标记主要包括生产厂家、出品日期、钢管类型、热处理工艺、钢级和套管螺纹等。

（5）套管柱举例。表 4-13 给出了某油田一口开发井套管柱实例。

**表 4-13　某油田一口开发井套管柱**

| 序号 | 固井井段 | 名称 | 外径（mm） | 钢级 | 壁厚（mm） | 下入井段（m） | 段长（m） |
|---|---|---|---|---|---|---|---|
| 1 | 一开固井 | 套管 | 508.0 | J55 | 12.70 | 0～30.00 | 30.00 |
| 2 | 二开固井 | 套管 | 339.7 | J55 | 10.92 | 0～869.03 | 869.03 |
| 3 | | 浮箍 | 339.7 | | | 869.03～869.50 | 0.47 |
| 4 | | 套管 | 339.7 | J55 | 10.92 | 869.50～904.83 | 35.33 |
| 5 | | 浮鞋 | 339.7 | | | 904.83～905.38 | 0.55 |

续表

| 序 号 | 固井井段 | 名 称 | 外径（mm） | 钢 级 | 壁厚（mm） | 下入井段（m） | 段长（m） |
|---|---|---|---|---|---|---|---|
| 6 | 三开固井 | 套管 | 244.5 | L-80 | 11.99 | 0～191.08 | 191.08 |
| 7 | | 套管 | 244.5 | L-80 | 11.05 | 191.08～1919.14 | 1728.06 |
| 8 | | 套管 | 244.5 | TP-110 | 11.99 | 1919.14～2446.88 | 527.75 |
| 9 | | 浮箍 | 244.5 | | | 2446.88～2447.20 | 0.32 |
| 10 | | 套管 | 244.5 | TP-110 | 11.99 | 2447.20～2482.07 | 34.87 |
| 11 | | 浮鞋 | 244.5 | | | 2482.07～2482.48 | 0.41 |
| 12 | 四开固井 | 套管 | 168.3 | VASS-90 | 12.07 | 0～3751.71 | 3751.71 |
| 13 | | 浮箍 | 168.3 | | | 3751.71～3752.09 | 0.38 |
| 14 | | 套管 | 168.3 | VASS-90 | 12.07 | 3752.09～3775.30 | 23.21 |
| 15 | | 浮鞋 | 168.3 | | | 3775.30～3775.76 | 0.46 |

#### 4.2.3.2 套管附件

套管附件是套管柱的辅助构件。主要包括引鞋、套管鞋、旋流短节、承托环、回压阀、浮鞋、浮箍、扶正器、刮泥器、水泥伞、套管头等，其主要作用是辅助套管柱安全下入和居中。

（1）引鞋。引鞋是装在套管鞋下部带循环孔的圆锥状短节。其作用是引导套管顺利下井。引鞋一般分为铸铁引鞋、铝合金引鞋、钢制引鞋、水泥引鞋、木引鞋和用套管本体割制的引鞋等。

（2）套管鞋。套管鞋是接在套管柱底端、带有内倒角的套管接箍。其作用是起钻时借助套管鞋的内斜面引导钻具进入套管中心，以免钻杆接头台肩及钻头刮套管底端。

（3）旋流短节。旋流短节是一根接在套管柱下部引鞋和浮箍之间、带有左螺旋分布孔的套管短节。其作用是使水泥浆在套管外呈旋流状上返，以提高顶替效率，保证固井质量。

（4）承托环。承托环是一种装在套管下部预计的套管接箍内的套管附件，是一种用钢板或铸铁等车有螺纹的特殊圆板，也叫阻流板。其作用是承托固井胶塞、提供碰压指示、控制水泥塞高度。目前仅用在部分浅井中，中深井和深井已不采用。

（5）回压阀。回压阀是装在套管柱下部指定位置的接箍内、限制管外流体流向管内的一个阀件。其作用是下套管过程中防止井眼内的钻井液进入套管，以减轻套管重量；注水泥后，可以防止水泥浆回注；回压阀带承托环时，可承托胶塞。

（6）浮鞋。浮鞋是将引鞋、套管鞋、回压阀制成一体的一种套管附件。从结构上分尼龙球式浮鞋和球面钢阀式浮鞋。浮鞋和浮箍常配套使用，是在固井作业中普遍采用的附件。

（7）浮箍。浮箍是带承托环和回压阀的一种套管接箍。能起到承托环（阻流板）和回压阀的双重作用。

（8）扶正器。扶正器是装在套管体外面、起扶正套管作用的装置。其主要作用是用来扶正套管，保持套管在井眼中居中，保证套管柱与井壁环形空间的水泥浆分布均匀，提高水泥环质量；有时扶正器被用来防止套管在高渗透地层段粘卡，减少套管磨损，保证套管顺利下井；扶正器还可刮掉井壁上的疏松滤饼，提高水泥与地层的胶结质量。

扶正器分为弹簧扶正器和刚性扶正器两种。

（9）刮泥器。刮泥器是一种安装在套管柱下部、用于清除井壁泥饼的套管附件。其作用是在套管下行过程中刮削井壁，清除松软的泥饼，以改善水泥与地层的胶结质量。

刮泥器分为往复式刮泥器和旋转式刮泥器两种。

（10）水泥伞。水泥伞是一种安装在套管柱下部、防止井壁与套管环形空间水泥浆下降的一种套管附件。水泥伞通常用弹簧钢做成伞状骨架，外层包上橡胶衬。其作用是下入井内后张开，固定在井壁上，防止水泥浆向下流动，提高固井质量。

（11）套管头。套管头是一种安装在表层套管柱上端井口处、用来悬挂除表层套管以外的套管、密封套管环形空间、安装防喷器组合的专用构件总成。套管头由本体、四通、套管悬挂器、密封组件和旁通管等组成。

按生产标准分为标准套管头和简易套管头；按悬挂套管的层数分为单级套管头、双级套管头和三级套管头；按结构分为卡瓦式和螺纹式；按组合型式分为单体式和组合式；按本体连接形式分为卡箍式和法兰式。

套管头尺寸系列主要有 TG$13^3/_8\times9^5/_8\times7$、TG$13^3/_8\times9^5/_8\times5^1/_2$、TG$9^5/_8\times7$、TG$9^5/_8\times5^1/_2$等。压力级别主要有 21MPa、35MPa、70MPa 等。

4.2.3.3 井下工具

固井井下工具主要包括内管注水泥器、分级注水泥接箍、尾管悬挂器、管外注水泥封隔器、地锚、热应力补偿工具、套管刮削器等，其主要作用是实现某种特殊固井作业。

（1）内管注水泥器。

内管注水泥器是一种在大直径套管内下入钻杆或油管作为注入和顶替水泥浆通道的固井专用井下工具。内管注水泥器分上密封和下密封两种，后者普遍使用。下密封内管注水泥器由插座和插头两部分组成。按插座的结构特点分为水泥浇注型和套管嵌装型；水泥浇注型又分半浇注式和全浇注式；套管嵌装型又分自灌式和非自灌式。一般应用在套管外径不小于273mm 的套管固井。见图 4-5。

（2）分级注水泥接箍。

分级注水泥接箍是一种安装在套管柱预定位置、实现分级注水泥作业的固井专用井下工具。双级注水泥接箍应用最广泛，由分级箍本体、承压座、承压环、一级注水泥顶替塞、关闭塞、打开塞（重力塞）和二级关闭塞组成，见图 4-4。

（3）尾管悬挂器。

尾管悬挂器是一种将尾管悬挂在上层套管柱的固井专用井下工具。尾管悬挂器从悬挂方式上分水泥环式悬挂或机械式悬挂，后者应用广泛。机械式尾管悬挂器有微台阶式、楔块式、卡瓦式三种，以卡瓦式尾管悬挂器应用最普遍。多数尾管悬挂器在上部安装回接筒。

（4）管外注水泥封隔器。

管外注水泥封隔器是一种具有封隔地层和注水泥作用的固井专用井下工具，见图 4-7。

（5）地锚。

地锚是一种用于给套管提拉预应力的固井专用井下工具。分为卡瓦式地锚和空心型地锚。主要用在稠油热采井中。

（6）热应力补偿工具。

热应力补偿工具是一种用于对套管伸缩进行补偿的固井专用井下工具。主要用在稠油热采井中。

（7）套管刮削器。

套管刮削器是一种用于清除套管内壁残留物的井下工具。可用于清除残留在套管内壁上的水泥块、结蜡、各种盐类结晶和沉积物、射孔毛刺以及套管锈蚀后所产生的氧化铁等，以便畅通无阻地下入各种下井工具。套管刮削器主要有胶筒式套管刮削器和弹簧式套管刮削器两种。

4.2.3.4 油井水泥

油井水泥指专门用于油气井固井的硅酸盐水泥（波特兰水泥）和非硅酸盐水泥，包括掺有各种外掺料或外加剂的改性水泥或特种水泥。适应于各种钻井条件下进行固井、修井作业。

4.2.3.4.1 标准油井水泥

标准油井水泥又称API油井水泥。我国制定的油井水泥国家标准，基本上采用了API规范。API标准规定油井水泥分8个级别：A、B、C、D、E、F、G、H。其中A、B、C级油井水泥相当于建筑水泥，D、E、F级油井水泥在粉磨过程中掺入了外加剂，G、H级油井水泥在粉磨和混合过程中不掺入外加剂。G级油井水泥在中国应用最广泛。表4-14给出了油井水泥使用范围。

**表4-14 油井水泥使用范围**

| API级别 | 深度范围（m） | | | 温度范围（℃） | | |
|---|---|---|---|---|---|---|
| | 普通型（O） | 中抗硫酸盐型（MSR） | 高抗硫酸盐型（HSR） | 普通型（O） | 中抗硫酸盐型（MSR） | 高抗硫酸盐型（HSR） |
| A | 0～1830 | | | 45以下 | | |
| B | | 0～1830 | 0～1830 | | 中温 | 中温 |
| C | 0～1830 | 0～1830 | 0～1830 | 45以下 | 45以下 | 45以下 |
| D | | 1830～3050 | 1830～3050 | | 62～97 | 62～97 |
| E | | 3050～4270 | 3050～4270 | | 97～120 | 97～120 |
| F | | 3050～4880 | 3050～4880 | | >120 | >120 |
| G | （原浆水泥） | 0～2440 | 0～2440 | | 0～94 | 0～94 |
| H | （原浆水泥） | 0～2440 | | | 0～94 | |

G、H级油井水泥加速凝剂或缓凝剂后，可在各种井深与温度范围内应用，表中适用温度和井深是没有加入速凝剂或缓凝剂的原浆水泥。

4.2.3.4.2 特种油井水泥

特种油井水泥和特种油井水泥浆体系有低密度水泥、泡沫水泥、耐高温水泥、含盐水泥、防窜水泥、不渗透水泥、抗腐蚀水泥、膨胀水泥、微细水泥、纤维水泥、触变性水泥、钻井液转化为水泥浆、磁处理水泥浆、镁氧化水泥。特种油井水泥和特种油井水泥浆体系配方及用途见表4-15。

**表4-15 特种油井水泥和特种油井水泥浆体系**

| 特种油井水泥名称 | | 特殊配方（主要部分） | 主要用途 |
|---|---|---|---|
| 低密度水泥 | 粉煤灰水泥 | 粉煤灰掺量为油井水泥60% | 用于配制密度1.55～1.70g/cm³水泥浆 |
| | 膨润土水泥 | 膨润土掺量为干水泥质量8%～10% | 用于配制密度1.53～1.58g/cm³水泥浆 |
| | 水玻璃水泥 | 水玻璃掺量为水泥质量的5.64% | 用于配制密度1.50～1.62g/cm³水泥浆 |
| | 微珠水泥 | 水泥:石英砂:微珠 100:30:37 | 用于配制密度1.38g/cm³左右水泥浆 |
| 泡沫水泥 | | 在水泥浆中充入气体（氮气或空气），并加表面活性剂，属超低密度水泥 | 用于低压易漏井 |
| 耐高温水泥 | | 在水泥中加入砂和硅粉 | 用于深井和高温井 |

续表

| 特种油井水泥名称 | | 特殊配方（主要部分） | 主要用途 |
|---|---|---|---|
| 含盐水泥 | 低含盐水泥 | 含盐量在混合水中占15%以下，加入R906抗盐降失水剂 | 用于高寒地区固井 |
| | 高含盐水泥 | 含盐量在混合水中占15%以上，加入R906抗盐降失水剂 | 用于岩盐层和高压盐水层 |
| 防气窜水泥 | KQA型 | G级水泥加入防气窜剂KQA型 | 用于中深井，防止环空窜流 |
| | KQB型 | G级水泥加入防气窜剂KQB型 | 用于深井，防止环空窜流 |
| | KQC型 | G级水泥加入防气窜剂KQC型 | 用于浅井，防止环空窜流 |
| 不渗透水泥 | 胶乳水泥 | 在水泥中加入适量胶乳（苯二稀—丁二稀） | 抑制气体渗透过水泥本体 |
| | 聚合物水泥 | 水泥中加入部分交联聚合物（G60，G60–S，G69，丁2B） | 抑制气体渗透过水泥本体 |
| | 微硅水泥 | 在水泥中加入平均粒度0.15μm的微硅 | 抑制气体渗透过水泥本体 |
| 抗腐蚀水泥 | 微硅水泥体系 | G级水泥加入10%的微硅，再加入适当外加剂（根据井况） | 防止含有$Cl^-$，$SO_4^{-2}$，$HCO_3^-$等离子水腐蚀水泥 |
| | 粉煤灰体系 | G级水泥加入适量粉煤灰和10%微硅和其他外加剂 | 防止含有$Cl^-$，$SO_4^{-2}$，$HCO_3^-$等离子水腐蚀水泥 |
| 膨胀水泥 | 钙矾石体系 | 加入适量膨胀剂，主要由钙、铝的氧化物和石膏构成 | 封闭环空微隙，增强胶结力 |
| | 针钠钙石体系 | 加入针钠钙石［$Na_2O(Cao)_4(SiO_2)_6{\cdot}H_2O$］膨胀物 | 封堵深井、地热井孔洞、漏失地段 |
| | 煅烧氧化镁体系 | 油井水泥加入煅烧氧化镁，根据不同温度加量不同 | 改善水泥与套管、地层间界面胶结 |
| | 氧化钙复合体系 | 油井水泥中加入5%～7%复合CaO膨胀剂 | 防止水泥浆硬化过程中收缩、干裂 |
| | 高铝水泥膨胀体系 | 油井水泥中加适量处理过的铝粒子、硫酸钙和氧化钙 | 封闭环空微隙 |
| | 铝粉体系 | 水泥中加入粉状的锌、铁、铝等物质 | 防止气窜 |
| 微细水泥 | | 颗粒大小在1～1.5μm范围，平均细度在6500～9000$cm^2/g$的水泥体系 | 挤水泥、堵水、堵漏 |
| 纤维水泥 | | 在水泥中加入纤维材料 | 层间分隔、堵漏等 |
| 触变性水泥 | 无机类触变剂体系 | 膨润土体系、硫酸钙体系、硫酸铝—硫酸亚铁体系 | 封堵射孔井眼；提高水泥胶结质量 |
| | 可交联的聚合物体系 | 用锆、钇等元素作交联剂的触变水泥，用钛螯合物作交联剂触变水泥RFC水泥，LXT水泥 | |
| 钻井液转化为水泥浆（简称MTC） | | ①使用加有适量水化材料的钻井液，在固井时，再向钻井液中加入足量的水化材料和外加剂转化为固井液；②在钻井液中加入促凝剂、激活剂等外加剂，然后加入石碴或水泥等水化材料，将钻井液转为水泥浆 | 减少钻井液排放量，降低固井费用，这是一项新技术，尚需进一步完善 |
| 磁处理水泥浆 | | 将水泥浆以一定流速通过磁场，引起水泥浆体系内能的改变，使水泥石强度提高，水泥石变致密渗透率降低，另外水泥浆流动性好 | 提高水泥石封固能力，防止油、气、水窜 |
| 镁氧化水泥（索瑞尔水泥） | | 具有反应活性的MgO再与$MgCl_2$浓溶液反应而成，该体系常用$MgO—MgCl_2—H_2O$表示 | 用于钻井、完井、修井工程中漏失地层或井段的封堵 |

#### 4.2.3.5 油井水泥外加剂

油井水泥外加剂指用于调节、控制和改变油井水泥性能的天然或合成化学材料。主要功能是改善水泥浆性能，使水泥浆密度、稠化时间、降失水性能以及流变性等能适应深井、超深井、特殊井、复杂地层等固井施工要求。国内外油井水泥外加剂大致可分八大类、100余种产品。这八大类主要是促凝剂、缓凝剂、减轻剂、加重剂、分散剂、降失水剂、堵漏剂、其他水泥外加剂。

4.2.3.5.1 促凝剂

促凝剂又称速凝剂，用于缩短稠化时间，加速水泥凝结及硬化，提高水泥石早期强度。最常用以下两种情况：一是井底循环温度低于65℃的表层套管和技术套管固井作业；二是打水泥塞、堵漏和封堵井口冒油气水等特殊注水泥作业。

促凝剂主要有两大类：一是无机盐类促凝剂，常用品种有氯化钙、氯化钠和硅酸钠等，其常用量为油井水泥的2%～4%；二是有机化合物类促凝剂，常用品种有甲酸钙、甲酰铵、草酸、三乙醇酸胺等。

4.2.3.5.2 缓凝剂

缓凝剂是使水泥浆稠化和凝固时间延缓的外加剂。常用缓凝剂情况：一是深井、超深井和地温异常等井下温度高的油气井注水泥作业；二是尾管和双级注水泥等施工时间较长的特殊注水泥作业；三是井径大和封固段长等水泥浆用量大的注水泥作业。

主要品种有：

（1）木质素磺酸盐。木质素磺酸盐对各种油井水泥均有缓凝作用，其常用量为油井水泥的0.1%～1.5%。最常用的是木质素磺酸钠和钙盐，用量需化验确定。

（2）羟基羧酸。羟基羧酸分子中含有羟基和羧基。它具有较强的缓凝作用，目前国内常用的是柠檬酸，是种强缓凝剂，同时还具有较强的分散能力，常用量为油井水泥的0.3%～0.8%。常用的还有葡糖酸和葡庚酸盐。

（3）糖类化合物。糖类化合物包含蔗糖、棉籽糖等。其中蔗糖是油井水泥比较好的缓凝剂。但是这类缓凝剂对浓度变化十分敏感，故在应用上受到限制。

（4）纤维素衍生物。纤维素衍生物来源于木材或其他植物的聚多糖，在水泥浆碱性条件下比较稳定，使用温度为120℃，常用量为油井水泥的0.2%～0.5%。这类缓凝剂常与分散剂复合使用。

（5）有机磷酸盐。有机磷酸盐用作油井水泥缓凝剂。优点是对水泥成分的微小变化不敏感，并可使高密度水泥浆黏度降低，水化稳定性好。国内常用的是羟基乙叉二磷酸，代号为H—1，使用温度不高于90℃，常用量为油井水泥的0.02%～1.0%，高于此温度则不稳定，需加屏蔽剂，常用柠檬酸等作为高温屏蔽剂，使用温度可达120℃。

（6）无机化合物。许多无机化合物可使油井水泥缓凝。常用的有：①硼酸、磷酸、氢氟酸和铬酸以及它们的盐类，其中硼酸钠是常用的缓凝剂，此种缓凝剂可使大多数木质磺酸盐的有效温度范围提高到315℃，但它对纤维类和聚胺类降失水剂有不利影响。②氯化钠。③锌和铅的氧化物，其中氧化锌常用作触变水泥的缓凝剂。

4.2.3.5.3 减轻剂

减轻剂又叫填充剂，它可以降低水泥浆密度，从而使固井水泥浆柱压力下降，有助于防止由于薄弱地层的破裂而引起的井漏，保证固井质量。

减轻剂分为三类：第一类是膨润土类，吸附能力强，造浆率高，可通过水泥浆高的水灰比来降低水泥浆密度；第二类是一些低密度材料，加入水泥浆后可降低水泥浆密度；第三类是泡沫水泥，是用向水泥浆中充气或化学发气的方法，形成超低密度泡沫水泥。常用的填充剂有以下几种。

（1）黏土。黏土的密度2.6～2.7g/cm$^3$，它是常用的水泥浆减轻剂。最常用的是膨润土，其中蒙脱石含量85%以上。蒙脱石具有极强的吸水性能，在水中体积可膨胀十几倍，造浆率高，使水泥含水容量增大，并由此使水泥浆密度降低。但是加入膨润土后，水泥石的抗压强度下降，渗透率增大，抗腐蚀性差。这些弱点在实际应用中必须加以考虑。

（2）硅酸钠。硅酸钠在水泥中与 CaO 或 $CaCl_2$ 反应形成硅酸钙凝胶，可提高水灰比而降低水泥浆密度。硅酸钠常用量为油井水泥的 0.2%～3%，该体系的水泥石的后期强度低，并且渗透率高，适用温度为 60～70℃。

（3）火山灰。火山灰是一种低密度外加剂材料，不仅能做油井水泥的填充剂，还有助于提高水泥石的抗压强度。但是天然的火山灰需经筛选后与氢氧化钙在常温下进行化学反应才可成为油井水泥的填充剂。火山灰有两种类型：一是天然火山灰，包括火山灰和硅藻土；二是人造火山灰如粉煤灰。

（4）低密度颗粒材料。常用的有膨胀珍珠岩、黑沥青、微珠三种。

（5）氮气。氮气是制作泡沫水泥浆的密度降低剂。泡沫水泥浆是利用氮气直接混入水泥浆而配制的一种低密度水泥浆体系，该体系需要专门配制的均匀水泥基浆，以便获得较高的抗压强度和较低的渗透率值。

4.2.3.5.4　加重剂

加重剂是一种提高水泥浆密度的外加剂。当钻遇高压油气或在老油田调整井固井作业时，为防止井喷、气窜，需加大水泥浆密度，常常在水泥中掺入加重剂来提高水泥浆密度。常用的加重剂有以下几种。

（1）重晶石。重晶石密度为 4.3～4.6g/cm$^3$；使用时要磨细成粉末状，其细度要求 300 目。用重晶石配制的水泥浆密度可达 2.2 g/cm$^3$ 左右。

（2）钛铁矿（$TiO_2Fe_3O_4$）。钛铁矿密度为 4.45g/cm$^3$，细度在 200 目左右，能使水泥浆密度达到 2.4g/cm$^3$。

（3）赤铁矿。赤铁矿密度为 5.0～5.3g/cm$^3$，细度为 200 目，能使水泥浆密度达 2.4g/cm$^3$ 左右。

（4）氧化锰加重材料。氧化锰加重材料是利用锰钛合金生产的副产品制作而成，此加重剂含氧化锰 96%～98%，密度 4.9g/cm$^3$，细度为 200 目左右。它可使水泥浆密度达到 2.5g/cm$^3$。

4.2.3.5.5　分散剂

分散剂主要用来提高水泥浆流变性，改善流动性能。磺酸盐是最常用的水泥分散剂。常用的磺酸盐有几下几种。

（1）木质素磺酸盐：是一种缓凝剂，同时也是水泥分散剂，使用时必须先做化验分析。

（2）聚苯乙烯磺酸盐：是一种有效的分散剂，但由于成本太高，故很少使用。

（3）柠檬酸：是一种分散剂，同时也是缓凝剂，常常用于盐水水泥浆体系。

（4）聚茶磺酸盐（PNS）：市场可提供它的粉末产品和 40%的水溶液。PNS 的分散能力因水泥种类不同差异很大。

（5）三甲聚酰磺酸盐（PMS）：具有一定的分散能力，固井中常用作分散剂。

4.2.3.5.6　降失水剂

降失水剂是一种用于降低油井水泥浆失水量的外加剂。水泥浆在液柱压力下经过高渗透地层时将发生“渗滤”，也叫滤失现象，通常叫做失水。水泥浆失水后，流动性变差，甚至无法泵送，导致固井失败，进入储层会对储层形成不同的程度的伤害。为避免产生上述危害，需采用降失水剂。常用的降失水剂有以下几种。

（1）颗粒材料。

①膨润土。膨润土是最初用作降失水剂的材料，属于这类材料还有微硅、沥青以及热塑性树脂等，通常在50℃以下使用。

②胶乳。胶乳具有非常好的降失水性能，是一种聚合物的悬浮体系，多数胶乳分散液固体含量为50%。固井中常用的乳胶是聚二氯乙烯、聚醋酸乙烯脂，通常50℃以下使用。

③苯乙烯—丁二烯树脂。苯乙烯—丁二烯树脂用作降失水剂，使用温度可达到176℃。

（2）水溶性聚合物。

水溶性聚合物是通过提高水相黏度和降低滤饼渗透率的双重作用而达到降失水的目的。国内常用的降失水剂有天然改性高分子材料和合成水溶性聚合物两类。属天然改性高分子材料的有S24、S27、羟乙基田菁、羟乙基合成龙胶、改性纤维素、改性淀粉等；属合成水溶性聚合物的有XS—2、LW—1、SZ1—1、SK—1、PQ—1等。

#### 4.2.3.5.7 堵漏剂

堵漏剂是一种预防和封堵井漏的外加剂。注水泥过程中井漏是一种严重的事故。为了避免这种事故的发生，凡是固井前觉察出井漏，就必须用堵漏剂加以堵漏。堵漏剂有堵漏材料和触变性水泥两种。

（1）堵漏材料。颗粒材料如硬沥青和颗粒煤，是很好的材料，使用比较广泛；磨碎的核桃壳和山核桃壳、粗粒般土、玉米芯子等也可以作堵漏材料；还有一种重要的堵漏材料是赛璐玢片，它的平面几何尺寸边长小于1cm，用量为油井水泥重量的0.24%～1%。

（2）触变性水泥。当堵漏剂对大孔洞和溶洞无效时，触变性水泥往往被使用。这种水泥浆进入地层后，可形成自身支承的凝胶，从而达到堵塞漏失层的目的。

#### 4.2.3.5.8 其他水泥外加剂

（1）消泡剂。

消泡剂是一种用于消除水泥浆中泡沫的外加剂。有的水泥浆外加剂在配制期间能引起水泥浆发泡，发泡严重则使水泥浆密度测量不准确，严重影响泵入效率，为此需用消泡剂在配制水泥浆过程中把泡沫消除。常用的消泡剂有聚乙二醇和硅氧烷，加量为水泥浆中水重量的0.1%。

（2）增强剂。

增强剂是用来改善水泥抗冲击强度和对射孔应力抵抗能力的一种外加剂。常用的增强剂有尼龙纤维、磨碎橡胶。

（3）放射性示踪剂。

放射性示踪剂的作用是使水泥浆带有放射性，以能比较容易的确立水泥浆在井内的位置。挤水泥补救作业中常常使用放射性示踪剂。固井前先进行一次基准性测井，获得地层自然放射性数据，完井后再进行一次放射性测井，对比两者差异即可确定出补救挤水泥浆的位置。常用的放射试剂是53J131（半衰期8.1d）和77Ir192（半衰期74d）。

#### 4.2.3.6 固井水

固井作业时需要大量的水，用来配制水泥浆。水灰比为水泥浆中水与油井水泥的质量百分比，是水泥浆配制时的主要性能指标，反映了配制水泥浆时的用水量，而用水量是影响水泥浆性能的基本因素。当水灰比小于允许最小值时，水泥浆流动性差，不能满足施工需要；当水灰比大于允许最大值时，水泥浆中的水泥颗粒将会沉淀，造成地层封固不良。在水泥浆稠度30Bc和失水3.5ml的指标要求下，每袋API标准油井水泥的最佳配浆情况见表3-16。

表 4-16　API 标准油井水泥配浆情况

| 水泥级别 | 用水量（l/袋） | 水泥量（kg/袋） | 水泥浆体积（l/袋） | 最佳配浆密度（g/cm$^3$） | 水灰比（%） |
|---|---|---|---|---|---|
| A | 23.10 | 50.00 | 39.10 | 1.87 | 46.20 |
| B | 23.10 | 50.00 | 39.10 | 1.87 | 46.20 |
| C | 27.90 | 50.00 | 43.70 | 1.78 | 55.80 |
| D | 19.05 | 50.00 | 35.10 | 1.97 | 38.10 |
| E | 19.05 | 50.00 | 35.10 | 1.97 | 38.10 |
| F | 19.05 | 50.00 | 35.10 | 1.97 | 38.10 |
| G | 22.10 | 50.00 | 38.60 | 1.90 | 44.20 |
| H | 19.05 | 50.00 | 35.10 | 1.97 | 38.10 |

在常规密度水泥浆体系中，不同级别 API 标准油井水泥所配制水泥浆的水灰比推荐值见表 4-17。

表 4-17　油井水泥浆水灰比推荐值

| 序　号 | 油井水泥级别 | 推荐水灰比（%） |
|---|---|---|
| 1 | A、B | 46 |
| 2 | C | 56 |
| 3 | D、E、F、H | 38 |
| 4 | G | 44 |

## 4.3　固井工程造价计算方法

### 4.3.1　固井工程量计算规则

固井工程量由固井作业、主要材料、大宗材料运输、技术服务和其他作业 5 部分构成。固井工程量计算规则如表 4-18 所示。

表 4-18　固井工程量计算规则

| 编　码 | 项 目 名 称 | 计量单位 | 工程量计算方法 |
|---|---|---|---|
| 300000 | 固井工程 | | |
| 310000 | 固井作业 | | |
| 311000 | 导管固井 | 井次 | Σ施工次数（次） |
| 312000 | 表层套管固井 | 井次 | Σ施工次数（次） |
| 313000 | 技术套管固井 | 井次 | Σ施工次数（次） |
| 314000 | 生产套管固井 | 井次 | Σ施工次数（次） |
| 320000 | 主要材料 | | |
| 321000 | 套管 | m | Σ各层套管长度（m） |
| 321100 | 导管 | m | Σ导管长度（m） |
| 321200 | 表层套管 | m | Σ套管长度（m） |
| 321300 | 技术套管 | m | Σ套管长度（m） |

续表

| 编　码 | 项 目 名 称 | 计量单位 | 工程量计算方法 |
|---|---|---|---|
| 321400 | 生产套管 | m | Σ套管长度（m） |
| 322000 | 套管附件 | | |
| 322100 | 导管附件 | 口井 | 1口井 |
| 322200 | 表层套管附件 | 口井 | 1口井 |
| 322300 | 技术套管附件 | 口井 | 1口井 |
| 322400 | 生产套管附件 | 口井 | 1口井 |
| 323000 | 井下工具 | 只 | Σ各层套管固井井下工具（只） |
| 323100 | 表层套管固井井下工具 | 只 | Σ（内管法注水泥器等）井下工具（只） |
| 323200 | 技术套管固井井下工具 | 只 | Σ（分级箍或封隔器等）井下工具（只） |
| 323300 | 生产套管固井井下工具 | 只 | Σ（分级箍或封隔器等）井下工具（只） |
| 324000 | 水泥 | m | Σ各层套管固井水泥封固长度（m） |
| 324100 | 导管固井水泥 | m | Σ水泥封固长度（m） |
| 324200 | 表层套管固井水泥 | m | Σ水泥封固长度（m） |
| 324300 | 技术套管固井水泥 | m | Σ水泥封固长度（m） |
| 324400 | 生产套管固井水泥 | m | Σ水泥封固长度（m） |
| 325000 | 水泥外加剂 | m | Σ各层套管固井水泥封固长度（m） |
| 325100 | 导管固井水泥外加剂 | m | Σ水泥封固长度（m） |
| 325200 | 表层套管固井水泥外加剂 | m | Σ水泥封固长度（m） |
| 325300 | 技术套管固井水泥外加剂 | m | Σ水泥封固长度（m） |
| 325400 | 生产套管固井水泥外加剂 | m | Σ水泥封固长度（m） |
| 326000 | 固井水 | m | Σ各层套管固井水泥封固长度（m） |
| 326100 | 导管固井水 | m | Σ水泥封固长度（m） |
| 326200 | 表层套管固井水 | m | Σ水泥封固长度（m） |
| 326300 | 技术套管固井水 | m | Σ水泥封固长度（m） |
| 326400 | 生产套管固井水 | m | Σ水泥封固长度（m） |
| 330000 | 大宗材料运输 | | |
| 331000 | 套管运输 | | |
| 331100 | 导管运输 | 井次 | Σ施工次数（次） |
| 331200 | 表层套管运输 | 井次 | Σ施工次数（次） |
| 331300 | 技术套管运输 | 井次 | Σ施工次数（次） |
| 331400 | 生产套管运输 | 井次 | Σ施工次数（次） |
| 332000 | 水泥运输 | | |
| 332100 | 导管固井水泥运输 | 井次 | Σ施工次数（次） |
| 332200 | 表层套管固井水泥运输 | 井次 | Σ施工次数（次） |
| 332300 | 技术套管固井水泥运输 | 井次 | Σ施工次数（次） |
| 332400 | 生产套管固井水泥运输 | 井次 | Σ施工次数（次） |
| 333000 | 水泥外加剂运输 | | |
| 333100 | 导管固井水泥外加剂运输 | 井次 | Σ施工次数（次） |
| 333200 | 表层套管固井水泥外加剂运输 | 井次 | Σ施工次数（次） |
| 333300 | 技术套管固井水泥外加剂运输 | 井次 | Σ施工次数（次） |

续表

| 编　码 | 项 目 名 称 | 计量单位 | 工程量计算方法 |
|---|---|---|---|
| 333400 | 生产套管固井水泥外加剂运输 | 井次 | Σ施工次数（次） |
| 334000 | 固井水运输 | | |
| 334100 | 导管固井水运输 | 井次 | Σ施工次数（次） |
| 334200 | 表层套管固井水运输 | 井次 | Σ施工次数（次） |
| 334300 | 技术套管固井水运输 | 井次 | Σ施工次数（次） |
| 334400 | 生产套管固井水运输 | 井次 | Σ施工次数（次） |
| 340000 | 技术服务 | | |
| 341000 | 套管检测 | m | Σ检测套管长度（m） |
| 342000 | 水泥试验 | 次 | Σ各层套管固井水泥试验次数 |
| 342100 | 表层套管固井水泥试验 | 次 | Σ水泥试验次数 |
| 342200 | 技术套管固井水泥试验 | 次 | Σ水泥试验次数 |
| 342300 | 生产套管固井水泥试验 | 次 | Σ水泥试验次数 |
| 343000 | 水泥混拌 | t | Σ各层套管固井水泥混拌量（t） |
| 343100 | 表层套管固井水泥混拌 | t | Σ固井水泥混拌量（t） |
| 343200 | 技术套管固井水泥混拌 | t | Σ固井水泥混拌量（t） |
| 343300 | 生产套管固井水泥混拌 | t | Σ固井水泥混拌量（t） |
| 344000 | 下套管服务 | m | Σ下套管长度（m） |
| 344100 | 下技术套管 | m | Σ套管长度（m） |
| 344200 | 下生产套管 | m | Σ套管长度（m） |
| 350000 | 其他作业 | | |
| 351000 | 打水泥塞 | 次 | Σ作业次数（次） |
| 352000 | 试压 | 次 | Σ作业次数（次） |

### 4.3.2 固井工程造价构成及计算方法

固井工程造价由固井作业费、主要材料费、大宗材料运输费、技术服务费、其他作业费和税费 6 部分构成。固井工程造价构成内容及计算方法如表 4-19 所示。若建设单位承担套管、水泥等主要材料费，则计取税费时应不包括这些材料费。

固井工程的分部分项工程造价构成内容及计算方法见表 4-20，若固井作业中路途行驶按平均距离计算，并且其费用进入到注水泥施工费中时，可不考虑路途行驶费。

**表 4-19　固井工程造价构成**

| 编　码 | 项 目 名 称 | 计价单位 | 造价计算方法 |
|---|---|---|---|
| 300000 | 固井工程费 | 元/口井 | 310000+320000+330000+340000+350000+360000 |
| 310000 | 固井作业费 | 元/口井 | 分部分项工程造价 310000 |
| 320000 | 主要材料费 | 元/口井 | 分部分项工程造价 320000 |
| 330000 | 大宗材料运输费 | 元/口井 | 分部分项工程造价 330000 |
| 340000 | 技术服务费 | 元/口井 | 分部分项工程造价 340000 |
| 350000 | 其他作业费 | 元/口井 | 分部分项工程造价 350000 |
| 360000 | 税费 | 元/口井 | （310000+320000+330000+340000+350000）×折算税率 |

**表 4-20　分部分项工程造价构成**

| 编　码 | 项 目 名 称 | 计价单位 | 造价计算方法 |
|---|---|---|---|
| 310000 | 固井作业 | 元/口井 | 311000+312000+313000+314000 |
| 311000 | 导管固井 | 元/口井 | Σ综合单价（元/次）×施工次数（次） |
| 312000 | 表层套管固井 | 元/口井 | Σ综合单价（元/次）×施工次数（次） |
| 313000 | 技术套管固井 | 元/口井 | Σ综合单价（元/次）×施工次数（次） |
| 314000 | 生产套管固井 | 元/口井 | Σ综合单价（元/次）×施工次数（次） |
| 320000 | 主要材料 | 元/口井 | 321000+322000+…+326000 |
| 321000 | 套管 | 元/口井 | 321100+321200+321300+321400 |
| 321100 | 导管 | 元/口井 | Σ综合单价（元/m）×导管长度（m） |
| 321200 | 表层套管 | 元/口井 | Σ综合单价（元/m）×套管长度（m） |
| 321300 | 技术套管 | 元/口井 | Σ综合单价（元/m）×套管长度（m） |
| 321400 | 生产套管 | 元/口井 | Σ综合单价（元/m）×套管长度（m） |
| 322000 | 套管附件 | 元/口井 | 322100+322200+322300+322400 |
| 322100 | 导管附件 | 元/口井 | 综合单价（元/口井） |
| 322200 | 表层套管附件 | 元/口井 | 综合单价（元/口井） |
| 322300 | 技术套管附件 | 元/口井 | 综合单价（元/口井） |
| 322400 | 生产套管附件 | 元/口井 | 综合单价（元/口井） |
| 323000 | 井下工具 | 元/口井 | 323100+323200+323300 |
| 323100 | 表层套管固井井下工具 | 元/口井 | Σ综合单价（元/只）×井下工具（只） |
| 323200 | 技术套管固井井下工具 | 元/口井 | Σ综合单价（元/只）×井下工具（只） |
| 323300 | 生产套管固井井下工具 | 元/口井 | Σ综合单价（元/只）×井下工具（只） |
| 324000 | 水泥 | 元/口井 | 324100+324200+324300+324400 |
| 324100 | 导管固井水泥 | 元/口井 | Σ综合单价（元/m）×水泥封固长度（m） |
| 324200 | 表层套管固井水泥 | 元/口井 | Σ综合单价（元/m）×水泥封固长度（m） |
| 324300 | 技术套管固井水泥 | 元/口井 | Σ综合单价（元/m）×水泥封固长度（m） |
| 324400 | 生产套管固井水泥 | 元/口井 | Σ综合单价（元/m）×水泥封固长度（m） |
| 325000 | 水泥外加剂 | 元/口井 | 325100+325200+325300+325400 |
| 325100 | 导管固井水泥外加剂 | 元/口井 | Σ综合单价（元/m）×水泥封固长度（m） |
| 325200 | 表层套管固井水泥外加剂 | 元/口井 | Σ综合单价（元/m）×水泥封固长度（m） |
| 325300 | 技术套管固井水泥外加剂 | 元/口井 | Σ综合单价（元/m）×水泥封固长度（m） |
| 325400 | 生产套管固井水泥外加剂 | 元/口井 | Σ综合单价（元/m）×水泥封固长度（m） |
| 326000 | 固井水 | 元/口井 | 326010+326020+326030+326040 |
| 326100 | 导管固井水 | 元/口井 | Σ综合单价（元/m）×水泥封固长度（m） |
| 326200 | 表层套管固井水 | 元/口井 | Σ综合单价（元/m）×水泥封固长度（m） |
| 326300 | 技术套管固井水 | 元/口井 | Σ综合单价（元/m）×水泥封固长度（m） |
| 326400 | 生产套管固井水 | 元/口井 | Σ综合单价（元/m）×水泥封固长度（m） |
| 330000 | 大宗材料运输 | 元/口井 | 331000+332000+333000+334000 |
| 331000 | 套管运输 | 元/口井 | 331100+331200+331300+331400 |
| 331100 | 导管运输 | 元/口井 | Σ综合单价（元/次）×施工次数（次） |
| 331200 | 表层套管运输 | 元/口井 | Σ综合单价（元/次）×施工次数（次） |
| 331300 | 技术套管运输 | 元/口井 | Σ综合单价（元/次）×施工次数（次） |

续表

| 编　码 | 项 目 名 称 | 计价单位 | 造价计算方法 |
|---|---|---|---|
| 331400 | 生产套管运输 | 元/口井 | Σ综合单价（元/次）×施工次数（次） |
| 332000 | 水泥运输 | 元/口井 | 332100+332200+332300+332400 |
| 332100 | 导管固井水泥运输 | 元/口井 | Σ综合单价（元/次）×施工次数（次） |
| 332200 | 表层套管固井水泥运输 | 元/口井 | Σ综合单价（元/次）×施工次数（次） |
| 332300 | 技术套管固井水泥运输 | 元/口井 | Σ综合单价（元/次）×施工次数（次） |
| 332400 | 生产套管固井水泥运输 | 元/口井 | Σ综合单价（元/次）×施工次数（次） |
| 333000 | 水泥外加剂运输 | 元/口井 | 333100+333200+333300+333400 |
| 333100 | 导管固井水泥外加剂运输 | 元/口井 | Σ综合单价（元/次）×施工次数（次） |
| 333200 | 表层套管固井水泥外加剂运输 | 元/口井 | Σ综合单价（元/次）×施工次数（次） |
| 333300 | 技术套管固井水泥外加剂运输 | 元/口井 | Σ综合单价（元/次）×施工次数（次） |
| 333400 | 生产套管固井水泥外加剂运输 | 元/口井 | Σ综合单价（元/次）×施工次数（次） |
| 334000 | 固井水运输 | 元/口井 | 334100+334200+334300+334400 |
| 334100 | 导管固井水运输 | 元/口井 | Σ综合单价（元/次）×施工次数（次） |
| 334200 | 表层套管固井水运输 | 元/口井 | Σ综合单价（元/次）×施工次数（次） |
| 334300 | 技术套管固井水运输 | 元/口井 | Σ综合单价（元/次）×施工次数（次） |
| 334400 | 生产套管固井水运输 | 元/口井 | Σ综合单价（元/次）×施工次数（次） |
| 340000 | 技术服务 | 元/口井 | 341000+342000+343000+344000 |
| 341000 | 套管检测 | 元/口井 | Σ综合单价（元/m）×检测套管长度（m） |
| 342000 | 水泥试验 | 元/口井 | 342100+342200+342300 |
| 342100 | 表层套管固井水泥试验 | 元/口井 | Σ综合单价（元/次）×水泥试验次数 |
| 342200 | 技术套管固井水泥试验 | 元/口井 | Σ综合单价（元/次）×水泥试验次数 |
| 342300 | 生产套管固井水泥试验 | 元/口井 | Σ综合单价（元/次）×水泥试验次数 |
| 343000 | 水泥混拌 | 元/口井 | 343100+343200+343300 |
| 343100 | 表层套管固井水泥混拌 | 元/口井 | Σ综合单价（元/t）×固井水泥混拌量（t） |
| 343200 | 技术套管固井水泥混拌 | 元/口井 | Σ综合单价（元/t）×固井水泥混拌量（t） |
| 343300 | 生产套管固井水泥混拌 | 元/口井 | Σ综合单价（元/t）×固井水泥混拌量（t） |
| 344000 | 下套管服务 | 元/口井 | 344100+344200 |
| 344100 | 下技术套管 | 元/口井 | Σ综合单价（元/m）×套管长度（m） |
| 344200 | 下生产套管 | 元/口井 | Σ综合单价（元/m）×套管长度（m） |
| 350000 | 其他作业 | 元/口井 | 351000+352000 |
| 351000 | 打水泥塞 | 元/口井 | Σ综合单价（元/次）×作业次数（次） |
| 352000 | 试压 | 元/口井 | Σ综合单价（元/次）×作业次数（次） |

### 4.3.3　固井工程造价其他计算方法

上述分部分项工程造价计算方法主要考虑了工程量清单计价的特点，同目前各油田在用定额和取费标准基本一致。但由于固井工程管理模式有所不同，其造价构成和计算方法有时会有所不同。

#### 4.3.3.1　固井作业费

固井作业费（元）＝［导管固井行驶费（元）+导管固井施工费（元）］+［表层套管固井行驶费（元）+表层套管固井施工费（元）］+［技术套管固井行驶费（元）+技术套管固井施

工费（元）] +［生产套管固井行驶费（元）+生产套管固井施工费（元）]。

（1）行驶费。

方法一：行驶费（元）= 综合单价（车组·km）×行驶距离（km）。

方法二：行驶费（元）= 综合单价（车组·台时）×行驶距离（km）÷行驶速度（km/台时）。

方法三：行驶费（元）= 综合单价（车组·井次）×工作量（井次）。

（2）施工费。

施工费（元）= 综合单价（车组·井次）×工作量（井次）。

按不同的固井规模（注水泥量）的台阶综合单价计算。

4.3.3.2　主要材料费

（1）套管费。

套管费（元）= 导管费（元）+表层套管费（元）+技术套管费（元）+生产套管费（元）。

①导管费（元）= Σ设计长度（m）×套管单重（kg/m）÷1000×（1+附加系数）×价格（元/t）。

②表层套管费（元）= Σ设计长度（m）×套管单重（kg/m）÷1000×（1+附加系数）×价格（元/t）。

③技术套管费（元）= Σ设计长度（m）×套管单重（kg/m）÷1000×（1+附加系数）×价格（元/t）。

④生产套管费（元）= Σ设计长度（m）×套管单重（kg/m）÷1000×（1+附加系数）×价格（元/t）。

（2）套管附件费。

套管附件费（元）= 导管附件费（元）+表层套管附件费（元）+技术套管附件费（元）+生产套管附件费（元）。

①导管附件费（元）= Σ导管附件数量（只或套）×导管附件价格（元/只或套）。

②表层套管附件费（元）= Σ表层套管附件数量（只或套）×表层套管附件价格（元/只或套）。

③技术套管附件费（元）= Σ技术套管附件数量（只或套）×技术套管附件价格（元/只或套）。

④生产套管附件费（元）= Σ生产套管附件数量（只或套）×生产套管附件价格（元/只或套）。

（3）水泥费。

水泥费（元）= 导管固井水泥费（元）+表层套管固井水泥费（元）+技术套管固井水泥费（元）+生产套管固井水泥费（元）。

①导管固井水泥费（元）= Σ固井水泥量（t）×水泥价格（元/t）。

②表层套管固井水泥费（元）= Σ固井水泥量（t）×水泥价格（元/t）。

③技术套管固井水泥费（元）= Σ固井水泥量（t）×水泥价格（元/t）。

④生产套管固井水泥费（元）= Σ固井水泥量（t）×水泥价格（元/t）。

（4）水泥外加剂费。

水泥外加剂费（元）= 导管固井水泥外加剂费（元）+表层套管固井水泥外加剂费（元）+技术套管固井水泥外加剂费（元）+生产套管固井水泥外加剂费（元）。

①导管固井水泥外加剂费（元）= Σ外加剂量（t）×外加剂价格（元/t）。

②表层套管固井水泥外加剂费（元）= Σ外加剂量（t）×外加剂价格（元/t）。

③技术套管固井水泥外加剂费（元）= Σ外加剂量（t）×外加剂价格（元/t）。

④生产套管固井水泥外加剂费（元）= Σ外加剂量（t）×外加剂价格（元/t）。

（5）固井水费。

固井水费（元）=［导管固井水量（$m^3$）+表层套管固井水量（$m^3$）+技术套管固井水量（$m^3$）+生产套管固井水量（$m^3$）］×水价（元/$m^3$）。

#### 4.3.3.3 大宗材料运输费

（1）套管运输费。

套管运输费（元）= 导管运输费（元）+表层套管运输费（元）+技术套管运输费（元）+生产套管运输费（元）。

①导管运输费（元）= Σ设计长度（m）×套管单重（kg/m）÷1000×（1+附加系数）÷管拖车装载系数×运距（km）×运价（元/t·km）。

②表层套管运输费（元）= Σ设计长度（m）×套管单重（kg/m）÷1000×（1+附加系数）÷管拖车装载系数×运距（km）×运价（元/t·km）。

③技术套管运输费（元）= Σ设计长度（m）×套管单重（kg/m）÷1000×（1+附加系数）÷管拖车装载系数×运距（km）×运价（元/t·km）。

④生产套管运输费（元）= Σ设计长度（m）×套管单重（kg/m）÷1000×（1+附加系数）÷管拖车装载系数×运距（km）×运价（元/t·km）。

（2）套管附件运输费。

套管附件运输费（元） = 导管附件运输费（元）+表层套管附件运输费（元）+技术套管附件运输费（元）+生产套管附件运输费（元）

①导管附件运输费（元）= 运输车辆数量×运距（km）×运价（元/t·km）。

②表层套管附件运输费（元）= 运输车辆数量×运距（km）×运价（元/t·km）。

③技术套管附件运输费（元）= 运输车辆数量×运距（km）×运价（元/t·km）。

④生产套管附件运输费（元）= 运输车辆数量×运距（km）×运价（元/t·km）。

数量少时，常用固井工具车拉运，不发生单独的运输费。

（3）井下工具运输费。

井下工具运输费（元）= Σ运输车辆数量×运距（km）×运价（元/t·km）。

数量少时，常用固井工具车拉运，不发生单独的运输费。

（4）水泥运输费。

水泥运输费（元）= 导管固井水泥运输费（元）+表层套管固井水泥运输费（元）+技术套管固井水泥运输费（元）+生产套管固井水泥运输费（元）。

①导管固井水泥运输费（元）= 固井水泥量（t）÷灰罐车装载系数×运距（km）×运价（元/t·km）。

②表层套管固井水泥运输费（元）= 固井水泥量（t）÷灰罐车装载系数×运距（km）×运价（元/t·km）。

③技术套管固井水泥运输费（元）= 固井水泥量（t）÷灰罐车装载系数×运距（km）×运价（元/t·km）。

④生产套管固井水泥运输费（元）= 固井水泥量（t）÷灰罐车装载系数×运距（km）×

运价（元/t·km）。

（5）水泥外加剂运输费。

水泥外加剂运输费（元）＝导管固井水泥外加剂运输费（元）+表层套管固井水泥外加剂运输费（元）+技术套管固井水泥外加剂运输费（元）+生产套管固井水泥外加剂运输费（元）。

①导管固井水泥外加剂运输费（元）＝外加剂量（t）÷卡车装载系数×运距（km）×运价（元/t·km）。

②表层套管固井水泥外加剂运输费（元）＝外加剂量（t）÷卡车装载系数×运距（km）×运价（元/t·km）。

③技术套管固井水泥外加剂运输费（元）＝外加剂量（t）÷卡车装载系数×运距（km）×运价（元/t·km）。

④生产套管固井水泥外加剂运输费（元）＝外加剂量（t）÷卡车装载系数×运距（km）×运价（元/t·km）。

（6）固井水运输费。

固井水运输费（元）＝导管固井水运输费（元）+表层套管固井水运输费（元）+技术套管固井水运输费（元）+生产套管固井水运输费（元）。

①导管固井水运输费（元）＝固井水量（t）÷水罐车装载系数×运距（km）×运价（元/t·km）。

②表层套管固井水运输费（元）＝固井水量（t）÷水罐车装载系数×运距（km）×运价（元/t·km）。

③技术套管固井水运输费（元）＝固井水量（t）÷水罐车装载系数×运距（km）×运价（元/t·km）。

④生产套管固井水运输费（元）＝固井水量（t）÷水罐车装载系数×运距（km）×运价（元/t·km）。

4.3.3.4　技术服务费

（1）水泥试验费。

水泥试验费（元）＝Σ水泥试验项目综合单价（元/次）×水泥试验工作量（次）。

（2）专用工具摊销费。

方法一：专用工具摊销费（元）＝表层套管固井（元/井次）+技术套管固井（元/井次）+生产套管固井（元/井次）。

方法二：专用工具摊销费（元）＝Σ各种尺寸套管专用工具摊销综合单价（元/井次）×使用工作量（井次）。

（3）下套管服务费。

下套管技术服务费（元）＝综合单价（元/根）×工作量（根）。

4.3.3.5　其他作业费

其他作业费（元）＝行驶费（元）+施工费（元）。

（1）行驶费。

方法一：行驶费（元）＝综合单价（车组·km）×行驶距离（km）。

方法二：行驶费（元）＝综合单价（车组·台时）×行驶距离（km）÷行驶速度（km/台时）。

方法三：行驶费（元）＝综合单价（车组·井次）×工作量（井次）。

（2）施工费。

施工费（元）= 综合单价（车组·井次）×工作量（井次）。

## 4.4 固井工程计价标准编制方法

重点介绍固井作业计价标准、套管计价标准、套管运输计价标准的编制方法。

### 4.4.1 固井作业计价标准编制

以某油田开发井固井作业为例，说明一套固井作业计价标准编制方法。

#### 4.4.1.1 基础标准

（1）定员标准根据油田实际生产情况现场写实资料和相关技术岗位安全生产标准综合确定。

①固井队定员。参见表 4-21。

**表 4-21 固井队定员标准** 计量单位：队

| 标准编号 | | | Z3-1 |
|---|---|---|---|
| 序号 | 岗位 | 单位 | 数量 |
| | 合计 | 人 | 36.00 |
| 1 | 施工车组作业 | 人 | 21.00 |
| 1.1 | 固井队队长 | 人 | 1.00 |
| 1.2 | 固井队副队长 | 人 | 1.00 |
| 1.3 | 固井工程师 | 人 | 1.00 |
| 1.4 | 机械工程师 | 人 | 1.00 |
| 1.5 | 水泥车司机 | 人 | 4.00 |
| 1.6 | 泵操作工 | 人 | 5.00 |
| 1.7 | 随车吊司机 | 人 | 1.00 |
| 1.8 | 计量工 | 人 | 2.00 |
| 1.9 | 管线工 | 人 | 5.00 |
| 2 | 施工单车作业 | 人 | 15.00 |
| 2.1 | 灰罐车司机 | 人 | 6.00 |
| 2.2 | 下灰工 | 人 | 7.00 |
| 2.3 | 背罐车司机 | 人 | 1.00 |
| 2.4 | 水泥车司机 | 人 | 1.00 |

②固井队人工费标准。参见表 4-22。

人工费包括基本工资、岗位津贴、各种补助、基本奖金、各种税费等与人工相关费用。采用 2005 年 7 月固井公司各固井队人工费统计加权平均确定。人工费标准编制公式为

$$Cgrb = (\sum_{i=1}^{n} Cgz_i \div n) \times 12$$

式中，$Cgrb$ 为固井队人工费标准，元/人年；$Cgz_i$ 为各固井队第 $i$ 个员工 2005 年 7 月的人工费，元/月；$n$ 为各固井队中实际人员总数，人；12 为一年 12 个月。

**表 4-22　固井队人工费标准**　　计量单位：人年

| 标准编号 | | | Z3-2 |
|---|---|---|---|
| 序号 | 名称 | 单位 | 金额 |
| 1 | 人工费 | 元 | 53401.60 |

③固井设备定员标准。参见表 4-23。

**表 4-23　固井设备定员标准**　　计量单位：台

| 标准编号 | | | | Z3-3 | Z3-4 | Z3-5 | Z3-6 |
|---|---|---|---|---|---|---|---|
| 项目 | | | | 定员 | 司机 | 泵操作工 | 下灰工 |
| 序号 | 设备名称 | 规格型号 | 单位 | 数量 | | | |
| | 合计 | | 人 | 24.00 | 13.00 | 6.00 | |
| 1 | 固井作业 | | 人 | 9.00 | 5.00 | 3.00 | 1.00 |
| 1.1 | 水泥车 | SNC4017 | 人 | 2.00 | 1.00 | 1.00 | |
| 1.2 | 水泥车 | SNC4017 | 人 | 2.00 | 1.00 | 1.00 | |
| 1.3 | 水泥车 | SNC4017 | 人 | 2.00 | 1.00 | 1.00 | |
| 1.4 | 灰罐车 | T815 | 人 | 2.00 | 1.00 | | 1.00 |
| 1.5 | 随车吊 | 东风 140 | 人 | 1.00 | 1.00 | | |
| 2 | 单车作业 | | 人 | 15.00 | 8.00 | 3.00 | 4.00 |
| 2.1 | 水泥车 | CPT986 | 人 | 2.00 | 1.00 | 1.00 | |
| 2.2 | 水泥车 | CPT986 | 人 | 2.00 | 1.00 | 1.00 | |
| 2.3 | 灰罐车 | 五十铃 | 人 | 2.00 | 1.00 | | 1.00 |
| 2.4 | 灰罐车 | 五十铃 | 人 | 2.00 | 1.00 | | 1.00 |
| 2.5 | 灰罐车 | 五十铃 | 人 | 2.00 | 1.00 | | 1.00 |
| 2.6 | 灰罐车 | T815 | 人 | 2.00 | 1.00 | | 1.00 |
| 2.7 | 灰罐车 | T815 | 人 | 1.00 | 1.00 | | |
| 2.8 | 背罐车 | T815 | 人 | 2.00 | 1.00 | 1.00 | |

④固井辅助定员。参见表 4-24。

**表 4-24　固井施工辅助人员配备标准**　　计量单位：井次

| 标准编号 | | | Z3-7 | Z3-8 | Z3-9 | Z3-10 |
|---|---|---|---|---|---|---|
| 项目 | | | 导管 | 表层套管 | 技术套管 | 生产套管 |
| 序号 | 岗位 | 单位 | 数量 | | | |
| | 合计 | 人 | 6.00 | 8.00 | 9.00 | 9.00 |
| 1 | 现场指挥 | 人 | 1.00 | 1.00 | 1.00 | 1.00 |
| 2 | 固井工程师 | 人 | 1.00 | 1.00 | 1.00 | 1.00 |
| 3 | 井口工 | 人 | | 1.00 | 1.00 | 1.00 |
| 4 | 计量工 | 人 | 1.00 | 1.00 | 2.00 | 2.00 |
| 5 | 管线工 | 人 | 3.00 | 4.00 | 4.00 | 4.00 |

（2）设备标准。

①设备配套标准根据油田实际生产情况现场写实资料确定（表 4-25）。

**表 4-25　固井队设备配套标准**　　计量单位：队

| 标准编号 | | | | Z3-11 |
|---|---|---|---|---|
| 序号 | 名　称 | 规格型号 | 单位 | 数量 |
| 1 | 固井车组 | | | 30.00 |
| 1.1 | 水泥车 | SNC4017 | 台 | 1.00 |
| 1.2 | 水泥车 | SNC4017 | 台 | 1.00 |
| 1.3 | 水泥车 | SNC4017 | 台 | 1.00 |
| 1.4 | 灰罐车 | T815 | 台 | 1.00 |
| 1.5 | 随车吊 | 东风 140 | 台 | 1.00 |
| 1.6 | 立式灰罐 | 35t | 个 | 22.00 |
| 1.7 | 移动式空压机 | LGR-20 | 台 | 2.00 |
| 1.8 | 混浆罐 | $4m^3$ | 个 | 1.00 |
| 2 | 零星作业 | | | |
| 2.1 | 水泥车 | CPT986 | 台 | 1.00 |
| 2.2 | 灰罐车 | T815 | 台 | 1.00 |

②设备原值。参见表 4-26。

**表 4-26　固井队设备原值**　　计量单位：队

| 标准编号 | | | | Z3-12 |
|---|---|---|---|---|
| 序号 | 名　称 | 规格型号 | 单位 | 金额 |
| 1 | 固井车组 | | 元 | 9532747.00 |
| 1.1 | 水泥车 | SNC4017 | 元 | 2716917.00 |
| 1.2 | 水泥车 | SNC4017 | 元 | 2716917.00 |
| 1.3 | 水泥车 | SNC4017 | 元 | 2783200.00 |
| 1.4 | 灰罐车 | T815 | 元 | 385000.00 |
| 1.5 | 随车吊 | 东风 140 | 元 | 175000.00 |
| 1.6 | 立式灰罐 | 35t | 元 | 445424.00 |
| 1.7 | 移动式空压机 | LGR-20 | 元 | 147000.00 |
| 1.8 | 混浆罐 | $4m^3$ | 元 | 163289.00 |
| 2 | 零星作业 | | | |
| 2.1 | 水泥车 | CPT986 | 元 | 4760000.00 |
| 2.2 | 灰罐车 | T815 | 元 | 385000.00 |

③设备折旧及修理费率。参照财务规定和相关部门统计资料确定（表 4-27）。

（3）技术标准。

①年额定工作时间。参见表 4-28。

**表 4-27　固井设备折旧及修理费率**　　　　计量单位：年

| 序号 | 名称 | 规格型号 | 单位 | 折旧 | 修理 |
|---|---|---|---|---|---|
| 标准编号 | | | | Z3-13 | Z3-14 |
| 1 | 固井车组 | | | | |
| 1.1 | 水泥车 | SNC4017 | % | 15.00 | 9.60 |
| 1.2 | 水泥车 | SNC4017 | % | 15.00 | 9.60 |
| 1.3 | 水泥车 | SNC4017 | % | 15.00 | 9.60 |
| 1.4 | 灰罐车 | T815 | % | 15.00 | 9.60 |
| 1.5 | 随车吊 | 东风 140 | % | 15.00 | 9.60 |
| 1.6 | 立式灰罐 | 35t | % | 15.00 | 9.60 |
| 1.7 | 移动式空压机 | LGR-20 | % | 15.00 | 9.60 |
| 1.8 | 混浆罐 | $4m^3$ | % | 15.00 | 9.60 |
| 2 | 零星作业 | | | | |
| 2.1 | 水泥车 | CPT986 | % | 15.00 | 9.60 |
| 2.2 | 灰罐车 | T815 | % | 15.00 | 9.60 |

固井队年额定工作时间编制公式为

$$Tgrd = 8 \times Tfd \times \beta$$

式中，$Tgrd$ 为固井队年额定工作时间，工时；8 为每天工作 8h；$Tfd$ 为国家法定工作时间，251d；$\beta$ 为工日利用率，取 65%。

**表 4-28　固井队额定工作时间**　　　　计量单位：年

| 序号 | 名称 | 单位 | 数量 |
|---|---|---|---|
| 标准编号 | | | Z3-15 |
| 1 | 额定工作时间 | 队时 | 1305.00 |

固井车组按 18 人计算，年额定工作时间为 23490（=1305×18）工时。

②固井作业车辆及人员配备。参见表 4-29。

**表 4-29　固井作业车辆及人员配备**　　　　计量单位：井次

| 序号 | 套管程序 | 名称 | 单位 | 数量 |
|---|---|---|---|---|
| 标准编号 | | | | Z3-16 |
| 1 | 508mm 导管 | 车辆 | 台 | 3.00 |
| 2 | | 人员 | 人 | 11.00 |
| 3 | 339.7mm 套管 | 车辆 | 台 | 5.00 |
| 4 | | 人员 | 人 | 17.00 |
| 5 | 244.5mm 套管 | 车辆 | 台 | 5.00 |
| 6 | | 人员 | 人 | 18.00 |
| 9 | 168.3mm 套管 | 车辆 | 台 | 5.00 |
| 10 | | 人员 | 人 | 18.00 |

③固井车平均行驶速度。参见表 4-30。

**表 4-30　固井车平均行驶速度**　　计量单位：h

| 标准编号 | | | Z3-17 |
|---|---|---|---|
| 序号 | 名　称 | 单位 | 数量 |
| 1 | 平均行驶速度 | km | 30.00 |

④运输车辆单趟工时。根据油田现场写实资料和理论测算确定（表 4-31，表 4-32）。

**表 4-31　固井拉灰罐车**　　计量单位：趟

| 标准编号 | | | Z3-18 |
|---|---|---|---|
| 序号 | 名　称 | 单位 | 数量 |
| | 合计 | 台时 | 3.34 |
| 1 | 基地—水泥库—油田往返时间 | 台时 | 2.00 |
| 2 | 装车时间 | 台时 | 0.67 |
| 3 | 卸车时间 | 台时 | 0.67 |

拉灰罐车标记吨位 12t。

**表 4-32　固井背罐车**　　计量单位：趟

| 标准编号 | | | Z3-19 |
|---|---|---|---|
| 序号 | 名　称 | 单位 | 数量 |
| | 合计 | 台时 | 3.67 |
| 1 | 基地—油田—井间往返时间 | 台时 | 2.67 |
| 2 | 装车时间 | 台时 | 0.50 |
| 3 | 卸车时间 | 台时 | 0.50 |

⑤平均运输距离。根据有关部门统计资料确定，此处对实际地名进行了技术处理（表 4-33）。

**表 4-33　平均运输距离**　　计量单位：趟

| 标准编号 | | | | Z3-20 |
|---|---|---|---|---|
| 序号 | 起点 | 终点 | 单位 | 数量 |
| 1 | A | S | km | 90.00 |
| 2 | A | K1 | km | 240.00 |
| 3 | A | ZJ | km | 280.00 |
| 4 | Z | K1 | km | 130.00 |
| 5 | Z | Z1 | km | 180.00 |
| 6 | Z | ZK | km | 165.00 |
| 7 | ZJ | K1 | km | 45.00 |
| 8 | ZJ | Z1 | km | 30.00 |
| 9 | ZJ | ZK | km | 15.00 |

续表

| 标准编号 | | | | Z3-20 |
|---|---|---|---|---|
| 序号 | 起点 | 终点 | 单位 | 数量 |
| 10 | ZK | K1 | km | 60.00 |
| 11 | ZK | Z1 | km | 15.00 |
| 12 | K1 | Z1 | km | 75.00 |
| 13 | K2 | K1 | km | 10.00 |
| 14 | Z1 | K2 | km | 10.00 |

⑥开发井固井分类。根据现场写实资料和近 3 年实际完工资料综合分析确定（表 4-34，表 4-35）。

**表 4-34　标准井 1**

计量单位：口井

| 标准编号 | | | | | Z3-21 | | |
|---|---|---|---|---|---|---|---|
| 序号 | 钻头规格（mm） | 套管规格（mm） | 作业方式 | 水泥返高（m） | 套管下深（m） | 封固井段（m） | 封固段长（m） |
| 1 | 660.4 | 508.0 | 常规固井 | 井口 | 0～30 | 0～30 | 30 |
| 2 | 444.5 | 339.7 | 插入法 | 井口 | 0～905 | 0～905 | 905 |
| 3 | 311.1 | 244.5 | 常规固井 | 井口 | 0～2483 | 0～2483 | 2483 |
| 4 | 215.9 | 168.3 | 常规固井 | 1400.00 | 0～3776 | 1400～3776 | 2376 |

**表 4-35　标准井 2**

计量单位：口井

| 标准编号 | | | | | Z3-22 | | |
|---|---|---|---|---|---|---|---|
| 序号 | 钻头规格（mm） | 套管规格（mm） | 作业方式 | 水泥返高（m） | 套管下深（m） | 封固井段（m） | 封固段长（m） |
| 1 | 660.4 | 508.0 | 常规固井 | 井口 | 0～30 | 0～30 | 30 |
| 2 | 444.5 | 339.7 | 插入法 | 井口 | 0～906 | 0～906 | 906 |
| 3 | 311.1 | 244.5 | 常规固井 | 井口 | 0～2529 | 0～2529 | 2529 |
| 4 | 215.9 | 168.3 | 常规固井 | 1400.00 | 0～2931 | 1400～2931 | 1531 |

#### 4.4.1.2　消耗标准

（1）工时标准。参见表 4-36 至表 4-39。

**表 4-36　$\phi$508mm 导管固井**

计量单位：井次

| 标准编号 | | | Z3-23 | Z3-24 |
|---|---|---|---|---|
| 项　目 | | | 标准井 1 | 标准井 2 |
| | | | 井深（m） | |
| | | | 0～30 | 0～30 |
| | | | 注水泥量（t） | |
| | | | 10 | 10 |
| 序号 | 名　称 | 单位 | 数量 | |
| | 合计 | 工时 | 68.75 | 68.75 |
| 1 | 人员配备 | 人 | 11.00 | 11.00 |
| 2 | 小计 | 工时 | 6.25 | 6.25 |

续表

| 标准编号 | | | Z3-23 | Z3-24 |
|---|---|---|---|---|
| 项目 | | | 标准井 1 | 标准井 2 |
| | | | 井深（m） | |
| | | | 0～30 | 0～30 |
| | | | 注水泥量（t） | |
| | | | 10 | 10 |
| 序号 | 名称 | 单位 | 数量 | |
| 2.1 | 出车准备 | 工时 | 0.33 | 0.33 |
| 2.2 | 摆车接管线 | 工时 | 0.50 | 0.50 |
| 2.3 | 试压 | 工时 | 0.08 | 0.08 |
| 2.4 | 技术交底 | 工时 | 0.25 | 0.25 |
| 2.5 | 挤前置液 | 工时 | 0.08 | 0.08 |
| 2.6 | 注水泥浆 | 工时 | 0.13 | 0.13 |
| 2.7 | 替泥浆 | 工时 | 0.12 | 0.12 |
| 2.8 | 卸管线 | 工时 | 0.33 | 0.33 |
| 2.9 | 施工后总结 | 工时 | 0.25 | 0.25 |
| 2.10 | 冲洗泵 | 工时 | 0.17 | 0.17 |
| 2.11 | 往返路程 | 工时 | 2.00 | 2.00 |
| 2.12 | 检泵 | 工时 | 2.00 | 2.00 |

**表 4-37 $\phi$339.7mm 套管固井**　　计量单位：井次

| 标准编号 | | | Z3-25 | Z3-26 |
|---|---|---|---|---|
| 项目 | | | 标准井 1 | 标准井 2 |
| | | | 井深（m） | |
| | | | 0～905 | 0～906 |
| | | | 注水泥量（t） | |
| | | | 132 | 133 |
| 序号 | 名称 | 单位 | 数量 | |
| | 合计 | 工时 | 142.76 | 142.80 |
| 1 | 人员配备 | 人 | 17.00 | 17.00 |
| 2 | 小计 | 工时 | 8.40 | 8.40 |
| 2.1 | 出车准备 | 工时 | 0.33 | 0.33 |
| 2.2 | 摆车接管线 | 工时 | 0.67 | 0.67 |
| 2.3 | 试压 | 工时 | 0.08 | 0.08 |
| 2.4 | 技术交底 | 工时 | 0.25 | 0.25 |
| 2.5 | 挤前置液 | 工时 | 0.08 | 0.08 |
| 2.6 | 注水泥浆 | 工时 | 1.57 | 1.57 |
| 2.7 | 替泥浆 | 工时 | 0.33 | 0.33 |
| 2.8 | 卸管线 | 工时 | 0.42 | 0.42 |
| 2.9 | 施工后总结 | 工时 | 0.50 | 0.50 |
| 2.10 | 冲洗泵 | 工时 | 0.17 | 0.17 |
| 2.11 | 往返路程 | 工时 | 2.00 | 2.00 |
| 2.12 | 检泵 | 工时 | 2.00 | 2.00 |

表 4-38 **$\phi$ 244.5mm 套管固井**　　计量单位：井次

| 标准编号 | | | Z3-27 | Z3-28 |
|---|---|---|---|---|
| 项目 | | | 标准井 1 | 标准井 2 |
| | | | 井深（m） | |
| | | | 0～2483 | 0～2529 |
| | | | 注水泥量（t） | |
| | | | 158 | 161 |
| 序号 | 名称 | 单位 | 数量 | |
| | 合计 | 工时 | 189.33 | 190.78 |
| 1 | 人员配备 | 人 | 18.00 | 18.00 |
| 2 | 小计 | 工时 | 10.52 | 10.60 |
| 2.1 | 出车准备 | 工时 | 0.33 | 0.33 |
| 2.2 | 摆车接管线 | 工时 | 0.67 | 0.67 |
| 2.3 | 试压 | 工时 | 0.08 | 0.08 |
| 2.4 | 技术交底 | 工时 | 0.25 | 0.25 |
| 2.5 | 挤前置液 | 工时 | 0.08 | 0.08 |
| 2.6 | 注水泥浆 | 工时 | 1.88 | 1.92 |
| 2.7 | 压胶塞 | 工时 | 0.08 | 0.08 |
| 2.8 | 替泥浆 | 工时 | 1.97 | 2.01 |
| 2.9 | 停泵放回压关闸门 | 工时 | 0.08 | 0.08 |
| 2.10 | 卸管线 | 工时 | 0.42 | 0.42 |
| 2.11 | 施工后总结 | 工时 | 0.50 | 0.50 |
| 2.12 | 冲洗泵 | 工时 | 0.17 | 0.17 |
| 2.13 | 往返路程 | 工时 | 2.00 | 2.00 |
| 2.14 | 检泵 | 工时 | 2.00 | 2.00 |

表 4-39 **$\phi$ 168.3mm 套管固井**　　计量单位：井次

| 标准编号 | | | Z3-29 | Z3-30 |
|---|---|---|---|---|
| 项目 | | | 标准井 1 | 标准井 2 |
| | | | 井深（m） | |
| | | | 0～3776 | 0～2931 |
| | | | 注水泥量（t） | |
| | | | 68 | 40 |
| 序号 | 名称 | 单位 | 数量 | |
| | 合计 | 工时 | 153.78 | 139.82 |
| 1 | 人员配备 | 人 | 18.00 | 18.00 |
| 2 | 小计 | 工时 | 8.54 | 7.77 |
| 2.1 | 出车准备 | 工时 | 0.33 | 0.33 |
| 2.2 | 摆车接管线 | 工时 | 0.67 | 0.67 |
| 2.3 | 试压 | 工时 | 0.08 | 0.08 |
| 2.4 | 技术交底 | 工时 | 0.25 | 0.25 |
| 2.5 | 挤前置液 | 工时 | 0.08 | 0.08 |
| 2.6 | 注水泥浆 | 工时 | 0.87 | 0.51 |
| 2.7 | 压胶塞 | 工时 | 0.08 | 0.08 |

续表

| 标准编号 | | | Z3-29 | Z3-30 |
|---|---|---|---|---|
| 项目 | | | 标准井 1 | 标准井 2 |
| | | | 井深（m） | |
| | | | 0～3776 | 0～2931 |
| | | | 注水泥量（t） | |
| | | | 68 | 40 |
| 序号 | 名称 | 单位 | 数量 | |
| 2.8 | 替泥浆 | 工时 | 1.01 | 0.59 |
| 2.9 | 停泵放回压关闸门 | 工时 | 0.08 | 0.08 |
| 2.10 | 卸管线 | 工时 | 0.42 | 0.42 |
| 2.11 | 施工后总结 | 工时 | 0.50 | 0.50 |
| 2.12 | 冲洗泵 | 工时 | 0.17 | 0.17 |
| 2.13 | 往返路程 | 工时 | 2.00 | 2.00 |
| 2.14 | 检泵 | 工时 | 2.00 | 2.00 |

（2）固井作业消耗标准。参见表 4-40 至表 4-43。

**表 4-40　$\phi$508mm 导管固井**　　计量单位：井次

| 标准编号 | | | | Z3-31 | Z3-32 |
|---|---|---|---|---|---|
| 项目 | | | | 标准井 1 | 标准井 2 |
| | | | | 井深（m） | |
| | | | | 0～30 | 0～30 |
| | | | | 注水量（t） | |
| | | | | 10 | 10 |
| 序号 | 名称 | 规格型号 | 单位 | 数量 | |
| 1 | 人工 | | 工时 | 68.75 | 68.75 |
| 2 | 固井车组 | | 工时 | 6.25 | 6.25 |
| 3 | 材料 | | | | |
| 3.1 | 数字流量计 | DL—3 | 套 | 0.01 | 0.01 |
| 3.2 | 扳手 | 500mm | 把 | 0.10 | 0.10 |
| 3.3 | 榔头 | 3kg | 把 | 0.05 | 0.05 |
| 3.4 | 高压管线 | 70MPa×10m | 根 | 0.02 | 0.02 |
| 3.5 | 高压管线 | 40MPa×10m | 根 | 0.07 | 0.07 |
| 3.6 | 高压管线 | 40MPa×5m | 根 | 0.03 | 0.03 |
| 3.7 | 高压管汇 | 100MPa | 组 | 0.01 | 0.01 |
| 3.8 | 柴油 | | kg | 110.23 | 110.23 |
| 3.9 | 汽油 | 93# | kg | 12.35 | 12.35 |
| 3.10 | 机油 | | kg | 14.69 | 14.69 |
| 4 | 设备 | | | | |
| 4.1 | 背罐车 | 太拖拉 T-815 | 台时 | 3.67 | 3.67 |
| 4.2 | 灰罐车 | 五十铃 | 台时 | 3.34 | 3.34 |
| 4.3 | 值班车 | 15 座 | 台时 | 8.00 | 8.00 |

表 4-41　$\phi$339.7mm 套管固井　　计量单位：井次

| 标准编号 | | | | Z3-33 | Z3-34 |
|---|---|---|---|---|---|
| 项　　目 | | | | 标准井 1 | 标准井 2 |
| | | | | 井深（m） | |
| | | | | 0～905 | 0～906 |
| | | | | 注水泥量（t） | |
| | | | | 132 | 133 |
| 序号 | 名　　称 | 规格型号 | 单位 | 数　　量 | |
| 1 | 人工 | | 工时 | 142.76 | 142.80 |
| 2 | 固井车组 | | 工时 | 8.40 | 8.40 |
| 3 | 材料 | | | | |
| 3.1 | 数字流量计 | DL—3 | 套 | 0.01 | 0.01 |
| 3.2 | 扳手 | 500mm | 把 | 0.10 | 0.10 |
| 3.3 | 榔头 | 3kg | 把 | 0.05 | 0.05 |
| 3.4 | 高压管线 | 70MPa×10m | 根 | 0.02 | 0.02 |
| 3.5 | 高压管线 | 40MPa×10m | 根 | 0.07 | 0.07 |
| 3.6 | 高压管线 | 40MPa×5m | 根 | 0.03 | 0.03 |
| 3.7 | 高压管汇 | 100MPa | 组 | 0.01 | 0.01 |
| 3.8 | 柴油 | | kg | 223.11 | 223.17 |
| 3.9 | 汽油 | 93# | kg | 25.56 | 25.57 |
| 3.10 | 机油 | | kg | 30.40 | 30.41 |
| 4 | 设备 | | | | |
| 4.1 | 背罐车 | 太拖拉 T-815 | 台时 | 14.67 | 14.67 |
| 4.2 | 灰罐车 | 五十铃 | 台时 | 36.74 | 36.74 |
| 4.3 | 值班车 | 15 座 | 台时 | 8.00 | 8.00 |

表 4-42　$\phi$244.5mm 套管固井　　计量单位：井次

| 标准编号 | | | | Z3-35 | Z3-36 |
|---|---|---|---|---|---|
| 项　　目 | | | | 标准井 1 | 标准井 2 |
| | | | | 井深（m） | |
| | | | | 0～2483 | 0～2529 |
| | | | | 注水泥量（t） | |
| | | | | 158 | 161 |
| 序号 | 名　　称 | 规格型号 | 单位 | 数　　量 | |
| 1 | 人工 | | 工时 | 189.33 | 190.78 |
| 2 | 固井车组 | | 工时 | 10.52 | 10.60 |
| 3 | 材料 | | | | |
| 3.1 | 数字流量计 | DL—3 | 套 | 0.01 | 0.01 |
| 3.2 | 扳手 | 500mm | 把 | 0.10 | 0.10 |
| 3.3 | 榔头 | 3kg | 把 | 0.05 | 0.05 |
| 3.4 | 水泥头 | 244.5mm | 套 | 0.01 | 0.01 |
| 3.5 | 胶塞 | 244.5mm | 个 | 1.00 | 1.00 |
| 3.6 | 高压管线 | 70MPa×10m | 根 | 0.02 | 0.02 |
| 3.7 | 高压管线 | 40MPa×10m | 根 | 0.07 | 0.07 |
| 3.8 | 高压管线 | 40MPa×5m | 根 | 0.03 | 0.03 |
| 3.9 | 高压管汇 | 100MPa | 组 | 0.01 | 0.01 |

续表

| 标 准 编 号 | | | | Z3-35 | Z3-36 |
|---|---|---|---|---|---|
| 项　　目 | | | | 标准井 1 | 标准井 2 |
| | | | | 井深（m） | |
| | | | | 0～2483 | 0～2529 |
| | | | | 注水泥量（t） | |
| | | | | 158 | 161 |
| 序 号 | 名　　称 | 规 格 型 号 | 单 位 | 数　　量 | |
| 3.10 | 柴油 | | kg | 316.17 | 322.28 |
| 3.11 | 汽油 | 93# | kg | 35.84 | 36.40 |
| 3.12 | 机油 | | kg | 42.63 | 43.30 |
| 4 | 设备 | | | | |
| 4.1 | 背罐车 | 太拖拉 T-815 | 台时 | 18.33 | 18.33 |
| 4.2 | 灰罐车 | 五十铃 | 台时 | 50.10 | 50.10 |
| 4.3 | 值班车 | 15 座 | 台时 | 8.00 | 8.00 |

**表 4-43　$\phi$168.3mm 套管固井**　　计量单位：井次

| 标 准 编 号 | | | | Z3-37 | Z3-38 |
|---|---|---|---|---|---|
| 项　　目 | | | | 标准井 1 | 标准井 2 |
| | | | | 井深（m） | |
| | | | | 0～3776 | 0～2931 |
| | | | | 注水泥量（t） | |
| | | | | 68 | 40 |
| 序 号 | 名　　称 | 规 格 型 号 | 单 位 | 数　　量 | |
| 1 | 人工 | | 工时 | 153.78 | 139.82 |
| 2 | 固井车组 | | 工时 | 8.54 | 7.77 |
| 3 | 材料 | | | | |
| 3.1 | 数字流量计 | DL—3 | 套 | 0.01 | 0.01 |
| 3.2 | 扳手 | 500mm | 把 | 0.10 | 0.10 |
| 3.3 | 榔头 | 3kg | 把 | 0.05 | 0.05 |
| 3.4 | 水泥头 | 168.3mm | 套 | 0.01 | 0.01 |
| 3.5 | 胶塞 | 168.3mm | 个 | 1.00 | 1.00 |
| 3.6 | 高压管线 | 70MPa×10m | 根 | 0.02 | 0.02 |
| 3.7 | 高压管线 | 40MPa×10m | 根 | 0.07 | 0.07 |
| 3.8 | 高压管线 | 40MPa×5m | 根 | 0.03 | 0.03 |
| 3.9 | 高压管汇 | 100MPa | 组 | 0.01 | 0.01 |
| 3.10 | 柴油 | | kg | 300.26 | 176.21 |
| 3.11 | 汽油 | 93# | kg | 34.77 | 20.41 |
| 3.12 | 机油 | | kg | 41.36 | 24.27 |
| 4 | 设备 | | | | |
| 4.1 | 背罐车 | 太拖拉 T-815 | 台时 | 7.33 | 7.33 |
| 4.2 | 灰罐车 | 五十铃 | 台时 | 20.04 | 13.36 |
| 4.3 | 值班车 | 15 座 | 台时 | 8.00 | 8.00 |

4.4.1.3 费用标准

（1）人工费标准。

固井队人工费标准参见表 4-44，编制公式为

$$Cgrd = Cgrb \times Mgrd \div Tgrd$$

式中，$Cgrd$ 为固井队人工费标准，元/工时；$Cgrb$ 为固井队人工费标准，元/人年；$Mgrd$ 为固井车组劳动定员，18 人；$Tgrd$ 为固井车组队年额定工作时间，23490 工时/年。

**表 4-44 固井队人工费标准**

计量单位：工时

| 标准编号 | | | Z3-39 |
|---|---|---|---|
| 序号 | 名称 | 单位 | 金额 |
| 1 | 人工费 | 元 | 40.92 |

（2）设备费标准。

①折旧费标准。

固井设备折旧费标准参见表 4-45，编制公式为

$$Cgzd = Cgy \times Fgz \div Tgrd$$

式中，$Cgzd$ 为固井车组折旧费标准，元/工时；$Cgy$ 为固井车组设备原值，元；$Fgz$ 为固井设备折旧费率，15%；$Tgrd$ 为固井队年额定工作时间，1305 队时/年。

②修理费标准。

固井设备修理费标准参见表 4-45，编制公式为

$$Cgxd = Cgy \times Fgx \div Tgrd$$

式中，$Cgxd$ 为固井车组修理费标准，元/工时；$Cgy$ 为固井车组设备原值，元；$Fgx$ 为固井设备修理费率，9.6%；$Tgrd$ 为固井队年额定工作时间，1305 队时/年。

**表 4-45 固井设备费标准**

计量单位：工时

| 标准编号 | | | Z3-40 |
|---|---|---|---|
| 序号 | 名称 | 单位 | 金额 |
| | 合计 | 元 | 1796.98 |
| 1 | 折旧费 | 元 | 1095.72 |
| 2 | 修理费 | 元 | 701.26 |

（3）其他费标准。参见表 4-46。

**表 4-46 其他费标准**

| 标准编号 | | | Z3-41 |
|---|---|---|---|
| 序号 | 名称 | 单位 | 费率 |
| 1 | 其他费 | % | 15.00 |

以工程直接费为基数。

（4）间接费标准。参见表 4-47。

**表 4-47　间接费标准**

| 标 准 编 号 | | | Z3-42 |
|---|---|---|---|
| 序号 | 名　　称 | 单 位 | 费　率 |
| 1 | 企业管理费 | % | 10.00 |
| 2 | 风险费 | % | 3.00 |
| 3 | 利润 | % | 3.00 |

以直接费为基数。

（5）相关价格。根据相关合同确定（表 4-48，表 4-49）。

**表 4-48　固井作业材料价格**

| 标 准 编 号 | | | | Z3-43 |
|---|---|---|---|---|
| 序 号 | 名　　称 | 规 格 型 号 | 单 位 | 金　额 |
| 1 | 数字流量计 | DL—3 | 元/套 | 2655.87 |
| 2 | 扳手 | 450mm | 元/把 | 56.21 |
| 3 | 榔头 | 3kg | 元/把 | 35.42 |
| 4 | 高压管线 | 70MPa×10m | 元/根 | 58713.69 |
| 5 | 高压管线 | 40MPa×10m | 元/根 | 4865.21 |
| 6 | 高压管线 | 40MPa×5m | 元/根 | 3079.23 |
| 7 | 高压管汇 | 100MPa | 元/组 | 7590.38 |
| 8 | 胶塞 | 244.5mm | 元/个 | 946.89 |
| 9 | 胶塞 | 168.3mm | 元/个 | 692.86 |
| 10 | 水泥头 | 244.5mm | 元/套 | 60576.67 |
| 11 | 水泥头 | 168.3mm | 元/套 | 48929.37 |
| 12 | 柴油 | | 元/t | 5267.85 |
| 13 | 汽油 | 93# | 元/t | 5561.43 |
| 14 | 机油 | | 元/t | 7246.96 |

**表 4-49　设备台时价格**　　计量单位：台时

| 标 准 编 号 | | | | Z3-44 |
|---|---|---|---|---|
| 序 号 | 名　　称 | 规 格 型 号 | 单 位 | 金　额 |
| 1 | 背罐车 | T-815 | 元 | 483.00 |
| 2 | 灰罐车 | 五十铃 | 元 | 525.00 |
| 3 | 值班车 | 15 座 | 元 | 65.94 |

#### 4.4.1.4　预算标准

（1）固井作业费标准。参见表 4-50 至表 4-53。

表 4-50　$\phi$508mm 导管固井　计量单位：井次

| 标准编号 | | | Z3-45 | Z3-46 |
|---|---|---|---|---|
| 项目 | | | 标准井 1 | 标准井 2 |
| | | | 井深（m） | |
| | | | 0～30 | 0～30 |
| | | | 注水量（t） | |
| | | | 10 | 10 |
| 序号 | 名称 | 单位 | 金额 | |
| | 综合单价 | 元 | 27439.41 | 27439.41 |
| 1 | 直接费 | 元 | 23654.66 | 23654.66 |
| 1.1 | 人工费 | 元 | 2813.25 | 2813.25 |
| 1.2 | 固井车组费 | 元 | 11231.11 | 11231.11 |
| 1.3 | 材料费 | 元 | 2472.89 | 2472.89 |
| 1.3.1 | 数字流量计 | 元 | 26.56 | 26.56 |
| 1.3.2 | 扳手 | 元 | 5.62 | 5.62 |
| 1.3.3 | 榔头 | 元 | 1.77 | 1.77 |
| 1.3.4 | 高压管线 | 元 | 1174.27 | 1174.27 |
| 1.3.5 | 高压管线 | 元 | 340.56 | 340.56 |
| 1.3.6 | 高压管线 | 元 | 92.38 | 92.38 |
| 1.3.7 | 高压管汇 | 元 | 75.90 | 75.90 |
| 1.3.8 | 柴油 | 元 | 580.68 | 580.68 |
| 1.3.9 | 汽油 | 元 | 68.71 | 68.71 |
| 1.3.10 | 机油 | 元 | 106.44 | 106.44 |
| 1.4 | 设备费 | 元 | 4052.02 | 4052.02 |
| 1.4.1 | 背罐车 | 元 | 1771.00 | 1771.00 |
| 1.4.2 | 灰罐车 | 元 | 1753.50 | 1753.50 |
| 1.4.3 | 值班车 | 元 | 527.52 | 527.52 |
| 1.5 | 其他 | 元 | 3085.39 | 3085.39 |
| 2 | 间接费 | 元 | 3784.75 | 3784.75 |
| 2.1 | 企业管理费 | 元 | 2365.47 | 2365.47 |
| 2.2 | 风险费 | 元 | 709.64 | 709.64 |
| 2.3 | 利润 | 元 | 709.64 | 709.64 |

表 4-51　$\phi$339.7mm 套管固井　计量单位：井次

| 标准编号 | | | Z3-47 | Z3-48 |
|---|---|---|---|---|
| 项目 | | | 标准井 1 | 标准井 2 |
| | | | 井深（m） | |
| | | | 0～905 | 0～906 |
| | | | 注水泥量（t） | |
| | | | 132 | 133 |
| 序号 | 名称 | 单位 | 金额 | |
| | 综合单价 | 元 | 68150.04 | 68157.58 |
| 1 | 直接费 | 元 | 58750.03 | 58756.53 |

续表

| 标准编号 | | | Z3-45 | Z3-46 |
|---|---|---|---|---|
| 项目 | | | 标准井 1 | 标准井 2 |
| | | | 井深（m） | |
| | | | 0～905 | 0～905 |
| | | | 注水泥量（t） | |
| | | | 132 | 133 |
| 序号 | 名称 | 单位 | 金额 | |
| 1.1 | 人工费 | 元 | 5841.73 | 5843.19 |
| 1.2 | 固井车组费 | 元 | 15090.37 | 15094.14 |
| 1.3 | 材料费 | 元 | 3254.86 | 3255.29 |
| 1.3.1 | 数字流量计 | 元 | 26.56 | 26.56 |
| 1.3.2 | 扳手 | 元 | 5.62 | 5.62 |
| 1.3.3 | 榔头 | 元 | 1.77 | 1.77 |
| 1.3.4 | 高压管线 | 元 | 1174.27 | 1174.27 |
| 1.3.5 | 高压管线 | 元 | 340.56 | 340.56 |
| 1.3.6 | 高压管线 | 元 | 92.38 | 92.38 |
| 1.3.7 | 高压管汇 | 元 | 75.90 | 75.90 |
| 1.3.8 | 柴油 | 元 | 1175.32 | 1175.64 |
| 1.3.9 | 汽油 | 元 | 142.16 | 142.20 |
| 1.3.10 | 机油 | 元 | 220.31 | 220.37 |
| 1.4 | 设备费 | 元 | 26900.02 | 26900.02 |
| 1.4.1 | 背罐车 | 元 | 7084.00 | 7084.00 |
| 1.4.2 | 灰罐车 | 元 | 19288.50 | 19288.50 |
| 1.4.3 | 值班车 | 元 | 527.52 | 527.52 |
| 1.5 | 其他 | 元 | 7663.05 | 7663.90 |
| 2 | 间接费 | 元 | 9400.00 | 9401.04 |
| 2.1 | 企业管理费 | 元 | 5875.00 | 5875.65 |
| 2.2 | 风险费 | 元 | 1762.50 | 1762.70 |
| 2.3 | 利润 | 元 | 1762.50 | 1762.70 |

**表 4-52　$\phi$244.5mm 套管固井**　　计量单位：井次

| 标准编号 | | | Z3-49 | Z3-50 |
|---|---|---|---|---|
| 项目 | | | 标准井 1 | 标准井 2 |
| | | | 井深（m） | |
| | | | 0～2483 | 0～2529 |
| | | | 注水泥量（t） | |
| | | | 158 | 161 |
| 序号 | 名称 | 单位 | 金额 | |
| | 综合单价 | 元 | 90415.34 | 90741.25 |
| 1 | 直接费 | 元 | 77944.26 | 78225.21 |
| 1.1 | 人工费 | 元 | 7747.54 | 7806.87 |

续表

| 标准编号 | | | Z3-49 | Z3-50 |
|---|---|---|---|---|
| 项目 | | | 标准井 1 | 标准井 2 |
| | | | 井深（m） | |
| | | | 0～2483 | 0～2529 |
| | | | 注水泥量（t） | |
| | | | 158 | 161 |
| 序号 | 名称 | 单位 | 金额 | |
| 1.2 | 固井车组费 | 元 | 18901.59 | 19046.34 |
| 1.3 | 材料费 | 元 | 5443.47 | 5483.69 |
| 1.3.1 | 数字流量计 | 元 | 26.56 | 26.56 |
| 1.3.2 | 扳手 | 元 | 5.62 | 5.62 |
| 1.3.3 | 榔头 | 元 | 1.77 | 1.77 |
| 1.3.4 | 水泥头 | 元 | 605.77 | 605.77 |
| 1.3.5 | 胶塞 | 元 | 946.89 | 946.89 |
| 1.3.6 | 高压管线 | 元 | 1174.27 | 1174.27 |
| 1.3.7 | 高压管线 | 元 | 340.56 | 340.56 |
| 1.3.8 | 高压管线 | 元 | 92.38 | 92.38 |
| 1.3.9 | 高压管汇 | 元 | 75.90 | 75.90 |
| 1.3.10 | 柴油 | 元 | 1665.52 | 1697.72 |
| 1.3.11 | 汽油 | 元 | 199.30 | 202.44 |
| 1.3.12 | 机油 | 元 | 308.92 | 313.80 |
| 1.4 | 设备费 | 元 | 35685.02 | 35685.02 |
| 1.4.1 | 背罐车 | 元 | 8855.00 | 8855.00 |
| 1.4.2 | 灰罐车 | 元 | 26302.50 | 26302.50 |
| 1.4.3 | 值班车 | 元 | 527.52 | 527.52 |
| 1.5 | 其他 | 元 | 10166.64 | 10203.29 |
| 2 | 间接费 | 元 | 12471.08 | 12516.03 |
| 2.1 | 企业管理费 | 元 | 7794.43 | 7822.52 |
| 2.2 | 风险费 | 元 | 2338.33 | 2346.76 |
| 2.3 | 利润 | 元 | 2338.33 | 2346.76 |

**表 4-53　$\phi$168.3mm 套管固井**　　计量单位：井次

| 标准编号 | | | Z3-51 | Z3-52 |
|---|---|---|---|---|
| 项目 | | | 标准井 1 | 标准井 2 |
| | | | 井深（m） | |
| | | | 0～3776 | 0～2931 |
| | | | 注水泥量（t） | |
| | | | 68 | 40 |
| 序号 | 名称 | 单位 | 金额 | |
| | 综合单价 | 元 | 54973.39 | 46531.25 |
| 1 | 直接费 | 元 | 47390.85 | 40113.15 |

续表

| 标准编号 | | | Z3-51 | Z3-52 |
|---|---|---|---|---|
| 项　目 | | | 标准井 1 | 标准井 2 |
| | | | 井深（m） | |
| | | | 0～3776 | 0～2931 |
| | | | 注水泥量（t） | |
| | | | 68 | 40 |
| 序号 | 名　称 | 单位 | 金　额 | |
| 1.1 | 人工费 | 元 | 6292.69 | 5721.63 |
| 1.2 | 固井车组费 | 元 | 15352.21 | 13958.99 |
| 1.3 | 材料费 | 元 | 4974.02 | 4116.86 |
| 1.3.1 | 数字流量计 | 元 | 26.56 | 26.56 |
| 1.3.2 | 扳手 | 元 | 5.62 | 5.62 |
| 1.3.3 | 榔头 | 元 | 1.77 | 1.77 |
| 1.3.4 | 水泥头 | 元 | 489.29 | 489.29 |
| 1.3.5 | 胶塞 | 元 | 692.86 | 692.86 |
| 1.3.6 | 高压管线 | 元 | 1174.27 | 1174.27 |
| 1.3.7 | 高压管线 | 元 | 340.56 | 340.56 |
| 1.3.8 | 高压管线 | 元 | 92.38 | 92.38 |
| 1.3.9 | 高压管汇 | 元 | 75.90 | 75.90 |
| 1.3.10 | 柴油 | 元 | 1581.72 | 928.26 |
| 1.3.11 | 汽油 | 元 | 193.38 | 113.49 |
| 1.3.12 | 机油 | 元 | 299.70 | 175.89 |
| 1.4 | 设备费 | 元 | 14590.52 | 11083.52 |
| 1.4.1 | 背罐车 | 元 | 3542.00 | 3542.00 |
| 1.4.2 | 灰罐车 | 元 | 10521.00 | 7014.00 |
| 1.4.3 | 值班车 | 元 | 527.52 | 527.52 |
| 1.5 | 其他 | 元 | 6181.42 | 5232.15 |
| 2 | 间接费 | 元 | 7582.54 | 6418.10 |
| 2.1 | 企业管理费 | 元 | 4739.09 | 4011.32 |
| 2.2 | 风险费 | 元 | 1421.73 | 1203.39 |
| 2.3 | 利润 | 元 | 1421.73 | 1203.39 |

（2）税费。

考虑增值税、城乡维护建设税和教育费附加，取折算税率 1%。

#### 4.4.1.5　概算标准

取标准井各层套管固井作业对应的预算标准，再考虑相关税费，取 1%折算税率，得出一口标准井的固井作业费概算标准（表 4-54）。

### 4.4.2　套管计价标准编制

以某油田某区块三开井身结构开发井为例，说明一套套管计价标准编制方法，也就是固井工程中的主要材料计价标准编制方法。

#### 4.4.2.1　基础标准

根据油田实钻资料和标准井设计，确定开发井井身结构和套管程序标准，见表 4-55 和表 4-56。

**表 4-54　标准井固井作业费概算标准**　　计量单位：口井

| 标准编号 | | | Z3-53 | Z3-54 |
|---|---|---|---|---|
| 项　目 | | | 标准井 1 | 标准井 2 |
| | | | 井深（m） | |
| | | | 0～3776 | 0～2931 |
| | | | 注水泥量（t） | |
| | | | 369 | 344 |
| 序号 | 名　称 | 单位 | 金　额 | |
| | 综合单价 | 元 | 243387.95 | 235198.18 |
| 1 | $\phi$508mm 导管固井作业费 | 元 | 27439.41 | 27439.41 |
| 2 | $\phi$339.7mm 套管固井作业费 | 元 | 68150.04 | 68157.58 |
| 3 | $\phi$244.5mm 套管固井作业费 | 元 | 90415.34 | 90741.25 |
| 4 | $\phi$168.3mm 套管固井作业费 | 元 | 54973.39 | 46531.25 |
| 5 | 税费 | 元 | 2409.78 | 2328.69 |

**表 4-55　某油田开发标准井井身结构和套管程序标准**

| 标准编号 | | | | | Z3-57 | | Z3-58 | |
|---|---|---|---|---|---|---|---|---|
| 项　目 | | | | | 标准井 1 | | 标准井 2 | |
| 序号 | 钻头规格（mm） | 套管规格（mm） | 钢级×壁厚（mm） | 单位重量（kg/m） | 套管下深（m） | 段长（m） | 套管下深（m） | 段长（m） |
| 1 | 660.4 | 508.0 | J55×12.7 | 158.47 | 0～30 | 30 | 0～30 | 30 |
| 2 | 444.5 | 339.7 | J55×10.92 | 90.77 | 0～905 | 905 | 0～906 | 906 |
| 3 | 311.1 | 244.5 | L80×11.99 | 69.94 | 0～191 | 191 | 0～177 | 177 |
| 4 | | | L80×11.05 | 64.82 | 191～1919 | 1728 | 177～1845 | 1668 |
| 5 | | | TP110×11.99 | 69.94 | 1919～2483 | 564 | 1845～2529 | 684 |
| 6 | 215.9 | 168.3 | VASS-90×12.07 | 47.66 | 0～3776 | 3776 | 0～2931 | 2931 |

**表 4-56　套管附加量标准**

| 标准编号 | | | | | Z3-59 |
|---|---|---|---|---|---|
| 序号 | 钻头规格（mm） | 套管规格（mm） | 钢级×壁厚（mm） | 单位 | 附加量 |
| 1 | 660.4 | 508.0 | J55×12.7 | % | 2.00 |
| 2 | 444.5 | 339.7 | J55×10.92 | % | 2.00 |
| 3 | 311.1 | 244.5 | L80×11.99 | % | 2.00 |
| 4 | | | L80×11.05 | % | 2.00 |
| 5 | | | TP110×11.99 | % | 2.00 |
| 6 | 215.9 | 168.3 | VASS-90×12.07 | % | 2.00 |

#### 4.4.2.2　消耗标准

采用开发标准井各层套管段长乘以单位重量，并考虑套管附加量，计算得出开发井套管消耗标准，见表 4-57。

**表 4-57　某油田开发井套管消耗标准**　　计量单位：口井

| 标准编号 | | | | Z3-60 | Z3-61 |
|---|---|---|---|---|---|
| 项　　目 | | | | 标准井 1 | 标准井 2 |
| 序号 | 名　　称 | 钢级×壁厚（mm） | 单位 | 数　量 | |
| | 合计 | | t | 440.31 | 402.92 |
| 1 | $\phi$508.0mm 套管 | J55×12.7 | t | 4.85 | 4.85 |
| 2 | $\phi$339.7mm 套管 | J55×10.92 | t | 83.79 | 83.88 |
| 3 | $\phi$244.5mm 套管 | L80×11.99 | t | 13.63 | 12.63 |
| 4 | | L80×11.05 | t | 114.25 | 110.28 |
| 5 | | TP110×11.99 | t | 40.24 | 48.80 |
| 6 | $\phi$168.3mm 套管 | VASS-90×12.07 | t | 183.56 | 142.49 |

4.4.2.3　费用标准

（1）间接费标准。考虑套管为建设单位提供材料，不计算间接费；若是施工单位提供套管，还需要计算间接费。

（2）套管价格。根据油田本年度套管价格资料和相关合同，确定开发井套管价格，见表 4-58。

**表 4-58　套管价格**　　计量单位：t

| 标准编号 | | | | Z3-62 |
|---|---|---|---|---|
| 序号 | 名　　称 | 钢级×壁厚（mm） | 单位 | 金　额 |
| 1 | $\phi$508.0mm 套管 | J55×12.7 | 元 | 7798.84 |
| 2 | $\phi$339.7mm 套管 | J55×10.92 | 元 | 8188.67 |
| 3 | $\phi$244.5mm 套管 | L80×11.99 | 元 | 9505.72 |
| 4 | $\phi$244.5mm 套管 | L80×11.05 | 元 | 8874.67 |
| 5 | $\phi$244.5mm 套管 | TP110×11.99 | 元 | 8058.05 |
| 6 | $\phi$168.3mm 套管 | VASS-90×12.07 | 元 | 13428.45 |

4.4.2.4　预算标准

（1）套管预算标准。采用同规格套管消耗标准乘以套管价格，除以套管段长，确定同一规格套管平均单位长度综合单价，见表 4-59。

**表 4-59　某油田开发井套管预算标准**　　计量单位：m

| 标准编号 | | | | Z3-63 | Z3-64 |
|---|---|---|---|---|---|
| 项　　目 | | | | 标准井 1 | 标准井 2 |
| | | | | 井深（m） | |
| | | | | 0～3776 | 0～2931 |
| 序号 | 名　　称 | 钢级×壁厚（mm） | 单位 | 金　额 | |
| 1 | $\phi$508.0mm 套管 | J55×12.7 | 元 | 1260.60 | 1260.60 |
| 2 | $\phi$339.7mm 套管 | J55×10.92 | 元 | 758.15 | 758.15 |
| 3 | $\phi$244.5mm 套管 | L80×11.99 | 元 | 678.13 | 678.13 |

续表

| 标准编号 | | | | Z3-63 | Z3-64 |
|---|---|---|---|---|---|
| 项目 | | | | 标准井 1 | 标准井 2 |
| | | | | 井深（m） | |
| | | | | 0～3776 | 0～2931 |
| 序号 | 名称 | 钢级×壁厚（mm） | 单位 | 金额 | |
| 4 | $\phi$244.5mm 套管 | L80×11.05 | 元 | 586.76 | 586.76 |
| 5 | | TP110×11.99 | 元 | 574.85 | 574.85 |
| 6 | $\phi$168.3mm 套管 | VASS-90×12.07 | 元 | 652.80 | 652.80 |

使用预算标准时，按不同规格套管段长乘以预算标准，再累计各层套管费用，即可得到一口井套管费用。

（2）税费。考虑套管为建设单位提供材料，不计算税费；若是施工单位提供套管，还需要计算税费。

4.4.2.5 概算标准

按照标准井井身结构标准中不同规格套管段长，乘以套管预算标准，再累计各层套管费用，得出一口标准井的套管概算标准（表 4-60）。

**表 4-60 某油田开发标准井套管概算标准** 计量单位：口井

| 标准编号 | | | | Z3-65 | Z3-66 |
|---|---|---|---|---|---|
| 项目 | | | | 标准井 1 | 标准井 2 |
| | | | | 井深（m） | |
| | | | | 0～3776 | 0～2931 |
| 序号 | 名称 | 钢级×壁厚（mm） | 单位 | 金额 | |
| | 综合单价 | | 元 | 4656579.34 | 4130004.30 |
| 1 | $\phi$508.0mm 套管 | J55×12.7 | 元 | 37817.99 | 37817.99 |
| 2 | $\phi$339.7mm 套管 | J55×10.92 | 元 | 686126.92 | 686885.07 |
| 3 | $\phi$244.5mm 套管 | L80×11.99 | 元 | 129522.19 | 120028.42 |
| 4 | | L80×11.05 | 元 | 1013923.41 | 978717.73 |
| 5 | | TP110×11.99 | 元 | 324216.31 | 393198.51 |
| 6 | $\phi$168.3mm 套管 | VASS-90×12.07 | 元 | 2464972.52 | 1913356.58 |

### 4.4.3 套管运输计价标准编制

以某油田某区块三开井身结构开发井为例，说明一套套管运输计价标准编制方法，也就是固井工程中的大宗材料运输计价标准编制方法。

4.4.3.1 基础标准

（1）套管程序标准。根据油田实钻资料和标准井设计，确定开发标准井套管程序标准，见表 4-61。

（2）运输车辆单趟工时标准。参见表 4-62 和表 4-63。

4.4.3.2 消耗标准

根据开发标准井各层套管重量，以 12t 乌拉尔管拖车和 20t 吊车为基础，配备相应车辆，计算得出开发井套管运输消耗工时标准，见表 4-64 至表 4-67。

**表 4-61　某油田开发标准井套管程序标准**

| 标准编号 | | | Z3-132 | | | Z3-133 | | |
|---|---|---|---|---|---|---|---|---|
| 项　目 | | | 标准井 1 | | | 标准井 2 | | |
| 序号 | 套管规格（mm） | 钢级×壁厚（mm） | 套管下深（m） | 段长（m） | 重量（t） | 套管下深（m） | 段长（m） | 重量（t） |
| 1 | 508.0 | J55×12.7 | 0～30 | 30 | 4.85 | 0～30 | 30 | 4.85 |
| 2 | 339.7 | J55×10.92 | 0～905 | 905 | 83.79 | 0～906 | 906 | 83.88 |
| 3 | 244.5 | L80×11.99 | 0～191 | 191 | 13.63 | 0～177 | 177 | 12.63 |
| 4 | | L80×11.05 | 191～1919 | 1728 | 114.25 | 177～1845 | 1668 | 110.28 |
| 5 | | TP110×11.99 | 1919～2483 | 564 | 40.24 | 1845～2529 | 684 | 48.80 |
| 6 | 168.3 | VASS-90×12.07 | 0～3776 | 3776 | 183.56 | 0～2931 | 2931 | 142.49 |

**表 4-62　乌拉尔管拖车**

| 标准编号 | | | Z3-134 |
|---|---|---|---|
| 序号 | 名　称 | 单位 | 数　量 |
| | 合计 | 台时 | 2.00 |
| 1 | 物资库—油田往返时间 | 台时 | 1.00 |
| 2 | 装车时间 | 台时 | 0.50 |
| 3 | 卸车时间 | 台时 | 0.50 |

**表 4-63　吊车**

| 标准编号 | | | Z3-135 |
|---|---|---|---|
| 序号 | 名　称 | 单位 | 数　量 |
| | 合计 | 台时 | 4.00 |
| 1 | 前线基地—油田往返时间 | 台时 | 2.00 |
| 2 | 装车时间 | 台时 | 1.00 |
| 3 | 卸车时间 | 台时 | 1.00 |

管拖车 1 至 4 台配备吊车 1 台。

**表 4-64　$\phi$508mm 导管运输**　　计量单位：井次

| 标准编号 | | | | Z3-136 | Z3-137 |
|---|---|---|---|---|---|
| 项　目 | | | | 标准井 1 | 标准井 2 |
| | | | | 重量（t） | |
| | | | | 4.85 | 4.85 |
| 序号 | 名　称 | 规格型号 | 单位 | 数　量 | |
| 1 | 乌拉尔管拖车 | 12t | 台时 | 2.00 | 2.00 |
| 2 | 吊车 | 20t | 台时 | 4.00 | 4.00 |

表 4-65　$\phi$339.7mm 套管运输

计量单位：井次

| 标准编号 | | | | Z3-138 | Z3-139 |
|---|---|---|---|---|---|
| 项　目 | | | | 标准井 1 | 标准井 2 |
| | | | | 重量（t） | |
| | | | | 83.79 | 83.88 |
| 序号 | 名　称 | 规格型号 | 单位 | 数　量 | |
| 1 | 乌拉尔管拖车 | 12t | 台时 | 14.00 | 14.00 |
| 2 | 吊车 | 20t | 台时 | 8.00 | 8.00 |

表 4-66　$\phi$244.5mm 套管运输

计量单位：井次

| 标准编号 | | | | Z3-140 | Z3-141 |
|---|---|---|---|---|---|
| 项　目 | | | | 标准井 1 | 标准井 2 |
| | | | | 重量（t） | |
| | | | | 168.11 | 171.70 |
| 序号 | 名　称 | 规格型号 | 单位 | 数　量 | |
| 1 | 乌拉尔管拖车 | 12t | 台时 | 28.00 | 28.00 |
| 2 | 吊车 | 20t | 台时 | 16.00 | 16.00 |

表 4-67　$\phi$168.3mm 套管运输

计量单位：井次

| 标准编号 | | | | Z3-142 | Z3-143 |
|---|---|---|---|---|---|
| 项　目 | | | | 标准井 1 | 标准井 2 |
| | | | | 重量（t） | |
| | | | | 183.56 | 142.49 |
| 序号 | 名　称 | 规格型号 | 单位 | 数　量 | |
| 1 | 乌拉尔管拖车 | 12t | 台时 | 30.00 | 24.00 |
| 2 | 吊车 | 20t | 台时 | 16.00 | 12.00 |

4.4.3.3　费用标准

（1）间接费。

考虑套管运输为建设单位提供，不计算间接费；若是施工单位提供，还需要计算间接费。

（2）设备台时价格根据油田内部运输价格资料确定套管运输设备台时价格，见表 4-68。

表 4-68　设备台时价格

计量单位：台时

| 标准编号 | | | | Z3-144 |
|---|---|---|---|---|
| 序号 | 名　称 | 规格型号 | 单位 | 金　额 |
| 1 | 乌拉尔管拖车 | 12t | 元 | 109.20 |
| 2 | 吊车 | 20t | 元 | 318.15 |

4.4.3.4　预算标准

（1）套管运输预算标准采用套管运输消耗标准乘以设备台时价格，确定各层套管运输综合单价，见表 4-69 至表 4-72。

**表 4-69　$\phi$ 508mm 导管运输**　　计量单位：井次

| 标 准 编 号 | | | | Z3-145 | Z3-146 |
|---|---|---|---|---|---|
| 项　　目 | | | | 标准井 1 | 标准井 2 |
| | | | | 重量（t） | |
| | | | | 4.85 | 4.85 |
| 序 号 | 名　　称 | 规 格 型 号 | 单 位 | 金　额 | |
| | 综合单价 | | 元 | 1491.00 | 1491.00 |
| 1 | 乌拉尔管拖车 | 12t | 元 | 218.40 | 218.40 |
| 2 | 吊车 | 20t | 元 | 1272.60 | 1272.60 |

**表 4-70　$\phi$ 339.7mm 套管运输**　　计量单位：井次

| 标 准 编 号 | | | | Z3-147 | Z3-148 |
|---|---|---|---|---|---|
| 项　　目 | | | | 标准井 1 | 标准井 2 |
| | | | | 重量（t） | |
| | | | | 83.79 | 83.88 |
| 序 号 | 名　　称 | 规 格 型 号 | 单 位 | 金　额 | |
| | 综合单价 | | 元 | 4074.00 | 4074.00 |
| 1 | 乌拉尔管拖车 | 12t | 元 | 1528.80 | 1528.80 |
| 2 | 吊车 | 20t | 元 | 2545.20 | 2545.20 |

**表 4-71　$\phi$ 244.5mm 套管运输**　　计量单位：井次

| 标 准 编 号 | | | | Z3-149 | Z3-150 |
|---|---|---|---|---|---|
| 项　　目 | | | | 标准井 1 | 标准井 2 |
| | | | | 重量（t） | |
| | | | | 168.11 | 171.70 |
| 序 号 | 名　　称 | 规 格 型 号 | 单 位 | 金　额 | |
| | 综合单价 | | 元 | 8148.00 | 8148.00 |
| 1 | 乌拉尔管拖车 | 12t | 元 | 3057.60 | 3057.60 |
| 2 | 吊车 | 20t | 元 | 5090.40 | 5090.40 |

**表 4-72　$\phi$ 168.3mm 套管运输**　　计量单位：井次

| 标 准 编 号 | | | | Z3-151 | Z3-152 |
|---|---|---|---|---|---|
| 项　　目 | | | | 标准井 1 | 标准井 2 |
| | | | | 重量（t） | |
| | | | | 183.56 | 142.49 |
| 序 号 | 名　　称 | 规 格 型 号 | 单 位 | 金　额 | |
| | 综合单价 | | 元 | 8366.40 | 6438.60 |
| 1 | 乌拉尔管拖车 | 12t | 元 | 3276.00 | 2620.80 |
| 2 | 吊车 | 20t | 元 | 5090.40 | 3817.80 |

使用预算标准时，按不同尺寸套管运输预算标准直接相加，即可得到一口井套管运输费用。

（2）税费。

考虑套管运输为建设单位提供，不计算税费；若是施工单位提供，还需要计算税费。

#### 4.4.3.5 概算标准

按照开发标准井套管程序标准中各层套管重量，套用套管运输预算标准，累计各层套管运输费用，得出一口标准井的套管运输概算标准（表 4-73）。

**表 4-73 某油田开发标准井套管运输概算标准** 计量单位：口井

| 标准编号 | | | Z3-155 | Z3-156 |
|---|---|---|---|---|
| 项目 | | | 标准井 1 | 标准井 2 |
| 序号 | 名称 | 单位 | 金额 | |
| | 综合单价 | 元 | 22079.40 | 20151.60 |
| 1 | $\phi$508.0mm 导管运输 | 元 | 1491.00 | 1491.00 |
| 2 | $\phi$339.7mm 套管运输 | 元 | 4074.00 | 4074.00 |
| 3 | $\phi$244.5mm 套管运输 | 元 | 8148.00 | 8148.00 |
| 4 | $\phi$168.3mm 套管运输 | 元 | 8366.40 | 6438.60 |

## 4.5 固井工程造价计算举例

固井工程造价计算主要分为固井工程量清单编制和固井工程造价计算两部分。根据钻井工程设计和相关技术标准要求，编制固井工程量清单。依据固井工程量清单和相关计价标准，计算出固井工程造价。根据钻井工程设计，表 4-74 给出了某油田开发井井身结构数据。

**表 4-74 某油田开发井井身结构数据**

| 序号 | 固井井段 | 钻头规格（mm） | 井深（m） | 进尺（m） | 套管规格（mm） | 套管下深（m） |
|---|---|---|---|---|---|---|
| 1 | 一开固井 | 444.5 | 850 | 850 | 339.7 | 848 |
| 2 | 二开固井 | 311.1 | 2450 | 1600 | 244.5 | 2445 |
| 3 | 三开固井 | 215.9 | 3900 | 1450 | 168.3 | 3860 |

### 4.5.1 固井工程量清单编制

编制固井工程量清单时，按固井工程量计算规则要求，以分部分项工程为基础编制工程量清单；若有特殊固井工程项目，未包含在已设立固井工程项目，则放在其他作业下面，根据编码规则补充新的编码。表 4-75 给出了某油田开发井固井工程量清单示例。

**表 4-75 分部分项工程量清单**

| 编码 | 项目名称 | 计量单位 | 工程量 | 备注 |
|---|---|---|---|---|
| 310000 | 固井作业 | | | |
| 312000 | 339.7mm 表层套管固井 | 井次 | 1 | |
| 313000 | 244.5mm 技术套管固井 | 井次 | 1 | |

续表

| 编码 | 项目名称 | 计量单位 | 工程量 | 备注 |
|---|---|---|---|---|
| 314000 | 168.3mm 生产套管固井 | 井次 | 1 | |
| 320000 | 主要材料 | | | 建设单位提供 |
| 321000 | 套管 | m | 7153 | |
| 321200 | 339.7mm 表层套管 | m | 848 | |
| 321300 | 244.5mm 技术套管 | m | 2445 | |
| 321400 | 168.3mm 生产套管 | m | 3860 | |
| 322000 | 套管附件 | | | |
| 322200 | 339.7mm 表层套管附件 | 口井 | 1 | |
| 322300 | 244.5mm 技术套管附件 | 口井 | 1 | |
| 322400 | 168.3mm 生产套管附件 | 口井 | 1 | |
| 323000 | 井下工具 | 只 | 1 | |
| 323100 | 339.7mm 表层套管固井井下工具 | 只 | 1 | 内管法注水泥器 |
| 324000 | 水泥 | m | 7153 | |
| 324200 | 339.7mm 表层套管固井水泥 | m | 848 | |
| 324300 | 244.5mm 技术套管固井水泥 | m | 2445 | |
| 324400 | 168.3mm 生产套管固井水泥 | m | 3860 | |
| 325000 | 水泥外加剂 | m | 7153 | |
| 325200 | 339.7mm 表层套管固井水泥外加剂 | m | 848 | |
| 325300 | 244.5mm 技术套管固井水泥外加剂 | m | 2445 | |
| 325400 | 168.3mm 生产套管固井水泥外加剂 | m | 3860 | |
| 326000 | 固井水 | | | |
| 326200 | 339.7mm 表层套管固井水 | m | 848 | |
| 326300 | 244.5mm 技术套管固井水 | m | 2445 | |
| 326400 | 168.3mm 生产套管固井水 | m | 3860 | |
| 330000 | 大宗材料运输 | | | 建设单位提供 |
| 331000 | 套管运输 | | | |
| 331200 | 339.7mm 表层套管运输 | 井次 | 1 | |
| 331300 | 244.5mm 技术套管运输 | 井次 | 1 | |
| 331400 | 168.3mm 生产套管运输 | 井次 | 1 | |
| 332000 | 水泥运输 | | | |
| 332200 | 339.7mm 表层套管固井水泥运输 | 井次 | 1 | |
| 332300 | 244.5mm 技术套管固井水泥运输 | 井次 | 1 | |
| 332400 | 168.3mm 生产套管固井水泥运输 | 井次 | 1 | |
| 333000 | 水泥外加剂运输 | | | |
| 333200 | 339.7mm 表层套管固井水泥外加剂运输 | 井次 | 1 | |
| 333300 | 244.5mm 技术套管固井水泥外加剂运输 | 井次 | 1 | |
| 333400 | 168.3mm 生产套管固井水泥外加剂运输 | 井次 | 1 | |
| 334000 | 固井水运输 | | | |
| 334200 | 339.7mm 表层套管固井水运输 | 井次 | 1 | |
| 334300 | 244.5mm 技术套管固井水运输 | 井次 | 1 | |

续表

| 编 码 | 项 目 名 称 | 计量单位 | 工 程 量 | 备 注 |
|---|---|---|---|---|
| 334400 | 168.3mm 生产套管固井水运输 | 井次 | 1 | |
| 340000 | 技术服务 | | | |
| 341000 | 套管检测 | m | 7153 | |
| 342000 | 水泥试验 | 次 | 3 | |
| 342100 | 339.7mm 表层套管固井水泥试验 | 次 | 1 | |
| 342200 | 244.5mm 技术套管固井水泥试验 | 次 | 1 | |
| 342300 | 168.3mm 生产套管固井水泥试验 | 次 | 1 | |
| 344000 | 下套管服务 | m | 6305 | |
| 344100 | 244.5mm 下技术套管 | m | 2445 | |
| 344200 | 168.3mm 下生产套管 | m | 3860 | |
| 350000 | 其他作业 | | | |
| 352000 | 试压 | 次 | 5 | |

### 4.5.2 固井工程造价计算

固井工程造价计算包括固井工程造价汇总和分部分项工程量清单计价两个部分，见表4−76和表4−77。首先进行固井工程分部分项工程量清单计价，根据工程项目选取相应的预算标准中的综合单价，采用工程量乘以综合单价，得出分部工程或分项工程费用金额，再归类合计。其次按单位工程费（固井作业费、主要材料费、大宗材料运输费、技术服务费、其他作业费）进行汇总，并计算税费，再汇总成固井工程造价。

表 4−76 固井工程造价

| 编 码 | 项 目 名 称 | 单 位 | 金 额 | 备 注 |
|---|---|---|---|---|
| 300000 | 固井工程费 | 元 | 6140395.72 | 310000+320000+330000+340000+350000+360000 |
| 310000 | 固井作业费 | 元 | 271940.62 | 分部分项工程量清单计价 310000 |
| 320000 | 主要材料费 | 元 | 5558717.11 | 分部分项工程量清单计价 320000 |
| 330000 | 大宗材料运输费 | 元 | 92724.63 | 分部分项工程量清单计价 330000 |
| 340000 | 技术服务费 | 元 | 174092.23 | 分部分项工程量清单计价 340000 |
| 350000 | 其他作业费 | 元 | 38080.00 | 分部分项工程量清单计价 350000 |
| 360000 | 税费 | 元 | 4841.13 | （310000+340000+350000）×折算税率 1% |

表 4−77 分部分项工程量清单计价

| 编 码 | 项 目 名 称 | 计量单位 | 工 程 量 | 综合单价（元） | 金额（元） | 备 注 |
|---|---|---|---|---|---|---|
| 310000 | 固井作业 | | | | 271940.62 | |
| 312000 | 339.7mm 表层套管固井 | 井次 | 1 | 85539.44 | 85539.44 | |
| 313000 | 244.5mm 技术套管固井 | 井次 | 1 | 113485.61 | 113485.61 | |
| 314000 | 168.3mm 生产套管固井 | 井次 | 1 | 72915.57 | 72915.57 | |
| 320000 | 主要材料 | | | | 5558717.11 | 建设单位提供 |
| 321000 | 套管 | m | 7153 | | 4820736.26 | |
| 321200 | 339.7mm 表层套管 | m | 848 | 758.15 | 642911.60 | |

续表

| 编码 | 项目名称 | 计量单位 | 工程量 | 综合单价（元） | 金额（元） | 备注 |
|---|---|---|---|---|---|---|
| 321300 | 244.5mm 技术套管 | m | 2445 | 678.13 | 1658016.95 | |
| 321400 | 168.3mm 生产套管 | m | 3860 | 652.80 | 2519807.71 | |
| 322000 | 套管附件 | | | | 69733.72 | |
| 322200 | 339.7mm 表层套管附件 | 口井 | 1 | 28958.06 | 28958.06 | |
| 322300 | 244.5mm 技术套管附件 | 口井 | 1 | 25114.47 | 25114.47 | |
| 322400 | 168.3mm 生产套管附件 | 口井 | 1 | 15661.20 | 15661.20 | |
| 323000 | 井下工具 | 只 | 1 | | 28500.00 | |
| 323100 | 339.7mm 表层套管固井 | 只 | 1 | 28500.00 | 28500.00 | |
| 324000 | 水泥 | m | 7153 | | 224501.58 | |
| 324200 | 339.7mm 表层套管固井 | m | 848 | 78.96 | 66954.01 | |
| 324300 | 244.5mm 技术套管固井 | m | 2445 | 34.31 | 83880.82 | |
| 324400 | 168.3mm 生产套管固井 | m | 3860 | 19.08 | 73666.75 | |
| 325000 | 水泥外加剂 | m | 7153 | | 413579.53 | |
| 325200 | 339.7mm 表层套管固井 | m | 848 | 1.61 | 1365.28 | |
| 325300 | 244.5mm 技术套管固井 | m | 2445 | 18.41 | 45012.45 | |
| 325400 | 168.3mm 生产套管固井 | m | 3860 | 95.13 | 367201.80 | |
| 326000 | 固井水 | | | | 1666.02 | |
| 326200 | 339.7mm 表层套管固井 | m | 848 | 0.69 | 585.12 | |
| 326300 | 244.5mm 技术套管固井 | m | 2445 | 0.30 | 733.50 | |
| 326400 | 168.3mm 生产套管固井 | m | 3860 | 0.09 | 347.40 | |
| 330000 | 大宗材料运输 | | | | 92724.63 | 建设单位提供 |
| 331000 | 套管运输 | | | | 20587.00 | |
| 331200 | 339.7mm 表层套管 | 井次 | 1 | 4074.00 | 4074.00 | |
| 331300 | 244.5mm 技术套管 | 井次 | 1 | 8148.00 | 8148.00 | |
| 331400 | 168.3mm 生产套管 | 井次 | 1 | 8365.00 | 8365.00 | |
| 332000 | 水泥运输 | | | | 58782.47 | |
| 332200 | 339.7mm 表层套管固井 | 井次 | 1 | 21702.75 | 21702.75 | |
| 332300 | 244.5mm 技术套管固井 | 井次 | 1 | 25872.95 | 25872.95 | |
| 332400 | 168.3mm 生产套管固井 | 井次 | 1 | 11206.78 | 11206.78 | |
| 333000 | 水泥外加剂运输 | | | | 881.16 | |
| 333200 | 339.7mm 表层套管固井 | 井次 | 1 | 115.50 | 115.50 | |
| 333300 | 244.5mm 技术套管固井 | 井次 | 1 | 260.19 | 260.19 | |
| 333400 | 168.3mm 生产套管固井 | 井次 | 1 | 505.47 | 505.47 | |
| 334000 | 固井水运输 | | | | 12474.00 | |
| 334200 | 339.7mm 表层套管固井 | 井次 | 1 | 4536 | 4536.00 | |
| 334300 | 244.5mm 技术套管固井 | 井次 | 1 | 5670 | 5670.00 | |
| 334400 | 168.3mm 生产套管固井 | 井次 | 1 | 2268 | 2268.00 | |
| 340000 | 技术服务 | | | | 174092.23 | |
| 341000 | 套管检测 | m | 7153 | 15.2 | 108725.60 | |
| 342000 | 水泥试验 | 次 | 3 | | 11107.53 | |

续表

| 编 码 | 项 目 名 称 | 计量单位 | 工 程 量 | 综合单价（元） | 金额（元） | 备 注 |
|---|---|---|---|---|---|---|
| 342100 | 339.7mm 表层套管固井 | 次 | 1 | 3702.51 | 3702.51 | |
| 342200 | 244.5mm 技术套管固井 | 次 | 1 | 3702.51 | 3702.51 | |
| 342300 | 168.3mm 生产套管固井 | 次 | 1 | 3702.51 | 3702.51 | |
| 344000 | 下套管服务 | m | 6305 | | 54259.10 | |
| 344100 | 下 244.5mm 技术套管 | m | 2445 | 8.82 | 21564.90 | |
| 344200 | 下 168.3mm 生产套管 | m | 3860 | 8.47 | 32694.20 | |
| 350000 | 其他作业 | | | | 38080.00 | |
| 352000 | 试压 | 次 | 5 | 7616 | 38080.00 | |

# 5 录井工程造价理论与方法

## 5.1 录井工程基本概念

录井工程是在钻井过程中采集和分析地质及工程资料的作业。录井工程分录井准备、资料采集、资料处理解释三个阶段，各阶段主要工作流程见图 5-1。

图 5-1 录井工程基本内容和工作流程

录井工程是一项集地下地质资料信息采集、处理、解释为一体的工程。在钻井过程中利用多种手段，按顺序收集、记录、取全取准所钻经地层的岩性、物性、结构、构造和含油气情况等各种信息资料，以此为基础进行资料数据整理、处理解释，发现落实油气显示，评价油气层。

按工程造价项目分，录井工程包括录井作业、技术服务和其他作业3部分。

### 5.1.1 录井方法

录井方法主要有地质录井、气测录井、综合录井和地化录井四大类，此外还有一些单项新技术。

#### 5.1.1.1 地质录井

地质录井是通过对钻井过程中的钻时、井深、岩屑、岩心、钻井液、罐装气等资料的采集分析，认识井下地层层序和岩性组合特征以及含油气情况。

##### 5.1.1.1.1 录井项目

地质录井项目有7种：钻时录井、岩屑录井、岩心录井、荧光录井、钻井液录井、罐装气录井和井壁取心录井。

其中井壁取心由测井工程完成，但井壁取心的资料录取如取心深度、设计颗数、实取颗数、不同岩性颗数、含油气岩心颗数、收获率等基本数据的统计和井壁取心整理描述由录井工程完成。

##### 5.1.1.1.2 功能特点

地质录井主要是岩心、岩屑和钻井液等资料的采集、整理与分析，全部工作均在钻井现场实施，获得第一手现场实物资料，是发现油气显示和油气藏最直接、最快捷、最可靠的录井方法和手段。地质录井使用的录井仪器简单，方法简便，录井成本低，所以在石油天然气勘探开发领域中长期以来被广泛采用。

##### 5.1.1.1.3 应用范围

由于地质录井具有上述功能特点，因此它是最基本的录井方法，用于各种类型井的随钻录井。

#### 5.1.1.2 气测录井

气测录井是在钻井过程中通过气测录井仪，直接测定随钻井液一起返出的游离可燃烃类和非烃类气体组分及其含量。气测录井方法主要有3种：随钻气测录井、循环钻井液气测录井和钻井液全脱气分析。

##### 5.1.1.2.1 录井方法及项目

气测录井仪所测量参数有井深、钻时、迟到时间、大钩负荷、钻压、全烃、甲烷、乙烷、丙烷、正丁烷、异丁烷、正戊烷、异戊烷、氢气、二氧化碳等。

（1）随钻气测录井。

随钻气测录井是一种实时测定钻井过程中钻井液中的烃类气体含量随井深变化的录井作业。根据钻井液中烃类气体含量变化的特点来确定有无油气显示，区分真假异常，判别储层条件的好坏和渗透效果，分析储层的流体性质和划分油气水层。

录井项目：通过随钻气测测量并记录9类数据和9条曲线。

9类数据：全烃、甲烷、乙烷、丙烷、异丁烷、正丁烷、氢、二氧化碳和钻时。

9条曲线：全烃、甲烷、乙烷、丙烷、异丁烷、正丁烷、氢、二氧化碳和钻时。

（2）循环钻井液气测录井。

循环钻井液气测录井是在静止钻井液一段时间后再循环时，对扩散在钻井液中的气体进行测量的作业。测量时把钻具下过所需测量的位置，测出不同时间井筒内的气体含量和组分变化。

录井项目：通过循环钻井液气测，测量并记录8条曲线和21个数据。

8 条曲线：全烃、甲烷、乙烷、丙烷、异丁烷、正丁烷、氢、二氧化碳。

21 类数据：全烃、甲烷、乙烷、丙烷、异丁烷、正丁烷、氢、二氧化碳、实际井深、循环井深、钻井液静止时间、循环一周时间、钻井液迟到时间、排量、上返速度、钻井液泵开（停）泵时间、测量时间、钻井液相对密度、黏度、失水量和滤饼厚度。

（3）钻井液全脱气分析录井。

钻井液全脱气分析录井是通过 QT 型热真空蒸馏脱气器，把取来的钻井液样品在真空状态下加温沸腾，采用快速机械搅拌和突然降压的方法，使钻井液中的气体大部或近乎全部解析脱出，再把这些气体通过色谱气测仪进行分析测定。

录井项目：测量并记录 9 类数据。

9 类数据：甲烷、乙烷、丙烷、异丁烷、正丁烷、氢、二氧化碳、蒸馏钻井液体积、脱出气体体积。

5.1.1.2.2 功能特点

气测录井可充分了解石油天然气的成分和性质、天然气在钻井液中的存在形式，更好地分析钻井液中所含天然气含量与油气藏的关系。

5.1.1.2.3 应用范围

气测录井主要用于一般探井和部分评价井与部分开发井。

5.1.1.3 综合录井

综合录井是在钻井过程中应用电子技术和计算机技术，借助分析仪器对石油地质、钻井工程及其他随钻信息的采集、分析、处理，实现发现油气层、评价油气层和实时进行钻井监控。

综合录井在国外一般称为钻井液录井（Mud Logging），因为它以钻井液为载体录取信息，在钻井过程中连续实时记录返出井口的钻井液密度、电导率、油气显示和气测以及钻井液漏失量、涌出量等各项资料，并将这些资料编绘和打印成各种图件。

5.1.1.3.1 录井项目

综合录井仪测量的项目有直接测量项目、计算项目、分析化验项目及其他项目四种。

（1）直接测量项目：深度、钻时、大钩负荷、大钩高度、扭矩、立管压力、转盘转速、套管压力、密度、泵冲、钻井液池体积、温度、电导率、流量、全烃、甲烷、乙烷、丙烷、异丁烷、正丁烷、异戊烷、正戊烷、二氧化碳、氢气、硫化氢。

（2）计算项目：迟到时间、地层压力参数。

（3）分析化验的项目：泥（页）岩密度分析参数、碳酸盐岩含量分析参数。

（4）其他项目：热真空蒸馏分析参数。

5.1.1.3.2 功能特点

（1）综合录井是一项综合性的录井技术，主要用做随钻录井，进行实时钻井监控，随钻地质评价，随钻录井信息的处理和应用。

（2）综合录井具有录取参数多、采集精度高、资料连续性强、资料处理速度快、应用灵活、服务范围广等特点。

（3）综合录井具有气测录井的功能，综合录井和气测录井无须同时采用。

5.1.1.3.3 应用范围

综合录井主要应用于区域探井（参数井）和少数预探井，因为综合录井仪购置价格昂贵，录井造价较高，因此要求使用合理，避免功能过剩，造成浪费。

#### 5.1.1.4 地化录井

地化录井是通过使用地化录井仪对生油岩和储集层样品热解，检测岩石中的气态烃、液态烃和裂解烃含量，利用所得到参数快速评价油气储层和生油层。

##### 5.1.1.4.1 录井项目

（1）地化录井储层评价参数。

①分析参数：在不同温度条件下，检测单位质量样品中烃类的含量；

②计算参数：应用分析数据计算出储集层中的含油气总量、油气产率指数等9项数据。

（2）地化录井生油岩（烃源岩）评价参数。

①分析参数：在不同温度条件下，检测单位质量岩石中吸附烃和热解烃含量。

②计算参数：应用分析参数计算出生油岩中潜在的生油气量、单位质量岩石中有效碳占岩石质量的百分数、氢、烃指数等6项数据。

##### 5.1.1.4.2 功能特点

地化录井是一项新的录井技术，其优点是能快速定量评价生油岩和储集层。

（1）自动化程度高：将样品放在仪器中，把有关数据输入计算机，按分析钮后，仪器自动分析，可给出图谱和各种参数数据；

（2）速度快：分析一个岩样仅需15～20min；

（3）岩样用量少：一个样品仅需0.1g岩样；

（4）得到的参数多：一次分析可得到10多个数据。

##### 5.1.1.4.3 应用范围

地化录井主要用于区域探井（参数井）和重点预探井现场录井，其他探井可在室内进行分析评价。

#### 5.1.1.5 常用录井方法对比

4种常用录井方法对比见表5-1。

**表5-1 常用录井方法对比**

<table>
<tr><th>项目</th><th>地质录井</th><th>气测录井</th><th>综合录井</th><th>地化录井</th></tr>
<tr><td>录井对象</td><td>岩屑、岩心、钻井液、罐装气</td><td>钻井液</td><td>钻井液</td><td>生油岩及储集层中的岩屑、岩心岩样</td></tr>
<tr><td>录井项目</td><td>①钻时录井；<br>②岩屑录井；<br>③岩心录井；<br>④荧光录井；<br>⑤钻井液录井；<br>⑥罐装气录井；<br>⑦井壁取心录井</td><td>①随钻气测；<br>②循环钻井液气测；<br>③钻井液全脱气分析</td><td rowspan="2">①直接测量项目：深度、钻时、大钩负荷、大钩高度、扭矩、立管压力、转盘转速、套管压力、密度、泵冲、钻井液池体积、温度、电导率、流量、全烃、甲烷、乙烷、丙烷、异丁烷、正丁烷、异戊烷、正戊烷、二氧化碳、氢气、硫化氢；<br>②计算项目：迟到时间、地层压力参数；<br>③分析化验项目：泥（页）岩密度分析参数、碳酸盐岩含量分析参数；<br>④其他项目：热真空蒸馏分析参数</td><td>①地化录井储层评价参数；<br>②地化录井生油岩（烃源岩）评价参数</td></tr>
<tr><td>录井参数</td><td>①钻时；<br>②井深；<br>③荧光系列对比；<br>④钻井液氯离子测定；<br>⑤迟到时间</td><td>钻时、井深、迟到时间、大钩负荷、钻压、全烃、甲烷、乙烷、丙烷、正丁烷、异丁烷、正戊烷、异戊烷、氢气、二氧化碳</td><td>①检测岩石中烃类含量；<br>②检测岩石中吸附烃和热解烃含量；<br>③计算储集层中的含油气总量、油气产率指数等9项数据；<br>④计算出生油岩中潜在的生油气量、烃指数等6项数据</td></tr>
</table>

续表

| 项 目 | 地 质 录 井 | 气 测 录 井 | 综 合 录 井 | 地 化 录 井 |
|---|---|---|---|---|
| 主要用途 | ①随钻录井的基本方法；<br>②设备简单，方法简便 | 及时准确发现和测出储集层中的天然气、轻质油 | ①随钻录井；<br>②随钻地质评价落实油气显示；<br>③实时钻井监控和事故预报；<br>④随钻录井信息处理应用 | 快速定量评价生油和储油岩层 |
| 主要设备 | 钻时录井仪 | 气测录井仪<br>简易录井仪 | 综合录井仪 | 地化录井仪 |
| 使用范围 | ①探井；<br>②开发井 | ①一般探井；<br>②部分评价井；<br>③部分开发井 | ①区域探井；<br>②少数预探井 | ①区域探井；<br>②重点预探井 |
| 备注 | 井壁取心基本数据的统计和井壁取心整理描述由录井完成 | 用气测录井，则不用综合录井 | ①具有气测录井的功能，综合录井和气测录井无须同时采用；<br>②录井造价较高，注意使用合理，避免功能过剩 | |

### 5.1.1.6 录井新技术

录井单项新技术是从常规录井化验分析技术中逐渐改进发展起来的，如定量荧光录井是从常规荧光录井的定性、半定量方法发展成的定量录井技术；有一些是原化验室的项目移植到现场的录井技术。录井新技术主要内容见表 5-2。

**表 5-2 录井新技术主要内容**

| 新技术 | 录井对象 | 功 能 特 点 | 使 用 范 围 | 主要设备 | 工作场地 |
|---|---|---|---|---|---|
| 定量荧光录井 | 岩屑<br>岩心<br>井壁取心 | ①对轻质油类显示识别快捷而准确；<br>②能排除混油钻井液对油气显示识别的干扰 | ①区域探井；<br>②重点预探井；<br>③轻质油或凝析油区探井 | 荧光录井仪 | 钻井现场 |
| 荧光显微图像录井 | 岩屑<br>岩心<br>井壁取心 | ①定性评价储层内石油烃类的组分、发光颜色、强度、产状；<br>②定性评价储层岩石结构、构造、储集空间关系 | ①区域探井；<br>②预探井 | 莱卡荧光显微镜 | 实验室 |
| 罐顶气轻烃录井 | 岩屑<br>岩心 | ①分析参数多、灵敏度高、抗干扰能力强，能反映油层多方面的特征；<br>②在无测井资料参考的情况下，能及时评价油气层；<br>③对于特殊岩性、低孔渗油气藏判识准确率较高；<br>④能较好地反映储层的不均一性 | ①区域探井；<br>②重点预探井；<br>③轻质油或凝析油区探井 | 气相色谱仪 | 实验室 |
| 热解气相色谱录井 | 储层岩心 | ①能确认原油组成特征；<br>②能进行油气水层的识别与评价；<br>③能在混油钻井液条件下对真假油气显示识别；<br>④能对原油被改造程度进行判断；<br>⑤能估算原油密度；<br>⑥应用于开发井，可以评价油层剩余油分布、解释水洗程度、水淹情况、水驱油效率等 | ①区域探井；<br>②重点预探井；<br>③开发井 | 热解气相色谱仪 | 钻井现场<br>实验室 |

续表

| 新技术 | 录井对象 | 功能特点 | 使用范围 | 主要设备 | 工作场地 |
|---|---|---|---|---|---|
| PK仪录井 | 地层岩石 | ①现场快速测定储层物性参数；<br>②分析孔隙度、渗透率、自由流体指数及束缚水饱和度；<br>③进行储层评价 | ①区域探井；<br>②预探井 | PK仪 | 钻井现场<br>实验室 |
| 快速色谱仪录井 | 钻井液 | ①分析速度快，地层分辨率高，适用于薄油气层及裂缝型油气藏勘探；<br>②气体峰值分辨率高，特别是$C_1$与$C_2$之间的分辨率高，解释准确度高；<br>③全烃测量分析准确率较高 | ①区域探井；<br>②预探井；<br>③薄层勘探；<br>④裂缝型油气藏；<br>⑤小井眼井；<br>⑥水平井 | 快速色谱录井仪 | 钻井现场<br>实验室 |
| 钻柱应力波频谱录井 | 钻具 | ①卡钻监测；<br>②振源检测；<br>③地层跟踪；<br>④钻头磨损监测；<br>⑤音频录井 | ①区域探井；<br>②预探井；<br>③陆上深井、超深井；<br>④海洋钻井 | DLS振动分析系统 | 钻井现场 |
| 核磁共振扫描录井 | 地层岩石 | ①在现场准确、快速、系统地测定岩样物性，划分和评价有效储集层，指导现场钻进，为完钻测试提供数据；<br>②与地化、定量荧光等分析数据结合，可以更准确及时地计算含油量及估算储层产能、储量 | 适合油质较轻（黏度小于25mPa·s）的井 | 核磁共振扫描仪 | 钻井现场<br>实验室 |
| 随钻地震监测录井 | 钻探地层 | ①进行地层预测，确定地层层位、距靶距离、取心位置和异常压力带；<br>②不需要任何井下工具即可获得人工地震资料，不会干扰正常钻井作业；<br>③在钻井期间无须起下钻即可随时预测下部地层的顶底界和钻头在井下的使用情况，鉴别钻井危险情况 | ①牙轮钻头钻井；<br>②在海上作业时，仅限于在较浅水域内使用 | TOMEX随钻地震监测系统 | 钻井现场 |

### 5.1.2 各类井录井方法与要求

#### 5.1.2.1 探井录井方法与要求

探井分为区域探井、预探井、评价井三种，分属于区域勘探、圈闭预探和油藏评价三个勘探阶段。各类探井的钻探任务、录取资料的要求和录井方法如下。

##### 5.1.2.1.1 区域探井

区域探井属于盆地（坳陷）进行区域早期评价的探井，也称参数井。它是在油气区域勘探初期于地震普查基础上部署的探井。

（1）区域探井钻探任务。

区域探井钻探任务是了解不同构造单元的区域地层，查明一级构造单元的地层发育、生烃能力、生储盖条件，为地球物理勘探提供所需要的地层岩性、岩相资料、生油及储油资料、地层密度、电阻率、磁化率等地层参数。

（2）区域探井录井资料要求。

区域探井录取的原始资料有岩心描述、岩屑描述、地质日志等15项；完井资料有完井地质总结报告、钻井基本数据表等23项；分析化验资料有全井系统取样、地层岩性、物理化学性质和古生物等9项。表5-3给出了区域探井录井资料要求实例。

录井要求做到：

①取全取准各项录井资料，及时发现油气显示，评价油气层。

②建立地球物理化学古生物、岩性储层物性和含油气水性等标准剖面。

③实时工程参数监测，预报工程事故，指导安全钻井。

（3）区域探井录井方法。

全井综合录井、地质录井、地化录井，有时根据勘探目的和要求还要用录井新技术。

**表 5-3　区域探井录井资料要求**

| 录井项目 | 非目的层 | | 目的层 | | 备注 |
|---|---|---|---|---|---|
| | 浅层 | 中层 | 砂岩、泥岩 | 碳酸盐岩 | |
| 岩屑（m/包） | 5～10 | 2～5 | 1～2 | 0.5～1 | 在非目的层发现油气显示，加密取样，必要时钻进取心 |
| 钻时、气测（m/包） | 2～5 | | 0.5～1 | 0.5～1 | 上综合录井仪。见油气显示必须加密测点，并连续作系统气相色谱分析，取样作轻烃分析 |
| 钻井液性能氯离子（m/包） | 25～100 | | 10～50 | 2～10 | 每班必须作一次钻井液全套性能，油气显示处必须加密测量并取样，对新的油气显示层要循环观察清楚，作轻烃分析 |
| 漏失（m/包） | 观察 | | 20 | 5 | 见明显漏失，加密观测 |
| 荧光 | 逐包湿照，储集层逐包干照，滴照，浸泡定级，肉眼能鉴定含油级别时不作浸泡定级 | | | | 碳酸盐岩必须作荧光薄片鉴定 |
| 岩心 | 按总体设计考虑，钻进取心进尺不得少于总进尺的 3% | | | | |
| 化验分析 | 全井系统取样，取得地层的岩性、地球物理化学、古生物分析资料。现场配备双目显微镜、分选筛、快速孔隙度和渗透率分析仪 | | | | |
| 实物剖面 | 全井作 1:500 岩屑实物柱状剖面，碳酸盐岩目的层作 1:200 实物柱状剖面 | | | | |
| 地层测试 | 钻进中发现良好油气显示，进行中途测试，交井后尽快转入试油 | | | | |

区域探井包括参数井、地质探井。重点预探井录取资料密度要求同区域探井。

5.1.2.1.2　预探井

预探井是在圈闭预探阶段，在地震详查基础上部署的探井。

预探井按其钻探目的不同又可分为新油气田预探井和新油气藏预探井两类：新油气田预探井是在新的圈闭上找新的油气田的探井；新油气藏预探井是在已探明油气藏边界外勘探新的油气藏，或在已探明的浅油气藏以下勘探较深油气藏的探井。

（1）预探井钻探任务。

预探井的任务是在新地区、新圈闭、新层系发现油气藏。

（2）预探井录井资料要求。

预探井录取的原始资料比区域探井少实物剖面一项，共 14 项；完井资料与区域探井相同共 23 项；分析化验资料有岩石矿物、油层物性等 8 项，比区域探井少绝对年龄测定一项。表 5-4 给出了预探井录井资料要求实例。

录井要求做到：取全取准各项录井资料，及时发现油气显示，评价油气层。

（3）预探井录井方法。

全井气测录井，个别井综合录井。

5.1.2.1.3　评价井

评价井是在已证实有工业性油气构造、断块或圈闭上，在地震详查基础上部署的探井。

**表 5-4　预探井录井资料要求**

| 录井项目 | 非目的层 | 目的层 | | 备　注 |
|---|---|---|---|---|
| | | 砂岩、泥岩 | 碳酸盐岩 | |
| 岩屑（m/包） | 5～10 | 1～2 | 0.5～1 | 在非目的层发现油气显示，加密取样，必要时钻进取心 |
| 钻时、气测（m/包） | 2～5 | 0.5～1 | 0.5～1 | 上综合录井仪。见油气显示，必须加密测点，并作系统气相色谱分析，取样作轻烃分析 |
| 钻井液性能氯离子（m/包） | 25～100 | 10～50 | 2～10 | 每班必须作一次钻井液全套性能，油气显示处必须加密测量并取样，对新的油气显示层要循环观察清楚，作轻烃分析 |
| 漏失（m/包） | 观察 | 50 | 5 | 见明显漏失，加密观测 |
| 荧光 | 逐包湿照，储集层逐包干照，滴照，浸泡定级，肉眼能鉴定含油级别时不作浸泡定级 | | | 碳酸盐岩必须作荧光薄片鉴定 |
| 岩心 | 按总体设计考虑，钻进取心进尺不得少于总进尺的 1% | | | |
| 化验分析 | 全井系统取样，取得地层的岩性、地球物理化学、古生物分析资料。现场配备双目显微镜、分选筛、快速孔隙度和渗透率分析仪 | | | |
| 实物剖面 | 中深层和目的层作 1:500 岩屑实物柱状剖面，碳酸盐岩目的层作 1:200 实物柱状剖面 | | | |
| 地层测试 | 钻进中发现良好油气显示，必须立即进行中途测试，交井后尽快转入试油 | | | |

预探井录取资料密度同区域探井。

（1）评价井钻探任务。

评价井的任务是取得更多的油气层资料和储量计算参数，综合评价油气层、油气藏，查明油气藏类型，评价油气田规模、生产能力以及经济价值，落实探明储量。

（2）评价井录井资料要求。

评价井录井要求录取的原始资料比预探井少岩样汇集一项，共 13 项；完井资料比预探井少地温梯度、地震测井 2 项，共 21 项；分析化验资料比预探井少 5 项，只有岩石矿物、油层物性分析和油气水分析，共 3 项。表 5-5 给出了评价井录井资料要求实例。

录井要求做到：取全取准各项录井资料，及时发现油气显示，评价油气层。

**表 5-5　评价井录井资料要求**

| 录井项目 | 非目的层 | 目的层 | | 备　注 |
|---|---|---|---|---|
| | | 砂岩、泥岩 | 碳酸盐岩 | |
| 岩屑（m/包） | | 1～2 | 0.5～1 | 距目的层 100m 以上开始录井。非目的层发现油气显示加密取样 |
| 钻时、气测（m/包） | | 0.5～1 | 0.5～1 | 无气测仪时，钻时录井间距同岩屑录井间距。见油气显示时气测必须加密测量，加密分析 |
| 钻井液性能氯离子（m/包） | | 20～50 | 2～10 | 每班必须作一次钻井液全套性能，油气显示处必须加密测量并取样，对新的油气显示层要循环观察清楚，作轻烃分析 |
| 漏失（m/包） | 观察 | 50 | 5 | 见明显漏失，加密观测 |
| 荧光 | 逐包湿照，储集层逐包干照，滴照，浸泡定级，肉眼能鉴定含油级别时不作浸泡定级 | | | 碳酸盐岩必须作荧光薄片鉴定 |
| 岩心 | 按总体设计考虑，选部分井钻进取心 | | | |
| 化验分析 | 取全储集层地球物理化学资料。现场配备双目显微镜、分选筛、快速孔隙度和渗透率分析仪 | | | |
| 实物剖面 | 个别井的油层段作 1:500 岩屑实物剖面，其余作特殊岩性、含油岩石的岩样汇集 | | | |
| 地层测试 | 钻进中发现良好油气显示，完井后尽快转入试油 | | | |

（3）评价井录井方法。

部分井采用气测录井，主要用简易录井仪录井和部分地质录井。

### 5.1.2.2 开发井录井方法与要求

#### 5.1.2.2.1 开发井分类

开发井分为生产井、注水井、观察井、检查井、调整井、基础井 6 种。

生产井是在已探明储量的区块或油气田，为实现产能建设任务和生产油、气所钻的井。

注水井是为油气层内注水改变油气驱动能力，提高油气生产能力和采收率所钻的井。

观察井是在油田开发过程中，为观察油田地下各类油层的压力、含水变化状况和单层水淹情况等动态变化所钻的井。观察井一般不承担生产任务。

检查井是在油田开发过程中为了检查油层开采效果所钻的井。检查井的任务是检查各类油层工作情况，包括油层的纵向、横向水淹程度和残余油饱和度等，以便对开发措施进行分析评价，同时对油层静态及储量数据进行核实。此类井要求在油层段内进行特殊钻井取心，如密闭或油基钻井液取心，并要求增加介电、人工电位和碳氧比等特殊的测井项目。

调整井是为挽回死油区的储量损失，改善断层遮挡区的注水效果以及调整横向和纵向采油效果差别所钻的井。钻调整井的目的是扩大扫油面积，增加可采储量，提高采油速度，改善开发效果。调整井可作生产井和注水井使用。

基础井是评价井钻完后，根据制订的开发方案所钻的第一批井。由于井距较大，故称为基础井。

#### 5.1.2.2.2 开发井录井资料要求

开发井录取的原始资料有观察记录、地质日志等 13 项；完井资料有完井地质总结、钻井基本数据表等 21 项；分析化验资料有岩石矿物、油层物性等 3 项。表 5-6 给出了开发井录井资料要求实例。

**表 5-6 开发井录井资料要求**

| 录井项目 | 非目的层 | 目的层 | | 备注 |
|---|---|---|---|---|
| | | 砂岩、泥岩 | 碳酸盐岩 | |
| 岩屑（m/包） | | 1～2 | 0.5～1 | 距目的层顶以上 100m 开始录井。非目的层发现油气显示时加密取样 |
| 钻时、气测（m/包） | | 0.5～1 | 0.5～1 | 无气测仪时，钻时录井间距同岩屑录井间距。非目的层油气显示处加密 1 倍测点 |
| 钻井液性能氯离子（m/包） | | 20～50 | 2～10 | 每班必须作一次钻井液全套性能，油气显示处必须加密测量并取样，对新油气显示要循环观察清楚，作轻烃分析 |
| 漏失（m/包） | 观察 | 20 | 5 | 见明显漏失处加密连续观察 |
| 荧光 | 逐包湿照，储集层逐包干照，滴照，浸泡定级，肉眼能鉴定含油级别时不作浸泡定级 | | | 碳酸盐岩必须作荧光薄片鉴定 |
| 岩心 | 按总体设计考虑，选部分井钻进取心 | | | |
| 化验分析 | 取全储集层物化资料 | | | |
| 岩样汇集 | 特殊岩性、含油岩屑作岩样汇集 | | | |
| 地层测试 | 钻进中发现良好油气显示，完井后优先试油 | | | |

开发井录井要求：及时发现落实油气显示，卡准完钻层位和完钻井深。

采用的录井方法主要是地质录井和简易录井仪录井。

5.1.2.3 特殊井录井难点和方法

深井、超深井、水平井、大位移井、天然气井、含硫化氢井以及欠平衡钻井等特殊情况井在钻具使用、钻井参数、井身结构及相应钻井液性能等方面有诸多的特性，致使岩屑颗粒细而混杂，代表性差，岩屑上返行程长，含油岩屑冲洗严重，特别是这类井中经常使用混油钻井液，给岩屑描述、归位和油气显示的发现和判别带来很多困难，因此这类井还必须要有特殊的录井要求，以保证地质任务的完成。特殊井录井难点和录井方法见表5-7。

**表5-7 特殊井录井难点和录井方法**

| 特殊井类型 | 录井难点 | 录井方法 | |
|---|---|---|---|
| | | 探井 | 开发井 |
| 深井<br>超深井 | （1）岩屑颗粒细小而混杂，岩屑代表性差，对发现油气显示增加了难度。<br>（2）岩屑和钻井液从井底返至地面距离长，行程远，从地层中渗出的油气和岩屑中溢出的油气在上返的过程中损失量大，油气显示的发现和识别的难度增大。<br>（3）井下复杂情况多，复杂点位多，加增了钻井取心录井的难度 | 地质录井<br>综合录井<br>地化录井<br>定量荧光录井 | 地质录井<br>气测录井 |
| 水平井<br>大位移井 | （1）岩屑颗粒细小而混杂，岩屑代表性差，对发现油气显示增加了难度。<br>（2）井下复杂情况多，复杂点位多，加增了钻井取心录井的难度 | 地质录井<br>综合录井<br>地化录井<br>定量荧光录井 | 地质录井<br>气测录井 |
| 天然气井 | （1）由于天然气易于挥发，在岩心和岩屑录井作业中不易发现显示。<br>（2）天然气不发荧光，故荧光录井效果极差 | 地质录井<br>综合或气测录井<br>罐顶气轻烃录井 | 地质录井<br>气测录井 |
| 含硫化氢井 | （1）岩心、岩屑和钻井液录井等常规地质录井方法不易发现硫化氢气体的存在。<br>（2）一般录井仪器对硫化氢气体不起作用 | 地质录井<br>综合录井<br>硫化氢监测仪 | 地质录井<br>综合录井<br>硫化氢监测仪 |
| 欠平衡钻井 | 钻井液携砂能力弱，岩屑代表性差，地质录井手段不易发现油气显示 | 地质录井<br>综合录井<br>烃类检测装置 | 地质录井<br>综合录井<br>烃类检测装置 |

### 5.1.3 探井录取资料要求

中华人民共和国石油天然气行业标准SY/T 5251—2003《油气探井地质录取项目及质量基本要求》规定了油气探井从开钻至完井的地质录取项目及质量基本要求。

5.1.3.1 资料录取项目及内容

（1）钻时录井。

①井深、钻时。

②放空：时间、井段、层位、钻时、钻压、悬重。

（2）气测录井。

①随钻气测：井深、全量、甲烷、乙烷、丙烷、异丁烷、正丁烷、二氧化碳、硫化氢。

②全脱分析：井深、脱出气体量、甲烷、乙烷、丙烷、异丁烷、正丁烷、二氧化碳。

③后效气测：a.日期、井深、钻头位置、钻井液静止时间、迟到时间、开泵时间、钻井液排量、见显示时间、显示高峰时间、显示减弱时间、油气层深度、油气上窜速度；b.全量、甲烷、乙烷、丙烷、异丁烷、正丁烷、二氧化碳、硫化氢。

（3）工程录井。

①钻井参数：井深、悬重、钻压、转盘扭矩、转盘转速、大钩位置、立管压力、套管压力（欠平衡钻进或关井时测量）。

②钻井液参数：井深、泵冲数、钻井液体积（单池、总池）以及进、出口钻井液流量、电导率、密度、温度。

③地层压力参数：井深、dc 指数、Sigma 指数、地层压力、压力梯度、破裂压力、当量钻井液密度。

（4）泥（页）岩密度测定。

井深、层位、岩性、泥（页）岩密度值。

（5）碳酸盐含量分析。

井深、层位、岩性、碳酸盐含量值。

（6）岩心录井。

①取心数据：取心日期、次数、井段、进尺、心长、收获率、各级别含油气岩心长度及总长度。

②分层定名：岩心编号、破碎及磨损情况、分段长度、累计长度、岩样编号、岩样长度及距顶位置、岩性名称。

③描述内容：a.颜色、成分、结构、构造、化石及含有物、物理性质、化学性质、孔隙类型、孔隙特征、胶结物、胶结类型、胶结程度、充填物、充填程度；b.含油的颜色、饱满程度、产状、油气味、滴水和含气试验结果、原油性质、含油级别；c.岩层接触关系、孔洞缝描述。

④岩心照片或数字岩心扫描。

⑤分析样品：样品编号、取心井段、距顶位置、样品长度、层位、岩性、分析项目、取样日期。

⑥岩心代表样：样品编号、取心井段、距顶位置、层位、岩性。

（7）岩屑录井。

①分层定名：井深、岩性名称。

②描述内容：a.颜色、成分、结构、构造、化石及含有物、物理性质、化学性质、胶结物、胶结程度；b.含油的颜色、饱满程度、产状、油气味、滴水试验结果、原油性质、含油级别。

③分析样品：样品编号、井深、层位、岩性、分析项目、取样日期。

④岩屑代表样：样品编号、井深、层位、岩性。

（8）井壁取心录井。

①取心数据：预计取心颗（深度点）数、实际取心颗（深度点）数、含油岩心颗数、不含油岩心颗数。

②逐颗定名：井深、岩性名称。

③描述内容：a.颜色、成分、结构、构造、化石及含有物、物理性质、化学性质、胶结物、胶结程度；b.含油的颜色、饱满程度、产状、油气味、滴水试验结果、原油性质、含油级别；c.含气试验结果、孔洞缝描述。

（9）荧光录井。

井深、层位、岩性、荧光（湿照、干照、滴照）颜色及产状、滴照级别。

（10）定量荧光分析。

井深、层位、岩性、样品类型、有机溶剂类型、稀释倍数、荧光强度值。

（11）岩石热解分析。

①基本数据：井深、层位、岩性、样品类型。

②样品参数：$S_o$、$S_1$、$S_2$、$S_4$、$T_{max}$。

（12）罐顶气气相色谱分析。

井深、层位、岩性、样品类别、气体含量、C1−C7（29 个烃类组分），非烃类组分。

（13）水分析。

井深、层位、$K^+$、$Na^+$、$Ca^{2+}$、$Mg^{2+}$、$Cl^-$、$SO_4^{2-}$、$CO_3^{2-}$、$HCO^{3-}$、总矿化度、水型。

5.1.3.2　资料收集项目及内容

5.1.3.2.1　基本数据

（1）井名、井别、钻探目的。

（2）地理位置、构造位置、测线位置。

（3）纵坐标、横坐标、经度、纬度、地面海拔、补心海拔（或补心高度）、平均水深。

（4）设计井深（斜深、垂深）、完钻井深（斜深、垂深）。

（5）开钻时间、完钻时间、完井时间。

（6）钻头直径、类型、钻达井深。

（7）完钻依据、完钻层位、完井方法。

（8）套管资料：下套管起止时间、产地、外径、内径、钢级、壁厚、下入根数、总长、联入、下深、套管短节位置、阻流环位置、扶正器位置、悬挂器位置、筛管位置、筛管孔径、筛管孔密、封隔器位置、地锚位置、套管拉伸长度。

（9）固井：注水泥起止时间、水泥产地、水泥标号、水泥量、水泥浆量、水泥浆相对密度（最大、最小、平均）、注水泥浆压力、注顶替液起止时间、顶替液介质、顶替液量、注顶替液压力、顶替液相对密度和黏度、碰压时间、碰压压力、水泥上返深度（预计、实际）。

（10）套管试压：试压介质、试压时间、试压压力、稳压时间、压力变化情况、试压结果。

（11）井斜数据：①井深、井斜角、方位角、水平位移、闭合方位角、垂直井深；②阻流环水平位移及方位角、油层（顶、底）水平位移及方位角、井底水平位移及方位角、最大井斜角及所在井深和方位角、全角变化率、井身质量评价结果；③磁偏角、靶点数据（斜深、垂深、水平位移、闭合方位角、靶心半径）。

（12）注水泥塞：起止时间、管柱下深、水泥产地、水泥标号、水泥量、水泥浆量、水泥浆相对密度（最大、最小、平均）、顶替液介质、顶替液量、水泥塞顶底面井深、水泥塞长度、试压情况。

（13）地层破裂压力测定（套管鞋试漏法）：时间、井深、层位、岩性、套管尺寸及下深、钻头位置、钻井液密度、排量、漏失压力、破裂压力、当量钻井液密度。

（14）侧钻：时间、侧钻井深（上窗点、下窗点）、层位、方位角、井斜、套管尺寸及下深。

5.1.3.2.2 大事纪要

（1）设计更改情况。

（2）井涌、井喷、井漏、卡钻、断钻具、落物、混油等井下事故及处理情况。

5.1.3.2.3 钻井液录井

（1）钻井液性能：井深、钻井液体系、相对密度、黏度、失水、泥饼、切力、含砂、pH值、氯离子含量。

（2）钻井液处理：时间、井深、钻头位置、处理剂名称及用量、处理前后钻井液性能变化、钻井液体系。

（3）迟到时间测定：井深、钻井液排量、指示物名称、循环周时间、下行时间、钻井液迟到时间、岩屑迟到时间。

（4）槽面油气显示：起止时间、钻达井深、钻头位置、井段、层位、岩性、钻时及气测值变化、油花及气泡大小、油花颜色、油气分布状态、油花及气泡占槽面百分比、油气味、气样点燃试验、槽（池）面上涨高度、钻井液流动状态、钻井液液量及性能变化、油气上窜速度、外溢速度、外溢量。

5.1.3.2.4 地球物理测井

（1）基本数据：测井日期、测井项目、测量井段、比例尺、钻井液电阻率、井底温度。

（2）工程测井结果：水泥上返深度（设计、实际）、水泥塞顶面深度、水泥环封固质量。

（3）油气水层测井解释结果。

5.1.3.2.5 VSP 测井

（1）井况资料：测井日期、井深、井径、套管直径及下深、裸眼井段。

（2）测井解释结果。

5.1.3.2.6 测试

（1）测试方式、测试目的。

（2）测试时间、层位、井深、井段、测试层厚度、测试介质、测试压差。

（3）测试工具类型、封隔器类型、压力计型号及量程、温度计型号及量程。

（4）坐封方式、坐封位置、管柱尺寸及结构和下深、加垫量及高度、下工具时间、坐封时间、开井时间、初流动及初关井时间、二次流动及二次关井时间、终流动及终关井时间、解封时间、地面管柱压力。

（5）测试成果、油气水产量、含水量、气油比、各种流体物性参数、压力、温度、高压物性样品分析结果、结论。

### 5.1.4 化验分析

化验分析是录井工程的一项重要内容，是油气藏储层评价、生油层评价的一个重要环节。化验分析项目共有 16 项：岩石矿物、油层物性、古生物、无机分析、三敏试验、力学试验、岩屑热解色谱分析、罐装气分析、酸解烃分析、生油指标、油气水分析、扫描电镜、绝对年龄测定。不同类别的井要求的化验分析项目不同。

5.1.4.1 探井常规地质化验分析项目

（1）区域探井。

区域探井常规地质化验分析项目见表5-8。

**表5-8 区域探井常规地质化验分析内容**

| 序号 | 项目 | | 分析内容 |
|---|---|---|---|
| 1 | 岩石矿物 | | 薄片、铸体薄片、重矿物、差热、粒度 |
| 2 | 油层物性 | | 孔隙度、渗透率、含油饱和度、残余水饱和度、碳酸盐含量、泥质含量 |
| 3 | 古生物 | | 介形虫、孢粉、轮藻、牙形石、大化石等 |
| 4 | 罐装气分析 | | 烃类气体含量、组分、非烃气体含量 |
| 5 | 酸解烃分析 | | 烃类气体含量、组分、非烃气体含量 |
| 6 | 生油指标 | | 氯仿沥青“A”、三价铁、发光沥青“B”、有机碳、还原硫、簇组分、烃类、元素、组分，生油母质类型，成熟度等 |
| 7 | 油气水分析 | 原油 | 相对密度、黏度、凝固点、含蜡量、含硫量、胶质和沥青含量、初馏点、馏分、含水、含砂、含盐 |
| | | 天然气 | 相对密度、组分、碳同位素δ$C^{13}$值、临界温度、临界压力、气中凝析油含量 |
| | | 地层水 | 密度、六项离子含量、总矿化度、水型、微量元素、环烷酸含量、酸碱度等 |
| 8 | 扫描电镜 | | |
| 9 | 绝对年龄测定 | | |

（2）预探井。

预探井常规地质化验分析项目见表5-9，比区域探井少扫描电镜、绝对年龄测定两项。

**表5-9 预探井常规地质化验分析内容**

| 序号 | 项目 | | 分析内容 |
|---|---|---|---|
| 1 | 岩石矿物 | | 薄片、铸体薄片、重矿物、差热、粒度 |
| 2 | 油层物性 | | 孔隙度、渗透率、含油饱和度、残余水饱和度、碳酸盐含量、泥质含量 |
| 3 | 古生物 | | 介形虫、孢粉、轮藻、牙形石、大化石等 |
| 4 | 罐装气分析 | | 烃类气体含量、组分、非烃气体含量 |
| 5 | 酸解烃分析 | | 烃类气体含量、组分、非烃气体含量 |
| 6 | 生油指标 | | 氯仿沥青“A”、三价铁、发光沥青“B”、有机碳、还原硫、簇组分、烃类、元素、组分，生油母质类型，成熟度等 |
| 7 | 油气水分析 | 原油 | 相对密度、黏度、凝固点、含蜡量、含硫量、胶质和沥青含量、初馏点、馏分、含水、含砂、含盐 |
| | | 天然气 | 相对密度、组分、碳同位素δ$C^{13}$值、临界温度、临界压力、气中凝析油含量 |
| | | 地层水 | 密度、六项离子含量、总矿化度、水型、微量元素、环烷酸含量、酸碱度等 |

（3）评价井。

评价井常规地质化验分析项目见表5-10。

**表 5-10　评价井常规地质化验分析内容**

| 序 号 | 项　　目 | | 分 析 内 容 |
|---|---|---|---|
| 1 | 岩石矿物 | | 薄片、铸体薄片、重矿物、差热、粒度 |
| 2 | 油层物性 | | 孔隙度、渗透率、含油饱和度、残余水饱和度、碳酸盐含量、泥质含量 |
| 3 | 油气水分析 | 原油 | 相对密度、黏度、凝固点、含蜡量、含硫量、胶质和沥青含量、初馏点、馏分、含水、含砂、含盐 |
| | | 天然气 | 相对密度、组分、碳同位素 $\delta C^{13}$ 值、临界温度、临界压力、气中凝析油含量 |
| | | 地层水 | 密度、六项离子含量、总矿化度、水型、微量元素、环烷酸含量、酸碱度等 |

5.1.4.2　开发井常规地质化验分析项目

开发井常规地质化验分析项目见表 5-11。

**表 5-11　开发井常规地质化验分析内容**

| 序 号 | 项　　目 | | 分 析 内 容 |
|---|---|---|---|
| 1 | 岩石矿物 | | 薄片、铸体薄片、重矿物、差热、粒度 |
| 2 | 油层物性 | | 孔隙度、渗透率、含油饱和度、残余水饱和度、碳酸盐含量、泥质含量 |
| 3 | 油气水分析 | 原油 | 相对密度、黏度、凝固点、含蜡量、含硫量、胶质和沥青含量、初馏点、馏分、含水、含砂、含盐 |
| | | 天然气 | 相对密度、组分、碳同位素 $\delta C^{13}$ 值、临界温度、临界压力、气中凝析油含量 |

### 5.1.5　资料处理解释

完成现场录井后，进入完井资料处理解释阶段，主要工作是综合各种地质录井、化验资料、测井资料、测试资料以及该井所在区域地震与重、磁、电、化等地球物理化学勘探资料，进行油气层评价，提出完井方案，优选试油层位，编写录井报告。

5.1.5.1　完井资料综合处理

完井资料综合处理的主要工作内容是综合整理原始资料、与邻井进行地层对比、油气显示层对比、录井成果微机化处理。绘制原始录井图示例见图 5-2。

5.1.5.2　完井地质总结

完井地质总结的任务是综合分析研究在钻井过程中所取得的地质录井、地球物理测井、中途测试、分析化验、原钻机试油成果等各项资料，对地下地质情况及油气水层做出准确的评价和判断，找出规律，对所钻井进行全面的地质工作总结，编制各种成果图附表，并写出完井总结报告。完井地质总结主要内容是编制完井地质图件、填写完井地质总结报告附表、编写完井报告。

5.1.5.2.1　编制完井地质图件

完井地质图件编绘内容有岩心录井综合图、录井综合图、三维井斜和水平投影图，以及根据需要所编制的直观反映地下地质情况的其他图件。

一般区域探井、预探井、评价井要求全井段绘制 1:500 录井综合图；连续钻井取心超过 10m 要绘制 1:100 岩心综合图；若见油气显示，不足 10m 亦要绘制岩心综合图。所有井别都要绘制水平投影和井斜图；定向井要绘制垂直井身轨迹图。岩心录井综合图示例见图 5-3。

三维井斜和水平投影图是应用专用的计算机软件，根据测井提供的井斜和方位角数据，通过计算机处理绘制而成，用于检查井身质量。图 5-4 是三维井斜和水平投影图。

| | | | | | |
|---|---|---|---|---|---|
| 地理位置 | xx省xx县xx乡 | | | 钻头程序 | 445mm×257.66m<br>311mm×1700m<br>216mm×3850m |
| 构造位置 | xx坳陷xx凹陷xx背斜构造xx断鼻 | | | | |
| 测线交点位置 | CHJ1998-Z2019/H556 | 移后位置 | | 套管程序 | 339.70mm×256.66m<br>244.50mm×1698.2m<br>177.80mm×3789.1m |
| 坐标 纵X | 4 312 788.9 | 日期 | 开钻2001.1.1/完钻2001.8.2 | | |
| 坐标 横Y | 20 458 319.8 | 钻井水性 | $CL^-$/矿化度 355~55025mg/1 | 造斜井深 | |
| 海拔 | 7.40m/16.16m | 油层段 | 油顶2631m/油底3725m | 最大井斜 | 2.15° |
| 井别 | 预探井 | 水泥返高 | 1650m | 井底 | 3.12m/110° |
| 设计井深 | 3850m | 实际井深 | 3850m | 绘图人： | |
| 井下复杂情况 | | | | 验收人： | |

1:500

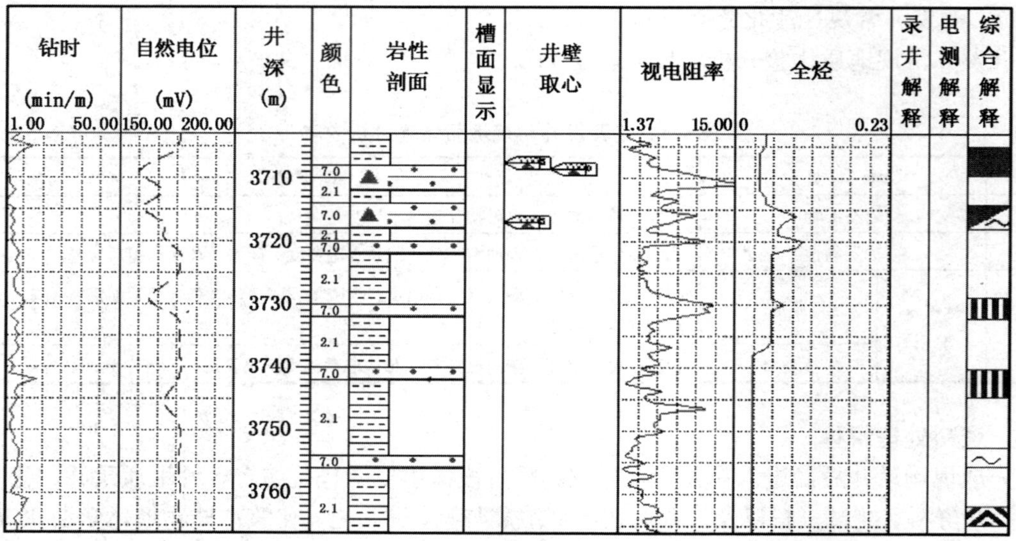


岩性图例

| 泥岩 | 砂岩 | 油斑砂 | | | | | | |
|---|---|---|---|---|---|---|---|---|

油气显示

| | | | | | | | | |
|---|---|---|---|---|---|---|---|---|

综合解释

| 水层 | 气层 | 油层 | 差油层 | 含水油 | 油水同 | 含油水 | 致密层 | 干层 |
|---|---|---|---|---|---|---|---|---|

含油气级别

| | | | | | | | | |
|---|---|---|---|---|---|---|---|---|

颜色

| 2.1 | 7.0 | | | | | | | |
|---|---|---|---|---|---|---|---|---|
| 紫红色 | 灰白色 | | | | | | | |

图 5-2 原始录井图

5.1.5.2.2 完井地质总结报告附表

完井地质总结报告附表包括钻井基本数据、录井资料统计表、油气显示统计表、钻井液性能分段统计表、测井项目统计表、钻井取心统计表、井壁取心统计表、分析化验统计表、碳酸盐岩缝洞统计表、地层压力监测数据表、地温梯度数据表、荧光定量分析记录、钻井液全脱气分析记录等 13 套表。

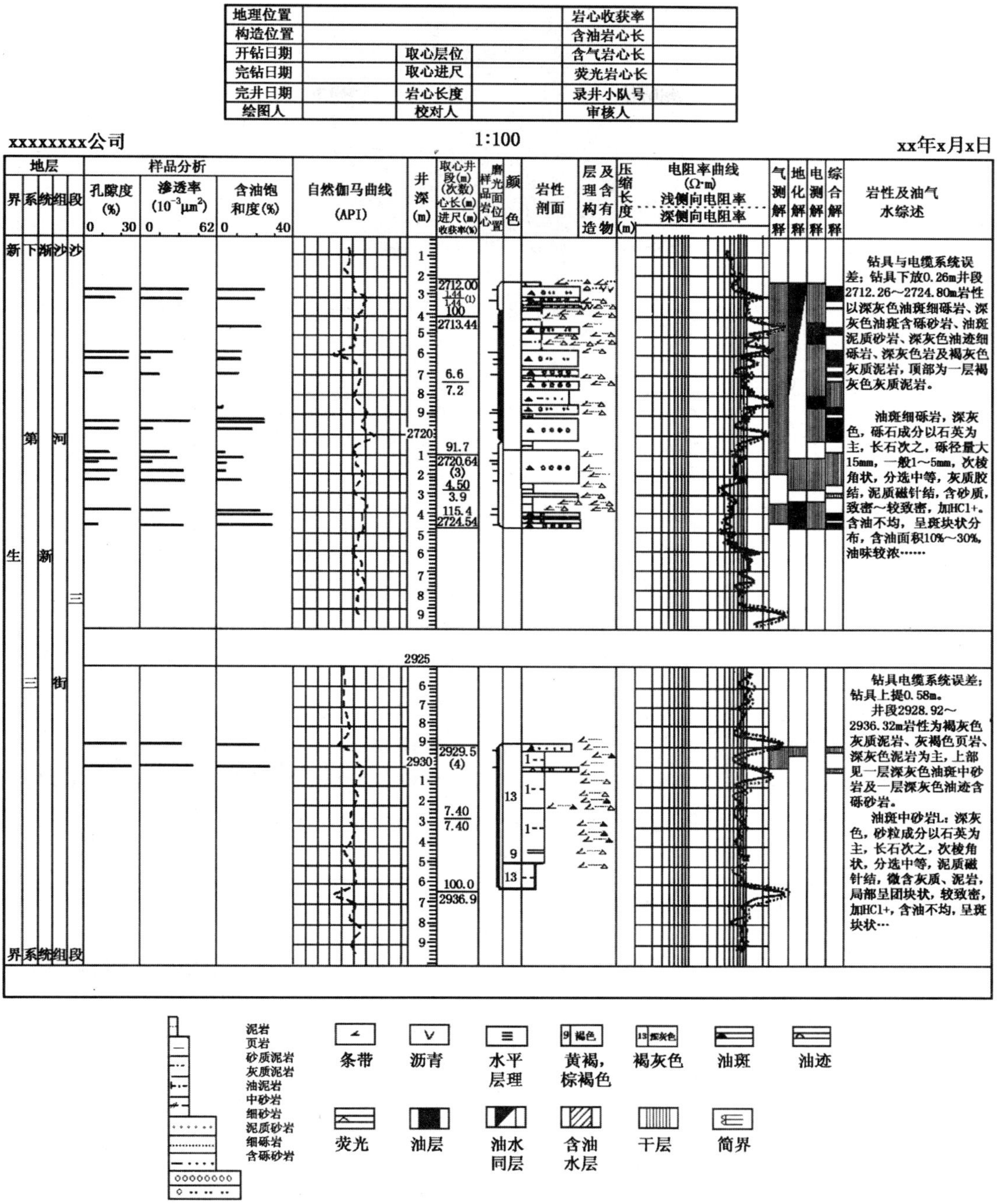


图 5-3　岩心录井综合图

5.1.5.2.3　编写完井报告

报告编写内容包括概况、录井综述、地质成果、结论与建议共四个部分。区域探井、预探井、评价井、开发井的内容因井别不同而各有侧重。

区域探井、预探井完井总结报告要求全面总结所钻井的工程简况、录井情况、主要地质

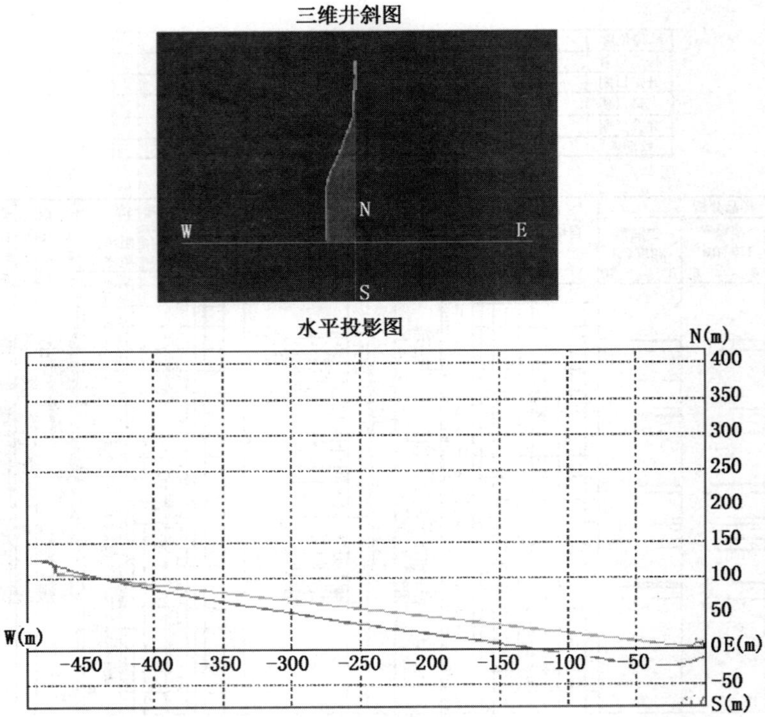

图 5-4　三维井斜和水平投影图

成果，提出试油层位意见，并对所钻井有关问题进行讨论，指出勘探远景。

评价井只在重点井段中录井，文字报告部分也较简单。

开发井是在区域探井、预探井和评价井钻完之后所钻的井，主要任务是钻开开发层系，已具有大量的基础资料，所以完井报告一般不写文字报告部分，只有附表。

## 5.2　录井工程造价构成要素

录井工程造价构成要素包括录井工程劳动定员、录井工程设备仪器和录井工程材料。

### 5.2.1　录井工程劳动定员

录井工程劳动定员主要包括地质录井队定员、气测录井队定员、综合录井队定员、地化录井队定员。

#### 5.2.1.1　地质录井队劳动定员

地质录井小队由 6～7 人组成，定员标准见表 5-12。

表 5-12　地质录井小队定员标准

| 序 号 | 岗　　位 | 定员（人） | |
|---|---|---|---|
| | | 探　井 | 开发井 |
| | 合计 | 7 | 6 |
| 1 | 队长 | 2 | 2 |
| 2 | 大班 | 1 | — |
| 3 | 地质采集工 | 4 | 4 |

5.2.1.2 气测录井队劳动定员

气测录井小队由7人组成，定员标准见表5-13。

表5-13 气测录井小队定员标准

| 编号 | 岗位 | 定员（人） |
|---|---|---|
| | 合计 | 7 |
| 1 | 队长 | 2 |
| 2 | 大班 | 1 |
| 3 | 气测工 | 4 |

5.2.1.3 综合录井队劳动定员

综合录井小队由8人组成，定员标准见表5-14。

表5-14 综合录井小队定员标准

| 编号 | 岗位 | 定员（人） |
|---|---|---|
| | 合计 | 8 |
| 1 | 队长 | 2 |
| 2 | 技术员 | 2 |
| 3 | 操作员 | 4 |

5.2.1.4 地化录井队劳动定员

地化录井小队由4人组成，定员标准见表5-15。

表5-15 地化录井小队定员标准

| 编号 | 岗位 | 定员（人） |
|---|---|---|
| | 合计 | 4 |
| 1 | 队长 | 1 |
| 2 | 操作员 | 3 |

### 5.2.2 录井工程设备仪器

录井工程中的主要设备有综合录井仪、气测录井仪、地化录井仪，这里列出主要设备名称及常用规格型号，见表5-16。一套国产综合录井仪150～250万元，进口一套综合录井仪达到500万元。

表5-16 常用录井设备

| 序号 | 设备名称 | 规格型号 |
|---|---|---|
| 1 | 综合录井仪 | 国产：SDL-9000、GL2000、CPS-2000ex、SK-2000C、SL-II、SLZ-2A、SDQ-941、ZZL-2、ZLJ-960、SRP-2000<br>进口：ADVANTAGE、DLS、GZL-410、ALS-II、ALS-NT、TDC、DATALOG、GEO6000 |
| 2 | 气测录井仪 | 国产：SQC-882、SK-101、QL-1、LH2000、SK-2000Q、SK-3Q01、DML、XG-QY2<br>进口：GC8A |
| 3 | 地化录井仪 | 国产：DH-910、DH-920、YY-980、YQ-IV、YQ-VI、OG-2000V、YQZF-II、SK-3D01<br>进口：ALS-III、ALS-V、ALS-VI |

5.2.2.1 地质录井

地质录井设备仪器包括值班房 1 栋；微机、打印机、通讯电台各 1 台；1.5m$^3$洗砂储水池 1 个；岩屑烤箱 1 台；简易钻时记录仪 1 套；荧光灯或定量荧光仪 1 台；透图桌 1 个；双目立体显微镜 1 台；天称 1 台；钻井液性能测定仪 1 套；氯离子滴定仪 1 套；罐顶气取样罐等。

5.2.2.2 气测录井

（1）气测录井仪。

气测仪一台。类型：882 气测录井仪、SK-1Z01 气测录井仪、快速色谱气测录井仪等。

（2）辅助设备。

气测录井房或装载气测仪器车；天车马达；脱气器；通讯电台；空调器；传感器：泵冲传感器、绞车传感器、扭矩传感器、立管压力传感器、转盘转速传感器、大钩负荷传感器；电动脱气器；热真空蒸馏脱气器；UPS 电源；氮气发生器；空气压缩机；微机；打印机等。

5.2.2.3 综合录井

（1）综合录井仪。

综合录井仪一台。表 5-17 是国内目前常用的综合录井仪类型。

表 5-17 国内常用综合录井仪

| 序号 | 仪器型号 | 生产厂家 | 录取参数 |
|---|---|---|---|
| 1 | SK-1Z01 综合录井仪 | 上海神开 | 深度、钻时、迟到时间、大钩负荷、大钩高度、扭矩、立管压力、转盘转速、套管压力、密度、泵冲、钻井液池体积、温度、电导率、流量、全烃、甲烷、乙烷、丙烷、异丁烷、异戊烷、正戊烷、二氧化碳、氢气、硫化氢 |
| 2 | SK-2000 综合录井仪 | 上海神开 | |
| 3 | SL-Ⅱ综合录井仪 | 物探局 | |
| 4 | SLZ-2A 综合录井仪 | 信息产业部<br>河南新乡 22 所 | |
| 5 | ALS-2 综合录井仪 | 法国地质录井 | |
| 6 | DLS 综合录井仪 | 美国国际录井 | |
| 7 | SDL-9000 综合录井仪 | 中美合资 | |
| 8 | SDQ-941 地气合一综合录井仪 | 上海石油仪器厂 | 深度、大钩位置、迟到时间、钻时、悬重、扭矩、泵冲、转盘转速、立压、套压、总烃、$C_1$、$C_2$、$C_3$、$IC_4$、$NC_4$、$IC_5$、$NC_5$、$H_2$、$CO_2$ |

（2）配套设备和部件。

发电机；传感器：钻井液体积传感器、钻井液密度传感器、钻井液温度传感器、钻井液电阻率传感器、泵冲传感器、钻井液流量传感器、硫化氢传感器、立管压力传感器、套管压力传感器、悬重传感器、转盘转速传感器、转盘扭矩传感器、绞车（或光学编码）传感器、霍尔效应传感器、临近探测传感器；仪器显示面板；微机；打印机等。

其他：硫化氢报警器和报警灯；钻井液脱气器；热真空钻井液蒸馏脱气器；碳酸盐测定器；页岩密度计；岩屑残余气检测仪；荧光分析仪；钻井液电动脱气器；UPS 电源；氢气发生器；空气压缩机。

（3）设施。

房室：发电房、仪器房。

房内设施：办公桌、坐椅、通讯电台、电话、台灯、空调器等。

5.2.2.4　地化录井

（1）地化录井仪。

地化录井仪 1 套。

国外引进地化录井仪：法国生产的Ⅲ型、Ⅴ型和Ⅵ型录井仪。

国产地化录井仪：YQ 系列Ⅳ、Ⅵ型油气显示评价仪及配套使用的 TOC-Ⅰ、TOC-Ⅱ型残余碳分析仪；油气评价工作站系统；南洋油田地化录井仪等。

（2）辅助设备。

空气压缩机 1 台；氢气发生器 1 台；电子分析天平 1 台；稳压稳频电源 1 台；UPS 电源 1 台；氮气钢瓶 2 套（或高纯氮气发生器 1 台）。

### 5.2.3　录井工程主要材料

5.2.3.1　地质录井

（1）专用材料。

岩心盒、岩屑盒、岩屑袋。

（2）通用材料。

氯仿、四氯化碳、硝酸银、铬酸钾、盐酸、报表记录和材料纸张、石蜡、白漆、红漆、罐装气取样罐、微机和打印机耗材等。

5.2.3.2　气测录井

（1）专用材料。

气测录井记录纸、气测录井记录笔、记录墨水、样品气管线、硅胶氯化钙、标准气样。

（2）通用材料。

动力电线、照明电线、信号线、固定拉线、天线、照明灯泡、微机和打印机耗材。

5.2.3.3　综合录井

（1）专用材料。

综合录井记录纸、综合录井记录笔、录井记录墨水、办公用品、样品气管线、仪器面板中的备件和关键部件、标准气样。

（2）普通材料。

电源线、照明电线、信号线、固定拉线、材料纸、微机和打印机耗材。

5.2.3.4　地化录井

（1）专用材料。

正乙烷、三氯甲烷、无水乙醇、KOH、标样。

（2）通用材料。

打印纸、打印硒鼓或色带、硅胶、活性炭等。

## 5.3　录井工程造价计算方法

### 5.3.1　录井工程量计算规则

录井工程量由录井作业、技术服务和其他作业 3 部分构成。若有录井工程项目未包含在已设立录井工程项目，则放在相应造价分类项目下面，根据编码规则补充新的编码。录井工程量计算规则如表 5-18 所示。

表 5-18 录井工程量计算规则

| 编 码 | 项 目 名 称 | 计 量 单 位 | 工程量计算方法 |
| --- | --- | --- | --- |
| 400000 | 录井工程 | | |
| 410000 | 录井作业 | | |
| 411000 | 搬迁 | 井次 | Σ搬迁次数（次） |
| 412000 | 资料采集 | d | |
| 412100 | 一开井段录井 | d | 录井作业时间（d） |
| 412200 | 二开井段录井 | d | 录井作业时间（d） |
| 412300 | 三开井段录井 | d | 录井作业时间（d） |
| 412400 | 四开井段录井 | d | 录井作业时间（d） |
| 412500 | 五开井段录井 | d | 录井作业时间（d） |
| 413000 | 资料处理解释 | 口井 | Σ资料处理解释井数（口井） |
| 420000 | 技术服务 | | |
| 421000 | 定量荧光录井 | 井次 | Σ作业次数（次） |
| 422000 | 荧光显微图像录井 | 井次 | Σ作业次数（次） |
| 423000 | 罐顶气轻烃录井 | 井次 | Σ作业次数（次） |
| 424000 | 热解气相色谱录井 | 井次 | Σ作业次数（次） |
| 425000 | PK 仪录井 | 井次 | Σ作业次数（次） |
| 426000 | 快速色谱仪录井 | 井次 | Σ作业次数（次） |
| 427000 | 钻柱应力波频谱录井 | 井次 | Σ作业次数（次） |
| 428000 | 核磁共振扫描录井 | 井次 | Σ作业次数（次） |
| 429000 | 随钻地震监测录井 | 井次 | Σ作业次数（次） |
| 430000 | 其他作业 | | |
| 431000 | 化验分析 | 项 | Σ化验分析工作量（项） |
| 432000 | 卫星传输 | d | Σ服务时间（d） |

## 5.3.2 录井工程造价构成及计算方法

录井工程造价由录井作业费、技术服务费、其他作业费和税费 4 部分构成，若录井作业费中含有化验分析费、资料处理解释费和卫星传输费，则后面不再单独计取。录井工程造价构成内容及计算方法如表 5-19 所示，分部分项工程造价构成内容及计算方法见表 5-20。

表 5-19 录井工程造价构成

| 编 码 | 项 目 名 称 | 计 价 单 位 | 造价计算方法 |
| --- | --- | --- | --- |
| 400000 | 录井工程费 | 元/口井 | 410000+420000+430000+440000 |
| 410000 | 录井作业费 | 元/口井 | 分部分项工程造价 410000 |
| 420000 | 技术服务费 | 元/口井 | 分部分项工程造价 420000 |
| 430000 | 其他作业费 | 元/口井 | 分部分项工程造价 430000 |
| 440000 | 税费 | 元/口井 | （410000+420000+430000）×折算税率 |

表 5-20　分部分项工程造价构成

| 编码 | 项目名称 | 计价单位 | 造价计算方法 |
| --- | --- | --- | --- |
| 410000 | 录井作业 | 元/口井 | 411000+412000+413000 |
| 411000 | 搬迁 | 元/口井 | Σ综合单价（元/次）×搬迁次数（次） |
| 412000 | 资料采集 | 元/口井 | 412010+412020+412030+412040+412050 |
| 412100 | 一开井段录井 | 元/口井 | Σ录井作业日费（元/d）×录井作业时间（d） |
| 412200 | 二开井段录井 | 元/口井 | Σ录井作业日费（元/d）×录井作业时间（d） |
| 412300 | 三开井段录井 | 元/口井 | Σ录井作业日费（元/d）×录井作业时间（d） |
| 412400 | 四开井段录井 | 元/口井 | Σ录井作业日费（元/d）×录井作业时间（d） |
| 412500 | 五开井段录井 | 元/口井 | Σ录井作业日费（元/d）×录井作业时间（d） |
| 413000 | 资料处理解释 | 元/口井 | 综合单价（元/口井） |
| 420000 | 技术服务 | 元/口井 | 421000+422000+…+428000+429000 |
| 421000 | 定量荧光录井 | 元/口井 | 综合单价（元/次）×作业次数（次） |
| 422000 | 荧光显微图像录井 | 元/口井 | 综合单价（元/次）×作业次数（次） |
| 423000 | 罐顶气轻烃录井 | 元/口井 | 综合单价（元/次）×作业次数（次） |
| 424000 | 热解气相色谱录井 | 元/口井 | 综合单价（元/次）×作业次数（次） |
| 425000 | PK 仪录井 | 元/口井 | 综合单价（元/次）×作业次数（次） |
| 426000 | 快速色谱仪录井 | 元/口井 | 综合单价（元/次）×作业次数（次） |
| 427000 | 钻柱应力波频谱录井 | 元/口井 | 综合单价（元/次）×作业次数（次） |
| 428000 | 核磁共振扫描录井 | 元/口井 | 综合单价（元/次）×作业次数（次） |
| 429000 | 随钻地震监测录井 | 元/口井 | 综合单价（元/次）×作业次数（次） |
| 430000 | 其他作业 | 元/口井 | 431000+432000 |
| 431000 | 化验分析 | 元/口井 | Σ综合单价（元/项）×化验分析工作量（项） |
| 432000 | 卫星传输 | 元/口井 | Σ服务日费（元/d）×服务时间（d） |

### 5.3.3　录井工程造价其他计算方法

上述分部分项工程造价计算方法同目前各油田在用定额和取费标准基本一致。但由于录井工程管理模式有所不同，其造价构成和计算方法有时会有所不同，这里进行说明。

#### 5.3.3.1　搬迁费

搬迁费（元）= Σ（卡车费+吊车费）= Σ（卡车吨位（t）×运距（km）×运价（元/t·km）+吊车吨位（t）×运距（km）×运价（元/t·km）+吊车工作时间（台时）×综合单价（元/台时）。

#### 5.3.3.2　录井作业费

录井作业费（元）= 综合单价（元/m）×钻井井深（m）。

#### 5.3.3.3　其他作业费

化验分析费（元）= 综合单价（元/口井）；

岩心取送费（元）= 综合单价（元/次）×岩心取送次数（次）。

## 5.4　录井工程计价标准编制方法

录井工程内容相对比较简单，以配备一套国产 SK-2000 综合录井仪的综合录井队为例，介绍录井作业日费计价标准的编制方法。

### 5.4.1 基础标准

#### 5.4.1.1 录井队定员标准

（1）定员标准。根据油田现有定员标准确定（表5-21）。

表5-21 综合录井队定员标准 计量单位：队

| 标准编号 | | | Z4-1 |
|---|---|---|---|
| 编号 | 岗位 | 单位 | 数量 |
| | 合计 | 人 | 8.00 |
| 1 | 队长 | 人 | 2.00 |
| 2 | 技术员 | 人 | 2.00 |
| 3 | 操作员 | 人 | 4.00 |

（2）人工费标准。根据年度录井队人员平均人工费确定（表5-22）。

表5-22 综合录井队人工费标准 计量单位：人年

| 标准编号 | | | Z4-2 |
|---|---|---|---|
| 序号 | 名称 | 单位 | 金额 |
| 1 | 人工费 | 元 | 56700.00 |

#### 5.4.1.2 设备标准

（1）设备配备标准。根据油田录井队实际配备标准确定（表5-23）。

表5-23 SK-2000综合录井设备配备标准 计量单位：队

| 标准编号 | | | | Z4-3 |
|---|---|---|---|---|
| 序号 | 名称 | 规格型号 | 单位 | 数量 |
| 1 | 综合录井仪 | SK-2000 | 台 | 1.00 |
| 2 | 空气压缩机 | XFMK225 | 台 | 2.00 |
| 3 | 示波器 | HP54654A | 台 | 1.00 |
| 4 | 高精度数字万用表 | HP33420A | 台 | 1.00 |
| 5 | 热真空分析器 | | 台 | 1.00 |
| 6 | 计算机 | DELLGX400PIIII | 台 | 1.00 |
| 7 | 便携计算机 | IBM47LPIII800 | 台 | 1.00 |
| 8 | 工控机 | TIPC-610P-4-250 | 台 | 1.00 |
| 9 | 打印机 | HP5000 | 台 | 1.00 |
| 10 | 打印机 | EPSON1520K | 台 | 2.00 |
| 11 | 全自动空气源 | SGK-500IV | 台 | 2.00 |
| 12 | 氢气发生器 | CYH-500-IV | 台 | 2.00 |
| 13 | 彩色字符终端 | ETHRM2NAR（防爆） | 台 | 3.00 |
| 14 | UPS | DMB20KWA | 台 | 1.00 |
| 15 | 野营房 | | 栋 | 5.00 |

（2）设备原值。采用设备单台（栋）价格乘以设备配备数量确定（表5-24）。

表 5-24 SK-2000 综合录井设备原值

计量单位：队

| 标准编号 | | | | Z4-4 |
|---|---|---|---|---|
| 序号 | 名称 | 规格型号 | 单位 | 金额 |
| | 合计 | | 元 | 1692709.01 |
| 1 | 综合录井仪 | SK-2000 | 元 | 910171.00 |
| 2 | 空气压缩机 | XFMK225 | 元 | 15400.00 |
| 3 | 示波器 | HP54654A | 元 | 82000.00 |
| 4 | 高精度数字万用表 | HP33420A | 元 | 43500.00 |
| 5 | 热真空分析器 | | 元 | 6800.00 |
| 6 | 计算机 | DELLGX400PⅣ | 元 | 11329.91 |
| 7 | 便携计算机 | IBM47LPIII800 | 元 | 42564.10 |
| 8 | 工控机 | TIPC-610P-4-250 | 元 | 15000.00 |
| 9 | 打印机 | HP5000 | 元 | 15500.00 |
| 10 | 打印机 | EPSON1520K | 元 | 10768.00 |
| 11 | 全自动空气源 | SGK-500IV | 元 | 11282.00 |
| 12 | 氢气发生器 | CYH-500-IV | 元 | 16238.00 |
| 13 | 彩色字符终端 | ETHRM2NAR（防爆） | 元 | 84156.00 |
| 14 | UPS | DMB20KWA | 元 | 138000.00 |
| 15 | 野营房 | | 元 | 290000.00 |

（3）设备折旧及修理费率。根据相关财务规定和统计结果确定（表 5–25）。

表 5-25 综合录井设备折旧及修理费率

计量单位：年

| 标准编号 | | | | Z4-5 | Z4-6 |
|---|---|---|---|---|---|
| 序号 | 设备名称 | 规格型号 | 单位 | 折旧 | 修理 |
| 1 | 综合录井仪 | SK-2000 | % | 12.50 | 6.00 |
| 2 | 空气压缩机 | XFMK225 | % | 12.50 | 6.00 |
| 3 | 示波器 | HP54654A | % | 12.50 | 6.00 |
| 4 | 高精度数字万用表 | HP33420A | % | 12.50 | 6.00 |
| 5 | 热真空分析器 | | % | 25.00 | 6.00 |
| 6 | 计算机 | DELLGX400PIIII | % | 25.00 | 6.00 |
| 7 | 便携计算机 | IBM47LPIII800 | % | 25.00 | 6.00 |
| 8 | 工控机 | TIPC-610P-4-250 | % | 25.00 | 6.00 |
| 9 | 打印机 | HP5000 | % | 25.00 | 6.00 |
| 10 | 打印机 | EPSON1520K | % | 25.00 | 6.00 |
| 11 | 全自动空气源 | SGK-500IV | % | 25.00 | 6.00 |
| 12 | 氢气发生器 | CYH-500-IV | % | 25.00 | 6.00 |
| 13 | 彩色字符终端 | ETHRM2NAR（防爆） | % | 25.00 | 6.00 |
| 14 | UPS | DMB20KWA | % | 25.00 | 6.00 |
| 15 | 野营房 | | % | 20.00 | 0.00 |

以设备原值为基数。

5.4.1.3 技术标准

（1）年额定工作时间。采用近3年平均工作量统计分析并参考相关规定确定（表5-26）。

表5-26 录井队年额定工作时间

计量单位：年

| 标准编号 | | | Z4-7 |
|---|---|---|---|
| 序号 | 名称 | 单位 | 数量 |
| 1 | 工作时间 | d | 240.00 |

（2）标准井录井周期。根据油田开发区块统计分析的钻井周期确定（表5-27）。

表5-27 某油田开发标准井录井周期

| 标准编号 | | | | Z4-8 | | | Z4-9 | | |
|---|---|---|---|---|---|---|---|---|---|
| 项目 | | | | 标准井1 | | | 标准井2 | | |
| 序号 | 钻进井段 | 钻头规格（mm） | 套管规格（mm） | 井深（m） | 套管下深（m） | 录井工时（d） | 井深（m） | 套管下深（m） | 录井工时（d） |
| 合计 | | | | | | 101.00 | | | 92.00 |
| 1 | 一开钻进 | 660.4 | 508.0 | 30 | 30 | 3.00 | 30 | 30 | 3.00 |
| 2 | 二开钻进 | 444.5 | 339.7 | 907 | 905 | 15.00 | 908 | 906 | 15.00 |
| 3 | 三开钻进 | 311.1 | 244.5 | 2485 | 2483 | 58.00 | 2531 | 2529 | 60.00 |
| 4 | 四开钻进 | 215.9 | 168.3 | 3778 | 3776 | 25.00 | 2932 | 2931 | 14.00 |

## 5.4.2 消耗标准

（1）专用材料标准。采用近3年平均工作量统计分析确定（表5-28）。

表5-28 SK-2000综合录井专用材料标准

计量单位：d

| 标准编号 | | | | Z4-10 |
|---|---|---|---|---|
| 序号 | 材料名称 | 规格型号 | 单位 | 数量 |
| 1 | 过桥轮扭矩传感器 | | 套 | 0.0069 |
| 2 | 硫化氢传感器 | | 个 | 0.0069 |
| 3 | 密度传感器 | | 个 | 0.0077 |
| 4 | 样品泵 | | 个 | 0.0199 |
| 5 | 泵冲传感器 | | 个 | 0.0306 |
| 6 | 超声波液位传感器 | | 个 | 0.0077 |
| 7 | 过桥轮轮片 | | 个 | 0.0061 |
| 8 | 脱气器电机 | | 个 | 0.0161 |
| 9 | 出口流量传感器 | | 个 | 0.0161 |
| 10 | 空气源压缩机 | | 台 | 0.0199 |
| 11 | 电阻率传感器 | | 个 | 0.0061 |
| 12 | 全烃鉴定器 | | 个 | 0.0161 |
| 13 | 组分鉴定器 | | 个 | 0.0161 |

续表

| 标准编号 | | | | Z4-10 |
| --- | --- | --- | --- | --- |
| 序号 | 材料名称 | 规格型号 | 单位 | 数量 |
| 14 | 母板 | SK3Q02 | 块 | 0.0061 |
| 15 | 十一通拉杆阀 | | 个 | 0.0015 |
| 16 | 硫化氢传感器探头 | | 个 | 0.0199 |
| 17 | 热导检测器 | TCD | 个 | 0.0092 |
| 18 | 信号线 | 3芯 | m | 0.5147 |
| 19 | 立管压力传感器 | | 个 | 0.0061 |
| 20 | 套管压力传感器 | | 个 | 0.0061 |
| 21 | 泵冲板 | SK7J02B | 块 | 0.0100 |
| 22 | 温度传感器 | | 个 | 0.0061 |
| 23 | 压力缓冲器 | | 个 | 0.0069 |
| 24 | 3R03M板 | | 块 | 0.0100 |
| 25 | 交直流扭矩传感器 | | 个 | 0.0161 |
| 26 | 温度传感器前置电路 | | 块 | 0.0100 |
| 27 | 绞车传感器 | | 个 | 0.0061 |
| 28 | 微电流放大板 | SK3Q02 | 块 | 0.0061 |
| 29 | 烃混合样 | 0.001 | 瓶 | 0.0115 |
| 30 | 烃混合样 | 0.01 | 瓶 | 0.0115 |
| 31 | 烃混合样 | 0.1 | 瓶 | 0.0115 |
| 32 | 旋转拉杆阀 | | 个 | 0.0100 |
| 33 | 串并口转换卡 | | 块 | 0.0100 |
| 34 | 硫化氢传感器标定阀 | | 个 | 0.0100 |
| 35 | 3R03D数码显示板 | | 块 | 0.0061 |
| 36 | 悬重传感器 | | 个 | 0.0306 |
| 37 | 甲烷标气 | 0.01 | 瓶 | 0.0107 |
| 38 | 甲烷标气 | 0.1 | 瓶 | 0.0107 |
| 39 | 电源板 | SK7J02 | 块 | 0.0084 |
| 40 | 工控机主板 | | 块 | 0.0077 |
| 41 | 绞车接口板 | SK7J02A | 块 | 0.0077 |
| 42 | 3056记录仪伺服放大器 | | 个 | 0.0100 |
| 43 | 3R03SP接口板 | | 块 | 0.0100 |
| 44 | 气阻块 | | 个 | 0.0100 |
| 45 | 氢气标样 | 0.01 | 瓶 | 0.0115 |
| 46 | 氢气标样 | 0.02 | 瓶 | 0.0115 |
| 47 | 出口流量传感器前置电路 | | 块 | 0.0061 |
| 48 | 电导率传感器前置电路 | | 块 | 0.0061 |
| 49 | 氢气稳压阀 | | 个 | 0.0199 |
| 50 | 密度传感器前置电路 | | 块 | 0.0061 |
| 51 | 小型程控机 | | 台 | 0.0015 |

续表

| 标准编号 | | | | Z4-10 |
|---|---|---|---|---|
| 序号 | 材料名称 | 规格型号 | 单位 | 数量 |
| 52 | 快锁接头 | | 对 | 0.1026 |
| 53 | A/D 转换板 | SK3Q02 | 块 | 0.0061 |
| 54 | 稳压阀 | | 个 | 0.0199 |
| 55 | 恒温箱温度传感器 | 3Q02 | 个 | 0.0199 |
| 56 | 恒温箱温度传感器 | 3R03 | 个 | 0.0199 |
| 57 | 多串口卡 | | 块 | 0.0069 |
| 58 | 电缆线 | 3×10 | m | 0.5147 |
| 59 | 打印机电源板 | CR3240Ⅱ | 块 | 0.0061 |
| 60 | 电缆线 | 3×6 | m | 0.8251 |
| 61 | 色谱柱 | | 根 | 0.0015 |
| 62 | 主板 | 华硕 815EP | 块 | 0.0061 |
| 63 | 氢气发生器干燥管 | | 个 | 0.0161 |
| 64 | 电子流量计 | | 个 | 0.0008 |
| 65 | 预切柱 | | 根 | 0.0015 |
| 66 | 六通阀 | | 个 | 0.0061 |
| 67 | 色谱仪开关电源 | SK3Q02 | 个 | 0.0061 |
| 68 | 开关电源 | | 个 | 0.0061 |
| 69 | 加热板 | 3R03 | 块 | 0.0061 |
| 70 | 甲烷标气 | 0.00003 | 瓶 | 0.0015 |
| 71 | 甲烷标气 | 0.001 | 瓶 | 0.0015 |
| 72 | 甲烷标气 | 1 | 瓶 | 0.0015 |
| 73 | 取样电阻板 | | 块 | 0.0061 |
| 74 | 驱动板 | SK3Q02 | 块 | 0.0061 |
| 75 | 手压泵 | | 个 | 0.0100 |
| 76 | 氢气发生器电解池 | | 个 | 0.0161 |
| 77 | 氧气稳压阀 | | 个 | 0.0161 |

（2）通用材料标准。采用近 3 年平均工作量统计分析确定（表 5-29）。

**表 5-29　SK-2000 综合录井通用材料标准**　　计量单位：d

| 标准编号 | | | | Z4-11 |
|---|---|---|---|---|
| 序号 | 材料名称 | 规格型号 | 单位 | 数量 |
| 1 | 空气开关 | 100A | 个 | 0.0364 |
| 2 | 电烙铁 | | 把 | 0.0199 |
| 3 | 套筒扳手 | | 套 | 0.0100 |
| 4 | 342 记录笔 | 红 | 支 | 0.5331 |

续表

| 标准编号 | | | | Z4-11 |
|---|---|---|---|---|
| 序号 | 材料名称 | 规格型号 | 单位 | 数量 |
| 5 | 342 记录笔 | 蓝 | 支 | 0.5331 |
| 6 | 342 记录笔 | 绿 | 支 | 0.5331 |
| 7 | 磁带 | 525M | 盘 | 0.1581 |
| 8 | 全脱真空泵 | | 台 | 0.0199 |
| 9 | 全脱加热器 | | 台 | 0.0199 |
| 10 | 岩屑盒 | | 个 | 0.8301 |
| 11 | 加热管 | | 个 | 0.0199 |
| 12 | 洗砂筐 | | 个 | 0.1286 |
| 13 | 防堵器 | | 个 | 0.0727 |
| 14 | 墨盒 | EPSON1520 黑色 | 个 | 0.0624 |
| 15 | 墨盒 | EPSON1520 彩色 | 个 | 0.0570 |
| 16 | 砂心滤球 | | 个 | 0.2897 |
| 17 | 岩心挡板 | | 个 | 4.3433 |
| 18 | 全脱盐水瓶 | | 个 | 0.1443 |
| 19 | 变色硅胶 | 500g | 瓶 | 0.7237 |
| 20 | 岩心盒 | 双 | 个 | 0.3620 |
| 21 | 复印纸 | A3 | 箱 | 0.0727 |
| 22 | 复印纸 | A4 | 箱 | 0.0727 |
| 23 | 干燥管 | | 个 | 0.0727 |
| 24 | 滤纸 | 7cm | 盒 | 0.3620 |
| 25 | 滤纸 | 9cm | 盒 | 0.3620 |
| 26 | 球型瓶 | | 个 | 0.2897 |
| 27 | 密度计 | | 台 | 0.0161 |
| 28 | 氯仿 | 500ml | 瓶 | 0.2897 |
| 29 | 白硝基瓷漆 | | kg | 0.3620 |
| 30 | 坩埚 | | 个 | 0.0727 |
| 31 | 全脱磁棒 | | 个 | 0.1443 |
| 32 | 电热板温控器 | | 个 | 0.0306 |
| 33 | 全脱真空表 | | 个 | 0.0413 |
| 34 | 岩心砍刀 | | 把 | 0.0364 |
| 35 | 氢氧化钾 | 500g | 瓶 | 0.2897 |
| 36 | 全脱球形瓶 | | 个 | 0.1443 |
| 37 | 无水乙醇 | 500ml | 瓶 | 0.3620 |

考虑到综合录井材料消耗数量较多，但价值普遍较低，也可不编制材料消耗标准，而直接采用统计分析方法在费用标准中编制材料费标准。

### 5.4.3 费用标准

（1）人工费标准。采用 2006 年人工费标准乘以定员标准，再除以年额定工作时间确定（表 5-30）。

表 5-30　综合录井队人工费标准

计量单位：d

| 标准编号 | | | Z4-12 |
|---|---|---|---|
| 序号 | 名　称 | 单　位 | 金　额 |
| 1 | 人工费 | 元 | 1890.00 |

（2）设备费标准。采用设备原值乘以设备折旧及修理费率标准，再除以年额定工作时间确定（表 5-31）。

表 5-31　综合录井队设备费标准

计量单位：d

| 标准编号 | | | Z4-13 |
|---|---|---|---|
| 序号 | 名　称 | 单位 | 金　额 |
| | 合计 | 元 | 1506.07 |
| 1 | 折旧费 | 元 | 1155.39 |
| 2 | 修理费 | 元 | 350.68 |

（3）材料费标准。采用专用材料消耗标准和通用材料消耗标准乘以材料价格，再分别汇总确定（表 5-32）。

表 5-32　综合录井队材料费标准

计量单位：d

| 标准编号 | | | Z4-14 |
|---|---|---|---|
| 序号 | 名　称 | 单位 | 金　额 |
| | 合计 | 元 | 3445.49 |
| 1 | 专用材料 | 元 | 2601.62 |
| 2 | 通用材料 | 元 | 843.87 |

（4）其他直接费标准。

①日常运输费。采用现有租车标准确定（表 5-33）。

表 5-33　日常运输费标准

计量单位：d

| 标准编号 | | | Z4-15 |
|---|---|---|---|
| 序号 | 名　称 | 单位 | 金　额 |
| 1 | 日常运输费 | 元 | 400.00 |

②资料处理解释费。采用现有相关标准确定（表 5-34）。

表 5-34　资料处理解释费标准

计量单位：d

| 标准编号 | | | Z4-16 |
|---|---|---|---|
| 序号 | 名　称 | 单位 | 金　额 |
| 1 | 资料处理解释费 | 元 | 350.00 |

（5）间接费标准。采用近 3 年相关费用分析结果并参考相关标准确定（表 5-35）。

表 5-35 间接费标准

| 标准编号 | | | Z4-17 |
|---|---|---|---|
| 序号 | 名称 | 单位 | 费率 |
| 1 | 企业管理费 | % | 10.00 |
| 2 | 风险费 | % | 3.00 |
| 3 | 利润 | % | 3.00 |

以直接费为基数。

（6）相关价格。采用上年库存材料价格确定（表 5-36，表 5-37）。

表 5-36 专用材料价格

| 标准编号 | | | | Z4-18 |
|---|---|---|---|---|
| 序号 | 材料名称 | 规格型号 | 单位 | 单价（元） |
| 1 | 过桥轮扭矩传感器 | | 套 | 47000.00 |
| 2 | 硫化氢传感器 | | 个 | 43542.74 |
| 3 | 密度传感器 | | 个 | 18900.00 |
| 4 | 样品泵 | | 个 | 4786.33 |
| 5 | 泵冲传感器 | | 个 | 3076.92 |
| 6 | 超声波液位传感器 | | 个 | 13000.00 |
| 7 | 过桥轮轮片 | | 个 | 12000.00 |
| 8 | 脱气器电机 | | 个 | 3800.00 |
| 9 | 出口流量传感器 | | 个 | 3550.00 |
| 10 | 空气源压缩机 | | 台 | 2600.00 |
| 11 | 电阻率传感器 | | 个 | 9950.00 |
| 12 | 全烃鉴定器 | | 个 | 3158.98 |
| 13 | 组分鉴定器 | | 个 | 3158.98 |
| 14 | 母板 | SK3Q02 | 块 | 9094.02 |
| 15 | 十一通拉杆阀 | | 个 | 21945.30 |
| 16 | 硫化氢传感器探头 | | 个 | 2100.00 |
| 17 | 热导检测器 | TCD | 个 | 7717.50 |
| 18 | 信号线 | 3 芯 | m | 74.58 |
| 19 | 立管压力传感器 | | 个 | 6897.78 |
| 20 | 套管压力传感器 | | 个 | 6897.78 |
| 21 | 泵冲板 | SK7J02B | 块 | 3085.47 |
| 22 | 温度传感器 | | 个 | 5811.97 |
| 23 | 压力缓冲器 | | 个 | 4547.01 |
| 24 | 3R03M 板 | | 块 | 2435.90 |
| 25 | 交直流扭矩传感器 | | 个 | 1616.24 |
| 26 | 温度传感器前置电路 | | 块 | 2354.70 |
| 27 | 绞车传感器 | | 个 | 4650.00 |
| 28 | 微电流放大板 | SK3Q02 | 块 | 4600.00 |
| 29 | 烃混合样 | 0.001 | 瓶 | 1804.37 |

续表

| 标准编号 | | | | Z4-18 |
|---|---|---|---|---|
| 序号 | 材料名称 | 规格型号 | 单位 | 单价（元） |
| 30 | 烃混合样 | 0.01 | 瓶 | 1804.37 |
| 31 | 烃混合样 | 0.1 | 瓶 | 1804.37 |
| 32 | 旋转拉杆阀 | | 个 | 2100.00 |
| 33 | 串并口转换卡 | | 块 | 2100.00 |
| 34 | 硫化氢传感器标定阀 | | 个 | 2100.00 |
| 35 | 3R03D 数码显示板 | | 块 | 4136.00 |
| 36 | 悬重传感器 | | 个 | 666.67 |
| 37 | 甲烷标气 | 0.01 | 瓶 | 1804.37 |
| 38 | 甲烷标气 | 0.1 | 瓶 | 1804.37 |
| 39 | 电源板 | SK7J02 | 块 | 2300.00 |
| 40 | 工控机主板 | | 块 | 3410.00 |
| 41 | 绞车接口板 | SK7J02A | 块 | 3369.66 |
| 42 | 3056 记录仪饲服放大器 | | 个 | 1538.62 |
| 43 | 3R03SP 接口板 | | 块 | 1461.54 |
| 44 | 气阻块 | | 个 | 1461.54 |
| 45 | 氢气标样 | 0.01 | 瓶 | 1200.00 |
| 46 | 氢气标样 | 0.02 | 瓶 | 1200.00 |
| 47 | 出口流量传感器前置电路 | | 块 | 2882.00 |
| 48 | 电导率传感器前置电路 | | 块 | 2560.50 |
| 49 | 氢气稳压阀 | | 个 | 623.93 |
| 50 | 密度传感器前置电路 | | 块 | 2455.40 |
| 51 | 小型程控机 | | 台 | 6000.00 |
| 52 | 快锁接头 | | 对 | 106.84 |
| 53 | A/D 转换板 | SK3Q02 | 块 | 2029.91 |
| 54 | 稳压阀 | | 个 | 484.05 |
| 55 | 恒温箱温度传感器 | 3Q02 | 个 | 450.00 |
| 56 | 恒温箱温度传感器 | 3R03 | 个 | 450.00 |
| 57 | 多串口卡 | | 块 | 1474.35 |
| 58 | 电缆线 | 3×10 | m | 17.07 |
| 59 | 打印机电源板 | CR3240Ⅱ | 块 | 1572.87 |
| 60 | 电缆线 | 3×6 | m | 9.62 |
| 61 | 色谱柱 | | 根 | 3753.85 |
| 62 | 主板 | 华硕 815EP | 块 | 1260.00 |
| 63 | 氢气发生器干燥管 | | 个 | 390.00 |
| 64 | 电子流量计 | | 个 | 5500.00 |
| 65 | 预切柱 | | 根 | 2700.00 |
| 66 | 六通阀 | | 个 | 925.65 |
| 67 | 色谱仪开关电源 | SK3Q02 | 个 | 852.57 |
| 68 | 开关电源 | | 个 | 811.97 |

续表

| 标准编号 | | | | Z4-18 |
|---|---|---|---|---|
| 序号 | 材料名称 | 规格型号 | 单位 | 单价（元） |
| 69 | 加热板 | 3R03 | 块 | 740.00 |
| 70 | 甲烷标气 | 0.00003 | 瓶 | 1804.37 |
| 71 | 甲烷标气 | 0.001 | 瓶 | 1804.37 |
| 72 | 甲烷标气 | 1 | 瓶 | 1804.37 |
| 73 | 取样电阻板 | | 块 | 690.60 |
| 74 | 驱动板 | SK3Q02 | 块 | 665.00 |
| 75 | 手压泵 | | 个 | 300.00 |
| 76 | 氢气发生器电解池 | | 个 | 200.00 |
| 77 | 氧气稳压阀 | | 个 | 200.00 |

**表 5-37 通用材料价格**

| 标准编号 | | | | Z4-19 |
|---|---|---|---|---|
| 序号 | 材料名称 | 规格型号 | 单位 | 单价（元） |
| 1 | 空气开关 | 100A | 个 | 400.00 |
| 2 | 电烙铁 | | 把 | 165.92 |
| 3 | 套筒扳手 | | 套 | 260.00 |
| 4 | 342 记录笔 | 红 | 支 | 222.22 |
| 5 | 342 记录笔 | 蓝 | 支 | 222.22 |
| 6 | 342 记录笔 | 绿 | 支 | 222.22 |
| 7 | 磁带 | 525M | 盘 | 300.10 |
| 8 | 全脱真空泵 | | 台 | 2600.00 |
| 9 | 全脱加热器 | | 台 | 1954.70 |
| 10 | 岩屑盒 | | 个 | 38.50 |
| 11 | 加热管 | | 个 | 1500.00 |
| 12 | 洗砂筐 | | 个 | 59.50 |
| 13 | 防堵器 | | 个 | 309.00 |
| 14 | 墨盒 | EPSON1520 黑色 | 个 | 300.00 |
| 15 | 墨盒 | EPSON1520 彩色 | 个 | 320.20 |
| 16 | 砂心滤球 | | 个 | 60.90 |
| 17 | 岩心挡板 | | 个 | 4.00 |
| 18 | 全脱盐水瓶 | | 个 | 111.11 |
| 19 | 变色硅胶 | 500g | 瓶 | 21.78 |
| 20 | 岩心盒 | 双 | 个 | 40.85 |
| 21 | 复印纸 | A3 | 箱 | 203.50 |
| 22 | 复印纸 | A4 | 箱 | 196.58 |
| 23 | 干燥管 | | 个 | 161.13 |
| 24 | 滤纸 | 7cm | 盒 | 26.95 |
| 25 | 滤纸 | 9cm | 盒 | 26.95 |
| 26 | 球型瓶 | | 个 | 25.64 |

续表

| 标准编号 | | | | Z4-19 |
|---|---|---|---|---|
| 序号 | 材料名称 | 规格型号 | 单位 | 单价（元） |
| 27 | 密度计 | | 台 | 418.65 |
| 28 | 氯仿 | 500ml | 瓶 | 21.78 |
| 29 | 白硝基瓷漆 | | kg | 17.01 |
| 30 | 坩埚 | | 个 | 83.60 |
| 31 | 全脱磁棒 | | 个 | 40.00 |
| 32 | 电热板温控器 | | 个 | 138.01 |
| 33 | 全脱真空表 | | 个 | 90.00 |
| 34 | 岩心砍刀 | | 把 | 98.29 |
| 35 | 氢氧化钾 | 500g | 瓶 | 10.11 |
| 36 | 全脱球形瓶 | | 个 | 18.53 |
| 37 | 无水乙醇 | 500ml | 瓶 | 9.72 |

### 5.4.4 预算标准

（1）录井作业日费标准。

采用费用标准中相关项目计算确定（表 5-38）。

**表 5-38 录井作业日费预算标准** 计量单位：d

| 标准编号 | | | Z4-20 |
|---|---|---|---|
| 序号 | 名称 | 单位 | 金额 |
| | 综合单价 | 元 | 8806.21 |
| 1 | 直接费 | 元 | 7591.56 |
| 1.1 | 人工费 | 元 | 1890.00 |
| 1.2 | 设备费 | 元 | 1506.07 |
| 1.2.1 | 折旧费 | 元 | 1155.39 |
| 1.2.2 | 修理费 | 元 | 350.68 |
| 1.3 | 材料费 | 元 | 3445.49 |
| 1.3.1 | 专用材料费 | 元 | 2601.62 |
| 1.3.2 | 通用材料费 | 元 | 843.87 |
| 1.4 | 其他直接费 | 元 | 750.00 |
| 1.4.1 | 日常运输费 | 元 | 400.00 |
| 1.4.2 | 资料处理解释费 | 元 | 350.00 |
| 2 | 间接费 | 元 | 1214.65 |
| 2.1 | 企业管理费 | 元 | 759.16 |
| 2.2 | 风险费 | 元 | 227.75 |
| 2.3 | 利润 | 元 | 227.75 |

（2）税费。

考虑城乡维护建设税和教育费附加，取折算税率 1%。

### 5.4.5 概算标准

按照标准井录井周期，乘以录井作业日费预算标准，再考虑相关税费，取1%折算税率，得出一口标准井的SK-2000综合录井仪录井作业费概算标准（表5-39）。

表5-39 某油田开发标准井录井作业费概算标准 计量单位：口井

| 标准编号 | | | Z4-21 | Z4-22 |
|---|---|---|---|---|
| 项目 | | | 标准井1 | 标准井2 |
| 序号 | 名称 | 单位 | 金额 | |
| | 综合单价 | 元 | 898321.05 | 818272.64 |
| 1 | 录井作业费 | 元 | 889426.78 | 810170.93 |
| 1.1 | 一开钻进录井作业费 | 元 | 26418.62 | 26418.62 |
| 1.2 | 二开钻进录井作业费 | 元 | 132093.09 | 132093.09 |
| 1.3 | 三开钻进录井作业费 | 元 | 510759.93 | 528372.34 |
| 1.4 | 四开钻进录井作业费 | 元 | 220155.14 | 123286.88 |
| 2 | 税费 | 元 | 8894.27 | 8101.71 |

## 5.5 录井工程造价计算举例

录井工程造价计算主要分为录井工程量清单编制和录井工程造价计算两部分。根据钻井工程设计和相关技术标准要求，编制录井工程量清单。依据录井工程量清单和相关计价标准，计算出录井工程造价。根据钻井工程设计，表5-40给出某油田开发井井身结构、钻井周期和录井要求。

表5-40 某油田开发井井身结构数据

| 序号 | 钻进井段 | 钻头规格（mm） | 井深（m） | 进尺（m） | 钻井周期（d） | 录井要求 |
|---|---|---|---|---|---|---|
| 1 | 一开钻进 | 444.5 | 850 | 850 | 13.00 | 地质录井 |
| 2 | 二开钻进 | 311.1 | 2450 | 1600 | 41.00 | 地质录井 |
| 3 | 三开钻进 | 215.9 | 3900 | 1450 | 54.00 | 地质+气测录井 |

### 5.5.1 录井工程量清单编制

编制录井工程量清单时，按录井工程量计算规则要求，以分部分项工程为基础编制工程量清单；若有录井工程项目未包含在已设立录井工程项目，则放在相应造价分类项目下面，根据编码规则补充新的编码。如一口井中发生两次不同录井队搬迁，则在搬迁项目下增设两个次一级项目，表5-41给出了示例。

表5-41 分部分项工程量清单

| 编码 | 项目名称 | 计量单位 | 工程量 | 备注 |
|---|---|---|---|---|
| 410000 | 录井作业 | | | |
| 411000 | 搬迁 | | | |
| 411001 | 地质录井队搬迁 | 井次 | 1.00 | |

续表

| 编码 | 项目名称 | 计量单位 | 工程量 | 备注 |
|---|---|---|---|---|
| 411002 | 气测录井队搬迁 | 井次 | 1.00 | |
| 412000 | 资料采集 | d | 108.00 | |
| 412001 | 一开井段录井 | d | 13.00 | 地质录井 |
| 412002 | 二开井段录井 | d | 41.00 | 地质录井 |
| 412003 | 三开井段录井 | | | |
| 412013 | 三开井段录井 | d | 54.00 | 地质录井 |
| 412023 | 三开井段录井 | d | 54.00 | 气测录井 |
| 420000 | 技术服务 | | | |
| 421000 | 定量荧光录井 | 井次 | 1.00 | |
| 430000 | 其他作业 | | | |
| 432000 | 卫星传输 | d | 54.00 | |

### 5.5.2 录井工程造价计算

录井工程造价计算包括录井工程造价汇总和分部分项工程量清单计价 2 个部分，见表 5-42 和表 5-43。首先进行录井工程分部分项工程量清单计价，根据工程项目选取相应的预算标准中的综合单价，采用工程量乘以综合单价，得出分部工程或分项工程费用金额，再归类合计。其次按单位工程费（录井作业费、技术服务费、其他作业费）进行汇总，并计算税费，再汇总成录井工程造价。

**表 5-42 录井工程造价**

| 编码 | 项目名称 | 单位 | 金额 | 备注 |
|---|---|---|---|---|
| 400000 | 录井工程费 | 元 | 610249.07 | 410000+420000+430000+440000 |
| 410000 | 录井作业费 | 元 | 508933.00 | 分部分项工程量清单计价 410000 |
| 420000 | 技术服务费 | 元 | 3420.00 | 分部分项工程量清单计价 420000 |
| 430000 | 其他作业费 | 元 | 91854.00 | 分部分项工程量清单计价 430000 |
| 440000 | 税费 | 元 | 6042.07 | （410000+420000+430000）×1% |

**表 5-43 分部分项工程量清单计价**

| 编码 | 项目名称 | 计量单位 | 工程量 | 综合单价（元） | 金额（元） | 备注 |
|---|---|---|---|---|---|---|
| 410000 | 录井作业 | | | | 508933.00 | |
| 411000 | 搬迁 | | | | 55873.00 | |
| 411001 | 地质录井队搬迁 | 井次 | 1.00 | 25493.00 | 25493.00 | |
| 411002 | 气测录井队搬迁 | 井次 | 1.00 | 30380.00 | 30380.00 | |
| 412000 | 资料采集 | d | 108.00 | | 453060.00 | |
| 412001 | 一开井段录井 | d | 13.00 | 1778.00 | 23114.00 | 地质录井 |
| 412002 | 二开井段录井 | d | 41.00 | 1778.00 | 72898.00 | 地质录井 |
| 412003 | 三开井段录井 | | | | 357048.00 | |
| 412013 | 三开井段录井 | d | 54.00 | 1778.00 | 96012.00 | 地质录井 |
| 412023 | 三开井段录井 | d | 54.00 | 4834.00 | 261036.00 | 气测录井 |

续表

| 编　码 | 项　目　名　称 | 计量单位 | 工程量 | 综合单价（元） | 金额（元） | 备　注 |
| --- | --- | --- | --- | --- | --- | --- |
| 420000 | 技术服务 | | | | 3420.00 | |
| 421000 | 定量荧光录井 | 井次 | 1.00 | 3420.00 | 3420.00 | |
| 430000 | 其他作业 | | | | 91854.00 | |
| 432000 | 卫星传输 | d | 54.00 | 1701.00 | 91854.00 | |

# 6 测井工程造价理论与方法

## 6.1 测井工程基本概念

测井工程是在勘探和开发地下油气藏过程中，在已钻的井筒内用电缆带着各种仪器，沿井眼连续测量或定点测量地层及井内流体的电、磁、声、核、力、热等物理性质，分析岩性，判定构造，计算物性和含油性，并监测钻井工程质量的作业，习惯上又称“地球物理测井”、“矿场地球物理”。

按一口井施工阶段分，测井工程主要内容包括一开井段测井、二开井段测井、三开井段测井甚至多开井段测井，其基本工作流程见图 6-1。

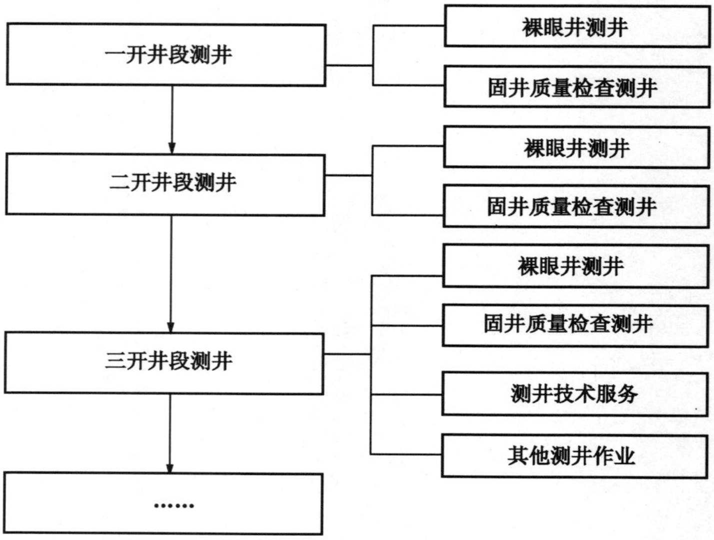


图 6-1　测井工程基本内容和工作流程

按工程造价项目分，测井工程包括测井作业、技术服务和其他作业。

### 6.1.1 测井作业基本内容

每一次测井作业分测井准备、资料采集、资料处理解释 3 个阶段。

#### 6.1.1.1 测井准备

（1）生产准备。主要工作内容是：上电缆，打标，校记号，扎鱼雷，检查电缆绝缘，检查保养井口工具和井下工具，检查仪器及车辆，地面检查、刻度调校井下仪器，核实井号，落实测井井段。

（2）测井人员、设备仪器动迁。主要工作内容是：动迁准备、路途行驶、行车措施等。

#### 6.1.1.2 资料采集

资料采集是发现油气层的关键环节，在测井现场施工完成。数据采集的任务是用测井仪器测量钻井地质剖面上地层的各种物理参数。现场施工主要内容是：摆车，吊装测井井口装置，起下仪器，资料采集，吊换测井井下仪器，现场资料验收整理，拆卸井口装置等。资料采集阶段是测井工程量最大、造价最高的关键环节。图 6-2 是测井工程现场施工示意图。

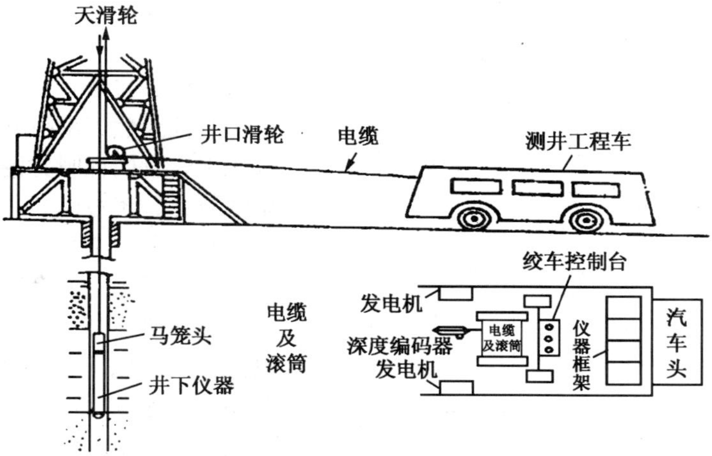


图 6-2　测井工程现场施工示意图

### 6.1.1.3　资料处理解释

资料处理就是用人工或计算机对用多种测井方法获得的测井资料，进行测井数据处理，包括预处理和成果处理，如深度对齐、曲线平滑处理、环境校正、数据标准化、测井数据分析、把斜井曲线校成直井曲线、确定解释模型和解释参数等，计算地质参数。

资料解释就是对用多种测井方法获得的资料，同地质、地震、油藏工程等资料结合，进行综合地质解释，搞清油气水层的岩性、孔隙度、渗透率等储层物性和含油饱和度或含水饱和度等含油性。测井技术水平的高低最终都反映在资料解释成果上。资料处理解释有单井处理解释、多井处理解释、油气藏描述处理解释和特殊处理解释等。

测井资料处理解释基本流程：

（1）收集地质资料。

（2）输入与编辑测井资料。

（3）资料预处理。在预处理中，以某一条测井曲线的深度为标准对各曲线进行深度校正和平差；对测井曲线进行环境影响校正；对某些测井曲线进行光滑处理，预处理的结果是测井曲线和交会图。

（4）选择解释模型和解释参数。预处理结果经分析后，选择解释模型和解释参数，选择是否正确直接关系到解释成果是否合理、可靠。

（5）逐点解释。对采样点逐点计算岩性和评价物性、含油性地质参数和其他数据。

（6）结果评价。逐点解释结果经过评价，将符合解释精度要求的资料输出显示或录入成果磁带，未达到解释精度或与地质预期要求不符时，则返回到预处理阶段，重新选择解释参数进行校正逐点解释，直到达到要求为止。

（7）解释成果显示。成果显示是计算机解释的最后一个环节，可以通过专门的显示程序在打印机和绘图仪上显示出来，显示的成果包括中间成果（预处理成果或逐点解释的成果）

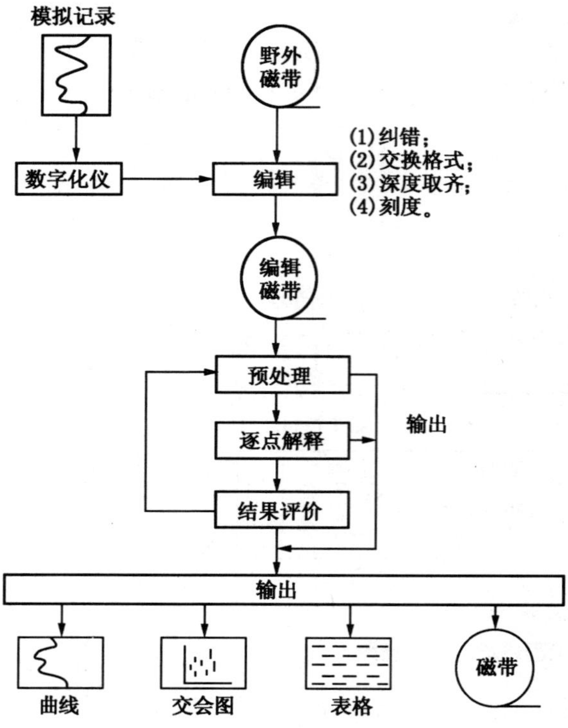

图 6-3　测井资料处理解释流程

和最终解释成果。显示的方式有打印机输出的表格，绘图仪输出的解释成果曲线和各种交会图。同时，也将解释成果录入成果磁带，以便保存并在需要时重新回放。图 6-3 是测井资料处理解释流程示意图。

**6.1.2　测井方法**

石油天然气勘探开发测井工程主要以未下套管的裸眼井测井为主，主要有电法测井、声波测井、放射性测井、地层倾角测井、工程测井等；探井和开发井下套管后进行的套管井测井主要是进行固井质量检查、定位射孔、中子伽马测井以及酸化压裂评价测井。测井方法分类见图 6-4。

6.1.2.1　电法测井

电法测井是利用导电性认识岩石性质的测井方法，常用方法有自然电位测井、普通电阻率测井、感应测井、侧向测井、微电阻率测井。

6.1.2.1.1　自然电位测井

自然电位测井是通过在裸眼井中测量井轴上自然产生的电位变化，以研究地层剖面性质的一种测井方法。

（1）基本原理。

在井中未通电的情况下，放在井中的电极 *M* 与位于地面电级 *N* 之间存在电位差，这个电位差是自然电场产生的，称为自然电位。若将井眼中的电极由下向上移动，就可得出一个与岩性及孔隙中的液体有关的曲线——自然电位曲线，见图 6-5。图 6-6 是一个应用实例。

自然电位测井是根据油井中存在着扩散吸附电位进行的。在钻穿岩层时，岩石孔隙中地层水里含有的氯离子，要向钻井液中扩散。由于带负电的氯离子跑得快，大量地进入钻井液，就使井内对着渗透层的那一段钻井液带负电位，形成扩散电位。扩散电位差的大小和岩层的渗透性有密切关系，地层渗透性好，氯离子进入钻井液就多，形成的负电位就高；如果钻井液内的氯离子浓度大于地层水氯离子浓度，离子扩散出现相反的情况，在渗透层处自然电位曲线上呈正值。图 6-5 表示渗透砂岩在自然电位曲线上呈负值，而不渗透的泥岩层则显正值，从而可以划分出渗透层。

（2）适用条件。

自然电位测井适合于淡水钻井液钻探的砂泥岩地层，不适合高电阻碳酸盐岩剖面和致密地层，这是因为自然电位异常幅度的大小取决于地层水矿化度和钻井液矿化度差异。

（3）主要用途。

自然电位在测井解释中具有重要作用：一是判断岩性，划分渗透层；二是求取地层水电阻率；三是估算地层黏土含量；四是判断油气水层及水淹层。

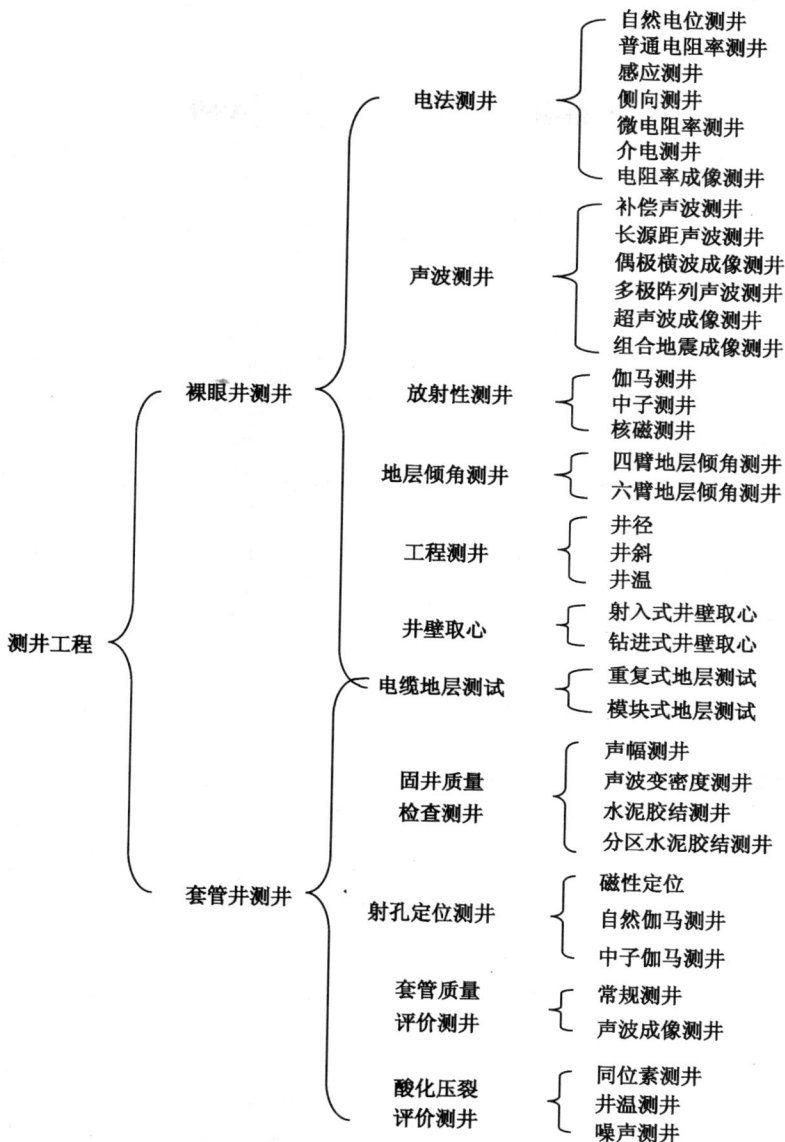

- 测井工程
  - 裸眼井测井
    - 电法测井
      - 自然电位测井
      - 普通电阻率测井
      - 感应测井
      - 侧向测井
      - 微电阻率测井
      - 介电测井
      - 电阻率成像测井
    - 声波测井
      - 补偿声波测井
      - 长源距声波测井
      - 偶极横波成像测井
      - 多极阵列声波测井
      - 超声波成像测井
      - 组合地震成像测井
    - 放射性测井
      - 伽马测井
      - 中子测井
      - 核磁测井
    - 地层倾角测井
      - 四臂地层倾角测井
      - 六臂地层倾角测井
    - 工程测井
      - 井径
      - 井斜
      - 井温
    - 井壁取心
      - 射入式井壁取心
      - 钻进式井壁取心
    - 电缆地层测试
      - 重复式地层测试
      - 模块式地层测试
  - 套管井测井
    - 电缆地层测试
      - 重复式地层测试
      - 模块式地层测试
    - 固井质量检查测井
      - 声幅测井
      - 声波变密度测井
      - 水泥胶结测井
      - 分区水泥胶结测井
    - 射孔定位测井
      - 磁性定位
      - 自然伽马测井
      - 中子伽马测井
    - 套管质量评价测井
      - 常规测井
      - 声波成像测井
    - 酸化压裂评价测井
      - 同位素测井
      - 井温测井
      - 噪声测井

图 6-4　测井方法分类

#### 6.1.2.1.2　普通电阻率测井

普通电阻率测井是用点电极，通过测量地层电阻率来研究地层剖面性质的测井方法。

（1）基本原理。

普通电阻率测井与自然电位测井的区别是：自然电位是在不供电的自然电场中测量的，而电阻率测井必须供电，形成人工电场，用恒定电流激发被测物质的导电特性，测量出激发物质中任意两点的电位差，见图 6-7。图中 $A$ 和 $B$ 是供电电极，$M$ 和 $N$ 是测量电极，测井时当地面供电后，电流从 $A$ 点流出来，就向四周的岩层和井眼钻井液中流去，然后回到 $B$ 点。$M$、$N$ 两点之间的电位差由检流计测得。

用成对电极之间距离小于不成对电极之间距离的电极系进行测井叫梯度电极测井。

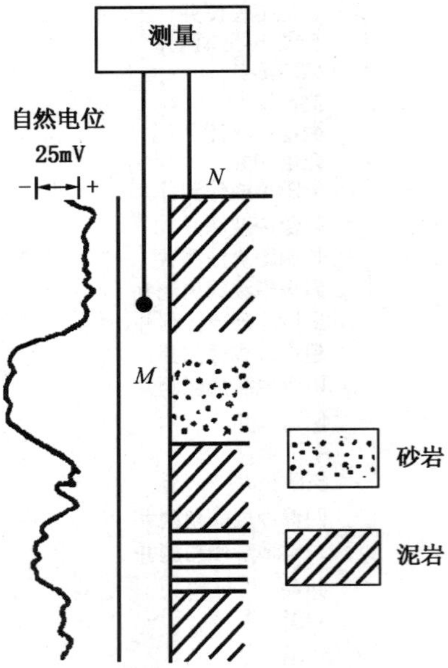


图 6-5　自然电位测量原理图

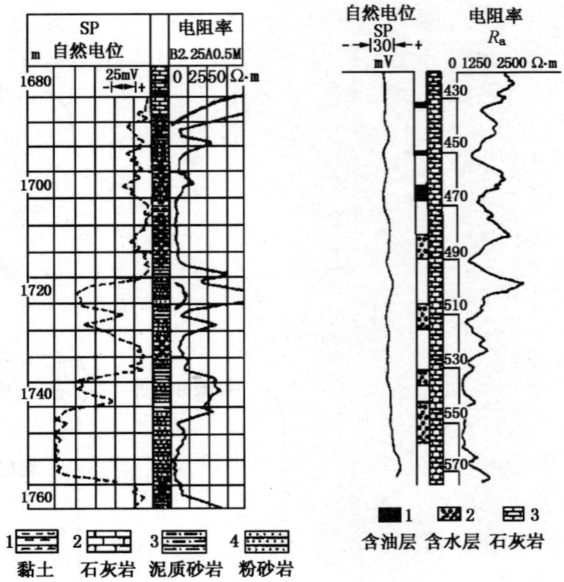


图 6-6　自然电位曲线实例

用成对电极之间距离大于不成对电极之间距离的电极系进行测井叫电位电极测井。

需要说明的是，从实测曲线上求出的地层电阻率并不是真实值，而是近似值，故叫做视电阻率，这种曲线叫做“视电阻率曲线”，见图 6-8。这是由于地层厚度、钻井液滤液侵入等因素，影响了电阻率的准确性。地层视电阻率不同于地层的真电阻率，它们之间有一定的关系。一般是地层真电阻率越大，其视电阻率也越大，因而在井内测量的视电阻率曲线能反映出剖面的地层电阻率的相对变化，能用来研究地层剖面的地质情况。

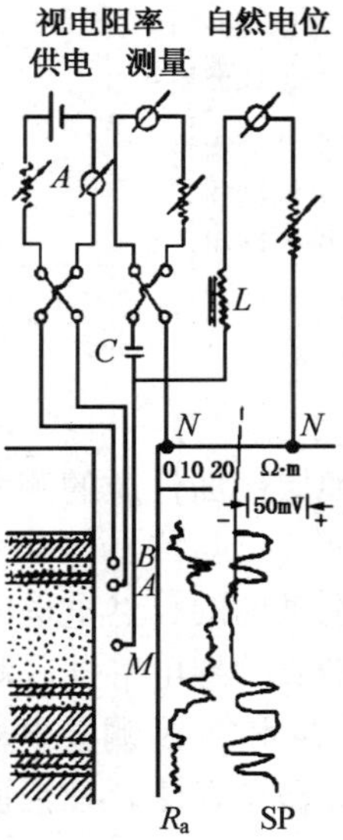


图 6-7　视电阻率测井原理图

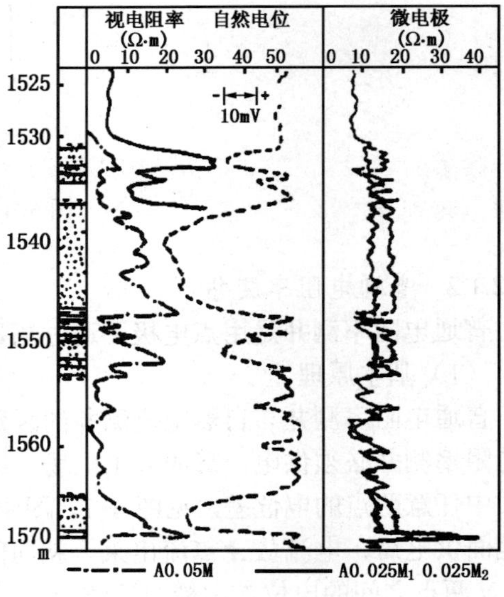


图 6-8　视电阻率曲线实例

不同的地层电阻率不同，含石油的地层电阻率很高，石灰岩、白云岩的电阻率也高，砂岩的电阻率中等，泥岩、页岩的电阻率很低。就是同一种地层，由于所含流体的电阻率及导电矿物、温度、压力等不同，都会引起电阻率改变。如果砂岩含盐水，电阻率就低；含淡水，电阻率就高；而含水饱和度越高，电阻率越低。根据储集层电阻率自下而上由低升高的位置，就能把油水分界面的位置在油井下套管前确定下来。

（2）适用条件。

使用普通电阻率测井时，井内要充满导电的钻井液，井眼尺寸保持不变。

（3）主要用途。

普通电阻率测井主要用于确定地层电阻率，判断岩性，确定地层层面及厚度，确定套管鞋深度，进行井间地层对比，判断水淹层。

6.1.2.1.3 感应测井

感应测井是利用电磁感应原理，以线圈系与研究地层之间的电磁耦合为依据，测量地层介质电导率的一种测井方法。感应测井通常由中感应测井和深感应测井组成，习惯上称为“双感应测井”。

（1）基本原理。

感应测井用的是交流电，在发射线圈周围地层中形成交变电磁场，并在接受线圈中产生感应电动势，该电动势的大小与地层电导率有关，所测得曲线是井和地层不均匀介质条件下视电导率随深度变化的曲线，称为感应测井曲线。

（2）适用条件。

感应测井适用于水基钻井液、油基钻井液和空气等各种钻井液体系的井中，它是中、低电阻地层的主要测井方法。

（3）主要用途。

双感应测井资料主要用来划分渗透层，确定岩石真电阻率，分析钻井液侵入特性，识别油水层。

6.1.2.1.4 侧向测井

侧向测井是一种聚焦测井方法，是利用屏蔽电极使主电流聚焦，侧向流入地层，以减小井眼、侵入带、围岩等因素对测量电阻率的影响。侧向测井适用于盐水钻井液钻的井。主要用于碳酸盐岩等中高电阻率地层测井，用于划分地层剖面，判断油、气、水层，求取地层电阻率，鉴别地层裂缝。使用较多的是双侧向—微球形聚焦组合测井、双侧向—微侧向组合测井等。

（1）双侧向测井。

双侧向测井可以同时测量深侧向和浅侧向。深侧向和浅侧向电阻率测量范围能扩大到0.2～40000Ω·m，纵向分层能力相同，约 0.6m。但横向探测深度差别大，深侧向探测半径约为 1.15m，浅侧向探测半径约为 0.30～0.50m。双侧向测井仪器以主电极为中心，由两对监督电极和两对屏蔽电极共九个电极组成。

（2）薄层电阻率测井。

5700 测井仪器可实施薄层电阻率测井，其特点是具有较深的横向探侧范围（0.33～0.55m）和很高的纵向分辨率，能分辨 0.12m 厚的薄层，能提供 0.25m 厚的薄层电阻率。而其他测井方法一般仅能分辨厚度 0.6m 以上的地层。

6.1.2.1.5 微电阻率测井

微电阻率测井也叫浅探测电阻率测井，是测量井壁附近钻井液侵入地层电阻率的一种测井方法。

微电阻率方法一般要与探测范围深的电阻率方法组合，形成深、中、浅电阻率系列，解决相应的地质问题。微电阻率测井测量的电阻率为视电阻率，应该进行钻井液电阻率、泥饼厚度和泥饼电阻率等校正。通过深浅电阻率组合，可以确定地层真电阻率、侵入带电阻率和冲洗带电阻率以及侵入带直径。

微电阻率测井方法有：微电极测井、微侧向测井、邻近侧向测井、八侧向测井、球型聚焦测井、微球型聚焦测井等，这些方法探测深度都较浅，测量的都是井壁附近受钻井液侵入地层的电阻率。

（1）微电极测井。

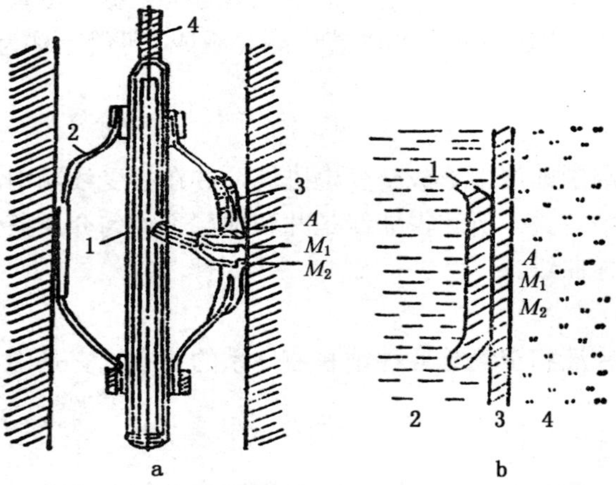


图 6-9 微电极测井原理图

（a）1—仪器主体；2—弹簧片；3—绝缘极板；4—电缆；
（b）1-绝缘极板；2—钻井液；3—泥饼；4—岩层

微电极仪器上装有三片（或二片）弹簧扶正器，其中一片弹簧上装有绝缘橡胶板，点状金属电极嵌入橡胶板内，弹簧扶正器将极板压向井壁，以减小钻井液的影响，见图 6-9。

由于电极距很小，因而探测深度很浅，微梯度的电极距为 0.0375m，探测深度为 0.04m，微电位的电极距为 0.05m，探测深度为 0.10m。

（2）微侧向测井。

微侧向仪器的绝缘极板上嵌入 4 个电极，中心的点状电极为供电电极，两个测量电极和一个屏蔽电极为同心环状电极。图 6-10 是微侧向测井电极系及其电流分布示意图。

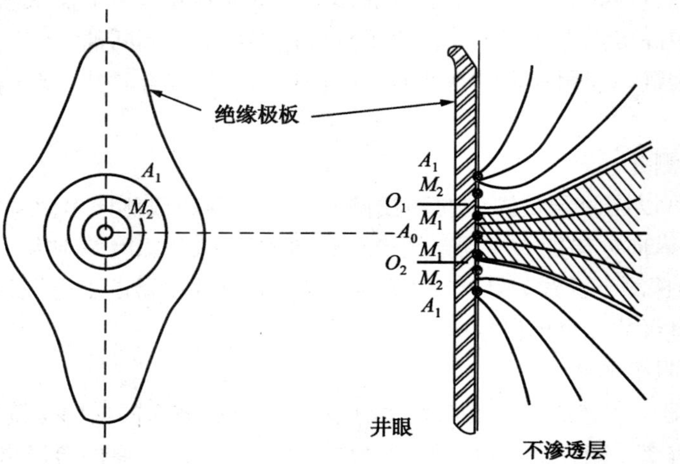


图 6-10 微侧向测井电极系及其电流分布

微侧向测井有 3 个特点：一是具有一定的聚焦能力和较强的分辨能力，能划分 0.055m 的薄层；二是微侧向电极系探测深度很小，只有 0.08m 左右；三是微侧向电极系的主电流被聚焦成束状水平流入地层，电流流经滤饼的距离比流经冲洗带的距离小得多，并且滤饼的电阻率又比冲洗带的电阻率小得多，所以滤饼对测量的电阻率影响小，降低了井眼、围岩对电阻率测量结果的影响。在滤饼厚度不超过 6mm 时，微侧向测井的数值与滤饼厚度无关。

（3）邻近侧向测井。

邻近侧向测井的金属电极嵌入稍宽的极板上，由主电极、测量电极和屏蔽电极组成，测量电极和屏蔽电极为矩形框状电极，电极的横截面积比微侧向测井的相应电极大。图 6-11 是邻近侧向测井电极系及电流分布示意图。

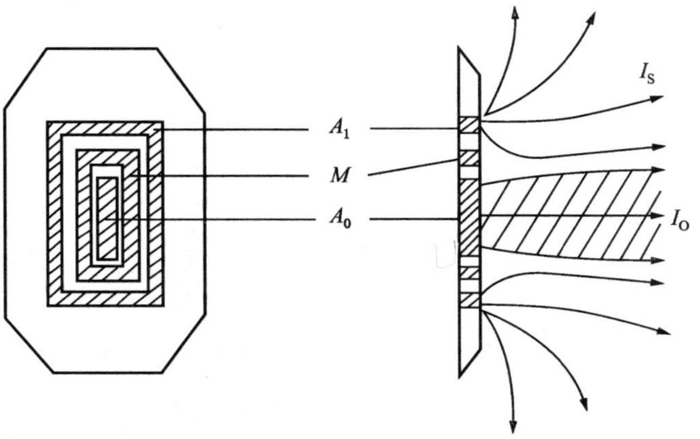


图 6-11　邻近侧向测井电极系及电流分布

邻近侧向测井与微侧向测井一样受泥饼影响较小，在泥饼厚度小于 0.019m 时，泥饼影响可以忽略不计，这时邻近侧向的电阻率等于侵入区电阻率。邻近侧向测井比微侧向测井探测深度深，约 0.15～0.25m。邻近侧向测井资料的应用和微侧向测井相同，不同的是当泥饼厚度大约超过 0.01m，用邻近侧向测井比微侧向测井要好。

（4）八侧向测井。

八侧向测井的金属环电极嵌在圆柱状绝缘棒上，电极系由 7 个电极组成，一个主电极，两对测量电极和两对屏蔽电极，成对同种电极用导线相连，参见图 6-12。

屏蔽电极具有较强的聚焦作用，因而受井眼的影响较小，探测深度约为 0.35m，八侧向测井曲线反映的是侵入区的电阻率。

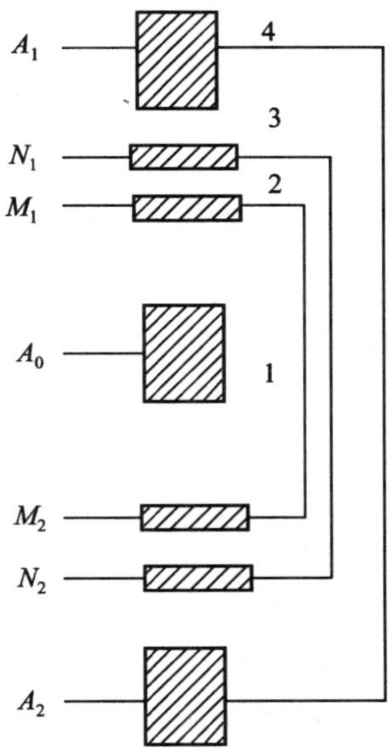


图 6-12　八侧向电极示意图

（5）球型聚焦测井。

球型聚焦测井的环状电极嵌入绝缘棒上，由主电极、辅助电极、测量电极和监督电极 9 个电极组成，辅助电极、测量电极、监督电极对称地排列在主电极两端，每对同种电极用导线相连。辅助电极产生的电流，把主电流压向地层中去，使主电流形成等位面，相当于没有井眼影响的均匀介质一样。

图 6-13 是球型聚焦测井电极系及电流线的分布示意。

（6）微球型聚焦测井。

微球型聚焦测井的电极嵌在绝缘极板上，电极排列像球型聚焦，但电极的尺寸较小，主电极为方形，测量电极和辅助电极为矩形框状电极，测量原理与球型聚焦相似。图 6-14 是微球型聚焦测井电极系及电流分布示意图。

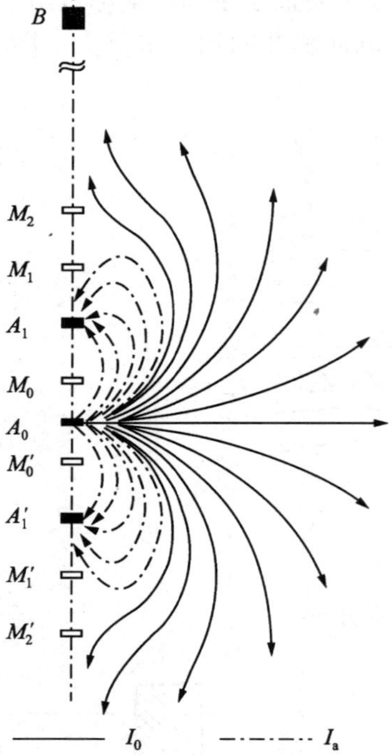


图 6-13　球型聚焦测井电极系及电流线的分布

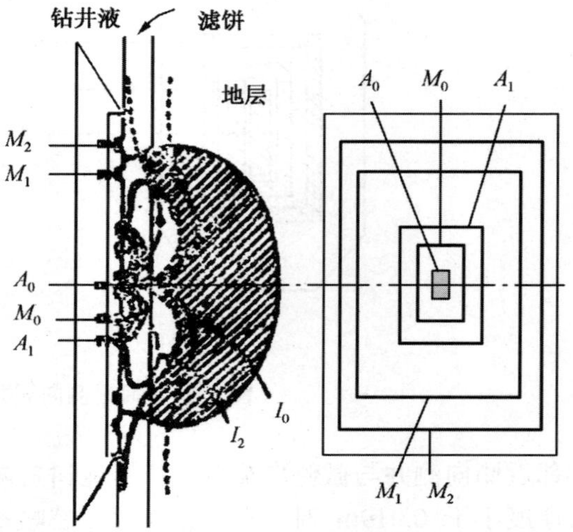


图 6-14　微球型聚焦测井电极系及电流分布

微球型聚焦测井与球型聚焦测井相比，受滤饼的影响比球型聚焦小，是确定冲洗带电阻较好的方法。微球型聚焦测井的适用范围广，在电阻率系列中便于与双侧向组合，因而在国内外得到广泛应用。

6.1.2.1.6　介电测井

介电测井是测量地层介电常数、电磁波传播时间等物理量的一种电测井方法。

（1）基本原理。

介电常数是处于电场中物质被极化相对能力的一种度量。岩石的介电常数与岩石矿物成分、岩石中所含流体性质及孔隙度密切相关，烃和水的介电常数差异很大，天然气介电常数为 1，原油介电常数为 2～2.4，地层水的介电常数为 78～81。介电测井受地层水矿化度的影响比常规电阻率测井受矿化度的影响小，所以介电测井对于高阻水层、低阻油层、淡水水淹层是一种比较好的测井方法。典型物质的介电特性见表 6-1。

（2）适用条件。

适用于电阻率大于 2Ω·m 的地层；不宜在盐水钻井液或低电阻地层条件下使用。适用于低孔低渗地层或钻井液侵入很浅的井眼条件；由于介电测井的探测深度很浅，47MHz 测井仪的探测深度约为 0.30m，纵向分辨率约 0.20m，200MHz 仪器的探测深度约为 0.12m，纵向分辨率约 0.076m。

**表 6-1　典型物质的介电特性表**

| 物质名称 | 相对介电常数 | 200MHz | | 47MHz | |
|---|---|---|---|---|---|
| | | 相移角（度/m） | 传播时间（ns/m） | 相移角（度/m） | 传播时间（ns/m） |
| 天然气、空气 | 1.0 | 12 | 3.3 | 6 | 3.3 |
| 油 | 2.0～2.4 | 26～37 | 4.7～5.2 | 16～22 | 4.7～5.2 |
| 水（20Ω·m） | 79.0 | 156.9 | 28.6 | 100 | 29.6 |
| 水（1Ω·m） | 77.0 | 192 | 35.0 | 177 | 52.3 |
| 水（0.1Ω·m） | 59.0 | 402 | 73.4 | 479 | 146.3 |
| 砂岩 | 4.65 | 41 | 7.2 | 25 | 7.2 |
| 石灰岩 | 7.5～9.0 | 52 | 9.1～10.2 | 32 | 9.1～10.2 |
| 白云岩 | 6.8 | 48 | 8.7 | 30 | 8.7 |
| 泥岩 | 5.0～25.0 | 41～92 | 7.5～16.7 | 41～92 | 7.5～16.7 |
| 硬石膏 | 6.35 | 46 | 8.4 | 46 | 8.4 |

（3）主要用途。

介电测井可用来确定钻井液及地层水矿化度较低时地层的含油饱和度、残余油饱和度及稠油层含油饱和度。在水驱油藏可用来判别油层、水层及水淹层，多用于开发井，进行水淹层测井，解决油层水淹后的问题。

6.1.2.1.7　电阻率成像测井

电阻率成像测井在 20 世纪 80 年代开始商业化，90 年代中期在世界几大服务公司迅速发展，并在油田投入商业服务。电阻率成像测井分为两大类，一类是描述井壁地层电阻率特征，如微电阻率扫描成像测井；另一类是描述地层径向电阻率特征，如阵列感应成像测井、阵列侧向成像测井、高分辨率感应成像测井。

（1）微电阻率扫描成像测井（全井眼微电阻率扫描成像测井）。

微电阻率扫描成像测井仪是在 4 个极板上安装 164 个间距很小的纽扣电极，测井时贴向井壁，电极与井眼周围地层接触，对井眼周围地层 0.05m 深处进行微电阻率扫描成像，纵向分辨率高达 0.005m，在直径为 0.20m 的裸眼井中，阵列电极对井眼周围地层的覆盖率为 80%。微电阻率扫描成像测井主要反映井壁附近地层电阻率的变化，由图形将沉积环境、地层内部结构、地层内的裂缝和溶蚀孔洞显示出来，见图 6-15。

微电阻率扫描成像主要用于确定地层倾角和方位角；裂缝识别和评价；薄层评价；沉积环境分析。微电阻率成像测井一般在一个地区选几口有代表性的参数井或关键井进行，并与岩心进行对比，找出地质特征的变化规律，这样可以大量减少取心井数，同时又能为油田勘探与开发提供重要而丰富的地层信息。

（2）阵列感应成像测井。

阵列感应成像测井与双感应数控测井比较，提高了纵向分辨率和径向探测深度，对发现薄油气层具有重要意义，为评价油气层确定油气饱和度提供了手段。

阵列感应成像测井探测范围具有 0.25m、0.50m、0.75m、1.50m、2.25m 5 种探测深度，提供 0.30m、0.60m、1.20m 3 种纵向分辨率，可给出一种纵向分辨率的 5 条感应电阻率曲线。

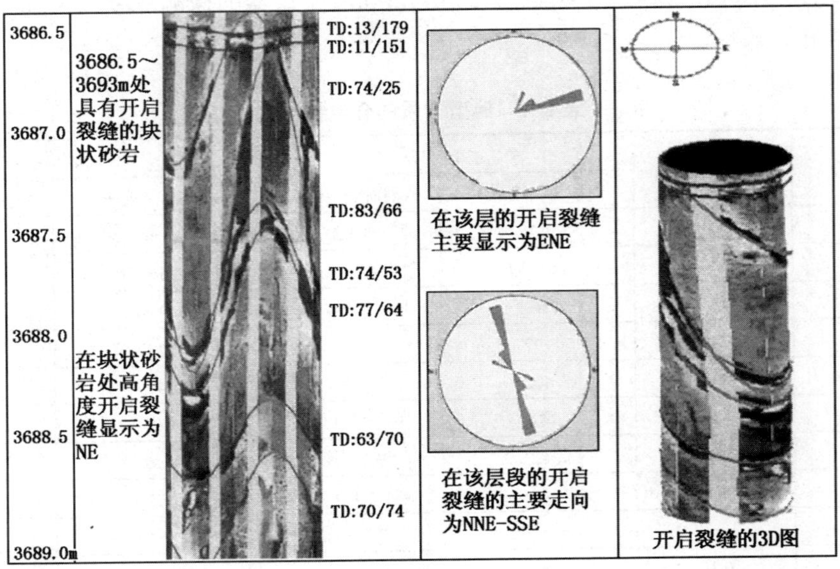


图 6-15 微电阻率扫描成像测井图

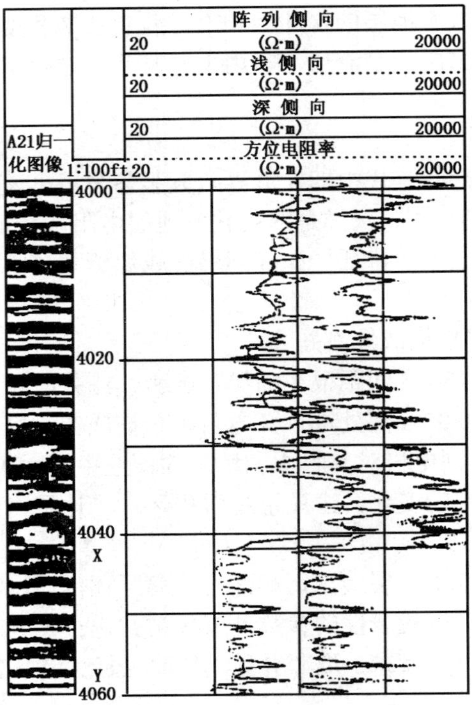


图 6-16 阵列侧向成像测井划分薄层图

但数控测井只可探测浅、中、深 3 种深度、3 条电阻率曲线。可作出地层侵入剖面及原状地层电阻率成像图。

用于划分薄地层；确定侵入带电阻率 $R_{xo}$ 和原状地层电阻率 $R_t$；在钻井液高侵（$R_{xo}>R_t$）地层、钻井液低侵地层（$R_{xo}<R_t$）情况下研究侵入剖面的径向变化。

（3）阵列侧向成像测井。

阵列侧向成像测井又称方位电阻率侧向成像测井，其工作原理与普通双侧向测井仪相似，只是在主电极上垂直分割成相互绝缘的 14 个阵列小电极，测量流入地层的电流，并进行电流成像，用于探测地层径向的裂缝和溶洞，消除钻井裂缝的影响。可同时测量深侧向和浅侧向电阻率，确定地层真电阻率和侵入带直径。见图 6-16。

（4）高分辨率阵列感应成像测井。

高分辨率阵列感应成像测井对厚层可直接读得电阻率 $R_t$；通过绘出与分辨率匹配的曲线，可准确求得薄层的电阻率 $R_t$；可反映倾角为 20°～30° 的倾斜地层。高分辨率阵列感应成像测井一般在有重钻井液侵入、评价复杂岩性储层情况下使用。

高分辨率阵列感应成像测井能用 0.25m、0.50m、0.75m、1.50m、2.25m、3.00m 6 种探测

深度反映钻井液侵入状况，解释油水层。能用 0.30m、0.60m、1.20m 3 种纵向分辨率确定不同厚度岩层界面。图 6-17 是 5700 高分辨率阵列感应成像测井图，图中有 10in、20in、30in、60in、90in、120in 6 条曲线及反演后的地层电阻率和侵入剖面电阻率成像。

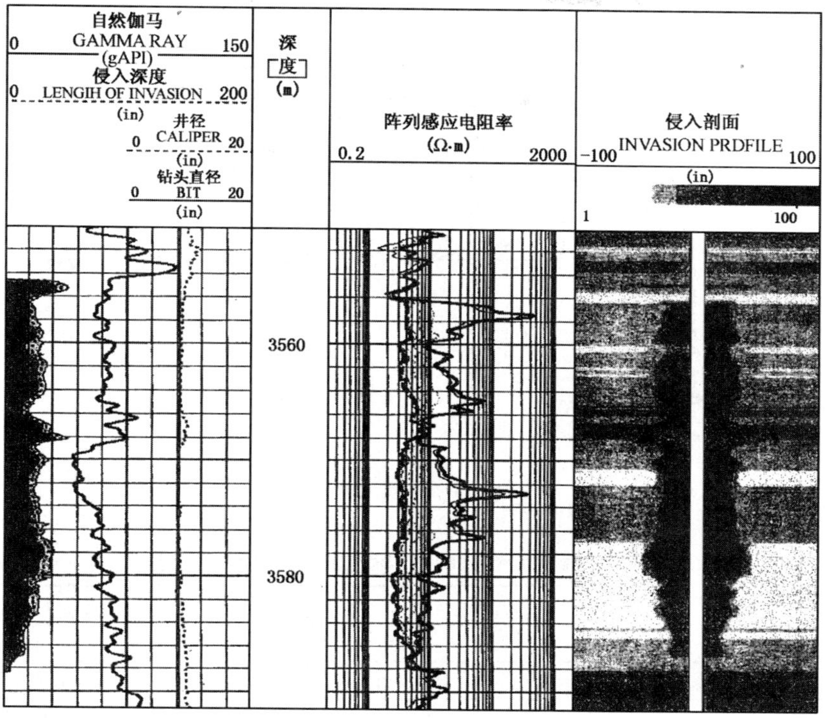


图 6-17　5700 高分辨率阵列感应成像测井图

### 6.1.2.2　声波测井

声波测井是通过测量记录井壁介质的声学性质，即岩石的声速和声波在岩石中的衰减规律等，来判断井壁的地质特性和井眼情况的测井方法。

不同地层中各种岩石的结构不同，声波的阻抗就不同，因此声的传播速度、声能衰减或声波的相位等就要受到变化。声波测井就是利用岩石结构反应的声学特性，根据岩石物理量的改变，设计出一种能发射声源及接收反射、折射信号的仪器，通过研究沿地层剖面的异常来测定各种岩石性质的测井方法。

声波测井资料主要用来判断气层，划分地层，确定岩石孔隙度，划分裂缝带，还可以用来研究断层，估算地层压力等地质问题。

图 6-18 为声波测井原理图，图中 $T$ 为发射器，$R$ 为接收器，通过计算 $R_2$ 与 $R_1$ 的声波时差，进行孔隙度、渗透率以及地层划分等地质解释。表 6-2 为常见岩石、矿物和流体的纵波声速和密度，其中大部分数据是实验测量的。

声波测井包括补偿声波测井、长源距声波测井、偶极横波成像测井、多极阵列声波测井、超声波成像测井、组合地震成像测井等方法。

#### 6.1.2.2.1　补偿声波测井

声波在地层中传播速度是通过测量地层剖面声波纵波速度 $v_P$ 的倒数求得的，声波纵波速度 $v_P$ 的倒数就是声波纵波在 1m 厚岩层中传播所需的时间，在测井中叫声波时差，记作 $\Delta t = 1/v_P$。

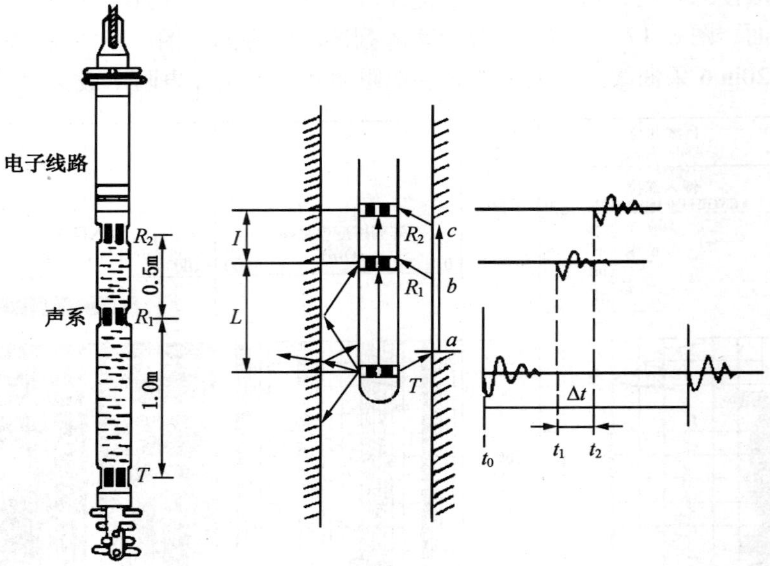


图 6-18　声波测井原理

**表 6-2　常见岩石、矿物和流体的纵波声速和密度**

| 岩石或矿物 | 纵波声速 $v_P$（m/s） | 密度 $\rho$（$10^3kg/m^3$） |
|---|---|---|
| 空气 | 340 | 0.0012 |
| 甲烷 | 422～430 | 0.00086 |
| 石油 | 1070～1320 | 0.73～0.94 |
| 淡水 | 1460 | 1 |
| 盐水（含 $NaCl\times10^{-1}$） | 1580 | 1.1 |
| 硬石膏 | 6100 | 2.96 |
| 石膏（含结晶水） | 4790 | 2.32 |
| 岩盐 | 4600～5200 | 2.02～2.35 |
| 白云石 | 7010 | 2.87 |
| 白云岩（$\phi$=5%～20%） | 6100～4600 | |
| 方解石 | 6400 | 2.71 |
| 石灰岩（$\phi$=5%～20%） | 5650～4000 | |
| 石英 | 5500 | 2.65 |
| 砂岩（$\phi$=5%～20%） | 4500～3950 | |
| 砂层（$\phi$=20%～35%） | 5500～2750 | |
| 花岗岩 | 6000 | 2.5～3.0 |
| 辉绿岩 | 4070 | 3.3～3.4 |
| 玄武岩 | 5980 | 2.72 |
| 硬煤 | 3700 | 1.40 |
| 板岩 | 6500 | 2.74 |
| 泥灰岩 | 3560～6400 | 2.3～2.7 |
| 黏土 | 1830～2440 | 1.6～2.6 |

续表

| 岩石或矿物 | 纵波声速 $v_P$ （m/s） | 密度 $\rho$（$10^3kg/m^3$） |
| --- | --- | --- |
| 页岩 | 5180～2130 | 2.4～2.7 |
| 泥岩 | 1800 | 2.25 |
| 褐铁矿 | 1830 | |
| 云母 | 7760 | 2.81 |
| 大理岩 | 6150 | 2.66 |
| 套管 | 5400 | 7.9 |

表内大部分数据是实验测量的，密度一列有空行，尚未查出实据。

测井用的声系主要有三种类型，即单发单收声系、单发双收声系及双发双收声系。目前应用较多的是双发双收声系的声速测井仪，由于该声系采用补偿法测量声波时差，因此称补偿声波测井。

补偿声波测井主要用于判断气层，气层在声波时差曲线上的特点为声波时差增大，或产生周波跳跃；划分地层，根据声波时差曲线可以划分不同岩性的地层；判断地层剖面的岩性，确定岩石孔隙度，估算储集层孔隙度；研究断层，估算地层压力。

6.1.2.2.2　长源距声波测井

长源距声波测井也称为全波列声波测井，是一种记录在地层中传播声波全波列（滑行纵波、滑行横波、瑞利波、管波）的测井方法。

通常的声波测井只利用纵波首波的速度信息，而全波列声波测井则是记录声波的整个波列，它不仅可以获得纵波的速度和幅度信息、横波的速度和幅度信息，还可以得到波列中的其他波成分，如伪瑞利波和斯通莱波等，所以全波列声波测井是一种较好的新的测井方法。

长源距声波测井用于估算储层的孔隙度；确定岩性；判断气层；识别裂缝；确定岩石机械特性，计算地层弹性模量。图 6-19 给出了采用长源距声波测井识别裂缝的实例。

6.1.2.2.3　偶极横波成像测井

普通声波测井使用单极声波发射器，可向井周围发射声波，使井壁周围产生轻微的膨胀作用，因此在地层中产生了纵波和横波。在硬地层条件下，可以得到纵波和横波，由此得出纵波和横波时差，但是在疏软地层中，由于地层横波首波与井中钻井液波一起传播，因此单极声波测井无法获取横波首波。为了解决这个问题，研制了偶极横波成像测井。

偶极横波声波成像测井又称偶极子横波多波成像测井，采用偶极子声源在井内振动时在井壁附近产生挠曲波，通过对挠曲波的测量来计算地层横波速度。采用偶极横波成像测井在大井眼井段和非常慢速的地层中能得到较好的测量结果，探测深度也有所增加。

主要用于分析疏松或软地层的岩性变化；确定孔隙度、渗透率；解释油气层；识别地层裂缝、地层各向异性；刻度地面地震数据。

6.1.2.2.4　多极阵列声波测井

多极阵列声波测井是把单极阵列声波和偶极阵列声波组合一体的一种测井方法。多极阵列声波仪中单极和偶极阵列都各自独立工作，单极和偶极的发射器不同，以确保测量中分别采集纵波和横波。由于每个阵列中采用高功率的发射器，提高了裸眼井和套管井测井数据的信噪比。图 6-20 是候 101 井多极阵列声波测井图，通过此图能很准确的确定纵波和横波的传播时间。

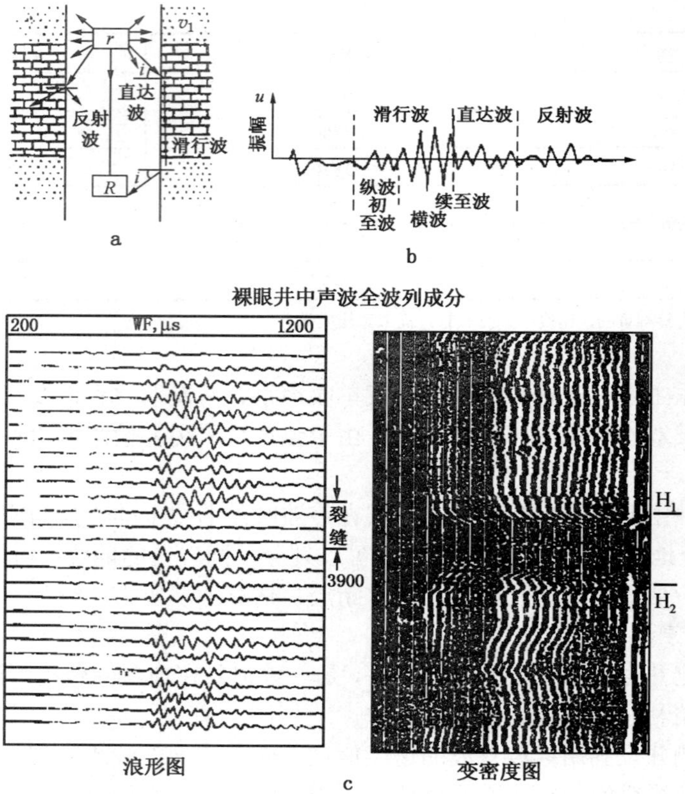


图 6-19　长源距声波测井裂缝识别图

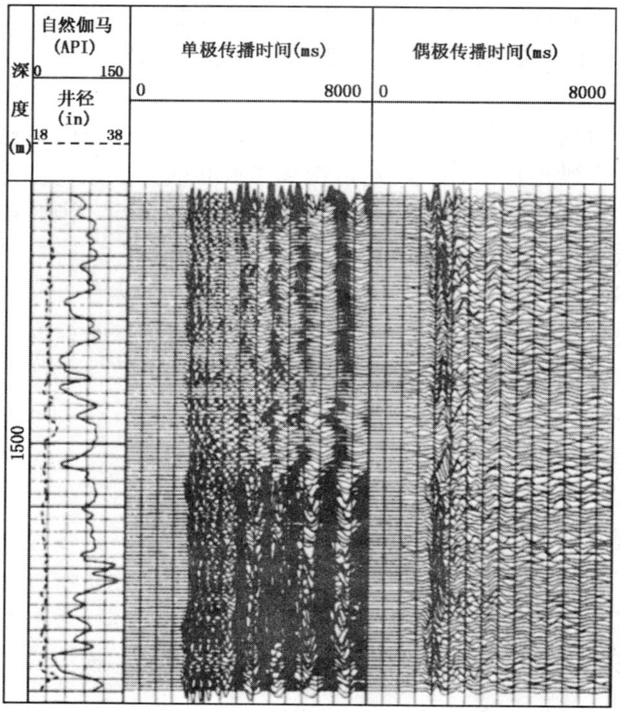


图 6-20　候 101 井多极阵列声波成像测井图

多极阵列声波测井主要用于提供准确的纵波和横波传播速度，评价岩性、岩石物性；定性评价有效天然裂缝及渗透性；进行含油性分析，判别流体性质；与地震数据相连，绘制人工合成地震剖面，刻度检验炮点测量时间；为油气层压裂设计提供设计参数。

6.1.2.2.5　*超声波成像测井*

超声波成像测井也称井周超声波成像测井，采用旋转式超声换能器对井周进行 360° 方位扫描，可得到整个井壁的高分辨率成像，由此可看出井下岩性及包括冲蚀带、裂缝和孔洞等在内的几何界面变化，为识别地层岩性及沉积特征以及套管检查和水泥胶结评价提供信息，能在水基和油基钻井液条件下测井。

超声波成像测井主要用于分析井眼的几何形状，推算地应力的方向；探测裂缝和评价井眼垮塌；确定地层厚度和倾角；进行地层形态和沉积构造分析；检查套管腐蚀和变形情况；进行水泥胶结质量评价。图6-21是候101井超声波成像测井裂缝图像。

表6-3是常用的超声波成像测井仪器特点及应用范围。

6.1.2.2.6　组合地震成像测井

组合地震成像测井是用测井仪器记录无畸变的地震波信号的一种测井方法。组合地震成像测井实现了地震与测井的优势互补，测井纵向分辨率高，但径向探测范围小；地震纵向分辨率低，但径向探测范围大，两者结合可大大提高勘探开发决策水平。

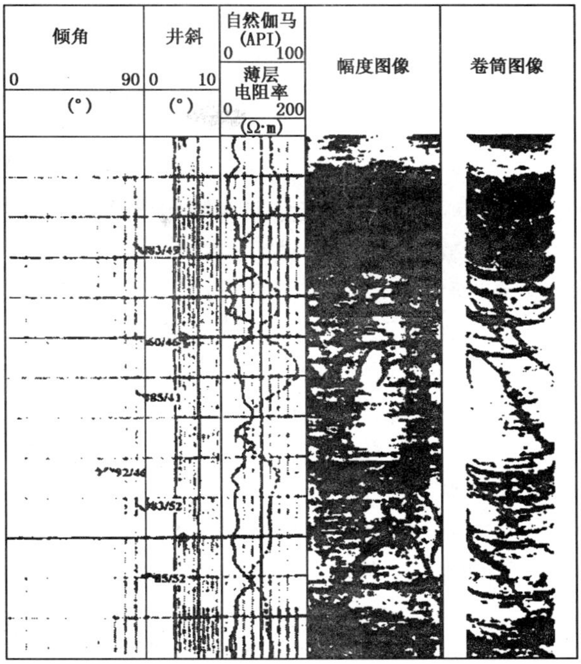


图6-21　候101井超声波成像测井裂缝图像

**表6-3　超声波成像测井仪器性能特点及应用**

| 名　称 | 代 码 | 产 家 | 仪 器 特 点 | 应 用 范 围 |
| --- | --- | --- | --- | --- |
| 井下声波电视<br>BHTV/中 | BHTV | 中国<br>华北 | 一种旁侧扫描声纳给井壁成像的测井仪器，实现了全方位覆盖，井下仪器由驱动电极、超声换能器、磁力仪组成，超声换能器既作发射器，又作接收器 | 在充满清水、原油、导电和不导电钻井液的裸眼井及套管井中测井，不能在空井眼中测井。在致密、坚硬地层反射波能量强，在岩层疏松或裂缝孔洞反射波能量弱 |
| 井周成像测井<br>CBIL/阿 | CBIL | 西方<br>阿特拉斯 | 采用一个换能器沿井轴方向旋转，向井壁发射声波脉冲，测量回波信号，360°井眼成像，分辨率13mm | 适用于水平井测井，给出裂缝、孔洞、纹理、断层、孔隙等图像，对大井眼及重钻井液仍能给出精确结果 |
| 环周声波扫描测井<br>CAST/哈 | CAST | 美国<br>哈里伯顿 | 在性能上与井周成像测井非常接近 | |
| 超声波成像测井<br>USI/斯 | USI | 法国<br>斯伦贝谢 | 使用低分辨率平面超声换能器，只有一个旋转换能器，它能探测整个套管，换能器也是接收器，用于接收反射的超声波脉冲 | 主要用于套管井的水泥评价和套管检查，提供映像的套管内径、壁厚、内部和外部损坏或变形 |
| 超声井眼成像测井<br>UBI/斯 | UBI | 法国<br>斯伦贝谢 | 使用高分辨率强聚焦换能器，根据测井环境及所需的分辨率，依靠手动来选择换能器的发射频率 | 主要用于裸眼井，可在油基钻井液中成像，探测裂缝，识别井况，可以替代全井眼地层微电阻率扫描成像图 |

组合地震成像测井主要用于垂直地震剖面（VSP）测井、进行井区速度研究、精细地层对比标定、地区衰减规律分析、井周围小构造及薄储层精细研究、气体识别、物性参数分析、寻找和描述隐蔽油气藏等方面。组合地震成像测井一般在区域探井中使用。

6.1.2.3 放射性测井

放射性测井就是通过对地层的自然放射性或次生放射性的测量来认识和区分井内各种岩石的性质、地质构造和油层结构的一种测井方法，也叫核测井。

放射性测井（核测井）的测井方法多达数十种，根据所使用的放射性源或测量的放射性类型，大致分为三类：一是伽马测井，二是中子测井，三是核磁测井。放射性测井方法中，除自然伽马测井是利用探测器直接测量地层中放射出的伽马射线，其他的放射性测井方法都需要用放射源如：钾$^{40}$、铁$^{59}$、钴$^{60}$、锆$^{95}$、银$^{131}$、铯$^{137}$、碘$^{131}$、锌$^{65}$等。

放射性测井能够用核分析方法确定岩石及其孔隙里流体中各种化学元素含量，能在裸眼井和套管井中使用，可在淡水或高矿化度钻井液、油基钻井液、天然气的井中测量。

放射性测井应用领域广泛，是研究和确定地层岩性和孔隙度的主要方法。与电法等测井资料进行综合解释，能判断岩性，计算泥质的含量、矿物成分及含量，计算储层参数，划分油气水层，综合评价油气产能；用核测井研究生油层，可预测地层压力，研究沉积环境、油气运移富集等。

放射性测井测速较慢，成本较高，在需要研究钻井地质剖面、寻找油气藏以及研究钻井工程问题的情况下使用。

6.1.2.3.1 伽马测井

伽马测井是以研究伽马辐射为基础的放射性测井方法，主要测井项目和用途见表 6-4。

**表 6-4 伽马测井项目及主要用途**

| 测 井 项 目 | 测 井 原 理 | 主 要 用 途 |
|---|---|---|
| 自然伽马测井 | 测量地层天然放射性核素发射的伽马射线 | 划分岩性，求泥质含量 |
| 自然伽马能谱测井 | 在井内对岩石自然伽马射线进行能谱分析，分别测量地层内铀、钍、钾的含量，研究地层剖面性质 | 直接测量地层中铀、钍、钾，确定黏土属性 |
| 地层密度测井<br>伽马—伽马测井 | 测量地层电子密度指数 | 测量岩石密度，计算孔隙度，划分煤层 |
| 岩性密度测井<br>（光子测井） | 测定地层电子密度指数、光电吸收指数 | 测岩石中矿物元素，光电吸收截面，划分岩性 |
| 放射性同位素示踪测井 | 利用放射性同位素作示踪剂 | 研究油井和增产措施状况。 |

6.1.2.3.2 中子测井

中子测井是以研究中子与岩石及其孔隙流体中元素相互作用为基础的核测井方法，主要测井项目和用途见表 6-5。

**表 6-5 中子测井项目及主要用途**

| 测 井 项 目 | 测 井 原 理 | 主 要 用 途 |
|---|---|---|
| 补偿中子测井<br>（热中子测井） | 测量同位素中子源造成的热中子通量 | 划分岩性，确定孔隙度，识别气层，划分油气界面和气水界面等 |
| 中子—伽马测井 | 在井中用中子源照射地层，测量由俘获中子产生的伽马射线 | 划分岩性，识别气层，划分气水界面和判断油水界面，计算孔隙度 |
| 井壁中子测井<br>（超热中子测井） | 以中子原轰击岩石，记录超热中子 | 划分油水界面，计算岩石孔隙度 |

续表

| 测井项目 | 测井原理 | 主要用途 |
|---|---|---|
| 次生伽马能谱测井（脉冲中子伽马能谱测井） | 用脉冲中子源照射地层，在井中对地层的中子伽马射线作能谱分析，选择记录某些特征能谱段的中子伽马射线 | 测地层中硅、钙、钾、钠、镁、硫等矿物元素 |
| 中子寿命测井（补偿超热中子测井） | 测量热中子在地层中的寿命 | 当地层矿化度较大时，求含水饱和度，计算可动油比，观察油水或气水界面变化 |

#### 6.1.2.3.3 核磁测井

核磁测井也称核磁共振测井，是利用氢核有较大磁矩，能在外加磁场下产生核磁共振，探测地层孔隙中氢核的横向弛豫特征 $T_2$、流体的扩散系 D，来确定可动流体体积、束缚水饱和度、流体密度等的一种测井方法。利用核磁共振测井进行地层评价，一般不受岩石骨架的影响。

核磁共振测井能得到与岩石本身矿物成分无关的孔隙度、束缚水孔隙度、自由流体孔隙度等信息，并能比较准确地估算渗透率，判别孔隙流体的性质和类型。核磁共振测井成为解决复杂油气藏评价问题的重要方法之一。

### 6.1.2.4 地层倾角测井

地层倾角测井是在井内测量地层层面倾角和倾斜方位角，以确定地层层面在空间的位置的一种测井方法。

地层倾角测井一般在需要提供地层对比，确定地质构造，鉴别断层和不整合等构造变化以及研究沉积结构和沉积相，针对致密地层探测裂缝，以及确定地应力等方面使用。

地层倾角测井一次下井测量记录九条曲线，即四条浅聚焦电导率曲线；二条井径曲线；一条 1 号极板的方位角曲线；一条 1 号极板的相对方位角曲线；一条井轴倾角曲线。

地层倾角测井有两种，一是四臂地层倾角测井，另一种是六臂地层倾角测井。

#### 6.1.2.4.1 四臂地层倾角测井

（1）基本原理。

空间一平面可以用与其相垂直的单位法向矢量来表示它的倾斜情况，如图 6-22 所示，$\boldsymbol{n}$ 是地层层面上的单位法向矢量，它表示了地层层面的倾斜情况。而它在地坐标系（$V$，$N$，$E$）中的三个分量，分别为 $\boldsymbol{n}_V$，$\boldsymbol{n}_N$，$\boldsymbol{n}_E$。单位法向矢量 $\boldsymbol{n}$ 与 $V$ 轴的夹角 $\theta$ 就是地层层面的倾角，$\boldsymbol{n}$ 在水平面上的投影 OP 与 $N$ 轴的夹角 $\phi$ 就是地层层面的倾斜方位角。当地层层面处电阻率或电导率曲线发生变化时，就会出现拐点，所以利用方位相差 90° 的四个贴井壁的电极系测量得到电导率曲线，就可得到上述地层层面上的单位法向矢量。

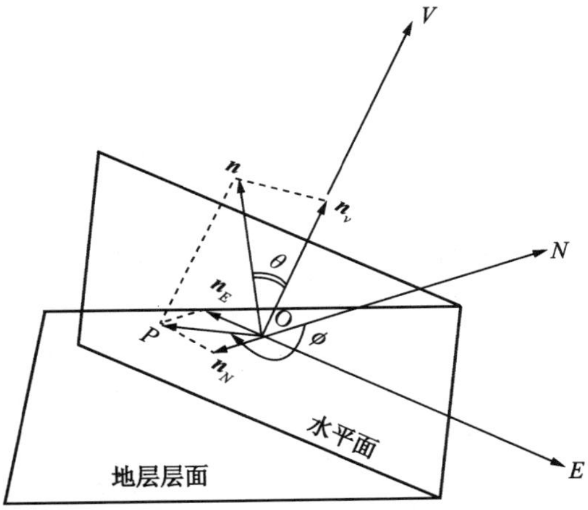


图 6-22 地层层面上单位法向矢量在大地坐标中的表示

四臂地层倾角测井仪就是根据上述原理，由四个贴井壁的极板和井径仪测斜系统及电子线路组成，见图 6-23。

（2）使用条件。

四臂地层倾角测井一般在地层条件不太复杂、井身比较直的情况下使用。

6.1.2.4.2　六臂地层倾角测井

（1）基本原理。

六臂地层倾角测井与四臂地层倾角测井基本原理相同，所不同的是六臂地层倾角测井仪是成像测井，有六个贴井壁的极板，每个极板上有 24 个纽扣电极，能测量六条微电阻率曲线、井方位、井斜角以及三条井径曲线，因此测得的电阻率曲线更能灵敏地反映出地层的真实特征，从而更精确地反映出地层构造与沉积特征。

（2）使用条件。

六臂地层倾角主要用于特殊井和重点探井测井。

6.1.2.5　工程测井

工程测井项目一般比较简单，主要内容有井径、井斜和井温三项。

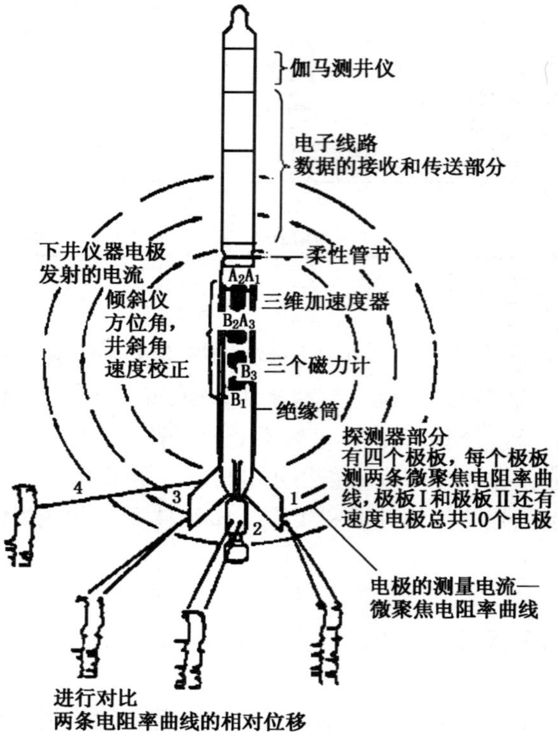


图 6-23　四臂地层倾角测井仪

6.1.2.5.1　井径测井

井径测井（CAL）是用井径仪探测井径大小及其变化特征的一种测井方法。其测量方法是通过井径仪测得井径的电阻，将井径大小与之成正比的电位差，由电缆送到地面仪器车中记录成井径曲线。图 6-24 是四臂井径仪结构示意图。

井径测井是测井解释中不可缺少的参数，主要用途：

（1）检查井身质量、井眼状况。

（2）根据 $X$、$Y$ 两条井径形态特征，分析判断地层的最大和最小主应力方向。

（3）裸眼井中途测试时选取规则井径段作为座封位置。

（4）计算裸眼井下套管固井水泥浆用量和打水泥塞的水泥浆用量。

（5）进行钻井固井施工措施及钻井打捞落鱼措施分析。

此外井径测井曲线的变化间接反映了相关岩性特征，不仅有利于判断渗透砂岩层，也可参与碳酸盐岩缝洞层和非渗透层等的油层评价；而且是声波、放射性等测井资料环境校正的重要依据。

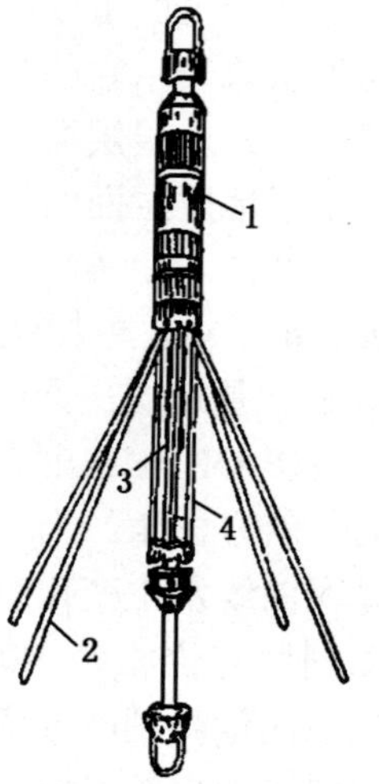


图 6-24　四臂井径仪

1—接头；2—井径腿；3—压力平衡管；4—仪器支柱

6.1.2.5.2　井斜测井

井斜测井是用电缆式井斜测量仪测量裸眼井井斜倾角和井斜方位的测井方法。

井斜测井有常规井斜测量和连斜测量两种方法，常规井斜测量通常采用定点测量井斜倾角和井斜方位，连斜测量是用连斜测量仪连续记录井斜倾角和井斜方位。

井斜测井主要用途：

（1）了解以井轴倾角（井斜角）和井斜方位角为主的井身质量情况。

（2）判断定向井和水平井的“中靶”或偏离钻探目的层地下井位情况。

（3）校正钻探地层视厚度，计算地层实际厚度。

6.1.2.5.3 井温测井

井温测井是用电阻式井温仪测量地层和井内流体温度变化的测井方法。其原理是将电阻式井温仪下入井内，利用导体的电阻变化特性，通过测量电压的变化测得电阻的变化，进而求得温度变化。

井温测井主要用途：确定地温梯度，判断井内产液层位，寻找产气层位，测定注水剖面，确定套管外水泥上返高度，检查水泥封固质量，确定窜槽位置和评价酸化压裂效果。

6.1.2.6 井壁取心

井壁取心是用测井电缆将井壁取心器下到预定深度，在未下套管的裸眼井壁上取出小块岩心的作业。井壁取心有两种方式：一种是射入式井壁取心；另一种是钻进式井壁取心。

采用井壁取心可获得地层岩性、物性和含油性的直观信息，利用这种直观信息，可以对油气层作出正确评价，同时采用井壁取心可以减少钻井过程中的钻井取心，可提高钻井效率，缩短建井周期，降低钻井成本。

6.1.2.6.1 射入式井壁取心

射入式井壁取心是将取心器下到预定深度，将岩心筒用火药射入地层，由连接在岩心筒和取心器之间的钢丝将岩心筒从地层中拉出来以取得岩样。井壁取心作业时，用电阻率和自然电位测井曲线跟踪裸眼井地层井壁取心深度，图 6-25 是射入式井壁取心工作示意图。射入式井壁取心适用于各种地层，特别是软地层的井壁取心。

6.1.2.6.2 钻进式井壁取心

钻进式井壁取心是用取心工具垂直于井壁，靠钻头旋转钻入地层获取岩心。钻进式井壁取心主要应用于硬地层井壁取心。

6.1.2.7 电缆地层测试

电缆地层测试是在裸眼井或套管井中，用电缆地层测试器从地层取得地层流体样品，并在取样过程中测得井内静液柱压力、流动压力、地层静压力、压力恢复曲线和压降曲线等资料，建立压力剖面，定性判断储集层性质，计算有效渗透率。

电缆地层测试器主要有斯伦贝谢公司的电缆重复式地层测试器（RFT）、阿特拉斯公司的调控取样压力多次地层测试器（FMT）、吉尔哈特公司的电缆选择式地层测试器（SFT） 和斯伦贝谢公司的电缆模块式地层测试器（MDT）。我国现在已研制出电缆重复式地层测试器，各公司的仪器性能有差异，但仪器结构和主要功能相似。

6.1.2.8 固井质量检查测井

固井质量检查测井是在固井作业完成后，在规定的时间内，检查固井水泥与套管间（第一界面）、水泥环与地层间（第二界面）的胶结封固质量。固井质量检查测井方法有声幅测井、声波变密度测井、水泥胶结评价测井、分区水泥胶结测井四种。

6.1.2.8.1 声幅测井

声幅测井（CBL）是通过声波首波幅度相对幅度检查评价套管外第一界面固井水泥与套管的胶结程度及封固质量的一种声波测井方法。

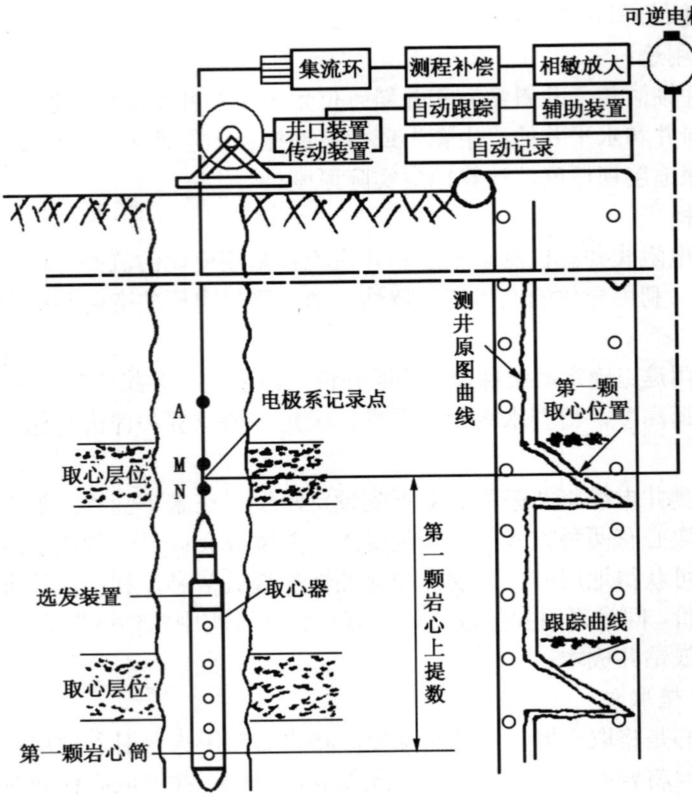


图 6-25　射入式井壁取心工作示意图

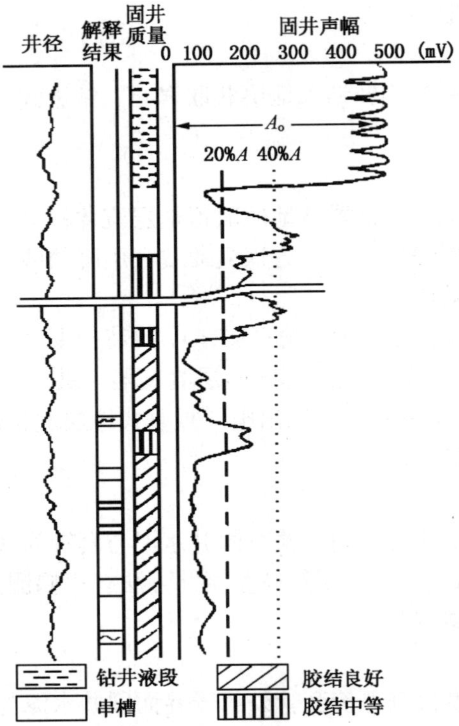


图 6-26　声幅测井曲线水泥胶结评价

$$相对幅度=\frac{目的井段曲线幅度}{自由套管段曲线幅度}\times 100\%$$

固井质量一般规定有三个质量段：相对幅度小于 20%为胶结良好；相对幅度介于 20%～40%之间的为胶结中等；相对幅度大于 40%的为胶结不好。因此相对幅度越大，说明固井质量越差，见图 6-26。

声幅测井只记录声波波列中的纵波首波的幅度，由此得到的套管波只能用来反映水泥环与套管（第一界面）的胶结情况，而不能反映水泥环与地层（第二界面）的胶结情况，故难以判断由第二界面封固不好引起的流体串通情况。因此声幅测井一般在固井质量顺利、油气水层静压力不大、只需要了解套管与水泥之间的封固质量时使用。

6.1.2.8.2　声波变密度测井

声波变密度测井（VDL）简称变密度测井，是按声波沿钻井液、套管、水泥环、地层的先后次序传播的波列信号，通过仪器全部记录的一种声波测井方法，又叫全波列测井。声波变密度测井不仅能对水泥与套管第一界面的胶结情况，而且还可对水泥与地层间第二界面的胶结情况进行检测。图 6-27 中四幅图的变密度测井曲线分别反映了两个界面胶结情况。

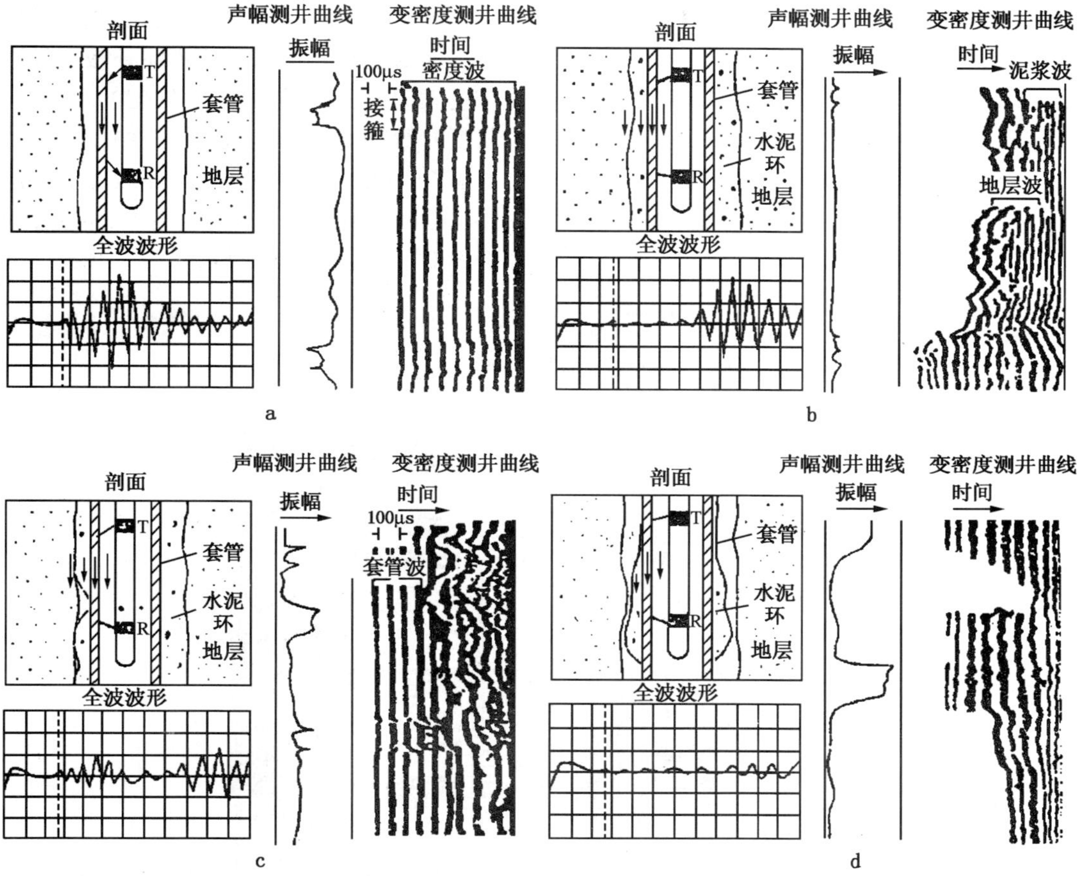


图 6-27　声波变密度测井图

a—套管外无水泥；b—套管与水泥胶结良好；c—水泥环与地层胶结差；d—套管与水泥胶结差。

声波变密度测井一般在油气水层间距较小，水泥封固有可能层间串槽，影响试油、采油和注入效果，需要了解水泥与套管、水泥与地层两个界面的水泥胶结质量情况下使用。

6.1.2.8.3　水泥胶结评价测井

水泥胶结评价测井是用固井质量检查仪器对套管外两个界面水泥胶结质量（包括胶结程度、抗压强度等）进行径向评价及纵向水泥胶结隔离评价的一种声波测井方法，见图 6-28。

水泥胶结评价测井不仅能评价两个界面的水泥胶结情况、水泥环的质量分布，还能确定水泥环的抗压强度、水泥环窜槽及微环空间，监测套管的椭圆度、腐蚀、变形等，分析套管厚度的能力可达到 0.1mm。

水泥胶结评价测井一般在油气水层比较活跃，需要了解水泥封固质量、串槽、微环空间和水泥环抗压强度情况下使用。

6.1.2.8.4　分区水泥胶结测井

分区水泥胶结测井（SBT）能从纵向和横向（沿套管圆周）两个方向测量水泥胶结质量，该方法突出了水泥与地层界面的效应，同时使套管效应减至最低程度。

分区水泥胶结评价测井一般在油气水层之间水泥封固有串槽需要挤水泥补救以及固井难度大、套管外水泥封固不均匀的水平井、大斜度井等特殊井固井质量检查中使用。

图6-29是候101井分区水泥胶结测井成果图，通过衰减系数、水泥胶结图、波形图，评价360°空间的固井质量。

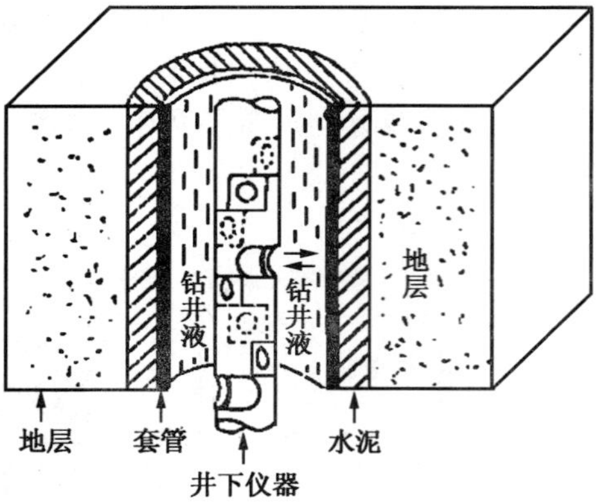


图6-28　水泥胶结评价测井示意图

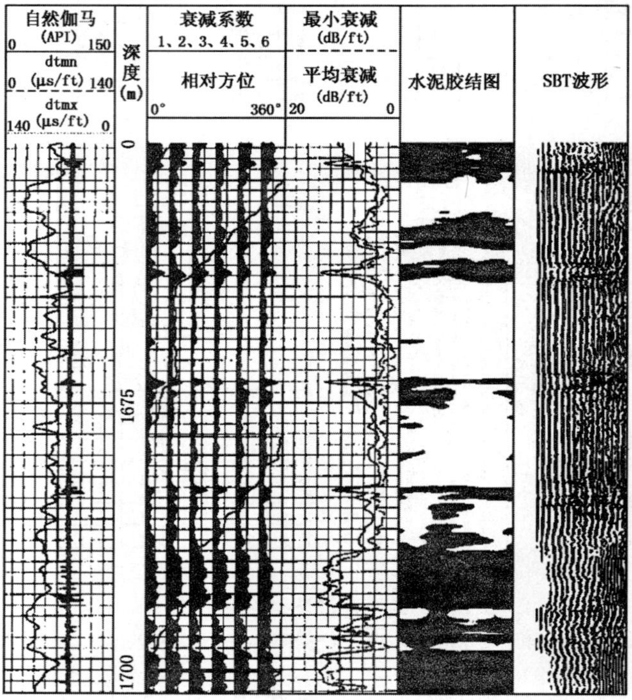


图6-29　候101井分区水泥胶结测井成果图

6.1.2.9　射孔定位测井

射孔定位测井是在探井试油或开发井投产作业前，用自然伽马测井或中子伽马测井找准射孔层位，用磁定位测定套管短节和套管接箍深度，以防误射孔，见图6-30。

6.1.2.10　套管质量评价测井

套管质量评价测井是用电测仪器对套管的质量和腐蚀情况进行检测。

由于套管质量或钻井施工中钻具的摩擦，有时套管会出现裂隙或磨损；地层流体具有一定矿化度和不同的pH值，长期与套管接触，会对套管造成腐蚀；地层应力在各方的大小不可能完全一致，作用在套管上的力也就不均衡，长期作用的结果也会使套管形变。上述情况

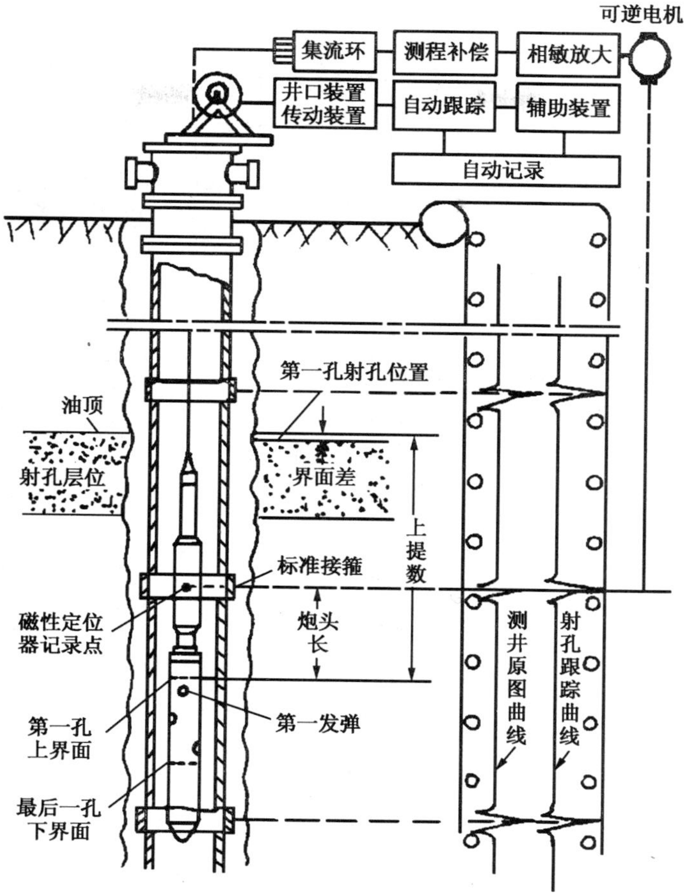


图 6-30　射孔定位工作原理图

严重时可能出现钻井液漏失、测试座封失败，严重影响钻井工程进度，造成经济损失，因此对套管质量和腐蚀情况要进行必要的检测。

套管质量评价有常规测井和成像测井两种方法。

6.1.2.10.1　常规测井

电磁测厚仪：测套管壁厚及内径，检查套管内腐蚀情况。

管柱分析仪：测磁通量及涡流，检查套管内外壁面完好情况。

套管电位测井仪：测套管某点电位和电流方向，确定套管腐蚀范围及程度。

微井径仪：测套管内径，检查射孔质量，选择封隔器卡点。

多臂井径仪：测套管内径及椭圆度，检查套管变形和异常。

6.1.2.10.2　声波成像测井

井下电视测井仪：显示井眼内壁图像，检查套管内壁，评价射孔质量。

套管腐蚀检查见图 6-31，由于套管内壁受腐蚀，壁面不光滑，反射回波能量因反射和被吸收而减小，回波幅度相应变小，因此在井周声波成像图上表现为相对较深的颜色。

射孔质量检查如图 6-32 所示，射孔孔眼在成像模式下表现为一组规则的深色圆点，从规则深色圆点的数量可以检查射孔所用枪的弹数、射孔的位置和射孔弹爆炸情况。

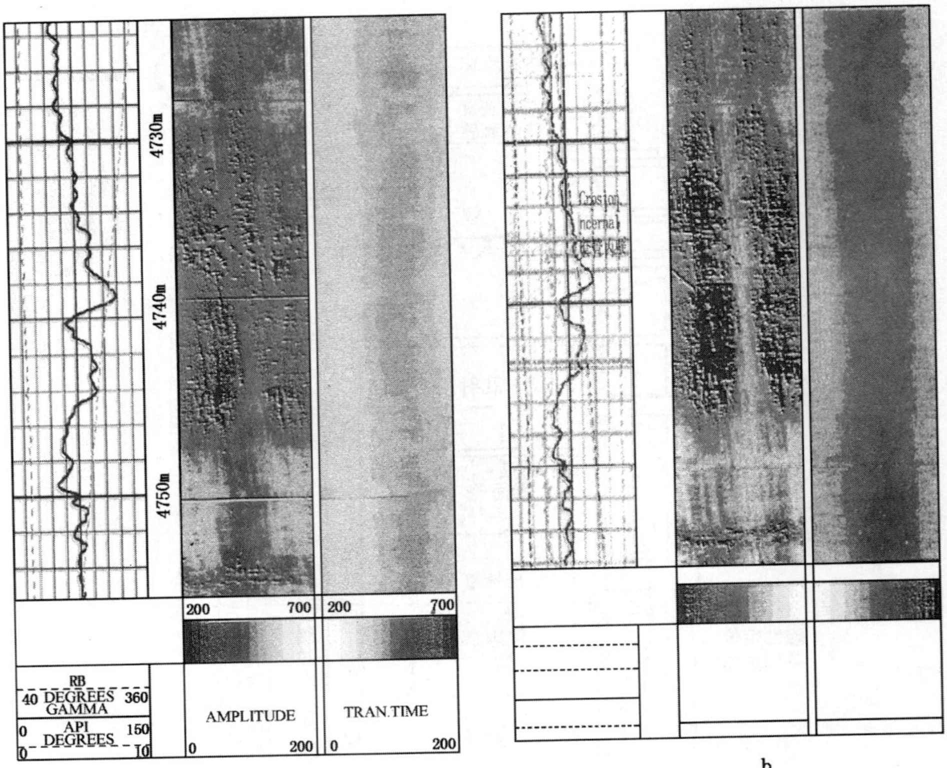


图 6-31　套管腐蚀检查

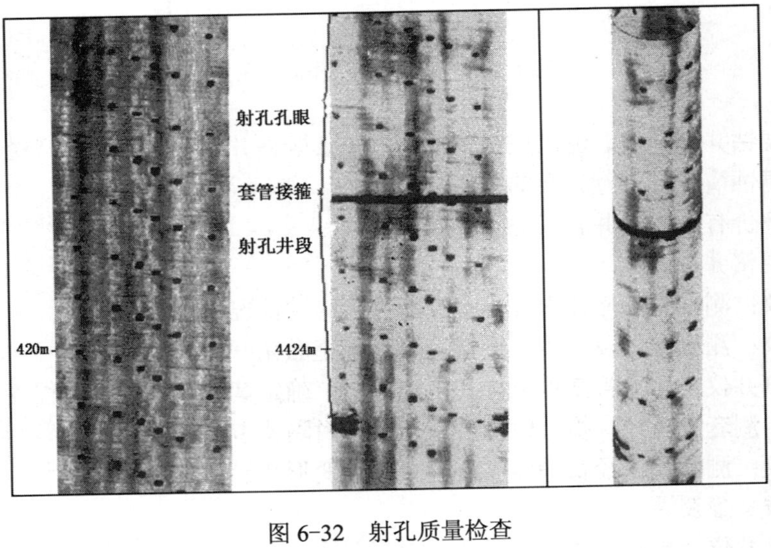


图 6-32　射孔质量检查

6.1.2.11　酸化压裂效果评价测井

酸化压裂效果评价测井有四种方法：

（1）同位素测井：将同位素包裹在压裂砂表面，通过测自然伽马曲线，评价酸化压裂效果。

（2）井温测井：用井温仪测量作业层上下温差及作业前后温差，评价酸化压裂效果。

（3）噪声测井：用噪声测井仪通过测井下不同频率噪声幅度，检查管外窜流或漏失情况，评价酸化压裂效果。

### 6.1.3 常用测井设备与测井项目

测井工程需要高性能的测井设备来完成，不同的测井设备其测井项目有所不同，表 6-6 给出了常用测井设备所对应的测井方法、测井项目及用途。

表 6-6 常用测井设备及测井项目

| 测井方法 | 测井项目 | | 测井设备 | | | | | |
|---|---|---|---|---|---|---|---|---|
| | 名称 | 用途 | 国产数控 | 3700数控 | CSU数控 | 5700成像 | Excell-2000成像 | DDL-V数控 |
| 电法测井 | 0.5m 电位 | 划分地层岩性和钻井液侵入特性；判断油气水层；确定含油饱和度、岩层界面 | √ | | | | | |
| | 1m 底梯度 | | √ | | | | | |
| | 2.5m 底梯度 | | √ | | | | | |
| | 4m 底梯度 | | √ | | | | | |
| | 自然电位 | | √ | √ | √ | √ | √ | √ |
| | 微电极 | | √ | | | | | √ |
| | 双侧向—微球形聚焦 | | √ | √ | √ | √ | | √ |
| | 双侧向—微侧向 | | √ | √ | √ | | | |
| | 双感应—八侧向 | | √ | √ | √ | √ | | √ |
| | 双感应—球形聚焦 | | √ | √ | √ | √ | | |
| | 双向量感应 | 精细划分薄层和钻井液侵入特性；确定地层及油气水层顶底界，用图像展示。鉴别地层裂缝、薄油层的有效厚度 | | | | √ | | |
| | 高分辨率感应 | | | | | √ | | |
| | 阵列感应 | | | | | √ | | |
| | 薄层电阻率 | | | | | √ | | |
| | 微电阻率扫描 | | | | | √ | √ | √ |
| 声波测井 | 补偿声波 | 确定地层孔隙度、渗透率，评价裂缝，识别地层岩性及沉积特征。<br>判断气层，确定岩石的机械特性，刻度地面地震数据。<br>检测套管损伤 | √ | √ | √ | √ | √ | √ |
| | 变密度 | | √ | √ | √ | √ | √ | √ |
| | 长源距声波 | | | √ | √ | √ | | √ |
| | 单极阵列声波 | | | | | √ | | |
| | 多极阵列声波 | | | | | √ | | |
| | 交叉偶极阵列声波 | | | | | | √ | |
| | 井周成像 | | | | | √ | √ | √ |
| | 全波列声波 | | | | | | √ | |
| 放射性测井 | 自然伽马 | 划分岩性，确定地层孔隙度，划分地层沉积相和油气水层界面 | √ | √ | √ | √ | √ | √ |
| | 补偿中子 | | √ | √ | √ | √ | √ | √ |
| | 补偿密度 | | √ | √ | √ | √ | √ | √ |
| | 自然伽马能谱 | | √ | √ | √ | √ | √ | √ |
| | 补偿超热中子 | | | | | | √ | |
| | 能谱密度 | | | | | | √ | |
| | 岩性密度 | | | √ | √ | √ | | |
| | 核磁共振 | 确定残余油饱和度、有效孔隙度、渗透率，在复杂岩性储层分析孔隙结构，寻找气层，区分油气界面 | | | | √ | √ | |

续表

| 测井方法 | 测井项目 | | 测井设备 | | | | | |
|---|---|---|---|---|---|---|---|---|
| | 名称 | 用途 | 国产数控 | 3700数控 | CSU数控 | 5700成像 | Excell-2000成像 | DDL-V数控 |
| 地层倾角测井 | 电阻率成像 | 对比地层，确定地质构造，鉴别断层，识别裂缝；确定地层产状及与地层接触关系。研究沉积结构和沉积相 | | | | √ | √ | |
| | 四臂地层倾角 | | | √ | √ | √ | √ | √ |
| | 六臂地层倾角 | | | √ | √ | √ | √ | √ |
| 工程测井 | 井径 | 校正环境，检查井身质量，计算水泥量 | √ | √ | √ | √ | √ | √ |
| | 井斜 | 检查井身质量，校正地层真厚度 | √ | √ | √ | | | √ |
| | 井温 | 测地温梯度。检查固井质量、酸化压裂质量 | √ | √ | √ | √ | √ | √ |
| | 磁定位 | 确定套管接箍位置用于射孔定位 | √ | √ | √ | √ | √ | √ |
| | 钻井液电阻率 | 测量钻井液电阻率 | √ | √ | √ | √ | √ | √ |
| | 声幅 | 检查固井质量 | √ | | | | | |
| | 变密度 | | √ | √ | √ | √ | √ | √ |
| | 分区水泥胶结 | | | | | √ | | |
| 电缆地层测试 | 重复式地层测试 | 采集地层流体样品，测试地层压力 | | √ | √ | √ | √ | √ |
| | 模块式地层测试 | | | | | √ | √ | |
| 井壁取心 | 钻进式井壁取心 | 取得地层岩心 | | √ | √ | √ | √ | √ |
| | 射入式井壁取心 | | √ | | | | | |

### 6.1.4 测井系列

测井系列指同时使用几种不同测井方法所组成的一组配套测井项目。现代测井技术的发展为石油天然气勘探开发提供了种类繁多的测井方法，但每种方法得到的测井资料只能间接地、有条件地反映地下地质情况的某一个侧面，只有根据各种测井方法的特点，组成比较完整的系列，才能充分发挥其功能，提高测井效率，降低工程成本。

#### 6.1.4.1 基本测井系列

（1）标准测井系列。

为了进行区域性地层对比和地质剖面划分，在所有裸眼井中固定必测的几种测井项目，称为标准测井。通常有自然电位测井、自然伽马测井、井径测井、普通电阻率测井以及井斜与方位等，测井时采用 1:500 深度比例尺在全井段连续测量并记录曲线。

（2）裸眼井储层测井系列。

裸眼井储层测井系列通常采用 9 种测井方法，也称 9 条基本曲线，包括自然电位测井、自然伽马测井、井径测井、径向深探测和中探测的电阻率测井（如双侧向测井或双感应测井）、径向浅探测的电阻率测井（如普通电阻率测井或微侧向测井或微球形聚焦测井）、声波测井、补偿中子测井、补偿密度测井。

（3）套管井测井系列。

每口井在下套管固井后必须进行固井质量检查测井，常用的是声幅测井。

完井射孔作业时采用磁定位、自然伽马测井或中子伽马测井。

6.1.4.2 常用测井系列

（1）砂岩—泥质砂岩储层测井系列。

常规砂岩—泥质砂岩储层通常采用上述裸眼井测井系列的9种测井方法。对于低孔隙度、低渗透率储层，选用井径测井、自然电位测井、自然伽马测井、岩性密度测井、补偿声波测井、补偿中子测井、双感应测井/八侧向测井或双侧向测井/微球形聚焦测井。当储层中存在高放射性矿物时，应以自然伽马能谱测井替代自然伽马测井。在关键井中须增加核磁共振测井、偶极子横波成像测井、阵列侧向测井和阵列感应测井等。表6-7给出了砂岩—泥质砂岩储层测井系列选择实例。

**表6-7 砂岩—泥质砂岩储层测井系列**

| 测井系列 | 测井内容 | | 深度比例 | 备注 |
|---|---|---|---|---|
| | 名称 | 代号 | | |
| 标准测井 | 自然伽马 | GR | 1:500 | |
| | 自然电位 | SP | | |
| | 2.5m（底部梯度电阻率） | IN250B | | |
| | 井径 | CAL | | |
| | 井斜与方位 | DEVI | | |
| 组合测井 | 双感应—八侧向 | DIL—LL8 | 1:200 | （1）盐水钻井液时，用双侧向—微聚焦测井替代双感应—八侧向测井。<br>（2）低孔、低渗高电阻率储层情况下，用双侧向—微球型聚焦测井替代双感应—八侧向测井。<br>（3）预计有浅气层时，组合测井测至气层顶界以上50m |
| | 补偿中子 | CNL | | |
| | 补偿密度 | DEN | | |
| | 补偿声波 | BHC | | |
| | 自然伽马 | GR | | |
| | 自然电位 | SP | | |
| | 微电极 | ML | | |
| | 井径 | CAL | | |
| | 4m（底部梯度电阻率） | IN400B | | |
| 选测项目 | 地层倾角 | HDT | 1:200 | 根据需要选择 |
| | 自然伽马能谱 | NGS | | |
| | 长源距声波 | LSS | | |
| | 多极子声波 | MAC | | |
| | 核磁共振 | MRIL | | |
| | 电成像测井 | STAR-Ⅱ | | |
| | 介电测井 | DIEL | | |
| | 电缆地层测试 | FMT、RFT、MDT | — | 根据需要选择 |

根据SY/T 6451—2000探井测井处理解释技术规范。

（2）碳酸盐岩储层测井系列。

碳酸盐岩储层除采用上述9种测井方法的常用测井系列外，通常还需要增加微电阻率扫描成像测井、偶极子横波成像测井和岩性密度测井等测井项目。

（3）复杂岩性储层测井系列。

复杂岩性储层除采用上述9种测井方法的常用测井系列外，通常还需要增加微电阻率扫描成像测井、核磁共振测井和元素俘获测井等新方法测井项目。

表 6-8 给出了碳酸盐岩和复杂岩性储层测井系列选择实例。

**表 6-8 碳酸盐岩和复杂岩性储层测井系列**

| 测井系列 | 测井内容 名称 | 测井内容 代号 | 深度比例 | 备注 |
|---|---|---|---|---|
| 标准测井 | 双侧向 | DLL | 1:500 | |
| | 自然伽马 | GR | | |
| | 自然电位 | SP | | |
| | 补偿声波 | LSS | | |
| | 井径 | CAL | | |
| | 井斜与方位 | DEVI | | |
| 组合测井 | 双侧向—微球形聚焦 | DLL—MFL | 1:200 | （1）录井发现有油气显示目的层的层段进行核磁共振测井和成像测井。<br>（2）无岩性密度仪器时，可用补偿密度替代。<br>（3）微电极仪在渗透性储层的井段测量 |
| | 补偿中子 | CNL | | |
| | 岩性密度 | ZDL | | |
| | 长源距声波或补偿声波 | LSS | | |
| | 自然伽马能谱 | NGS | | |
| | 自然伽马 | GR | | |
| | 自然电位 | SP | | |
| | 成像测井 | STAR—Ⅱ | | |
| | 核磁共振 | MRIL | | |
| | 井径 | CAL | | |
| | 微电极 | ML | | |
| 选测项目 | 多极子声波 | MAC | 1:200 | 根据需要选择 |
| | 井眼环周声波 | CAST | | |
| | 地层倾角 | HDT | | |
| | 电缆地层测试 | FMT、RFT、MDT | — | 根据需要选择 |

根据 SY/T 6451—2000 探井测井处理解释技术规范。

## 6.2 测井工程造价构成要素

测井工程造价构成要素包括测井工程劳动定员、测井工程设备仪器和材料。

### 6.2.1 测井工程劳动定员

测井工程劳动定员按 2000 年 5 月实施的 Q/CNPC 26—1999《中国石油天然气集团公司企业标准—测井工程劳动定员》确定。测井工程劳动定员包括作业队劳动定员、资料评价劳动定员、仪修劳动劳动定员、基层管理劳动定员、机关管理劳动定员、辅助班组劳动定员。

工作内容：在裸眼、套管和油管井内进行资料的采集；利用测井设备进行油田取心、射孔工程施工作业；通过相应的解释程序，进行测井资料评价，为油田提供地质勘探开发测井解释结果；测井仪器调试与维修及与测井工程有直接联系的管理工作。

劳动定员计算公式为

$$Y=Y_1+Y_2+Y_3+Y_4+Y_5+Y_6$$

式中，$Y_1$表示作业队定员；$Y_2$表示资料评价定员；$Y_3$表示仪修定员；$Y_4$表示基层管理定员；$Y_5$表示机关管理定员；$Y_6$表示辅助班组定员。

6.2.1.1 作业队劳动定员

（1）测井队劳动定员。

工作内容：在裸眼井、套管井和油管井内进行测井资料采集。

定员标准见表 6-9。

**表 6-9 测井队定员标准（单位：人）**

| 标准编号 | 队 别 | 合计 | 队长 | 操作工程师 | 机械工程师 | 测井工 | 司机 | 综合数控队增加定员 | 放射性队增加定员 | 机动司机 |
|---|---|---|---|---|---|---|---|---|---|---|
| 1.1 | 5700 | 17.0 | 1 | 3 | 1 | 6 | 3 | 1 | 1.5 | 0.5 |
| 1.2 | EXCELL2000 | 14.8 | 1 | 3 | 1 | 4 | 3 | 1 | 1.3 | 0.5 |
| 1.3 | 3700 | 13.7 | 1 | 2 | 1 | 4 | 3 | 1 | 1.2 | 0.5 |
| 1.4 | CSU | 13.7 | 1 | 2 | 1 | 4 | 3 | 1 | 1.2 | 0.5 |
| 1.5 | 国产数控 | 12.6 | 1 | 2 | 1 | 4 | 3 | – | 1.1 | 0.5 |
| 1.6 | 声放磁 | 9.6 | 1 | 2 | – | 2 | 3 | – | 1.1 | 0.5 |
| 1.7 | 井下电视 | 9.6 | 1 | 2 | – | 2 | 3 | – | 1.1 | 0.5 |
| 1.8 | DDL–V | 13.7 | 1 | 2 | 1 | 4 | 3 | 1 | 1.2 | 0.5 |
| 1.9 | AT+ | 13.7 | 1 | 2 | 1 | 4 | 3 | 1 | 1.2 | 0.5 |
| 1.10 | DDL–III | 12.7 | 1 | 2 | 1 | 2 | 4 | 1 | 1.2 | 0.5 |
| 1.11 | 同位素 | 12.7 | 1 | 2 | 1 | 2 | 4 | 1 | 1.2 | 0.5 |

享受放射性假的测井小队增加定员 10%；非一体化的测井小队增加定员 1 人；配备餐车的小队增加定员 1 人；能同时完成声放磁、取心作业的综合数控小队增加定员 1 人；每两小队配备 1 名机动司机。

（2）取心队劳动定员。

工作内容：利用测井设备进行取心工程施工作业。

定员标准见表 6-10。

**表 6-10 取心队定员标准（单位：人）**

| 定员编号 | 队 别 | 合计 | 队长 | 操作工程师 | 取心工 | 司 机 | 机动司机 |
|---|---|---|---|---|---|---|---|
| 2.1 | 取心 | 8.5 | 1 | 2 | 2 | 3 | 0.5 |

6.2.1.2 资料评价劳动定员

工作内容：使用测井工程作业队采集的资料数据，通过验收、处理、解释评价及综合研究，为油田提供地质勘探开发测井解释成果。

定员范围：包括测井资料验收、描图、晒图、计算机处理、资料评价、综合解释、综合研究。

劳动定员计算公式为

$$Y_2 = Y_{21} + Y_{22}$$

$$Y_{21} = 4 + 3.85X$$

$$Y_{22} = 4X - 0.04X^2$$

式中，$Y_{21}$ 为成像测井、数控测井资料评价劳动定员，人；$Y_{22}$ 为生产测井、单项测井资料评价劳动定员，人；$X$ 为小队定编个数。定员标准见表 6-11。

**表 6-11　资料评价定员标准（单位：人）**

| 定员编号 | 测井资料评价种类 | 小队个数 | | | | | | | | |
|---|---|---|---|---|---|---|---|---|---|---|
| | | 5 | 10 | 15 | 20 | 25 | 30 | 35 | 40 | 45 |
| | | 劳动定员 | | | | | | | | |
| 3.1 | 成像测井系列<br>数控测井系列 | 23 | 43 | 62 | 81 | 100 | 120 | 139 | 158 | 177 |
| 3.2 | 生产测井系列<br>单项测井系列 | 19 | 36 | 51 | 64 | 75 | 84 | 91 | 96 | 99 |

6.2.1.3　*仪修劳动定员*

工作内容：完成地面、井下测井仪器的调试与维修工作。

劳动定员计算公式为

$$Y_3 = Y_{31} + Y_{32} + Y_{33} + Y_{34} + Y_{35}$$

式中，$Y_{31}$ 为成像、3700、CSU 仪修定员；$Y_{32}$ 为国产数控仪修定员；$Y_{33}$ 为生产测井仪修定员；$Y_{34}$ 为单项测井仪修定员；$Y_{35}$ 为射孔、取心仪修定员。定员标准见表 6-12。

**表 6-12　仪修定员标准（单位：人）**

| 定员编号 | 仪修种类 | 小队个数 | | | | | | | | | |
|---|---|---|---|---|---|---|---|---|---|---|---|
| | | 1 | 5 | 10 | 15 | 20 | 25 | 30 | 35 | 40 | 45 |
| | | 劳动定员 | | | | | | | | | |
| 4.1 | 成像、3700、CSU 仪修 | 4 | 17 | 32 | 46 | 59 | 70 | 84 | 90 | 98 | 104 |
| 4.2 | 国产数控仪修 | 4 | 16 | 29 | 41 | 53 | 64 | 73 | 82 | 89 | 96 |
| 4.3 | 生产测井仪修 | 3 | 13 | 24 | 36 | 46 | 55 | 66 | 75 | 84 | 92 |
| 4.4 | 单项测井仪修 | 2 | 10 | 18 | 27 | 35 | 43 | 50 | 57 | 64 | 69 |
| 4.5 | 射孔、取心仪修 | 1 | 2 | 3 | 4 | 5 | 7 | 8 | 9 | 10 | 11 |

6.2.1.4　*基层管理劳动定员*

工作内容：负责基层单位生产的指导、组织、协调、控制及技术和党群管理工作。

劳动定员计算公式为

$$Y_4 = 0.088E - 8 \times 10^{-5}E^2$$

式中，$E$ 为基层队人数（不包括管理人员）。定员标准见表 6-13。

**表 6-13　基层管理定员标准（单位：人）**

| 定 员 编 号 | 基层队人数 | 管理人员定员 |
|---|---|---|
| 5.1 | ≤150 | 11 |
| 5.2 | 200 | 14 |
| 5.3 | 250 | 17 |
| 5.4 | 300 | 19 |
| 5.5 | 350 | 21 |
| 5.6 | 400 | 22 |
| 5.7 | 450 | 23 |
| 5.8 | ≥500 | 24 |

#### 6.2.1.5　机关管理劳动定员

工作内容：负责机关管理中党群系统、生产技术系统、经营管理系统的职能管理（不含机关附属）。

劳动定员计算公式为

$$Y_5 = 3 + 0.0542A - 8\times10^{-6}A^2$$

式中，$A$ 为测井工程综合劳动定员（不含机关管理劳动定员）。

定员标准见表 6-14。

**表 6-14　机关管理定员标准（单位：人）**

| 定 员 编 号 | 基层队人数 | 管理人员定员 |
|---|---|---|
| 6.1 | ≤750 | 39 |
| 6.2 | 1250 | 58 |
| 6.3 | 1750 | 73 |
| 6.4 | 2250 | 85 |
| 6.5 | 2750 | 93 |
| 6.6 | 3250 | 95 |
| 6.7 | ≥3500 | 100 |

#### 6.2.1.6　辅助班组劳动定员

工作内容：负责完成测井工程辅助工作的班组。

定员范围：包括生产准备、源库保管、弹药库保管、电缆记号、刻度、工程解卡、高温高压、质检等。

劳动定员计算公式为

$$Y_6 = 22 + 0.018（Y_1 + Y_2 + Y_3 + Y_4）$$

### 6.2.2　测井工程设备仪器和材料

测井工程设备仪器和材料主要包括测井车、地面仪器、井下仪器、材料组成。不同类型测井设备仪器配备差别较大，同类型测井设备仪器有时也有些差别。这里举例说明引进 5700 成像测井、引进 2000 成像测井、引进 3700 数控测井、引进 CSU 数控测井、国产数控测井、资料处理解释的设备仪器和材料。

6.2.2.1 引进 5700 成像测井

以某油田引进 Eclips-5700 成像测井为例，说明其设备仪器和材料配备情况，参见表 6-15。

表 6-15 引进 Eclips-5700 成像测井设备仪器和材料

| 项 目 | 序 号 | 名 称 | 规 格 型 号 | 单 位 | 数 量 |
| --- | --- | --- | --- | --- | --- |
| 车辆 | 1 | 地面系统 | Eclips | 套 | 1 |
| | 2 | 仪器车 | Peter-B3882 | 台 | 1 |
| | 3 | 测井工作车 | ET5080TJC | 台 | 1 |
| | 4 | 放射性源车 | EQ-141 | 台 | 1 |
| 地面仪器 | 1 | 数控测井地面记录仪 | | 套 | 1 |
| | 2 | 地面附属设备 | | 套 | 1 |
| | 3 | 刻度设备 | | 套 | 1 |
| | 4 | 井下仪辅助设备 | | 套 | 1 |
| 井下仪器 | 1 | 微球形聚焦测井仪 | MSFL-B | 支 | 1 |
| | 2 | 双侧向测井仪 | DLL-S | 支 | 1 |
| | 3 | 自然伽马测井仪 | NGRT-A | 支 | 1 |
| | 4 | 补偿密度测井仪 | Z-D | 支 | 1 |
| | 5 | 补偿中子测井仪 | C-N | 支 | 1 |
| | 6 | 数字声波测井仪 | DAL | 支 | 1 |
| | 7 | 阵列感应测井仪 | HDIL | 支 | 1 |
| | 8 | 井斜方位测井仪 | 4401 | 支 | 1 |
| | 9 | 多极子阵列声波测井仪 | XMAC | 支 | 1 |
| | 10 | 自然伽马能谱测井仪 | 1329 | 支 | 1 |
| | 11 | 声成像测井仪 | CIBL | 支 | 1 |
| | 12 | 电成像测井仪 | STAR-11 | 支 | 1 |
| | 13 | 电缆地层测试器 | FMT | 支 | 1 |
| | 14 | 地层倾角测井仪 | 1016 | 支 | 2 |
| | 15 | 井径仪 | | 支 | 1 |
| | 16 | 井温仪 | | 支 | 1 |
| | 17 | 流体仪 | | 支 | 1 |
| | 18 | 声波变密度测井仪 | | 支 | 1 |
| | 19 | 放射性中子源 | | 支 | 1 |
| 材料 | 1 | 测井电缆 | 7-H464-A | | |
| | 2 | 兆欧表 | | | |
| | 3 | 电热板 | | | |
| | 4 | 白沙带 | | | |
| | 5 | 高压胶布 | 20mm×5m | | |
| | 6 | 工具 | | | |
| | 7 | 热敏胶片 | 3cm | | |
| | 8 | 勾头扳手 | | | |
| | 9 | 微侧向极板 | | | |
| | 10 | 电成像极板 | | | |

续表

| 项　目 | 序 号 | 名　　称 | 规 格 型 号 | 单 位 | 数 量 |
|---|---|---|---|---|---|
| 材料 | 11 | 丝扣油 | | | |
| | 12 | 热敏纸 | | | |
| | 13 | 磁带 | 3m | | |
| | 14 | 张力线 | | | |
| | 15 | 扶正器 | | | |
| | 16 | 刮泥器 | | | |

### 6.2.2.2 引进 2000 成像测井

以某油田引进 Excell-2000 成像测井为例，说明其设备仪器和材料配备情况，参见表 6-16。

**表 6-16 引进 Excell-2000 成像测井设备仪器和材料**

| 项　目 | 序 号 | 名　　称 | 规 格 型 号 | 单 位 | 数 量 |
|---|---|---|---|---|---|
| 车辆 | 1 | 地面系统 | EXCELL-2000G | 套 | 1 |
| | 2 | 仪器车 | Peter-B3882 | 台 | 1 |
| | 3 | 测井工作车 | ET5080TJC | 台 | 1 |
| | 4 | 放射性源车 | EQ-141 | 台 | 1 |
| 地面仪器 | 1 | 数控测井地面记录仪 | | 套 | 1 |
| | 2 | 地面附属设备 | | 套 | 1 |
| | 3 | 刻度设备 | | 套 | 1 |
| | 4 | 井下仪辅助设备 | | 套 | 1 |
| 井下仪器 | 1 | 补偿密度测井仪 | | 支 | 2 |
| | 2 | 自然伽马测井仪 | NGRT-A | 支 | 2 |
| | 3 | 双侧向测井仪 | DLLT-B | 支 | 2 |
| | 4 | 数字声波测井仪 | | 支 | 2 |
| | 5 | 微球形聚焦测井仪 | MSFL-B | 支 | 2 |
| | 6 | Z 密度测井仪 | Z-D | 支 | 2 |
| | 7 | 补偿中子测井仪 | DSNT-A | 支 | 2 |
| | 8 | 双感应—聚焦测井仪 | HRI-A | 支 | 2 |
| | 9 | 井斜方位测井仪 | SDDT-A | 支 | 1 |
| | 10 | 全波列声波测井仪 | FWST-A | 支 | 2 |
| | 11 | 自然伽马能谱测井仪 | CSNG-A | 支 | 2 |
| | 12 | 声成像测井仪 | CAST-V | 支 | 2 |
| | 13 | 电成像测井仪 | EMI-A | 支 | 2 |
| | 14 | 放射性中子源 | | 支 | 1 |
| | 15 | 电缆地层测试器 | SFT-IV | 支 | 2 |
| | 16 | P-型核磁共振测井仪 | P-Prime | 支 | 2 |
| | 17 | 旋转式井壁取心器 | RSCT-A | 支 | 2 |
| | 18 | 声波变密度测井仪 | | 支 | 1 |
| | 19 | 井径仪 | | 支 | 2 |

续表

| 项　目 | 序 号 | 名　　称 | 规 格 型 号 | 单 位 | 数 量 |
|---|---|---|---|---|---|
| 材料 | 1 | 测井电缆 | 7-H464-A | | |
| | 2 | 橡套电缆 | | | |
| | 3 | 兆欧表 | EC25-3 | | |
| | 4 | 电热板 | | | |
| | 5 | 白沙带 | | | |
| | 6 | 高压胶布 | | | |
| | 7 | 工具 | | | |
| | 8 | 透明胶 | 3cm | | |
| | 9 | 扶正器及配件 | | | |
| | 10 | 马笼头电极 | | | |
| | 11 | 马笼头接头 | | | |
| | 12 | 电缆座 | | | |
| | 13 | 绝缘套 | | | |
| | 14 | 公插针 | | | |
| | 15 | 母插座 | | | |
| | 16 | 拉力棒 | | | |
| | 17 | 防磨板 | | | |
| | 18 | 成像极板 | | | |
| | 19 | 微球极板 | | | |
| | 20 | 清洗机 | | | |
| | 21 | 加油泵 | | | |
| | 22 | 液压油管线 | | | |
| | 23 | 黑胶布 | | | |
| | 24 | 硅脂 | | | |
| | 25 | RTU 胶 | | | |
| | 26 | 黄油 | | | |
| | 27 | 棉纱 | | | |
| | 28 | 晶体 | | | |
| | 29 | 光电倍增管 | | | |

#### 6.2.2.3　引进 CSU 数控测井

以某油田引进 CSU 数控测井为例，说明其设备仪器和材料配备情况，参见表 6-17。

**表 6-17　引进 CSU 数控测井设备仪器和材料**

| 项　目 | 序 号 | 名　　称 | 规 格 型 号 | 单 位 | 数 量 |
|---|---|---|---|---|---|
| 车辆 | 1 | 地面系统 | CSU—D | 套 | 1 |
| | 2 | 仪器车 | International-362 | 台 | 1 |
| | 3 | 测井工作车 | ET5080TJC | 台 | 1 |
| | 4 | 放射性源车 | EQ-141 | 台 | 1 |

续表

| 项　目 | 序 号 | 名　　称 | 规 格 型 号 | 单 位 | 数 量 |
|---|---|---|---|---|---|
| 地面仪器 | 1 | CSU—D 地面仪 | | 套 | 1 |
| | 2 | RFT 地面面板 | | 套 | 1 |
| | 3 | 地面附属设备 | | 套 | 1 |
| | 4 | 刻度设备 | | 套 | 1 |
| | 5 | 测井放射性源 | | 支 | 1 |
| | 6 | 井下仪辅助设备 | | 支 | 1 |
| 井下仪器 | 1 | 数传短接 | TCC-A | 支 | 1 |
| | 2 | 自然伽马仪 | SGT-E、SGT-L | 支 | 1 |
| | 3 | 双侧向测井仪 | DLT-C | 支 | 1 |
| | 4 | 微球形聚焦测井仪 | SRT-C | 支 | 1 |
| | 5 | 补偿密度测井仪 | | 支 | 1 |
| | 6 | 补偿中子测井仪 | NGT-G | 支 | 1 |
| | 7 | 补偿声波测井仪 | SLT-N | 支 | 1 |
| | 8 | 双感应测井仪 | DIT-D | 支 | 1 |
| | 9 | 四臂井径测井仪 | | 支 | 1 |
| | 10 | 长源距声波测井仪 | | 支 | 1 |
| | 11 | 高分辨率声波测井仪 | | 支 | 2 |
| | 12 | 重复式地层测试器 | RFT | 支 | 1 |
| | 13 | 自然伽马能谱测井仪 | NGT-D | 支 | 1 |
| | 14 | 声波密度测井仪 | | 支 | 1 |
| | 15 | 放射性中子源 | | 支 | 1 |
| | 16 | 连续测斜仪 | | 支 | 1 |
| | 17 | 单点测斜仪 | | 支 | 1 |
| 材料 | 1 | 测井电缆 | | | |
| | 2 | 测井胶片 | | | |
| | 3 | 磁带 | | | |
| | 4 | 测井滑轮 | | | |
| | 5 | 数据带 | | | |
| | 6 | 盒式带 | | | |
| | 7 | 兆欧表 | | | |
| | 8 | 硅脂 | | | |
| | 9 | 高压胶布 | | | |
| | 10 | 晒图纸 | | | |
| | 11 | 工具 | | | |

#### 6.2.2.4 引进 3700 数控测井

以某油田引进 3700 数控测井为例，说明其设备仪器配备情况，表 6-18。

**表 6-18　引进 3700 数控测井设备仪器和材料**

| 项　目 | 序 号 | 名　　称 | 规 格 型 号 | 单 位 | 数 量 |
|---|---|---|---|---|---|
| 车辆 | 1 | 仪器车 | | 台 | 1 |
| | 2 | 测井工作车 | | 台 | 1 |

续表

| 项　目 | 序 号 | 名　　称 | 规 格 型 号 | 单 位 | 数 量 |
|---|---|---|---|---|---|
| 地面仪器 | 1 | 计算机 | 8/16E 小型 | 台 | 1 |
| | 2 | 磁带机 | 3753 型 | 台 | 2 |
| | 3 | 磁盘机 | 3780/3796 | 台 | 2 |
| | 4 | 绘图仪 | 3759/3760 | 台 | 2 |
| | 5 | CRT 显示器 | 3762 | 台 | 1 |
| | 6 | 电传打字机 | 3756/3787 | 台 | 1 |
| | 7 | 电缆滚筒、绞车和绞车操作台 | | 套 | 1 |
| | 8 | 深度编码器 | | 套 | 1 |
| 井下仪器 | 1 | 2.5m 梯度测井仪 | | 支 | 2 |
| | 2 | 0.4m 电位测井仪 | | 支 | 2 |
| | 3 | 自然电位测井仪 | | 支 | 2 |
| | 4 | 双感应—八侧向测井仪 | | 支 | 2 |
| | 5 | 双侧向测井仪 | | 支 | 2 |
| | 6 | 微侧向测井仪 | | 支 | 2 |
| | 7 | 微球形聚焦测井仪 | | 支 | 2 |
| | 8 | 电缆遥测短节 | | 支 | 2 |
| | 9 | 自然伽马测井仪 | | 支 | 2 |
| | 10 | 补偿中子测井仪 | | 支 | 2 |
| | 11 | 补偿密度测井仪 | | 支 | 2 |
| | 12 | 岩性密度测井仪 | | 支 | 2 |
| | 13 | 自然伽马能谱测井仪 | | 支 | 1 |
| | 14 | 补偿声波测井仪 | | 支 | 2 |
| | 15 | 环形声波测井仪 | | 支 | 2 |
| | 16 | 长源距声波测井仪 | | 支 | 1 |
| | 17 | 介电测井仪 | | 支 | 1 |
| | 18 | 地层倾角测井仪 | | 支 | 1 |
| | 19 | 地层测试器（FMT） | | 支 | 1 |
| | 20 | 三臂井径仪 | | 支 | 2 |
| | 21 | XY 井径仪 | | 支 | 2 |
| | 22 | 磁性定位测井仪 | | 支 | 2 |
| | 23 | 水泥胶结（CBL） 测井仪 | | 支 | 2 |
| 材料 | 1 | 电缆 | 7-46 | | |
| | 2 | 马笼头 | | | |
| | 3 | 马丁代克 | | | |
| | 4 | 鱼雷头总成 | 8mm | | |
| | 5 | 滑轮 | | | |
| | 6 | 硅油 | 100# | | |
| | 7 | 硅脂 | | | |
| | 8 | 胶片 | 8.75 | | |
| | 9 | 专用工具 | | | |

续表

| 项　目 | 序 号 | 名　　称 | 规 格 型 号 | 单 位 | 数 量 |
|---|---|---|---|---|---|
| 材料 | 10 | 热敏纸 | 220.5×50 | | |
| | 11 | 软盘 | 3in | | |
| | 12 | 磁带 | 700 型 | | |
| | 13 | O 型圈 | | | |
| | 14 | 指重计 | | | |

### 6.2.2.5　国产数控测井

以某油田国产数控测井为例，说明其设备仪器配备情况，表 6-19。

**表 6-19　国产数控测井设备仪器和材料**

| 项　目 | 序 号 | 名　　称 | 规 格 型 号 | 单 位 | 数 量 |
|---|---|---|---|---|---|
| 车辆 | 1 | 地面仪器 | | 套 | 1 |
| | 2 | 仪器车 | | 台 | 1 |
| | 3 | 测井工作车 | | 台 | 1 |
| 井下仪器 | 1 | 2.5m 梯度测井仪 | | 支 | 2 |
| | 2 | 0.4m 电位测井仪 | | 支 | 2 |
| | 3 | 自然电位测井仪 | | 支 | 2 |
| | 4 | 双感应—八侧向测井仪 | | 支 | 2 |
| | 5 | 双侧向测井仪 | | 支 | 2 |
| | 6 | 微电极测井仪 | | 支 | 2 |
| | 7 | 微球形聚焦测井仪 | | 支 | 2 |
| | 8 | 中子伽马测井仪 | | 支 | 2 |
| | 9 | 自然伽马测井仪 | | 支 | 2 |
| | 10 | 补偿中子测井仪 | | 支 | 2 |
| | 11 | 补偿密度测井仪 | | 支 | 2 |
| | 12 | 补偿声波测井仪 | | 支 | 2 |
| | 13 | 声幅测井仪 | | 支 | 2 |
| | 14 | 连续井斜仪 | | 支 | 2 |
| | 15 | 井壁取心器 | | 支 | 2 |
| | 16 | 三臂井径仪 | | 支 | 2 |
| | 17 | 磁性定位测井仪 | | 支 | 2 |
| | 18 | 水泥胶结（CBL） 测井仪 | | 支 | 2 |
| 材料 | 1 | 电缆 | 7-46 | | |
| | 2 | 马笼头 | | | |
| | 3 | 马丁代克 | | | |
| | 4 | 鱼雷头总成 | 8mm | | |
| | 5 | 滑轮 | | | |
| | 6 | 硅油 | 100# | | |
| | 7 | 硅脂 | | | |
| | 8 | 胶片 | 8.75 | | |

续表

| 项 目 | 序 号 | 名 称 | 规 格 型 号 | 单 位 | 数 量 |
|---|---|---|---|---|---|
| 材料 | 9 | 专用工具 | | | |
| | 10 | 热敏纸 | 220.5×50 | | |
| | 11 | 软盘 | 3in | | |
| | 12 | 磁带 | 700 型 | | |
| | 13 | O 型圈 | | | |
| | 14 | 指重计 | | | |

6.2.2.6 资料处理解释

（1）设备配置。Sun、MIPS、SGI、HP、DEC 等工作站以及高档微机。目前应用最广的机型是 SUN 工作站。

（2）主要材料。盒式带、彩色绘图纸、热敏胶片、油测光敏纸、复印纸等。

## 6.3 测井工程造价计算方法

### 6.3.1 测井工程量计算规则

测井工程量由测井作业、技术服务和其他作业 3 部分构成。测井作业指在裸眼井中采用常规标准测井系列和组合测井系列进行的作业以及在套管井中进行固井质量检查测井作业，技术服务主要指电缆地层测试、井壁取心、井温测井、套管质量评价测井等单项技术服务性质的作业，其他作业指下电缆桥塞、爆炸切割、爆炸松扣、打捞等工程性质的作业。若有测井工程项目未包含在已设立测井工程项目，则放在相应造价分类项目下面，根据编码规则补充新的编码。测井工程量计算规则如表 6-20 所示。

**表 6-20 测井工程量计算规则**

| 编 码 | 项 目 名 称 | 计 量 单 位 | 工程量计算方法 |
|---|---|---|---|
| 500000 | 测井工程 | | |
| 510000 | 测井作业 | | |
| 511000 | 一开井段测井 | | |
| 511100 | 裸眼井测井 | | |
| 511110 | 路途行驶 | km | 往返行驶距离（km） |
| 511120 | 资料采集 | | |
| 511121 | 自然电位 | 计价米 | Σ测井仪器入井深度（m）+测量井段长度（m） |
| 511122 | 自然伽马 | 计价米 | Σ测井仪器入井深度（m）+测量井段长度（m） |
| 511123 | 普通电阻率 | 计价米 | Σ测井仪器入井深度（m）+测量井段长度（m） |
| 511124 | 井径 | 计价米 | Σ测井仪器入井深度（m）+测量井段长度（m） |
| 511125 | 井斜 | 计价米 | Σ测井仪器入井深度（m）+测量井段长度（m） |
| 511130 | 资料处理 | 处理米 | Σ测井项目处理长度（m） |
| 511200 | 固井质量检查测井 | | |
| 511210 | 路途行驶 | km | 往返行驶距离（km） |
| 511220 | 资料采集 | | |

续表

| 编码 | 项目名称 | 计量单位 | 工程量计算方法 |
| --- | --- | --- | --- |
| 511221 | 声幅 | 计价米 | Σ测井仪器入井深度（m）+测量井段长度（m） |
| 511230 | 资料处理 | 处理米 | Σ测井项目处理长度（m） |
| 512000 | 二开井段测井 | | |
| 512100 | 裸眼井测井 | | |
| 512110 | 路途行驶 | km | 往返行驶距离（km） |
| 512120 | 资料采集 | | |
| 512121 | 自然电位 | 计价米 | Σ测井仪器入井深度（m）+测量井段长度（m） |
| 512122 | 自然伽马 | 计价米 | Σ测井仪器入井深度（m）+测量井段长度（m） |
| 512123 | 普通电阻率 | 计价米 | Σ测井仪器入井深度（m）+测量井段长度（m） |
| 512124 | 井径 | 计价米 | Σ测井仪器入井深度（m）+测量井段长度（m） |
| 512125 | 井斜 | 计价米 | Σ测井仪器入井深度（m）+测量井段长度（m） |
| 512130 | 资料处理 | 处理米 | Σ测井项目处理长度（m） |
| 512200 | 固井质量检查测井 | | |
| 512210 | 路途行驶 | km | 往返行驶距离（km） |
| 512220 | 资料采集 | | |
| 512221 | 声幅 | 计价米 | Σ测井仪器入井深度（m）+测量井段长度（m） |
| 512230 | 资料处理 | 处理米 | Σ测井项目处理长度（m） |
| 513000 | 三开井段测井 | | |
| 513100 | 裸眼井测井 | | |
| 513110 | 路途行驶 | km | 往返行驶距离（km） |
| 513120 | 资料采集 | | |
| 513121 | 自然电位 | 计价米 | Σ测井仪器入井深度（m）+测量井段长度（m） |
| 513122 | 自然伽马 | 计价米 | Σ测井仪器入井深度（m）+测量井段长度（m） |
| 513123 | 双感应（双侧向） | 计价米 | Σ测井仪器入井深度（m）+测量井段长度（m） |
| 513124 | 八侧向（微球形聚焦） | 计价米 | Σ测井仪器入井深度（m）+测量井段长度（m） |
| 513125 | 声波 | 计价米 | Σ测井仪器入井深度（m）+测量井段长度（m） |
| 513126 | 补偿中子 | 计价米 | Σ测井仪器入井深度（m）+测量井段长度（m） |
| 513127 | 补偿密度 | 计价米 | Σ测井仪器入井深度（m）+测量井段长度（m） |
| 513128 | 井径 | 计价米 | Σ测井仪器入井深度（m）+测量井段长度（m） |
| 513129 | 井斜 | 计价米 | Σ测井仪器入井深度（m）+测量井段长度（m） |
| 513130 | 资料处理 | 处理米 | Σ测井项目处理长度（m） |
| 513200 | 固井质量检查测井 | | |
| 513210 | 路途行驶 | km | 往返行驶距离（km） |
| 513220 | 资料采集 | | |
| 513221 | 声幅 | 计价米 | Σ测井仪器入井深度（m）+测量井段长度（m） |
| 513222 | 声波变密度 | 计价米 | Σ测井仪器入井深度（m）+测量井段长度（m） |
| 513230 | 资料处理 | 处理米 | Σ测井项目处理长度（m） |
| 520000 | 技术服务 | | |
| 521000 | 电缆地层测试 | | |
| 521100 | 路途行驶 | km | 往返行驶距离（km） |

续表

| 编 码 | 项 目 名 称 | 计 量 单 位 | 工程量计算方法 |
| --- | --- | --- | --- |
| 521200 | 资料采集 | | |
| 521210 | 压力测试 | 点 | Σ压力记录点数（点） |
| 521220 | 取样 | 点 | Σ采集样品数量（点） |
| 522000 | 井壁取心 | | |
| 522100 | 路途行驶 | km | 往返行驶距离（km） |
| 522200 | 资料采集 | 颗 | Σ取心颗数（颗） |
| 523000 | 井温测井 | | |
| 523100 | 路途行驶 | km | 往返行驶距离（km） |
| 523200 | 资料采集 | 计价米 | Σ测井仪器入井深度（m）+测量井段长度（m） |
| 523300 | 资料处理 | 处理米 | Σ测井项目处理长度（m） |
| 524000 | 套管质量评价测井 | | |
| 524100 | 路途行驶 | km | 往返行驶距离（km） |
| 524200 | 资料采集 | 计价米 | Σ测井仪器入井深度（m）+测量井段长度（m） |
| 524300 | 资料处理 | 处理米 | Σ测井项目处理长度（m） |
| 530000 | 其他作业 | | |
| 531000 | 下电缆桥塞 | 井次 | Σ作业次数（次） |
| 532000 | 爆炸切割 | 井次 | Σ作业次数（次） |
| 533000 | 爆炸松扣 | 井次 | Σ作业次数（次） |
| 534000 | 打捞 | 井次 | Σ作业次数（次） |

### 6.3.2 测井工程造价构成及计算方法

测井工程造价由测井作业费、技术服务费、其他作业费和税费 4 部分构成。测井工程造价构成内容及计算方法如表 6-21 所示，分部分项工程造价构成内容及计算方法见表 6-22。

**表 6-21　测井工程造价构成**

| 编 码 | 项 目 名 称 | 计 价 单 位 | 造价计算方法 |
| --- | --- | --- | --- |
| 500000 | 测井工程费 | 元/口井 | 510000+520000+530000+540000 |
| 510000 | 测井作业费 | 元/口井 | 分部分项工程造价 510000 |
| 520000 | 技术服务费 | 元/口井 | 分部分项工程造价 520000 |
| 530000 | 其他作业费 | 元/口井 | 分部分项工程造价 530000 |
| 540000 | 税费 | 元/口井 | （510000+520000+530000）×折算税率 |

**表 6-22　分部分项工程造价构成**

| 编 码 | 项 目 名 称 | 计 价 单 位 | 造价计算方法 |
| --- | --- | --- | --- |
| 510000 | 测井作业 | 元/口井 | 511000+512000+513000 |
| 511000 | 一开井段测井 | 元/口井 | 511100+511200+511300 |
| 511100 | 裸眼井测井 | 元/口井 | 511110+511120+511130 |
| 511110 | 路途行驶 | 元/口井 | Σ综合单价（元/车·km）×往返行驶距离（km） |
| 511120 | 资料采集 | 元/口井 | 511121+511122+511123+511124+511125 |

续表

| 编码 | 项目名称 | 计价单位 | 造价计算方法 |
| --- | --- | --- | --- |
| 511121 | 自然电位 | 元/口井 | Σ综合单价（元/计价米）×资料采集长度（计价米） |
| 511122 | 自然伽马 | 元/口井 | Σ综合单价（元/计价米）×资料采集长度（计价米） |
| 511123 | 普通电阻率 | 元/口井 | Σ综合单价（元/计价米）×资料采集长度（计价米） |
| 511124 | 井径 | 元/口井 | Σ综合单价（元/计价米）×资料采集长度（计价米） |
| 511125 | 井斜 | 元/口井 | Σ综合单价（元/计价米）×资料采集长度（计价米） |
| 511130 | 资料处理 | 元/口井 | Σ综合单价（元/处理米）×测井项目处理长度（处理米） |
| 511200 | 固井质量检查测井 | 元/口井 | 511210+511220+511230 |
| 511210 | 路途行驶 | 元/口井 | Σ综合单价（元/车·km）×往返行驶距离（km） |
| 511220 | 资料采集 | 元/口井 | 511221 |
| 511221 | 声幅 | 元/口井 | Σ综合单价（元/计价米）×资料采集长度（计价米） |
| 511230 | 资料处理 | 元/口井 | Σ综合单价（元/处理米）×测井项目处理长度（处理米） |
| 512000 | 二开井段测井 | 元/口井 | 512100+512200+512300 |
| 512100 | 裸眼井测井 | 元/口井 | 512110+512120+512130 |
| 512110 | 路途行驶 | 元/口井 | Σ综合单价（元/车·km）×往返行驶距离（km） |
| 512120 | 资料采集 | 元/口井 | 512121+512122+512123+512124+512125 |
| 512121 | 自然电位 | 元/口井 | Σ综合单价（元/计价米）×资料采集长度（计价米） |
| 512122 | 自然伽马 | 元/口井 | Σ综合单价（元/计价米）×资料采集长度（计价米） |
| 512123 | 普通电阻率 | 元/口井 | Σ综合单价（元/计价米）×资料采集长度（计价米） |
| 512124 | 井径 | 元/口井 | Σ综合单价（元/计价米）×资料采集长度（计价米） |
| 512125 | 井斜 | 元/口井 | Σ综合单价（元/计价米）×资料采集长度（计价米） |
| 512130 | 资料处理 | 元/口井 | Σ综合单价（元/处理米）×测井项目处理长度（处理米） |
| 512200 | 固井质量检查测井 | 元/口井 | 512210+512220+512230 |
| 512210 | 路途行驶 | 元/口井 | Σ综合单价（元/车·km）×往返行驶距离（km） |
| 512220 | 资料采集 | 元/口井 | 512221 |
| 512221 | 声幅 | 元/口井 | Σ综合单价（元/计价米）×资料采集长度（计价米） |
| 512230 | 资料处理 | 元/口井 | Σ综合单价（元/处理米）×测井项目处理长度（处理米） |
| 513000 | 三开井段测井 | 元/口井 | 513100+513200+513300 |
| 513100 | 裸眼井测井 | 元/口井 | 513110+513120+513130 |
| 513110 | 路途行驶 | 元/口井 | Σ综合单价（元/车·km）×往返行驶距离（km） |
| 513120 | 资料采集 | 元/口井 | 513121+513122+513123+…+513128+513129 |
| 513121 | 自然电位 | 元/口井 | Σ综合单价（元/计价米）×资料采集长度（计价米） |
| 513122 | 自然伽马 | 元/口井 | Σ综合单价（元/计价米）×资料采集长度（计价米） |
| 513123 | 双感应（双侧向） | 元/口井 | Σ综合单价（元/计价米）×资料采集长度（计价米） |
| 513124 | 八侧向（微球形聚焦） | 元/口井 | Σ综合单价（元/计价米）×资料采集长度（计价米） |
| 513125 | 声波 | 元/口井 | Σ综合单价（元/计价米）×资料采集长度（计价米） |
| 513126 | 补偿中子 | 元/口井 | Σ综合单价（元/计价米）×资料采集长度（计价米） |
| 513127 | 补偿密度 | 元/口井 | Σ综合单价（元/计价米）×资料采集长度（计价米） |
| 513128 | 井径 | 元/口井 | Σ综合单价（元/计价米）×资料采集长度（计价米） |
| 513129 | 井斜 | 元/口井 | Σ综合单价（元/计价米）×资料采集长度（计价米） |
| 513130 | 资料处理 | 元/口井 | Σ综合单价（元/处理米）×测井项目处理长度（处理米） |

续表

| 编码 | 项目名称 | 计价单位 | 造价计算方法 |
|---|---|---|---|
| 513200 | 固井质量检查测井 | 元/口井 | 513210+513220+513230 |
| 513210 | 路途行驶 | 元/口井 | Σ综合单价（元/车·km）×往返行驶距离（km） |
| 513220 | 资料采集 | 元/口井 | 513221+513222 |
| 513221 | 声幅 | 元/口井 | Σ综合单价（元/计价米）×资料采集长度（计价米） |
| 513222 | 声波变密度 | 元/口井 | Σ综合单价（元/计价米）×资料采集长度（计价米） |
| 513230 | 资料处理 | 元/口井 | Σ综合单价（元/处理米）×测井项目处理长度（处理米） |
| 520000 | 技术服务 | 元/口井 | 521000+522000+523000+524000 |
| 521000 | 电缆地层测试 | 元/口井 | 521100+521200 |
| 521100 | 路途行驶 | 元/口井 | Σ综合单价（元/车·km）×往返行驶距离（km） |
| 521200 | 资料采集 | 元/口井 | 521210+521220 |
| 521210 | 压力测试 | 元/口井 | Σ综合单价（元/点）×压力记录点数（点） |
| 521220 | 取样 | 元/口井 | Σ综合单价（元/点）×采集样品数量（点） |
| 522000 | 井壁取心 | 元/口井 | 522100+522200 |
| 522100 | 路途行驶 | 元/口井 | Σ综合单价（元/车·km）×往返行驶距离（km） |
| 522200 | 资料采集 | 元/口井 | Σ综合单价（元/颗）×取心颗数（颗） |
| 523000 | 井温测井 | 元/口井 | 523100+523200 |
| 523100 | 路途行驶 | 元/口井 | Σ综合单价（元/车·km）×往返行驶距离（km） |
| 523200 | 资料采集 | 元/口井 | Σ综合单价（元/计价米）×资料采集长度（计价米） |
| 523300 | 资料处理 | 元/口井 | Σ综合单价（元/处理米）×测井项目处理长度（处理米） |
| 524000 | 套管质量评价测井 | 元/口井 | 524100+524200 |
| 524100 | 路途行驶 | 元/口井 | Σ综合单价（元/车·km）×往返行驶距离（km） |
| 524200 | 资料采集 | 元/口井 | Σ综合单价（元/计价米）×资料采集长度（计价米） |
| 524300 | 资料处理 | 元/口井 | Σ综合单价（元/处理米）×测井项目处理长度（处理米） |
| 530000 | 其他作业 | 元/口井 | 531000+532000+533000+534000 |
| 531000 | 下电缆桥塞 | 元/口井 | Σ综合单价（元/次）×作业次数（次） |
| 532000 | 爆炸切割 | 元/口井 | Σ综合单价（元/次）×作业次数（次） |
| 533000 | 爆炸松扣 | 元/口井 | Σ综合单价（元/次）×作业次数（次） |
| 534000 | 打捞 | 元/口井 | Σ综合单价（元/次）×作业次数（次） |

### 6.3.3 测井工程造价其他计算方法

上述分部分项工程造价计算方法同目前各油田在用定额和取费标准基本一致。但由于测井工程管理模式有所不同，其造价构成和计算方法有时会有所不同，这里进行说明。

6.3.3.1 测井作业费

（1）条件米计价。

1984 年，中国石油天然气总公司为开展同行业劳动竞赛，提出以“条件米”作为测井工程量的基本计量单位，JD-581 小数控测井仪沿井轴测量自然电位 1 米为一个条件米。不同测井系列的不同测井项目赋予不同的条件米系数，测井辅助工作量亦赋予不同的条件米，例如测井路途行驶每车公里为 10 个条件米，井口安装一次为 600 条件米，井场等待及井下遇阻等特殊情况附加工程量均以条件米来计量。一口井的测井资料采集作业费用计算公式为

$$C=(L_1+L_2+L_3+L_4+L_5)\times P_0$$

式中，$L_1$表示路程条件米，$L_1=10\times N\times L$，$N$为车辆台数，$L$为车辆行驶里程；$L_2$表示安装条件米，$L_2=600\times n$，$n$为井口安装次数；$L_3$表示测量条件米，$L_3=\sum L_N\times K_N\times K_0$，$L_N$为不同测量曲线所测量的长度，$K_N$为对应不同曲线的条件米系数，$K_0$为井深系数；$L_4$表示等待条件米，$L_5$表示遇阻条件米，分别按规定取值；$P_0$为条件米单价。

（2）钻井米计价。

“钻井米”计价法是长庆油田近年来采用的市场化价格计价法，一口井测井费用按“钻井米”单价乘以所钻井的井深确定。“钻井米”单价中包含测井工程的全部费用，包括路途行驶、资料采集、资料处理解释，还有射孔及井壁取心的费用。钻井米单价按天然气勘探井、中生界石油勘探井、中生界石油评价井、石油滚动评价井、油田开发井、调整更新井、气田开发井、气田开发评价井 8 种类型分别计价，规定了不同类型井必须测量的项目。

（3）计费米计价。

“计费米”计价法是目前中石化各油田正在执行的一种计价方法。这种计价方法是将资料采集费分为固定费用和作业费用，设备费用和人工费用作为固定费用，计价单位为“井次”；测井仪器和材料消耗费用作为作业费用，以测井仪器下深和所测量的井段长度之和为基数，计价单位为“计费米”。一口井的测井资料采集作业费用计算方法为

$$C=C_0+F\times N+\sum L_N\times P_N$$

式中，$C_0$ 为路途行驶费，行驶费（元）＝∑行驶费单价（元/车·km）×行驶距离（km）；$F$ 为一井次的测井固定费用，$N$ 为此口井的测井次数；$L_N$ 为某一曲线的计费米数，$P_N$ 为对应曲线的计费米单价。

（4）深度米和测量米计价。

这种方法是将资料采集费分为深度费和测量费。深度费指测井施工中下井仪器由转盘面到井筒中最深记录点运行每米所收取的费用，计价单位为“元/深度米”。测量费指测井施工中下井仪器在井筒中平行于井轴测量每米所收取的费用，计价单位为“元/测量米”。深度米单价和测量米单价不同。一口井的测井资料采集费用计算方法为

$$C=C_0+\sum H\times Q+\sum L\times P+C_1$$

式中，$C_0$ 为路途行驶费，行驶费（元）＝∑行驶费单价（元/车·km）×行驶距离（km），单程小于 100km 不计算路途费用；$H$ 为测某一曲线时仪器的下深，$Q$ 为对应曲线的深度米单价；$L$ 为某一曲线的测量长度，$P$ 为对应曲线的测量米单价；$C_1$ 为遇阻费。

（5）计价米计价。

此种计价法是将测井深度米单价和测量米单价统一采用一个价格，计价单位为“元/计价米”，测量米和深度米统称为计价米。中国石油 2003 年和 2005 年发布的 10 个油田测井定额采用这种计价方法。此方法把仪器入井的深度与测井井段长度视为同等性质的工作量，简化了操作。

测井作业费（元）＝行驶费（元）+施工费（元）

行驶费（元）＝∑行驶费单价（元/车·km）×行驶距离（km）

施工费（元）＝∑综合单价（元/计价米）×工作量（计价米）

（6）井口安装费。

大港等少数油田测井作业费中设有井口安装费，以井次计价，204 元/井次，特殊安装按

标准的2倍收费。

（7）资料处理费。

少数油田资料处理费含在测井作业费中，不单独计取。

6.3.3.2 技术服务费

这里举例说明地层测试费。

地层测试费 = 资料采集费+路程行驶费。

（1）资料采集费。

资料采集费 = 测量费+深度费；

测量费 = 测压费+取样费；

测压费 = 测压点×测压单价；

取样费 = 取样桶×取样单价；

深度费 = 深度米×深度米单价。

（2）路程行驶费。

路程行驶费 = 往返距离×车辆台数×路程行驶单价。

## 6.4 测井工程计价标准编制方法

测井工程技术含量高，其人工费、设备费、材料费等工程造价管理内容均按设备类型进行确定，下面以配备一套引进Eclips-5700测井设备的测井队为例，介绍测井作业费计价标准的编制方法。

### 6.4.1 基础标准

6.4.1.1 测井队定员标准

（1）定员标准。根据油田现有定员标准确定（表6-23）。

表6-23 测井队定员标准 计量单位：队

| 标准编号 | | | Z5-1 |
|---|---|---|---|
| 序号 | 岗位 | 单位 | 数量 |
| | 合计 | 人 | 12.00 |
| 1 | 队长 | 人 | 1.00 |
| 2 | 操作工程师 | 人 | 3.00 |
| 3 | 机械工程师 | 人 | 1.00 |
| 4 | 测井工 | 人 | 4.00 |
| 5 | 司机 | 人 | 3.00 |

（2）人工费标准。根据2007年测井队人员平均人工费确定（表6-24）。

表6-24 测井队人工费标准 计量单位：人年

| 标准编号 | | | Z5-2 |
|---|---|---|---|
| 序号 | 名称 | 单位 | 金额 |
| 1 | 人工费 | 元 | 74775.76 |

6.4.1.2　设备标准

（1）设备配备标准。根据油田测井队实际配备标准确定（表6-25）。

**表6-25　Eclips-5700测井设备配备标准**　　计量单位：队

| 标准编号 | | | | Z5-3 |
|---|---|---|---|---|
| 序号 | 名称 | 规格型号 | 单位 | 数量 |
| 1 | 车辆 | | 台 | 3.00 |
| 1.1 | 仪器车 | Peter-B3882 | 台 | 1.00 |
| 1.2 | 测井工作车 | ET5080TJC | 台 | 1.00 |
| 1.3 | 放射性源车 | EQ-141 | 台 | 1.00 |
| 2 | 地面及辅助设备 | | 套 | 5.00 |
| 2.1 | 地面系统 | Eclips | 套 | 1.00 |
| 2.2 | 井下仪辅助设备 | | 套 | 1.00 |
| 2.3 | 遥测仪 | | 支 | 1.00 |
| 2.4 | 放射源 | | 套 | 1.00 |
| 2.5 | 刻度设备 | | 套 | 1.00 |
| 3 | 井下仪器 | | 支 | 14.00 |
| 3.1 | 自然伽马测井仪 | | 支 | 1.00 |
| 3.2 | 双侧向测井仪 | | 支 | 1.00 |
| 3.3 | 微球形聚焦测井仪 | | 支 | 1.00 |
| 3.4 | 数字声波测井仪 | | 支 | 1.00 |
| 3.5 | 井斜方位测井仪 | | 支 | 1.00 |
| 3.6 | 双井径测井仪 | | 支 | 1.00 |
| 3.7 | 多极子阵列声波测井仪 | | 支 | 1.00 |
| 3.8 | 补偿密度测井仪 | | 支 | 1.00 |
| 3.9 | 补偿中子测井仪 | | 支 | 1.00 |
| 3.10 | 阵列感应测井仪 | | 支 | 1.00 |
| 3.11 | 自然伽马能谱测井仪 | | 支 | 1.00 |
| 3.12 | 声成像测井仪 | | 支 | 1.00 |
| 3.13 | 电成像测井仪 | | 支 | 1.00 |
| 3.14 | 井温流体测井仪 | | 支 | 1.00 |

（2）设备原值。采用设备单台（套）价格乘以设备配备数量确定（表6-26）。

**表6-26　Eclips-5700测井设备原值**　　计量单位：队

| 标准编号 | | | | Z5-4 |
|---|---|---|---|---|
| 序号 | 名称 | 规格型号 | 单位 | 金额 |
| | 合计 | | 元 | 59459946.00 |
| 1 | 车辆 | | 元 | 2859178.00 |
| 1.1 | 仪器车 | Peter-B3882 | 元 | 2663531.00 |
| 1.2 | 测井工作车 | ET5080TJC | 元 | 107874.00 |

续表

| 标准编号 | | | | Z5-4 |
|---|---|---|---|---|
| 序号 | 名称 | 规格型号 | 单位 | 金额 |
| 1.3 | 放射性源车 | EQ-141 | 元 | 87773.00 |
| 2 | 地面及辅助设备 | | 元 | 14503768.00 |
| 2.1 | 地面系统 | Eclips | 元 | 4323968.00 |
| 2.2 | 井下仪辅助设备 | | 元 | 5800000.00 |
| 2.3 | 遥测仪 | | 元 | 1899800.00 |
| 2.4 | 放射源 | | 元 | 360000.00 |
| 2.5 | 刻度设备 | | 元 | 2120000.00 |
| 3 | 井下仪器 | | 元 | 42097000.00 |
| 3.1 | 自然伽马测井仪 | | 元 | 860000.00 |
| 3.2 | 双侧向测井仪 | | 元 | 3208800.00 |
| 3.3 | 微球形聚焦测井仪 | | 元 | 2345700.00 |
| 3.4 | 数字声波测井仪 | | 元 | 1740200.00 |
| 3.5 | 井斜方位测井仪 | | 元 | 2589300.00 |
| 3.6 | 双井径测井仪 | | 元 | 1621900.00 |
| 3.7 | 多极子阵列声波测井仪 | | 元 | 1740200.00 |
| 3.8 | 补偿密度测井仪 | | 元 | 4062800.00 |
| 3.9 | 补偿中子测井仪 | | 元 | 2627800.00 |
| 3.10 | 阵列感应测井仪 | | 元 | 4640300.00 |
| 3.11 | 自然伽马能谱测井仪 | | 元 | 1400000.00 |
| 3.12 | 声成像测井仪 | | 元 | 5600000.00 |
| 3.13 | 电成像测井仪 | | 元 | 8829800.00 |
| 3.14 | 井温流体测井仪 | | 元 | 830200.00 |

（3）设备折旧及修理费率。根据相关财务规定和统计结果确定（表6-27）。

**表6-27 测井设备折旧及修理费率** 计量单位：年

| 标准编号 | | | | Z5-5 | Z5-6 | Z5-7 |
|---|---|---|---|---|---|---|
| 序号 | 设备名称 | 规格型号 | 单位 | 折旧 | 修理 | 残值率 |
| 1 | 车辆 | | | | | |
| 1.1 | 仪器车 | Peter-B3882 | % | 10.00 | 5.00 | 3.00 |
| 1.2 | 测井工作车 | ET5080TJC | % | 10.00 | 5.00 | 3.00 |
| 1.3 | 放射性源车 | EQ-141 | % | 10.00 | 5.00 | 3.00 |
| 2 | 地面及辅助设备 | | | | | |
| 2.1 | 地面系统 | Eclips | % | 14.29 | 5.00 | |
| 2.2 | 井下仪辅助设备 | | % | 20.00 | 5.00 | |
| 2.3 | 遥测仪 | | % | 20.00 | 5.00 | |
| 2.4 | 放射源 | | % | 6.67 | 5.00 | |
| 2.5 | 刻度设备 | | % | 20.00 | 5.00 | |

续表

| 标准编号 | | | | Z5-5 | Z5-6 | Z5-7 |
|---|---|---|---|---|---|---|
| 序号 | 设备名称 | 规格型号 | 单位 | 折旧 | 修理 | 残值率 |
| 3 | 井下仪器 | | | | | |
| 3.1 | 自然伽马测井仪 | | % | 20.00 | 5.00 | |
| 3.2 | 双侧向测井仪 | | % | 20.00 | 5.00 | |
| 3.3 | 微球形聚焦测井仪 | | % | 20.00 | 5.00 | |
| 3.4 | 数字声波测井仪 | | % | 20.00 | 5.00 | |
| 3.5 | 井斜方位测井仪 | | % | 20.00 | 5.00 | |
| 3.6 | 双井径测井仪 | | % | 20.00 | 5.00 | |
| 3.7 | 多极子阵列声波测井仪 | | % | 20.00 | 5.00 | |
| 3.8 | 补偿密度测井仪 | | % | 20.00 | 5.00 | |
| 3.9 | 补偿中子测井仪 | | % | 20.00 | 5.00 | |
| 3.10 | 阵列感应测井仪 | | % | 20.00 | 5.00 | |
| 3.11 | 自然伽马能谱测井仪 | | % | 20.00 | 5.00 | |
| 3.12 | 声成像测井仪 | | % | 20.00 | 5.00 | |
| 3.13 | 电成像测井仪 | | % | 20.00 | 5.00 | |
| 3.14 | 井温流体测井仪 | | % | 20.00 | 5.00 | |

以设备原值为基数。

#### 6.4.1.3 技术标准

（1）测井队年额定工作时间。根据国家相关法律规定确定（表6-28）。

**表6-28 测井队年额定工作时间** 计量单位：年

| 标准编号 | | | Z5-8 |
|---|---|---|---|
| 序号 | 名称 | 单位 | 数量 |
| 1 | 额定工作时间 | d | 250.00 |
| 2 | 额定工作时间 | 队时 | 2000.00 |

（2）测井队年额定测井作业井次。根据油田近3年统计，确定平均单井次测井作业时间，用年额定工作时间除以平均单井次测井作业时间，确定测井队年额定测井作业井次（表6-29）。

**表6-29 测井队年额定测井作业井次** 计量单位：年

| 标准编号 | | | Z5-9 |
|---|---|---|---|
| 序号 | 名称 | 单位 | 数量 |
| 1 | 年额定测井作业井次 | 井次 | 30.00 |
| 2 | 年额定工作时间 | 队时 | 2000.00 |
| 3 | 平均单井次测井作业工时 | 队时 | 66.66 |
| 3.1 | 放射性刻度 | 队时 | 2.00 |
| 3.2 | 电缆做记号 | 队时 | 0.67 |
| 3.3 | 生产准备标准工时 | 队时 | 19.53 |

续表

| 标准编号 | | | Z5-9 |
|---|---|---|---|
| 序号 | 名称 | 单位 | 数量 |
| 3.4 | 路途行驶标准工时 | 队时 | 16.67 |
| 3.5 | 井场作业标准工时 | 队时 | 23.70 |
| 3.6 | 非生产时间 | 队时 | 4.09 |

路途行驶标准工时占测井作业总工时比例 25%。

(3)测井队年额定工作量。根据油田近 3 年统计平均，确定各测井项目年额定工作量(表 6-30)。

**表 6-30 测井队年额定工作量** 计量单位：年

| 标准编号 | | Z5-10 | Z5-11 | Z5-12 |
|---|---|---|---|---|
| 项目 | | 资料采集 | 井段测量 | 计价长度 |
| 序号 | 名称 | 深度米 | 测量米 | 计价米 |
| | 合计 | 486100 | 903167 | 1389267 |
| 1 | 自然伽马 | 44117 | 66176 | 110293 |
| 2 | 双侧向 | 44117 | 66176 | 110293 |
| 3 | 微球形聚焦 | 44117 | 66176 | 110293 |
| 4 | 数字声波 | 44117 | 66176 | 110293 |
| 5 | 井斜方位 | 44117 | 66176 | 110293 |
| 6 | 双井径 | 44117 | 66176 | 110293 |
| 7 | 多极子阵列声波 | 44117 | 66176 | 110293 |
| 8 | 补偿密度 | 34463 | 80415 | 114878 |
| 9 | 补偿中子 | 34463 | 80415 | 114878 |
| 10 | 阵列感应 | 34463 | 80415 | 114878 |
| 11 | 自然伽马能谱 | 34463 | 80415 | 114878 |
| 12 | 声成像 | 13142 | 39426 | 52568 |
| 13 | 电成像 | 13142 | 39426 | 52568 |
| 14 | 井温流体 | 13142 | 39426 | 52568 |

(4) 特车平均行驶速度。根据现场写实资料统计平均综合确定（表 6-31）。

**表 6-31 特车平均行驶速度** 计量单位：h

| 标准编号 | | | Z5-13 |
|---|---|---|---|
| 序号 | 名称 | 单位 | 数量 |
| 1 | 平均行驶速度 | km | 35 |

单车年路途行驶距离 17504km（16.67h×35km/h×30 井次）。

(5) 标准井测井系列。根据油田勘探区块统计分析，5700 测井主要用于完井电测作业，基地到井场距离 154km，其标准井测井系列确定如表 6-32 所示。

表 6-32　某油田勘探标准井测井系列　　计量单位：口井

| 标准编号 | | Z5-14 | Z5-15 | Z5-16 |
|---|---|---|---|---|
| 项　目 | | 资料采集 | 井段测量 | 计价长度 |
| 序号 | 名　称 | 深度米 | 测量米 | 计价米 |
| | 合计 | 45336 | 17658 | 62994 |
| 1 | 自然伽马 | 3778 | 1578 | 5356 |
| 2 | 双侧向 | 3778 | 1578 | 5356 |
| 3 | 微球形聚焦 | 3778 | 1578 | 5356 |
| 4 | 数字声波 | 3778 | 1578 | 5356 |
| 5 | 井斜方位 | 3778 | 1578 | 5356 |
| 6 | 双井径 | 3778 | 1578 | 5356 |
| 7 | 多极子阵列声波 | 3778 | 1578 | 5356 |
| 8 | 补偿密度 | 3778 | 1578 | 5356 |
| 9 | 补偿中子 | 3778 | 1578 | 5356 |
| 10 | 阵列感应 | 3778 | 1578 | 5356 |
| 11 | 自然伽马能谱 | 3778 | 1578 | 5356 |
| 12 | 声成像 | 3778 | 300 | 4078 |

### 6.4.2　消耗标准

#### 6.4.2.1　通用材料标准

采用近3年平均工作量统计分析确定（表 6-33）。

表 6-33　通用材料标准　　计量单位：年

| 标准编号 | | | | Z5-17 |
|---|---|---|---|---|
| 序号 | 名　称 | 规格型号 | 单位 | 数量 |
| 1 | 测井电缆 | 7-H464-A | m | 1139.49 |
| 2 | 备份板 | | 块 | 0.91 |
| 3 | 橡套电缆 | | m | 91.16 |
| 4 | 万用表 | | 块 | 0.91 |
| 5 | 绝缘套 | | 只 | 177.76 |
| 6 | 连接母插头 | | 只 | 20.97 |
| 7 | 高压胶布 | | 卷 | 142.21 |
| 8 | 硅脂 | | kg | 53.83 |
| 9 | 电缆座 | | 个 | 8.89 |
| 10 | 密封O环 | | 个 | 533.28 |
| 11 | 热敏纸 | | 卷 | 88.88 |
| 12 | 丝扣油 | | kg | 35.55 |
| 13 | 热敏胶片 | 3cm | 卷 | 95.26 |
| 14 | 晶体 | | 个 | 1.42 |
| 15 | 光电倍增管 | | 个 | 1.42 |
| 16 | 皮囊 | | 个 | 1.17 |
| 17 | 微侧向极板 | | 个 | 17.78 |

续表

| 标准编号 | | | | Z5-17 |
|---|---|---|---|---|
| 序号 | 名称 | 规格型号 | 单位 | 数量 |
| 18 | 兆欧表 | | 台 | 0.89 |
| 19 | 电热板 | | 套 | 1.42 |
| 20 | 工具 | | 套 | 10.67 |
| 21 | 勾头扳手 | | 个 | 3.56 |
| 22 | 电成像极板 | | 个 | 17.78 |
| 23 | 磁带 | 3m | 个 | 35.55 |
| 24 | 弱点 | | 个 | 7.11 |
| 25 | 张力线 | | 卷 | 1.78 |
| 26 | 扶正器 | | 个 | 1.78 |
| 27 | 刮泥器 | | 个 | 3.56 |
| 28 | 白沙带 | | 卷 | 67.46 |

6.4.2.2 油料标准

采用近3年平均工作量统计分析确定（表6-34）。

**表6-34 柴油标准**

| 标准编号 | | | | Z5-18 |
|---|---|---|---|---|
| 序号 | 名称 | 规格型号 | 单位 | 数量 |
| 1 | 资料采集 | | kg/年 | 39075.47 |
| 2 | 仪器车 | Peter-B3882 | kg/车·km | 0.27 |
| 3 | 工作车 | ET5080TJC | kg/车·km | 0.12 |
| 4 | 源车 | EQ-141 | kg/车·km | 0.12 |

### 6.4.3 费用标准

6.4.3.1 人工费标准

采用年人工费标准乘以定员标准，乘以25%作为路途行驶年人工费，再除以3台车年路途行驶距离 52511 车·km，确定路途行驶人工费标准。采用年人工费标准乘以定员标准，乘以75%作为资料采集年人工费，再除以年额定工作量1389267计价米，确定资料采集人工费标准。参见表6-35。

**表6-35 测井队人工费标准**

| 标准编号 | | | Z5-19 |
|---|---|---|---|
| 序号 | 名称 | 单位 | 金额 |
| 1 | 路途行驶 | 元/车·km | 4.27 |
| 2 | 资料采集 | 元/计价米 | 0.48 |

6.4.3.2 设备费标准

（1）路途行驶设备费标准。

采用车辆设备原值乘以折旧费率标准，考虑3%残值率，乘以25%作为路途行驶年设备折旧费，再除以年路途行驶距离 17504 车·km，确定路途行驶设备折旧费标准。采用车辆设备原值乘以设备修理费率标准，乘以 25%作为路途行驶年设备修理费，再除以年路途行驶距离 17504 车·km，确定路途行驶设备修理费标准。参见表 6-36。

**表 6-36　路途行驶设备费标准**　　计量单位：车·km

| 标准编号 | | | Z5-20 | Z5-21 | Z5-22 |
|---|---|---|---|---|---|
| 项　目 | | | 仪器车 | 工作车 | 源车 |
| 序号 | 名　称 | 单位 | 金　额 | | |
| | 合计 | 元 | 5.59 | 0.23 | 0.18 |
| 1 | 折旧费 | 元 | 3.69 | 0.15 | 0.12 |
| 2 | 修理费 | 元 | 1.90 | 0.08 | 0.06 |

（2）资料采集设备费标准。参见表 6-37。

**表 6-37　资料采集设备费标准**　　计量单位：计价米

| 标准编号 | | | Z5-23 | Z5-24 |
|---|---|---|---|---|
| 项　目 | | | 折旧费 | 修理费 |
| 序号 | 名　称 | 单位 | 金　额 | |
| 1 | 车辆 | 元 | 0.15 | 0.08 |
| 2 | 地面及辅助设备 | 元 | 1.88 | 0.52 |
| 3 | 井下仪器 | 元 | | |
| 3.1 | 自然伽马测井仪 | 元 | 1.56 | 0.39 |
| 3.2 | 双侧向测井仪 | 元 | 5.82 | 1.45 |
| 3.3 | 微球形聚焦测井仪 | 元 | 4.25 | 1.06 |
| 3.4 | 数字声波测井仪 | 元 | 3.16 | 0.79 |
| 3.5 | 井斜方位测井仪 | 元 | 4.70 | 1.17 |
| 3.6 | 双井径测井仪 | 元 | 2.94 | 0.74 |
| 3.7 | 多极子阵列声波测井仪 | 元 | 3.16 | 0.79 |
| 3.8 | 补偿密度测井仪 | 元 | 7.07 | 1.77 |
| 3.9 | 补偿中子测井仪 | 元 | 4.57 | 1.14 |
| 3.10 | 阵列感应测井仪 | 元 | 8.08 | 2.02 |
| 3.11 | 自然伽马能谱测井仪 | 元 | 2.44 | 0.61 |
| 3.12 | 声成像测井仪 | 元 | 21.31 | 5.33 |
| 3.13 | 电成像测井仪 | 元 | 33.59 | 8.40 |
| 3.14 | 井温流体测井仪 | 元 | 3.16 | 0.79 |

采用车辆设备原值乘以折旧费率标准，考虑 3%残值率，乘以 75%作为年设备折旧费，再除以年额定工作量 1389267 计价米，确定车辆折旧费标准。采用车辆设备原值乘以修理费率标准，乘以 75%作为年设备修理费，再除以年额定工作量 1389267 计价米，确定车辆修理费标准。

采用地面及辅助设备原值乘以折旧费率标准，再除以年额定工作量 1389267 计价米，确定地面及辅助设备折旧费标准。采用地面及辅助设备原值乘以修理费率标准，再除以年额定工作量 1389267 计价米，确定地面及辅助设备修理费标准。

采用井下仪器设备原值乘以折旧费率标准，再除以各井下仪器对应测井项目的年额定工作量（计价米），确定井下仪器折旧费标准。采用井下仪器设备原值乘以修理费率标准，再除以各井下仪器对应测井项目的年额定工作量（计价米），确定井下仪器修理费标准。

6.4.3.3 材料费标准

（1）通用材料费标准。

采用通用材料消耗标准乘以材料价格，再除以年额定工作量 1389267 计价米，确定通用材料费标准。参见表 6-38。

**表 6-38 通用材料费标准**

计量单位：计价米

| 标准编号 | | | | Z5-25 |
|---|---|---|---|---|
| 序号 | 名称 | 规格型号 | 单位 | 金额 |
| 1 | 通用材料费 | | 元 | 0.81 |

（2）油料费标准。

采用资料采集油料材料消耗标准乘以油料价格，再除以年额定工作量 1389267 计价米，确定资料采集油料费标准。采用测井车辆油料材料消耗标准乘以油料价格，确定路途行驶油料费标准。参见表 6-39。

**表 6-39 油料费标准**

| 标准编号 | | | | Z5-26 |
|---|---|---|---|---|
| 序号 | 名称 | 规格型号 | 单位 | 金额 |
| 1 | 资料采集 | | 元/计价米 | 0.16 |
| 2 | 仪器车 | Peter-B3882 | 元/车·km | 1.56 |
| 3 | 工作车 | ET5080TJC | 元/车·km | 0.69 |
| 4 | 源车 | EQ-141 | 元/车·km | 0.69 |

6.4.3.4 其他直接费标准

采用近 3 年相关费用分析结果并参考相关标准确定。参见表 6-40。

**表 6-40 其他直接费标准**

| 标准编号 | | | Z5-27 |
|---|---|---|---|
| 序号 | 名称 | 单位 | 费率 |
| 1 | 其他直接费 | % | 12.00 |

以直接费为基数。

6.4.3.5 间接费标准

采用近 3 年相关费用分析结果并参考相关标准确定。参见表 6-41。

**表 6-41　间接费标准**

| 标准编号 | | | Z5-28 |
| --- | --- | --- | --- |
| 序号 | 名　称 | 单位 | 费率 |
| 1 | 企业管理费 | % | 10.00 |
| 2 | 风险费 | % | 3.00 |
| 3 | 利润 | % | 8.00 |

以直接费为基数。

### 6.4.3.6　相关价格

（1）通用材料价格。参见表 6-42。

**表 6-42　通用材料价格**

| 标准编号 | | | | Z5-29 |
| --- | --- | --- | --- | --- |
| 序号 | 名　称 | 规格型号 | 单位 | 金额 |
| 1 | 测井电缆 | 7-H464-A | 元/m | 42.70 |
| 2 | 备份板 | | 元/块 | 30000.00 |
| 3 | 橡套电缆 | | 元/m | 2.92 |
| 4 | 万用表 | | 元/块 | 254.23 |
| 5 | 绝缘套 | | 元/只 | 12.00 |
| 6 | 连接母插头 | | 元/只 | 746.17 |
| 7 | 高压胶布 | | 元/卷 | 3.96 |
| 8 | 硅脂 | | 元/kg | 34.10 |
| 9 | 电缆座 | | 元/个 | 85.00 |
| 10 | 密封 O 环 | | 元/个 | 1.40 |
| 11 | 热敏纸 | | 元/卷 | 41.98 |
| 12 | 丝扣油 | | 元/kg | 3.55 |
| 13 | 热敏胶片 | 3cm | 元/卷 | 32.34 |
| 14 | 晶体 | | 元/个 | 170000.00 |
| 15 | 光电倍增管 | | 元/个 | 150000.00 |
| 16 | 皮囊 | | 元/个 | 15000.00 |
| 17 | 微侧向极板 | | 元/个 | 11000.00 |
| 18 | 兆欧表 | | 元/台 | 242.55 |
| 19 | 电热板 | | 元/套 | 802.39 |
| 20 | 工具 | | 元/套 | 26.53 |
| 21 | 勾头扳手 | | 元/个 | 100.00 |
| 22 | 电成像极板 | | 元/个 | 17000.00 |
| 23 | 磁带 | 3m | 元/个 | 126.75 |
| 24 | 弱点 | | 元/个 | 1500.00 |
| 25 | 张力线 | | 元/卷 | 11000.00 |
| 26 | 扶正器 | | 元/个 | 5180.00 |

续表

| 标准编号 | | | | Z5-29 |
| --- | --- | --- | --- | --- |
| 序号 | 名称 | 规格型号 | 单位 | 金额 |
| 27 | 刮泥器 | | 元/个 | 33.50 |
| 28 | 白沙带 | | 元/卷 | 6.06 |

（2）油料价格。参见表6-43。

**表6-43　柴油价格**

| 标准编号 | | | | Z5-30 |
| --- | --- | --- | --- | --- |
| 序号 | 名称 | 规格型号 | 单位 | 金额 |
| 1 | 柴油 | 0号 | 元/kg | 5.77 |

### 6.4.4　预算标准

#### 6.4.4.1　路途行驶费预算标准

采用费用标准中相关项目计算确定（表6-44）。

**表6-44　路途行驶费预算标准**　　计量单位：车·km

| 标准编号 | | | Z5-31 | Z5-32 | Z5-33 |
| --- | --- | --- | --- | --- | --- |
| 项目 | | | 仪器车 | 工作车 | 源车 |
| 序号 | 名称 | 单位 | 金额 | | |
| | 综合单价 | 元 | 15.48 | 7.03 | 6.97 |
| 1 | 直接费 | 元 | 12.79 | 5.81 | 5.76 |
| 1.1 | 人工费 | 元 | 4.27 | 4.27 | 4.27 |
| 1.2 | 设备费 | 元 | 5.59 | 0.23 | 0.18 |
| 1.2.1 | 折旧费 | 元 | 3.69 | 0.15 | 0.12 |
| 1.2.2 | 修理费 | 元 | 1.90 | 0.08 | 0.06 |
| 1.3 | 材料费 | 元 | 1.56 | 0.69 | 0.69 |
| 1.3.1 | 油料费 | 元 | 1.56 | 0.69 | 0.69 |
| 1.4 | 其他直接费 | 元 | 1.37 | 0.62 | 0.62 |
| 2 | 间接费 | 元 | 2.69 | 1.22 | 1.21 |
| 2.1 | 企业管理费 | 元 | 1.28 | 0.58 | 0.58 |
| 2.2 | 风险费 | 元 | 0.38 | 0.17 | 0.17 |
| 2.3 | 利润 | 元 | 1.02 | 0.46 | 0.46 |

#### 6.4.4.2　资料采集费预算标准

采用费用标准中相关项目计算确定（表6-45）。

#### 6.4.4.3　税费

考虑增值税、城乡维护建设税和教育费附加，取折算税率1%。

### 6.4.5　概算标准

根据基地到井场往返距离，乘以路途行驶费预算标准的综合单价；按照标准井测井项目，乘以资料采集费预算标准的综合单价，再考虑1%折算税率，得出一口勘探标准井的5700测井作业费概算标准（表6-46）。

表 6-45 资料采集费预算标准

计量单位：计价米

| 标准编号 | | | Z5-34 | Z5-35 | Z5-36 | Z5-37 | Z5-38 | Z5-39 | Z5-40 | Z5-41 | Z5-42 | Z5-43 | Z5-44 | Z5-45 | Z5-46 | Z5-47 |
|---|---|---|---|---|---|---|---|---|---|---|---|---|---|---|---|---|
| 项目 | | | 自然伽马 | 双侧向 | 微球形聚焦 | 数字声波 | 井斜方位 | 双井径 | 多极子阵列声波 | 补偿密度 | 补偿中子 | 阵列感应 | 自然伽马能谱 | 声成像 | 电成像 | 井温流体 |
| 序号 | 名称 | 单位 | 金额 | | | | | | | | | | | | | |
| | 综合单价 | 元 | 8.16 | 15.38 | 12.73 | 10.87 | 13.48 | 11.86 | 13.58 | 21.57 | 18.69 | 25.98 | 17.78 | 51.10 | 73.27 | 23.07 |
| 1 | 直接费 | 元 | 6.75 | 12.71 | 10.52 | 8.98 | 11.14 | 9.80 | 11.22 | 17.83 | 15.45 | 21.47 | 14.70 | 42.23 | 60.55 | 19.07 |
| 1.1 | 人工费 | 元 | 0.48 | 0.48 | 0.48 | 0.48 | 0.48 | 1.48 | 2.48 | 3.48 | 4.48 | 5.48 | 6.48 | 7.48 | 8.48 | 9.48 |
| 1.2 | 设备费 | 元 | 4.57 | 9.90 | 7.94 | 6.57 | 8.49 | 6.30 | 6.57 | 11.47 | 8.34 | 12.72 | 5.67 | 29.26 | 44.62 | 6.57 |
| 1.2.1 | 车辆费 | 元 | 0.23 | 0.23 | 0.23 | 0.23 | 0.23 | 0.23 | 0.23 | 0.23 | 0.23 | 0.23 | 0.23 | 0.23 | 0.23 | 0.23 |
| 1.2.1.1 | 折旧费 | 元 | 0.15 | 0.15 | 0.15 | 0.15 | 0.15 | 0.15 | 0.15 | 0.15 | 0.15 | 0.15 | 0.15 | 0.15 | 0.15 | 0.15 |
| 1.2.1.2 | 修理费 | 元 | 0.08 | 0.08 | 0.08 | 0.08 | 0.08 | 0.08 | 0.08 | 0.08 | 0.08 | 0.08 | 0.08 | 0.08 | 0.08 | 0.08 |
| 1.2.2 | 地面及辅助设备费 | 元 | 2.40 | 2.40 | 2.40 | 2.40 | 2.40 | 2.40 | 2.40 | 2.40 | 2.40 | 2.40 | 2.40 | 2.40 | 2.40 | 2.40 |
| 1.2.2.1 | 折旧费 | 元 | 1.88 | 1.88 | 1.88 | 1.88 | 1.88 | 1.88 | 1.88 | 1.88 | 1.88 | 1.88 | 1.88 | 1.88 | 1.88 | 1.88 |
| 1.2.2.2 | 修理费 | 元 | 0.52 | 0.52 | 0.52 | 0.52 | 0.52 | 0.52 | 0.52 | 0.52 | 0.52 | 0.52 | 0.52 | 0.52 | 0.52 | 0.52 |
| 1.2.3 | 井下仪器费 | 元 | 1.95 | 7.27 | 5.32 | 3.94 | 5.87 | 3.68 | 3.94 | 8.84 | 5.72 | 10.10 | 3.05 | 26.63 | 41.99 | 3.95 |
| 1.2.3.1 | 折旧费 | 元 | 1.56 | 5.82 | 4.25 | 3.16 | 4.70 | 2.94 | 3.16 | 7.07 | 4.57 | 8.08 | 2.44 | 21.31 | 33.59 | 3.16 |
| 1.2.3.2 | 修理费 | 元 | 0.39 | 1.45 | 1.06 | 0.79 | 1.17 | 0.74 | 0.79 | 1.77 | 1.14 | 2.02 | 0.61 | 5.33 | 8.40 | 0.79 |
| 1.3 | 材料费 | 元 | 0.97 | 0.97 | 0.97 | 0.97 | 0.97 | 0.97 | 0.97 | 0.97 | 0.97 | 0.97 | 0.97 | 0.97 | 0.97 | 0.97 |
| 1.3.1 | 通用材料费 | 元 | 0.81 | 0.81 | 0.81 | 0.81 | 0.81 | 0.81 | 0.81 | 0.81 | 0.81 | 0.81 | 0.81 | 0.81 | 0.81 | 0.81 |
| 1.3.2 | 油料费 | 元 | 0.16 | 0.16 | 0.16 | 0.16 | 0.16 | 0.16 | 0.16 | 0.16 | 0.16 | 0.16 | 0.16 | 0.16 | 0.16 | 0.16 |
| 1.4 | 其他直接费 | 元 | 0.72 | 1.36 | 1.13 | 0.96 | 1.19 | 1.05 | 1.20 | 1.91 | 1.66 | 2.30 | 1.57 | 4.52 | 6.49 | 2.04 |
| 2 | 间接费 | 元 | 1.42 | 2.67 | 2.21 | 1.89 | 2.34 | 2.06 | 2.36 | 3.74 | 3.24 | 4.51 | 3.09 | 8.87 | 12.72 | 4.00 |
| 2.1 | 企业管理费 | 元 | 0.67 | 1.27 | 1.05 | 0.90 | 1.11 | 0.98 | 1.12 | 1.78 | 1.54 | 2.15 | 1.47 | 4.22 | 6.06 | 1.91 |
| 2.2 | 风险费 | 元 | 0.20 | 0.38 | 0.32 | 0.27 | 0.33 | 0.29 | 0.34 | 0.53 | 0.46 | 0.64 | 0.44 | 1.27 | 1.82 | 0.57 |
| 2.3 | 利润 | 元 | 0.54 | 1.02 | 0.84 | 0.72 | 0.89 | 0.78 | 0.90 | 1.43 | 1.24 | 1.72 | 1.18 | 3.38 | 4.84 | 1.53 |

表 6-46　某油田勘探标准井 5700 测井作业费概算标准　　计量单位：口井

| 标准编号 | | | | | Z5-48 |
|---|---|---|---|---|---|
| 序号 | 名称 | 计量单位 | 工程量 | 单价（元） | 金额（元） |
| | 综合单价 | | | | 1139686.86 |
| 1 | 测井作业 | | | | 1128402.83 |
| 1.1 | 路途行驶 | | | | 9079.84 |
| 1.1.1 | 仪器车 | km | 308.00 | 15.48 | 4767.84 |
| 1.1.2 | 工作车 | km | 308.00 | 7.03 | 2165.24 |
| 1.1.3 | 源车 | km | 308.00 | 6.97 | 2146.76 |
| 1.2 | 资料采集 | | | | 1119322.99 |
| 1.2.1 | 自然伽马 | 计价米 | 5356.00 | 8.16 | 43724.62 |
| 1.2.2 | 双侧向 | 计价米 | 5356.00 | 15.38 | 82368.62 |
| 1.2.3 | 微球形聚焦 | 计价米 | 5356.00 | 12.73 | 68168.33 |
| 1.2.4 | 数字声波 | 计价米 | 5356.00 | 10.87 | 58206.25 |
| 1.2.5 | 井斜方位 | 计价米 | 5356.00 | 13.48 | 72176.20 |
| 1.2.6 | 双井径 | 计价米 | 5356.00 | 11.86 | 63518.35 |
| 1.2.7 | 多极子阵列声波 | 计价米 | 5356.00 | 13.58 | 72723.15 |
| 1.2.8 | 补偿密度 | 计价米 | 5356.00 | 21.57 | 115526.67 |
| 1.2.9 | 补偿中子 | 计价米 | 5356.00 | 18.69 | 100117.87 |
| 1.2.10 | 阵列感应 | 计价米 | 5356.00 | 25.98 | 139165.77 |
| 1.2.11 | 自然伽马能谱 | 计价米 | 5356.00 | 17.78 | 95240.44 |
| 1.2.12 | 声成像 | 计价米 | 4078.00 | 51.10 | 208386.72 |
| 2 | 税费 | | | | 11284.03 |

## 6.5 测井工程造价计算举例

测井工程造价计算主要分为测井工程量清单编制和测井工程造价计算两部分。根据钻井地质和工程设计及相关技术标准要求，编制测井工程量清单。依据测井工程量清单和相关计价标准，计算出测井工程造价。

根据某油田钻井地质和工程工程设计，表 6-47 给出开发井井身结构和测井要求。

表 6-47　某油田开发井井身结构数据和测井要求

| 序号 | 钻进井段 | 钻头规格（mm） | 井深（m） | 进尺（m） | 测井系列 | 测井设备 |
|---|---|---|---|---|---|---|
| 1 | 一开钻进 | 444.5 | 850 | 850 | 标准测井 | 小数控 |
| 2 | 二开钻进 | 311.1 | 2450 | 1600 | 标准测井+CBL | 3700 |
| 3 | 三开钻进 | 215.9 | 3900 | 1450 | 组合测井+VDL | 3700 |

### 6.5.1 测井工程量清单编制

编制测井工程量清单时，按测井工程量计算规则要求，以分部分项工程为基础编制工程量清单；若要求测井工程项目未包含在已设立测井工程项目，则放在相应造价分类项目下面，根据编码规则补充新的编码（表 6-48）。

表 6-48　分部分项工程量清单

| 编　码 | 名　　称 | 计量单位 | 工程量 | 备　注 |
|---|---|---|---|---|
| 510000 | 测井作业 | | | |
| 511000 | 一开井段测井 | | | |
| 511100 | 裸眼井测井 | | | 小数控 |
| 511110 | 路途行驶 | km | 90.00 | 3 台车 |
| 511120 | 资料采集 | | | |
| 511121 | 自然电位 | 计价米 | 1700.00 | |
| 511122 | 自然伽马 | 计价米 | 1700.00 | |
| 511123 | 普通电阻率 | 计价米 | 1700.00 | |
| 511124 | 井径 | 计价米 | 1700.00 | |
| 511125 | 井斜 | 计价米 | 1700.00 | |
| 511130 | 资料处理 | 处理米 | 8500.00 | |
| 512000 | 二开井段测井 | | | |
| 512100 | 裸眼井测井 | | | 3700 |
| 512110 | 路途行驶 | km | 90.00 | 3 台车 |
| 512120 | 资料采集 | | | |
| 512121 | 自然电位 | 计价米 | 4250.00 | |
| 512122 | 自然伽马 | 计价米 | 4250.00 | |
| 512123 | 普通电阻率 | 计价米 | 4250.00 | |
| 512124 | 井径 | 计价米 | 4250.00 | |
| 512125 | 井斜 | 计价米 | 4250.00 | |
| 512130 | 资料处理 | 处理米 | 21250.00 | |
| 512200 | 固井质量检查测井 | | | 3700 |
| 512210 | 路途行驶 | km | 90.00 | 3 台车 |
| 512220 | 资料采集 | | | |
| 512221 | 声幅 CBL | 计价米 | 4900.00 | |
| 512300 | 资料处理 | 处理米 | 4900.00 | |
| 513000 | 三开井段测井 | | | |
| 513100 | 裸眼井测井 | | | 3700 |
| 513110 | 路途行驶 | km | 90.00 | 3 台车 |
| 513120 | 资料采集 | | | |
| 513121 | 自然电位 | 计价米 | 5550.00 | |
| 513122 | 自然伽马 | 计价米 | 5550.00 | |
| 513123 | 双感应/微球形聚焦 | 计价米 | 5550.00 | |
| 513124 | 声波 | 计价米 | 5550.00 | |
| 513125 | 补偿中子 | 计价米 | 5550.00 | |
| 513126 | 补偿密度 | 计价米 | 5550.00 | |
| 513127 | 井径 | 计价米 | 5550.00 | |
| 513128 | 井斜 | 计价米 | 5550.00 | |
| 513130 | 资料处理 | 处理米 | 44400.00 | |
| 513200 | 固井质量检查测井 | | | 3700 |

续表

| 编　码 | 名　　称 | 计量单位 | 工程量 | 备　注 |
| --- | --- | --- | --- | --- |
| 513210 | 路途行驶 | km | 90.00 | 3 台车 |
| 513220 | 资料采集 | | | |
| 513222 | 声波变密度 VDL | 计价米 | 7800.00 | |
| 513230 | 资料处理 | 处理米 | 7800.00 | |

### 6.5.2　测井工程造价计算

测井工程造价计算包括测井工程造价汇总和分部分项工程量清单计价两个部分，见表 6-49 和表 6-50。首先进行测井工程分部分项工程量清单计价，根据工程项目选取相应的预算标准中的综合单价，采用工程量乘以综合单价，得出分部工程或分项工程费用金额，再归类合计。其次按单位工程费（测井作业费、技术服务费、其他作业费）进行汇总，并计算税费，再汇总成测井工程造价。

表 6-49　测井工程造价

| 编　码 | 名　　称 | 单位 | 金额 | 备　注 |
| --- | --- | --- | --- | --- |
| 500000 | 测井工程费 | 元 | 1152064.08 | 510000+520000+530000+540000 |
| 510000 | 测井作业费 | 元 | 1140657.50 | 分部分项工程量清单计价 510000 |
| 520000 | 技术服务费 | 元 | 0.00 | 分部分项工程量清单计价 520000 |
| 530000 | 其他作业费 | 元 | 0.00 | 分部分项工程量清单计价 530000 |
| 540000 | 税费 | 元 | 11406.58 | （510000+520000+530000）×1% |

表 6-50　分部分项工程量清单计价

| 编　码 | 名　　称 | 计量单位 | 工程量 | 综合单价（元） | 金额（元） | 备　注 |
| --- | --- | --- | --- | --- | --- | --- |
| 510000 | 测井作业 | | | | 1140657.50 | |
| 511000 | 一开井段测井 | | | | 78450.10 | |
| 511100 | 裸眼井测井 | | | | 78450.10 | 小数控 |
| 511110 | 路途行驶 | | | | 2375.10 | 3 台车 |
| 511111 | 仪器车 | km | 90.00 | 10.49 | 944.10 | |
| 511112 | 工作车 | km | 90.00 | 7.95 | 715.50 | |
| 511113 | 源车 | km | 90.00 | 7.95 | 715.50 | |
| 511120 | 资料采集 | | | | 27455.00 | |
| 511121 | 自然电位 | 计价米 | 1700.00 | 2.94 | 4998.00 | |
| 511122 | 自然伽马 | 计价米 | 1700.00 | 3.84 | 6528.00 | |
| 511123 | 普通电阻率 | 计价米 | 1700.00 | 2.94 | 4998.00 | |
| 511124 | 井径 | 计价米 | 1700.00 | 3.38 | 5746.00 | |
| 511125 | 井斜 | 计价米 | 1700.00 | 3.05 | 5185.00 | |
| 511130 | 资料处理 | 处理米 | 8500.00 | 5.72 | 48620.00 | |
| 512000 | 二开井段测井 | | | | 297375.70 | |
| 512100 | 裸眼井测井 | | | | 244922.60 | 3700 |
| 512110 | 路途行驶 | | | | 2375.10 | 3 台车 |
| 512111 | 仪器车 | km | 90.00 | 10.49 | 944.10 | |
| 512112 | 工作车 | km | 90.00 | 7.95 | 715.50 | |

续表

| 编　码 | 名　　称 | 计量单位 | 工程量 | 综合单价（元） | 金额（元） | 备　注 |
|---|---|---|---|---|---|---|
| 512113 | 源车 | km | 90.00 | 7.95 | 715.50 | |
| 512120 | 资料采集 | | | | 120997.50 | |
| 512121 | 自然电位 | 计价米 | 4250.00 | 5.88 | 24990.00 | |
| 512122 | 自然伽马 | 计价米 | 4250.00 | 7.09 | 30132.50 | |
| 512123 | 普通电阻率 | 计价米 | 4250.00 | 5.17 | 21972.50 | |
| 512124 | 井径 | 计价米 | 4250.00 | 4.90 | 20825.00 | |
| 512125 | 井斜 | 计价米 | 4250.00 | 5.43 | 23077.50 | |
| 512130 | 资料处理 | 处理米 | 21250.00 | 5.72 | 121550.00 | |
| 512200 | 固井质量检查测井 | | | | 52453.10 | 3700 |
| 512210 | 路途行驶 | | | | 2375.10 | 3 台车 |
| 512111 | 仪器车 | km | 90.00 | 10.49 | 944.10 | |
| 512112 | 工作车 | km | 90.00 | 7.95 | 715.50 | |
| 512113 | 源车 | km | 90.00 | 7.95 | 715.50 | |
| 512220 | 资料采集 | | | | 22050.00 | |
| 512221 | 声幅 CBL | 计价米 | 4900.00 | 4.50 | 22050.00 | |
| 512230 | 资料处理 | 处理米 | 4900.00 | 5.72 | 28028.00 | |
| 513000 | 三开井段测井 | | | | 764831.70 | |
| 513100 | 裸眼井测井 | | | | 618702.60 | 3700 |
| 513110 | 路途行驶 | | | | 2375.10 | 3 台车 |
| 512111 | 仪器车 | km | 90.00 | 10.49 | 944.10 | |
| 512112 | 工作车 | km | 90.00 | 7.95 | 715.50 | |
| 512113 | 源车 | km | 90.00 | 7.95 | 715.50 | |
| 513120 | 资料采集 | | | | 362359.50 | |
| 513121 | 自然电位 | 计价米 | 5550.00 | 5.88 | 32634.00 | |
| 513122 | 自然伽马 | 计价米 | 5550.00 | 7.09 | 39349.50 | |
| 513123 | 双感应/微球形聚集 | 计价米 | 5550.00 | 11.09 | 61549.50 | |
| 513124 | 补偿声波 | 计价米 | 5550.00 | 9.19 | 51004.50 | |
| 513125 | 补偿中子 | 计价米 | 5550.00 | 9.64 | 53502.00 | |
| 513126 | 补偿密度 | 计价米 | 5550.00 | 12.07 | 66988.50 | |
| 513127 | 井径 | 计价米 | 5550.00 | 4.90 | 27195.00 | |
| 513128 | 井斜 | 计价米 | 5550.00 | 5.43 | 30136.50 | |
| 513130 | 资料处理 | 处理米 | 44400.00 | 5.72 | 253968.00 | |
| 513200 | 固井质量检查测井 | | | | 146129.10 | 3700 |
| 513210 | 路途行驶 | | | | 2375.10 | 3 台车 |
| 512111 | 仪器车 | km | 90.00 | 10.49 | 944.10 | |
| 512112 | 工作车 | km | 90.00 | 7.95 | 715.50 | |
| 512113 | 源车 | km | 90.00 | 7.95 | 715.50 | |
| 513220 | 资料采集 | | | | 99138.00 | |
| 513222 | 声波变密度 VDL | 计价米 | 7800.00 | 12.71 | 99138.00 | |
| 513230 | 资料处理 | 处理米 | 7800.00 | 5.72 | 44616.00 | |

# 7　完井工程造价理论与方法

## 7.1　完井工程基本概念

完井工程就是在钻达设计要求的完钻井深后，按设计确定的完井方式进行施工，直至完成一口井的全部建井工程。通常开发井称为投产作业、探井称为试油作业或试油工程。

投产作业指开发井钻完进尺后到投入油气生产前由作业队完成的一系列井下作业。试油作业指探井钻完进尺后，为满足储量计算要求而录取和分析处理解释油气储层压力、产量、流体性质等一整套资料的全部工作过程。开发井和探井完井工程的基本工作流程见图 7-1。

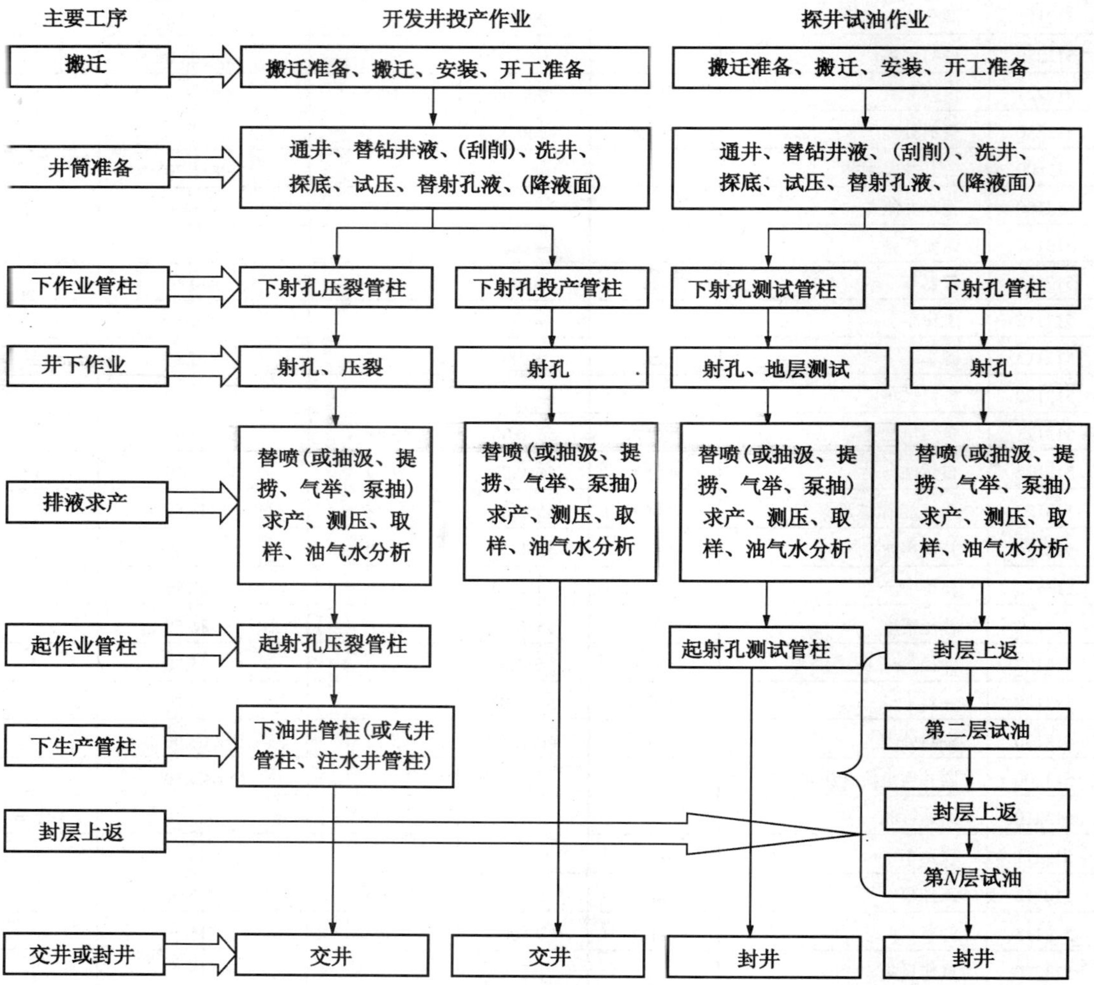


图 7-1　完井工程基本内容和工作流程

图 7-1 给出了开发井投产作业和探井试油作业的基本工艺流程，由于完井方式不同和完井作业程序差异，不同的完井工程中工序组合不尽相同，归纳起来可以达到上百种，附录 B 举例说明了几种较为复杂完井作业工序和施工操作规程。

按工程造价项目分，完井工程包括完井作业、主要材料、大宗材料运输、技术服务和其他作业。

### 7.1.1 完井方式

完井方式指油气井井筒与油气层的连通方式，以及为实现特定连通方式所采取的井身结构、井口装置和有关的技术措施，又称完井方法。

目前完井方式主要有裸眼完井、射孔完井、衬管完井、砾石充填完井、筛管完井、化学固砂完井、管外封隔器完井等 7 种。国外使用的完井方式种类较多，但以射孔完井最为广泛，约占完井总数的 90%以上。我国采用的完井方式也以射孔完井为主，约占总数的 85%以上；个别石灰岩产层采用裸眼完井；少数热采井或出砂油气井采用砾石填充完井。

#### 7.1.1.1 完井方式种类

##### 7.1.1.1.1 射孔完井

射孔完井是目前最为广泛和最主要使用的一种完井方式，主要有套管射孔完井和尾管射孔完井两种。

（1）套管射孔完井。

用射孔弹射穿生产套管、水泥环和部分油气产层，建立井筒与油气产层的通道。套管射孔完井参见图 7-2。

使用条件：套管射孔完井对多数油气藏都适用，是国内外最为广泛使用的一种完井方式。

（2）尾管射孔完井。

用射孔弹射穿作为生产套管的尾管、水泥环和部分油气产层，建立井筒与油气产层的通道。尾管射孔完井参见图 7-3。

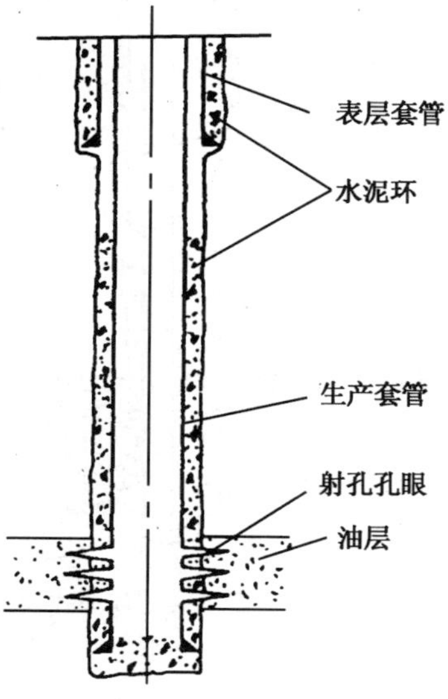

图 7-2 套管射孔完井

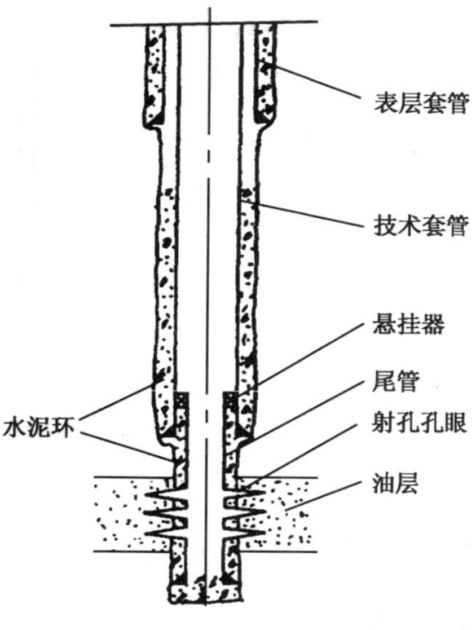

图 7-3 尾管射孔完井

使用条件：尾管射孔完井一般用于较深的油气井，不但便于施工作业，还减少套管、油井水泥用量和施工作业量，降低钻井成本。

7.1.1.1.2 裸眼完井

裸眼完井就是将套管下到油气层顶部，油气层钻完后，不再下套管，使油气层裸露而完井。裸眼完井主要有先期裸眼完井、后期裸眼完井、复合式裸眼完井 3 种。

裸眼完井适合于碳酸盐岩裂缝性油气藏或是比较坚硬、不易坍塌的油气层，而且没有水层。

（1）先期裸眼完井。

先期裸眼完井是在油气层顶部下技术套管注水泥固井，再从技术套管中下入直径较小的钻头，钻穿油气层至设计井深完井，见图 7-4。

使用条件：①油气层顶界位置相对固定，而且预测比较准确，能卡准地层，准确地在油气层顶以上用套管封固；②不进行分层开采和井下作业；③产层物性一致，无气顶夹层水和底水；④油气层部位地层致密（如石灰岩储油气层），井壁坚固稳定不坍塌，油路通畅；⑤适用于裂缝性和稠油油气层等产层。

（2）后期裸眼完井。

后期裸眼完井是在钻穿产层至设计井深后，将技术套管下至油气层顶界附近，注水泥固井完井，见图 7-5。

使用条件：一般用于地质分层掌握不够准确的探井，即在油藏顶界位置无法准确预测的情况下，用后期裸眼完井。其他条件同先期裸眼完井。

（3）复合式裸眼完井。

将技术套管下过油气界面，使其封隔油气层的上部，然后裸眼完井，必要时再射开其中的含油段。

使用条件：有的储层适合于裸眼完成，但上部有不适合裸眼完井的气项或顶界附近又有水层时用复合式裸眼完井，见图 7-6。

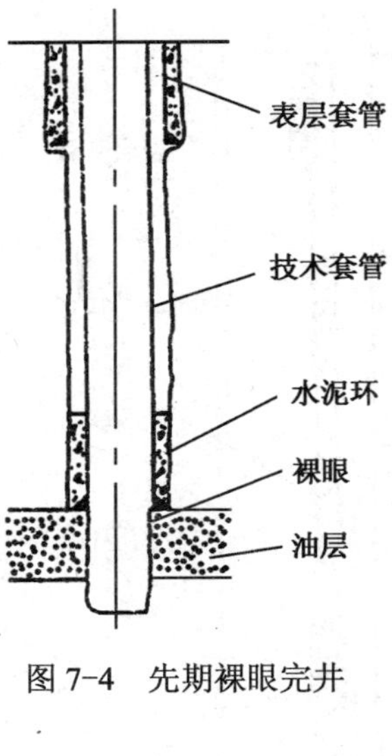

图 7-4 先期裸眼完井

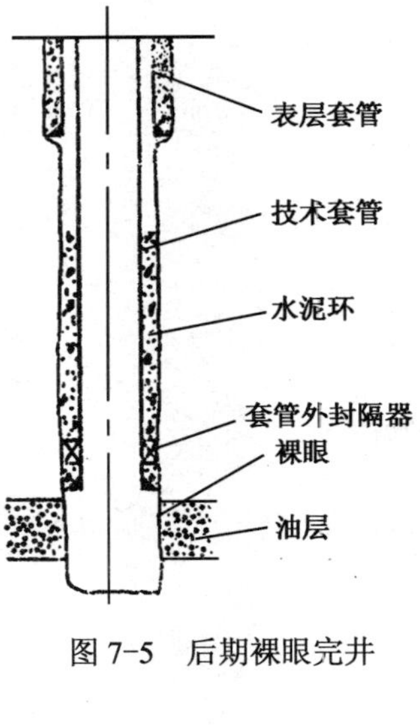

图 7-5 后期裸眼完井

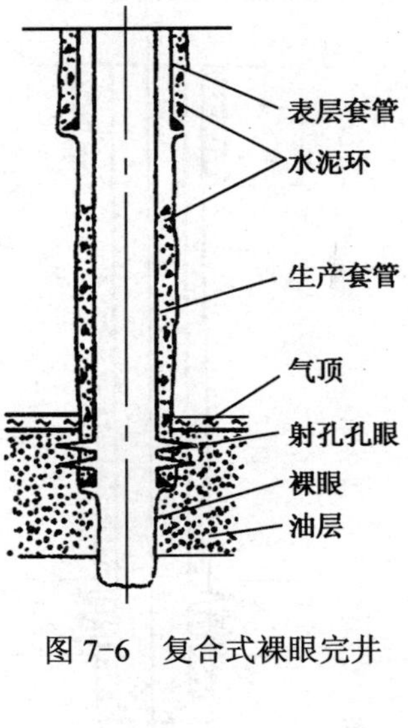

图 7-6 复合式裸眼完井

7.1.1.1.3 衬管完井

衬管完井有普通割缝衬管完井和悬挂割缝衬管完井两种。在一些出砂不严重的中粗砂粒油气层中经常使用，多用在水平井、分支井、大斜度井中。

（1）普通割缝衬管完井。

普通割缝衬管完井是生产套管柱下端连接衬管下入油气层部位，通过套管外封隔器封隔油气层顶界以上的环形空间，见图 7-7。

（2）悬挂割缝衬管完井。

悬挂割缝衬管完井是在油气层部位下入预先割缝的衬管，依靠衬管悬挂器悬挂在技术套管上并密封衬管和套管之间的环形空间，使油气通过衬管的割缝流入井筒，参见图 7-8。

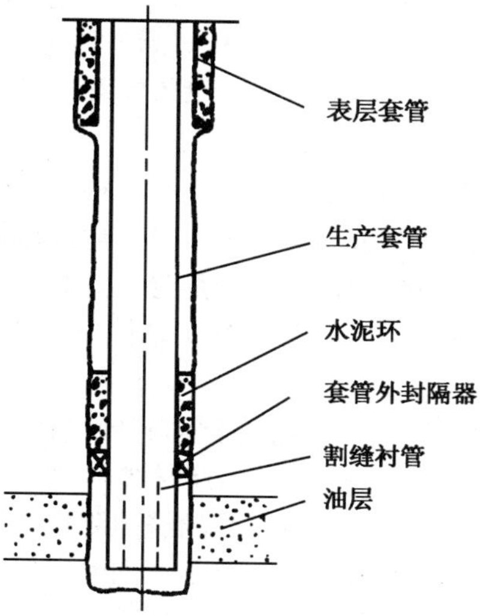


图 7-7　普通割缝衬管完井

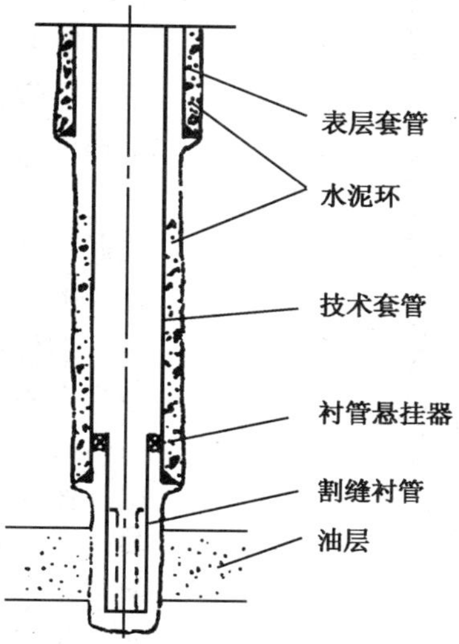


图 7-8　悬挂割缝衬管完井

7.1.1.1.4　砾石充填完井

砾石充填完井是在油气层部位的井眼下入筛管，在筛管与井眼或套管环形空间填入砾石，以保护井壁，阻挡油气层砂粒流入井筒，油气层油流通过砾石和筛管流入井。砾石充填完井有裸眼砾石充填完井和套管砾石充填完井两种。裸眼砾石充填完井见图 7-9，套管砾石充填完井见图 7-10。

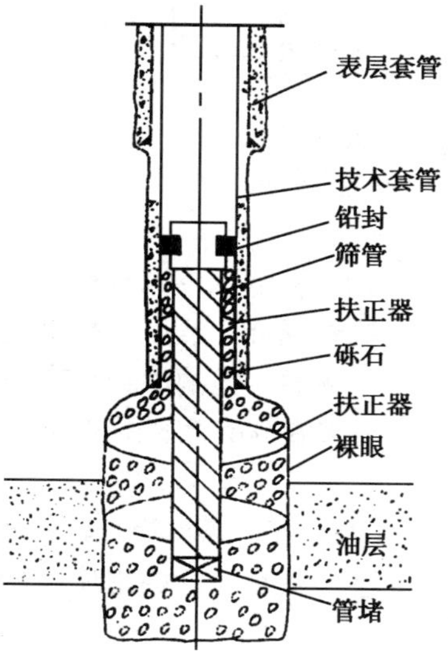


图 7-9　裸眼砾石充填完井

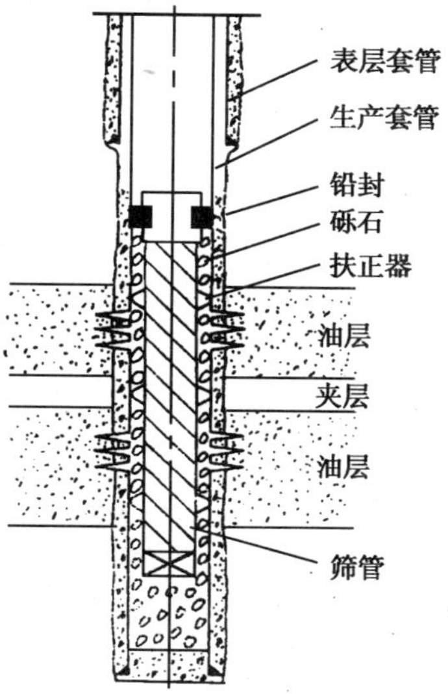


图 7-10　套管砾石充填完井

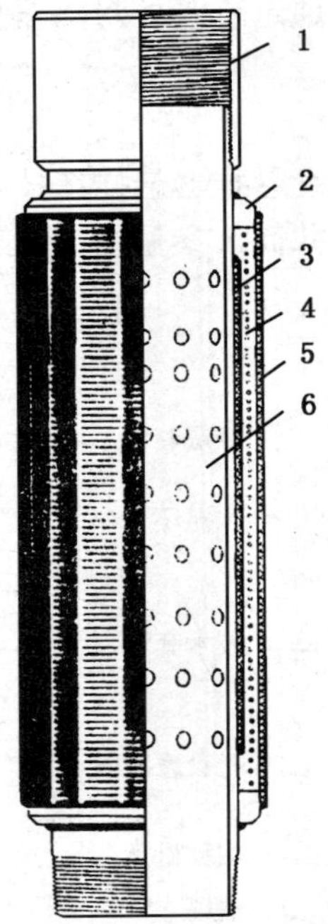


图 7-11　预充填绕丝筛管

1—接箍；2—压盖；3—内绕丝筛管；4—砾石；5—外绕丝筛管；6—中心管

使用条件：对于胶结疏松出砂严重的地层，一般应采用套管砾石充填完井方式。在地质条件允许使用裸眼而又需要防砂时，应采用裸眼砾石充填完井。

7.1.1.1.5　筛管完井

筛管完井是在钻穿油气层后，先用技术套管将产层顶界以上环形空间封固，再把筛管下入油气层的出砂层位进行防砂。

筛管完井有预充填砾石绕丝筛管完井、金属纤维防砂筛管完井、陶瓷防砂滤管完井、外导向罩滤砂筛管完井四种，其作用和使用条件是：

（1）预充填砾石绕丝筛管完井。预充填砾石绕丝筛管是在地面预先将符合油气层特性要求的砾石填入具有内外双层绕丝筛管的环形空间而制成的防砂管，将此种筛管下入井内，对准出砂层位进行防砂，见图 7-11。这种方法工艺简单、成本低，经常在水平井中使用。

（2）金属纤维防砂筛管完井。金属纤维防砂筛管的基本结构如图 7-12 所示，不锈钢纤维作主要的防砂材料，由断丝混丝经滚压、梳分、定形而成，利用金属纤维的缝隙阻挡地层砂粒通过。通过控制金属纤维缝隙的大小，满足不同油气层粒径的防砂的需要。此方法多在注蒸汽开采，要求防砂工具具备耐高温（360℃）、耐高压（19MPa）和耐腐蚀（pH 值为 8～12）等情况下使用，如辽河油田一些稠油开发井使用此方法完井。

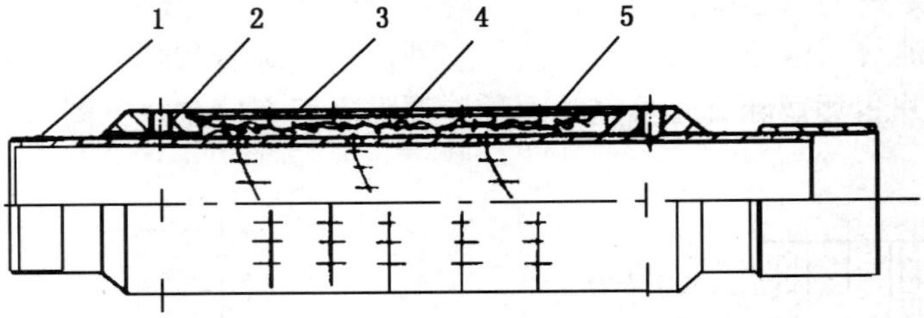


图 7-12　金属纤维防砂筛管结构

1—基管；2—堵头；3—保护管；4—金属纤维；5—金属网

（3）陶瓷防砂滤管完井。陶瓷防砂滤管的结构如图 7-13 所示，过滤材料为陶土颗粒，粒径大小以油气层砂粒直径及渗透率高低而定。陶粒与无机胶混合，然后经高温烧结而成，形状为圆筒形，装入钢管保护套中与防砂管连接，即可下井防砂。该滤砂管具有较强的抗折抗压强度，并能耐高矿化度水、土酸、盐酸等腐蚀。此方法多在含有高矿化度水、土酸、盐酸等腐蚀地层完井中使用，胜利油田使用较多。

（4）外导向罩滤砂筛管完井。外导向罩滤砂筛管依次由基管、绕丝筛管、滤砂网罩、外导向罩组成。这种结构延长了筛管的寿命，可用于各种井型，具有广泛的用途，见图 7-14。

7.1.1.1.6　化学固砂完井

化学固砂完井是以水泥浆、酚醛树脂等为胶结剂，以轻质油为增乳剂，以石英砂、核桃

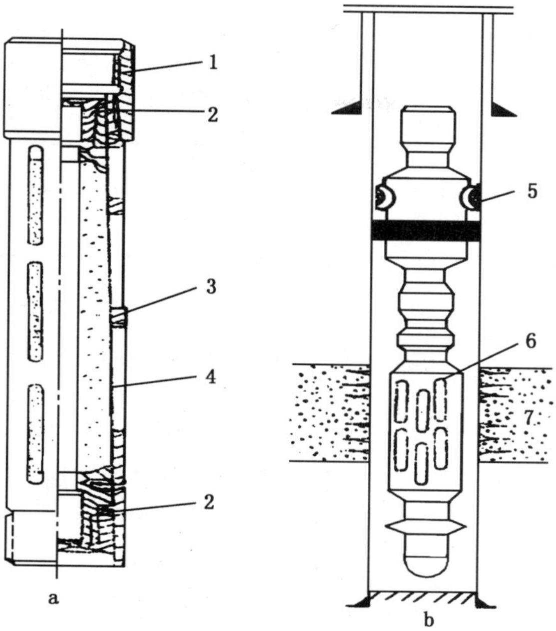


图 7-13 陶瓷防砂滤管结构

1—接箍；2—密封圈；3—外管；4—陶瓷管；5—悬挂封隔器；6—陶瓷滤管；7—油气层

图 7-14 外导向罩滤砂筛管

壳等硬质颗粒为支撑剂，按一定比例拌和均匀后，挤入套管外堆集于出砂层位，凝固后形成一定强度和渗透性的人工井壁，防止油气层出砂；或者不加支撑剂，直接将胶结剂挤入套管外出砂层中，将疏松砂岩胶结牢固，防止油气层出砂。此方法主要用于注蒸汽井中，可耐温度 350℃以上。

化学固砂的完井方式适用范围见表 7-1。

**表 7-1 化学固砂完井方式适用范围**

| 方 法 | 胶结剂 | 支撑剂 | 配方（质量比） | 适 用 范 围 | 优 缺 点 |
|---|---|---|---|---|---|
| 柴油水泥浆乳化液人工井壁 | 柴油水泥浆乳化液 | | 柴油:水泥:水=1:1:0.5 | 油水井早期防砂，出砂量少，浅井 | 原料来源广，成本低，堵塞较严重 |
| 酚醛树脂人工井壁 | 酚醛树脂溶液 | | 苯酚:甲醛:氨水=1:1.5:0.05 | 油水先期和早期防砂，中、粗砂岩油气层防砂 | 适应性强，成本高，树脂储存期短 |
| 树脂核桃壳人工井壁 | 酚醛树脂 | 核桃壳 | 树脂:核桃壳=1:1.5 | 油水井早期和后期防砂，出砂量少 | 胶结强度高，渗透率高，防砂效果好<br>原料来源困难，施工较复杂 |
| 树脂砂浆人工井壁 | 酚醛树脂 | 石英砂 | 树脂:石英砂=1:4 | 油水井中后期防砂 | 胶结强度高，适应性强，施工较复杂 |
| 酚醛溶液地下合成 | 酚醛溶液 | | 苯酚:甲醛:固化剂=1:2:（0.3～0.36） | 油气层温度在 60℃以上的油水井先期防砂 | 溶液黏度低，易于挤入油气层，可分层防砂 |
| 树脂涂层砾石人工井壁 | 环氧树脂 | 石英砂 | 树脂:砾石=1:（10～20） | 油气层温度在 60℃以上的油、水井早期和后期防砂 | 渗透率高，强度高，施工简单 |

续表

| 方 法 | 胶结剂 | 支撑剂 | 配方（质量比） | 适 用 范 围 | 优 缺 点 |
|---|---|---|---|---|---|
| 水泥砂浆人工井壁 | 水泥浆 | 石英砂 | 水泥:水:石英砂=1:0.5:4 | 油水井后期防砂；低压、浅井防砂 | 原料来源广，强度低，有效期短 |
| 水带干水泥砂人工井壁 | 水泥 | 石英砂 | 水泥:石英砂=1:（2～2.5） | 高含水油井和注水井后期防砂，低压油、水井 | 原料来源广，成本低，堵塞较严重 |

7.1.1.1.7 管外封隔器完井

这种完井方式主要是依靠管外封隔器实施层段的分隔，其优点是可以按层段进行作业和生产控制，多用于注水开发的油田。

7.1.1.2 完井方式选择

完井方式有多种类型，但都有各自的适用条件和局限性。只有根据油气藏类型和油气层的特性去选择最合适的完井方式，才能保护油气层，提高油气井的寿命，有效地开发油气田。

7.1.1.2.1 完井方式选择原则

（1）减少油气流入井筒的阻力，提高完善系数，在油气层和井筒之间保持最佳的连通条件。

（2）最大限度地保护油气层，防止油气层受到损害。

（3）油气层和井筒之间应具有尽可能大的渗流面积，油气入井的阻力最小。

（4）能有效的封隔油气水层，防止气窜和水窜，防止各层之间的相互干扰。

（5）能有效的控制油气层出砂，防止堵塞油气通道，防止井壁坍塌。

（6）油井管柱既能适用自喷采油的需要，又能满足人工举升采油的需要。

（7）应具备进行注水、注气、分层压裂、酸化以及堵水、调剖等井下作业措施的条件。

（8）稠油开采能达到注蒸汽热采的条件。

（9）具备在套管内钻小井眼或侧钻的要求。

（10）在满足井下要求条件的前提下，尽量简化固井施工工艺，以提高经济效益。

完井方式的选择主要是针对单井而言，每口井所处的地质条件不相同，钻遇的油气层岩性往往也不相同，所以必须根据不同的地质条件和岩性特点确定完井方式。

7.1.1.2.2 直井完井方式选择

（1）根据地质条件选择。

根据地质条件选择适用的完井方式见表 7-2。

**表 7-2 直井不同地质条件的完井方式**

| 地 质 条 件 | 完 井 方 式 |
|---|---|
| （1）有气顶或有底水或有含水夹层、易塌夹层等复杂地质条件，要求实施分隔层段的储层；<br>（2）各分层之间存在压力、岩性等差异，要求实施分层测试、分层注水、分层处理的储层；<br>（3）要求实施大规模水力压裂作业的低渗透储层；<br>（4）砂岩储层、碳酸盐岩裂缝性储层 | 套管射孔完井 |
| （1）岩性坚硬致密，井壁稳定不坍塌的碳酸盐岩储层；<br>（2）无气顶、无底水、无含水夹层及易塌夹层的储层；<br>（3）单一厚储层，或压力、岩性基本一致的多层储层；<br>（4）不准备实施分隔层段，选择性处理的储层 | 裸眼完井 |

续表

| 地质条件 | 完井方式 |
|---|---|
| （1）无气顶、无底水、无含水夹层及易塌夹层的储层；<br>（2）单一厚储层，或压力、岩性基本一致的多层储层；<br>（3）不准备实施分隔层，选择性处理的储层；<br>（4）岩性较为疏松的中、粗砂粒储层 | 割缝衬管完井 |
| （1）无气顶、无底水、无含水夹层的储层；<br>（2）单一厚储层，或压力、物性基本一致的多层储层；<br>（3）不准备实施分隔层段，选择性处理的储层；<br>（4）岩性疏松出砂严重的中、粗、细砂粒储层 | 裸眼砾石充填 |
| （1）有气顶或有底水或有含水夹层、易塌夹层等复杂地质条件，要求实施分隔层段的储层；<br>（2）各分层之间存在压力、岩性差异，要求实施选择性处理的储层；<br>（3）岩性疏松出砂严重的中、粗、细砂粒储层 | 套管砾石充填 |
| （1）岩性坚硬致密，井壁稳定不坍塌的储层；<br>（2）裸眼井段内无含水夹层及易塌夹层的储层；<br>（3）单一厚储层，或压力、岩性基本一致的多储层；<br>（4）不准备实施分隔层段、选择性处理的储层；<br>（5）有气顶、或储层顶界附近有高压水层，但无底水的储层 | 复合型完井 |

（2）根据岩性特点选择。

①砂岩油气藏。砂岩油气藏分为层状、块状和岩性油藏，其完井方式选择见图 7-15。

②碳酸盐岩油气藏。碳酸盐岩油气藏按渗流特征可分孔隙性和裂缝性或裂缝和孔隙双重介质油气藏，其完井方式选择见图 7-16。

③火成岩、变质岩油藏。这类油藏指火山岩、安山岩、喷发岩、花岗岩、片麻岩等油藏。这些类型的油藏是由生油层的原油运移至上述岩石的裂缝或孔穴中而形成的，可按裂缝性碳酸盐油藏完井。其完井方式选择见图 7-17。

7.1.1.2.3　水平井及定向井完井方式选择

（1）水平井及定向井完井方式特点。

目前常见水平井完井方式有裸眼完井、割缝衬管完井、带管外封隔器的割缝衬管完井、射孔完井和砾石充填完井等，其完井方式优缺点见表 7-3，其完井方式适用条件见表 7-4。

（2）水平井及定向井完井方式。

①裸眼完井。

裸眼完井是一种最简单的水平井完井方式。如图 7-18 所示。裸眼完井主要用于碳酸盐岩等坚硬不坍塌地层的水平井和定向井。

②割缝衬管完井。

割缝衬管完井如图 7-19 所示，割缝衬管要加扶正器，以保证衬管在水平井眼中居中。割缝衬管完井主要用在不宜用套管射孔完井，又要防止裸眼完井时地层坍塌的水平井和定向井。

③尾管射孔完井。

尾管射孔完井见图 7-20，在水平井段内下入完井尾管，注水泥固井，最后在水平井段射孔。尾管射孔完井将层段分隔开，能进行分层增产及注水泥作业，可在稀油和稠油气层中使用。

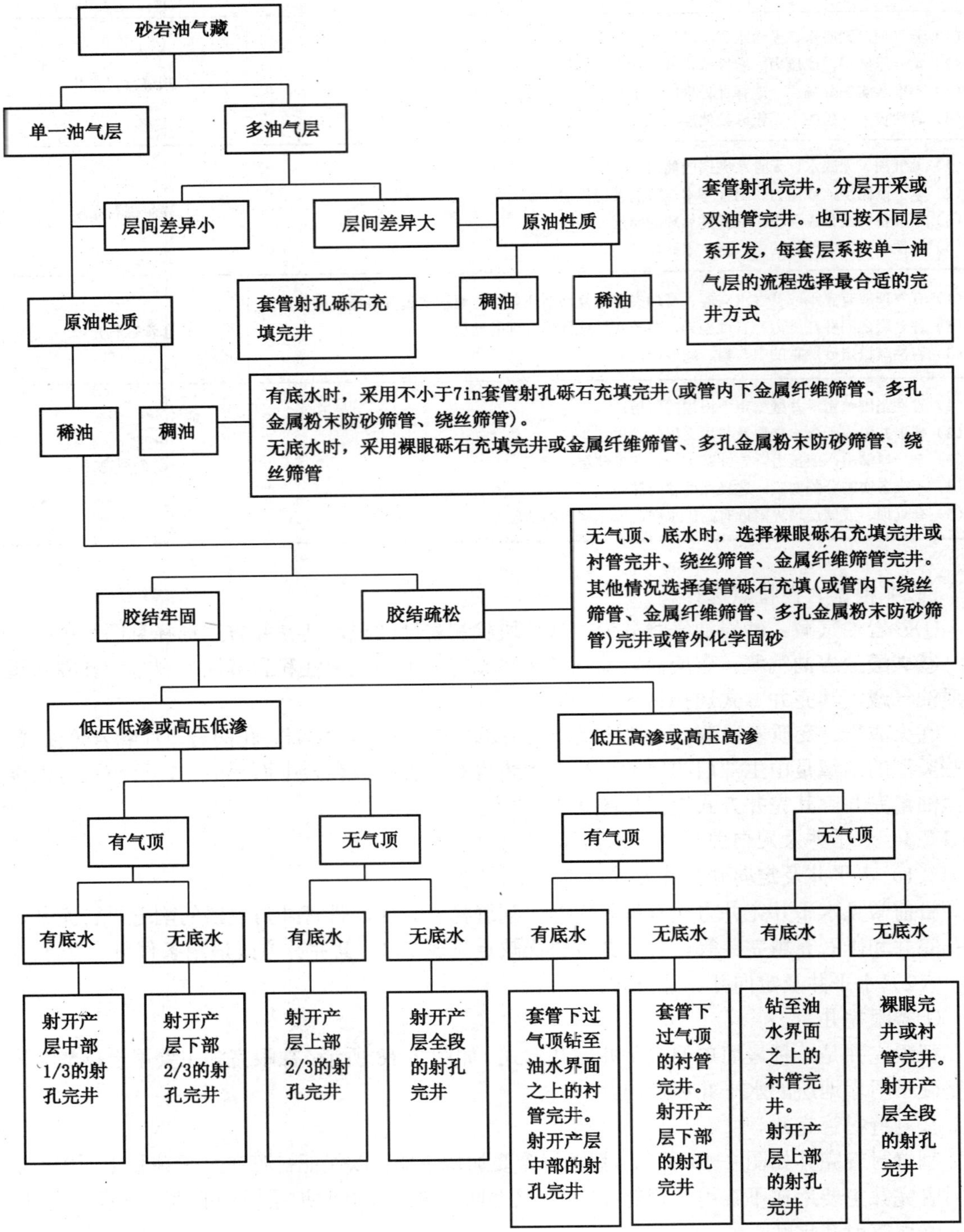


图 7-15　不同类型砂岩油气藏完井方式

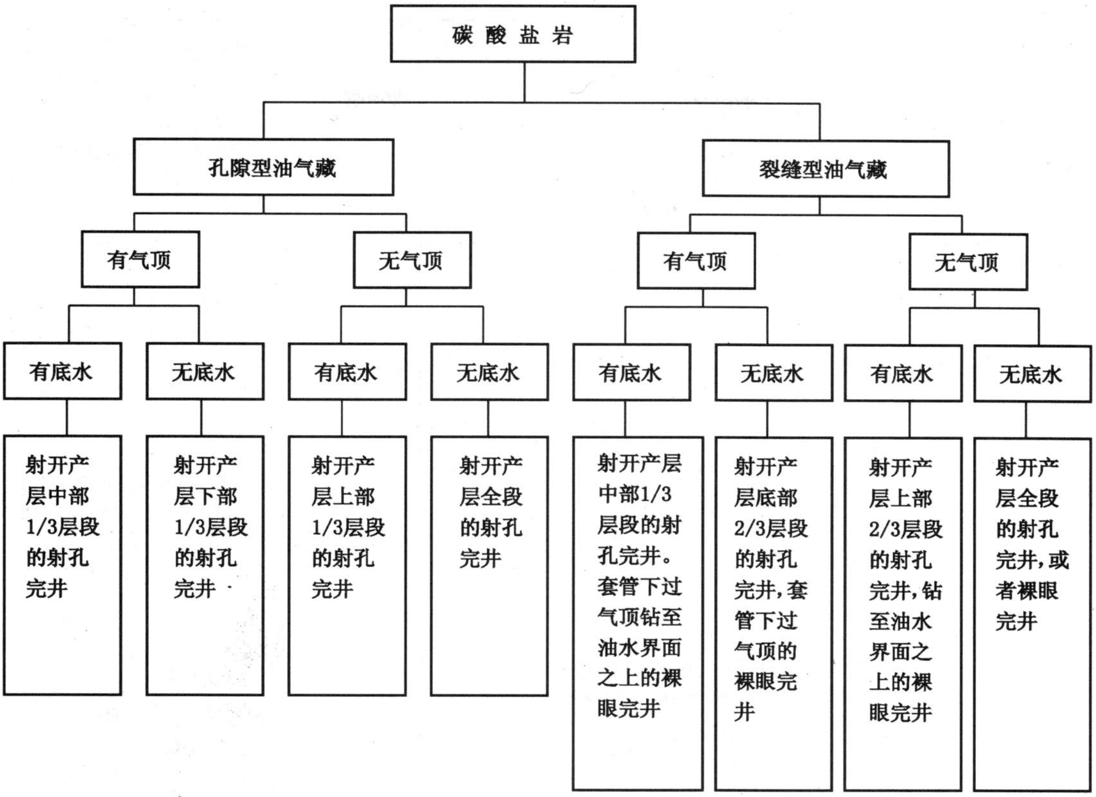


图 7-16　不同类型碳酸盐岩油气藏的完井方式

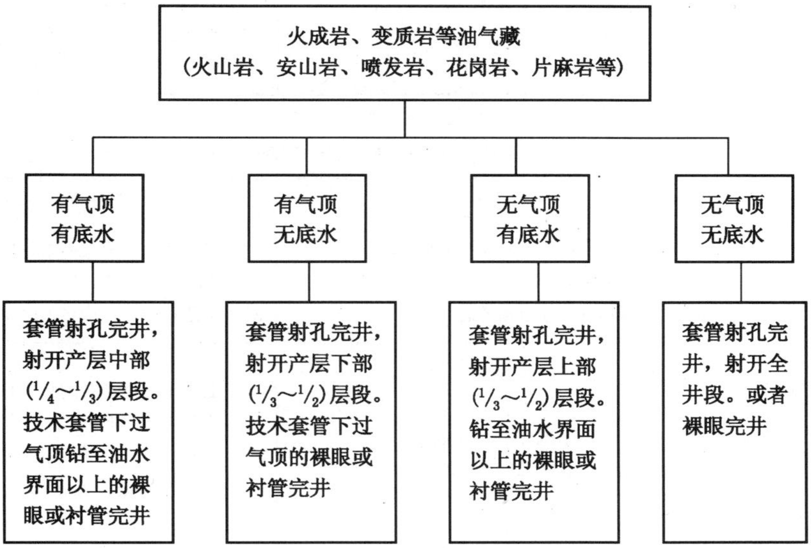


图 7-17　火成岩、变质岩等岩石类型的完井方式

**表 7-3　水平井及定向井完井方式的优缺点**

| 完 井 方 式 | 优　　点 | 缺　　点 |
| --- | --- | --- |
| 裸眼完井 | （1）成本最低；<br>（2）储层不受水泥浆伤害；<br>（3）使用可膨胀式双封隔器，可以实施生产控制和分隔层段的增产作业；<br>（4）使用转子流量计，可以实施生产检测 | （1）疏松储层，井眼可能坍塌；<br>（2）难以避免层段之间的窜通；<br>（3）可选择的增产作业有限，如不能进行水力压裂作业等；<br>（4）生产检测资料不可靠 |
| 割缝衬管完井 | （1）成本相对较低；<br>（2）储层不受水泥浆的伤害；<br>（3）可防止井眼坍塌 | （1）不能实施层段分隔；<br>（2）无法进行选择性增产增注作业；<br>（3）无法进行生产控制，不能获得可靠的生产测试资料 |
| 带管外封隔器的割缝衬管完井 | （1）相对中等程度的完井成本；<br>（2）储层不受水泥浆的伤害；<br>（3）依靠管外封隔器实施层段分隔，可以在一定程度上避免层段之间的窜通；<br>（4）可以进行生产控制、生产检测和选择性的增产增注作业 | 管外封隔器分隔层段的有效程度，取决于水平井眼的规则程度、封隔器的坐封和密封件的耐压、耐温等因素 |
| 射孔完井 | （1）最有效的层段分隔，可以完全避免层段之间的窜通；<br>（2）可以进行有效的生产控制、生产检测和包括水力压裂在内任何选择性增产增注作业 | （1）完井成本相对较高；<br>（2）储层受到水泥浆的伤害；<br>（3）水平井的固井质量目前尚难保证；<br>（4）要求较高的射孔操作技术 |
| 裸眼预充填砾石完井 | （1）储层不受水泥浆的伤害；<br>（2）可以防止疏松储层出砂及井眼坍塌；<br>（3）特别适宜于热采稠油油藏 | （1）不能实施层段的分隔，有层段之间的窜通；<br>（2）无法进行选择性增产增注作业；<br>（3）无法进行生产控制等 |
| 套管内预充填砾石完井 | （1）可以防止疏松储层出砂及井眼坍塌；<br>（2）特别适宜于热采稠油油藏；<br>（3）可以实施选择性地射开层段 | （1）储层受水泥浆的伤害；<br>（2）必须起出井下预充填砾石筛管后，才能实施选择性的增产增注作业 |

**表 7-4　水平井及定向井完井方式适用条件**

| 完 井 方 式 | 适用的地质条件 | 适用工艺条件 |
| --- | --- | --- |
| 裸眼完井 | （1）岩石坚硬致密，井壁稳定不坍塌的储层；<br>（2）不要求层段分隔的储层；<br>（3）天然裂缝性碳酸盐岩或硬质砂岩 | （1）长、中、短或极短半径的水平井；<br>（2）非选择性生产；<br>（3）不进行选择性增产、增注措施 |
| 割缝衬管完井 | （1）井壁不稳定，有可能发生井眼坍塌的储层；<br>（2）不要求层段分隔的储层；<br>（3）天然裂缝性碳酸盐岩或硬质砂岩储层；<br>（4）岩性较为疏松的中、粗粒砂岩储层 | （1）长、中、短半径的水平井；<br>（2）非选择性生产；<br>（3）不进行选择性增产、增注措施 |
| 带管外封隔器的割缝衬管完井 | （1）要求不用注水泥实施层段分隔的注水开发储层；<br>（2）要求实施层段分隔，但不要求水力压裂的储层；<br>（3）井壁不稳定，有可能发生井眼坍塌的储层；<br>（4）天然裂缝性或横向非均质的碳酸盐岩或硬质砂岩储层 | （1）长、中、短半径的水平井；<br>（2）选择性生产；<br>（3）可进行选择性增产、增注措施，但不进行水力压裂作业 |

续表

| 完井方式 | 适用的地质条件 | 适用工艺条件 |
|---|---|---|
| 射孔完井 | （1）要求实施高度层段分隔的注水开发储层；<br>（2）要求实施水力压裂作业的储层；<br>（3）裂缝性砂岩储层 | （1）中、长半径的水平井；<br>（2）选择性生产；<br>（3）进行生产措施、生产检测和水力压裂在内的任何选择性增产、增注作业；<br>（4）进行套管内预充填砾石绕丝筛管防砂完井或金属纤维筛管、烧结成形微孔筛管等防砂完井 |
| 裸眼预充填砾石筛管完井 | （1）岩性胶结疏松，出砂严重的中、粗、细粒砾岩储层；<br>（2）不要求分隔层段的储层；<br>（3）热采稠油油藏 | （1）中、长半径的水平井；<br>（2）非选择性生产；<br>（3）不进行选择性增产、增注措施 |
| 套管预充填砾石筛管完井 | （1）岩性胶结疏松，出砂严重的中、粗、细粒岩储层；<br>（2）裂缝性砂岩储层；<br>（3）热采稠油油藏 | （1）中、长半径的水平井；<br>（2）选择性生产；<br>（3）进行选择性增产、增注措施 |

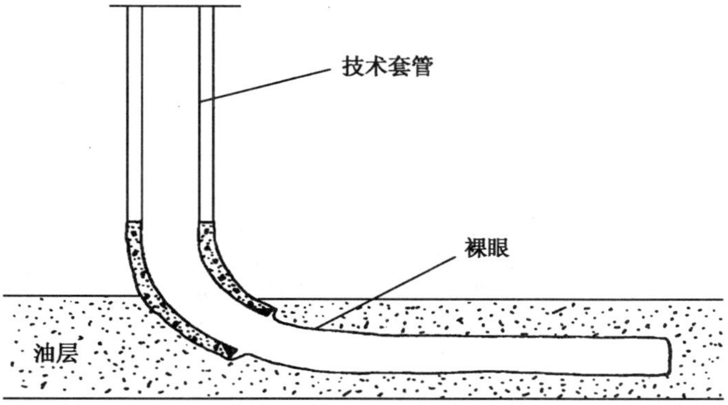


图 7-18　裸眼水平井完井

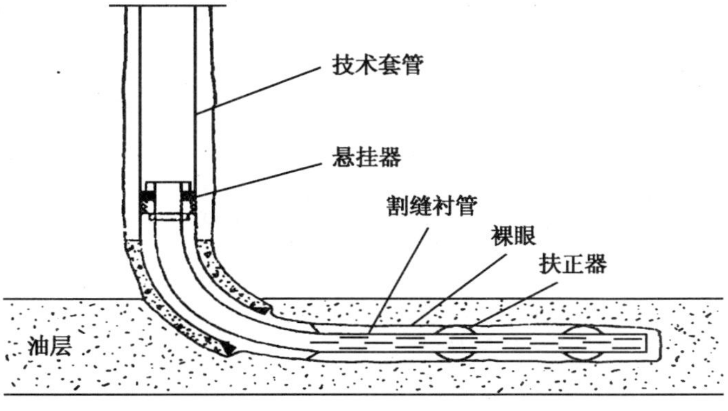


图 7-19　割缝衬管水平井完井

④管外封隔器完井。

管外封隔器完井主要是依靠管外封隔器实施层段的分隔，可以按层段进行作业和生产控制，多用于注水开发的油井。管外封隔器完井有两种形式，一种是套管外封隔器及割缝衬管完井，见图 7-21；另一种是套管外封隔器及滑套完井，见图 7-22。

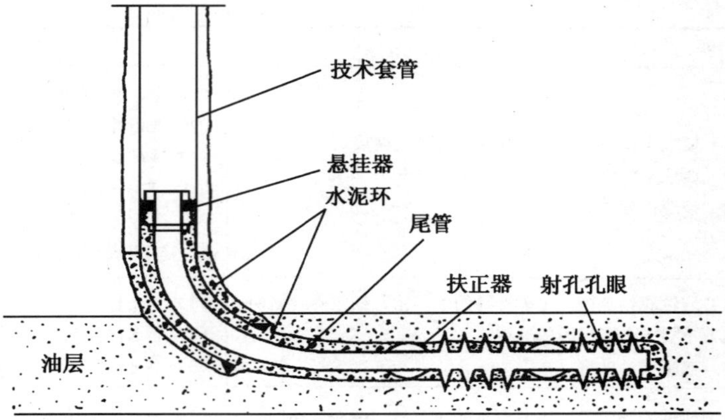


图 7-20　水平井尾管射孔完井

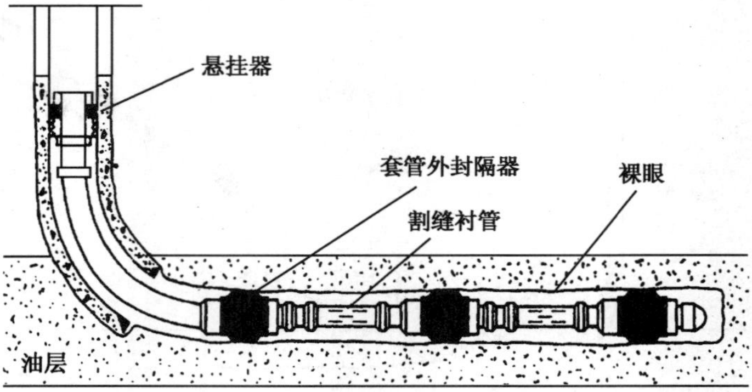


图 7-21　管外封隔器及割缝衬管完井

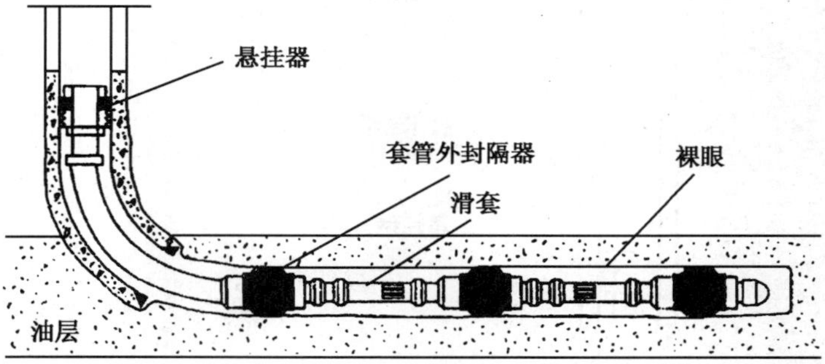


图 7-22　管外封隔器及滑套完井

⑤砾石充填完井。

砾石充填完井可以防止疏松储层出砂及井眼坍塌，特别适宜稠油热采井。

砾石充填完井有两种方法，在水平井段进行裸眼井下砾石充填或是在套管内井下砾石充填，如图 7-23 和图 7-24 所示。

⑥分支井完井。

目前水平井发展很快，已发展多分支井和多底井，完井方式多采用割缝衬管完井或裸眼完井，如图 7-25 所示。

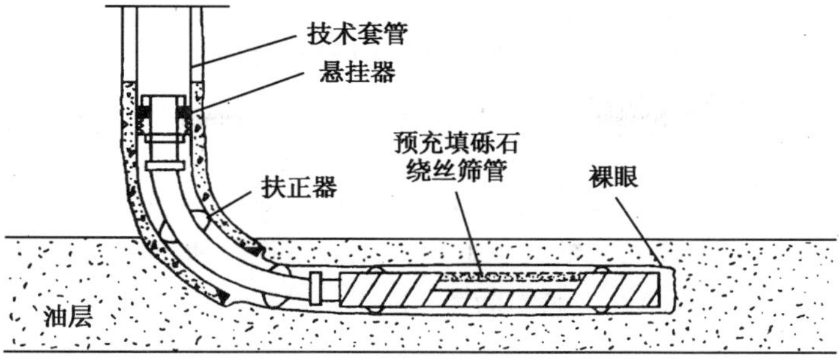


图 7-23　水平井裸眼预充填砾石筛管完井

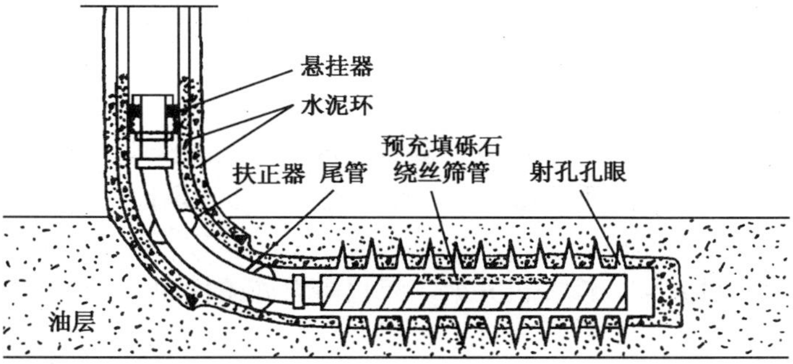


图 7-24　水平井套管内预充填砾石筛管完井

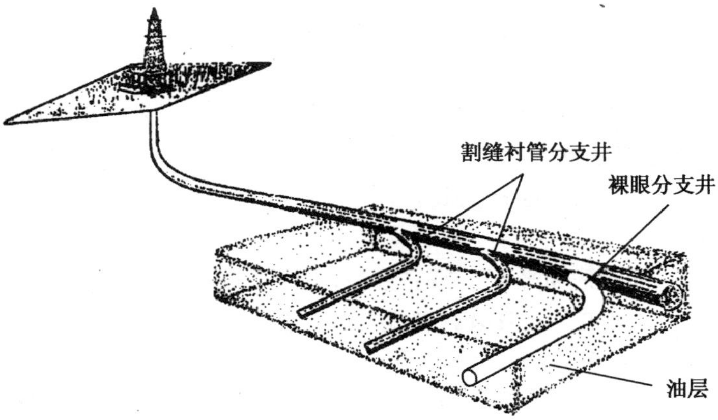


图 7-25　分支井完井

（5）水平井完井方式选择方法。

①按曲率半径选择完井方式。

短曲率半径的水平井当前主要采用裸眼完成。主要在坚硬裂缝的油气层，如白垩系等致密性地层中采用。其水平段在 100m 左右。

中、长曲率半径的水平井完井方式可根据岩性、原油物性、增产措施等因素选择。一般不采用裸眼完井，通常采用割缝衬管加套管外封隔器完井或套管射孔完井。

②按开采方式及增产措施选择完井方式。

这种选择方式必须经过论证才能确定，如低渗透油气层需要进行压裂，就必须用套管射孔完井；需进行防砂处理的地层，必须下滤砂管或筛管防砂等。

水平井完井方式选择流程如图 7-26 所示。

### 7.1.2 完井作业

完井作业通常由作业队使用修井机或通井机完成，对于一些边远探井或超深井有时由钻井队使用钻机完成。不同的井其完井作业内容和工艺过程有所不同，主要分为搬迁、井筒准备、下作业管柱、配合井下作业、排液求产、起作业管柱、下生产管柱、封层上返、其他作业、交井或封井。

#### 7.1.2.1 搬迁

搬迁指作业队从驻地到井场或从一个井场到另一个井场的人员动迁、设备搬迁与安装、开工准备等工作。搬迁分为搬迁准备、搬迁、安装、开工准备 4 项内容。在搬迁中又分为分队搬迁和井场搬迁两种类型。

##### 7.1.2.1.1 搬迁准备

（1）新井井位及井场临时道路勘查、测量及占用土地的落实、征用。

（2）井场临时道路修建，桥涵修筑与加固，生产生活区场地平整，井架基础、地滑车基础和池类修建。

（3）老井场通井机井架、修井机井架、流程等设施的拆卸。

##### 7.1.2.1.2 搬迁

（1）分队搬迁：作业队住地及井场设施全部搬迁。

（2）井场搬迁：指交叉作业的小分队搬迁，只搬迁井场设施，住地不搬。

##### 7.1.2.1.3 安装

（1）立井架，装井口，装地滑车，穿提升系统，装指重表或拉力表，安装地面计量流程等。

（2）根据井口位置及 HSE 应急方案要求，确定值班房、发电房、工具房、储罐、油罐、爬犁、排污池、火把等摆放位置。

（3）井场、生活区照明、电路安装。

##### 7.1.2.1.4 开工准备

（1）井场准备：包括井场平整、搭油管桥、油管排放丈量。

（2）井口、井下工具准备：安装封井器、井口操作平台、液压油管钳，井口工具、井下工具及抽汲系统工具准备等。

（3）器材准备：根据工程设计要求，备足压井液、洗井液、消防器材、通信器材，对含有硫化氢的井应有人身防护用具准备等。

（4）资料准备和技术交底：收集有关井史资料，备好有关各种记录、图表及现场化验仪器，向作业队施工人员技术交底。

#### 7.1.2.2 井筒准备

井筒准备包括通井、替钻井液、（刮削）、洗井、探底、试压、替射孔液、（降液面）等内容。

##### 7.1.2.2.1 通井

通井是用专门的工具验证套管径向尺寸变化及完好程度的作业。通常用钻杆或油管带通井规下入井内套管中，检验井筒是否畅通无阻。

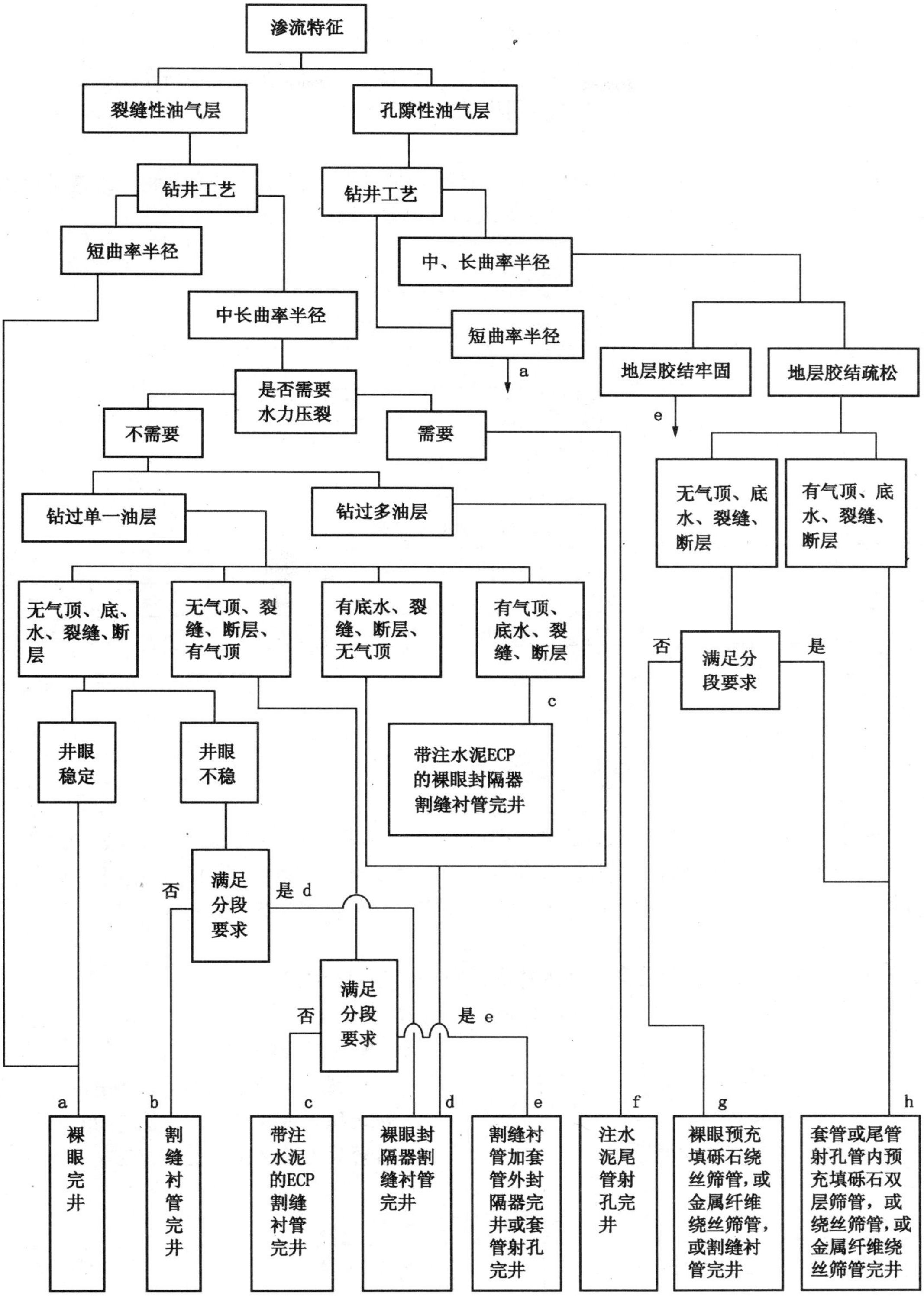


图 7-26　水平井完井方式选择流程图

（1）通井主要要求。

①射孔井应通至射孔段以下，新井要通至井底。

②裸眼、筛管完成井，应通至套管鞋以上10～15m，然后用油管通到井底。

③下有尾管悬挂器完成井，要用带引鞋的通井规通井。

（2）通井主要工具。

通井主要工具是套管通井规和铅模。套管通井规是检查套管、油管内通径的最常用的工具，见图7-27。需要根据不同的套管内径选择，见表7-5。

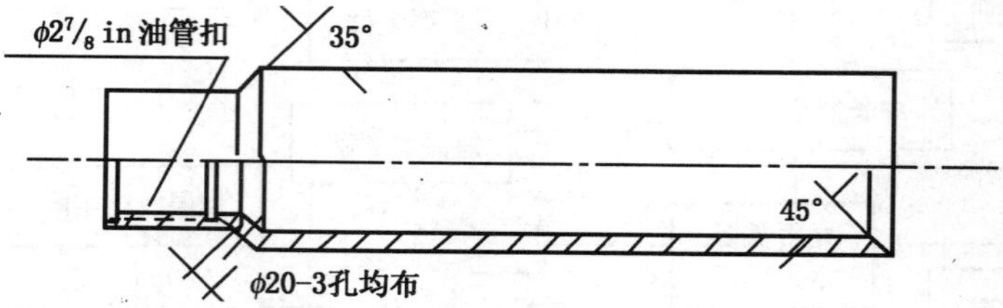


图7-27　通井规

**表7-5　通井规规格**

| 套管规格 | mm | 114.3 | 127.00 | 139.70 | 146.05 | 168.28 | 177.80 |
|---|---|---|---|---|---|---|---|
| | in | $4^1/_2$ | 5 | $5^1/_2$ | $5^3/_4$ | $6^5/_8$ | 7 |
| 通井规规格 | 外径（mm） | 92～95 | 102～107 | 114～118 | 116～128 | 136～148 | 144～158 |
| | 长度（mm） | 500 | | | | | |

7.1.2.2.2　替钻井液

一般用清水分段替出井筒内的钻井液。

7.1.2.2.3　刮削

刮削是用双面套管刮削器，刮削套管内壁，清除套管内壁上的水泥、钻井液、铁锈、炮眼毛刺、硬蜡、盐垢等东西，同时检查套管有无异常变化。刮削的目的是为顺利下入井下工具做好井筒准备。有些井不进行这道工序，主要根据井筒情况决定是否进行刮削。

（1）刮削主要要求。

①要下封隔器的井，应用套管刮削器刮到封隔器坐封段以下。

②下有尾管悬挂器完成的井，不要用刮削器通井。

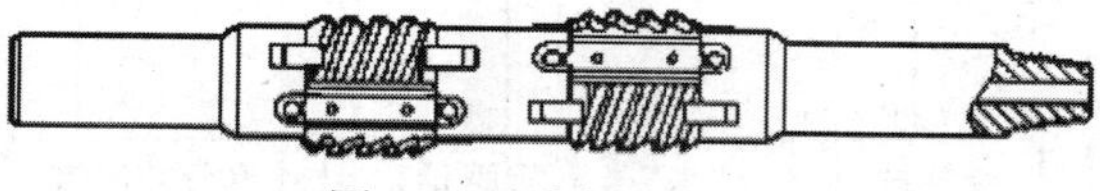

图7-28　套管刮削器

（2）刮削主要工具。

刮削主要工具是套管刮削器，分胶筒式和弹簧式两种，见图7-28。需要根据套管内径选择，见表7-6。

**表7-6　刮削器规格**

| 序号 | 胶筒式刮削器 | | 弹簧式刮削器 | | 适用套管规格 | |
|---|---|---|---|---|---|---|
| | 型　号 | 直径(mm)×长度(mm) | 型　号 | 直径（mm）×长度（mm） | mm | in |
| 1 | GX－G114 | φ112×1119 | GX－T114 | φ112×1119 | 114.3 | $4^1/_2$ |
| 2 | GX－G127 | φ119×1340 | GX－T127 | φ119×1340 | 127.00 | 5 |

续表

| 序号 | 胶筒式刮削器 | | 弹簧式刮削器 | | 适用套管规格 | |
|---|---|---|---|---|---|---|
| | 型　号 | 直径(mm)×长度(mm) | 型　号 | 直径（mm）×长度（mm） | mm | in |
| 3 | GX－G140 | $\phi$129×1443 | GX－T140 | $\phi$129×1443 | 139.70 | $5^1/_2$ |
| 4 | GX－G146 | $\phi$133×1443 | GX－T146 | $\phi$133×1443 | 146.05 | $5^3/_4$ |
| 5 | GX－G168 | $\phi$156×1604 | GX－T168 | $\phi$156×1604 | 168.28 | $6^5/_8$ |
| 6 | GX－G178 | $\phi$166×1604 | GX－T178 | $\phi$166×1604 | 177.80 | 7 |

7.1.2.2.4　洗井

洗井是使用泵注设备，利用洗井液，通过井内管柱建立管柱内外循环、清除井内污物的作业。按设计要求，将油管下至预定深度，通过循环洗井液把井筒及井底的赃物清除干净。洗井分正循环洗井和反循环洗井。正循环洗井就是洗井液从油管内进入，从油管和套管环形空间返出；反循环洗井就是洗井液从油管和套管环形空间进入，从油管内返出，见图 7-29。

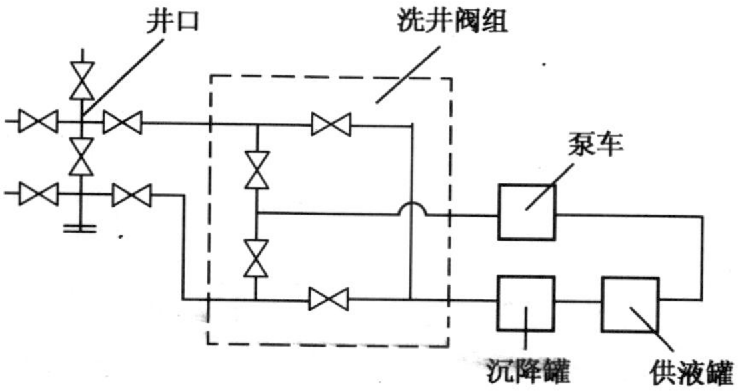

图 7-29　洗井循环流程示意图

不同的井采用的洗井方法及洗井液有所不同。

（1）一般新井投产要通过洗井将井内钻井液及钻井液的沉淀物冲洗干净，洗井液不得少于井筒容积的两倍。排量大于 500L/min，连续洗井两周以上，达到进出口洗井液性能一致。

（2）采用负压射孔的井，洗井时要用与油气层配伍的无固相优质射孔液。

（3）漏失量较大的井，应在洗井液中加入增黏剂和暂堵剂，并采用混气降低洗井液密度。

（4）低产油层、油水同层、含油水层的井，在求产结束后要进行反洗井，准确计算日产量和总油量。

（5）在完井过程中需要压裂、酸化的井，在压裂、酸化前要彻底洗井，清除井筒、井底的沉淀物，提高压裂、酸化效果。

（6）出砂井应先采用反循环洗井法，保持不喷不漏、平衡洗井。若正循环洗井时，应经常活动管柱，防止砂卡。

（7）稠油井洗井时，洗井液中可加入活性剂、洗油剂并提高温度。

（8）需要注水泥塞的井要在注水泥塞之前要彻底洗井，以保证水泥塞质量。

7.1.2.2.5　探底

探底即探人工井底，有硬探、软探两种方式。软探是用录井钢丝加铅锤探至人工井底，硬探是用油管或钻杆探至人工井底。硬探人工井底要求加压 10～20kN，连续三次探测井底深相差小于 0.5m 为合格。

7.1.2.2.6　试压

试压是采用液体或气体介质，用泵注设备按规定对地面流程、井口设备、下井管柱、井筒套管、井下工具、封层和封堵井段进行耐压程度检验的作业。试压有正压法和负压法两种。

7.1.2.2.7 替射孔液

一般是用无固相优质射孔液或活性水替出井筒内清水，为射孔做好准备。

7.1.2.2.8 降液面

一般是根据本井油气储层地层压力比较低的情况，采用气举等方式将井筒内的液面降到井口以下一定深度，减少井筒内的液柱压力，便于后续作业时地层流体能够较为容易进入到井筒内。有些油气储层地层压力比较高的井不进行这道工序。

7.1.2.3 下作业管柱

作业管柱包括射孔管柱、测试管柱、酸化管柱、压裂管柱和组合管柱等。根据完井设计要求，有时下一趟作业管柱，有时需要下多趟作业管柱。

7.1.2.3.1 下射孔管柱

采用油管输送射孔时，把一口井所要射开油气层的射孔器全部连接后，与油管柱的下端连接，形成射孔管柱，由作业队依次下入井中。采用过油管射孔时，需要将油管下到射孔井段上部。

7.1.2.3.2 下测试管柱

实施地层测试时，采用钻杆或油管将压力测试记录仪、筛管、封隔器和测试阀等测试工具下入测试层段，并使封隔器坐封于测试器上部，将测试层和与其相邻的地层及钻井液封隔开。

7.1.2.3.3 下酸化管柱

实施酸化作业时，按酸化设计要求，一般下带有封隔器的酸化管柱。酸化管柱自下而上的结构顺序是：喇叭口（油管鞋）＋节流启动器（定压凡尔）＋油管＋封隔器＋水力锚＋上部管柱。此顺序不能错。下完酸化管柱到预计深度时，节流器下深应对油层中部；水力锚应与封隔器直接连接；节流器与封隔器之间应有一段间距。

下完酸化管柱后，装酸化井口。酸化井口由采油树全套或部分以及它们连接的高压四通、投球器、压力传感器、平衡车管线等组成。

7.1.2.3.4 下压裂管柱

实施压裂作业时，按压裂设计要求，必须下入压裂管柱。压裂管柱分全井合压管柱、分层压裂管柱、临堵球分压管柱、限流压裂管柱四种。各种管柱又分为若干种压裂类型和注入方式，如全井合压管柱可采用光套管压裂管柱、光油管压裂管柱、单封隔器保护套管压裂管柱三种类型，分层压裂管柱又可分为单封隔器分层压裂管柱、单封隔器与桥塞组合分层压裂管柱、单封隔器与填砂分层压裂管柱3种类型。

下完压裂管柱后，装压裂井口。

7.1.2.3.5 下组合管柱

进行多项联合作业时，往往需要下组合管柱。如联合作业测试有射孔与测试联作、射孔与投产联作、射孔与压裂酸化联作、地面直读与测试联作等。

（1）射孔与投产联作。

射孔与投产一次完成的作业。射孔后不用起出射孔器和油管直接投产，见图7-30。用电缆将生产封隔器坐挂在生产套管的预定位置，然后下入带射孔器的生产管柱，管柱的导向接头下到封隔器位置循环洗井；继续下管柱，当管柱密封总成坐封后，井口投棒高速下落撞击点火头，点火完成射孔；射孔枪及残渣释放至井底即投产。

自喷井普遍采用这种作业，既安全又经济，射孔与投产只下一次管柱就完成。管柱的结构和使用的封隔器因井而异。

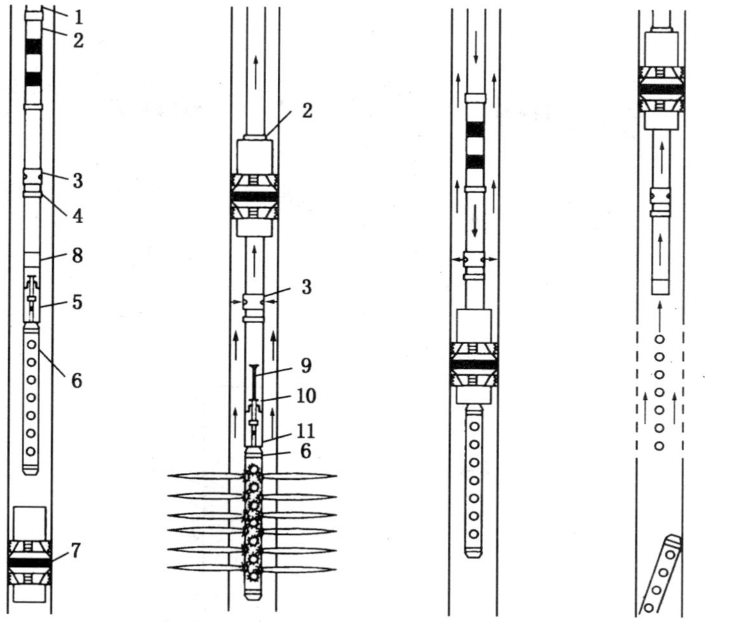


图 7-30　油管输送射孔与投产联作示意图

1—生产油管；2—生产密封总成；3—盘式循环接头；4—油管接箍；5—重力引爆头与射孔释放装置；6—射孔枪；7—生产封隔器；8—导向接头；9—投棒；10—捶击；11—引爆头

对于抽油井，用同一趟管柱下入射孔器和抽油泵等配套工具，射孔器点火引爆后，原管柱不动就可直接开泵投产。适用于直井、斜井及水平井。

（2）射孔与测试联作。

射孔与测试联作就是将油管输送射孔工具与地层测试工具有效地组合成一套管柱，见图 7-31，一次下井完成射孔和地层测试两项作业，即射孔后立即进行测试。

（3）射孔与压裂（酸化）联作。

油管输送射孔与压裂（酸化）一次完成的作业。下入联作管柱，先射孔，再进行测试，然后进行压裂、酸化，措施后还可以试井。油管输送射孔与压裂（酸化）联作见图 7-32。

（4）地面直读与测试联作。

地面直读与测试联作就是将电子压力计随同测试工具一起下入井中，再从井口下入电缆进行对接，电子压力计将测试期间感应到的井下压力、温度变化，通过电缆传到地面计算机系统，在计算机上显示、读出并及时解释、分析和处理，见图 7-33。由

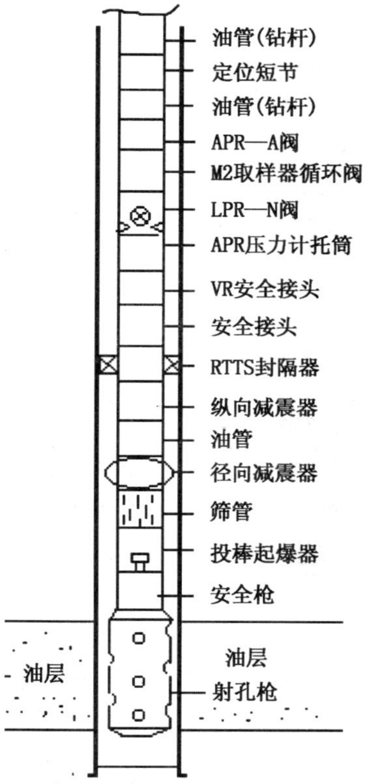


图 7-31　射孔—测试联作示意图

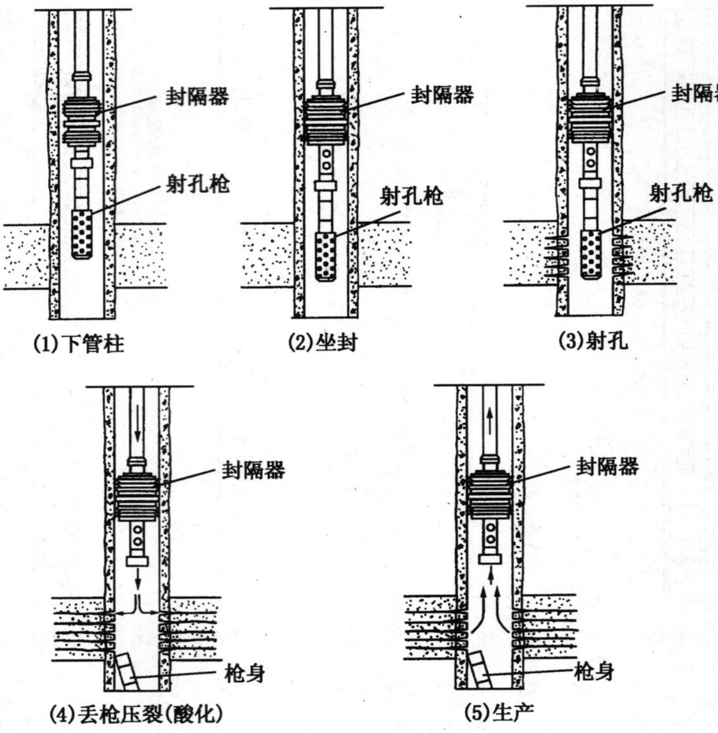


图 7-32　油管输送射孔与压裂（酸化）联作示意图

于地面直读测试工艺采用先进的电子技术与计算机系统，直接服务于油气井测试，目前已在世界上广泛地应用。

7.1.2.4　配合井下作业

此处井下作业主要指由专业施工队伍进行射孔、地层测试、压裂、酸化、试井等作业，而作业队进行相关的辅助作业。具体井下作业内容将在技术服务部分进行详细说明。

7.1.2.5　排液求产

7.1.2.5.1　排液

排液是采用人工方法降低井内液柱压力，使井筒内液柱压力低于地层压力，诱导地层流体进入井筒或喷出地面的作业。常用方法有替喷、抽汲、提捞、气举、泵抽等排液方法。

（1）替喷。

替喷是用密度较小的液体逐步替出井内密度较大压井液，使井底液柱压力小于油气层压力，诱导油气从油气层流入井内，再喷出地面的作业。分为一次替喷和二次替喷两种方式。替喷方法可采用正循环法，亦可采用反循环法。

（2）抽汲排液。

抽汲排液就是用一种专用的抽汲工具将井内的液体抽出来，达到排出井筒液体、降低井筒液面的目的。这种专用工具就是油管抽子。把抽子接在抽汲钢丝绳上，用通井机做动力，通过地面地滑车、井架天车、防喷盒、防喷管，再下入油管中，在油管中上下运动。上提时抽子上油管内的液体随抽子的快速上行运动一起排出井口，下放时抽子在加重钻杆的作用下，下入井内液面以下的某一深度，这样反复上提下放抽子，达到油井排液的目的。抽汲排液系统见图 7-34。

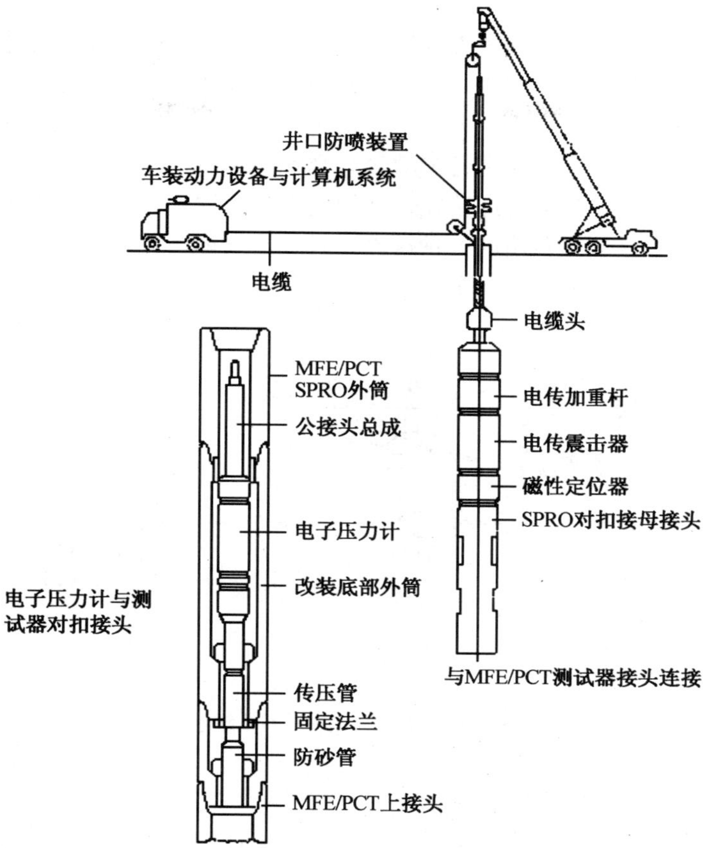


图 7-33　地面直读—测试示意图

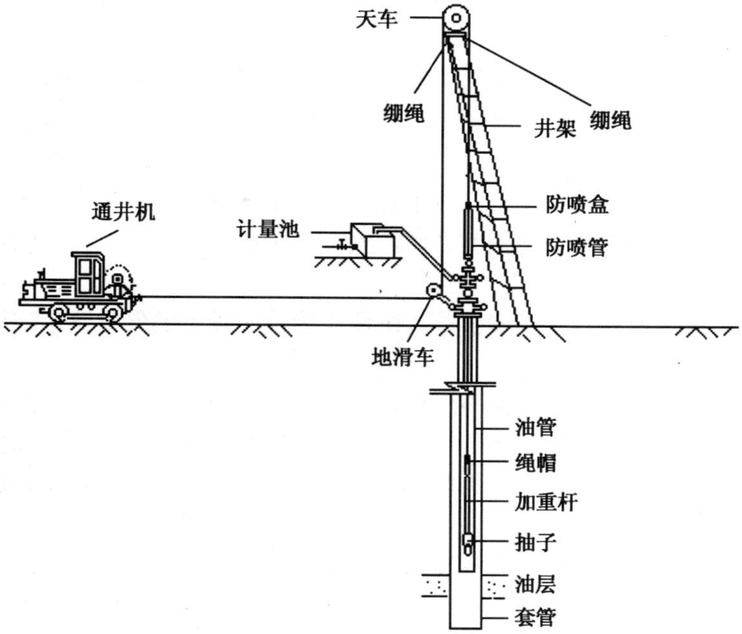


图 7-34　抽汲排液系统示意图

（3）提捞排液。

提捞排液就是提捞筒通过通井机上的钢丝绳下入井中，一桶一桶地将井内的液体（油或水）捞出地面，从而降低井内的回压，使地层的液体流到井中。

（4）空气气举排液。

用空气压缩机，把高压空气从油管或油管与套管环形空间注入井中，顶替出井筒中的液体，使井筒液柱压力降低，形成生产压差，使地层产液，这一套工艺技术叫光油管空气气举排液。光油管空气气举排液是常用的一种排液方式。按气体注入方式，光油管空气气举分为正举和反举两种方式。光油管空气气举反举系统见图 7-35。

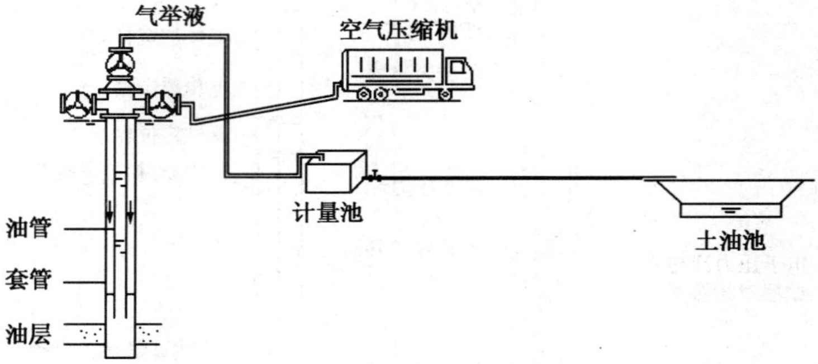


图 7-35　光油管空气气举反举系统示意图

（5）液氮气举排液。

液氮气举排液是用液氮泵车的高压液氮泵，把经过液氮蒸发器（锅炉）生成高压氮气注入油管或油管与套管环形空间顶替出井内的液体，减小井筒液柱对油层的回压，使地层的液体流到井中。液氮气举排液是在深井或超深井常用的一种诱喷排液方式。

（6）气举凡尔排液。

深井气举时，为了用常规空气压缩机能继续降低液面，必须在油管管柱上装气举凡尔。若不用气举凡尔，在空气压缩机的额定工作压力 15MPa 或 25MPa 下，只能把液面挤压到一定深度。

气举凡尔的作用相当于在油管上开设了孔眼，高压气体可以从孔眼进入油管举出油管内的液体，管内液柱压力降低到一定程度之后，气举凡尔能自动关闭，将孔眼堵死。气举凡尔气举过程见图 7-36。

图中 a 表示：气举前井筒中充满液体，沉没在静液面以下的气举凡尔在没有内外压差的情况下全部打开。

图中 b 表示：气举时当环空液面降低到凡尔 1 以下时，气举凡尔内外产生压差，高压气体通过气举凡尔 1 孔眼进入油管，使气举凡尔 1 以上油管内的液体混气，如果进入的气量足以使液体混气而喷出，则油管内的压力就会下降，管内压力下降后使环空高压气体挤压液面继续下行，环空液面继续降低。

图中 c 表示：当环空液面降到气举凡尔 2 以下时，高压气体又通过凡尔 2 孔眼进入油管举升液体。同时气举凡尔 1 内的压力进一步降低，在凡尔 1 内外压差作用下，迫使凡尔 1 自动关闭。

图中 d 表示：凡尔 2 进气后，凡尔 2 以上油管内的液体混气喷出，油管内压力降低，在环空高压气体挤压下液面又继续下降，最后高压气体从油管鞋进入油管，凡尔 2 关闭，井中液体全部被举通。

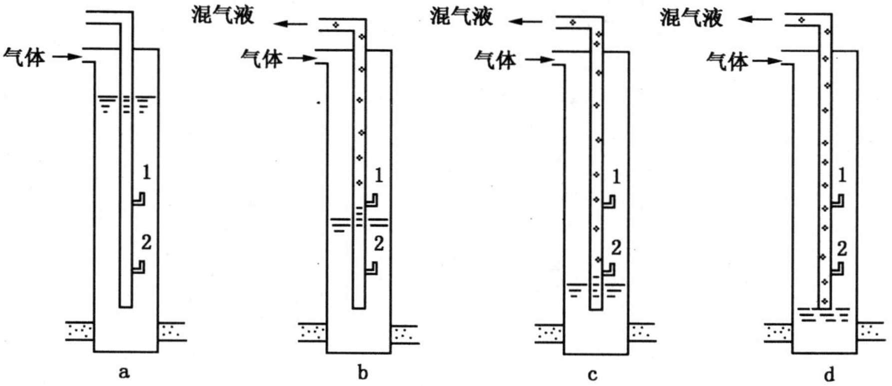


图 7-36　气举凡尔井下工作示意图

（7）气举孔排液。

气举孔排液就是在油管上装有气举孔，气举孔就相当于在油管上开设了一个不能关闭的单流凡尔式的孔眼。空气压缩机把高压空气由环形空间注入，由气举孔进入油管举出油管内的液体，减小井筒液柱对油层的回压，使地层的液体流到井中。气举孔排液和气举凡尔排液的作用机理是一致的。区别在于气举凡尔在气举过程中，当环空液面低于该气举凡尔后，有自动关闭将孔眼堵死的功能，而气举孔则不能自动关闭。

（8）混气水排液。

混气水排液是用压风机和水泥车同时或间隔由油管与套管环形空间向井内注入高压空气及清水（水中可加入起泡剂），用混气水顶替井内液体，按设计达到顶替量之后，再利用气体膨胀作用反吐出泵入井筒的混气水，从而可实现用比较低的压风机压力，排出井内比较多的液体，减小井筒液柱对油层的回压，使地层的液体流到井中。见图 7-37。

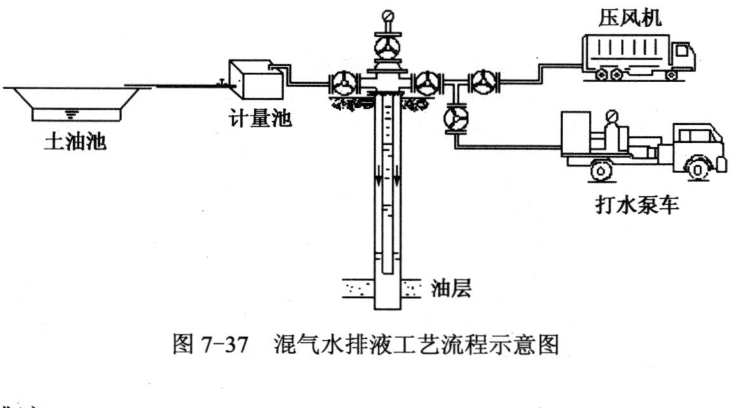


图 7-37　混气水排液工艺流程示意图

（9）泵抽排液。

用管式泵、杆式泵、螺杆泵、水力活塞泵、水力喷射泵等设备，下到井筒动液面以下一定深度，将井内液体抽出地面，达到排液目的。

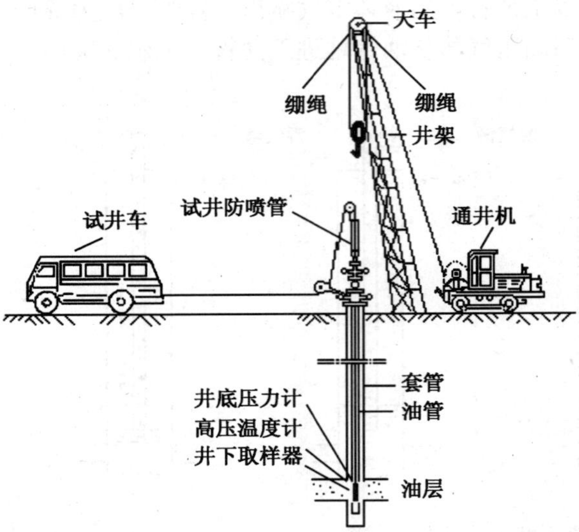


图 7-38　测压、测温、高压物性取样工作示意图

7.1.2.5.2　求产

求产是在完井作业过程中，通过各种工艺技术和方法求取地层产能、流体性质、压力、温度等资料的过程。分自喷井求产和非自喷井求产。求产的工艺方法较多，一般与排液工艺连续进行，主要求产方法有自喷求产、定压定时气举求产、抽汲求产、测液面求产、三项分离器求产等。求产阶段一般主要有求产、测压、取样等工作内容。测压、测温、高压物性取样工作见图 3-38。

（1）求产。

求产就是在一定的回压下，求取产层有代表性的稳定的油、气、水产量，其目的是对油气藏进行定量的经济评价。不同类型的井，求产的条件和标准不同。表 7-7 给出了各类井的求产条件、求产标准。

表 7-7　各类井求产条件与标准

| 类　型 | 求产条件 | 求产标准 |
| --- | --- | --- |
| 自喷油井 | （1）根据油井自喷能力，选择合适的油嘴进行测试工作。<br>（2）进行油气分离，待井口压力稳定，含水降至5%以后，即可进行计量求产 | （1）产油量大于 500$m^3$/d，连续求产 8h（2h 计量一次，波动不超过 5%）；<br>（2）产油量（500～300）$m^3$/d，连续求产 2 个班，波动小于 10%；<br>（3）产油量（300～100）$m^3$/d，连续求产 3 个班，波动小于 10%；<br>（4）产油量（100～20）$m^3$/d，连续求产 4 个班，波动小于 10%；<br>（5）产油量小于 20$m^3$/d，连续求产 2d，波动小于 15% |
| 非自喷油井 | （1）在套管允许掏空深度条件下，尽可能降低回压。<br>（2）在排出井筒容积或证实是地层水，待水性稳定后即可求产 | 定深、定时、定次或定井口压力（气举求产）取得 4 个班以上的抽（捞）或气举产量。波动范围小于 20% |
| 自喷水井或油水同出井 | 排出井筒容积一倍以上，证实为地层水后，待水性稳定后即可求产 | 连续 3 个班产量，波动小于 15% |
| 间喷井 | 确定合理工作制度后，定时（定压）开井测试 | 连续 3 个间喷日周期产量，波动范围在 10～20% |
| 低产井 | 经过混气水排液等方法后，将液面降至套管允许掏空深度范围内，在地层不出砂的情况下，可采取探液面及井底取样或提捞方法，确定产层产量。探井低产井，尤其是新区、新层试油（气）与录井、测井资料不符合的层，均需进行措施后，才能做出结论；特别是解释为油层而测试出水的井层要加强排液，消除钻井液滤液影响 | |
| 低产井水层 | 了解到氯根变化，能判断是地层出水即可 | 不求水性一致，以试井车测液面资料计算日产液量，或捞计算日产液量 |

续表

| 类型 | 求产条件 | 求产标准 |
| --- | --- | --- |
| 低产井油层 | 了解到地层出水，判断地层不出水（根据氯根变化） | 以试井车测液面计算日产量，反洗井准确计量总油量，或提捞计算日产量 |
| 低产井油水同出或含油水层 | 了解到地层出油，判断地层出水，不求水性一致 | 以试井车测液面计算日产液量，反洗井准确计量总油量，或提捞计算日产量 |
| 气井 | （1）油管和套管分别控制放喷，将井内污物积液喷净后求产。<br>（2）试气期间取得一个高回压下稳定产量数据即可。<br>（3）若气水、气油同出时，要先进行分离而后求产，并应下压力计实测井底压力 | （1）产气量大于 $50\times10^4m^3/d$，井口压力及产量稳定时间 2～4h 以上。<br>（2）产气量（50～10）$\times10^4m^3/d$，井口压力及产量稳定时间 4～6h 以上。<br>（3）产气量 $10\times10^4m^3/d$ 以下，井口压力及产量稳定时间 6～8h 以上，按设计要求如需系统试井，则应由小到大至少使用 4 种工作制度求产，每个制度稳定时间不少于 4～8h |

各类油井的原油产量均应按扣除气泡体积的原油产量为准。

（2）测压。

测压就是通过井口压力表或井底压力计，了解在改变工作制度过程中的井底流动压力和关井恢复的静止压力。

（3）取样。

取样有两个内容，一是在新区新层等自喷井与非自喷井试油过程中，由井口收取地面油、气、水样品；二是自喷井在试油过程中，由井下采集高压物性（PVT）样品。取样要求与标准如下：

①高压物性取样前将井筒内脏物喷净、油井正常生产、油中含水小于 5%，每次取样不得少于 4 支。

②自喷井和非自喷井求产稳定后，每层应分别在井口取得油、气、水样品。

③高压物性样品：油中含水小于 5%，饱和压力值相差不大于 2%，游离气小于 2ml，两个平衡样相符为合格。否则应予重取。

④地层水样品：两个样品水型一致， 氯离子误差小于 10%为稳定。

⑤原油样品：两个样品比重差小于 0.005 为合格。

⑥天然气样品：含氧小于 2%，两个样品比重差小于 0.02 为合格。

（4）油气水分析。

油气水分析是原油性质分析、天然气组分分析、油田水常规分析的简称，是油田各类化验分析最基础的项目。通过对油气水样品分析，为研究生油环境、油气运移及储藏条件等提供资料，为油气生产及流程设计提供依据。

原油性质分析包括相对密度、黏度、凝固点、馏分、含水、含砂量、含硫量、含胶质和沥青等。天然气组分分析包括氧气、氮气、二氧化碳、硫化氢、甲烷、乙烷、丙烷、正丁烷、异丁烷、正戊烷、异戊烷以及 $C_{12}$ 以下微量气体含量分析。油田水常规分析包括常规离子分析（$K^+$、$Na^+$、$Ca^{2+}$、$Mg^{2+}$、$Cl^-$、$SO_4^{2-}$、$HCO_3^-$、$CO_3^{2-}$、$OH^-$）和微量元素分析（有机酸、铵、碘、溴、硼、铁）等。

7.1.2.6　起作业管柱

除与投产联作管柱外，单独的射孔管柱、测试管柱、酸化管柱、压裂管柱等其他作业管柱要起出，以便进行后续工序。起作业管柱前通常需要先压井。根据完井设计要求，有时起一趟作业管柱，有时需要起下多趟作业管柱。

（1）压井。

压井是用具有一定性能和数量的液体，泵入井内，并使其液柱压力相对平衡于地层压力。压井方式有循环法压井、挤注法压井、灌注法压井、二次压井，其适用情况如下：

①循环法压井：适应于自喷井和动液面恢复较快的油井。

②挤注法压井：多用于循环压井无效的井，可酌情选用挤注法压井。

③灌注法压井：从环空灌入压井液压井。

④二次压井：压井深度在被压油层顶部以上 10～50m 时，应采取二次压井法。即在实际压井深度先循环压井，然后加深油管至人工井底以上 1～2m，再次循环压井，直至将井压住。

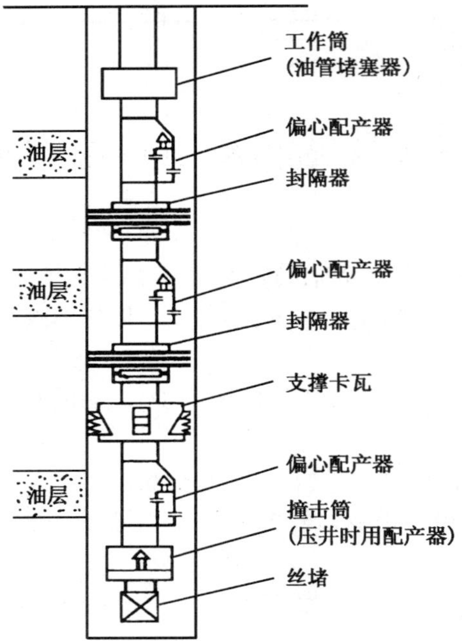


图 7-39　自喷井分层采油管柱

（2）起作业管柱。

起作业管柱同下作业管柱的程序正好相反，操作方法基本一致。

7.1.2.7　下生产管柱

对于开发井，根据采油采气工艺要求，下入生产管柱。

7.1.2.7.1　下油井生产管柱

（1）下自喷井生产管柱。

自喷井生产管柱主要有两种，一种是全井合采管柱，另一种是分层开采管柱，见图 7-39。

（2）下有杆泵生产管柱。

有杆泵生产管柱分为封下采上、封上采下、封中间采两头、封两头采中间等结构型式，见图 7-40。

（3）下水力活塞泵生产管柱。

水力活塞泵生产管柱分全井段合采单管柱、单层段分采管柱（封上采下、封下采上、封两头采中间）、闭式平行双管柱、闭式同心双管柱等型式，见图 7-41。

（4）下电动潜油泵生产管柱。

电动潜油泵生产管柱分为单采、封下采上、封上采下、封两头采中间等结构型式，见图 7-42。

（5）下气举生产管柱。

气举方式主要有连续气举和间歇气举两种，间歇气举又分为常规间歇气举、腔室气举、柱塞气举三种。气举生产管柱分为两大类：单管气举管柱（又分为开式气举管柱、半闭式气举管柱、闭式气举管柱）和多管注气管柱，见图 7-43。

（6）下螺杆泵生产管柱。

螺杆泵生产管柱见图 7-44。

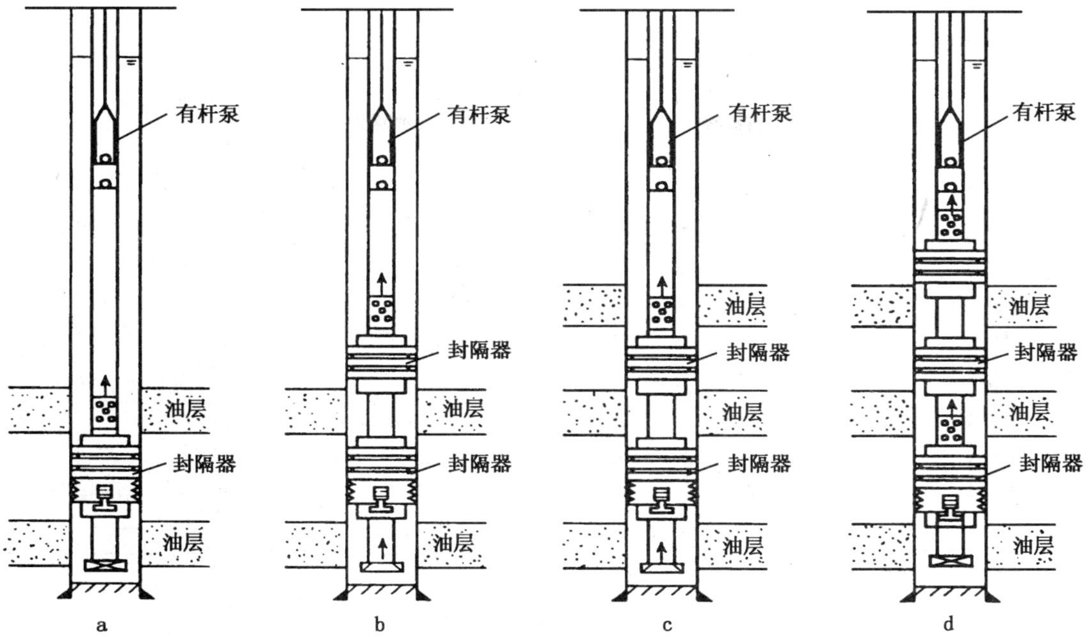


图 7-40 有杆泵生产管柱

a—封下采上；b—封上采下；c—封中间采两头；d—封两头采中间

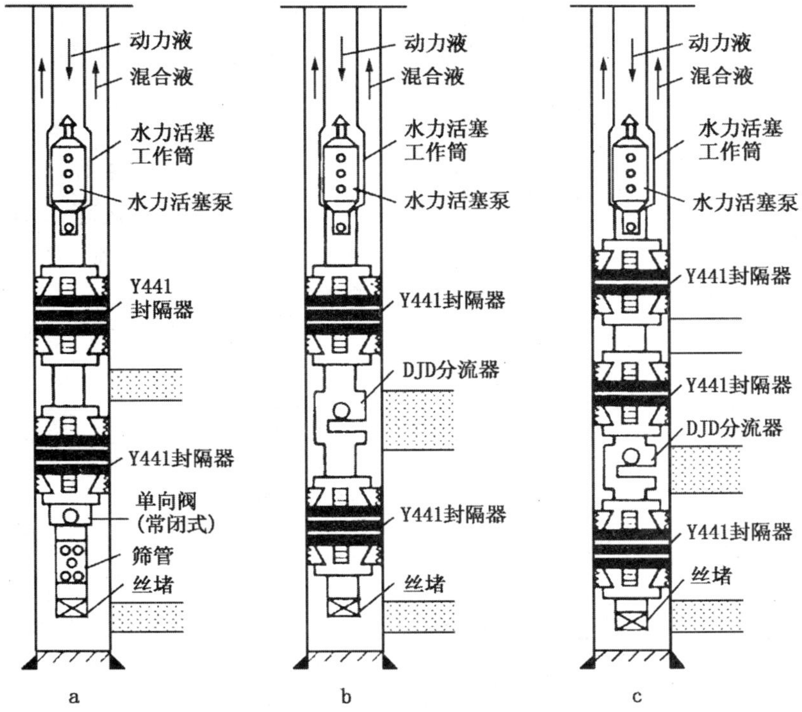


图 7-41 单层段分采管柱结构

a—封上采下；b—封下采上；c—封两头采中间

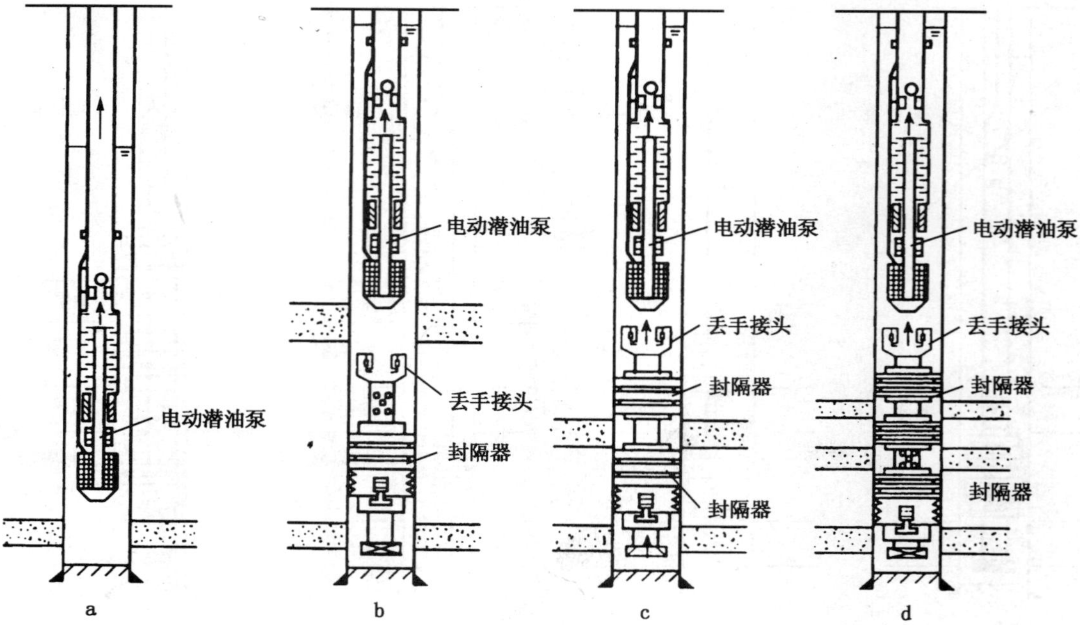


图 7-42 电动潜油泵生产管柱

a—单采；b—封下采上；c—封上采下；d—封两头采中间

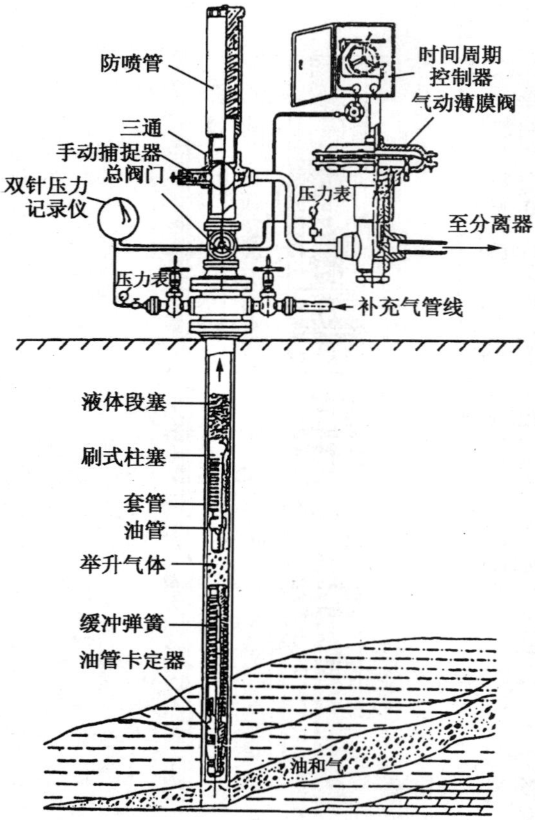


图 7-43 柱塞气举管柱

7.1.2.7.2 下注水井生产管柱

（1）下笼统注水管柱。

笼统注水管柱比较简单，或是一根光油管，或是在注水层以上的位置下入一个封隔器。

（2）下分层注水管柱。

分层注水管柱按配水器结构分为三类：固定配水管柱、活动配水管柱、偏心配水管柱，见图 7-45。

7.1.2.7.3 下天然气井生产管柱

（1）下常规天然气井管柱。

常规天然气井生产管柱往往采用油管传输射孔与投产联作的管柱，内容见下作业管柱部分。

（2）下腐蚀性天然气井管柱。

天然气中往往含有 $H_2S$、$CO_2$ 等腐蚀性气体，必须采用抗腐蚀性气体的管柱，并且在油管和套管环形空间注入缓蚀剂，见图 7-46。

（3）下注气井管柱。

为了提高油田采收率，有时采用注气

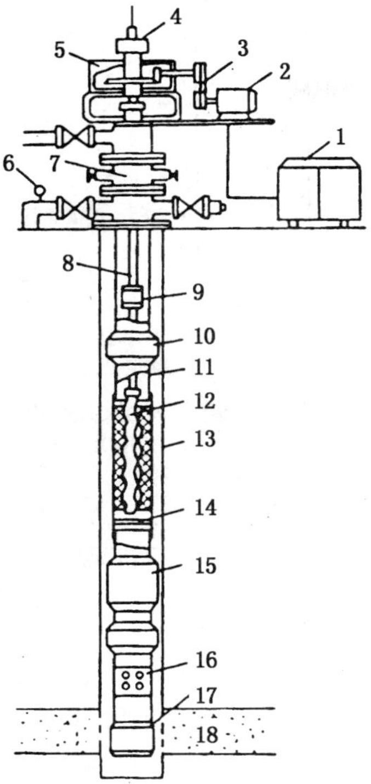


图 7-44　螺杆泵生产管柱

1—电控箱；2—电机；3—皮带；4—方卡子；5—减速箱；6—压力表；7—专用井口；8—抽油杆；9—抽油杆扶正器；10—油管扶正器；11—油管；12—螺杆泵；13—套管；14—定位销；15—油管防脱装置；16—筛管；17—丝堵；18—油层

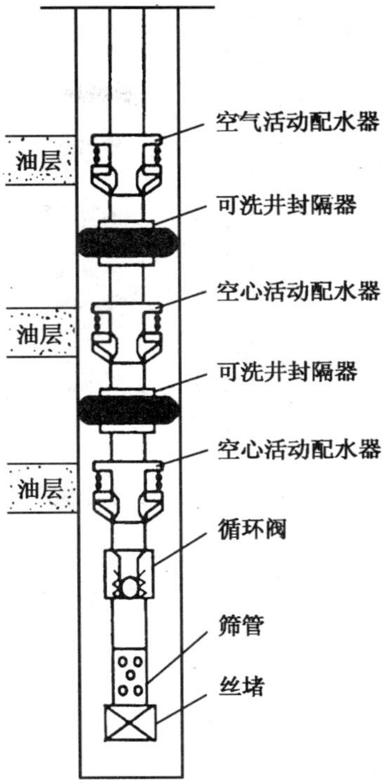


图 7-45　活动配水管柱

井向油层中注天然气、氮气或其他气体，或者地下储气库需要建设频繁注入和采出天然气的注采井。这类井的油管和井下工具长期在高压下工作，需要良好的气密性，见图 7-47。

7.1.2.8　封层上返

对于含有多个油气层的探井试油作业时，根据试油设计要求，对在下面油气层试油作业结束后，需要上返继续试上一个油气层，为防止层间油气互窜造成干扰，将两个油气层之间下入封堵工具或注水泥进行封堵，称为封层上返。封堵方法主要有以下三种：电缆输送或油管输送永久式可钻桥塞封堵、油管输送丢手封隔器封堵、注水泥封堵。

通常情况下，探井往往需要进行多个层位试油作业，一般要求由下而上分层逐段测试，原则上不允许大段混试。每一层试油都要进行下作业管柱、井下作业（射孔、地层测试）、排液求产、起作业管柱和封层，直到全部层位测试完成。

7.1.2.9　交井或封井

7.1.2.9.1　交井

对于开发井，根据采油采气工艺要求，下入生产管柱后，装好井口装置，完成全部完井作业，交井投产。

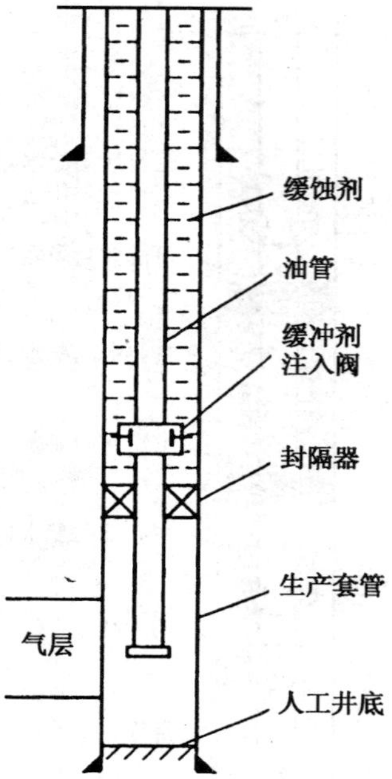


图 7-46　抗腐蚀性气体管柱

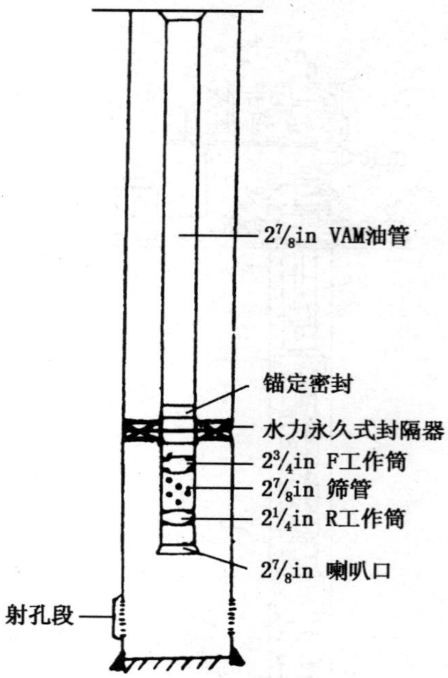


图 7-47　注气井生产管柱

7.1.2.9.2　封井

对于探井，完成最后一层试油作业后需要封井，分临时性封井和永久性封井两种。

（1）临时性封井。

对有工业油气流但暂时不具备投产条件的边远井进行临时性封井处理。表 7-8 给出了采取临时性封井措施的最低工业油气流参考标准。

表 7-8　临时性封井参考标准

| 井深（m） | | 小于 500 | 500～1000 | 1000～2000 | 2000～3000 | 大于 3000 |
|---|---|---|---|---|---|---|
| 油（t/d） | 陆地 | 0.3 | 0.5 | 1.0 | 3.0 | 5.0 |
| | 海域 | | 10 | 20 | 30 | 50 |
| 气（$m^3/d$） | 陆地 | 500 | 1000 | 3000 | 5000 | 10000 |
| | 海域 | | 10000 | 30000 | 50000 | 100000 |

（2）永久性封井。

通过抽汲、提捞排液等措施消除钻进、射孔、试油过程中对油气层损害的影响后，仍无油气产出或日产液量极少的井即干井，进行永久性封井处理。表 7-9 给出了采取永久性封井措施的参考标准。

表 7-9　永久性封井参考标准

| 油气层深度（m） | 液面深度（m） | 日　产　量 | | | 观察时间（d） |
|---|---|---|---|---|---|
| | | 油（kg/d） | 气（$m^3/d$） | 水（l/d） | |
| 小于 2000 | 1500 | 100 | 200 | 250 | 3 |
| 2000～3000 | 1800 | 200 | 400 | 400 | 3 |

续表

| 油气层深度（m） | 液面深度（m） | 日产量 | | | 观察时间（d） |
| --- | --- | --- | --- | --- | --- |
| | | 油（kg/d） | 气（$m^3$/d） | 水（l/d） | |
| 3000～4000 | 2000 | 300 | 600 | 500 | 3 |
| 大于 4000 | 2000 或允许掏空深度 | 400 | 800 | 600 | 3 |

封井方法常采用双水泥塞封井，油气层顶部打一个水泥塞，上部井口附近打一个水泥塞。对低压漏失裂缝型井，应先封堵住漏层才能进行注水泥施工，也可采用回收桥塞或永久桥塞进行封堵，永久桥塞上要注入一定量的水泥。对于裸眼井，在裸眼段以上的套管内下入桥塞进行封堵，并在桥塞上注入一定量的水泥。

7.1.2.10 特殊作业

由于完井井下作业情况复杂，有时会有一些特殊作业，除上述介绍的完井作业基本工序外，还有探砂面、冲砂、填砂、打水泥塞等。若探砂面在油田某区块经常发生，则要考虑按照正常工序放在井筒准备等相应的主要工序内；若偶尔发生，则可认为是特殊作业工序。

7.1.2.11 其他作业

7.1.2.11.1 安全环保处理

（1）安全环保用车。

完井作业中危险性比较大，往往需要放喷点火，有时井内含有硫化氢、一氧化碳等有毒有害气体，因此常常需要配备消防车、救护车。

（2）废液处理。

完井作业过程中排出的各种洗井液、射孔液、压裂液、酸液和地层中的油气水均要进行环保处理，有时配备污水处理装置，经过处理达标后排放。有时需要用罐车拉回基地集中排放。

（3）垃圾处理。

所有工业垃圾、生活垃圾全部回收，运到指定地点处理。

（4）边远试油井完井规定。

获产能的边远试油井按临时封井处理，应在产层上部、套管固井水泥返深段以下下桥塞或打悬空水泥塞封闭，装好简易井口后，用预制的水泥盖扣住并做好明显标记，待该区投入开发或试采时再启用。

（5）其他问题处理。

处理与当地有关方面的土地、道路、污染等问题。

7.1.2.11.2 地貌恢复

完井作业完成后，按环保要求进行掩埋泥浆池、平整场地等标准化建设，做到工完料净场地清，井场平整无积污，并进行植被恢复。

### 7.1.3 技术服务

完井工程技术服务项目很多，归纳起来主要包括射孔、地层测试、地面计量、压裂、酸化、试井等。主要考虑这些作业往往由单独的施工队伍完成，并且需要专用的设备仪器，可单独计价。

7.1.3.1 射孔

射孔指由射孔队用电缆、油管将射孔枪输送到需要射孔的油气层井段，然后将射孔弹引爆，穿透套管及水泥环，并射进产层岩石一定深度，形成连接油气层和套管内通道的作业。

7.1.3.1.1　射孔分类

按射孔枪下井方式分为电缆输送射孔、过油管射孔、油管输送射孔 3 种，见图 7-48 至图 7-50。

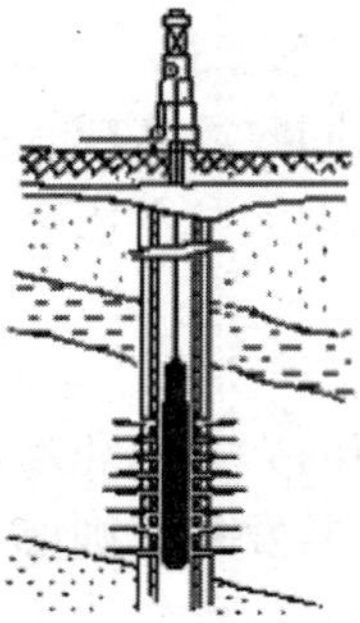

图 7-48　电缆输送射孔

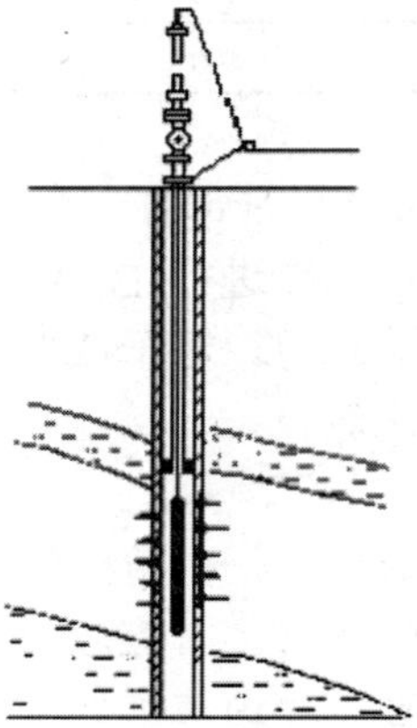

图 7-49　过油管射孔

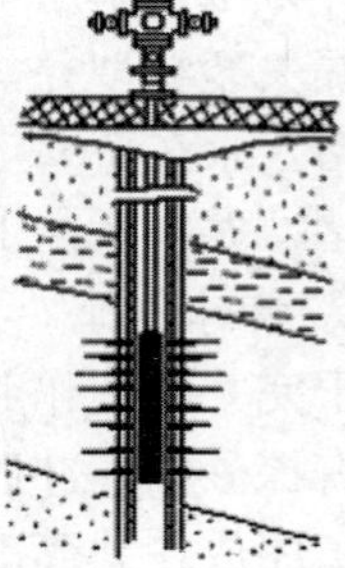

图 7-50　油管输送射孔

（1）电缆输送射孔。

电缆输送射孔是油田最早采用的一种射孔方法。在套管内，用电缆把射孔枪输送到目的层，进行定位射孔。射孔枪可以采用有枪身射孔枪或无枪身射孔枪。

（2）电缆输送过油管射孔。

电缆输送过油管射孔方法是在射孔前先把油管下到射孔井段上部，再用电缆输送小直径的射孔器，通过油管下放到射孔井段，在套管中定位射孔。射孔器可以采用有枪身射孔器和无枪身射孔器。

（3）油管输送射孔。

油管输送射孔简称 TCP，是国外 70 年代发展起来的一种射孔方法。是把一口井所要射开油气层的射孔枪全部连接后，连接在油管柱的尾端，形成一个硬连接的管串下入井中。通过在油管内测量放射性曲线或磁定位曲线进行校深，校深后调整管柱对准射孔层位采用多种引爆方式引爆射孔器。在 20 世纪 80 年代后技术快速发展，特别在大斜度井、水平井、高压气井、防砂井和低渗透地层的射孔作业等方面具有其他射孔技术所不具备的优点。近几年来，国内各油田普遍采用这一技术。

在油管输送射孔下井管串中，除了油管、起爆装置、射孔器等外，还包括碎石循环接头、压控安全接头、开孔装置、释放装置、枪间延期起爆装置和尾声弹等。

7.1.3.1.2　射孔专用设备和工具

（1）射孔地面仪器。

SQ-691 射孔仪是用来进行油、气井射孔时使用的地面控制设备。与井下的磁性定位器配合或与电极系列配合可以测出磁性定位曲线（套管接箍曲线），用以确定射孔深度。通过仪器控制系统和井下设备相配合，即可对目的层进行射孔。

（2）射孔电缆绞车。

射孔电缆绞车是射孔施工时起下电缆、井下仪器及射孔器的动力设备。设备型号比较多，对电缆的最大提升力由 25～50kN。电缆滚筒有的可缠 $\phi$5.6mm 电缆 7000m，有的可缠 $\phi$12.7mm

电缆3500～7750m，根据射孔井深的需要选择射孔电缆绞车。

（3）射孔电缆。

电缆是连接下井仪器和射孔器，并把下井仪器所产生的信号传输到地面，以及通电引爆射孔器的一种工具。由于电缆要承受井下仪器和射孔器的拉伸和传导电流，所以要求电缆要有一定的抗拉强度，并且电缆芯要绝缘。目前使用的是钢丝铠装高温电缆，多用七芯和单芯两种，也有三芯、四芯电缆。

（4）射孔枪。

射孔的专用工具。射孔枪可分为电缆射孔枪和无缆射孔枪。电缆射孔枪分有枪身式管式枪和无枪身式绳式枪两种。电缆射孔枪是靠电缆送入井下的，通过电缆点火击发；无缆射孔枪接在油管柱上送入井下，也称为油管传输射孔枪，靠投棒或环空加压击发。

（5）射孔弹。

主要是靠射孔弹击穿套管及水泥环后形成射孔孔道。常用的射孔弹是聚能射孔弹，有时也用子弹式射孔弹。射孔时将射孔弹内的炸药点燃，产生高温高速的火药气流直接冲击到套管内壁上，或是火药气流推动子弹高速运动打击在套管内壁上。气流或子弹的能量将套管壁和水泥环击穿进入油气层，形成油气通道。

7.1.3.1.3 射孔基本工序

（1）射孔井场准备。

①电源准备。井场要备有12kW以上220V、50Hz交流电源，射孔施工时手机、电焊机、对讲机、电台等射频设备关闭。

②井口及井筒准备。井口要有封井器，井筒、油管均要彻底清洗干净，下入深度准确，备有足够的油管深度调整短节，过油管射孔时油管鞋处应装有喇叭口。

③射孔液准备。井筒射孔液（无固相优质射孔液或活性水）液面高度符合射孔设计要求。

（2）射孔施工。

①电缆射孔工序：摆车、吊装射孔井口装置、通井、套管接箍定位、装枪、连接枪、安装起爆器、下井、校深、引爆、枪回收、拆卸井口装置。

②油管传输射孔工序：组合管柱、连接射孔枪及工具、下射孔作业管柱、校深、调整油管、装射孔采油树、投棒或环空加压激发射孔。

**7.1.3.2 地层测试**

7.1.3.2.1 地层测试概念

地层测试又称钻杆测试，简称DST（Drill Stem Testing）。地层测试是在钻进过程中或下套管完井之后，对油气层进行测试，获得在动态条件下地层和流体的各种特性参数，及时准确地进行储层评价，最终确定储层和油藏动态参数的一种方法。图7-51给出地层测试施工布置图。

7.1.3.2.2 地层测试资料采集

地层测试资料采集工序及录取数据见图7-52。

7.1.3.2.3 地层测试分类

图7-53显示了地层测试分类。

7.1.3.2.4 主要地层测试方法

（1）MFE地层测试。

MFE（Multi—Flow Evaluator）地层测试器是美国Schlumberger Johnston公司生产的一种地层测试工具，目前已经实现国产化，是国内普及率最高的一种常规测试工具。

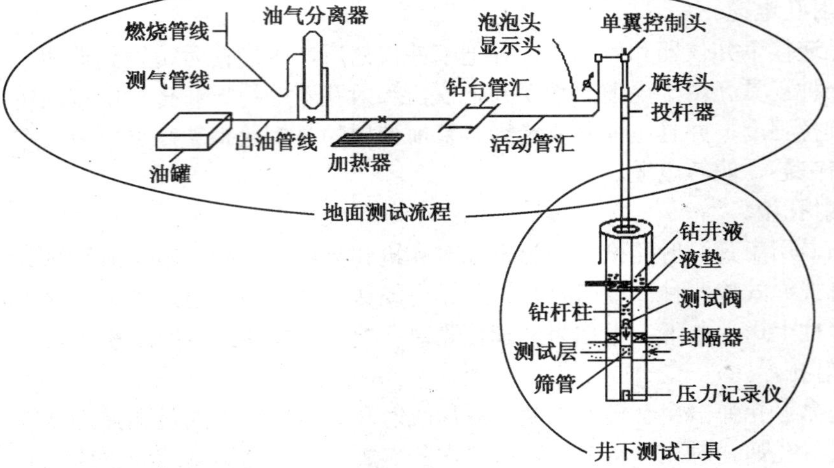


图 7-51　地层测试施工布置示意图

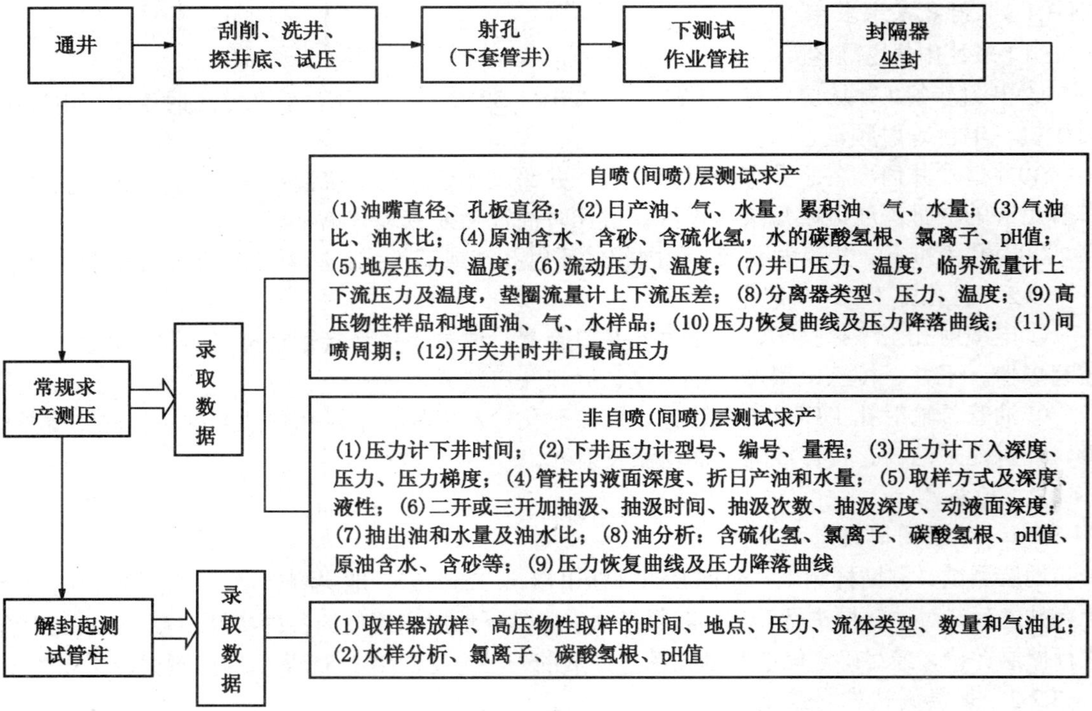


图 7-52　地层测试资料采集工序及录取数据

①MFE 地层测试管柱。

MFE 地层测试有$\phi$95mm（$3^3/_4$in）和$\phi$127mm（5in）两种，可用于不同尺寸的套管井和裸眼井测试。MFE 测试管柱有 5 种：MFE 裸眼单封隔器测试管柱、MFE 裸眼跨隔测试管柱、MFE 套管单封隔器测试管柱、MFE 套管剪销封隔器跨隔测试管柱、MFE 套管桥塞跨隔测试管柱，分别见图 7-54 至图 7-58。

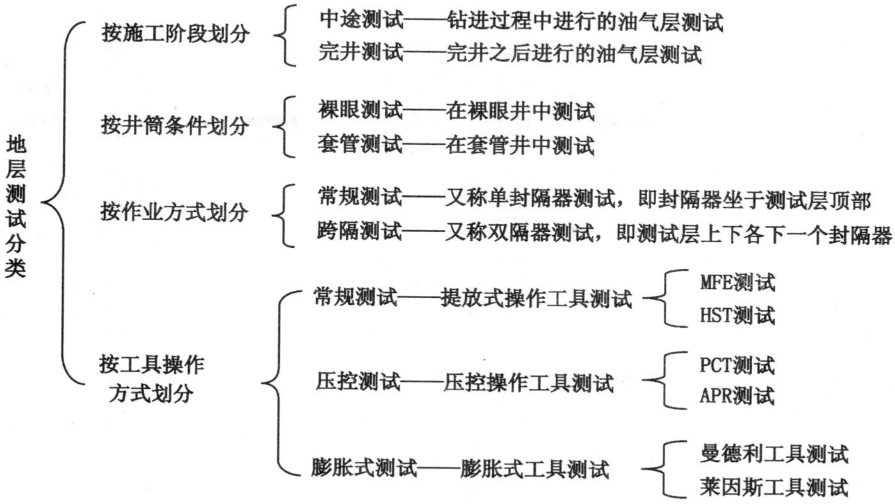


图 7-53　地层测试分类

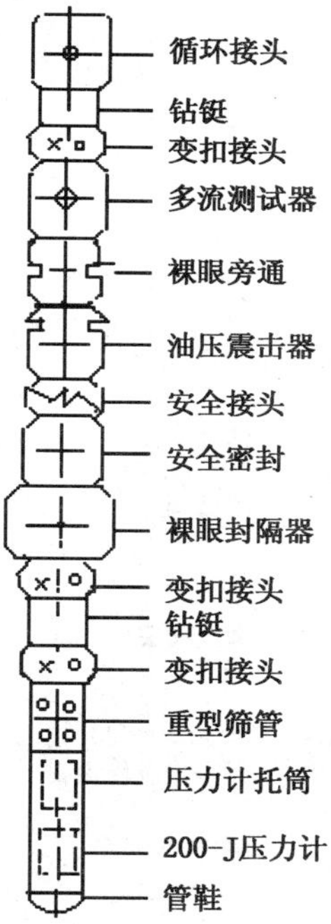


图 7-54　裸眼单封隔器测试管柱

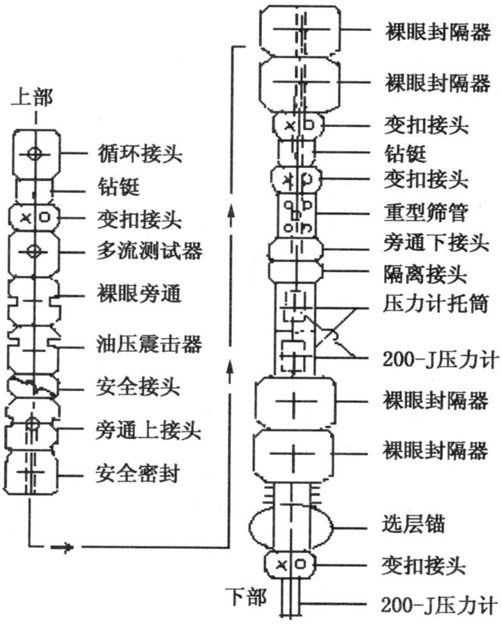


图 7-55　裸眼跨隔测试管柱

②MFE 地层测试过程。

MFE 地层测试器是一套完整的测试工具系统，包括多流测试器、旁通阀和安全密封封隔器等。MFE 地层测试工作分下井、流动、关井、起出 4 个步骤，见图 7-59 和图 7-60。

下井：下井时多流测试器测试阀关闭，旁通阀打开，安全密封不起作用，封隔器胶筒处于收缩状态。

流动：测试工具下到井底后，封隔器胶筒受压膨胀，旁通阀关闭，经过一段时间管柱出

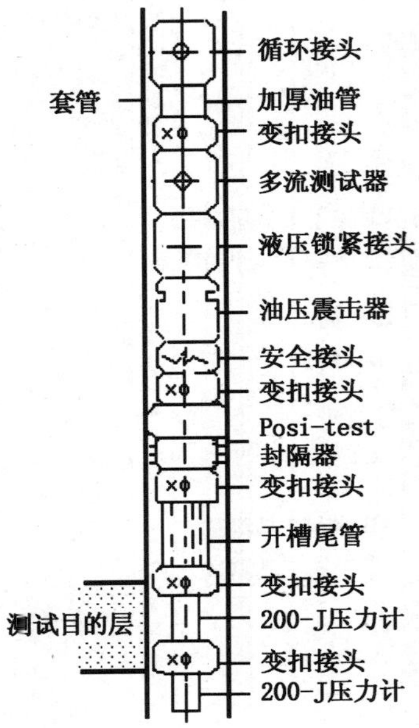


图 7-56 套管单封隔器测试管柱

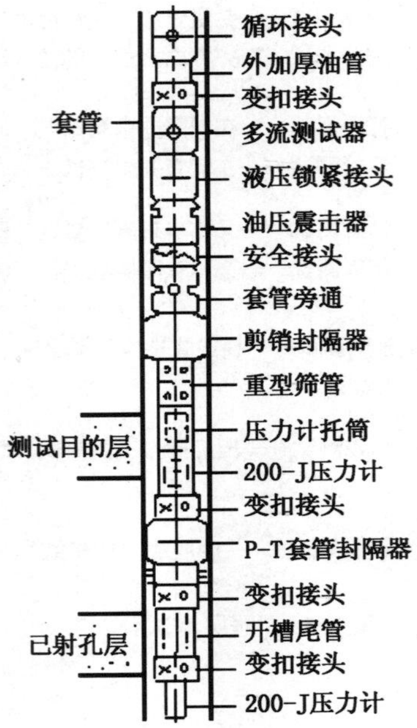


图 7-57 套管剪销封隔器跨隔测试管柱

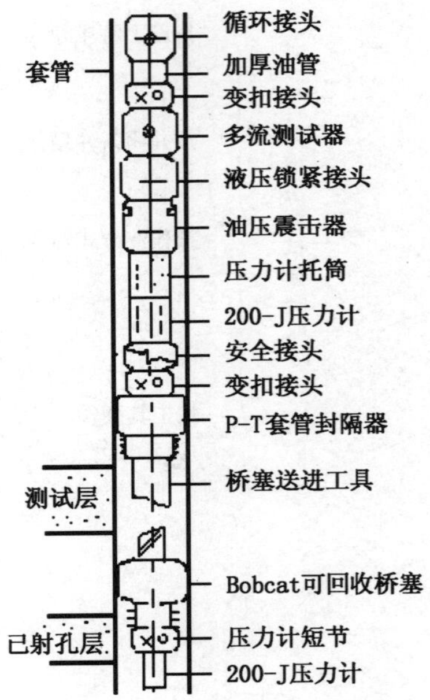


图 7-58 套管桥塞跨隔测试管柱

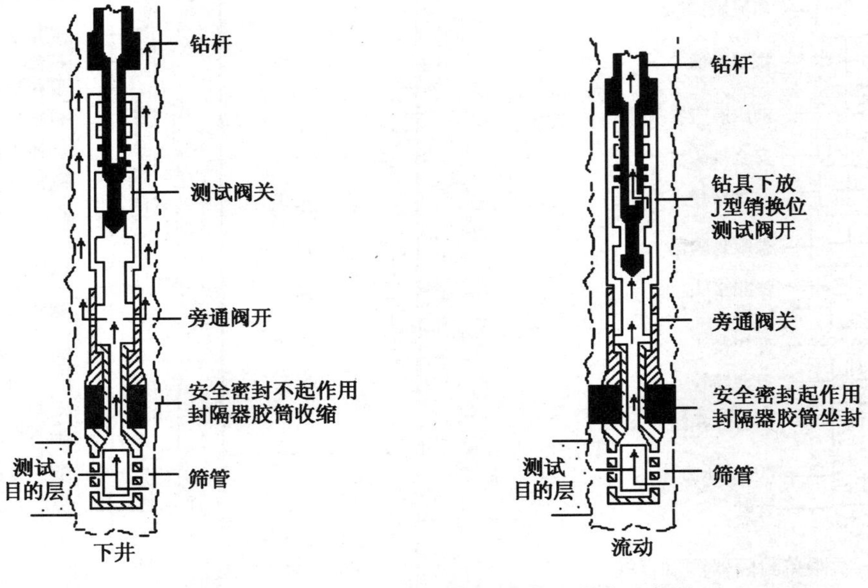


图 7-59 MFE 地层测试过程中下井、流动示意图

现“自由下落”现象，为测试阀打开显示。地层流体经筛管和测试阀流入钻杆，压力计记录流动压力变化，进入流动期。

关井：关井恢复时，上提管柱到指重表读数有某一瞬间不增加时（此点称为“自由点”悬重），多流测试器心轴上行，继续上提管柱至超过“自由点”8.9～13.35kN 的拉力，立即下放管柱至原加压坐封负荷，在换位机构作用下，测试阀关闭，进入关井恢复期，压力计记录

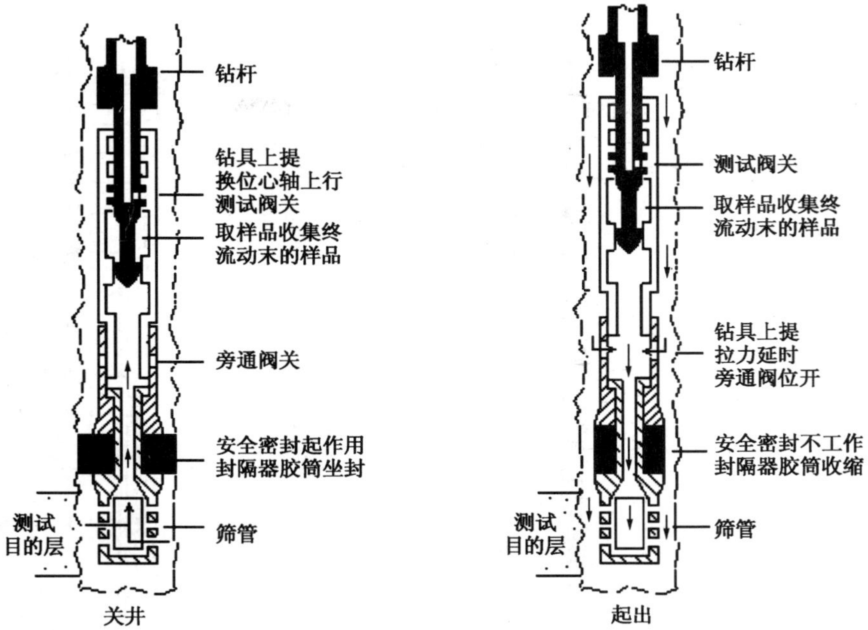


图 7-60 MFE 地层测试过程中关井、起出示意图

恢复压力，并把流动期结束时的地层流体收集到取样器内。上提换位操作时，旁通阀因向上延时作用保持关闭，安全密封受压差影响对封隔器起液压锁紧作用，封隔器保持密封。流动和关井的次数视测试情况而定，其操作方法与上面相同。

起出：关井结束后，上提管柱给旁通阀施加拉伸负荷，经过一段时间后，旁通阀打开，平衡封隔器上下方的压力，安全密封因无压差作用，失去锁紧功能，恢复到下井状态，封隔器的胶筒收缩，测试阀仍然关闭，即可解封将测试工具安全地起出井眼。

（2）HST 地层测试。

HST（Hydrospring Tester）是一种液压弹簧地层测试器，它有常规和全通径两种类型。HST 地层测试一般主要用在高温、深井中，HST 全通径测试工具一般用于大产量井测试。

HST 测试器工作原理和过程与 MFE 测试器相同，是靠上提、下放钻柱来开关测试阀。下井时测试阀处于关闭状态，下至预定位置，下放钻具加压 22.24～133.45kN 的负荷，经过一段延时，测试阀打开，并有钻具“自由下落”38.1mm 的开启显示。流动测试完后，上提管柱至“自由点”悬重，并提完 152.4mm 的自由行程，然后下放加压即可关井。重复上述操作，可达到多次开关井的目的。

HST 地层测试工具有$\phi$98.4mm（$3^7/_8$in）和$\phi$127mm（5in）两种，适用于不同尺寸的套管井和裸眼井测试器，见图 7-61 至图 7-64。

（3）APR 全通径地层测试。

APR（Annular Pressure Responsive）全通径地层测试工具是美国 Halliburton 公司生产的一种压控式测试工具，只在套管内使用，在测试管柱不动的情况下，由环形空间压力控制测试阀，实现多次开关井。

①APR 全通径地层测试管柱。

APR 一般测试管柱结构见图 7-65。

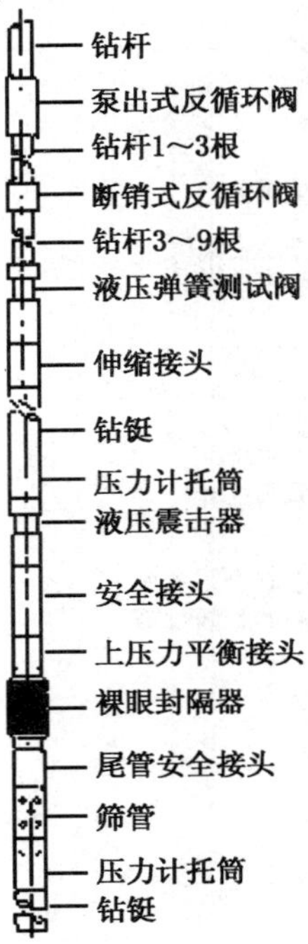


图 7-61 HST 裸眼单封隔器管柱

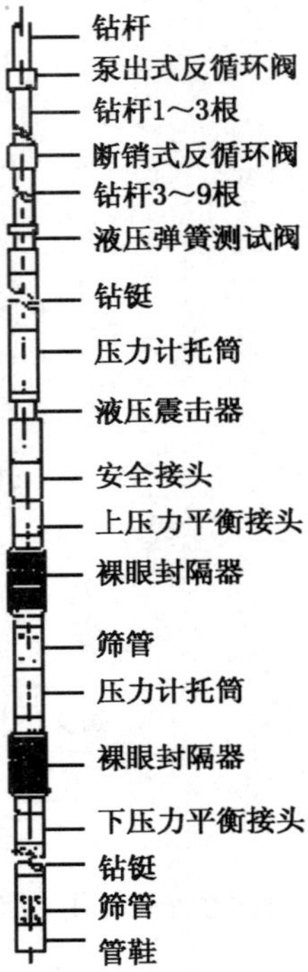


图 7-62 HST 裸眼双封隔器管柱

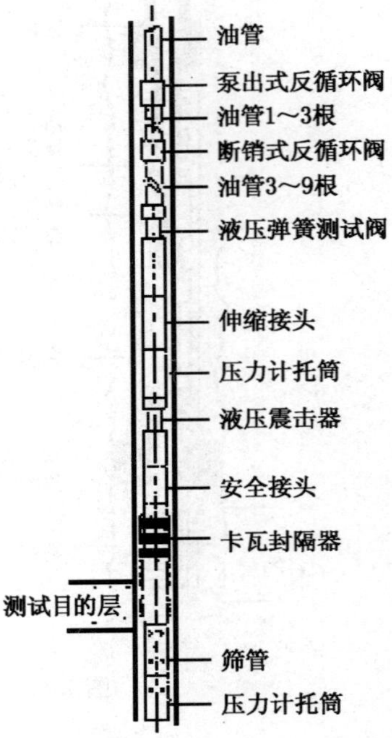


图 7-63 HST 套管单封隔器管柱

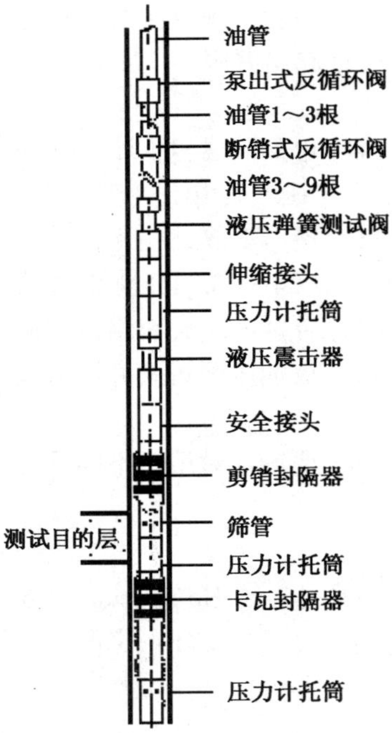


图 7-64 HST 套管双封隔器管柱

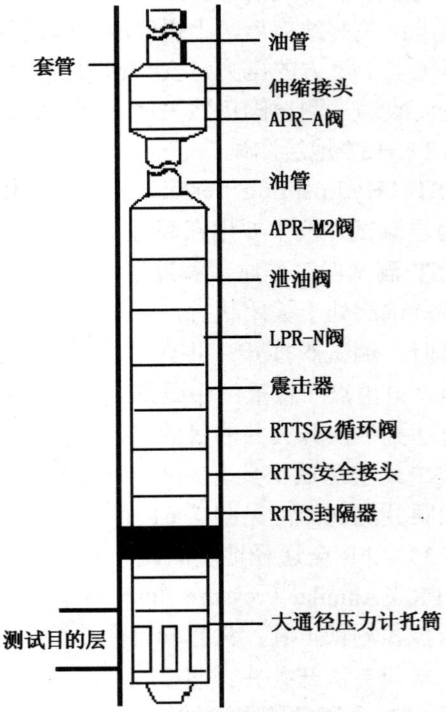


图 7-65 APR 全通径地层测试管柱

②APR 全通径地层测试过程。

APR 全通径地层测试过程分下井、流动、关井、反循环、起出 5 个步骤。

下井：下井时 LPR-N 测试阀、APR-A 阀及 APR-M2 阀的循环孔关闭，APR-M2 球阀打开，RTTS 循环阀打开，封隔器的胶筒处于收缩状态。

流动：测试工具下到预定位置后，坐封封隔器，RTTS 循环阀关闭，连接好地面管线，关闭防喷器向环空打压至设计值，打开 LPR-N 阀，地层流体通过测试阀流入油管内，进入流动期。

关井：关井测压恢复时，环空压力泄至零，LPR-N 阀关闭。流动和关井的次数根据测试情况而定，重复上述加压、泄压过程即可实现。

反循环：APR 测试工具在解封前必须先进行反循环。终流动结束时向环空施加打开 APR-M2 循环阀的操作压力，循环孔打开后可实现反循环。在循环孔打开的同时，APR-M2 阀的球阀和 LPR-N 阀的球阀关闭，两球阀间圈闭终流动结束时收集的地层液体样品。如果 APR-M2 阀出故障不能打开，则向环空继续加压，打开 APR-A 反循环阀，实现反循环。循环时要控制好循环压力，防止 LPR-N 阀打开，并保护循环孔。

起出：终关井结束后，上提管柱并施加拉力，将 RTTS 反循环阀打开，平衡封隔器上下方的压力，封隔器的胶筒收缩。此时，LPR-N 阀仍然关闭，APR-M2 或 APR-N 阀的循环孔打开，继续起管柱，把工具起出井眼。

（4）PCT 全通径地层测试。

PCT（Pressure Controlled Test System）测试工具是美国 Schlumberger Johnston 公司生产的压控式测试工具。它有两种型式：一种是常规（非大通径）PCT 压控式测试工具，与 MFE 测试工具很近似；另一种是全通径 PCT 压控式测试工具。1986 年我国引进这一技术。

①PCT 地层测试管柱。

PCT 典型测试管柱见图 7-66。

②PCT 地层测试过程。

PCT 地层测试过程分下井、坐封、开井流动、关井恢复、循环压井、起钻六个步骤。

下井：下测试管柱过程中 PCT 测试阀处在关闭状态，HRT 全通径液压标准工具（又称短 HRT）传压阀、旁通阀均处于开启状态（打开状态有利于下钻）。HRT 将环空液柱压力传给 PCT 测试阀下部平衡活塞，从而使 PCT 测试阀不致中途被打开。

坐封：测试管柱下到预定位置后，用转盘正转测试管柱 3～5 圈，保持扭矩加压封隔器坐封。此时，PCT 测试阀仍处于关闭状态，HRT 的传压阀和旁通阀在加压坐封时关闭。

开井流动：封隔器坐封完毕，连接好钻台管汇和流程管线，关闭防喷器，用水泥车向环空施加设计压力，打开 PCT 测试阀，地层流体经测试阀流动到测试管柱。此时，HRT 的传压阀和旁通阀都处于关闭状态。

关井恢复：当开井流动结束需关井恢复时，把环空压力泄至零，PCT 测试阀即关闭，重复以上的环空加压、泄压过程，即可实现 PCT 测试阀的多次开关井测试。

循环压井：测试完毕，打开循环阀进行反循环，回收并计量管柱内的液体，循环压井期间 PCT 测试阀处于关闭状态。

起钻：循环压井结束后，上提管柱解封起钻，此时 HRT 的传压阀、旁通阀被打开，PCT 测试阀处于关闭状态。测试工具起出井口后，对取样器进行现场放样，然后按顺序卸下测试工具，并放掉测试工具间所有压力。至此测试结束。

（5）膨胀式测试。

膨胀式测试就是用膨胀式封隔器进行地层测试。膨胀式测试主要用于井径不规则的裸眼井中测试。膨胀式测试有曼德利式膨胀测试工具和莱因斯式膨胀测试工具两种，两种测试工具的结构特点基本相同。以莱因斯膨胀式测试工具进行说明。

①莱因斯膨胀式测试管柱。

莱因斯测试管柱分为单封隔器测试管柱与双封隔器测试管柱两种，见图 7-67 和图 7-68。

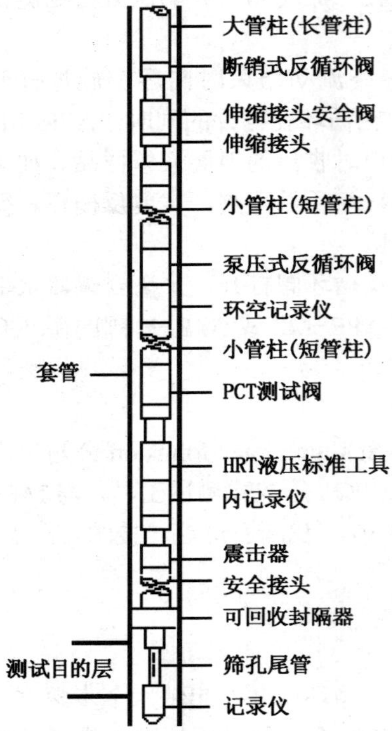

图 7-66　PCT 测试管柱

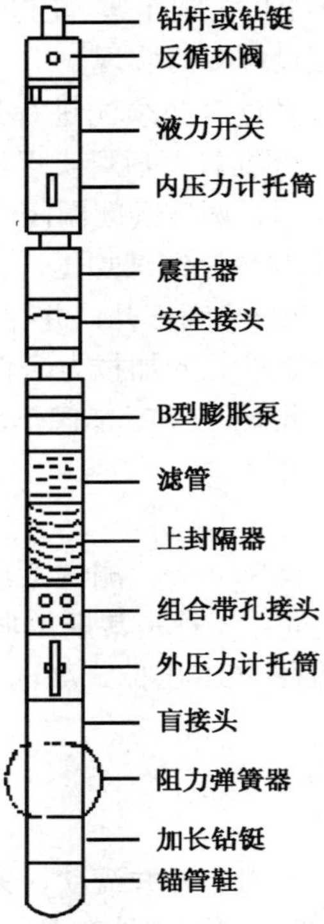

图 7-67　莱因斯裸眼单封隔器测试管柱

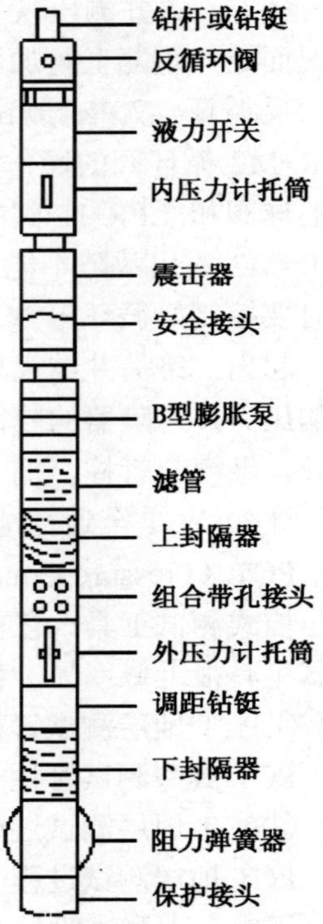

图 7-68　莱因斯裸眼双封隔器测试管柱

②莱因斯膨胀式测试过程。

莱因斯膨胀式测试由下井坐封、开井流动、关井测压、解封起钻 4 个步骤完成，见图 7-69 至图 7-72。

下井坐封：下井时液压开关测试阀关闭，旁通通道沟通两个封隔器上下方的流体，封隔器胶筒处于收缩状态。测试工具下至预定位置后，向右旋转钻具以 60～80r/min 速度转动膨胀泵，膨胀泵以 38L/min 的排量将其过滤的环空钻井液吸入，充入到两个封隔器胶筒中，使其膨胀坐封。

开井流动：下放钻具加压 66.723～88.964kN，液压开关工具经延时一段时间，打开测试阀，地层流体经组合开孔接头、测试阀进入钻杆，进行流动测试。

关井测压：上提钻具，对液压开关施加 8.896～22.241kN 的拉力负荷，测试阀即可关闭，进行关井测压。这样重复上提下放操作，可进行多次开关井测试。

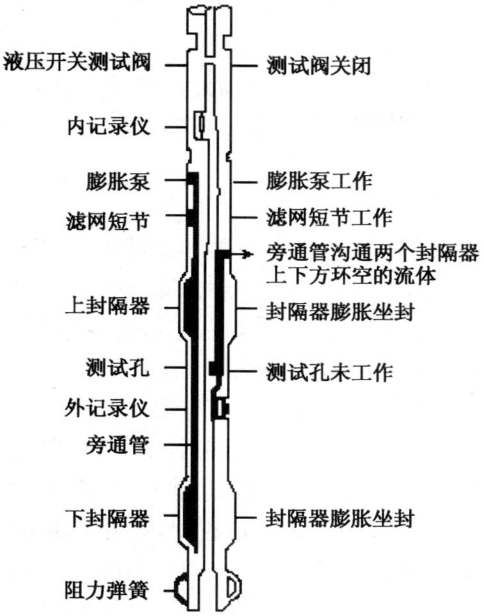


图 7-69　封隔器膨胀坐封

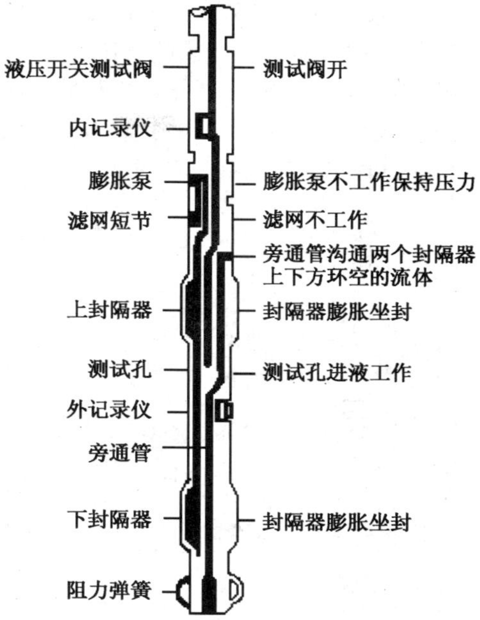


图 7-70　开井流动

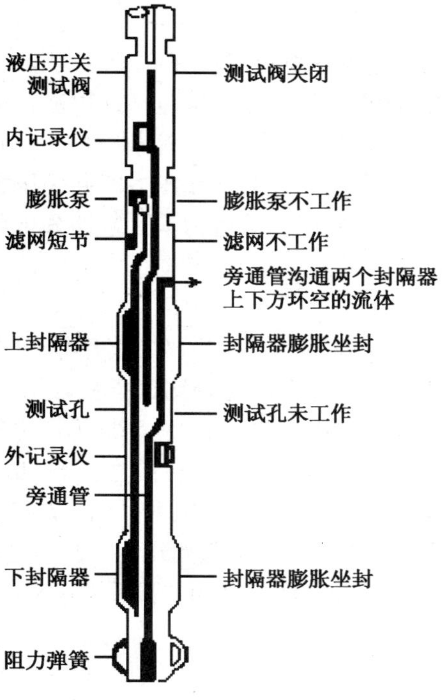


图 7-71　关井测压

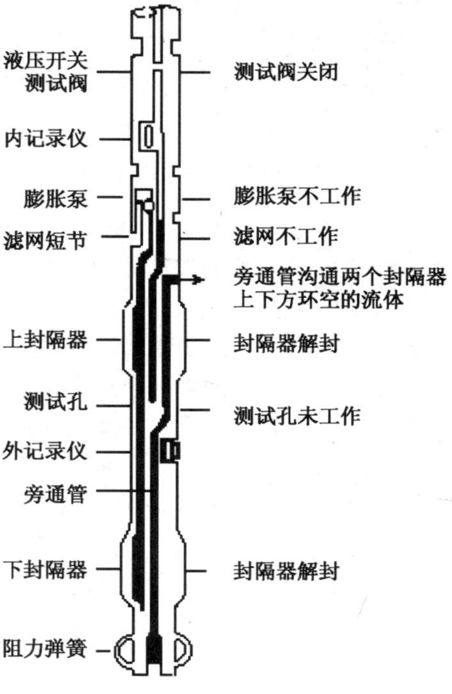


图 7-72　封隔器收缩解封起钻

解封起钻：测试完后，下放钻具给膨胀泵加压 22.241kN，再向右旋转 1/4 圈，使膨胀泵离合器接合，钻具自由下落 50.8mm，推动阀滑套下行，泵处于平衡泄压位置，充压膨胀通道与环空连通，封隔器上下井段环空压力平衡。上提 8.896～22.241kN 的拉力，把膨胀泵的心轴向上提起，让阀滑套留在下部位置，封隔器胶筒则收缩解封，起钻。

（6）油管传输射孔—测试联作。

油管传输射孔—测试联作，简称联作测试，是将油管传输射孔工具与地层测试工具有效地组合成一套管柱，一次下井完成射孔和地层测试的作业。20 世纪 80 年代后期从国外引进该项技术，90 年代以来联作测试工艺已在我国各油田普遍推广。

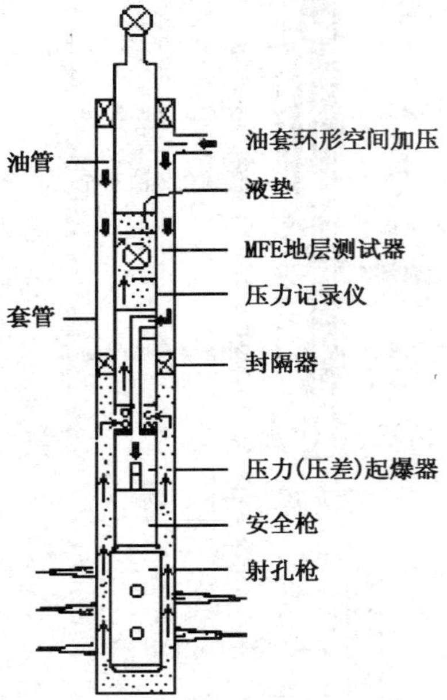

图 7-73 油管传输射孔—测试联作基本原理图

①联作测试基本过程。

联作测试由射孔枪、起爆器和测试工具一起下井，射孔枪对准目的层后，将封隔器坐封，引爆射击，开井、关井测试，求得流体流动产量和压力恢复等数据。基本原理见图 7-73。

②油管传输射孔—测试联作种类。

油管传输射孔联作中的测试器，目前使用最多的是 Johnston 的常规 MFE 地层测试器和 Johnston 的 PCT 及 Halliburton 的 APR 压控测试器。联作测试按测试器可分为 TCP 与常规 MFE 地层测试器联作、TCP 与常规 PCT 地层测试器（非全通径、压控式）联作、TCP 与压控式全通径 PCT 地层测试器联作、TCP 与压控式全通径 APR 地层测试器联作 4 种。

（7）地层测试资料解释评价。

地层测试得到的资料通常包括地层流体的物理性质（高压物性）、采出量、流动时间、开井时间、关井时间和显示实测井底压力的井底压力—时间卡片。其中地层测试压力卡片定性分析和压力曲线的解释是地层测试资料解释评价的主要内容。

①地层测试压力卡片。

一般地层测试大多数采用二次开关井测试工艺，即初开井、初关井、二次开井、二次关井四个阶段。初开和初关为一个周期，二开、二关为另一个周期。这种测试所获得的压力卡片曲线为标准二次流动二次关井地层测试压力卡片曲线，见图 7-74。图中纵坐标为压力轴线，横坐标为时间轴线。通过压力曲线描述测试过程为：下钻，$A$ 为初静液柱压力；$A$—$B_1$ 表示测试阀打开，$B_1$ 为初流起始压力；$B_1$—$C_1$ 表示初流动，$C_1$ 为初流终止压力；$C_1$—$D_1$ 表示初关井压力恢复，$D_1$ 为初关井压力；$D_1$—$B_2$ 表示二开，$B_2$ 为二次流动起始压力；$B_2$—$C_2$ 表示终流动，$C_2$ 为二次流动终止压力；$C_2$—$D_2$ 表示二次关井压力恢复，$D_2$ 为二次关井压力；$D_2$—$E$ 表示封隔器解封，$E$ 为终静液柱压力；起钻。

②各阶段压力曲线的含义。

基线（压力零线）：是衡量压力卡片曲线各压力点的基准线。

工具起、下钻线：是一条反映起下钻过程中工具所处深度的液柱压力线，正常状况下是一条随下入深度变化的阶梯曲线。

开井流动曲线：反映不同开井时间的液柱高度、测试层产出状况、产量大小，曲线幅度随产量大小曲线曲率发生变化。

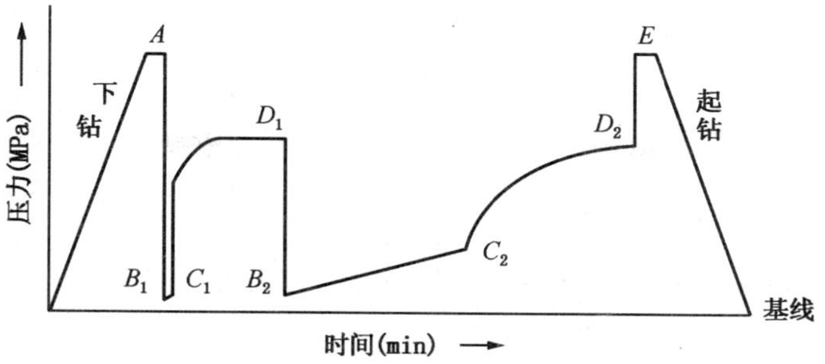


图 7-74　标准二次流动、二次关井地层测试压力卡片曲线示意图

关井压力恢复曲线：反映地层压力恢复能力。

③压力曲线的常规解释方法。

压力曲线的解释方法分为常规分析和图版拟合分析两大类。常规方法都采用霍纳法分析，根据半对数分析图中直线性质计算地层参数。图版拟合分析是使用各种样板曲线图版进行手工或计算机拟合，从测试资料与图版曲线的拟合值计算地层参数。借助计算机的资料解释也是利用上述两种方法。

④地层测试报告。

由地层测试现场报告、地层测试资料解释成果报告两部分内容组成。地层测试现场报告内容：a.测试井基本数据；b.测试井段数据；c.井下工具数据；d.地面数据；e.地面回收数据；f.取样器数据；g.地面流程测试；h.压力数据；i.抽汲数据；j.射孔数据。地层测试资料解释成果报告内容：a.测试井基本数据；b.测试录取资料数据；c.测试取样分析数据；d.测试成果数据；e.评价与建议；f.附图（实测压力历史图、初关井霍纳分析图、终关井霍纳分析图、终关井双对数分析图）；g.实测时间—压力数据表。

#### 7.1.3.3　地面计量

##### 7.1.3.3.1　地面计量概念

地面计量也称地面测试，是在井场地面对地层油气水进行控制、处理、分离、计量。在自喷井测试过程中，为求得地层流体的井口压力、温度、产量等参数，需要建立一套临时生产流程（图 7-75），在一定的工作制度（油嘴）下，通过对流体流量、压力的控制以及必要时对流体进行处理（化学剂注入、加热等），并借助于分离器将流体各相（油、气、水）分离开，分别精确计量，最终求得该工作制度下的油、气、水的产量、压力和温度等数据。

##### 7.1.3.3.2　地面计量主要设备和工具

（1）井口装置。

一般性地面计量井口装置采用普通采油树。采油树是控制油气井生产的主要设备，由四通、悬挂器、总阀门、套管阀门、生产阀门、清蜡阀门和油嘴等组成。

（2）数据头。

测试时用来采集井口压力和温度数据，并在需要时在此注入化学药剂的接头。通常连接在油嘴管汇的进出口处，根据其连接位置不同分为上游数据头和下游数据头。地面计量数据头多为防硫材质，上游数据头工作压力 105MPa，下游数据头工作压力 35MPa。

（3）油嘴管汇。

通过固定油嘴或可调油嘴对地层流体进行节流减压的管汇。一般为双翼式，分别安装可

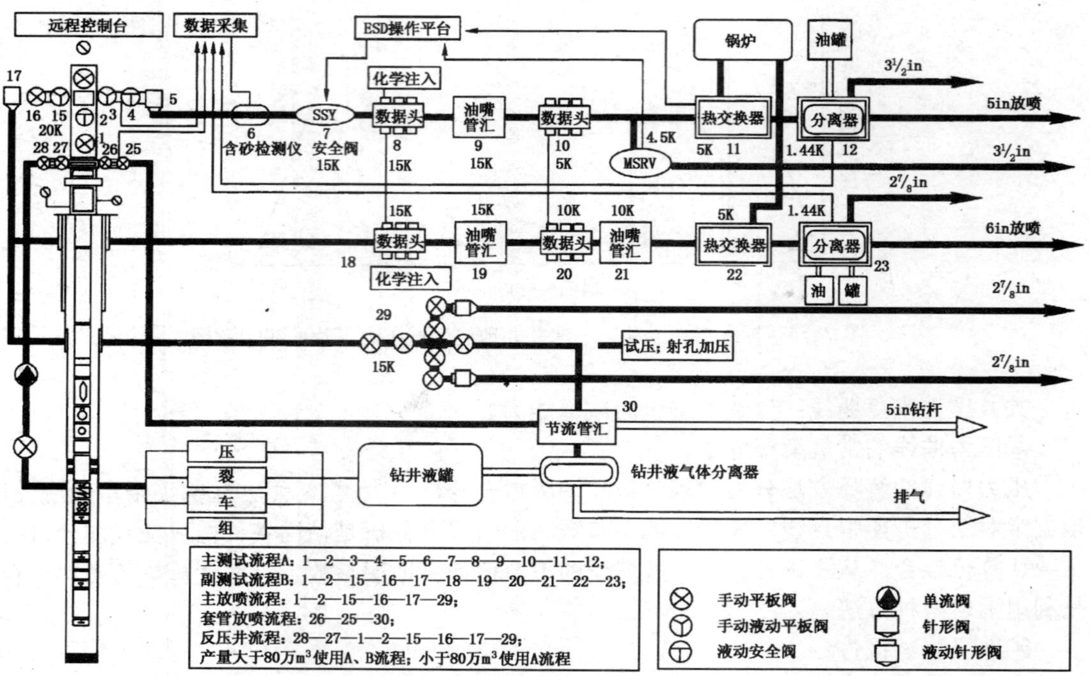


图 7-75　高温高压气井试油地面计量流程图

调式油嘴和可更换式固定油嘴。标准的油嘴管汇配备有 50.8mm 固定油嘴和 50.8mm 可调式油嘴，主要类型为五阀组油嘴管汇。

（4）加热器。

将原油、天然气、油水混合物、油气水混合物加热至工艺所需要温度，满足流体在管阀中的正常流动和在分离器中正常分离的加热设备。按热传导方式分为直接蒸汽热交换器和间接式热交换器，按结构分为管式加热器和火筒式加热器，按使用的燃料分为燃油加热器、燃气加热器和燃油、燃气加热器。陆上油田多采用火筒式间接加热器，俗称水套炉。

（5）三相分离器。

在地面使地层流体中的油、气、水三相分离并准确计量其产量的装置，分为立式、卧式、球形三种形式。三相分离器是试油时地面测试的基础和核心设备。立式三相分离器通常用于中等或较低油气比的情况，若原油含砂、盐、石蜡时，对固态物质的清洗、排放较为方便；卧式三相分离器经济而有效地用于各种情况，特别是在处理油气比高、气体或液体流量大、泡沫原油更为有利；球形三相分离器多用作天然气分离。

（6）计量管汇及仪表。

在地面测试计量作业时，为地层流体提供流动通道的管汇及各种计量仪表。计量管汇主要用于引导油气水在地面的定向流动和设备间的联通，由直管、弯管、活动弯头、死弯头、变径接头和管汇组成，通常有 105MPa、70MPa、35MPa、10MPa 等压力级别。油水计量通常采用腰轮流量计、椭圆齿轮流量计及刮板流量计，气体多采用孔板流量计计量。

（7）计量罐。

用于准确计量地层产出液体体积的标准计量装置。试油过程中连接在三相分离器的下游，对带压流体经过二次分离测定液体的准确体积，可在现场标定分离器的流量计，也可单独用于不宜进分离器求产和非自喷井试油的液体计量，分为承压计量罐和常压计量罐两种。

7.1.3.4　压裂

7.1.3.4.1　压裂概念

压裂是油气层水力压裂的简称，是一种储层改造工艺措施。通过压裂设备向油气层高压注入压裂液，当压力增高到大于油气层破裂所需要的压力时，油气层会形成一条或几条水平或垂直的裂缝，加入支撑剂（砂或陶粒等），防止停泵后裂缝闭合，增大排流面积，降低液体流动阻力，达到使油气井增产的目的。图 7-76 是压裂施工示意图，图 7-77 是压裂过程中裂缝形成过程示意图。

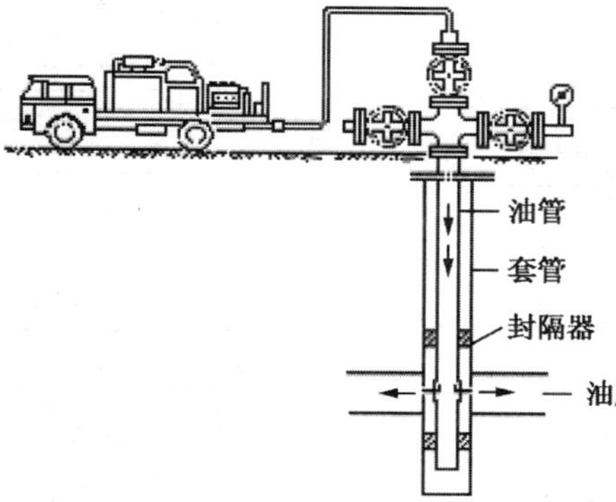


图 7-76　压裂施工示意图

7.1.3.4.2　压裂工序

总体上压裂作业内容主要分为压裂设计、压裂施工和压后管理三个阶段，见图 7-78。

压裂施工主要工序：（1）压前准备（道路和井场、油管、井下工具、上罐、备液、现场配液、备料、地面流程等）；（2）井筒准备（通井、刮削、清洗、探底、填砂封堵）；（3）下作业管柱（下压裂管柱、试压、冲洗炮眼、安装压裂井口）；（4）测井温；（5）测试压裂；（6）压裂施工；（7）压裂收尾（清罐、收罐、倒残液等）。

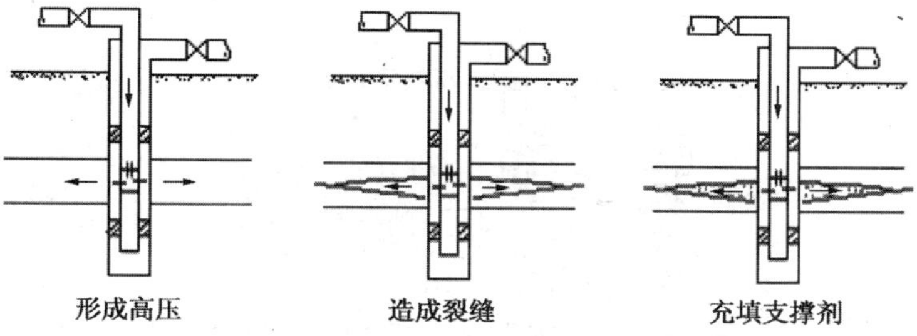


图 7-77　压裂过程中裂缝形成过程示意图

现场压裂车组施工工序主要分为：摆车接管线→循环排空→管汇试压→测试压裂→泵前置液→加砂压裂→顶替→拆管线收车。图 7-79 是压裂施工井场设备摆放图，其中有 6 台压裂泵车、1 台混砂车、1 台管汇车、1 台仪表车、1 台液氮泵车、1 台液氮罐车、3 台砂罐车。

7.1.3.4.3　压裂类型

按压裂方式划分：全井合压（又称笼统压裂）、分层压裂（分层选择性压裂）二种；按压裂液类型划分：水基压裂液压裂、油基压裂液压裂、泡沫压裂液压裂、清洁胶束压裂液压裂、乳状压裂液压裂、酸基压裂液压裂、醇基压裂液压裂和高能气体压裂。

7.1.3.4.4　压裂管柱

主要分全井合压管柱、分层压裂管柱、临堵球分压管柱三类。

（1）全井合压管柱。

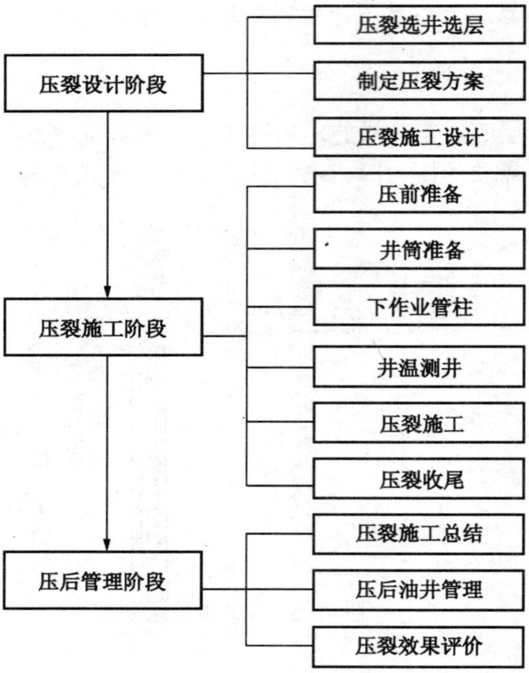


图 7-78　压裂基本内容和工作流程

全井合压管柱分光套管压裂管柱、光油管压裂管柱、单封隔器保护套管压裂管柱三种类型，见图 7-80 至图 7-82。

（2）分层压裂管柱。

分层压裂管柱分为单封隔器分层压裂管柱、单封隔器与填砂分层压裂管柱、单封隔器与桥塞组合分层压裂管柱三种类型，见图 7-83 至图 7-85。

（3）临堵球分层压裂管柱。

①光油管或单封隔器先投临堵塞球分层压裂管柱。

主要用于被压裂油气层之间夹层比较薄，经测产液剖面，知其中有的油气层产量少或无产量，可采用先投临时堵塞球，将产量较高的油气层段进行堵塞，然后压开不生产的油气层井段，见图 7-86、图 7-87。

②临时堵塞球与单封隔器配合分层压裂管柱。

主要用于油气层间夹层能坐单封隔器，先分压下部油气层组；压裂后上提封隔器到上部油气层以上，再投球封堵下部井段，对上部井段进行分压，见图 7-88。

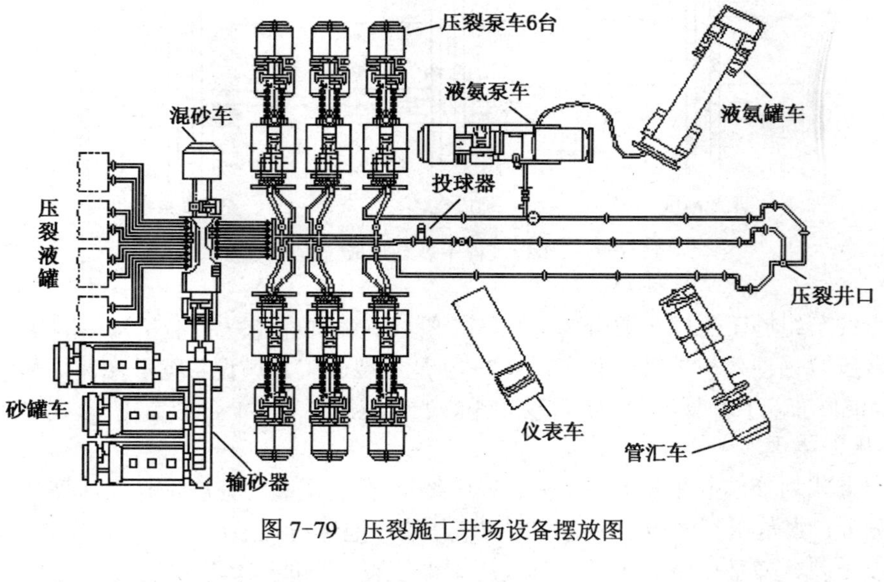


图 7-79　压裂施工井场设备摆放图

③全井筒合压后再投球分层压裂管柱。

主要用于被压油气层组压前产量比较低，可先进行全井筒合压，压开一个油层组后投球，将已压开油层临时封堵，再分层压裂另一个油层组。可采用光油管或单封隔器压裂管柱。

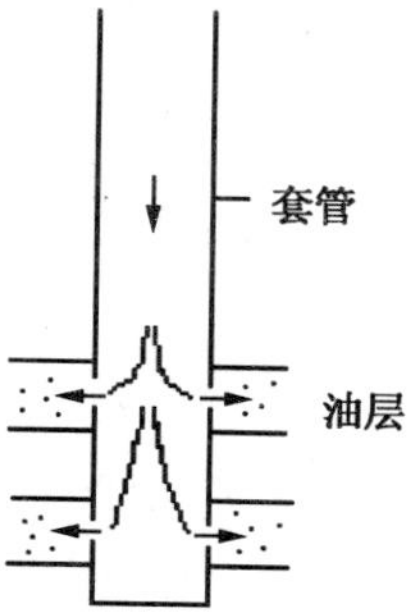


图 7-80　光套管压裂管柱

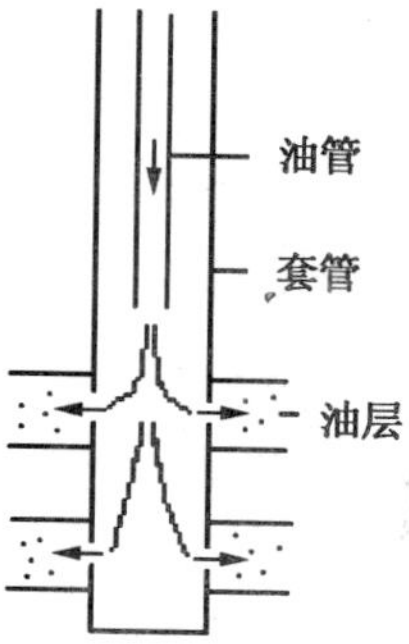


图 7-81　光油管压裂管柱

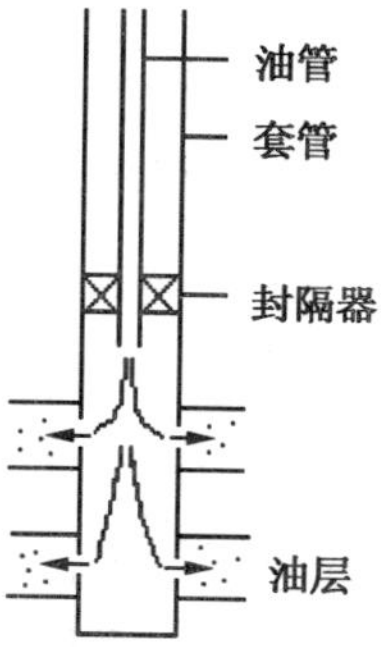


图 7-82　单封隔器压裂管柱

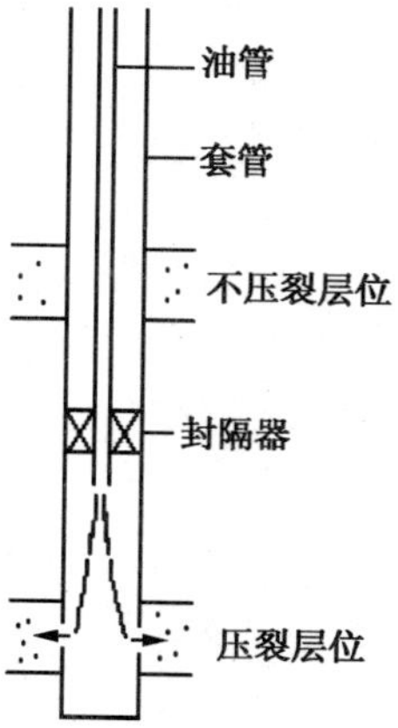


图 7-83　单封隔器压裂管柱

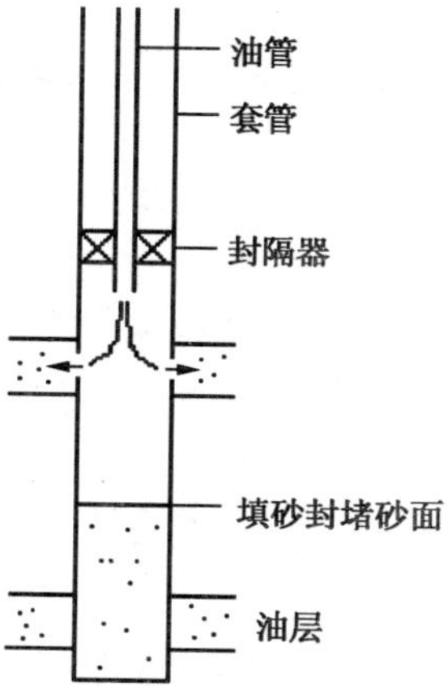


图 7-84　单封隔器与填砂压裂管柱

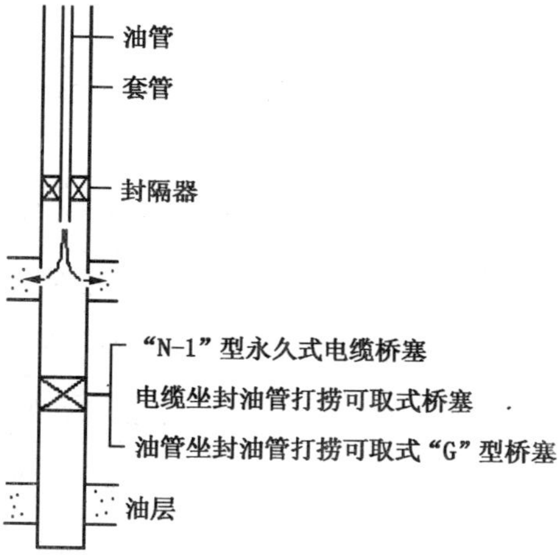


图 7-85　单封隔器与桥塞压裂管柱

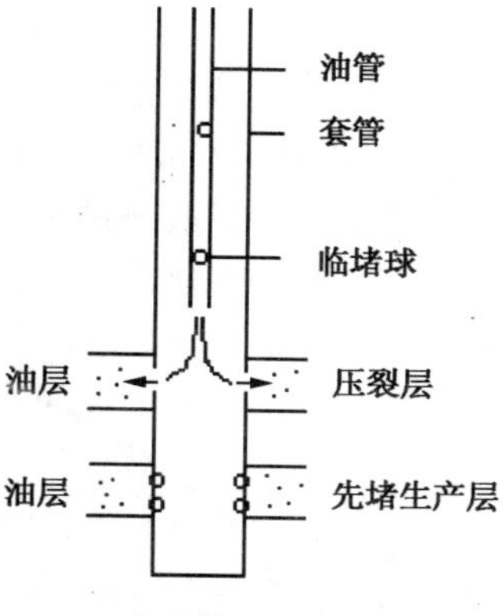


图 7-86　光油管先投临堵球压裂管柱

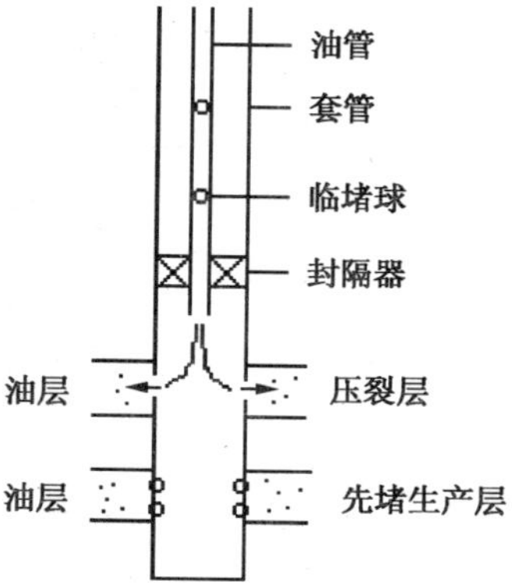


图 7-87　单封隔器先投临堵球压裂管柱

#### 7.1.3.5　酸化

##### 7.1.3.5.1　酸化概念

酸化是油气层酸化的简称，是一种储层改造工艺措施。将配置好的酸液通过油管注入油气层中，溶解油气层中的堵塞物和碳酸盐岩、钙质胶结物等，从而降低油气渗流阻力，达到

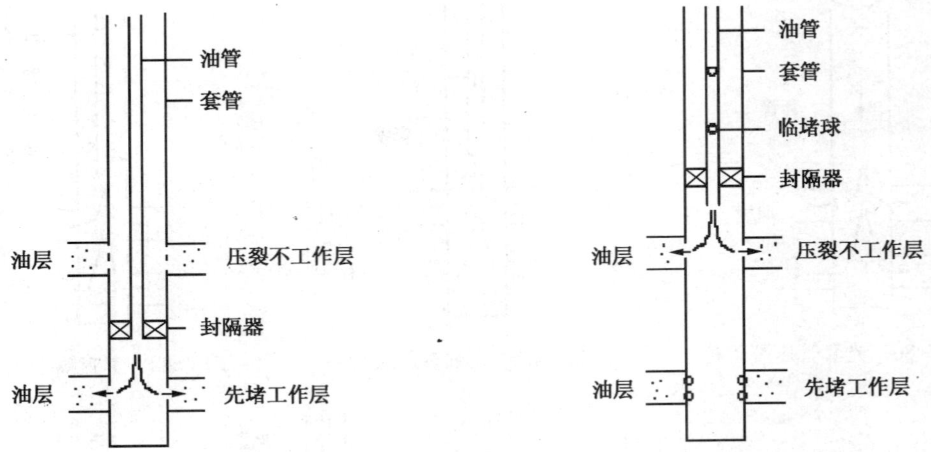


图 7-88　临时堵塞球与单封隔器配合分层压裂管柱

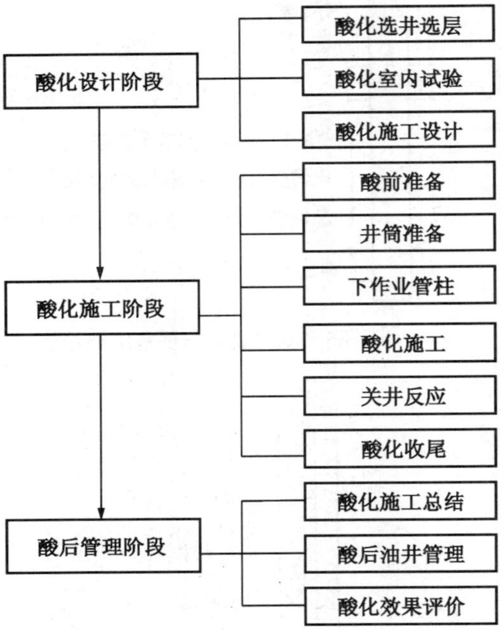


图 7-89　酸化基本内容和工作流程

增产增注的目的。

7.1.3.5.2　酸化工序

总体上酸化工序主要分为酸化设计、酸化施工和酸后管理三个阶段，见图 7-89。

酸化施工主要工序：(1)酸前准备(道路和井场、油管、井下工具、上罐、备液、配酸、备料、地面流程等)；(2) 井筒准备（通井、刮削、清洗、探底等)；(3) 下作业管柱（下酸化管柱、试压、安装酸化井口)；(4) 酸化施工；(5) 关井反应；(6) 酸化收尾（清罐、收罐、倒残液等)。

现场酸化车组施工工序主要分为：摆车接管线→循环排空→管汇试压→低压替酸→启动封隔器→挤酸→挤顶替液→拆管线收车。图 7-90 是酸化施工井场设备摆放图，其中有 4 台压裂泵车、1 台供液车、1 台仪表车、1 台平衡车。

7.1.3.5.3　酸化类型

按注酸压力与处理层岩石破裂压力的关系划分：基质酸化（也称常规酸化、解堵酸化、孔隙性酸化）和压裂酸化（也称酸压)；按工作液划分：常规酸化（一般指基质酸化)、高浓度酸酸化、前置液酸压裂、泡沫酸酸化、乳化酸酸化、胶凝酸酸化、降阻酸酸化、指进酸酸化、有闭合酸化、等密度酸酸化、二元酸酸化；按注入方式划分：分层酸化、空井酸化。

7.1.3.5.4　酸化管柱

酸化管柱分为光油管酸化管柱和分层酸化管柱两种。图 7-91、图 7-92 是使用 2 到 3 个封隔器与节流器、滑套等组合成的分层酸化管柱。

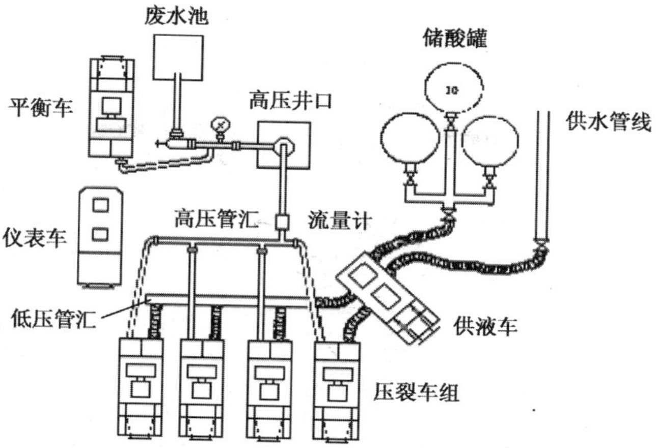


图 7-90　酸化施工井场设备摆放图

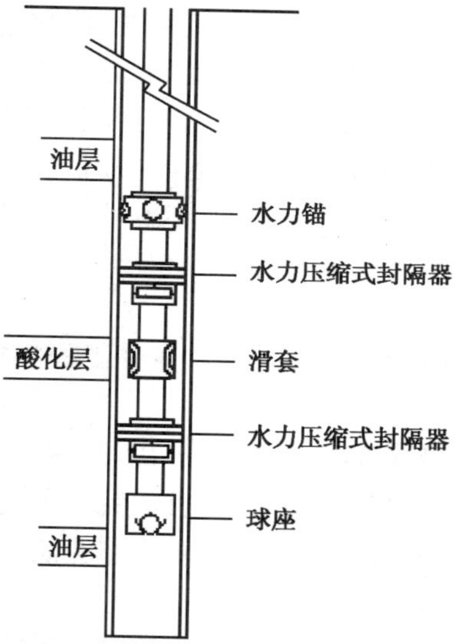


图 7-91　任选一层酸化管柱

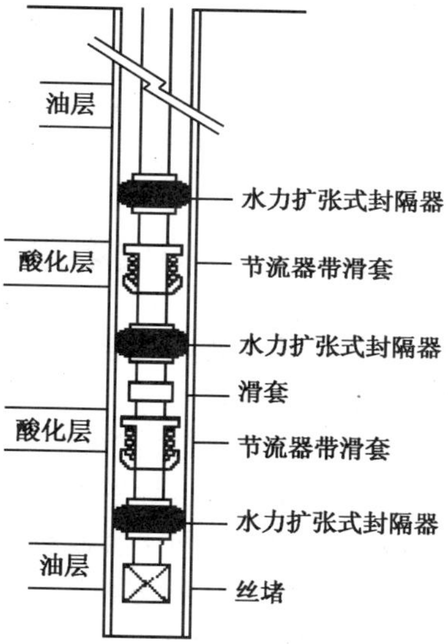


图 7-92　多层分层酸化管柱

7.1.3.6　试井

7.1.3.6.1　试井概念

用高精度井下压力计（包括温度计）录取油气井井底压力、温度等数据，结合地面记录的产量数据，借助渗流力学理论和相应的计算机解释软件，对以压力为主的测试资料进行分析解释，以求得油气藏地质参数和完井工艺参数。试井贯穿于油气田勘探开发全过程，从油气田第一口发现井，到详探井的试油试气，到油气田开发方案制定，到试采井的试采，到油气田开发过程中的动态监测及调整井的安排，都需要用试井方法进行测试和分析，做出生产安排。

7.1.3.6.2　试井工序

总体上试井工序主要分为试井设计、试井施工和资料分析解释三个阶段，见图 7-93。

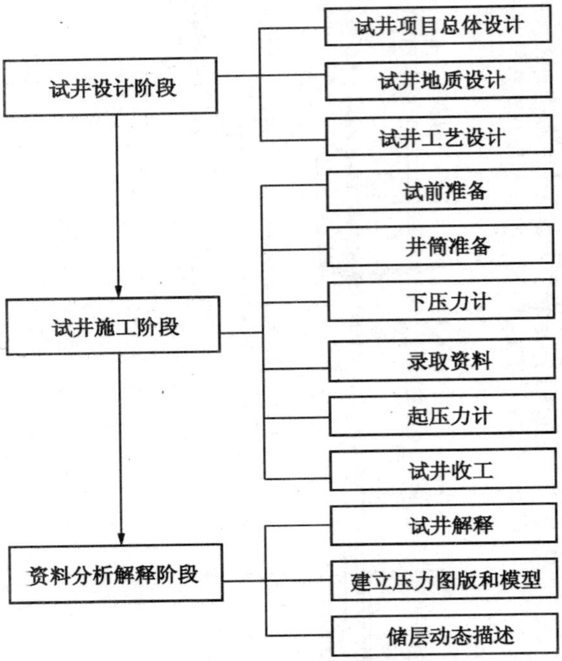


图 7-93　试井基本内容和工作流程

7.1.3.6.3　资料录取方法

试井录取资料以井下压力和温度为主。主要录取方法是把井下压力计、温度计从井筒内下放到油气层中部或相关位置，连续记录压力、温度随时间变化数据。具体方法如下：

(1)用试井钢丝或试井电缆把井下电子式压力计、井下机械式压力计、井下温度计下放到井内测试位置进行测量。

(2)随同井下测试工具一起下放到井筒内进行测量。地面直读一测试联作见图 7-33。

(3)安装到井下泵或其他测试管柱上，下放到井内长期监测。

(4)通过测压毛细管把井下压力信号传输到井口，在地面加以测量记录。

(5)将压力计安装到井口位置记录井口压力，再折算出井底压力。

## 7.2　完井工程造价构成要素

完井工程造价构成要素包括完井工程劳动定员、完井工程主要设备和完井工程主要材料。

### 7.2.1　完井工程劳动定员

中国石油天然气集团公司 2000 年 5 月 1 日发布实施的 Q/CNPC 27—1999《井下作业工程劳动定员》规定了油气田井下作业队伍的基本生产、辅助生产及管理机关劳动定员，适用于中国石油天然气集团公司所属各油气田的井下作业公司及作业大队，对于作业队、修井队等单个作业队伍定员没有明确规定。

这里根据 2005 年发布的部分油田钻井系统工程预算定额等相关资料，统计给出完井工程中各作业队伍劳动定员标准，仅供参考。

7.2.1.1　作业队劳动定员

按完井作业的施工管理方式不同，一般可分为以下几种队型：一是全队员工全部在井场工作、生活，使用通井机或修井机作为施工动力，称之为住井作业队；二是少数员工在井场工作、生活，使用通井机或修井机作为施工动力，称之为非住井作业队；三是钻井队既为试油队，使用钻机作为施工动力，称之为原钻机试油队；四是钻井队人员提供试油期间井口及起下服务，使用钻机作为施工动力，其他岗位为试油队员工，称之为配合原钻机试油队。通常情况下，前两种管理方式居多。

一般情况下，作业队和试油队由管理人员、工程技术人员、作业工等岗位构成，各岗位数量及人数与队型有关。部分油田作业队（试油队）劳动定员见表 7-10。

7.2.1.2　射孔队劳动定员

射孔队劳动定员标准见表 7-11。

表 7-10　部分油田作业队（试油队）劳动定员

单位：人

| 油田代号 | | X 油田 | L 油田 | D 油田 | C 油田 | | |
|---|---|---|---|---|---|---|---|
| 合计 | | 36 | 31 | 18 | 13 | 14 | 15 |
| 队干部 | 小计 | 6 | 4 | 4 | 3 | 3 | 3 |
| | 队长 | 1 | 1 | 2 | 1 | 1 | 1 |
| | 指导员 | 1 | 1 | 1 | | | |
| | 副队长 | 1 | | | 1 | 1 | 1 |
| | 工程技术员 | 1 | 1 | 1 | 1 | 1 | 1 |
| | 地质技术员 | 1 | 1 | | | | |
| | 机械技术员 | 1 | | | | | |
| 作业班 | 小计 | 20 | 23 | 12 | 7 | 8 | 8 |
| | 班长 | 4 | 4 | 2 | 1 | 1 | 1 |
| | 副班长 | 4 | 3 | | | 1 | 1 |
| | 井口工 | 8 | 4 | 6 | 4 | 4 | 4 |
| | 场地工 | 4 | 4 | 2 | | | |
| | 资料员 | | 4 | | 1 | 1 | 1 |
| | 作业机手 | | 4 | 2 | 1 | 1 | 1 |
| 大班 | 小计 | 2 | 4 | 1 | 2 | 2 | 2 |
| | 大班司机 | | 4 | 1 | 1 | 1 | 1 |
| | 经管员 | 1 | | | 1 | 1 | 1 |
| | 材料员 | 1 | | | | | |
| 住井 | 小计 | 8 | | 1 | 1 | 1 | 2 |
| | 炊事员 | 4 | | 1 | 1 | | |
| | 发电工 | 4 | | | | 1 | 1 |
| | 司机 | | | | | | 1 |
| 备注 | | | 通井机 | 通井机、XJ350、XJ450 修井机 | 通井机试油 | 通井机和 XJ550 修井机试气 | |

表 7-11　射孔队定员标准

单位：人

| 定员编号 | 队　别 | 合计 | 队长 | 操作工程师 | 射孔工 | 司机 | 机动司机 |
|---|---|---|---|---|---|---|---|
| 2.1 | 普通射孔 | 9.5 | 1 | 2 | 3 | 3 | 0.5 |
| 2.2 | 过油管射孔 | 9.5 | 1 | 2 | 3 | 3 | 0.5 |
| 2.3 | 油管输送射孔 | 10.5 | 1 | 2 | 4 | 3 | 0.5 |

### 7.2.1.3　测试队劳动定员

部分油田地层测试队劳动定员见表 7-12。

表 7-12　部分油田地层测试队劳动定员

单位：人

| 油田代号 | X 油田 | C 油田 | T 油田 | | |
|---|---|---|---|---|---|
| 合计 | 6 | 6 | 4 | 5 | 5 |
| 队长 | 1 | 1 | 1 | 1 | 1 |
| 主操作手 | 1 | 1 | 1 | 1 | 1 |

续表

| 油 田 代 号 | X 油田 | C 油田 | T 油田 | | |
|---|---|---|---|---|---|
| 资料员 | 1 | 1 | 1 | 1 | 1 |
| 测试工 | 3 | 3 | 1 | 2 | 2 |
| 备注 | | | MFE 常规测试 | 膨胀测试 | APR 测试 |

7.2.1.4 计量队劳动定员

地面计量作业所需的劳动定员见表 7-13。

**表 7-13 地面计量队劳动定员**

单位：人

| 按岗位定员 | | | 按设备定员 | |
|---|---|---|---|---|
| 序号 | 岗 位 | 定 员 人 数 | 设 备 名 称 | 定 员 人 数 |
| | 合计 | 10 | 合计 | 10 |
| 1 | 队长兼 HSE 监督员 | 1 | 分离器 | 2 |
| 2 | 工程技术员 | 1 | 环保罐 | 0.5 |
| 3 | 资料技术员 | 1 | 计量罐 | 0.5 |
| 4 | 操作工 | 2 | 加热器 | 2 |
| 5 | 计量工 | 2 | 油嘴管汇 | 1 |
| 6 | 仪表工 | 1 | 热交换器 | 1 |
| 7 | 锅炉工 | 2 | 紧急开关系统 | 1 |
| 8 | | | 数据采集系统 | 1 |
| 9 | | | 燃烧器 | 1 |

7.2.1.5 压裂（酸化）队劳动定员

压裂队和酸化队劳动定员基本一致，分为队部管理人员定员和设备定员两部分。

（1）压裂（酸化）队部劳动定员见参表 7-14。

**表 7-14 部分油田压裂（酸化）队部劳动定员**

单位：人

| 序号 | 油 田 代 号 | T 油田 | X 油田 | C 油田 | A 油田 |
|---|---|---|---|---|---|
| | 合计 | 11 | 9 | 8 | 9 |
| 1 | 队长 | 1 | 1 | 2 | 2 |
| 2 | 指导员 | 1 | 1 | 1 | 1 |
| 3 | 副队长 | 2 | 2 | | |
| 4 | 工程师 | 1 | | 1 | |
| 5 | 技术员 | 2 | 2 | 1 | 5 |
| 6 | 安全员 | 1 | 1 | 1 | |
| 7 | 统计员 | 1 | 1 | | |
| 8 | 材料员 | 1 | 1 | 1 | 1 |
| 9 | 技师 | 1 | | 1 | |

（2）压裂（酸化）设备人员配备情况参见表 7-15 和表 7-16。

表 7-15　某油田压裂（酸化）设备人员配备情况

单位：人

| 序号 | 设备名称 | 合计 | 司机 | 柴油司机 | 主操作手 | 作业工 | 其他 |
|---|---|---|---|---|---|---|---|
| 1 | 压裂车 700 型 | 2 | 1 | 1 | | | |
| 2 | 压裂车 1050 型 | 3 | 1 | 1 | 1 | | |
| 3 | 压裂车 1400 型 | 3 | 1 | 1 | 1 | | |
| 4 | 压裂车 2000 型 | 3 | 1 | 1 | 1 | | |
| 5 | 仪表车（配 700 型） | 3 | 1 | | 2 | | |
| 6 | 仪表车（配 1050 型） | 3 | 1 | | 2 | | |
| 7 | 仪表车（配 1400 型） | 3 | 1 | | 2 | | |
| 8 | 仪表车（配 2000 型） | 3 | 1 | | 2 | | |
| 9 | 高压管汇车（配 700 型） | 3 | 1 | | | 2 | |
| 10 | 高压管汇车（配 1050 型） | 4 | 1 | | | 3 | |
| 11 | 高压管汇车（配 1400 型） | 4 | 1 | | | 3 | |
| 12 | 高压管汇车（配 2000 型） | 4 | 1 | | | 3 | |
| 13 | 混砂车（配 700 型） | 3 | 1 | 1 | 1 | | |
| 14 | 混砂车（配 1050 型） | 4 | 1 | 1 | 1 | 1 | |
| 15 | 混砂车（配 1400 型） | 4 | 1 | 1 | 1 | 1 | |
| 16 | 混砂车（配 2000 型） | 4 | 1 | 1 | 1 | 1 | |
| 17 | 低压管汇车 | 3 | 1 | | | 1 | 1 |
| 18 | 胶联泵车 | 5 | 1 | 1 | 1 | 1 | 1 |
| 19 | 配液车 | 2 | 1 | 1 | | | |
| 20 | 配酸车 | 2 | 1 | 1 | | | |

表 7-16　某油田压裂（酸化）设备人员配备情况

单位：人

| 序号 | 设备名称 | 规格型号 | 合计 | 司机 | 柴油司机 | 主操作手 | 作业工 |
|---|---|---|---|---|---|---|---|
| 1 | 压裂车 | 1000 型 | 4 | 1 | | 1 | 2 |
| 2 | 压裂车 | 1500 型 | 4 | 1 | | 1 | 2 |
| 3 | 压裂车 | 2000 型 | 4 | 1 | | 1 | 2 |
| 4 | 仪表车 | 1000 型 | 3 | 1 | | 2 | |
| 5 | 仪表车 | 1500 型 | 3 | 1 | | 2 | |
| 6 | 仪表车 | 2000 型 | 3 | 1 | | 2 | |
| 7 | 高压管汇车 | 1000 型 | 4 | 1 | | 1 | 2 |
| 8 | 高压管汇车 | 1500 型 | 4 | 1 | | 1 | 2 |
| 9 | 高压管汇车 | 2000 型 | 4 | 1 | | 1 | 2 |
| 10 | 混砂车 | 1000 型 | 3 | 1 | | 2 | |
| 11 | 混砂车 | 1500 型 | 3 | 1 | | 2 | |
| 12 | 混砂车 | 2000 型 | 3 | 1 | | 2 | |
| 13 | 低压管汇车 | | 4 | 1 | | 3 | |
| 14 | 胶联泵车 | | 3 | 1 | | 1 | 1 |
| 15 | 配液车 | | 8 | 1 | | 1 | 6 |
| 16 | 配酸车 | | 8 | 1 | | 1 | 6 |
| 17 | 砂罐车 | | 2 | 1 | | 1 | |

续表

| 序号 | 设备名称 | 规格型号 | 合计 | 司机 | 柴油司机 | 主操作手 | 作业工 |
|---|---|---|---|---|---|---|---|
| 18 | 水罐车 | | 2 | 1 | | 1 | |
| 19 | 酸罐车 | | 2 | 1 | | 1 | |
| 20 | 交通车 | | 1 | 1 | | | |
| 21 | 指挥车 | | 1 | 1 | | | |

#### 7.2.1.6 试井队劳动定员

试井队劳动定员参见表 7-17。

**表 7-17 试井队劳动定员**

单位：人

| 序号 | 岗位 | 定员 |
|---|---|---|
| | 合计 | 5 |
| 1 | 队长 | 1 |
| 2 | 主操作手 | 1 |
| 3 | 绞车工 | 1 |
| 4 | 井口工 | 1 |
| 5 | 资料员 | 1 |

### 7.2.2 完井工程主要设备

完井工程中的主要设备有通井机、修井机、压裂车组等，这里列出主要系列设备名称及常用规格型号，见表 7-18。通井机配套价格一般为 100～200 万元，修井机配套价格一般在 350～500 万元，压裂车组配套价格一般在 1500～5000 万元，一套大型进口压裂车组价格近亿元。

**表 7-18 常用主要完井设备**

| 序号 | 设备名称 | 规格型号 |
|---|---|---|
| 1 | 通井机 | TJ5、TJ7、TJ9、TJ10、TJ11、TJ12 |
| 2 | 修井机 | XJ150、XJ250、XJ350、XJ450、XJ550、XJ650、XJ1000 |
| 3 | 2000 型压裂车组 | 国产：压裂泵车 SJX5341TY105、混砂车 SJX5241THS210、管汇车 TM-150、仪表车、运砂车 CQK5240ZYH、液罐车 STERY1491、配液车 CA-141；<br>进口：压裂泵车 HQ2000 ARC Fracturing、混砂车 CHFBT100 ARC Fracturing、管汇车 Manifold、仪表车 TUHA Fracturing、运砂车 CQK5240ZYH、液罐车 STERY1491、配液车 CA-141 |

#### 7.2.2.1 完井作业设备

##### 7.2.2.1.1 通井机和作业井架

通井机是完井作业时的起升设备，与作业井架配套，可进行起下钻杆、油管、抽油杆、抽汲、打捞及清理井底等作业。现场作业情况可见图 7-34 和图 7-38。

通井机主要由行走部分、动力系统、传动系统、提升系统、液气电控制系统组成，按行走方式分为履带式、轮式和车载式通井机三大类。图 7-94 为履带式通井机示意图。

作业井架用于承载并且能顺利起下管柱和井下工具的支撑架，主要由天车、井架主体和井架底座组成。常用作业井架技术参数见表 7-19。

7.2.2.1.2 修井机

修井机是安装在特殊汽车底盘上用于进行起下、循环、旋转等完井作业的成套设备，主要由底盘系统、动力系统、绞车系统、井架系统、控制系统和附件等六部分组成，见图 7-95。

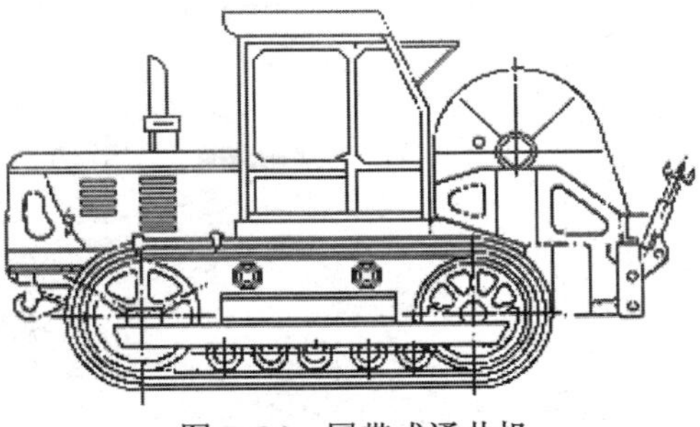

图 7-94 履带式通井机

**表 7-19 常用作业井架技术参数**

| 序 号 | 井 架 型 号 | 额定负荷（kN） | 高度（m） | 质量（t） | 配套天车 | 适用井深（m） |
|---|---|---|---|---|---|---|
| 1 | JJ50/18-W | 500 | 18.28 | 3.65 | TC-50 | 1900～3000 |
| 2 | JJ50/29-W | 500 | 29.25 | 7.40 | TC-50 | 2300～3600 |
| 3 | JJ80/21-W | 800 | 21.30 | 5.16 | TC-2-1 | 3700～5700 |
| 4 | JJ80/29-W | 800 | 29.00 | 6.87 | TC-80 | 3700～5700 |

图 7-95 修井机

7.2.2.1.3 连续油管车

向油井中生产套管或生产油管内下入或起出连续油管的作业设备。连续油管缠绕在作业机的滚筒上以便于移动和作业，图 7-96 为连续油管车和液氮车排液求产情况。

7.2.2.1.4 完井作业设备配套

各油田完井作业设备配套均不一致，这里举例给出某油田通井机和修井机两种机型设备配套情况，见表 7-20。

7.2.2.2 射孔作业设备

各油田射孔作业设备配套有所不同，这里举例给出部分油田射孔作业设备配套情况，见表 7-21。

图 7-96 连续油管车和液氮车排液求产

表 7-20 某油田完井作业设备配套

| 序号 | 设备名称 | 规格型号 | 单位 | 单价（万元） | 通井机 | | 修井机 | |
|---|---|---|---|---|---|---|---|---|
| | | | | | 数量 | 金额（万元） | 数量 | 金额（万元） |
| | 合计 | | 套 | | 1 | 149.98 | 1 | 413.64 |
| 1 | 通井机 | | 台 | 29.36 | 1 | 29.36 | | |
| 2 | 作业井架 | | 套 | 5.00 | 1 | 5.00 | | |
| 3 | 修井机 | | 台 | 298.02 | | | 1 | 298.02 |
| 4 | 液压油管钳 | YQ-25-B | 套 | 0.91 | 1 | 0.91 | 1 | 0.91 |
| 5 | 游动滑车 | YG-60 | 套 | 4.65 | 1 | 4.65 | 1 | 4.65 |
| 6 | 发电机 | 115kW | 台 | 14.23 | 1 | 14.23 | 1 | 14.23 |
| 7 | 发电机 | 30kW | 台 | 4.73 | 1 | 4.73 | 1 | 4.73 |
| 8 | 储液罐 | 15m³ | 个 | 8.72 | 1 | 8.72 | 1 | 8.72 |
| 9 | 柴油罐 | 6m³ | 个 | 3.50 | 1 | 3.50 | 1 | 3.50 |
| 10 | 生活水罐 | 6m³ | 个 | 3.50 | 1 | 3.50 | 1 | 3.50 |
| 11 | 计量池 | 10m³ | 个 | 0.50 | 2 | 1.00 | 2 | 1.00 |
| 12 | 计量池 | 2m³ | 个 | 0.30 | 1 | 0.30 | 1 | 0.30 |
| 13 | 送班车 | 雷诺 | 台 | 20.86 | 1 | 20.86 | 1 | 20.86 |
| 14 | 干部住房 | | 栋 | 5.50 | 1 | 5.50 | 1 | 5.50 |
| 15 | 职工住房 | | 栋 | 4.70 | 4 | 18.80 | 4 | 18.80 |
| 16 | 厨房 | | 栋 | 6.20 | 1 | 6.20 | 1 | 6.20 |
| 17 | 餐厅 | | 栋 | 4.70 | 1 | 4.70 | 1 | 4.70 |
| 18 | 水房 | | 栋 | 4.70 | 1 | 4.70 | 1 | 4.70 |
| 19 | 配件、工具库 | | 栋 | 4.50 | 1 | 4.50 | 1 | 4.50 |
| 20 | 防护、消防库 | | 栋 | 4.50 | 1 | 4.50 | 1 | 4.50 |
| 21 | 发电房 | | 栋 | 3.80 | 1 | 3.80 | 1 | 3.80 |
| 22 | 厕所 | | 栋 | 0.52 | 1 | 0.52 | 1 | 0.52 |

#### 7.2.2.3 地层测试作业设备

（1）测试小队设备配备。参见表 7-22。

**表 7-21　部分油田射孔作业设备配套**　　单位：队

| 油田代号 | | | CQ | | XJ | | TH | |
|---|---|---|---|---|---|---|---|---|
| 序号 | 项　目 | 单位 | 数量 | 金额（万元） | 数量 | 金额（万元） | 数量 | 金额（万元） |
| | 合计 | | | 312.89 | | 203.72 | | 209.88 |
| 1 | 地面仪器 | 套 | 1 | 23.50 | 1 | 141.72 | 1 | 35.23 |
| 2 | 仪器车 | 辆 | 1 | 73.00 | 1 | | 1 | 113.50 |
| 3 | 工程车 | 辆 | 1 | 28 | 1 | 20 | 1 | 16.15 |
| 4 | 枪弹车 | 辆 | 1 | 6.49 | 1 | 30 | 1 | 13.50 |
| 5 | 抗震伽马仪 | 支 | 2 | 15 | | | | |
| 6 | 自然伽马仪 | 支 | 2 | 6.8 | | | 2 | 30.70 |
| 7 | 磁定位仪 | 支 | 2 | 4 | | | 2 | 0.80 |
| 8 | 钻进式取心仪 | 支 | 1 | 150 | | | | |
| 9 | 自备发电机 | 台 | 1 | 2.5 | 1 | 12 | | |
| 10 | 打捞工具 | 套 | 1 | 3.6 | | | | |
| 11 | 三参数测井仪 | 支 | | | | | 2 | 16.35 |

**表 7-22　测试小队设备配备**

| 序号 | 设备名称 | 单位 | 数量 | 序号 | 设备名称 | 单位 | 数量 |
|---|---|---|---|---|---|---|---|
| 1 | 台式计算机 | 台 | 1 | 6 | 防毒呼吸器 | 个 | 6 |
| 2 | 便携式计算机 | 台 | 1 | 7 | 立式工具箱 | 台 | 1 |
| 3 | 打印机 | 台 | 2 | 8 | 卧式工具箱 | 个 | 1 |
| 4 | 气动试压泵 | 台 | 1 | 9 | 空调 | 台 | 1 |
| 5 | 空气压缩机 | 台 | 1 | 10 | 工程车 | 辆 | 1 |

（2）维修保养设备配备。

按 5 个测试小队配备的维修保养设备见表 7-23。

**表 7-23　维修保养设备配备**

| 序号 | 设备名称 | 单位 | 数量 | 序号 | 设备名称 | 单位 | 数量 |
|---|---|---|---|---|---|---|---|
| 1 | 氮气泵 | 台 | 2 | 13 | 钻床 | 台 | 1 |
| 2 | 气动试压泵 | 台 | 3 | 14 | 功能试验架 | 台 | 1 |
| 3 | 空气压缩机 | 台 | 2 | 15 | 行车 | 台 | 1 |
| 4 | 注油泵 | 台 | 2 | 16 | 拉运车 | 台 | 1 |
| 5 | 清洗机 | 台 | 2 | 17 | 可视防爆安全屏障 | 套 | 1 |
| 6 | 液压钳 | 台 | 2 | 18 | 机械压力计校验仪 | 台 | 1 |
| 7 | 虎钳 | 台 | 3 | 19 | 计时器综合测试仪 | 台 | 1 |
| 8 | 卸扣机 | 台 | 1 | 20 | 空调（零配件房使用） | 台 | 1 |
| 9 | 拉压机 | 台 | 1 | 21 | 洗衣机（洗工衣） | 台 | 1 |
| 10 | 电焊机 | 台 | 1 | 22 | 热水器 | 台 | 1 |
| 11 | 砂轮机 | 台 | 1 | 23 | 工房 | 栋 | 1 |
| 12 | 切割机 | 台 | 1 | | | | |

（3）资料解释设备配备。

按2个测试小队配备的资料解释设备见表7-24。

表7-24　资料解释设备配备

| 序号 | 设备名称 | 单位 | 数量 | 序号 | 设备名称 | 单位 | 数量 |
|---|---|---|---|---|---|---|---|
| 1 | 电子扫描读卡仪 | 台 | 1 | 6 | UPS | 台 | 1 |
| 2 | 台式计算机 | 台 | 1 | 7 | 解释软件 | 套 | 1 |
| 3 | 便携式计算机 | 台 | 1 | 8 | 装钉机 | 台 | 1 |
| 4 | 激光打印机 | 台 | 1 | 9 | 冰箱 | 台 | 1 |
| 5 | 复印机 | 台 | 1 | 10 | 空调（海尔柜式） | 台 | 1 |

7.2.2.4　地面计量作业设备

地面计量作业设备配套参见表7-25。

表7-25　地面计量设备配套

| 序号 | 名称 | 单位 | 数量 |
|---|---|---|---|
| 1 | 分离器 | 台 | 1 |
| 2 | 计量罐 | 套 | 1 |
| 3 | 热交换器 | 套 | 1 |
| 4 | 数据采集系统 | 套 | 1 |
| 5 | 加热器 | 台 | 1 |
| 6 | 油嘴管汇 | 套 | 1 |
| 7 | 紧急开关系统 | 套 | 1 |
| 8 | 燃烧器 | 台 | 1 |
| 9 | 环保罐 | 套 | 2 |
| 10 | 工程车 | 辆 | 1 |

7.2.2.5　压裂作业设备

压裂作业设备参见图7-97。

压裂作业设备
- 压裂主机
  - 压裂车组：压裂泵车、混砂车、管汇车、仪表车
  - 附属件：投球器、输砂器、砂浓缩器和泡沫发生器
- 压裂辅机
  - 砂罐车、平衡车、胶联剂泵车、低压管汇车、液氮泵车、液氮罐车、酸罐车、水罐车、水泥泵车、大客车、餐车、指挥车

图7-97　压裂作业设备组成

压裂车组有两种叫法，一种是把生产厂家的名字放在“压裂车组”前面，如道威尔（DOWELL）压裂车组、哈里伯顿（HALLIBURTON）压裂车组、双S（STEWART & STEVENSON）压裂车组等；另一种是用压裂泵液力端输出的水马力（HHP）数值放在“压

裂车组”前面，如 1000 型车组、1400 型车组、1600 型车组。

7.2.2.5.1 压裂车组

所有压裂车组车型组配都基本相同，由压裂泵车、混砂车、仪表车、管汇车组成。

（1）压裂泵车。

压裂泵车在压裂车组中称主压车，是泵送压裂液、酸化液体进入油气层裂缝的主要设备。所有压裂泵车结构基本相同，台上设备由柴油发动机、变矩器、压裂泵组成。不同的是压裂泵类型，有三缸柱塞压裂泵、五缸柱塞压裂泵、增压泵等三种类型。一般一个压裂车组中有 6-8 台主压车。图 7-98 是 DOWELL B504 三缸柱塞压裂泵车，图 7-99 是 HALLIBURTON HQ 五缸柱塞泵压裂泵车。

图 7-98　DOWELL B504 三缸柱塞压裂泵车

图 7-99　HALLIBERTON HQ 五缸柱塞泵压裂泵车

（2）混砂车。

混砂车将多个压裂液大罐中的液体吸入混砂罐，在混砂罐中把压裂液、各种添加剂、压裂砂混合搅拌均匀，通过计量同时供给多台压裂泵车。一般一个压裂车组中有 1～2 台混砂车。图 7-100 是 DOWELL E231-100BPM 混砂车，图 7-101 是 HALLIBERTON 100BPM“绞龙加砂”混砂车。

（3）仪表车。

仪表车是压裂施工的控制、指挥中心，其核心设备是监控器和压裂泵车遥控台。主要监控混砂车排出泵涡轮流量计（排量）、混砂车排出携砂液密度（砂比）、油管压力、油套环空

图 7-100　DOWELL E231－100BPM“挡板加砂”混砂车

图 7-101　HALLIBERTON　100BPM“绞龙加砂”混砂车

压力，记录泵注程序时间、油管压力、套管压力、阶段瞬时排量、阶段液量、支撑剂浓度、累计支撑剂量、阶段累计液量、总液量。图 7-102 是 Western TMV 仪表车，图 7-103 是 TMV 仪表车压裂施工基本连接方式。

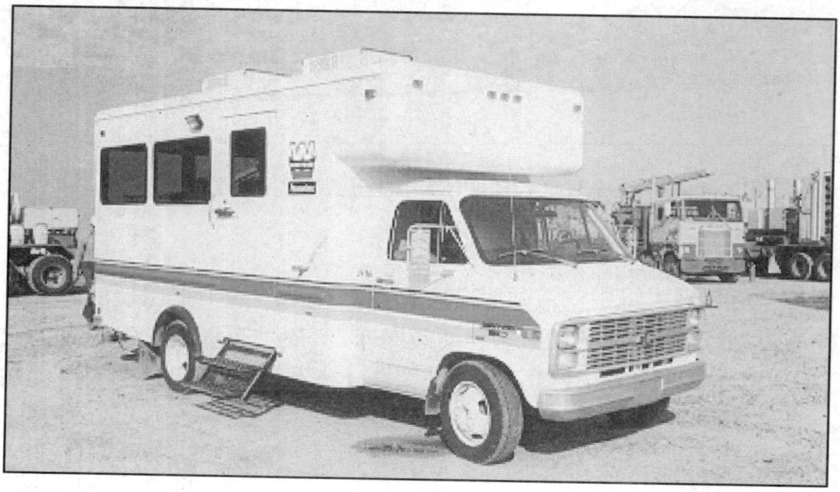

图 7-102　Western TMV 仪表车

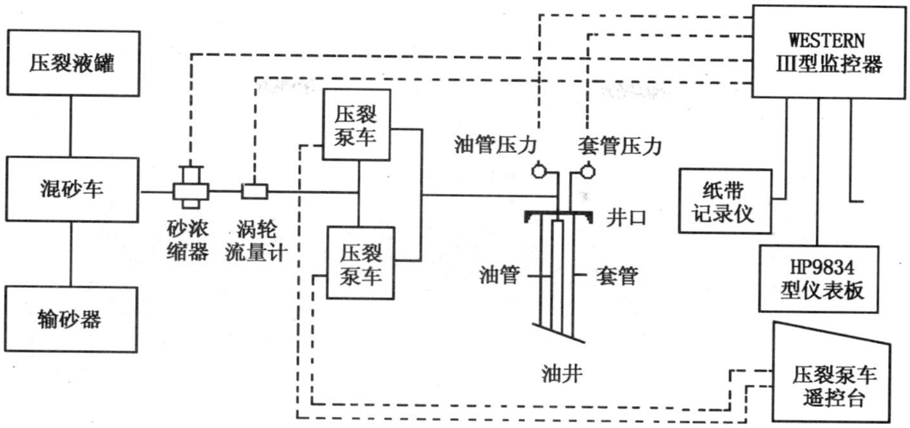


图 7-103　TMV 仪表车压裂施工基本连接方式

（4）管汇车。

管汇车卡车底盘上装有一组高、低压管汇，车上有液压吊车 1 台、管线试压泵 1 台、投球器 1 个、$\phi$76mm 高压管线框架 3 组、氮气包 2 个。图 7-104 是 HALLIBERTON 管汇车。

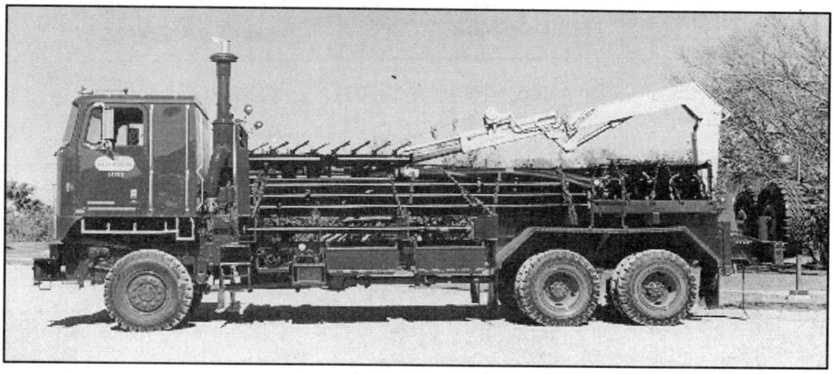

图 7-104　HALLIBERTON　管汇车

7.2.2.5.2　压裂辅机

压裂辅机包括砂罐车、平衡车、胶联剂泵车（即常规 ACF-400 或 ACF-700 水泥车）、低压管汇车（即普通卡车）、液氮泵车、液氮罐车、酸罐车、水罐车、水泥泵车（即常规 ACF-400 或 ACF-700 水泥车）、大客车、餐车、指挥车。这里仅对砂罐车、液氮泵车做一介绍，酸罐车等在酸化作业中介绍，其他均为油田常规使用设备。

（1）砂罐车。

砂罐车是卡车上背一砂罐，砂罐容积为 8m$^3$，装满石英砂重量是 12.5t，装满陶粒重量是 14.2t。图 7-105 是 8m$^3$ 砂罐车，图 7-106 是 100m$^3$ 带输砂器的砂箱拖车。

（2）液氮泵车。

液氮泵车是一种独立的液氮储运、泵送及转换装置，能在低压状态下短期储存和运输液氮，并能把低压液氮转换成高压液氮或高压常温氮气排出。常用的是 NTP400F15 型液氮泵车，由运载卡车、液氮发生器、台上柴油机、高压液氮泵、液氮储罐等组成，见图 7-107。

图 7-105　8m$^3$砂罐车

图 7-106　100m$^3$带输砂器的砂箱拖车

图 7-107　液氮泵车

7.2.2.5.3　压裂作业设备配套

压裂作业设备配套同压裂作业的液量、砂量密切相关，将在计价标准编制部分内容详细说明。

7.2.2.6　酸化作业设备

酸化作业设备主要包括酸化泵车、酸罐车、配酸车、灌注车、管汇车、仪表车、液氮泵车、连续油管车等，另外还需要酸站进行配套。酸化泵车、管汇车、仪表车、液氮泵车同压裂作业设备相同，连续油管车在前面完井作业设备中已做介绍。

7.2.2.6.1　酸罐车（运酸车）

酸罐车是将成品酸从化工厂运至酸站储存，再将酸站配制的加有添加剂的酸液运至井场，目前油田常用的酸罐车容积有 10m³、12m³ 等。进口的 CTA—12 型酸罐车主要由运载车、酸罐、压风机部分组成，采用圆形罐内衬耐酸橡胶，排放采用气加压，见图 7-108。

图 7-108　CTA-12 型酸罐车

7.2.2.6.2　配酸车（配液车）

配酸车主要用于酸化前在施工现场配酸和配制速溶型水基压裂液。这种车多由各油田自行设计制造，并根据油田配制酸液和压裂液类型、工艺要求和特点不断改进，有的油田直接用水泥车配制。现场常用的配酸车由运载卡车底盘、耐酸泵、搅拌系统、管汇等组成。

7.2.2.6.3　灌注车（供液车）

灌注车是在酸化施工时，以一定压力和排量向酸压泵车泵送酸液或其他工作液。在酸压施工时用灌注车负责供酸液，用压裂混砂车供压裂液。灌注车一般由各油田自行设计制造，并根据油田酸化规模工艺要求不断改进。常用的灌注车是 SDPS-1 型供酸液车，由运载底盘卡车、动力、耐酸泵、管汇等组成。

7.2.2.6.4　酸化作业设备配套

酸化作业设备配套同酸化作业的液量密切相关，这里以某油田定额为例进行说明。

（1）酸化准备设备配套情况参见表 7-26。

**表 7-26　某油田酸化准备设备配套情况**

| 项目 | | | 液量（m³） | | | | | | | | |
|---|---|---|---|---|---|---|---|---|---|---|---|
| | | | 40 | 60 | 80 | 100 | 120 | 140 | 160 | 180 | 200 |
| 名称 | 规格型号 | 单位 | 数量 | | | | | | | | |
| 酸罐 | 40m³ | 台 | | | 2 | 3 | 3 | 4 | 4 | 4 | 5 |
| 水泥车 | 700 型 | 台 | 1 | 1 | 1 | 1 | 1 | 1 | 1 | 1 | 1 |
| | | 台时 | 8 | 8 | 12 | 12 | 16 | 16 | 20 | 20 | 24 |
| 吊车 | 20t | 台 | | | 1 | 1 | 1 | 1 | 1 | 1 | 1 |
| | | 台时 | | | 4 | 4 | 8 | 8 | 8 | 8 | 8 |
| 卡车 | 15t | 台 | | | 2 | 3 | 3 | 4 | 4 | 4 | 5 |
| 酸罐车 | 12m³ | 台次 | 4 | 6 | 8 | 10 | 12 | 14 | 16 | 18 | 20 |
| 运送化工料车 | 8t | 台次 | 1 | 1 | 1 | 1 | 1 | 1 | 1 | 1 | 1 |
| 餐车 | 五十铃 | 台次 | 1 | 1 | 1 | 1 | 1 | 1 | 1 | 1 | 1 |
| 客车 | 金杯 | 台次 | 1 | 1 | 1 | 1 | 1 | 1 | 1 | 1 | 1 |
| 指挥车 | 丰田 | 台次 | 1 | 1 | 1 | 1 | 1 | 1 | 1 | 1 | 1 |

（2）酸化施工设备配套情况参见表 7-27。

表 7-27　某油田酸化施工设备配套情况

| 项目 | | | 液量（$m^3$） | | | | | | | | |
|---|---|---|---|---|---|---|---|---|---|---|---|
| | | | 40 | 60 | 80 | 100 | 120 | 140 | 160 | 180 | 200 |
| | | | 施工水马力（HHP） | | | | | | | | |
| | | | 1500 | 2000 | 2500 | 3000 | 3500 | 4000 | 4500 | 5000 | 5000 |
| 名　称 | 规格型号 | 单位 | 数　量 | | | | | | | | |
| 酸化泵车 | W/RR1500 型 | 台 | 3 | 4 | 5 | 5 | 7 | 7 | 8 | 9 | 9 |
| | | 台时 | 0.6 | 0.8 | 1.1 | 1.4 | 1.7 | 1.9 | 2.2 | 2.5 | 2.8 |
| 高压管汇车 | W | 台 | 1 | 1 | 1 | 1 | 1 | 1 | 1 | 1 | 1 |
| | | 台时 | 4 | 4 | 6 | 6 | 6 | 8 | 8 | 8 | 8 |
| 低压管汇车 | 东风 | 台 | 1 | 1 | 1 | 1 | 1 | 1 | 1 | 1 | 1 |
| | | 台时 | 4 | 4 | 6 | 6 | 6 | 8 | 8 | 8 | 8 |
| 仪表车 | W/TMV | 台 | 1 | 1 | 1 | 1 | 1 | 1 | 1 | 1 | 1 |
| | | 台时 | 4 | 4 | 6 | 6 | 6 | 8 | 8 | 8 | 8 |
| 供液车 | 东风 | 台 | 1 | 1 | 1 | 1 | 1 | 1 | 1 | 1 | 1 |
| | | 台时 | 4 | 4 | 6 | 6 | 6 | 8 | 8 | 8 | 8 |
| 餐车 | 五十铃 | 台 | 1 | 1 | 1 | 1 | 1 | 1 | 1 | 1 | 1 |
| | | 台时 | 4 | 4 | 6 | 6 | 6 | 8 | 8 | 8 | 8 |
| 客车 | 金杯 | 台 | 1 | 1 | 1 | 1 | 1 | 1 | 1 | 1 | 1 |
| | | 台时 | 4 | 4 | 6 | 6 | 6 | 8 | 8 | 8 | 8 |
| 生产指挥车 | 丰田 | 台 | 1 | 1 | 1 | 1 | 1 | 1 | 1 | 1 | 1 |
| | | 台时 | 4 | 4 | 6 | 6 | 6 | 8 | 8 | 8 | 8 |

（3）酸化收尾设备配套情况参见表 7-28。

表 7-28　某油田酸化收尾设备配套情况

| 项目 | | | 液量（$m^3$） | | | | | | | | |
|---|---|---|---|---|---|---|---|---|---|---|---|
| | | | 40 | 60 | 80 | 100 | 120 | 140 | 160 | 180 | 200 |
| 名　称 | 规格型号 | 单位 | 数　量 | | | | | | | | |
| 水泥车 | 700 型 | 台 | 1 | 1 | 1 | 1 | 1 | 1 | 1 | 1 | 1 |
| | | 台时 | 4 | 4 | 4 | 4 | 4 | 8 | 8 | 8 | 8 |
| 吊车 | 20t | 台 | | | 1 | 1 | 1 | 1 | 1 | 1 | 1 |
| | | 台时 | | | 4 | 4 | 8 | 8 | 8 | 8 | 8 |
| 酸罐车 | $12m^3$ | 台次 | | | 1 | 1 | 1 | 1 | 1 | 1 | 1 |
| 卡车 | 15t | 台次 | | | 2 | 3 | 3 | 4 | 4 | 4 | 5 |

### 7.2.2.7　试井作业设备

试井作业现场设备包括专用车辆、专用井口设备、试井电缆、试井钢丝及井下工具等。

（1）专用车辆。

专用车辆包括试井车和试井仪表车。试井车分为三种：一是单一装备试井钢丝绞车的试井车，专用于起下机械式压力计和井下存储式电子压力计；二是同时装备钢丝绞车和电缆绞车的试井车，既可起下钢丝悬挂的下井仪器，也可用于井下直读式电子压力计的试井；三是“一车装”试井车，除装备绞车和起下井下仪器的辅助设备外，还配备有仪表间、发电机等设备，可同时进行起下仪器和记录。试井仪表车用于配合直读式电子压力计系统工作，装备有稳压电源、空调、工作台、信号接收转换器、计算机等。

（2）专用井口设备。

专用井口设备主要包括试井井口密封器和井口防喷器。试井井口密封器包括简单的用于钢丝入井时使用的防喷盒和专门用于起下电缆时密封的注脂密封头。试井井口防喷器是用于紧急控制井口油气泄漏的装置。

（3）试井电缆。

专门用于悬挂井下压力计和温度计并下入井底工作的电缆，其内芯一般为单芯导线，外面用双层钢丝铠装。

（4）试井钢丝。

试井钢丝直径为 2～4mm，用合金钢材料制成，具有很高抗拉强度，用于悬挂井下仪器。

（5）井下工具。

试井井下工具包括绳帽、井口仪表捕捉器、加重杆、井下打捞器、井下压力计接头、震击器、压力计投捞器等。

### 7.2.3 完井工程主要材料

#### 7.2.3.1 完井作业主要材料

完井作业主要材料包括采油树（采气树）、油管、井下工具、洗井液等。

##### 7.2.3.1.1 采油树（采气树）

（1）井口装置。

安装在井口位置，用于悬挂油管柱、套管柱，密封油管与套管和两层套管之间环形空间以控制油气井生产的专用装置，包括套管头、油管头和采油树三大部分，见图 7-109。

（2）油管头。

安装在生产套管头顶部法兰处，用来悬挂油管柱，密封油管与套管环形空间，控制生产作业和录取生产套管压力、温度等资料的装置。包括油管悬挂器、顶丝、生产套管四通、套管阀门、截止阀、压力表等。通过生产套管四通两侧连接的套管闸门，可以进行注平衡液、压井、洗井及循环等作业。

（3）采油树（采气树）。

控制油气水井生产，满足完井作业、清蜡、测试、录取油管压力与温度、取样，

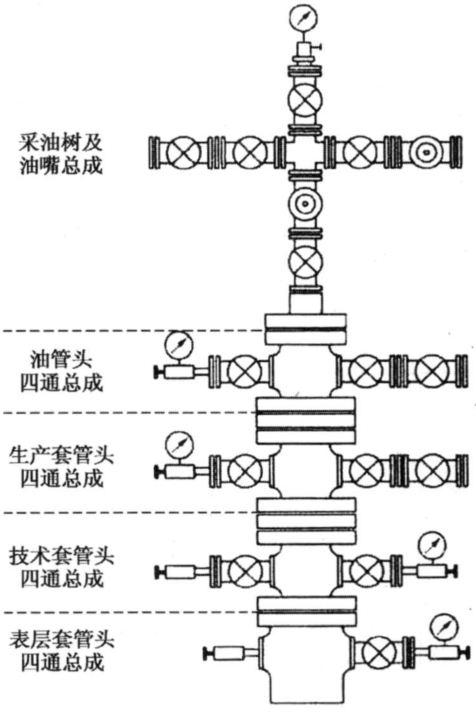

图 7-109　井口装置结构示意图

以及进行日常维修作业的专用装置。安装在油管头顶部连接法兰处，由总阀门、生产阀门、清蜡阀门或测试阀门、三通或四通、油嘴和压力表及截止阀等部件组成，形状类似树枝状结构，见图7-110。

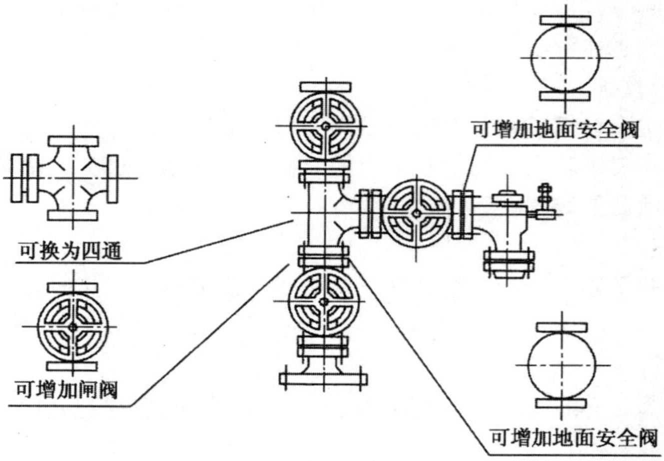


图7-110　采油树结构示意图

采油树按结构形式分为单管采油树和双管采油树，按连接形式分为螺纹连接、法兰连接和卡箍连接三种。采油树最大工作压力由采油树各零部件中的最小工作压力确定。

通常一次完井作业使用1个采油树（采气树），个别时也有换采油树（采气树）型号的情况，常用采油树和采气树技术参数见表7-29和表7-30。

**表7-29　常用采油树技术参数**

| 序号 | 型　号 | 工作压力（MPa） | 联接方式 | 公称通径（mm） | 连接油管（mm） | 阀门形式 | 阀门数量 |
|---|---|---|---|---|---|---|---|
| 1 | KYS25/65DG | 25 | 卡箍 | 65 | 73 | 闸板 | 6 |
| 2 | KYS25/65SL | 25 | 卡箍 | 65 | 73 | 闸板 | 3 |
| 3 | KYS15/62DG | 15 | 卡箍 | 65 | 73 | 球阀 | 3 |
| 4 | KYS8/65 | 8 | 卡箍 | 65 | 73 | 闸板 | 4 |
| 5 | KYS21/65DG | 21 | 法兰 | 65 | 73 | 闸板 | 6 |

**表7-30　常用采气树技术参数**

| 序号 | 型　号 | 工作压力（MPa） | 联接方式 | 连接套管（mm） | 连接油管（mm） | 阀门形式 |
|---|---|---|---|---|---|---|
| 1 | KQS25/65 | 25 | 卡箍、法兰 | 146～219 | 73 | 闸阀 |
| 2 | KQS35/65 | 35 | 卡箍、法兰 | 146～168 | 73 | 楔式闸阀 |
| 3 | KQS60/65 | 60 | 卡箍、法兰 | 146～168 | 73 | 楔式闸阀 |
| 4 | KQS70/65 | 70 | 卡箍、法兰 | 178 | 73 | 平板闸阀 |
| 5 | KQS40/65 | 40 | 卡箍、法兰 |  |  | 平板闸阀 |
| 6 | KQS105/65 | 105 | 卡箍、法兰 |  |  | 平板闸阀 |

7.2.3.1.2 油管

油管是用于油气井完井和生产的石油专用钢管。由本体和接箍组成，油管本体采用无缝钢管制造，油管接箍分为外加厚接箍和未加厚接箍。

（1）油管规范。

主要有油管外径、内径、壁厚、长度、单位长度质量、接箍长度、螺纹型式、钢级等。常用钢级有 J55、K55、N80、P110 等。

（2）常用油管性能指标。

常用油管性能指标见表 7-31。

**表 7-31 常用油管性能指标**

| 外径（mm） | 壁厚（mm） | 内径（mm） | 重量（kg/m） | 内容积（L/m） | 接箍外径（mm） | 接箍长度（mm） |
|---|---|---|---|---|---|---|
| 两端外加厚 | | | | | | |
| 73.02<br>($2^{7}/_{8}$in) | 5.51 | 62.00 | 9.67 | 3.02 | 93.20 | 133.40 |
| | 7.82 | 57.40 | 12.95 | 2.59 | | |
| 88.9<br>($3^{1}/_{2}$in) | 6.45 | 76.00 | 13.84 | 4.54 | 114.30 | 146.10 |
| | 9.53 | 69.86 | 19.27 | 3.83 | | |
| 两端未加厚 | | | | | | |
| 73.02<br>($2^{7}/_{8}$in) | 5.51 | 62.00 | 9.50 | 3.02 | 88.90 | 130.20 |
| | 7.01 | 59.00 | 11.46 | 2.73 | | |
| 88.9<br>($3^{1}/_{2}$in) | 6.45 | 76.00 | 13.69 | 4.54 | 108.00 | 142.90 |
| | 7.34 | 74.20 | 15.18 | 4.33 | | |
| | 9.53 | 69.90 | 18.90 | 3.83 | | |

7.2.3.1.3 井下工具

在井筒准备工序中主要有通井规、刮削器，在诱喷排液工序中主要有管式泵、杆式泵、螺杆泵、水力活塞泵、水力喷射泵，在封井工序中主要有桥塞等，已在前面的完井作业工序中进行了介绍。

7.2.3.1.4 洗井液

洗井液主要指完井作业中替钻井液的清水和洗井液，一般配制洗井液比较简单，可参见附录 B 中的实例。

7.2.3.2 射孔作业主要材料

射孔作业主要材料包括射孔液、射孔枪、射孔弹等。

7.2.3.2.1 射孔液

按基液不同分为水基、油基、酸基三种类型射孔液，按是否含有固相分为无固相射孔液和有固相射孔液。常用射孔液类型见表 7-32。

**表 7-32 常用射孔液类型**

| 序 号 | 类 型 | 组 成 | 特 点 |
|---|---|---|---|
| 1 | 清洁盐水射孔液 | 氯化物+溴化物+有机酸盐类+清洁淡水+缓蚀剂+pH 调节剂+表面活性剂 | 适用地层压力系数大于 1 的储层，最常用 |

续表

| 序号 | 类型 | 组成 | 特点 |
|---|---|---|---|
| 2 | 聚合物射孔液 | 无固相聚合物盐水射孔液：清洁盐水+非离子/阴离子增黏剂+降滤失剂 | 适用裂缝性或高渗透率的孔隙性储层 |
| | | 暂堵性聚合物射孔液：清水或盐水+增黏剂（如生物聚合物 XC 或羟乙基纤维素 HEC）+桥堵剂（超细碳酸钙或盐粒或油溶性树脂） | 分别适用于酸化后投产储层、含水饱和度高和产水量储层、油产量较大储层 |
| 3 | 油基射孔液 | 油包水胶束溶液：原油或柴油+添加剂<br>油包水型乳状液：柴油+酸+乳化液+盐水 | 适用于低渗透率、低孔隙度、低压力和强水敏性的深井、超深井和复杂井，应用较少 |
| 4 | 酸基射孔液 | 常规酸基射孔液：醋酸或稀盐酸+缓蚀剂+阳离子黏土稳定剂<br>隐性酸基射孔液：海水或盐水+盐类+阳离子黏土稳定剂+缓蚀剂+密度调节剂 | 用于灰质砂岩或石灰岩储层，不适用于酸敏性及含硫化氢高的储层，应用较少 |
| 5 | 乳化液射孔液 | 油包水乳化液：柴油或原油+盐水+乳化液+密度调节剂+聚合物<br>水包油乳化液：淡水或盐水+柴油或原油+乳化液+密度调节剂+聚合物 | 适用于低压易漏失砂岩、稠油和古潜山裂缝性储层，应用较少 |

7.2.3.2.2 射孔枪

又称射孔器，由枪身、弹架、枪头、枪尾和密封件组成。分为子弹式射孔枪、聚能射孔枪和复合射孔枪，子弹式射孔枪一般用于软地层射孔；聚能射孔枪利用聚能射孔弹引爆后产生的高温高压高速聚能射流完成射孔作业，分为有枪身和无枪身两大类，现场应用最广泛，常用有枪身聚能射孔枪穿孔性能指标见表 7-33；复合射孔枪一次下井可完成射孔和高能气体压裂两项作业。

**表 7-33 常用有枪身聚能射孔枪穿孔性能指标**

| 射孔枪外径（mm） | 射孔弹 | | | 孔密（孔/m） | 适用最小套管外径（mm） | 混凝土靶检测结果 | |
|---|---|---|---|---|---|---|---|
| | 射孔弹名 | 型号 | 单发药量（g） | | | 平均孔径（mm） | 平均穿深（mm） |
| 51 | 51 弹 | DP26RDX-2 | 7 | 16 | 88.9 | 7.2 | 202 |
| 60 | 60 弹 | DP30RDX-2 | 11 | 12 | 88.9 | 7.2 | 309 |
| 73 | 73 弹 | DP33RDX-2 | 16 | 16 | 101.6 | 8.5 | 395 |
| 89 | 89 弹 | DP36RDX-1 | 24.5 | 13，16，20 | 127 | 8.8 | 485 |
| 89 | 89 复合弹 | | | 13，16 | 127 | 10 | 485+缝 |
| 102 | 89 弹 | DP36RDX-1 | 24.5 | 32 | 139.7 | 8.2 | 375 |
| 102 | 102 弹 | DP44RDX-1 | 31.5 | 16，20 | 139.7 | 8.8 | 580 |
| 102 | 127 弹 | DP44RDX-3 | 38 | 16 | 139.7 | 10.5 | 690 |
| 127 | 89 弹 | DP36RDX-1 | 24.5 | 40 | 177.8 | 10.9 | 463 |
| 127 | 127 弹 | DP44RDX-3 | 38 | 16，20 | 177.8 | 11.7 | 720 |
| 127 | 1 米弹 | DP51RDX-1 | 43 | 16 | 177.8 | 12.3 | 1050 |
| 140 | 102 弹 | DP44RDX-1 | 31.5 | 32 | 177.8 | 11 | 534 |
| 159 | 102 弹 | DP44RDX-1 | 31.5 | 40 | 244.5 | 11.6 | 602 |
| 178 | 127 弹 | DP44RDX-3 | 38 | 40 | 244.5 | 12 | 700 |

7.2.3.2.3 射孔弹

聚能射孔弹是使用最广泛的射孔弹，也是射孔效率最高的射孔弹，其型号见表 7-33。按用途分为有枪身聚能射孔弹和无枪身聚能射孔弹；按耐温级别分为常温、高温和超高温三种；按穿孔类型分为深穿透射孔弹和大孔径射孔弹两种。

7.2.3.3 地层测试主要材料

地层测试主要材料为测试工具配备组合，表 7-34 至表 7-39 给出了主要测试工具组合配备情况，供参考。

**表 7-34 MFE 套管测试工具组合**

| 序号 | 设备名称 | 单位 | 数量 | 序号 | 设备名称 | 单位 | 数量 |
|---|---|---|---|---|---|---|---|
| 1 | 反循环阀（断销式） | 个 | 1 | 9 | $4^3/_4$in 筛管 | 个 | 1 |
| 2 | 反循环阀（泵压式） | 个 | 1 | 10 | 机械压力计 | 支 | 3 |
| 3 | 5inMFE | 个 | 1 | 11 | $4^7/_8$in 机械压力计托筒 | 个 | 3 |
| 4 | 5in 锁紧接头 | 个 | 1 | 12 | 时钟 | 个 | 3 |
| 5 | 5in 伸缩接头 | 个 | 2 | 13 | 温度计 | 个 | 3 |
| 6 | 5in 震击器 | 个 | 1 | 14 | 配合接头 | 个 | 6 |
| 7 | $4^3/_4$in 安全接头 | 个 | 1 | 15 | 调整短节 | 个 | 2 |
| 8 | 7in PT 封隔器 | 个 | 1 | | | | |

**表 7-35 MFE 裸眼测试工具组合**

| 序号 | 设备名称 | 单位 | 数量 | 序号 | 设备名称 | 单位 | 数量 |
|---|---|---|---|---|---|---|---|
| 1 | 反循环阀（断销式） | 个 | 1 | 10 | $4^3/_4$in 重型筛管 | 个 | 2 |
| 2 | 反循环阀（泵压式） | 个 | 1 | 11 | $7^3/_4$in 选层锚 | 个 | 1 |
| 3 | 5inMFE | 个 | 1 | 12 | 机械压力计 | 支 | 3 |
| 4 | 5in 裸眼旁通 | 个 | 1 | 13 | $4^7/_8$in 机械压力计托筒 | 个 | 3 |
| 5 | 5in 伸缩接头 | 个 | 2 | 14 | 时钟 | 个 | 3 |
| 6 | 5in 震击器 | 个 | 1 | 15 | 温度计 | 个 | 3 |
| 7 | $4^3/_4$in 安全接头 | 个 | 1 | 16 | 配合接头 | 个 | 6 |
| 8 | 6in 安全密封 | 个 | 2 | 17 | 短钻铤 | 个 | 2 |
| 9 | $8^1/_2$in BT 封隔器 | 个 | 2 | | | | |

**表 7-36 HST 套管测试工具组合**

| 序号 | 设备名称 | 单位 | 数量 | 序号 | 设备名称 | 单位 | 数量 |
|---|---|---|---|---|---|---|---|
| 1 | 反循环阀（断销式） | 个 | 1 | 9 | $4^3/_4$in 筛管 | 个 | 2 |
| 2 | 反循环阀（泵压式） | 个 | 1 | 10 | 机械压力计 | 支 | 3 |
| 3 | 5in HST | 个 | 1 | 11 | $4^7/_8$in 机械压力计托筒 | 个 | 3 |
| 4 | 5in 取样器 | 个 | 1 | 12 | 时钟 | 个 | 3 |
| 5 | 5in 伸缩接头 | 个 | 2 | 13 | 温度计 | 个 | 3 |
| 6 | 5in 震击器 | 个 | 1 | 14 | 配合接头 | 个 | 6 |
| 7 | 5in VR 安全接头 | 个 | 1 | 15 | 调整短节 | 个 | 2 |
| 8 | 7in RTTS 封隔器 | 个 | 1 | | | | |

表 7-37 HST 裸眼测试工具组合

| 序号 | 设备名称 | 单位 | 数量 | 序号 | 设备名称 | 单位 | 数量 |
|---|---|---|---|---|---|---|---|
| 1 | 反循环阀（断销式） | 个 | 1 | 10 | $4^3/_4$in 重型筛管 | 个 | 2 |
| 2 | 反循环阀（泵压式） | 个 | 1 | 11 | $7^3/_4$in 选层锚 | 个 | 1 |
| 3 | 5in HST | 个 | 1 | 12 | 机械压力计 | 支 | 3 |
| 4 | 5in 取样器 | 个 | 1 | 13 | $4^7/_8$in 机械压力计托筒 | 个 | 3 |
| 5 | 5in 伸缩接头 | 个 | 2 | 14 | 时钟 | 个 | 3 |
| 6 | 5in 震击器 | 个 | 1 | 15 | 温度计 | 个 | 3 |
| 7 | 5in VR 安全接头 | 个 | 1 | 16 | 配合接头 | 个 | 6 |
| 8 | 6in 安全密封 | 个 | 1 | 17 | 短钻铤 | 个 | 2 |
| 9 | $8^1/_2$in NR 封隔器 | 个 | 1 | | | | |

表 7-38 APR 套管测试工具组合

| 序号 | 设备名称 | 单位 | 数量 | 序号 | 设备名称 | 单位 | 数量 |
|---|---|---|---|---|---|---|---|
| 1 | 5in 全通径伸缩接头 | 个 | 1 | 10 | 7in RTTS 封隔器 | 个 | 1 |
| 2 | 5in 通径循环阀 | 个 | 1 | 11 | $4^3/_4$in 筛管 | 个 | 2 |
| 3 | 5in 全通径安全循环阀 | 个 | 1 | 12 | 机械压力计 | 支 | 3 |
| 4 | 5in 全通径放样阀 | 个 | 1 | 13 | 机械压力计托筒 | 个 | 3 |
| 5 | 5in LPR－N 测试阀 | 个 | 1 | 14 | 时钟 | 个 | 3 |
| 6 | 5in 全通径取样器 | 个 | 1 | 15 | 温度计 | 个 | 3 |
| 7 | 5in 全通径震击器 | 个 | 1 | 16 | 配合接头 | 个 | 6 |
| 8 | $4^5/_8$in 液压旁通 | 个 | 1 | 17 | 调整短节 | 个 | 2 |
| 9 | 7in RTTS 安全接头 | 个 | 1 | | | | |

表 7-39 膨胀式裸眼测试工具组合

| 序号 | 设备名称 | 单位 | 数量 | 序号 | 设备名称 | 单位 | 数量 |
|---|---|---|---|---|---|---|---|
| 1 | 反循环阀（断销式） | 个 | 1 | 13 | 测试孔接头 | 个 | 1 |
| 2 | 反循环阀（泵压式） | 个 | 1 | 14 | 间隔管 | 根 | 2 |
| 3 | 5in 伸缩接头 | 个 | 1 | 15 | $7^1/_4$in 下封隔器 | 个 | 1 |
| 4 | 5in 液压开关工具 | 个 | 1 | 16 | 阻力弹簧 | 个 | 1 |
| 5 | 5in 取样器 | 个 | 1 | 17 | 盲堵 | 个 | 1 |
| 6 | 间隔接头 | 个 | 1 | 18 | 远程控制泵 | 个 | 1 |
| 7 | 5in 震击器 | 个 | 1 | 19 | 机械压力计 | 支 | 3 |
| 8 | $4^3/_4$in 安全接头 | 个 | 1 | 20 | $4^7/_8$in 机械压力计托筒 | 个 | 3 |
| 9 | $5^1/_2$in 膨胀泵 | 个 | 1 | 21 | 时钟 | 个 | 3 |
| 10 | 5in 吸入滤网 | 个 | 1 | 22 | 温度计 | 个 | 3 |
| 11 | $5^1/_2$in 释放系统 | 个 | 1 | 23 | 配合接头 | 个 | 6 |
| 12 | $7^1/_4$in 上封隔器 | 个 | 1 | 24 | 调整接头 | 个 | 2 |

#### 7.2.3.4 压裂作业主要材料

压裂作业主要材料包括井下工具、压裂液和压裂支撑剂。

7.2.3.4.1　井下工具

常用井下工具主要有三种：封隔器、桥塞、喷砂器。

（1）封隔器。

封隔器用来分层压裂、保护套管，分为水力压差式和水力机械式两种。表 7-40 给出了常用压裂封隔器技术参数。

**表 7-40　压裂封隔器技术参数**

| 型号 | 最大外径（mm） | 最小内径（mm） | 长度（mm） | 坐封压力 | 工作压差（MPa） | 工作温度（℃） | 解封负荷（kN） |
|---|---|---|---|---|---|---|---|
| Y221 | 120～168.5 | 44.2～60 | 1292～1526 | 20MPa | 70 | 130 | 15 |
| Y341 | 112～115 | 49.5～50 | 1300 | 15MPa | 25～80 | 150 | 15～20 |
| Y111 | 100～145 | 50～62 | 780～1226 | 60～80kN | 15～50 | 120～150 | 15～20 |
| Y211 | 114 | 50 | 1960 | 60～100kN | 8～25 | 120 | 20 |

（2）桥塞。

压裂作业主要采用可取式桥塞，常用可取式桥塞技术参数见表 7-41。

**表 7-41　可取式桥塞技术参数**

| 型　号 | 外径（mm） | 内径（mm） | 长度（mm） | 工作压差（MPa） | 工作温度（℃） | 解封拉力（kN） | 备　注 |
|---|---|---|---|---|---|---|---|
| QSA-114-50 | 114 |  | 598 | 50 | 150 | 20～30 | 普通型 |
| QSA-114-70 | 114 |  | 648 | 70 | 175 | 20～30 | 普通型 |
| QSB-114-50 | 114 | 36 | 666 | 50 | 150 | 30～40 | 挂壁型 |
| QSB-114-70 | 114 | 36 | 716 | 70 | 175 | 30～40 | 挂壁型 |
| QSA-150-50 | 150 |  | 682 | 50 | 150 | 30～40 | 普通型 |
| QSA-150-70 | 150 |  | 682 | 70 | 175 | 30～40 | 普通型 |
| QSB-150-50 | 150 | 52 | 806 | 50 | 150 | 40～50 | 挂壁型 |
| QSB-150-70 | 150 | 52 | 806 | 70 | 175 | 40～50 | 挂壁型 |

（3）喷砂器。

主要分为弹簧式和喷嘴式两种。压裂时喷砂器与封隔器配合使用，实现分层压裂。

7.2.3.4.2　压裂液

（1）压裂液分类。

压裂液根据作用不同分为投球液、前垫液、预前置液、前置液、携砂液、顶替液；根据基液和液态分为水基压裂液、油基压裂液、酸基压裂液、多相液压裂液等，见表 7-42。

**表 7-42　压裂液分类**

| 序号 | 类　型 | 种　　类 | 使用范围 |
|---|---|---|---|
| 1 | 水基压裂液 | 活性水压裂液、线性胶压裂液、水基冻胶压裂液 | 大多数地层，应用最广泛 |
| 2 | 油基压裂液 | 磷酸脂铝盐油冻胶压裂液、脂肪酸皂类稠化油压裂液、醇基金属盐稠化油压裂液、脲稠化油压裂液、油溶性高分子稠化油压裂液 | 强水敏、低压地层，应用较广泛 |

续表

| 序号 | 类型 | 种类 | 使用范围 |
| --- | --- | --- | --- |
| 3 | 酸基压裂液 | 活性酸压裂液、稠化酸压裂液、交联酸冻胶压裂液 | 碳酸盐岩、石灰岩地层 |
| 4 | 醇基压裂液 | 稠化醇压裂液、醇冻胶压裂液、醇泡沫压裂液 | 低压、低渗、水敏地层 |
| 5 | 乳状压裂液 | 水包油乳状压裂液、油包水乳状压裂液 | 强水敏、低压地层 |
| 6 | 泡沫压裂液 | 活性水泡沫压裂液、线性胶泡沫压裂液、水基冻胶泡沫压裂液、酸泡沫压裂液和油泡沫压裂液 | 低压、水敏地层和含气层 |
| 7 | 清洁压裂液 | | 低压、低渗、水敏地层 |

（2）压裂液添加剂。

压裂液添加剂种类很多，水基压裂液的添加剂主要有稠化剂、交联剂、破胶剂、助排剂、黏土稳定剂、pH 值调节剂、杀菌剂、破乳剂、降滤失剂；油基压裂液的添加剂主要有稠化剂、交联剂、破胶剂；乳状压裂液的添加剂除了水基压裂液中的主要添加剂外，还必须使用乳化剂；泡沫压裂液的添加剂除了水基压裂液中的主要添加剂外，还常使用起泡剂和稳泡剂。

**表 7-43　压裂液添加剂分类及作用**

| 序号 | 种类 | 作用 | 举例 |
| --- | --- | --- | --- |
| 1 | 稠化剂 | 增黏溶剂，并提供可交联基团 | 植物胶及其衍生物 |
| 2 | 交联（整合）剂 | 提供交联离子，交联稠化剂 | 无机硼、有机硼、钛、锆 |
| 3 | 杀菌剂（细菌抑制剂） | 杀灭压裂液基液中的细菌 | 季铵盐或醛类 |
| 4 | 消泡剂 | 抑制压裂液配制过程中的泡沫形成 | |
| 5 | 降滤失剂 | 降低压裂液滤失量 | 柴油、油溶性树脂、粉砂 |
| 6 | 分散剂 | 改善降滤失剂的分散稳定性 | 表面活性剂 |
| 7 | pH 值调节剂 | 调节溶液 pH 值 | NaOH、$Na_2CO_3$ |
| 8 | 缓冲体系 | 缓冲调节 pH 值变化 | $Na_2CO_3$—$NaHCO_3$ |
| 9 | 温度稳定剂 | 提高压裂液耐温能力 | 硫代硫酸钠 |
| 10 | 降阻剂 | 降低摩擦阻力 | 聚丙烯酰胺类 |
| 11 | 起泡剂 | 泡沫压裂液形成泡沫 | 表面活性剂（ABS、甜菜碱） |
| 12 | 稳泡剂 | 保持泡沫压裂液形成的稳定泡沫 | 水基压裂液稠化剂、椰子酰单乙醇胺 |
| 13 | 乳化剂 | 乳化压裂液的油水乳化 | 表面活性剂 |
| 14 | 破胶剂 | 破胶降解、降低分子量 | 过氧化物、酶 |
| 15 | 黏土稳定剂 | 稳定黏土矿物，防止分散运移堵塞 | KCl、聚季铵盐 |
| 16 | 助排剂 | 降低表面/界面张力 | 表面活性剂 |
| 17 | 破乳剂 | 减少压裂液在地层的油水乳化 | SP169、AE 系列 |
| 18 | 阻垢剂 | 防止压裂液在地层中形成垢 | |
| 19 | 滤饼溶解剂 | 溶解在压裂过程中形成的滤饼 | FCS-6 |
| 20 | 低温破胶活化剂 | 活化低温破胶活性物质 | LTB-6 |
| 21 | 胶束剂 | 胶束压裂液中形成胶束 | 表面活性剂 |

7.2.3.4.3　压裂支撑剂

用于支撑压裂张开裂缝的具有一定强度的颗粒状物体，主要是天然石英砂和人造陶粒。常用压裂支撑剂主要性能指标参见表 7-44。

**表 7-44　常用压裂支撑剂性能指标**

| 支撑剂名称 | 粒径范围（mm） | 目数（目） | 闭合压力（MPa） | 允许最大破碎率（%） |
|---|---|---|---|---|
| 天然石英砂 | 1.25～0.9 | 16～20 | 21 | ≤14 |
| | 0.9～0.45 | 20～40 | 28 | ≤14 |
| | 0.45～0.224 | 40～70 | 35 | ≤8 |
| 人造陶粒 | 1.25～0.9 | 16～20 | 52 | ≤25 |
| | 0.9～0.45 | 20～40 | 52 | ≤10 |
| | 0.45～0.224 | 40～70 | 52 | ≤8 |

#### 7.2.3.5　酸化作业主要材料

酸化作业主要材料包括井下工具、酸液和添加剂。

（1）井下工具。

常用井下工具主要有三种：封隔器、桥塞等，同压裂作业相同。

（2）酸液。

常用的酸液主要有盐酸和土酸两种。表 7-45 给出了常用酸液种类及用途。

**表 7-45　常用酸液种类及用途**

| 类　型 | 酸液种类 | 浓度（%） | 适 用 地 层 | 用　　途 |
|---|---|---|---|---|
| 盐酸 | 普通盐酸 | 7～15 | 石灰岩 | 酸压、解堵酸化 |
| | | | 含灰质砂岩 | 解堵酸化 |
| | | | 砂岩 | 解除注水铁锈及细菌堵塞 |
| | 高浓度盐酸 | 28～31 | 石灰岩 | 酸压 |
| | 低浓度盐酸 | 0.5～5 | 砂岩 | 注水井增注 |
| 土酸 | 普通土酸 | 盐酸 7～15<br>氢氟酸 1～6 | 砂岩、石灰岩及其他岩类 | 解除钻井液堵塞 |
| | | | 砂岩（含灰质少、含泥质高） | 注水井增注 |
| | | | 砂岩 | 改造油气层 |
| | 高浓度土酸 | 盐酸 10～12<br>氢氟酸 9～14 | 砂岩 | 注水井增注 |

加入各种添加剂后形成酸液体系，碳酸盐岩储层常用酸液体系有常规盐酸、有机酸（甲酸、乙酸）、稠化酸（胶凝酸）、泡沫酸、乳化酸、自转向酸；砂岩储层常用酸液体系有常规土酸、氟硼酸、醇土酸、有机土酸、自生土酸体系、磷酸体系。

（3）酸液添加剂。

常用的酸液添加剂主要有缓蚀剂、黏土稳定剂、铁离子稳定剂、助排剂、破乳剂（表 7-46）。

**表 7-46　常用酸液添加剂分类**

| 序号 | 类　型 | 种　　类 | 典型添加剂 |
|---|---|---|---|
| 1 | 缓蚀剂 | 无机缓蚀剂 | 砷化合物 |
| 2 | | 有机缓蚀剂 | |
| 3 | | 缓蚀增效剂 | 碘化钾、碘化亚铜、甲酸 |

续表

| 序号 | 类　型 | 种　　类 | 典型添加剂 |
|---|---|---|---|
| 4 | 黏土稳定剂 | 无机盐类、聚季铵盐类聚合物 | KCL、$NH_4CL$、CT12-1 |
| 5 | 铁离子稳定剂 | pH 值控制剂 | 乙酸 |
| 6 | | 螯合剂 | 柠檬酸、乙二胺四乙酸 |
| 7 | | 还原剂 | 异抗坏血酸、异抗坏血酸钠 |
| 8 | 助排剂 | | CF-4A、CF-5B、FZ-43、SD2-9、CT5-4 |
| 9 | 破乳剂 | | AS、ABS、SD1-7、PEN-5、SD-1 |

#### 7.2.3.6　试井作业主要材料

试井作业主要材料有井下压力计、井下温度计、井下流量计和井下取样器等（表 7-47）。

**表 7-47　常用试井井下仪器分类**

| 序 号 | 类　型 | 种　　类 | 备　　注 |
|---|---|---|---|
| 1 | 井下压力计 | 机械式压力计 | 分为弹簧管式机械压力计、弹簧式机械压力计、机械式微差压力计 |
| | | 电子式压力计 | 分为直读式电子压力计、存储式电子压力计 |
| 2 | 井下温度计 | 机械式温度计 | 分为弹簧管式温度计、双金属片式温度计 |
| | | 电子式温度计 | 分为铂电阻温度计、半导体热敏电阻温度计、热电偶温度计 |
| 3 | 井下流量计 | 浮子式流量计 | 是一种机械式流量计 |
| | | 涡轮式流量计 | 是一种电子式流量计 |
| 4 | 井下取样器 | 锤击式取样器 | |
| | | 钟机定时式取样器 | |
| | | 压差式取样器 | |
| | | 提挂抽汲式取样器 | |
| | | 挂壁式取样器 | |
| | | 分层式取样器 | |

## 7.3　完井工程造价计算方法

### 7.3.1　完井工程量计算规则

完井工程量由完井作业、主要材料、大宗材料运输、技术服务和其他作业 5 部分构成。完井工程量计算规则如表 7-48 所示。若完井作业工序中有重复多次的同一工序，则在编码最后一位数字的后面标注 A，B，C 等，如在一口井完井作业中下 3 趟射孔管柱，则编码分别为 613100A，613100B，613100C，以此类推。

**表 7-48　完井工程量计算规则**

| 编 码 | 项 目 名 称 | 计量单位 | 工程量计算方法 |
|---|---|---|---|
| 600000 | 完井工程 | | |
| 610000 | 完井作业 | | |

续表

| 编码 | 项目名称 | 计量单位 | 工程量计算方法 |
|---|---|---|---|
| 611000 | 搬迁 | 井次 | Σ施工次数（次） |
| 612000 | 井筒准备 | | |
| 612100 | 通井 | 井次 | Σ施工次数（次） |
| 612200 | 刮削 | 井次 | Σ施工次数（次） |
| 612300 | 洗井 | 井次 | Σ施工次数（次） |
| 612400 | 探人工井底 | 井次 | Σ施工次数（次） |
| 612500 | 试压 | 井次 | Σ施工次数（次） |
| 613000 | 配合井下作业 | | |
| 613100 | 配合射孔 | 井次 | Σ施工次数（次） |
| 613200 | 配合地层测试 | 井次 | Σ施工次数（次） |
| 613300 | 配合压裂 | 井次 | Σ施工次数（次） |
| 613400 | 配合酸化 | 井次 | Σ施工次数（次） |
| 613500 | 配合试井 | 井次 | Σ施工次数（次） |
| 614000 | 排液求产 | | |
| 614100 | 排液 | 井次 | Σ施工次数（次） |
| 614200 | 求产 | 井次 | Σ施工次数（次） |
| 614300 | 测压 | 点 | Σ压力记录点数（点） |
| 614400 | 取样 | 个 | Σ采集样品数量（个） |
| 615000 | 起作业管柱 | | |
| 615100 | 起射孔管柱 | 井次 | Σ施工次数（次） |
| 615200 | 起测试管柱 | 井次 | Σ施工次数（次） |
| 615300 | 起气举管柱 | 井次 | Σ施工次数（次） |
| 615400 | 起压裂管柱 | 井次 | Σ施工次数（次） |
| 615500 | 起酸化管柱 | 井次 | Σ施工次数（次） |
| 615600 | 起组合管柱 | 井次 | Σ施工次数（次） |
| 616000 | 下生产管柱 | | |
| 616100 | 下油井生产管柱 | 井次 | Σ施工次数（次） |
| 616200 | 下注水井生产管柱 | 井次 | Σ施工次数（次） |
| 616300 | 下天然气井生产管柱 | 井次 | Σ施工次数（次） |
| 617000 | 交井（封井） | | |
| 617100 | 交井 | 井次 | Σ施工次数（次） |
| 617200 | 封井 | 井次 | Σ施工次数（次） |
| 618000 | 特殊作业 | 井次 | Σ施工次数（次） |
| 620000 | 主要材料 | | |
| 621000 | 采油树 | 套 | Σ采油树摊销量（套） |
| 622000 | 油管 | m | Σ油管摊销量（m） |
| 630000 | 大宗材料运输 | | |
| 631000 | 采油树运输 | 井次 | Σ施工次数（次） |
| 632000 | 油管运输 | 井次 | Σ施工次数（次） |
| 640000 | 技术服务 | | |

续表

| 编码 | 项目名称 | 计量单位 | 工程量计算方法 |
|---|---|---|---|
| 641000 | 射孔 | | |
| 641100 | 路途行驶 | km | 往返行驶距离（km） |
| 641200 | 射孔施工 | 射孔米 | Σ射孔井段长度（射孔米） |
| 642000 | 地层测试 | | |
| 642100 | 路途行驶 | km | 往返行驶距离（km） |
| 642200 | 测试施工 | 井次 | Σ施工次数（次） |
| 643000 | 地面计量 | | |
| 643100 | 路途行驶 | km | 往返行驶距离（km） |
| 643200 | 计量施工 | 井次 | Σ施工次数（次） |
| 644000 | 压裂 | | |
| 644100 | 压裂准备 | 井次 | Σ施工次数（次） |
| 644200 | 压裂施工 | 井次 | Σ施工次数（次） |
| 644300 | 压裂材料 | 井次 | Σ施工次数（次） |
| 645000 | 酸化 | | |
| 645100 | 酸化准备 | 井次 | Σ施工次数（次） |
| 645200 | 酸化施工 | 井次 | Σ施工次数（次） |
| 645300 | 酸化材料 | 井次 | Σ施工次数（次） |
| 646000 | 试井 | | |
| 646100 | 路途行驶 | km | 往返行驶距离（km） |
| 646200 | 试井施工 | 井次 | Σ施工次数（次） |
| 650000 | 其他作业 | | |
| 651000 | 环保处理 | | |
| 651100 | 完井污水处理 | 井次 | Σ施工次数（次） |
| 651200 | 废弃完井液处理 | 井次 | Σ施工次数（次） |
| 652000 | 地貌恢复 | 井次 | Σ施工次数（次） |

### 7.3.2 完井工程造价构成及计算方法

完井工程造价由完井作业费、主要材料费、大宗材料运输费、技术服务费、其他作业费和税费 6 部分构成。完井工程造价构成内容及计算方法参见表 7-49 所示，分部分项工程造价构成内容及计算方法见表 7-50。

**表 7-49 完井工程造价构成**

| 编码 | 项目名称 | 计价单位 | 造价计算方法 |
|---|---|---|---|
| 600000 | 完井工程费 | 元/口井 | 610000+620000+630000+640000+650000+660000 |
| 610000 | 完井作业费 | 元/口井 | 分部分项工程造价 610000 |
| 620000 | 主要材料费 | 元/口井 | 分部分项工程造价 620000 |
| 630000 | 大宗材料运输费 | 元/口井 | 分部分项工程造价 630000 |
| 640000 | 技术服务费 | 元/口井 | 分部分项工程造价 640000 |
| 650000 | 其他作业费 | 元/口井 | 分部分项工程造价 650000 |
| 660000 | 税费 | 元/口井 | （610000+620000+630000+640000+650000）×折算税率 |

**表 7-50　分部分项工程造价构成**

| 编 码 | 项 目 名 称 | 计价单位 | 造价计算方法 |
|---|---|---|---|
| 610000 | 完井作业 | 元/口井 | 611000+612000+……+618000 |
| 611000 | 搬迁 | 元/口井 | Σ综合单价（元/次）×施工次数（次） |
| 612000 | 井筒准备 | 元/口井 | 612100+612200+612300+612400+612500 |
| 612100 | 通井 | 元/口井 | Σ综合单价（元/次）×施工次数（次） |
| 612200 | 刮削 | 元/口井 | Σ综合单价（元/次）×施工次数（次） |
| 612300 | 洗井 | 元/口井 | Σ综合单价（元/次）×施工次数（次） |
| 612400 | 探人工井底 | 元/口井 | Σ综合单价（元/次）×施工次数（次） |
| 612500 | 试压 | 元/口井 | Σ综合单价（元/次）×施工次数（次） |
| 613000 | 配合井下作业 | 元/口井 | 613100+613200+613300+613400+613500 |
| 613100 | 配合射孔 | 元/口井 | Σ综合单价（元/次）×施工次数（次） |
| 613200 | 配合地层测试 | 元/口井 | Σ综合单价（元/次）×施工次数（次） |
| 613300 | 配合压裂 | 元/口井 | Σ综合单价（元/次）×施工次数（次） |
| 613400 | 配合酸化 | 元/口井 | Σ综合单价（元/次）×施工次数（次） |
| 613500 | 配合试井 | 元/口井 | Σ综合单价（元/次）×施工次数（次） |
| 614000 | 排液求产 | 元/口井 | 6141000+6142000+6143000+613400 |
| ·614100 | 排液 | 元/口井 | Σ综合单价（元/次）×施工次数（次） |
| 614200 | 求产 | 元/口井 | Σ综合单价（元/次）×施工次数（次） |
| 614300 | 测压 | 元/口井 | Σ综合单价（元/点）×压力记录点数（点） |
| 614400 | 取样 | 元/口井 | Σ综合单价（元/个）×采集样品数量（个） |
| 615000 | 起作业管柱 | 元/口井 | 615100+615200+615300+615400+615600 |
| 615100 | 起射孔管柱 | 元/口井 | Σ综合单价（元/次）×施工次数（次） |
| 615200 | 起测试管柱 | 元/口井 | Σ综合单价（元/次）×施工次数（次） |
| 615300 | 起气举管柱 | 元/口井 | Σ综合单价（元/次）×施工次数（次） |
| 615400 | 起压裂管柱 | 元/口井 | Σ综合单价（元/次）×施工次数（次） |
| 615500 | 起酸化管柱 | 元/口井 | Σ综合单价（元/次）×施工次数（次） |
| 615600 | 起组合管柱 | 元/口井 | Σ综合单价（元/次）×施工次数（次） |
| 616000 | 下生产管柱 | 元/口井 | 616100+616200+616300 |
| 616100 | 下油井生产管柱 | 元/口井 | Σ综合单价（元/次）×施工次数（次） |
| 616200 | 下注水井生产管柱 | 元/口井 | Σ综合单价（元/次）×施工次数（次） |
| 616300 | 下天然气井生产管柱 | 元/口井 | Σ综合单价（元/次）×施工次数（次） |
| 617000 | 交井（封井） | 元/口井 | 617100+617200 |
| 617100 | 交井 | 元/口井 | Σ综合单价（元/次）×施工次数（次） |
| 617200 | 封井 | 元/口井 | Σ综合单价（元/次）×施工次数（次） |
| 618000 | 特殊作业 | 元/口井 | Σ综合单价（元/次）×施工次数（次） |
| 620000 | 主要材料 | 元/口井 | 621000+622000 |
| 621000 | 采油树 | 元/口井 | Σ综合单价（元/套）×采油树摊销量（套） |
| 622000 | 油管 | 元/口井 | Σ综合单价（元/m）×油管摊销量（m） |
| 630000 | 大宗材料运输 | 元/口井 | 631000+632000 |
| 631000 | 采油树运输 | 元/口井 | Σ综合单价（元/次）×施工次数（次） |
| 632000 | 油管运输 | 元/口井 | Σ综合单价（元/次）×施工次数（次） |

续表

| 编码 | 项目名称 | 计价单位 | 造价计算方法 |
|---|---|---|---|
| 640000 | 技术服务 | 元/口井 | 641000+642000+643000+644000+645000+646000 |
| 641000 | 射孔 | 元/口井 | 641100+641200 |
| 641100 | 路途行驶 | 元/口井 | Σ综合单价（元/车·km）×往返行驶距离（km） |
| 641200 | 射孔施工 | 元/口井 | Σ综合单价（元/射孔米）×射孔井段长度（射孔米） |
| 642000 | 地层测试 | 元/口井 | 642100+642200 |
| 642100 | 路途行驶 | 元/口井 | Σ综合单价（元/km）×往返行驶距离（km） |
| 642200 | 测试施工 | 元/口井 | Σ综合单价（元/次）×施工次数（次） |
| 643000 | 地面计量 | 元/口井 | 643100+643200 |
| 643100 | 路途行驶 | 元/口井 | Σ综合单价（元/km）×往返行驶距离（km） |
| 643200 | 计量施工 | 元/口井 | Σ综合单价（元/次）×施工次数（次） |
| 644000 | 压裂 | 元/口井 | 644100+644200+644300 |
| 644100 | 压裂准备 | 元/口井 | Σ综合单价（元/次）×施工次数（次） |
| 644200 | 压裂施工 | 元/口井 | Σ综合单价（元/次）×施工次数（次） |
| 644300 | 压裂材料 | 元/口井 | Σ综合单价（元/次）×施工次数（次） |
| 645000 | 酸化 | 元/口井 | 645100+645200+645300 |
| 645100 | 酸化准备 | 元/口井 | Σ综合单价（元/次）×施工次数（次） |
| 645200 | 酸化施工 | 元/口井 | Σ综合单价（元/次）×施工次数（次） |
| 645300 | 酸化材料 | 元/口井 | Σ综合单价（元/次）×施工次数（次） |
| 646000 | 试井 | 元/口井 | 646100+646200 |
| 646100 | 路途行驶 | 元/口井 | Σ综合单价（元/车·km）×往返行驶距离（km） |
| 646200 | 试井施工 | 元/口井 | Σ综合单价（元/次）×施工次数（次） |
| 650000 | 其他作业 | 元/口井 | 651000+652000 |
| 651000 | 环保处理 | 元/口井 | 651100+651200 |
| 651100 | 完井污水处理 | 元/口井 | Σ综合单价（元/次）×施工次数（次） |
| 651200 | 废弃完井液处理 | 元/口井 | Σ综合单价（元/次）×施工次数（次） |
| 652000 | 地貌恢复 | 元/口井 | Σ综合单价（元/次）×施工次数（次） |

### 7.3.3 完井工程造价其他计算方法

上述分部分项工程造价计算方法同目前各油田在用定额和取费标准基本一致。但由于完井工程内容比较复杂，完井工程管理模式有所不同，其造价构成和计算方法有时会有所不同，这里进行说明。

#### 7.3.3.1 完井作业费

##### 7.3.3.1.1 试油工程预算定额

目前大部分油田采用2005年版的试油工程预算定额，主要分为工序消耗定额、工序费用定额（直接费）、工序综合单价（直接费）、试油队日费（直接费）、油管和采油树摊销等内容，以此为基础进行预算。但各油田具体工序项目划分各不相同，没有统一标准。

##### 7.3.3.1.2 试油工程费用预算

根据2005年版的试油工程预算定额，某油田试油工程费用预算模式见表7-51，具体内容各油田有些差别。

表 7-51 试油工程费用预算表

| 序号 | 项目名称 | 计算程序 |
|---|---|---|
| | 合计 | 一+二+三+四+五+六+七+八 |
| 一 | 专用材料费 | 1+2 |
| 1 | 采油树 | 采油树摊销量×采油树价格 |
| 2 | 油管 | 留井油管量×油管价格+油管摊销量×油管价格 |
| 二 | 试油作业直接费 | 3+4+5+6+7+8 |
| 3 | 施工费用 | 施工日费×周期 |
| 4 | 施工材料费 | Σ（定额量×价格） |
| 5 | 机械台时费 | Σ（定额量×台时单价） |
| 6 | 工程服务费 | Σ（定额量×工程服务单价） |
| 7 | 车辆路途费 | Σ（定额数量×路途单价×计费里程） |
| 8 | 土地赔偿费 | 定额或实际 |
| 三 | 间接费 | 9+10+11 |
| 9 | 企业管理费 | 人工费×费率 |
| 10 | 健康安全环保费 | 二×费率 |
| 11 | 科技进步发展费 | 二×费率 |
| 四 | 风险费 | （二+三）×费率 |
| 五 | 利润 | （二+三）×费率 |
| 六 | 动迁费 | 12+13 |
| 12 | 试油队费用 | 动迁日费×动迁天数 |
| 13 | 设备运费 | 试油设备总吨位×动迁里程×吨公里单价 |
| 七 | 定额编制测定费 | （二+三+四+五+六）×费率 |
| 八 | 税金 | （一+二+三+四+五+六+七）×税率 |

#### 7.3.3.2 技术服务费

##### 7.3.3.2.1 射孔

射孔作业预算定额目前大部分油田归在测井工程中。各油田射孔作业费用预算方法有些不同，下面列举出部分油田射孔作业费用预算方法。

（1）方法一：

射孔费用 = 射孔施工费+路程行驶费。

①射孔施工费 = 射孔米×射孔米单价。

②路程行驶费 = 往返距离×车辆台数×路程行驶单价。

（2）方法二：

射孔费用 = 射孔施工费+路程行驶费+射孔夹层费+射孔深度费。

①射孔施工费 = Σ（综合单价×射孔米）。

②路程行驶费 = 行驶单价×往返里程×24t。

③射孔夹层费 = 夹层米×1270 元/m。

④射孔深度费 = 深度米×0.89 元/m。

（3）方法三：

射孔作业费用 = 射孔施工费用+路途行驶费+射孔设计费+油管校深费。

①单井射孔施工费用＝Σ（射孔米×射孔米综合单价）。

②路途行驶费＝Σ［计费里程（km）×路途行驶综合单价（元/车公里）］。

③射孔设计费（含两样处理）按井次取费，计费单位为元/井次。

④油管校深费按每井次3000元计取。

（4）方法四：

单井次射孔作业总费用＝路途行驶费+射孔施工费+井口安装费。

①路途行驶费＝Σ［车辆行驶费标准×行驶公里数］。

②射孔施工费＝Σ［射孔项目射孔米单价×射孔米×每米孔数/13］。

③井口安装费以井次计，204元/井次。特殊安装按标准的2倍收费。

7.3.3.2.2 地层测试

地层测试作业预算定额目前部分油田归在试油工程中。各油田地层测试作业费用预算方法有些不同，下面列举出部分油田地层测试作业费用预算方法。

（1）方法一：

地层测试作业费＝地层测试作业费+运输费+定额编制测定费。

①地层测试作业费＝测试费（综合单价）+井口费（综合单价）。

②运输费＝工具运费单价×计费里程（往返）×标准吨位（8吨）+值班车日费×值班天数。

③定额编制测定费＝（①+②）×0.1%。

（2）方法二：

地层测试作业费＝地层测试作业费+运输费+定额编制测定费。

①地层测试作业费＝综合单价×层次。

②运输费＝工具运费单价×计费里程+值班车日费×值班天数。

③定额编制测定费＝（①+②）×0.1%。

7.3.3.2.3 地面计量

地面计量有时同地层测试合并在一起计算。有时按地面计量时间计算费用。

地面计量费用＝地面计量服务综合单价×地面计量服务时间。

7.3.3.2.4 压裂酸化

压裂酸化作业预算定额目前部分油田归在试油工程中。各油田压裂酸化作业费用预算方法有些不同，下面列举出部分油田压裂酸化作业费用预算方法。

（1）举例一参见表7-52。

**表7-52 某油田压裂酸化工程费用预算表一**

| 序号 | 项目名称 | 计算程序 | 备注 |
| --- | --- | --- | --- |
| | 合计 | 一+二+三+四+五+六 | |
| 一 | 专用材料费 | 1+2+3+4+5+6 | |
| 1 | 酸液 | Σ（设计消耗量×价格）×1.08 | |
| 2 | 压裂液 | Σ（设计消耗量×价格）×1.08 | |
| 3 | 支撑剂 | Σ（设计消耗量×价格）×1.08 | |
| 4 | 下井工具摊销费 | Σ（工具摊销比×价格） | |
| 5 | 油管摊销费 | 设计用量×价格×0.36 | |

续表

| 序 号 | 项 目 名 称 | 计 算 程 序 | 备 注 |
|---|---|---|---|
| 6 | 采油树摊销费 | 价格×0.36 | |
| 二 | 施工作业费 | 7+8+9 | |
| 7 | 作业直接费 | 直接费定额 | |
| 8 | 水马力费用 | 施工水马力×水马力单价×泵注时间×调整系数 | 调整系数：酸化为1.40，压裂为1 |
| 9 | 行驶费 | Σ（设备行驶费定额×计费里程） | |
| 三 | 间接费 | 10+11+12 | |
| 10 | 企业管理费 | 二×费率 | |
| 11 | 健康安全环保费 | 二×费率 | |
| 12 | 科技进步发展费 | 二×费率 | |
| 四 | 风险费 | （二+三）×费率 | |
| 五 | 利润 | （二+三）×费率 | |
| 六 | 定额编制测定费 | （一+二+三+四+五）×费率 | |

（2）举例二参见表7-53。

**表7-53　某油田压裂酸化工程费用预算表二**

| 序 号 | 项 目 名 称 | 计 算 程 序 | 备 注 |
|---|---|---|---|
| | 合计 | 一+二+三+四+五+六 | |
| 一 | 专用材料费 | 1+2+3+4 | |
| 1 | 酸液 | 设计量×价格 | |
| 2 | 压裂液 | 设计量×价格 | |
| 3 | 支撑剂 | 设计量×价格 | |
| 4 | 下井工具费 | Σ（设计量×价格） | |
| 二 | 作业直接费 | 5+6+7+8 | |
| 5 | 准备费 | Σ（设备定额台时量×设备台时单价） | |
| 6 | 施工费 | 施工水马力数×水马力单价×泵注时间+Σ（辅助设备定额台时量×设备台时单价） | |
| 7 | 收尾费 | Σ（设备定额台时量×设备台时单价） | |
| 8 | 行驶费 | Σ（设备数量×车公里单价×计费里程） | |
| 三 | 间接费 | 9+10+11 | |
| 9 | 企业管理费 | 二×费率 | |
| 10 | 健康安全环保费 | 二×费率 | |
| 11 | 科技进步发展费 | 二×费率 | |
| 四 | 风险费 | （二+三）×费率 | |
| 五 | 计划利润 | （二+三）×费率 | |
| 六 | 定额编制测定费 | （一+二+三+四+五）×费率 | |

7.3.3.2.5　试井

试井作业没有统一标准，一般按井次计费，有时也采用保底费用加服务时间费用计算试井服务费。

## 7.4 完井工程计价标准编制方法

完井工程内容比较复杂，重点介绍完井作业日费计价标准、完井工序计价标准、压裂作业计价标准的编制方法。

### 7.4.1 完井作业日费计价标准编制

#### 7.4.1.1 基础标准

（1）作业队定员标准。

①定员标准。参见表 7-54。

表 7-54 XJ450 修井机作业队定员标准 单位：队

| 标准编号 | | K6-1 |
|---|---|---|
| 合计 | | 18 |
| 队干部 | 小计 | 4 |
| | 队长 | 1 |
| | 指导员 | 1 |
| | 副队长 | 1 |
| | 技术员 | 1 |
| 作业班 | 小计 | 12 |
| | 班长 | 2 |
| | 井口工 | 6 |
| | 场地工 | 2 |
| | 作业机手 | 2 |
| 大班 | 小计 | 1 |
| | 大班司机 | 1 |
| 住井 | 小计 | 1 |
| | 炊事员 | 1 |

②人工费标准。参见表 7-55。

人工费包括基本工资、岗位津贴、各种补助、基本奖金、各种税费等与人工相关费用。

表 7-55 作业队人工费标准 计量单位：人年

| 标准编号 | | | K6-2 |
|---|---|---|---|
| 序号 | 项目 | 单位 | 金额 |
| 1 | 人工费 | 元 | 65017.00 |

（2）设备标准。

①设备配备标准。参见表 7-56。

**表 7-56　XJ450 修井机配备标准**　　计量单位：队

| 标准编号 | | | | | K6-3 | K6-4 |
|---|---|---|---|---|---|---|
| 序号 | 设备名称 | 规格型号 | 单位 | 单价（万元） | 数量 | 金额（万元） |
| | 合计 | | 套 | | 1 | 413.64 |
| 1 | XJ450 修井机 | | 台 | 298.02 | 1 | 298.02 |
| 2 | 液压油管钳 | YQ-25-B | 套 | 0.91 | 1 | 0.91 |
| 3 | 游动滑车 | YG-60 | 套 | 4.65 | 1 | 4.65 |
| 4 | 发电机 | 115kW | 台 | 14.23 | 1 | 14.23 |
| 5 | 发电机 | 30kW | 台 | 4.73 | 1 | 4.73 |
| 6 | 储液罐 | $15m^3$ | 个 | 8.72 | 1 | 8.72 |
| 7 | 柴油罐 | $6m^3$ | 个 | 3.50 | 1 | 3.50 |
| 8 | 生活水罐 | $6m^3$ | 个 | 3.50 | 1 | 3.50 |
| 9 | 计量池 | $10m^3$ | 个 | 0.50 | 2 | 1.00 |
| 10 | 计量池 | $2m^3$ | 个 | 0.30 | 1 | 0.30 |
| 11 | 送班车 | 雷诺 | 台 | 20.86 | 1 | 20.86 |
| 12 | 干部住房 | | 栋 | 5.50 | 1 | 5.50 |
| 13 | 职工住房 | | 栋 | 4.70 | 4 | 18.80 |
| 14 | 厨房 | | 栋 | 6.20 | 1 | 6.20 |
| 15 | 餐厅 | | 栋 | 4.70 | 1 | 4.70 |
| 16 | 水房 | | 栋 | 4.70 | 1 | 4.70 |
| 17 | 配件、工具库 | | 栋 | 4.50 | 1 | 4.50 |
| 18 | 防护、消防库 | | 栋 | 4.50 | 1 | 4.50 |
| 19 | 发电房 | | 栋 | 3.80 | 1 | 3.80 |
| 20 | 厕所 | | 栋 | 0.52 | 1 | 0.52 |

②设备折旧及修理费率标准。参见表 7-57。

**表 7-57　设备折旧及修理费率标准**　　计量单位：年

| 标准编号 | | | K6-5 | K6-6 | K6-7 |
|---|---|---|---|---|---|
| 序号 | 设备名称 | 单位 | 残值率 | 折旧 | 修理 |
| 1 | XJ450 修井机 | % | 3.00 | 10.00 | 10.00 |
| 2 | 液压油管钳 | % | 3.00 | 20.00 | 10.00 |
| 3 | 游动滑车 | % | 3.00 | 20.00 | 10.00 |
| 4 | 发电机 | % | 3.00 | 10.00 | 10.00 |
| 5 | 发电机 | % | 3.00 | 10.00 | 10.00 |
| 6 | 储液罐 | % | 3.00 | 20.00 | 10.00 |
| 7 | 柴油罐 | % | 3.00 | 20.00 | 10.00 |
| 8 | 生活水罐 | % | 3.00 | 20.00 | 10.00 |
| 9 | 计量池 | % | 3.00 | 20.00 | 10.00 |
| 10 | 计量池 | % | 3.00 | 20.00 | 10.00 |
| 11 | 送班车 | % | 3.00 | 10.00 | 10.00 |

续表

| 标准编号 | | | K6-5 | K6-6 | K6-7 |
|---|---|---|---|---|---|
| 序号 | 设备名称 | 单位 | 残值率 | 折旧 | 修理 |
| 12 | 干部住房 | % | | 20.00 | |
| 13 | 职工住房 | % | | 20.00 | |
| 14 | 厨房 | % | | 20.00 | |
| 15 | 餐厅 | % | | 20.00 | |
| 16 | 水房 | % | | 20.00 | |
| 17 | 配件、工具库 | % | | 20.00 | |
| 18 | 防护、消防库 | % | | 20.00 | |
| 19 | 发电房 | % | | 20.00 | |
| 20 | 厕所 | % | | 20.00 | |

以设备原值为基数；野营房按5年摊销。

（3）技术标准。

①年额定工作时间。参见表7-58。

**表7-58 作业队年额定工作时间** 计量单位：队

| 标准编号 | | | K6-8 |
|---|---|---|---|
| 序号 | 设备名称 | 单位 | 数量 |
| 1 | XJ450修井机 | d | 300 |

②特车平均行驶速度。参见表7-59。

**表7-59 特车平均行驶速度** 计量单位：h

| 标准编号 | | | K6-9 |
|---|---|---|---|
| 序号 | 名称 | 单位 | 数量 |
| 1 | 平均行驶速度 | km | 30 |

### 7 4.1.2 消耗标准

（1）柴油标准。参见表7-60。

**表7-60 柴油标准** 计量单位：d

| 标准编号 | | | | K6-10 |
|---|---|---|---|---|
| 序号 | 设备名称 | 规格型号 | 单位 | 数量 |
| | 合计 | | t | 0.53 |
| 1 | XJ450修井机 | | t | 0.33 |
| 2 | 发电机 | 115kW | t | 0.15 |
| 3 | 发电机 | 30kW | t | 0.05 |

7.4.1.3 费用标准

（1）人工费标准。参见表 7-61。

作业队人工费标准编制公式为

$$Czyrd = Czyrb \times Mzyrd \div Tzyrd$$

式中，*Czyrd* 为作业队人工费标准，元/d；*Czyrb* 为人工费标准，元/人年；*Mzyrd* 为作业队劳动定员，18 人；*Tzyrd* 为作业队年额定工作时间，300d。

**表 7-61 作业队人工费标准** 计量单位：d

| 标准编号 | | | K6-11 |
|---|---|---|---|
| 序号 | 名称 | 单位 | 金额 |
| 1 | XJ450 修井机作业队 | 元 | 3901.02 |

（2）设备费标准。参见表 7-62。

①设备折旧费标准编制公式为

$$Czyzd = Czyy \times (1 - Fzycz) \times Fzyz \div Tzyrd$$

式中，*Czyzd* 为设备折旧费标准，元/d；*Czyy* 为设备原值，元；*Fzycz* 为设备残值率，%；*Fzyz* 为设备折旧费率，%；*Tzyrd* 为作业队年额定工作时间，300d。

②设备修理费标准编制公式为

$$Czyxd = Czyy \times (1 - Fzycz) \times Fzyx \div Tzyrd$$

式中，*Czyxd* 为设备修理费标准，元/d；*Czyy* 为设备原值，元；*Fzycz* 为设备残值率，%；*Fzyx* 为设备修理费率，%；*Tzyrd* 为作业队年额定工作时间，300d。

**表 7-62 设备费标准** 计量单位：d

| 标准编号 | | | K6-12 | K6-13 |
|---|---|---|---|---|
| 序号 | 设备名称 | 单位 | 折旧费 | 修理费 |
| 1 | XJ450 修井机 | 元 | 1593.17 | 1165.36 |

（3）材料费标准。

①柴油费标准。参见表 7-63。

柴油费标准编制公式为

$$Czyyd = Pzyyj \times Qzyyd$$

式中，*Czyyd* 为柴油费标准，元/d；*Pzyyj* 为柴油价格，5600 元/t；*Qzyyd* 为柴油消耗标准，t/d。

**表 7-63 柴油费标准** 计量单位：d

| 标准编号 | | | | K6-10 |
|---|---|---|---|---|
| 序号 | 设备名称 | 规格型号 | 单位 | 金额 |
| | 合计 | | 元 | 2968.00 |
| 1 | XJ450 修井机 | | 元 | 1848.00 |
| 2 | 发电机 | 115kW | 元 | 840.00 |
| 3 | 发电机 | 30kW | 元 | 280.00 |

②其他材料费标准。参见表 7-64。

**表 7-64　其他材料费标准**　　计量单位：d

| 标准编号 | | | K6-11 |
|---|---|---|---|
| 序号 | 设备名称 | 单位 | 金额 |
| 1 | XJ450 修井机 | 元 | 1000.00 |

（4）其他直接费标准。

①通讯费标准。参见表 7-65。

**表 7-65　通讯费标准**　　计量单位：d

| 标准编号 | | | K6-12 |
|---|---|---|---|
| 序号 | 设备名称 | 单位 | 金额 |
| 1 | XJ450 修井机 | 元 | 90.00 |

②保温费标准。参见表 7-66。

**表 7-66　保温费标准**　　计量单位：d

| 标准编号 | | | K6-13 |
|---|---|---|---|
| 序号 | 设备名称 | 单位 | 金额 |
| 1 | XJ450 修井机 | 元 | 110.00 |

③其他费标准。参见表 7-67。

**表 7-67　其他费标准**　　计量单位：d

| 标准编号 | | | K6-14 |
|---|---|---|---|
| 序号 | 设备名称 | 单位 | 金额 |
| 1 | XJ450 修井机 | 元 | 1015.00 |

（5）间接费标准。参见表 7-68。

**表 7-68　间接费标准**

| 标准编号 | | | K6-15 |
|---|---|---|---|
| 序号 | 名称 | 单位 | 费率 |
| | 合计 | % | 17.00 |
| 1 | 管理费 | % | 10.00 |
| 2 | 风险费 | % | 2.00 |
| 3 | 利润 | % | 5.00 |

以直接费为基数。

（6）相关价格。参见表 7-69。

表 7-69　材料价格

| 标准编号 | | | K6-16 |
| --- | --- | --- | --- |
| 序号 | 名称 | 单位 | 金额 |
| 1 | 柴油 | 元/t | 5600.00 |

7.4.1.4　预算标准

（1）完井作业日费预算标准。参见表 7-70。

表 7-70　XJ450 修井机完井作业日费预算标准　计量单位：d

| 标准编号 | | | K6-17 | K6-18 |
| --- | --- | --- | --- | --- |
| 序号 | 名称 | 单位 | 作业日费 | 等待日费 |
| | 综合单价 | 元 | 13387.78 | 5927.66 |
| 1 | 直接费 | 元 | 11442.54 | 5066.38 |
| 1.1 | 人工费 | 元 | 3901.02 | 3901.02 |
| 1.2 | 设备费 | 元 | 2758.52 | 1165.36 |
| 1.2.1 | 折旧费 | 元 | 1593.17 | 1165.36 |
| 1.2.2 | 修理费 | 元 | 1165.36 | |
| 1.3 | 材料费 | 元 | 3968.00 | |
| 1.3.1 | 柴油费 | 元 | 2968.00 | |
| 1.3.2 | 其他材料费 | 元 | 1000.00 | |
| 1.4 | 其他直接费 | 元 | 815.00 | |
| 1.4.1 | 通讯费 | 元 | 90.00 | |
| 1.4.2 | 保温费 | 元 | 110.00 | |
| 1.4.3 | 其他费 | 元 | 615.00 | |
| 2 | 间接费 | 元 | 1945.23 | 861.28 |
| 2.1 | 管理费 | 元 | 1144.25 | 506.64 |
| 2.2 | 风险费 | 元 | 228.85 | 101.33 |
| 2.3 | 利润 | 元 | 572.13 | 253.32 |

（2）税费。

考虑增值税、城乡维护建设税和教育费附加，取折算税率 1%。

7.4.1.5　概算标准

某油田某区块开发标准井投产作业，完井人工井底 3700m，完井作业时间 10d，则完井作业日费概算标准见表 7-71。

表 7-71　某油田开发标准井完井作业日费概算标准　计量单位：口井

| 标准编号 | | | K6-19 |
| --- | --- | --- | --- |
| 序号 | 名称 | 单位 | 金额 |
| | 综合单价 | 元 | 135216.55 |
| 1 | 完井作业费 | 元 | 133877.77 |
| 2 | 税费 | 元 | 1338.78 |

## 7.4.2 完井作业工序计价标准编制

以某油田某区块开发标准井投产作业为例，说明完井作业工序计价标准编制方法。

基本条件：某油田某区块到基地平均距离 45km，平均井间距离 10km；主要有两个目的层，井深区间分别为 2000～2500m 和 3500～4000m；分别按平均井深 2250m 和 3750m 测算各种消耗标准。

7.4.2.1 基础标准

7.4.2.1.1 运输标准

（1）平均运输距离。根据有关部门统计资料确定，此处对实际地名进行了技术处理（表 7-72）。

表 7-72 平均运输距离 计量单位：趟

| 标准编号 | | | | K6-22 |
|---|---|---|---|---|
| 序号 | 起点 | 终点 | 单位 | 数量 |
| 1 | ZJ | K1 | km | 45.00 |
| 2 | ZJ | Z1 | km | 30.00 |
| 3 | ZJ | ZK | km | 15.00 |
| 4 | ZK | K1 | km | 60.00 |
| 5 | ZK | Z1 | km | 15.00 |
| 6 | K1 | Z1 | km | 75.00 |
| 7 | K2 | K1 | km | 10.00 |

（2）特车平均行驶速度。参见表 7-73。

表 7-73 固井车平均行驶速度 计量单位：h

| 标准编号 | | | K6-23 |
|---|---|---|---|
| 序号 | 名称 | 单位 | 数量 |
| 1 | 平均行驶速度 | km | 30.00 |

（3）运输车辆单趟工时。根据油田现场写实资料和理论测算确定（表 7-74 和表 7-75）。

表 7-74 搬迁车辆单趟工作时间 计量单位：趟

| 标准编号 | | | K6-24 |
|---|---|---|---|
| 序号 | 名称 | 单位 | 数量 |
| | 合计 | 台时 | 3.67 |
| 1 | 基地—油田—井间往返时间 | 台时 | 2.67 |
| 2 | 装车时间 | 台时 | 0.50 |
| 3 | 卸车时间 | 台时 | 0.50 |

表 7-75 施工车辆单趟工作时间 计量单位：趟

| 标准编号 | | | K6-25 |
|---|---|---|---|
| 序号 | 名称 | 单位 | 数量 |
| | 合计 | 台时 | 5.00 |
| 1 | 基地—油田往返时间 | 台时 | 1.50 |

续表

| 标准编号 | | | K6-25 |
|---|---|---|---|
| 序号 | 名称 | 单位 | 数量 |
| 2 | 装车时间 | 台时 | 1.00 |
| 3 | 卸车时间 | 台时 | 1.00 |
| 4 | 油田—基地往返时间 | 台时 | 1.50 |

7.4.2.1.2　完井作业工序内容定义

按照搬迁、井筒准备、下作业管柱、配合井下作业、排液求产、起作业管柱、下生产管柱、封层上返、交井或封井等主要工序，根据油田实际完井作业工序确定出主要工作内容，这里摘出部分工序进行举例说明（表 7-76）。

**表 7-76　完井作业工序内容**

| 标准编号 | | K6-26 |
|---|---|---|
| 序号 | 工序名称 | 主要工作内容 |
| 1 | 搬迁 | 交接井、搬家、人工平井场、立井架、挖井口溢流沟、打地滑车基础、场内供电、供水、送油管、割井口、装井口、接管线、穿大绳、装液压油管钳、排量油管、交底、验收 |
| 2 | 井筒准备 | 校对油管、涂密封脂、装防喷器、防喷器试压、下油管准备、接工具、下油管、探人工井底、卸防喷器、座悬挂器、装采油树、备液、接管线、洗井试压、卸管线、提悬挂器、装防喷器、起油管、卸井口、卸工具 |
| 3 | 配合油管传输射孔 | 校对射孔通知单、丈量校对油管、配管柱、接射孔枪、卸采油树、装防喷器、下油管、磁定位测井二次、调整管柱、卸防喷器、座悬挂器、装采油树、备液、接管线、憋压射孔、卸管线、卸采油树、提悬挂器、装防喷器、起油管、卸防喷器、卸工具、检查发射率 |
| 4 | 抽汲排液求产 | 拨大绳、上倒抽汲绳、排抽汲绳、装防喷盒、抽汲排液求产、下倒抽汲绳、拨大绳、拆防喷盒 |
| 5 | 交井 | 拆液压油管钳、拆井口操作台、抽大绳、卸拉力表、拆电路、回收油管、搬家准备、收井架、平整井场、交井 |

7.4.2.2　消耗标准

（1）搬迁工序消耗标准。参见表 7-77。

**表 7-77　搬迁工序消耗标准**　　计量单位：次

| 标准编号 | | | | K6-27 | K6-28 |
|---|---|---|---|---|---|
| 项目 | | | | 作业机类型 | |
| | | | | XJ250 | XJ450 |
| | | | | 井深（m） | |
| | | | | 2000～2500 | 3500～4000 |
| 名称 | | 规格型号 | 单位 | 数量 | |
| 工时 | 作业时间 | | h | 48.00 | 48.00 |
| 材料 | 清水 | | $m^3$ | 10.00 | 10.00 |
| | 毛石 | | $m^3$ | 3.50 | 3.50 |
| | 工程砂 | | $m^3$ | 2.10 | 2.10 |
| | 水泥 | 325# | t | 1.10 | 1.10 |
| | 地锚桩 | 2.5m | 根 | 4.00 | 4.00 |

续表

| 标准编号 | | | | K6-27 | K6-28 |
|---|---|---|---|---|---|
| 项目 | | | | 作业机类型 | |
| | | | | XJ250 | XJ450 |
| | | | | 井深（m） | |
| | | | | 2000～2500 | 3500～4000 |
| 名称 | | 规格型号 | 单位 | 数量 | |
| 车辆 | 推土机 | | 台 | 1.00 | 1.00 |
| | | | 台时 | 11.00 | 11.00 |
| | 挖掘机 | | 台 | 1.00 | 1.00 |
| | | | 台时 | 12.00 | 12.00 |
| | 地锚车 | | 台 | 1.00 | 1.00 |
| | | | 台时 | 8.00 | 8.00 |
| | 工程车 | | 台 | 1.00 | 1.00 |
| | | | 台时 | 8.00 | 8.00 |
| | 水罐车 | $10m^3$ | 台 | 1.00 | 1.00 |
| | | | 台时 | 5.00 | 5.00 |
| | 卡车 | 10t | 车次 | 9.00 | 9.00 |
| | | | 台时 | 33.00 | 33.00 |
| | 大板车 | 12t | 台 | 1.00 | 1.00 |
| | | | 台时 | 5.00 | 5.00 |
| | 吊车 | 25t | 台 | 1.00 | 1.00 |
| | | | 台时 | 24.00 | 24.00 |
| 其他 | 场内供电 | | 次 | 1.00 | 1.00 |
| | 场内供水 | | 次 | 1.00 | 1.00 |

（2）井筒准备消耗标准。参见 7-78。

**表 7-78 井筒准备消耗标准** 计量单位：次

| 标准编号 | | | | K6-29 | K6-30 |
|---|---|---|---|---|---|
| 项目 | | | | 作业机类型 | |
| | | | | XJ250 | XJ450 |
| | | | | 井深（m） | |
| | | | | 2000～2500 | 3500～4000 |
| 名称 | | 规格型号 | 单位 | 数量 | |
| 工时 | 作业时间 | | h | 35.50 | 49.50 |
| 材料 | 采油树 | 350 型 | 套 | 1.00 | |
| | 采油树 | 600 型 | 套 | | 1.00 |
| | 油管 | 73mm | m | 225.00 | 375.00 |
| | 通井规 | 118mm | 只 | 0.06 | 0.10 |
| | 油管挂 | 73mm | 个 | 0.10 | 0.10 |
| | 油管短节 | 73mm | 根 | 0.20 | 0.20 |
| | 洗井液 | | $m^3$ | 62.50 | 100.0 |

续表

| 标准编号 | | | | K6-29 | K6-30 |
|---|---|---|---|---|---|
| 项目 | | | | 作业机类型 | |
| | | | | XJ250 | XJ450 |
| | | | | 井深（m） | |
| | | | | 2000～2500 | 3500～4000 |
| 名称 | | 规格型号 | 单位 | 数量 | |
| 车辆 | 水泥车 | 700型 | 台 | 2.00 | 3.00 |
| | | | 台时 | 12.00 | 15.00 |
| | 水罐车 | $10m^3$ | 车次 | 7.00 | 10.00 |
| | | | 台时 | 35.00 | 50.00 |

（1）采油树按投产作业全部摊销；（2）油管按下井长度的10%摊销。

（3）配合油管传输射孔消耗标准。参见表7-79。

**表7-79　配合油管传输射孔消耗标准**　　计量单位：次

| 标准编号 | | | | K6-31 | K6-32 |
|---|---|---|---|---|---|
| 项目 | | | | 作业机类型 | |
| | | | | XJ250 | XJ450 |
| | | | | 井深（m） | |
| | | | | 2000～2500 | 3500～4000 |
| 名称 | | 规格型号 | 单位 | 数量 | |
| 工时 | 作业时间 | | h | 41.00 | 56.00 |
| 材料 | 油管 | 73mm | m | 2200.00 | 3700.00 |
| | 油管短节 | 73mm | 根 | 3.00 | 3.00 |
| | 筛管 | 73mm | m | 30.00 | 30.00 |
| | 射孔液 | | $m^3$ | 25.00 | 40.00 |
| 车辆 | 水泥车 | 700型 | 台 | 1.00 | 1.00 |
| | | | 台时 | 5.00 | 5.00 |
| | 水罐车 | $10m^3$ | 台 | 3.00 | 4.00 |
| | | | 台时 | 15.00 | 20.00 |

射孔投产组合管柱。

（4）抽汲排液求产消耗标准。参见表7-80。

**表7-80　抽汲排液求产消耗标准**　　计量单位：次

| 标准编号 | | | | K6-33 | K6-34 |
|---|---|---|---|---|---|
| 项目 | | | | 作业机类型 | |
| | | | | XJ250 | XJ450 |
| | | | | 井深（m） | |
| | | | | 2000～2500 | 3500～4000 |
| 名称 | | 规格型号 | 单位 | 数量 | |
| 工时 | 作业时间 | | h | 64.00 | 84.00 |
| 材料 | 加重钻杆 | | 个 | 0.10 | 0.10 |
| | 水力抽子 | | 个 | 0.20 | 0.20 |
| | 玻璃钢管 | | 套 | 0.50 | 0.50 |

续表

| 标准编号 | | | | K6-33 | K6-34 |
|---|---|---|---|---|---|
| 项目 | | | | 作业机类型 | |
| | | | | XJ250 | XJ450 |
| | | | | 井深（m） | |
| | | | | 2000～2500 | 3500～4000 |
| 名称 | | 规格型号 | 单位 | 数量 | |
| 其他 | 油全分析 | | 次 | 1.00 | 1.00 |
| | 水全分析 | | 次 | 1.00 | 1.00 |
| | 水半分析 | | 次 | 3.00 | 3.00 |

（5）交井消耗标准。参见表 7-81。

**表 7-81　交井消耗标准**　　计量单位：次

| 标准编号 | | | | K6-35 | K6-36 |
|---|---|---|---|---|---|
| 项目 | | | | 作业机类型 | |
| | | | | XJ250 | XJ450 |
| | | | | 井深（m） | |
| | | | | 2000～2500 | 3500～4000 |
| 名称 | | 规格型号 | 单位 | 数量 | |
| 工时 | 作业时间 | | h | 12.00 | 12.00 |
| 车辆 | 地锚车 | | 台 | 1.00 | 1.00 |
| | | | 台时 | 5.00 | 5.00 |
| | 卡车 | 10t | 车次 | 2.00 | 2.00 |
| | | | 台时 | 10.00 | 10.00 |
| | 吊车 | 25t | 台 | 1.00 | 1.00 |
| | | | 台时 | 8.00 | 8.00 |
| 其他 | 拆电路 | | 次 | 1.00 | 1.00 |

7.4.2.3　费用标准

（1）完井作业日费。参见表 7-82。

**表 7-82　完井作业日费**　　计量单位：d

| 标准编号 | | | K6-37 | K6-38 |
|---|---|---|---|---|
| 项目 | | | 作业机类型 | |
| | | | XJ250 | XJ450 |
| 序号 | 名称 | 单位 | 金额 | |
| 1 | 完井作业 | 元 | 10810.23 | 11442.54 |

作业日费为直接费。

（2）间接费标准。参见表 7-83。

**表 7-83　间接费标准**

| 标准编号 | | | K6-39 |
|---|---|---|---|
| 序号 | 名称 | 单位 | 费率 |
| | 合计 | % | 17.00 |
| 1 | 管理费 | % | 10.00 |
| 2 | 风险费 | % | 2.00 |
| 3 | 利润 | % | 5.00 |

以直接费为基数。

（3）相关价格。

①材料价格。参见表 7-84。

**表 7-84　材料价格**

| 标准编号 | | | | K6-40 |
|---|---|---|---|---|
| 序号 | 名称 | 规格型号 | 单位 | 金额 |
| 1 | 清水 | | 元/m$^3$ | 10.00 |
| 2 | 毛石 | | 元/m$^3$ | 480.00 |
| 3 | 工程砂 | | 元/m$^3$ | 90.00 |
| 4 | 水泥 | 325# | 元/t | 612.00 |
| 5 | 地锚桩 | 2.5m | 元/根 | 900.00 |
| 6 | 采油树 | 350 型 | 元/套 | 52920.00 |
| 7 | 采油树 | 600 型 | 元/套 | 61236.00 |
| 8 | 油管 | 73mm | 元/m | 102.49 |
| 9 | 通井规 | 118mm | 元/只 | 1200.00 |
| 10 | 油管挂 | 73mm | 元/个 | 424.00 |
| 11 | 油管短节 | 73mm | 元/根 | 300.00 |
| 12 | 洗井液 | | 元/m$^3$ | 60.00 |
| 13 | 筛管 | 73mm | 元/m | 180.00 |
| 14 | 射孔液 | | 元/m$^3$ | 70.00 |
| 15 | 加重钻杆 | | 元/个 | 418.00 |
| 16 | 水力抽子 | | 元/个 | 898.00 |
| 17 | 玻璃钢管 | | 元/套 | 2950.00 |

②车辆服务价格。参见表 7-85。

**表 7-85　车辆服务价格**

| 标准编号 | | | | K6-41 |
|---|---|---|---|---|
| 序号 | 名称 | 规格型号 | 单位 | 金额 |
| 1 | 推土机 | | 元/台时 | 280.00 |
| 2 | 挖掘机 | | 元/台时 | 93.00 |

续表

| 标准编号 | | | | K6-41 |
| --- | --- | --- | --- | --- |
| 序号 | 名称 | 规格型号 | 单位 | 金额 |
| 3 | 地锚车 | | 元/台时 | 111.20 |
| 4 | 工程车 | | 元/台时 | 20.00 |
| 5 | 水罐车 | $10m^3$ | 元/台时 | 29.70 |
| 6 | 卡车 | 10t | 元/台时 | 180.00 |
| 7 | 大板车 | 12t | 元/台时 | 480.00 |
| 8 | 吊车 | 25t | 元/台时 | 450.00 |
| 9 | 水泥车 | 700型 | 元/台时 | 450.00 |

③其他服务价格。参见表7-86。

**表7-86　其他服务价格**

| 标准编号 | | | K6-42 |
| --- | --- | --- | --- |
| 序号 | 名称 | 单位 | 金额 |
| 1 | 场内供电 | 元/次 | 4000.00 |
| 2 | 场内供水 | 元/次 | 3500.00 |
| 3 | 油全分析 | 元/次 | 650.00 |
| 4 | 水全分析 | 元/次 | 450.00 |
| 5 | 水半分析 | 元/次 | 150.00 |
| 6 | 拆电路 | 元/次 | 1280.00 |

### 7.4.2.4　预算标准

（1）完井作业工序费。

①搬迁费标准。参见表7-87。

**表7-87　搬迁费标准**　　计量单位：次

| 标准编号 | | | K6-43 | K6-44 |
| --- | --- | --- | --- | --- |
| 项目 | | | 作业机类型 | |
| | | | XJ250 | XJ450 |
| | | | 井深（m） | |
| | | | 2000～2500 | 3500～4000 |
| 序号 | 名称 | 单位 | 金额 | |
| | 综合单价 | 元 | 70079.21 | 71558.81 |
| 1 | 直接费 | 元 | 59896.76 | 61161.38 |
| 1.1 | 作业队费 | 元 | 21620.46 | 22885.08 |
| 1.2 | 材料费 | 元 | 6242.20 | 6242.20 |
| 1.2.1 | 清水 | 元 | 100.00 | 100.00 |
| 1.2.2 | 毛石 | 元 | 1680.00 | 1680.00 |
| 1.2.3 | 工程砂 | 元 | 189.00 | 189.00 |

续表

| 标准编号 | | | K6-43 | K6-44 |
|---|---|---|---|---|
| 项目 | | | 作业机类型 | |
| | | | XJ250 | XJ450 |
| | | | 井深（m） | |
| | | | 2000～2500 | 3500～4000 |
| 序号 | 名称 | 单位 | 金额 | |
| 1.2.4 | 水泥 | 元 | 673.20 | 673.20 |
| 1.2.5 | 地锚桩 | 元 | 3600.00 | 3600.00 |
| 1.3 | 车辆费 | 元 | 24534.10 | 24534.10 |
| 1.3.1 | 推土机 | 元 | 3080.00 | 3080.00 |
| 1.3.2 | 挖掘机 | 元 | 1116.00 | 1116.00 |
| 1.3.3 | 地锚车 | 元 | 889.60 | 889.60 |
| 1.3.4 | 工程车 | 元 | 160.00 | 160.00 |
| 1.3.5 | 水罐车 | 元 | 148.50 | 148.50 |
| 1.3.6 | 卡车 | 元 | 5940.00 | 5940.00 |
| 1.3.7 | 大板车 | 元 | 2400.00 | 2400.00 |
| 1.3.8 | 吊车 | 元 | 10800.00 | 10800.00 |
| 1.4 | 其他费 | 元 | 7500.00 | 7500.00 |
| 1.4.1 | 场内供电 | 元 | 4000.00 | 4000.00 |
| 1.4.2 | 场内供水 | 元 | 3500.00 | 3500.00 |
| 2 | 间接费 | 元 | 10182.45 | 10397.43 |
| 2.1 | 管理费 | 元 | 5989.68 | 6116.14 |
| 2.2 | 风险费 | 元 | 1197.94 | 1223.23 |
| 2.3 | 利润 | 元 | 2994.84 | 3058.07 |

②井筒准备费标准。参见表 7-88。

**表 7-88 井筒准备费标准** 计量单位：次

| 标准编号 | | | K6-45 | K6-46 |
|---|---|---|---|---|
| 项目 | | | 作业机类型 | |
| | | | XJ250 | XJ450 |
| | | | 井深（m） | |
| | | | 2000～2500 | 3500～4000 |
| 序号 | 名称 | 单位 | 金额 | |
| | 综合单价 | 元 | 120825.40 | 159615.20 |
| 1 | 直接费 | 元 | 103269.57 | 136423.25 |
| 1.1 | 作业队费 | 元 | 16925.42 | 22296.10 |
| 1.2 | 材料费 | 元 | 79904.65 | 105892.15 |
| 1.2.1 | 采油树 | 元 | 52920.00 | 61236.00 |
| 1.2.2 | 油管 | 元 | 23060.25 | 38433.75 |
| 1.2.3 | 通井规 | 元 | 72.00 | 120.00 |

续表

| 标准编号 | | | K6-45 | K6-46 |
|---|---|---|---|---|
| 项目 | | | 作业机类型 | |
| | | | XJ250 | XJ450 |
| | | | 井深（m） | |
| | | | 2000～2500 | 3500～4000 |
| 序号 | 名称 | 单位 | 金额 | |
| 1.2.4 | 油管挂 | 元 | 42.40 | 42.40 |
| 1.2.5 | 提升短节 | 元 | 60.00 | 60.00 |
| 1.2.6 | 洗井液 | 元 | 3750.00 | 6000.00 |
| 1.3 | 车辆费 | 元 | 6439.50 | 8235.00 |
| 1.3.1 | 水泥车 | 元 | 5400.00 | 6750.00 |
| 1.3.2 | 水罐车 | 元 | 1039.50 | 1485.00 |
| 2 | 间接费 | 元 | 17555.83 | 23191.95 |
| 2.1 | 管理费 | 元 | 10326.96 | 13642.32 |
| 2.2 | 风险费 | 元 | 2065.39 | 2728.46 |
| 2.3 | 利润 | 元 | 5163.48 | 6821.16 |

③配合油管传输射孔费标准。参见表 7-89。

表 7-89　配合油管传输射孔费标准　　计量单位：次

| 标准编号 | | | K6-47 | K6-48 |
|---|---|---|---|---|
| 项目 | | | 作业机类型 | |
| | | | XJ250 | XJ450 |
| | | | 井深（m） | |
| | | | 2000～2500 | 3500～4000 |
| 序号 | 名称 | 单位 | 金额 | |
| | 综合单价 | 元 | 297988.44 | 488891.82 |
| 1 | 直接费 | 元 | 254690.98 | 417856.26 |
| 1.1 | 作业队费 | 元 | 18467.48 | 26699.26 |
| 1.2 | 材料费 | 元 | 233528.00 | 388313.00 |
| 1.2.1 | 油管 | 元 | 225478.00 | 379213.00 |
| 1.2.2 | 油管短节 | 元 | 900.00 | 900.00 |
| 1.2.3 | 筛管 | 元 | 5400.00 | 5400.00 |
| 1.2.4 | 射孔液 | 元 | 1750.00 | 2800.00 |
| 1.3 | 车辆费 | 元 | 2695.50 | 2844.00 |
| 1.3.1 | 水泥车 | 元 | 2250.00 | 2250.00 |
| 1.3.2 | 水罐车 | 元 | 445.50 | 594.00 |
| 2 | 间接费 | 元 | 43297.47 | 71035.56 |
| 2.1 | 管理费 | 元 | 25469.10 | 41785.63 |
| 2.2 | 风险费 | 元 | 5093.82 | 8357.13 |
| 2.3 | 利润 | 元 | 12734.55 | 20892.81 |

④抽汲排液求产费标准。参见表 7-90。

表 7-90　抽汲排液求产费标准　　计量单位：次

| 标准编号 | | | K6-49 | K6-50 |
|---|---|---|---|---|
| 项目 | | | 作业机类型 | |
| | | | XJ250 | XJ450 |
| | | | 井深（m） | |
| | | | 2000～2500 | 3500～4000 |
| 序号 | 名称 | 单位 | 金额 | |
| | 综合单价 | 元 | 37526.21 | 50655.49 |
| 1 | 直接费 | 元 | 32073.68 | 43295.29 |
| 1.1 | 作业队费 | 元 | 28827.28 | 40048.89 |
| 1.2 | 材料费 | 元 | 1696.40 | 1696.40 |
| 1.2.1 | 加重钻杆 | 元 | 41.80 | 41.80 |
| 1.2.2 | 水力抽子 | 元 | 179.60 | 179.60 |
| 1.2.3 | 玻璃钢管 | 元 | 1475.00 | 1475.00 |
| 1.3 | 其他费 | 元 | 1550.00 | 1550.00 |
| 1.3.1 | 油全分析 | 元 | 650.00 | 650.00 |
| 1.3.2 | 水全分析 | 元 | 450.00 | 450.00 |
| 1.3.3 | 水半分析 | 元 | 450.00 | 450.00 |
| 2 | 间接费 | 元 | 5452.53 | 7360.20 |
| 2.1 | 管理费 | 元 | 3207.37 | 4329.53 |
| 2.2 | 风险费 | 元 | 641.47 | 865.91 |
| 2.3 | 利润 | 元 | 1603.68 | 2164.76 |

⑤交井费标准。参见表 7-91。

表 7-91　交井费标准　　计量单位：次

| 标准编号 | | | K6-51 | K6-52 |
|---|---|---|---|---|
| 项目 | | | 作业机类型 | |
| | | | XJ250 | XJ450 |
| | | | 井深（m） | |
| | | | 2000～2500 | 3500～4000 |
| 序号 | 名称 | 单位 | 金额 | |
| | 综合单价 | 元 | 14790.10 | 15160.01 |
| 1 | 直接费 | 元 | 12641.12 | 12957.27 |
| 1.1 | 作业队费 | 元 | 5405.12 | 5721.27 |
| 1.2 | 车辆费 | 元 | 5956.00 | 5956.00 |
| 1.2.1 | 地锚车 | 元 | 556.00 | 556.00 |
| 1.2.2 | 卡车 | 元 | 1800.00 | 1800.00 |
| 1.2.3 | 吊车 | 元 | 3600.00 | 3600.00 |
| 1.3 | 其他费 | 元 | 1280.00 | 1280.00 |

续表

| 标准编号 | | | K6-51 | K6-52 |
|---|---|---|---|---|
| 项目 | | | 作业机类型 | |
| | | | XJ250 | XJ450 |
| | | | 井深（m） | |
| | | | 2000～2500 | 3500～4000 |
| 序号 | 名称 | 单位 | 金额 | |
| 1.3.1 | 拆电路 | 元 | 1280.00 | 1280.00 |
| 2 | 间接费 | 元 | 2148.99 | 2202.74 |
| 2.1 | 管理费 | 元 | 1264.11 | 1295.73 |
| 2.2 | 风险费 | 元 | 252.82 | 259.15 |
| 2.3 | 利润 | 元 | 632.06 | 647.86 |

（2）税费。

考虑增值税、城乡维护建设税和教育费附加，取折算税率1%。

7.4.2.5　概算标准

取标准井各工序作业对应的预算标准，再考虑相关税费，得出一口标准井的完井作业费概算标准（表7-92）。

**表7-92　开发标准井投产完井作业费概算标准**　　计量单位：口井

| 标准编号 | | | K6-53 | K6-54 |
|---|---|---|---|---|
| 项目 | | | 作业机类型 | |
| | | | XJ250 | XJ450 |
| | | | 井深（m） | |
| | | | 2000～2500 | 3500～4000 |
| 序号 | 名称 | 单位 | 金额 | |
| | 综合单价 | 元 | 546621.45 | 793740.14 |
| 1 | 搬迁费 | 元 | 70079.21 | 71558.81 |
| 2 | 井筒准备费 | 元 | 120825.40 | 159615.20 |
| 3 | 配合油管传输射孔费 | 元 | 297988.44 | 488891.82 |
| 4 | 抽汲排液求产费 | 元 | 37526.21 | 50655.49 |
| 5 | 交井费 | 元 | 14790.10 | 15160.01 |
| 6 | 税费 | 元 | 5412.09 | 7858.81 |

### 7.4.3　压裂作业计价标准编制

以某油田2000型压裂车组的压裂队为基础，以到基地平均距离45km的该油田某区块开发标准井投产实施酸压裂作业为前提，说明压裂作业计价标准编制方法。

7.4.3.1　基础标准

（1）压裂队定员标准。

①定员标准。参见表7-93。

表 7-93　压裂队定员标准　　单位：队

| 标准编号 | | | K6-61 |
|---|---|---|---|
| 序号 | 岗位 | 单位 | 定员 |
| | 合计 | 人 | 56.00 |
| 1 | 队长 | 人 | 2.00 |
| 2 | 副队长 | 人 | 2.00 |
| 3 | 工程师 | 人 | 2.00 |
| 4 | 配液组长 | 人 | 2.00 |
| 5 | 配液工 | 人 | 8.00 |
| 6 | 主压车 | 人 | 24.00 |
| 7 | 仪表车 | 人 | 4.00 |
| 8 | 混砂车 | 人 | 4.00 |
| 9 | 管汇车 | 人 | 4.00 |
| 10 | 配液车 | 人 | 4.00 |

②人工费标准。参见表 7-94。

人工费包括基本工资、岗位津贴、各种补助、基本奖金、各种税费等与人工相关费用。

表 7-94　压裂队人工费标准　　计量单位：人年

| 标准编号 | | | K6-62 |
|---|---|---|---|
| 序号 | 项目 | 单位 | 金额 |
| 1 | 人工费 | 元 | 68993.31 |

（2）设备标准。

①压裂队设备配备标准。参见表 7-95 和表 7-96。

表 7-95　压裂车组设备配备标准　　计量单位：队

| 标准编号 | | | | | K6-63 | K6-64 |
|---|---|---|---|---|---|---|
| 序号 | 设备名称 | 规格型号 | 单位 | 单价（万元） | 数量 | 金额（万元） |
| | 合计 | | | | 10.00 | 8926.91 |
| 1 | 主压车 | HX 2000 ARC | 台 | 1085.43 | 6.00 | 6512.59 |
| 2 | 仪表车 | T-300 | 台 | 793.89 | 1.00 | 793.89 |
| 3 | 混砂车 | CHFBT | 台 | 857.19 | 1.00 | 857.19 |
| 4 | 管汇车 | C-500 K6*4 | 台 | 612.05 | 1.00 | 612.05 |
| 5 | 配液车 | PYSC-6 | 台 | 151.20 | 1.00 | 151.20 |

表 7-96　辅助设备配备标准　　计量单位：队

| 标准编号 | | | | | K6-65 | K6-66 |
|---|---|---|---|---|---|---|
| 序号 | 设备名称 | 规格型号 | 单位 | 单价（万元） | 数量 | 金额（万元） |
| | 合计 | | | | 14.00 | 255.82 |
| 1 | 配液罐 | $40m^3$ | 个 | 22.11 | 10.00 | 221.05 |
| 2 | 油水罐 | $50m^3$ | 个 | 3.78 | 3.00 | 11.33 |
| 3 | 储酸罐 | $50m^3$ | 个 | 23.43 | 1.00 | 23.43 |

②设备折旧及修理费率标准。参见表 7-97。

表 7-97　设备折旧及修理费率标准　　计量单位：年

| 标准编号 | | | K6-67 | K6-68 | K6-69 |
|---|---|---|---|---|---|
| 序号 | 设备名称 | 单位 | 残值率 | 折旧 | 修理 |
| 1 | 主压车 | % | 3.00 | 12.50 | 8.00 |
| 2 | 仪表车 | % | 3.00 | 12.50 | 8.00 |
| 3 | 混砂车 | % | 3.00 | 12.50 | 8.00 |
| 4 | 管汇车 | % | 3.00 | 12.50 | 8.00 |
| 5 | 配液车 | % | 3.00 | 12.50 | 8.00 |
| 6 | 配液罐 | % | 3.00 | 12.50 | 5.00 |
| 7 | 油水罐 | % | 3.00 | 12.50 | 5.00 |
| 8 | 储酸罐 | % | 3.00 | 12.50 | 5.00 |

（3）技术标准。

①年额定工作量。参见表 7-98。

表 7-98　压裂队年额定工作量　　计量单位：队

| 标准编号 | | | K6-70 |
|---|---|---|---|
| 序号 | 名称 | 单位 | 数量 |
| 1 | 压裂车组年额定工作时间 | h | 1320 |
| 2 | 辅助设备年额定工作量 | 次 | 20 |

②特车平均行驶速度。参见表 7-99。

表 7-99　特车平均行驶速度　　计量单位：h

| 标准编号 | | | K6-71 |
|---|---|---|---|
| 序号 | 名称 | 单位 | 数量 |
| 1 | 平均行驶速度 | km | 30 |

③压裂规模分类。根据现场写实资料和近 3 年实际完工资料综合分析确定（表 7-100）。

表 7-100　压裂规模分类　　计量单位：次

| 标准编号 | | | K6-72 |
|---|---|---|---|
| 序号 | 名称 | 单位 | 数量 |
| 1 | 配液量 | $m^3$ | 114 |
| 2 | 配液量 | $m^3$ | 152 |
| 3 | 配液量 | $m^3$ | 190 |
| 4 | 配液量 | $m^3$ | 228 |
| 5 | 配液量 | $m^3$ | 266 |
| 6 | 配液量 | $m^3$ | 304 |

7.4.3.2　消耗标准

（1）工时标准。

①压裂准备标准。参见表 7-101。

**表 7-101　压裂准备标准**　　计量单位：井次

| 标准编号 | | | | K6-73 | K6-74 | K6-75 | K6-76 | K6-77 | K6-78 |
|---|---|---|---|---|---|---|---|---|---|
| 项目 | | | | 配液量（$m^3$） | | | | | |
| | | | | 114 | 152 | 190 | 228 | 266 | 304 |
| 序号 | 名称 | 规格 | 单位 | 数量 | | | | | |
| 1 | 推土机 | | 台时 | 33.00 | 33.00 | 33.00 | 33.00 | 33.00 | 33.00 |
| 2 | 牵引车 | | 台时 | 11.00 | 11.00 | 11.00 | 11.00 | 11.00 | 11.00 |
| 3 | 牵引车 | 12t | 台时 | 33.00 | 38.00 | 43.00 | 48.00 | 53.00 | 58.00 |
| 4 | 卡车 | 10t | 台时 | 8.00 | 9.00 | 10.00 | 11.00 | 12.00 | 13.00 |
| 5 | 吊车 | 25t | 台时 | 15.00 | 16.00 | 17.00 | 18.00 | 19.00 | 20.00 |
| 6 | 水罐车 | $10m^3$ | 台时 | 52.00 | 55.00 | 65.00 | 68.00 | 75.00 | 75.00 |
| 7 | 酸罐车 | $25m^3$ | 台时 | 66.67 | 88.67 | 110.67 | 137.33 | 153.33 | 173.33 |
| 8 | 水泥车 | | 台时 | 50.00 | 57.00 | 64.00 | 72.00 | 80.00 | 88.00 |
| 9 | 锅炉车 | | 台时 | 11.00 | 11.00 | 12.00 | 12.00 | 13.00 | 13.00 |
| 10 | 倒班车 | | 台时 | 33.00 | 33.00 | 33.00 | 33.00 | 33.00 | 33.00 |
| 11 | 指挥车 | | 台时 | 33.00 | 33.00 | 33.00 | 33.00 | 33.00 | 33.00 |
| 12 | 配液罐 | $40m^3$ | 个 | 3.00 | 4.00 | 5.00 | 6.00 | 7.00 | 8.00 |
| 13 | 油水罐 | $50m^3$ | 个 | 2.00 | 2.00 | 2.00 | 2.00 | 2.00 | 2.00 |
| 14 | 储酸罐 | $50m^3$ | 个 | 1.00 | 1.00 | 1.00 | 1.00 | 1.00 | 1.00 |

压裂准备作业指准备井场、上罐、备水、备酸、备料、配液、打平衡、清罐、倒液、保温等所使用的车辆、罐体。

②压裂施工标准。参见表 7-102。

**表 7-102　压裂施工标准**　　计量单位：井次

| 标准编号 | | | K6-79 | K6-80 | K6-81 | K6-82 | K6-83 | K6-84 |
|---|---|---|---|---|---|---|---|---|
| 项目 | | | 配液量（$m^3$） | | | | | |
| | | | 114 | 152 | 190 | 228 | 266 | 304 |
| 序号 | 名称 | 单位 | 数量 | | | | | |
| | 合计 | | 35.20 | 36.74 | 38.28 | 39.82 | 41.36 | 42.91 |
| 1 | 设备保养检修时间 | 工时 | 22.00 | 22.00 | 22.00 | 22.00 | 22.00 | 22.00 |
| 2 | 行驶时间 | 工时 | 3.00 | 3.00 | 3.00 | 3.00 | 3.00 | 3.00 |
| 3 | 配液时间 | 工时 | 3.00 | 4.00 | 5.00 | 6.00 | 7.00 | 8.00 |
| 4 | 泵注时间 | 工时 | 1.20 | 1.41 | 1.61 | 1.82 | 2.03 | 2.24 |
| 5 | 其他时间 | 工时 | 6.00 | 6.33 | 6.67 | 7.00 | 7.33 | 7.67 |

（2）材料标准。

①柴油标准。参见表 7-103。

**表 7-103　柴油标准**　　计量单位：台时

| 标准编号 | | | | K6-85 | K6-86 |
|---|---|---|---|---|---|
| 项　目 | | | | 行驶 | 施工 |
| 序号 | 设备名称 | 规格型号 | 单位 | 数　量 | |
| | 合计 | | kg | 103.00 | 350.00 |
| 1 | 主压车 | HX 2000 ARC | kg | 25.00 | 150.00 |
| 2 | 仪表车 | T-300 | kg | 20.00 | 50.00 |
| 3 | 混砂车 | CHFBT | kg | 20.00 | 50.00 |
| 4 | 管汇车 | C-500 K6*4 | kg | 20.00 | 50.00 |
| 5 | 配液车 | PYSC-6 | kg | 18.00 | 50.00 |

②压裂材料标准。参见表 7-104。

**表 7-104　压裂材料标准**　　计量单位：井次

| 标准编号 | | | K6-87 | K6-88 | K6-89 | K6-90 | K6-91 | K6-92 |
|---|---|---|---|---|---|---|---|---|
| 项　目 | | | 配液量（$m^3$） | | | | | |
| | | | 114 | 152 | 190 | 228 | 266 | 304 |
| 序号 | 名　称 | 单位 | 数　量 | | | | | |
| 1 | 水 | $m^3$ | 78.00 | 84.00 | 110.00 | 116.00 | 122.00 | 128.00 |
| 2 | 23%工业盐酸 | $m^3$ | 100.00 | 133.00 | 166.00 | 206.00 | 230.00 | 260.00 |
| 3 | 稠化剂 FA-100 | kg | 220.00 | 375.00 | 463.00 | 645.00 | 872.00 | 1000.00 |
| 4 | pH 调节剂 $Na_2CO_3$ | kg | 48.00 | 50.00 | 60.00 | 72.00 | 80.00 | 90.00 |
| 5 | 缓蚀剂 FAH-812 | kg | 1068.00 | 1332.00 | 1775.00 | 2588.00 | 2990.00 | 3520.00 |
| 6 | 添加剂 CFR-20 | kg | 2916.00 | 4140.00 | 4950.00 | 6264.00 | 7200.00 | 7920.00 |

7.∠.3.3　费用标准

（1）人工费标准。参见表 7-105。

压裂队人工费标准编制公式为

$$Czylrd = Czylrb \times Mzylrd \div Tzylrd$$

式中，*Czylrd* 为压裂队人工费标准，元/工时；*Czylrb* 为人工费标准，元/人年；*Mzylrd* 为压裂队劳动定员，56 人；*Tzylrd* 为压裂队年额定工作时间，1320 工时。

**表 7-105　压裂队人工费标准**　　计量单位：工时

| 标准编号 | | | K6-93 |
|---|---|---|---|
| 序号 | 名称 | 单位 | 金额 |
| 1 | 压裂队 | 元 | 2926.99 |

（2）设备费标准。

①压裂车组设备费标准。参见表 7-106。

a. 设备折旧费标准编制公式为

$$Czylzd = Czyly \times (1 - Fzylcz) \times Fzylz \div Tzylrd$$

式中，*Czylzd* 为设备折旧费标准，元/工时；*Czyly* 为设备原值，元；*Fzylcz* 为设备残值率，%；*Fzylz* 为设备折旧费率，%；*Tzylrd* 为压裂队年额定工作时间，1320 工时。

b. 设备修理费标准编制公式为

$$Czylxd = Czyly \times (1 - Fzylcz) \times Fzylx \div Tzylrd$$

式中，*Czylxd* 为设备修理费标准，元/d；*Czyly* 为设备原值，元；*Fzylcz* 为设备残值率，%；*Fzylx* 为设备修理费率，%；*Tzylrd* 为压裂队年额定工作时间，1320 工时。

**表 7-106　压裂车组设备费标准**

计量单位：工时

| 标准编号 | | | K6-94 | K6-95 |
|---|---|---|---|---|
| 项目 | | | 折旧费 | 修理费 |
| 序号 | 设备名称 | 单位 | 金额 | |
| | 合计 | 元 | 8199.92 | 5247.95 |
| 1 | 主压车 | 元 | 5982.21 | 3828.61 |
| 2 | 仪表车 | 元 | 729.24 | 466.71 |
| 3 | 混砂车 | 元 | 787.38 | 503.92 |
| 4 | 管汇车 | 元 | 562.21 | 359.81 |
| 5 | 配液车 | 元 | 138.89 | 88.89 |

②辅助设备费标准。参见表 7-107。

a. 设备折旧费标准编制公式为

$$Czylfd = Czylf \times (1 - Fzylfcz) \times Fzylfz \div Tzylfrd$$

式中，*Czylfd* 为设备折旧费标准，元/个·次；*Czylf* 为设备原值，元；*Fzylfcz* 为设备残值率，%；*Fzylfz* 为设备折旧费率，%；*Tzylfrd* 为压裂队年额定工作量，20 次。

b. 设备修理费标准编制公式为

$$Czylfxd = Czylf \times (1 - Fzylfcz) \times Fzylfx \div Tzylfrd$$

式中，*Czylfxd* 为设备修理费标准，元/个·次；*Czylf* 为设备原值，元；*Fzylfcz* 为设备残值率，%；*Fzylfx* 为设备修理费率，%；*Tzylfrd* 为压裂队年额定工作量，20 次。

**表 7-107　辅助设备费标准**

计量单位：个·次

| 标准编号 | | | K6-96 | K6-97 |
|---|---|---|---|---|
| 项目 | | | 折旧费 | 修理费 |
| 序号 | 设备名称 | 单位 | 金额 | |
| | 合计 | 元 | 2990.03 | 1196.01 |
| 1 | 配液罐 | 元 | 1340.42 | 536.17 |
| 2 | 油水罐 | 元 | 229.16 | 91.67 |
| 3 | 储酸罐 | 元 | 1420.44 | 568.18 |

（3）材料费标准。参见表 7-108。

柴油费标准编制公式为

$$Czylyd = Pzylyj \times Qzylyd \div 1000$$

式中，*Czylyd* 为柴油费标准，元/台时；*Pzylyj* 为柴油价格，5600 元/t；*Qzylyd* 为柴油消耗标准，kg/台时。

**表 7-108　柴油费标准**　　计量单位：台时

| 标准编号 | | | | K6-98 | K6-99 |
|---|---|---|---|---|---|
| 项　目 | | | | 行驶 | 施工 |
| 序号 | 设备名称 | 规格型号 | 单位 | 金额 | |
| | 合计 | | 元 | 576.80 | 840.00 |
| 1 | 主压车 | HX 2000 ARC | 元 | 140.00 | 840.00 |
| 2 | 仪表车 | T-300 | 元 | 112.00 | 280.00 |
| 3 | 混砂车 | CHFBT | 元 | 112.00 | 280.00 |
| 4 | 管汇车 | C-500 K6*4 | 元 | 112.00 | 280.00 |
| 5 | 配液车 | PYSC-6 | 元 | 100.80 | 280.00 |

（4）其他直接费标准。参见表 7-109。

**表 7-109　其他直接费标准**

| 标准编号 | | | K6-100 |
|---|---|---|---|
| 序号 | 名　称 | 单位 | 费率 |
| 1 | 其他直接费 | % | 35.00 |

以压裂酸化施工中人工费、设备费、材料费之和为基数。

（5）间接费标准。参见表 7-110。

**表 7-110　间接费标准**

| 标准编号 | | | K6-101 |
|---|---|---|---|
| 序号 | 名　称 | 单位 | 费率 |
| | 合计 | % | 18.00 |
| 1 | 企业管理费 | % | 10.00 |
| 2 | 风险费 | % | 3.00 |
| 3 | 利润 | % | 5.00 |

以直接费为基数。

（6）相关价格。

①车辆服务价格。参见表 7-111。

**表 7-111　车辆服务价格**

| 标准编号 | | | | K6-102 |
|---|---|---|---|---|
| 序号 | 名　称 | 规格型号 | 单位 | 金额 |
| 1 | 推土机 T-170 | | 元/台时 | 73.28 |
| 2 | 牵引车 K-701 | | 元/台时 | 153.50 |

续表

| 标准编号 | | | | K6-102 |
|---|---|---|---|---|
| 序号 | 名称 | 规格型号 | 单位 | 金额 |
| 3 | 牵引车 | 12t | 元/台时 | 104.39 |
| 4 | 卡车 | 10t | 元/台时 | 54.50 |
| 5 | 吊车 | 25t | 元/台时 | 82.44 |
| 6 | 水罐车 | $10m^3$ | 元/台时 | 71.89 |
| 7 | 酸罐车 | $25m^3$ | 元/台时 | 355.72 |
| 8 | 水泥车 | | 元/台时 | 157.94 |
| 9 | 锅炉车 | | 元/台时 | 163.17 |
| 10 | 倒班车 | | 元/台时 | 74.50 |
| 11 | 指挥车 | | 元/台时 | 64.67 |

②材料价格。参见表7-112。

**表7-112 材料价格**

| 标准编号 | | | | K6-103 |
|---|---|---|---|---|
| 序号 | 名称 | 规格型号 | 单位 | 金额 |
| 1 | 柴油 | | 元/$m^3$ | 5600.00 |
| 2 | 水 | | 元/$m^3$ | 0.72 |
| 3 | 23%工业盐酸 | | 元/t | 1833.33 |
| 4 | 稠化剂FA-100 | | 元/t | 234072.22 |
| 5 | pH调节剂$Na_2CO_3$ | | 元/t | 10983.33 |
| 6 | 缓蚀剂FAH-812 | | 元/t | 36839.33 |
| 7 | 添加剂CFR-20 | | 元/t | 38072.33 |

### 7.4.3.4 预算标准

（1）压裂作业费。

①压裂准备费标准。参见表7-113。

**表7-113 压裂准备费标准** 计量单位：井次

| 标准编号 | | | K6-104 | K6-105 | K6-106 | K6-107 | K6-108 | K6-109 |
|---|---|---|---|---|---|---|---|---|
| 项目 | | | 配液量（$m^3$） | | | | | |
| | | | 114 | 152 | 190 | 228 | 266 | 304 |
| 序号 | 名称 | 单位 | 金额 | | | | | |
| | 综合单价 | 元 | 94342.20 | 112952.65 | 132624.66 | 154127.37 | 170307.44 | 187692.61 |
| 1 | 直接费 | 元 | 79951.02 | 95722.58 | 112393.78 | 130616.42 | 144328.34 | 159061.53 |
| 1.1 | 设备费 | 元 | 59222.98 | 70905.62 | 83254.65 | 96752.90 | 106909.88 | 117823.36 |
| 1.1.1 | 推土机 | 元 | 2418.17 | 2418.17 | 2418.17 | 2418.17 | 2418.17 | 2418.17 |
| 1.1.2 | 牵引车 | 元 | 1688.50 | 1688.50 | 1688.50 | 1688.50 | 1688.50 | 1688.50 |
| 1.1.3 | 牵引车 | 元 | 3444.83 | 3966.78 | 4488.72 | 5010.67 | 5532.61 | 6054.56 |

续表

| 标准编号 | | | K6-104 | K6-105 | K6-106 | K6-107 | K6-108 | K6-109 |
|---|---|---|---|---|---|---|---|---|
| 项目 | | | 配液量（$m^3$） | | | | | |
| | | | 114 | 152 | 190 | 228 | 266 | 304 |
| 序号 | 名称 | 单位 | 金额 | | | | | |
| 1.1.4 | 卡车 | 元 | 436.00 | 490.50 | 545.00 | 599.50 | 654.00 | 708.50 |
| 1.1.5 | 吊车 | 元 | 1236.67 | 1319.11 | 1401.56 | 1484.00 | 1566.44 | 1648.89 |
| 1.1.6 | 水罐车 | 元 | 3738.22 | 3953.89 | 4672.78 | 4888.44 | 5391.67 | 5391.67 |
| 1.1.7 | 酸罐车 | 元 | 23716.00 | 31541.89 | 39367.78 | 48851.33 | 54542.89 | 61657.33 |
| 1.1.8 | 水泥车 | 元 | 7897.22 | 9002.83 | 10108.44 | 11372.00 | 12635.56 | 13899.11 |
| 1.1.9 | 锅炉车 | 元 | 1794.83 | 1794.83 | 1958.00 | 1958.00 | 2121.17 | 2121.17 |
| 1.1.10 | 倒班车 | 元 | 2458.50 | 2458.50 | 2458.50 | 2458.50 | 2458.50 | 2458.50 |
| 1.1.11 | 指挥车 | 元 | 2134.00 | 2134.00 | 2134.00 | 2134.00 | 2134.00 | 2134.00 |
| 1.1.12 | 配液罐 | 元 | 5629.76 | 7506.35 | 9382.94 | 11259.53 | 13136.11 | 15012.70 |
| 1.1.13 | 油水罐 | 元 | 641.65 | 641.65 | 641.65 | 641.65 | 641.65 | 641.65 |
| 1.1.14 | 储酸罐 | 元 | 1988.62 | 1988.62 | 1988.62 | 1988.62 | 1988.62 | 1988.62 |
| 1.2 | 其他直接费 | 元 | 20728.04 | 24816.97 | 29139.13 | 33863.52 | 37418.46 | 41238.17 |
| 2 | 间接费 | 元 | 14391.18 | 17230.07 | 20230.88 | 23510.96 | 25979.10 | 28631.08 |
| 2.1 | 企业管理费 | 元 | 7995.10 | 9572.26 | 11239.38 | 13061.64 | 14432.83 | 15906.15 |
| 2.2 | 风险费 | 元 | 2398.53 | 2871.68 | 3371.81 | 3918.49 | 4329.85 | 4771.85 |
| 2.3 | 利润 | 元 | 3997.55 | 4786.13 | 5619.69 | 6530.82 | 7216.42 | 7953.08 |

②压裂施工费标准。参见表 7-114。

**表 7-114 压裂施工费标准** 计量单位：井次

| 标准编号 | | | K6-110 | K6-111 | K6-112 | K6-113 | K6-114 | K6-115 |
|---|---|---|---|---|---|---|---|---|
| 项目 | | | 配液量（$m^3$） | | | | | |
| | | | 114 | 152 | 190 | 228 | 266 | 304 |
| 序号 | 名称 | 单位 | 金额 | | | | | |
| | 综合单价 | 元 | 920953.85 | 961124.98 | 1001296.11 | 1041467.24 | 1081638.38 | 1122070.36 |
| 1 | 直接费 | 元 | 780469.36 | 814512.69 | 848556.03 | 882599.36 | 916642.69 | 950907.09 |
| 1.1 | 人工费 | 元 | 103030.03 | 107537.59 | 112045.16 | 116552.72 | 121060.28 | 125597.12 |
| 1.2 | 设备费 | 元 | 473365.02 | 494074.74 | 514784.46 | 535494.18 | 556203.90 | 577048.10 |
| 1.2.1 | 折旧费 | 元 | 288637.18 | 301265.06 | 313892.94 | 326520.81 | 339148.69 | 351858.57 |
| 1.2.2 | 修理费 | 元 | 184727.84 | 192809.68 | 200891.53 | 208973.37 | 217055.21 | 225189.53 |
| 1.3 | 材料费 | 元 | 1730.40 | 1730.40 | 1730.40 | 1730.40 | 1730.40 | 1730.40 |
| 1.3.1 | 行驶柴油费 | 元 | 1730.40 | 1730.40 | 1730.40 | 1730.40 | 1730.40 | 1730.40 |
| 1.3.2 | 施工柴油费 | 元 | 3528.00 | 4544.40 | 5552.40 | 6568.80 | 7585.20 | 8601.60 |
| 1.4 | 其他直接费 | 元 | 202343.91 | 211169.96 | 219996.01 | 228822.06 | 237648.11 | 246531.47 |
| 2 | 间接费 | 元 | 140484.48 | 146612.28 | 152740.08 | 158867.88 | 164995.68 | 171163.28 |
| 2.1 | 企业管理费 | 元 | 78046.94 | 81451.27 | 84855.60 | 88259.94 | 91664.27 | 95090.71 |
| 2.2 | 风险费 | 元 | 23414.08 | 24435.38 | 25456.68 | 26477.98 | 27499.28 | 28527.21 |
| 2.3 | 利润 | 元 | 39023.47 | 40725.63 | 42427.80 | 44129.97 | 45832.13 | 47545.35 |

③压裂材料费标准。参见表 7-115。

**表 7-115 压裂材料费标准** 计量单位：井次

| 标准编号 | | | K6-116 | K6-117 | K6-118 | K6-119 | K6-120 | K6-121 |
|---|---|---|---|---|---|---|---|---|
| 项目 | | | 配液量（$m^3$） | | | | | |
| | | | 114 | 152 | 190 | 228 | 266 | 304 |
| 序号 | 名称 | 单位 | 金额 | | | | | |
| | 综合单价 | 元 | 427394.89 | 595554.09 | 737727.64 | 952510.07 | 1112924.57 | 1258236.53 |
| 1 | 水 | 元 | 56.33 | 60.67 | 79.44 | 83.78 | 88.11 | 92.44 |
| 2 | 23%工业盐酸 | 元 | 204600.00 | 272118.00 | 339636.00 | 421476.00 | 470580.00 | 531960.00 |
| 3 | 稠化剂 FA-100 | 元 | 51495.89 | 87777.08 | 108375.44 | 150976.58 | 204110.98 | 234072.22 |
| 4 | pH 调节剂 $Na_2CO_3$ | 元 | 527.20 | 549.17 | 659.00 | 790.80 | 878.67 | 988.50 |
| 5 | 缓蚀剂 FAH-812 | 元 | 39344.41 | 49069.99 | 65389.82 | 95340.19 | 110149.61 | 129674.45 |
| 6 | 添加剂 CFR-20 | 元 | 111018.92 | 157619.46 | 188458.05 | 238485.10 | 274120.80 | 301532.88 |
| 7 | 其他添加剂 | 元 | 20352.14 | 28359.72 | 35129.89 | 45357.62 | 52996.41 | 59916.03 |

其他添加剂按主要材料的 5%计算。

（2）税费。

考虑增值税、城乡维护建设税和教育费附加，取折算税率 1%。

#### 7.4.3.5 概算标准

取开发标准井压裂作业对应的预算标准，再考虑相关税费 1%，得出开发标准井一次压裂作业费概算标准（表 7-116）。

**表 7-116 标准井压裂作业费概算标准** 计量单位：井次

| 标准编号 | | | K6-122 | K6-123 | K6-124 | K6-125 | K6-126 | K6-127 |
|---|---|---|---|---|---|---|---|---|
| 项目 | | | 配液量（$m^3$） | | | | | |
| | | | 114 | 152 | 190 | 228 | 266 | 304 |
| 序号 | 名称 | 单位 | 金额 | | | | | |
| | 综合单价 | 元 | 1457117.85 | 1686328.03 | 1890364.89 | 2169585.74 | 2388519.09 | 2593679.49 |
| 1 | 压裂准备费 | 元 | 94342.20 | 112952.65 | 132624.66 | 154127.37 | 170307.44 | 187692.61 |
| 2 | 压裂施工费 | 元 | 920953.85 | 961124.98 | 1001296.11 | 1041467.24 | 1081638.38 | 1122070.36 |
| 3 | 压裂材料费 | 元 | 427394.89 | 595554.09 | 737727.64 | 952510.07 | 1112924.57 | 1258236.53 |
| 4 | 税费 | 元 | 14426.91 | 16696.32 | 18716.48 | 21481.05 | 23648.70 | 25679.99 |

## 7.5 完井工程造价计算举例

### 7.5.1 完井工程量清单编制

编制完井工程量清单时，按完井工程量计算规则要求，以分部分项工程为基础编制工程量清单；若有特殊完井工程项目，未包含在已设立完井工程项目，则放在其他作业下面，根据编码规则补充新的编码。表 7-117 给出了示例。

表 7-117 分部分项工程量清单

| 编 码 | 项 目 名 称 | 计量单位 | 工 程 量 | 备 注 |
|---|---|---|---|---|
| 610000 | 完井作业 | | | |
| 611000 | 搬迁 | 井次 | 1.00 | |
| 612000 | 井筒准备 | 井次 | 1.00 | |
| 613000 | 配合井下作业 | | | |
| 613100A | 配合射孔 | 井次 | 1.00 | |
| 613100B | 配合射孔 | 井次 | 1.00 | |
| 614000 | 排液求产 | | | |
| 614100A | 排液求产 | 井次 | 1.00 | |
| 614100B | 排液求产 | 井次 | 1.00 | |
| 615000 | 起作业管柱 | | | |
| 615100 | 起射孔管柱 | 井次 | 1.00 | |
| 616000 | 下生产管柱 | | | |
| 616100 | 下油井生产管柱 | 井次 | 1.00 | |
| 617000 | 交井（封井） | | | |
| 617100 | 交井 | 井次 | 1.00 | |
| 620000 | 主要材料 | | | 甲方供应 |
| 621000 | 采油树 | 套 | 1.00 | |
| 622000 | 油管 | m | 3600.00 | |
| 630000 | 大宗材料运输 | | | 甲方负责 |
| 631000 | 采油树运输 | 井次 | 1.00 | |
| 632000 | 油管运输 | 井次 | 1.00 | |
| 640000 | 技术服务 | | | |
| 641000 | 射孔 | | | |
| 641100 | 路途行驶 | km | 90.00 | |
| 641200 | 射孔施工 | 射孔米 | 22.00 | |
| 650000 | 其他作业 | | | |
| 651000 | 环保处理 | | | |
| 651100 | 完井污水处理 | 井次 | 1.00 | |
| 651200 | 废弃完井液处理 | 井次 | 1.00 | |
| 652000 | 地貌恢复 | 井次 | 1.00 | |

### 7.5.2 完井工程造价计算

完井工程造价计算包括完井工程造价汇总和分部分项工程量清单计价两个部分，见表7-118和表7-119。首先进行完井工程分部分项工程量清单计价，根据工程项目选取相应的预算标准中的综合单价，采用工程量乘以综合单价，得出分部工程或分项工程费用金额，再归类合计。其次按单位工程费（完井作业费、主要材料费、大宗材料运输费、技术服务费、其他作业费）进行汇总，并计算税费，再汇总成完井工程造价。

表 7-118 完井工程造价

| 编码 | 项目名称 | 单位 | 金额 | 备注 |
|---|---|---|---|---|
| 600000 | 完井工程费 | 元 | 957168.37 | 610000+620000+630000+640000+650000+660000 |
| 610000 | 完井作业费 | 元 | 219484.36 | 分部分项工程量清单计价 610000 |
| 620000 | 主要材料费 | 元 | 486740.00 | 分部分项工程量清单计价 620000 |
| 630000 | 大宗材料运输费 | 元 | 19900.00 | 分部分项工程量清单计价 630000 |
| 640000 | 技术服务费 | 元 | 183567.10 | 分部分项工程量清单计价 640000 |
| 650000 | 其他作业费 | 元 | 38000.00 | 分部分项工程量清单计价 650000 |
| 660000 | 税费 | 元 | 9476.91 | （610000+640000+650000）×1%。 |

表 7-119 分部分项工程量清单计价

| 编码 | 名称 | 计量单位 | 工程量 | 综合单价（元） | 金额（元） | 备注 |
|---|---|---|---|---|---|---|
| 610000 | 完井作业 | | | | 219484.36 | |
| 611000 | 搬迁 | 井次 | 1.00 | 58810.50 | 58810.50 | |
| 612000 | 井筒准备 | 井次 | 1.00 | 27916.00 | 27916.00 | |
| 613000 | 配合井下作业 | | | | 35588.00 | |
| 613100A | 配合射孔 | 井次 | 1.00 | 18623.00 | 18623.00 | |
| 613100B | 配合射孔 | 井次 | 1.00 | 16965.00 | 16965.00 | |
| 614000 | 排液求产 | | | | 69118.86 | |
| 614100A | 排液求产 | 井次 | 1.00 | 16431.00 | 16431.00 | |
| 614100B | 排液求产 | 井次 | 1.00 | 52687.86 | 52687.86 | |
| 615000 | 起作业管柱 | | | | 6437.00 | |
| 615100 | 起射孔管柱 | 井次 | 1.00 | 6437.00 | 6437.00 | |
| 616000 | 下生产管柱 | | | | 7108.00 | |
| 616100 | 下油井生产管柱 | 井次 | 1.00 | 7108.00 | 7108.00 | |
| 617000 | 交井（封井） | | | | 14506.00 | |
| 617100 | 交井 | 井次 | 1.00 | 14506.00 | 14506.00 | |
| 620000 | 主要材料 | | | | 486740.00 | 甲方供应 |
| 621000 | 采油树 | 套 | 1.00 | 43940.00 | 43940.00 | |
| 622000 | 油管 | m | 3600.00 | 123.00 | 442800.00 | |
| 630000 | 大宗材料运输 | | | | 19900.00 | 甲方负责 |
| 631000 | 采油树运输 | 井次 | 1.00 | 1000.00 | 1000.00 | |
| 632000 | 油管运输 | 井次 | 1.00 | 18900.00 | 18900.00 | |
| 640000 | 技术服务 | | | | 183567.10 | |
| 641000 | 射孔 | | | | 183496.00 | |
| 641100 | 路途行驶 | km | 90.00 | 25.60 | 2304.00 | |
| 641200 | 射孔施工 | 射孔米 | 22.00 | 8236.00 | 181192.00 | |
| 650000 | 其他作业 | | | | 38000.00 | |
| 651000 | 环保处理 | | | | 38000.00 | |
| 651100 | 完井污水处理 | 井次 | 1.00 | 3000.00 | 3000.00 | |
| 651200 | 废弃完井液处理 | 井次 | 1.00 | 8500.00 | 8500.00 | |
| 652000 | 地貌恢复 | 井次 | 1.00 | 26500.00 | 26500.00 | |

# 8 建设单位管理

建设单位管理指建设单位对钻井工程实施全过程管理，其中相关管理性项目将发生费用，包括钻井工程管理、钻井设计、土地租用、环保管理、工程研究试验、工程保险、工程预备费管理等。

## 8.1 建设单位管理主要内容

### 8.1.1 钻井工程管理

钻井工程管理在勘探阶段应以发现及保护油气层为主，在开发阶段应以保护油气层及用钻井方式提高单井产量、提高采收率为主要目的。这里所讲钻井工程管理，主要指与发生建设单位管理费用相关的内容。

根据中国石油天然气股份有限公司 2005 年发布的《钻井工程管理规定》，钻井工程管理主要内容包括钻井工程方案编制与实施、钻井设计管理、钻井过程管理、钻井与地质监督管理、钻井资料与信息化管理、工程技术研究与应用以及健康、安全、环境管理。这里重点介绍与甲乙方密切相关的钻井监督管理。

钻井监督管理主要有钻井监督和地质监督，个别井还有测井监督和试油监督。根据中国石油天然气股份有限公司 2005 年发布的《钻井工程管理规定》，钻井监督、地质监督是油田公司派驻钻井施工现场的代表，依据钻井设计、钻井工程合同及有关技术规定、标准对钻井工程施工项目实施监督。日费制井钻井监督配备 4 人/井，总包制井住井钻井监督配备 2 人/井。住井地质监督配备 2～4 人/井。

目前钻井工程有总承包合同和日费合同等几种管理方式，每种管理方式的钻井工程现场监督的职责是有区别的。总承包合同方式监督责任轻，主要监督设计工程量是否按时保质保量完成。日费合同方式监督责任重，管理每天发生的人工、设备、材料消耗，协调各施工单位工作衔接，确认工程量和费用，权力大，责任大。不同的项目管理对监督的岗位职责要求有很大区别，下面举三个例子进行说明。

（1）日费制钻井监督现场管理主要职责。

①钻井监督代表油田公司对井上的工作实施有效的全方位管理，包括钻井生产组织、技术管理、成本控制管理，以及健康安全环境管理等。

②参与组织开钻验收工作，并以书面的形式提出开钻验收意见和整改要求。

③根据钻井设计和钻井工程合同要求对施工人员进行技术交底。

④负责钻头选型、钻具组合、取心、复杂情况与事故处理等日常生产的组织管理，以及钻井参数优选和技术措施的制定。每项作业前，应下达书面作业指令书。

⑤监督检查井控装备及套管等试压工作，监督钻井承包商和专业技术服务公司防喷演习等井控九项制度的执行情况，发现问题时督促钻井承包商和专业技术服务公司及时整改。

⑥监督检查钻井液性能指标、钻井液材料质量，进入油气层前应检查钻井液油气层保护性能。

⑦负责固井作业的组织，包括下套管的技术措施和前期准备工作，固井工具、套管及附件、水泥、外加剂等材料的质量检查以及固井施工和作业分析。

⑧负责单井成本管理，做好钻井时效分析和日成本核算。

⑨监督检查钻井承包商和专业技术服务公司健康、安全、环境管理措施的落实与应急预案的制定、演习。

⑩监督钻井承包商和专业技术服务公司收集和整理各项生产信息资料，负责每日生产汇报，对各类报表进行审核签字。参与完井验收，检查与验收钻井承包商和专业技术服务公司提交的完井验收资料，提交验收报告。

（2）总包制钻井监督现场管理主要职责。

①依据钻井设计、钻井工程合同及健康安全环境合同等对钻井承包商和专业技术服务公司的施工作业、施工质量以及健康安全环境管理措施等进行监督检查。

②参与开钻验收工作，并以书面的形式提出开钻意见和整改要求。

③监督检查钻井液性能、钻井液材料的质量和使用情况，监督油气层保护措施的落实。

④监督检查井控装备及套管等试压情况，监督检查钻井承包商和专业技术服务公司防喷演习等井控九项制度的落实。

⑤监督检查固井技术措施和固井前准备工作，检查水泥浆性能，监督整个固井施工过程。

⑥监督检查钻井承包商和专业技术服务公司健康安全环境管理措施以及应急预案的制定与落实情况。

⑦监督检查钻井承包商和专业技术服务公司钻井资料收集、整理及生产信息上报情况，督促钻井承包商和专业技术服务公司及时整理各种资料、上报各项生产信息。参与完井验收，参与检查与验收钻井承包商和专业技术服务公司提交的完井资料，提交验收报告。

（3）地质监督现场管理主要职责。

①地质监督代表油田公司对钻井现场的录井工作实施管理，包括录井前的验收、录井过程控制及录井资料的检查验收等。

②录井前对录井技术服务公司的队伍资质、仪器设备的安装和运行状况、录井材料准备情况等进行检查和验收，并提出书面意见，验收不合格的需提出整改要求。

③录井施工过程中，监督录井技术服务公司按照钻井地质设计收集和整理各项录井资料，确保资料的齐全准确。加强地层层位对比，落实标准层、标志层及钻井取心、井壁取心和油气显示的层位。做好随钻分析及地质预告，督促录井技术服务公司及时上报各种信息资料。遇油气显示新层位等特殊情况时，应及时上报油田勘探开发部门以便变更地质设计。

④参与完井讨论及各项录井资料的检查验收工作。完井后地质监督应提交以下资料：监督作业指令、监督日志、监督备忘录和监督工作总结。

### 8.1.2 钻井设计

#### 8.1.2.1 钻井设计内容与要求

##### 8.1.2.1.1 钻井设计内容

钻井设计是一口井钻井之前设计的指导钻井施工的依据，包括钻井地质设计、钻井工程设计。钻井地质设计确定一口井钻井的地质目标，钻井工程设计是实现地质目标的钻井技术保证。

##### 8.1.2.1.2 钻井设计基本要求

根据中国石油天然气股份有限公司2005年发布的《钻井工程管理规定》，基本要求摘要如下：

（1）油田公司负责钻井设计的编制，钻井设计编制单位应具备股份公司认可的相应资质。

（2）钻井设计应贯彻和执行有关健康、安全、环境管理标准和规范，应有明确的健康、安全、环境保护要求。

（3）钻井设计应强化钻井新工艺、新技术的应用。开发井钻井设计应结合油气藏特征优选水平井、分支井等钻井方式，保证钻井质量，提高油气井产量，满足油气田高效开发的要求。

（4）为了做好钻井工程设计，必须开展地层孔隙压力、坍塌压力、破裂压力（或漏失压力）预测基础研究，实现钻井液、水泥浆密度和井身结构优化设计。井身结构设计应执行以下原则：

①满足井控要求，浅气层应用套管封住。

②表层套管应有效保护地表水源。

③在地下矿产采掘区钻井，井筒与采掘坑道、矿井通道之间的距离不小于 100m，套管下深应封住开采层并超过开采段 100m。

④有效保护储层。

⑤同一裸眼井段尽量避免不同的压力系统，防止出现复杂情况和发生事故。

⑥探井、超深井、复杂井以及地层压力不清的井，套管设计时要留有一层备用套管的余地。

⑦含硫化氢、二氧化碳等有害气体和高压气井的生产套管、有害气体含量高的技术套管，其材质和螺纹应符合相应的技术要求。

（5）钻井工程设计应在接到钻井地质设计后 7～15 个工作日内完成，区域探井、重点探井等特殊井的设计完成时间根据油气田具体情况制定。

（6）钻井设计及修改设计要经过规定的审批程序和手续。钻井地质设计和钻井工程设计完成后，应分别由油田公司勘探开发部门、钻井工程管理部门和安全环保部门审核，报油田公司主管领导审批后实施。

（7）在油气田勘探开发建设中必须维护钻井设计的严肃性。钻井设计执行过程中若确需调整，调整后的钻井设计应报相应管理部门审核和主管领导批准，审批后方可实施。在紧急情况下现场技术人员可以采取应急措施，但应及时上报相应管理部门。

（8）油田公司应制定钻井设计考核办法与考核指标，钻井管理部门根据钻井设计的符合情况对钻井设计部门进行考核。钻井设计人员应进行设计后的跟踪，不断优化钻井工艺技术，以提高钻井设计的合理性、准确性。全年开发井钻井设计符合率不低于 95%，单井主要考核项目包括钻井周期符合程度；地层孔隙压力预测精度；井身结构合理性；钻井液体系与地层匹配性。

#### 8.1.2.2 钻井地质设计

钻井地质设计主要包括设计井的区域地质概况、地理及环境资料、设计井的地质任务与钻探目的，其中包含设计井深、目的层位、完钻准则和完井方法。在钻井地质设计中，还包含本井要钻遇的地层预测，给出分层深度、岩性特征、地层倾角与走向、主要故障提示等。还要对钻井过程中的资料录取提出安排与要求，以便钻井施工时加以配合。钻井地质设计中一个很重要的方面是地层压力预测，需提供邻井测压资料，给出本井的地层孔隙压力和破裂压力剖面。最后要提供该井与邻井间的构造井位图。

##### 8.1.2.2.1 探井钻井地质设计

根据中国石油天然气股份有限公司 2004 年发布的《探井钻井设计编制规范》，探井钻井地质设计内容如下。

（1）井区自然状况：包括地理简况；气象、水文、海况；灾害性地理地质现象。

（2）基本数据：包括勘探项目；井号、井别、井型；地理位置；构造位置；测线位置；

大地坐标；地面海拔；设计井深；完钻层位；目的层；井位水深；水域位置；靶心数据。

（3）区域地质简介：包括构造概况；地层概况；生、储油层分析及封（堵）盖条件；邻井钻探成果；圈闭地质条件分析；地质风险分析。

（4）设计依据及钻探目的：包括设计依据；钻探目的；完钻层位及原则、完井方法；钻探要求。

（5）设计地层剖面及预计油气层、特殊层位置：包括地层分层；分组、段岩性简述；油气层、特殊层简述。

（6）工程要求：包括地层压力；钻井液类型及性能使用原则；井身质量要求；套管程序及固井质量要求。

（7）资料录取要求：包括岩屑录井；综合录井；循环观察（地质观察）；钻井取心；井壁取心；钻井液录井；荧光录井；地化录井；酸解烃、罐装气；碳酸盐岩分析；泥页岩密度；地层漏失量；压力检测（dc 指数）；特殊录井要求；化验分析选送样品要求。

（8）地球物理测井：包括原则及要求；测井内容。

（9）试油（中途测试）：包括试油（中途测试）原则；试油（中途测试）要求。

（10）设计及施工变更：包括设计变更程序；目标井位变更程序。

（11）上交资料要求。

（12）钻井地质设计附件、附图：包括附件（井位批复文件及文件编号）；附图（主要目的层构造图，岩性、地层分析图件，定向井提供断面分析图，过井主测线、联络线、连井任意线地震解释剖面，过井主测线、连井任意线地震地质解释剖面，地质预告柱状剖面图，交通及地理位置图）。

8.1.2.2.2 开发井钻井地质设计

根据中国石油天然气股份有限公司 2004 年发布的《开发井钻井设计编制规范》，开发井钻井地质设计内容如下。

（1）井区自然概况：包括地理简况；气象、水文；灾害性地理地质现象。

（2）地质简介：包括构造概况；标准地层剖面；储集层特征；油气藏简述；勘探开发简况；已钻井复杂情况。

（3）设计依据及开发部署：包括设计目的；设计依据；布井结果；分批实施顺序。

（4）设计分层数据表：根据地层岩性、物性、岩石敏感性、高陡、断层、高压、含油气水及特殊矿物等的空间展布规律，对钻井施工分段进行防斜、防漏、防卡、防喷、防垮塌及保护油气层等提示。

（5）工程要求：包括地层压力；钻井液类型及性能；井身质量；井身结构要求；完井质量要求；

（6）资料录取要求：包括录井项目、井段、间距及质量；电测项目、井段、比例及要求。

（7）健康、安全与环境管理：包括基本要求；健康管理要求；安全管理要求；环境管理要求；钻遇含有毒、有害气体层段要求。

（8）设计及施工变更：包括设计变更程序；目标井位变更程序；施工计划变更程序。

（9）技术要求。

（10）附件、附图：包括过井地震剖面图；区块目的层井位构造图；其他。

8.1.2.3 钻井工程设计

钻井工程设计包括工艺设计、进度设计和投资预算三部分。工艺设计主要内容包括井身结构设计、钻井主要设备选择、井身质量要求、钻具组合、钻井液设计、钻井参数选择、保护油气层的措施与要求、油气井压力控制、固井设计、各次开钻或分段施工重点要求、地层孔隙压力监测要求、地层漏失试验要求、完井井口装置、环保要求等，包括了从一开准备到固完井的全部施工环节。钻井进度设计是按工序测算出单井的钻井进度（天数）计划，并作出时深图。钻井投资预算是按工序测算出钻井施工各个阶段发生的费用，包括钻井施工风险费。

8.1.2.3.1 探井钻井工程设计

根据中国石油天然气股份有限公司2004年发布的《探井钻井设计编制规范》，探井钻井工程设计内容如下。

（1）设计依据：包括构造名称；地理及环境资料；地质要求；地质分层及油气水层；储层简要描述。

（2）技术指标及质量要求：包括井身质量要求；固井质量要求；钻井取心及井壁取心质量要求；录取资料要求。

（3）工程设计：包括井下复杂情况提示；地层可钻性分级及地层压力预测；井身结构；钻机选型及钻井主要设备；钻具组合；钻井液；钻头及钻井参数设计；井控设计；欠平衡钻井设计；取心设计；地层孔隙压力监测；地层漏失试验；中途测试技术要求；测井技术要求；油气层保护措施；固井设计；新工艺、新技术应用设计；各次开钻或分井段施工重点要求；完井设计；弃井要求；钻井进度计划。

（4）健康、安全与环境管理：包括基本要求；健康、安全与环境管理体系要求；关键岗位配置要求；健康管理要求；安全管理要求；环境管理要求。

（5）生产信息及完井提交资料：包括生产信息类资料；完井提交资料。

（6）附则：包括钻井施工设计要求；特殊施工作业要求。

（7）附件：包括邻区邻井资料分析；邻区邻井已钻井情况；邻区邻井地层可钻性分级；邻区邻井地层压力；邻井测温情况；邻区邻井已钻井地层岩石矿物组分及储层油气水层物性。

8.1.2.3.2 开发井钻井工程设计

根据中国石油天然气股份有限公司2004年发布的《开发井钻井设计编制规范》，开发井钻井工程设计内容如下。

（1）设计依据：包括构造名称；地理及环境资料；地质要求；地质分层及油气水层；邻井注入井压力情况；邻井产液气情况。

（2）技术指标及质量要求：包括井身质量要求；固井质量要求；钻井取心质量要求；录取资料要求。

（3）工程设计：包括井下复杂情况提示；地层可钻性分级及地层压力；井身结构；钻机选型及钻井主要设备；钻具组合；钻井液；钻头及钻井参数设计；井控设计；欠平衡钻井设计；取心设计；地层孔隙压力监测；地层漏失试验；油气层保护措施；固井设计；新工艺、新技术应用设计；各次开钻或分井段施工重点要求；完井设计；弃井要求；钻井进度计划。

（4）健康、安全与环境管理：包括基本要求；健康、安全与环境管理体系要求；关键岗位配置要求；健康管理要求；安全管理要求；环境管理要求。

（5）生产信息及完井提交资料：包括生产信息类资料；完井提交资料。

（6）附则：包括钻井施工设计要求；特殊施工作业要求。

（7）附件：包括邻井资料分析；邻井已钻井情况；邻井地层可钻性分级；邻井地层压力；邻井测温情况；邻井已钻井地层岩石矿物组分及储层油气水层物性。

8.1.2.3.3　钻井工程投资预算

2004 年发布的《探井钻井设计编制规范》和《开发井钻井设计编制规范》，分别给出了探井和开发井钻井工程投资预算书格式，两个投资预算书模式完全一样，只是探井中增加了一项中途测试费，主要内容见附录 A 中的“A.4 中国模式”。工程量清单计价模式见“9.1 钻井工程造价预算编制”。

### 8.1.3　土地租用

8.1.3.1　土地租用内容与取得方式

8.1.3.1.1　土地租用内容

土地租用指 1 口井或 1 个井组的进井场道路、井场和生活区用地，分为永久性用地和临时性用地。一般情况下，进井场道路用地和井场用地的一部分为永久性用地，井场的另一部分和生活区用地为临时性用地。

8.1.3.1.2　土地取得方式

根据 2001 年 10 月 18 日国土资源部令第 9 号《划拨用地目录》规定，在国家重点扶持的能源、交通、水利等基础设施用地中油（气、水）井场及作业配套设施建设，由建设单位提出申请，经有批准权的人民政府批准，方可以划拨方式提供土地使用权。另外，根据国土资源部 1999 年《关于石油天然气行业钻井及配套项目建设用地的复函》（国土资函［1999］219 号）要求，目前油气田建设用地采用“先用后批”的政策，各油气田企业先按临时用地办理手续，再补报永久用地手续。2009 年以前钻井用地以划拨方式取得，因此一般称为土地征用。而 2009 年新修订的《划拨用地目录》中取消了石油行业建设用地项目，即以后要以有偿方式获得土地使用权，因此钻井用地需要采取租用土地的方式。

8.1.3.2　钻井用地标准

8.1.3.2.1　井场用地

根据石油行业标准 SY/T 5466—2004《钻前工程及井场布置技术要求》规定，井场用地面积指钻机主要设备、辅助设施、沉砂池、污水池、生产用房、锅炉房和井场道路所占的面积，各级别钻机井场用地面积见表 8-1。对于山区、沙漠、滩海等特殊地形地貌需要根据实际情况进行调整。

**表 8-1　各级别钻机井场用地面积**

| 序 号 | 钻 机 级 别 | 井场面积（$m^2$） | 长度（m） | 宽度（m） |
|---|---|---|---|---|
| 1 | 1000m | 3600 | 60 | 60 |
| 2 | 2000m | 3900 | 60 | 65 |
| 3 | 3000m | 4900 | 70 | 70 |
| 4 | 4000m | 9000 | 100 | 90 |
| 5 | 5000m | 10000 | 100 | 100 |
| 6 | 7000m | 12000 | 120 | 100 |
| 7 | 7000m 以上 | 大于 12000 | 大于 120 | 大于 100 |

（1）实施欠平衡钻井作业的还应在井场两侧分别增加一个面积不小于 1000$m^2$ 的燃烧池和放喷池，其池体高度应在 2m 以上，池体中心距井口应在 75m 以上。

（2）在环境敏感地区，如盐池、水库、河流等，应在右侧增加一个专用的体积不少于 200$m^2$ 的放喷池，池体中心距井口应在 75m 以上。

（3）从式井应根据设计要求，预留出相应的井场面积。

（4）在人口稠密地区，最小安全使用面积不低于表 8-1 的 80%。

（5）进行特殊工艺井施工时应根据施工的特殊性、车辆多少等，在上述规定的基础上，适当增加井场面积。

8.1.3.2.2　生活区用地

石油行业标准 SY/T 5466—2004《钻前工程及井场布置技术要求》中没有具体规定野营房的占地面积，只提出了野营房应置于井场边缘 50m 外的上风处。统计了部分油田在用生活区用地面积标准，见表 8-2。

**表 8-2　部分油田各级别钻机在用生活区用地面积**

| 序号 | 钻机级别 | A 油田（$m^2$） | S 油田（$m^2$） | L 油田（$m^2$） | C 油田（$m^2$） | D 油田（$m^2$） | H 油田（$m^2$） | Q 油田（$m^2$） | T 油田（$m^2$） |
|---|---|---|---|---|---|---|---|---|---|
| 1 | 1000m | | | | | | | | |
| 2 | 2000m | 800 | | | | | 1350 | | |
| 3 | 3000m | 800 | | 2000 | | | 1500 | 3000 | 4800 |
| 4 | 4000m | 4200 | 2400 | 2000 | 1600 | 3600 | 2100 | 4800 | 4800 |
| 5 | 5000m | 4200 | 2400 | 2000 | | 4200 | 2100 | 4800 | 4800 |
| 6 | 7000m | | 2400 | | 2300 | 4900 | 2100 | | 6000 |

8.1.3.2.3　进井场道路用地

根据石油行业标准 SY/T 5466—2004《钻前工程及井场布置技术要求》规定，油气田的单井井场宜采用 JTJ01 规定的四级公路标准；特殊地区（如沙漠、草原、海滩）的井，可修建能满足运输通行条件的道路。按此标准进井场道路宽度为 6.5m 以上。

据 8 个油田 41 年 27566 条进井场道路统计，平均每条道路长度约为 334m，宽度约为 7.5m，面积约为 2487$m^2$。表 8-3 列出了部分油田进井场道路用地面积情况。

**表 8-3　部分油田进井场道路用地面积情况**

| 序号 | 油田 | 单位 | 探井 | 开发井 |
|---|---|---|---|---|
| 1 | A 油田 | $m^2$ | 1800 | 1800 |
| 2 | J 油田 | $m^2$ | 1200 | 1200 |
| 3 | L 油田 | $m^2$ | 3000 | 600 |
| 4 | D 油田 | $m^2$ | 1600 | 1600 |
| 5 | Z 油田 | $m^2$ | 4500 | 4500 |
| 6 | C 油田 | $m^2$ | 5700 | 5700 |
| 7 | X 油田 | $m^2$ | 3870 | 3870 |
| 8 | TL 油田 | $m^2$ | 58560 | 58560 |

8.1.3.2.4　用地指标

住房和城乡建设部、国土资源部发布建标［2009］7 号文件，批准《石油天然气工程项目建设用地指标》作为全国统一的建设用地指标，于 2009 年 4 月 1 日起施行。其中规定了进井场道路、采油井场、注水井场和采气井场建设用地指标，并给出了地形地貌调整系数，见表 8-4 至表 8-9。这些指标是永久性用地的上限，需要在钻井用地时注意。

**8.1.4　环保管理**

指根据国家和地方政府有关环保要求，在一些地区必须实施的环境评价和环保监测。

**表 8-4 进井场道路建设用地指标**

| 序 号 | 地 形 地 貌 | 用地宽度（m） |
|---|---|---|
| 1 | 平原 | 6 |
| 2 | 沼泽 | 9 |
| 3 | 滩涂 | 11 |
| 4 | 沙漠 | 10 |
| 5 | 黄土山坡 | 13 |
| 6 | 山岭重丘 | 9 |

本指标仅适用于进井场道路长度小于 1000m 情况。

**表 8-5 采油井场建设用地指标**

| 序 号 | 类 别 | 用地面积（$m^2$） |
|---|---|---|
| 1 | 井深≤1000m | 800 |
| 2 | 1000m＜井深≤3000m | 1200 |
| 3 | 井深＞3000m | 2000 |

（1）此指标为平原地形地貌单井井场建设用地指标。

（2）同一井场每增加一口井，用地面积在单井井场用地面积基础上增加 20%。

（3）若井场摆放发电房和储油罐，则用地面积依次调整为 1000$m^2$、1500$m^2$、2400$m^2$。

**表 8-6 注水井场建设用地指标**

| 序 号 | 类 别 | 用地面积（$m^2$） |
|---|---|---|
| 1 | 井深≤4000m | 600 |

此指标为平原地形地貌单井井场建设用地指标。

**表 8-7 采气井场建设用地指标**

| 序 号 | 类 别 | 用地面积（$m^2$） |
|---|---|---|
| 1 | 井深≤1000m | 800 |
| 2 | 1000m＜井深≤3000m | 1200 |
| 3 | 井深＞3000m | 2000 |

（1）此指标为平原地形地貌单井井场建设用地指标。

（2）对于高含硫化氢气体、高压、高危险气井在安全范围内需要拆迁的用地按相关规定处理。

**表 8-8 采油和采气井场地形地貌调整系数**

| 序 号 | 地 形 地 貌 | 井深≤1000m | 1000m＜井深≤3000m | 井深＞3000m |
|---|---|---|---|---|
| 1 | 沼泽 | 3.36 | 2.92 | 2.25 |
| 2 | 滩涂 | 4.99 | 4.50 | 4.65 |
| 3 | 沙漠 | 1.88 | 1.67 | 1.50 |
| 4 | 黄土山坡 | 2.41 | 2.06 | 1.79 |
| 5 | 山岭重丘 | 5.42 | 5.92 | 5.00 |

（1）本表调整系数系以钻井井场用地不可恢复为条件确定的。

（2）特殊地形地貌井场建设用地 = 平原地形地貌建设用地指标×地形地貌调整系数。

表 8-9　注水井场地形地貌调整系数

| 序 号 | 地 形 地 貌 | 井深≤1000m | 1000m＜井深≤3000m | 井深＞3000m |
|---|---|---|---|---|
| 1 | 沼泽 | 4.48 | 5.84 | 8.01 |
| 2 | 滩涂 | 6.65 | 8.99 | 15.52 |
| 3 | 沙漠 | 2.00 | 2.00 | 2.00 |
| 4 | 黄土山坡 | 2.63 | 2.63 | 2.63 |
| 5 | 山岭重丘 | 7.23 | 11.83 | 16.65 |

（1）本表调整系数系以钻井井场用地、施工场地不可恢复为条件确定的。

（2）特殊地形地貌井场建设用地 = 平原地形地貌建设用地指标×地形地貌调整系数。

### 8.1.5　工程研究试验

根据中国石油天然气股份有限公司 2005 年发布的《钻井工程管理规定》，钻井工程方案前期研究和设计费用以及钻井工程技术先导试验费用纳入钻井工程预算。

油田公司负责钻井工程方案的编制，钻井工程方案是油气田勘探开发方案的重要组成部分，是单井钻井设计的依据和基础。根据勘探开发目的的不同，钻井工程方案分为勘探钻井工程方案与开发钻井工程方案。

### 8.1.6　工程保险

指根据需要，全部钻井工程或其中某一单位工程及在施工过程中的材料、设备为保险标的的保险，需要由建设单位向相关保险公司支付一定数额的保险费。根据中国人民保险公司工程险附加条款中钻井工程特别条款，钻井工程的责任范围将限制在下列风险引起的损失：地震、火山爆发、海啸；暴风雨、龙卷风、洪水、滑坡；井喷或形成坑状；火灾、爆炸；自涌水流；实践中无法克服的泥浆损失；实践中无法克服的洞孔塌方或由于异常页岩膨胀导致洞壁塌方。

### 8.1.7　工程预备费管理

根据国家有关规定，基本建设项目中要考虑预备费，并分为基本预备费和涨价预备费。对于钻井工程而言，也要考虑工程预备费，主要是基本预备费和涨价预备费。基本预备费指在钻井工程项目实施中可能发生难以预料支出而需要事先预留的费用，又称不可预见费，主要指设计变更及施工过程中可能增加工程量的费用。涨价预备费指从估算时到钻井工程项目完成期间内因人工、设备、材料等价格上涨以及费率、利率、汇率等变化，引起工程项目投资增加而需要事先预留的费用，亦称价差预备费或价格变动不可预见费。

## 8.2　建设单位管理费计算方法

### 8.2.1　建设单位管理工程量计算规则

建设单位管理一般按 1 口井进行工程量计算。建设单位管理工程量计算规则如表 8-10 所示。

表 8-10　建设单位管理工程量计算规则

| 编　码 | 项 目 名 称 | 计量单位 | 工程量计算方法 |
|---|---|---|---|
| 700000 | 建设单位管理 | | |
| 710000 | 钻井工程管理 | | |

续表

| 编　码 | 项 目 名 称 | 计量单位 | 工程量计算方法 |
|---|---|---|---|
| 711000 | 建设单位管理 | 口井 | 1 口井 |
| 712000 | 钻井工程监督 | d | Σ监督工作时间（d） |
| 720000 | 钻井设计 | | |
| 721000 | 钻井地质设计 | 口井 | 1 口井 |
| 722000 | 钻井工程设计 | 口井 | 1 口井 |
| 730000 | 土地租用 | 口井 | 1 口井 |
| 740000 | 环保管理 | | |
| 741000 | 环境评价 | 口井 | 1 口井 |
| 742000 | 环保监测 | 次 | Σ环保监测次数（次） |
| 750000 | 工程研究试验 | 项 | Σ工程研究试验数量（项） |
| 760000 | 工程保险 | 口井 | 1 口井 |
| 770000 | 工程预备费 | 口井 | 1 口井 |

### 8.2.2　建设单位管理费构成及计算方法

建设单位管理费由钻井工程管理费、钻井设计费、土地租用费、环保管理费、工程研究试验费、工程保险费和工程预备费构成。建设单位管理费构成内容及计算方法如表 8-11 所示。

**表 8-11　建设单位管理费构成**

| 编　码 | 项 目 名 称 | 计价单位 | 造价计算方法 |
|---|---|---|---|
| 700000 | 建设单位管理费 | 元/口井 | 710000+720000+…+760000+770000 |
| 710000 | 钻井工程管理费 | 元/口井 | 7110000+712000 |
| 711000 | 建设单位经费 | 元/口井 | 钻井工程费×经费费率（%） |
| 712000 | 工程监督费 | 元/口井 | Σ综合单价（元/d）×监督工作时间（d） |
| 720000 | 钻井设计费 | 元/口井 | 7210000+722000 |
| 721000 | 钻井地质设计 | 元/口井 | 综合单价（元/口井） |
| 722000 | 钻井工程设计 | 元/口井 | 综合单价（元/口井） |
| 730000 | 土地租用费 | 元/口井 | 综合单价（元/口井） |
| 740000 | 环保管理费 | 元/口井 | 7410000+742000 |
| 741000 | 环境评价 | 元/口井 | 综合单价（元/口井） |
| 742000 | 环保监测 | 元/口井 | Σ综合单价（元/次）×环保监测次数（次） |
| 750000 | 工程研究试验费 | 元/口井 | Σ综合单价（元/项）×工程研究试验数量（项） |
| 760000 | 工程保险费 | 元/口井 | Σ钻井工程费×保险费率（%） |
| 770000 | 工程预备费 | 元/口井 | 钻井工程费×工程预备费率（%） |

### 8.2.3　建设单位管理费其他计算方法

#### 8.2.3.1　钻井工程管理费

##### 8.2.3.1.1　建设单位经费

指建设单位（如勘探项目部、开发项目部）管理人员发生的相关费用，不包括应计入设备、材料价格的建设单位采购及保管费用。建设单位经费按照钻井工程费乘以建设单位经费费率计算。建设单位经费费率按照钻井工程项目的不同性质、不同规模分别确定，一般情况下费率标准为1%～3%。有的项目按照规定的额度计取建设单位经费。

8.2.3.1.2　工程监督费

根据2005年发布的《中国石油天然气股份有限公司勘探与生产工程监督管理办法》，工程监督费用由油田公司工程监督管理费和工程监督聘用费组成。油田公司工程监督管理费包括工程监督的培训、差旅、劳保、交通、通讯、住宿、办公及优秀工程监督年终奖励等费用。工程监督聘用费包括工程监督服务机构的管理费和工程监督个人费用。工程监督个人费用包括工程监督的工资、津贴、补贴、奖金等。

油田公司工程监督管理机构应根据所监督的工程项目类型、工作量、难易程度、技术含量、工作环境、监督本人的技术水平等因素确定监督的个人费用。

工程监督费用是勘探与生产工程项目投资的重要组成部分，工程投资预算中包含工程监督费用。对于单井而言，往往采用监督日费乘以监督工作时间确定。各油田可根据工程项目的类型、工作量、难易程度等因素确定监督费用的比例，各专业监督费用预算标准如下，仅供参考。

（1）钻井监督。

日费制：钻井工程投资预算的2%～5%；总包制：钻井工程投资预算的1%～3%。

（2）地质监督。

钻井工程投资预算的2%～4%。

（3）试油监督。

试油工程投资预算2%～5%。

测井和井下作业监督费用标准可根据工程项目或按人月费用测算。

8.2.3.2　钻井设计费

钻井设计费计价主要分为三种类型：以口井为单位计价、以钻井米为单位计价、以工程直接费为基数按百分比计价。举例如下。

（1）以口井为单位计价（参见表8-12至表8-15）。

**表8-12　以井别为主要分类基础计价**

| 序号 | 项　目 | 费用标准（元） |
|---|---|---|
| 1 | 探井 | 4490 |
| 2 | 开发井 | 1900 |
| 3 | 调整井 | 2290 |
| 4 | 侧钻井 | 2280 |
| 5 | 特殊工艺井 | 5480 |

**表8-13　以井深为主要分类基础计价**

| 项　目 | | | 标准设计费 | 单井设计费 |
|---|---|---|---|---|
| 序号 | 设计井深（m） | 单位 | 金　额 | |
| 1 | $H \leqslant 600$ | 元 | 25000 | 600 |
| 2 | $600 < H \leqslant 2000$ | 元 | 40000 | 1200 |
| 3 | $2000 < H \leqslant 4000$ | 元 | 60000 | 1800 |
| 4 | $H > 4000$ | 元 | 80000 | 2500 |

**表 8-14　以井深和井别为主要分类基础计价**

| 序号 | 井　别 | 单位 | 井深（m） | | | | |
|---|---|---|---|---|---|---|---|
| | | | $H$<2000 | 2000≤$H$<3000 | 3000≤$H$<4000 | 4000≤$H$<5000 | $H$≥5000 |
| 工程设计费 | | | | | | | |
| 1 | 探井 | 元 | 3500 | 5000 | 10000 | 20000 | 40000 |
| 2 | 生产评价井 | 元 | 3000 | 4500 | 9000 | 12500 | 25000 |
| 3 | 调整井 | 元 | 2500 | 4000 | 6500 | 10000 | 20000 |
| 4 | 生产井 | 元 | 2000 | 3000 | 5000 | 9000 | 15000 |
| 地质设计费 | | | | | | | |
| 1 | 探井 | 元 | 1750 | 2500 | 5000 | 10000 | 20000 |
| 2 | 生产评价井 | 元 | 1500 | 2250 | 4500 | 6250 | 12500 |
| 3 | 调整井 | 元 | 1250 | 2000 | 3250 | 5000 | 10000 |
| 4 | 生产井 | 元 | 1000 | 1500 | 2500 | 4500 | 7500 |

**表 8-15　以井型和井别为主要分类基础计价**

| 序号 | 井　　别 | 单 位 | 直 井 | 定向井 | 水平井、大位移井、开窗侧钻井 |
|---|---|---|---|---|---|
| 1 | 探井（包括滚动开发井） | 元 | 16200 | 21000 | |
| 2 | 油井开发井 | 元 | 9600 | 15000 | 18200 |
| 3 | 气井开发井 | 元 | 14000 | 19000 | |
| 4 | 补充设计 | 元 | 8000 | 8000 | 8000 |

（2）以钻井米为单位计价。

探井按 15 元/钻井米取费；开发井按 0.5 元/钻井米取费。

（3）以工程直接费为基数按百分比计价。

地质设计费按钻井工程、固井工程、测井工程、录井工程、试油工程直接费 1.5‰计取。

工程设计费按钻井工程、固井工程、测井工程、录井工程、试油工程直接费 2‰计取。

8.2.3.3　土地租用费

土地租用费包括取得土地发生的土地补偿费、安置补助费、地面附着物补偿费、青苗赔偿费、土地开垦费、土地管理费、耕地占用税、其他费（契税、测绘费、地价评估费、地质灾害评估费、压覆矿藏费、环境评估费、文物考古费、育林费、河道占用费、乡村道路补偿费、工本费、土地预审费、水利建设基金、社保基金、调规费等，各地一般达数十项）。

（1）土地补偿费。

永久性征用耕地的补偿标准，市区所辖按征用前 3 年平均亩产值的 6 倍计算，县区所辖按征用前 3 年平均亩产值的 5 倍计算。具体补偿标准由省、自治区、直辖市人民政府在此范围内制定。征用无收益土地不予补偿。

（2）青苗补偿费。

永久性征地青苗赔偿按亩产值的 1 倍计算，临时占地赔偿按井场占用时间、道路占用情况等分别测定，一般按年产值的 0.5～1 倍计算。

（3）安置补助费。

征用耕地、菜地，每个农业人口的安置补助费为该地每亩年产值的 3～4 倍，每亩耕地的安置补助费最高不得超过其年产值的 15 倍。

（4）耕地占用税或城镇土地使用税、土地登记费及征地管理费。

县市土地管理机关从征地费中提取 1%～4%。

土地租用一般由油田公司土地管理部门负责，做钻井工程预算时一般按口井计价。

土地租用费（元/口井）= 永久性征地费+临时征地费+其他费。

永久性征地费 = 土地补偿费+安置补助费+耕地占用税。

临时性征地费 =（永久性占地面积+临时性占地面积）×临时青苗赔偿标准。

其他费 =（永久性征地费+临时性征地费）×比率。

各油田土地租用费定额表现形式主要以 $m^2$ 和口井为计价单位，表 8-16 和表 8-17 给出了取费标准实例。最新发展趋势以当地政府发布的区片地价为标准进行计价。

**表 8-16　土地租用费举例**　　单位：$m^2$

| 项　目 | | 农　田 | | | | 戈　壁 | | |
|---|---|---|---|---|---|---|---|---|
| 钻机级别（m） | 单位 | 永久征地费 | 临时井场征地费 | 临时道路征地费 | 复耕费 | 永久征地费 | 临时井场征地费 | 临时道路征地费 |
| 7000 | 元 | 53 | 37 | 37 | 2.5 | 0.135 | 0.135 | 0.135 |
| 5000 | 元 | 53 | 37 | 37 | 2.5 | 0.135 | 0.135 | 0.135 |
| 4000 | 元 | 53 | 37 | 37 | 2.5 | 0.135 | 0.135 | 0.135 |
| 3000 | 元 | 53 | 37 | 37 | 2.5 | 0.135 | 0.135 | 0.135 |

**表 8-17　土地租用费举例**　　单位：口井

| 项　目 | | 农　田 | | | | 戈　壁 | | |
|---|---|---|---|---|---|---|---|---|
| 钻机级别（m） | 单位 | 永久征地费 | 临时井场征地费 | 临时道路征地费 | 复耕费 | 永久征地费 | 临时井场征地费 | 临时道路征地费 |
| 7000 | 元 | 402800 | 296000 | 222000 | 20000 | 1026 | 1080 | 810 |
| 5000 | 元 | 402800 | 251600 | 222000 | 17000 | 1026 | 918 | 810 |
| 4000 | 元 | 402800 | 225700 | 222000 | 15250 | 1026 | 824 | 810 |
| 3000 | 元 | 402800 | 225700 | 222000 | 15250 | 1026 | 824 | 810 |

#### 8.2.3.4　环保管理费

环境评价费和环保监测费指根据国家有关规定，由政府环保部门对钻井工程噪声、大气、废水等进行监测和钻井施工环境进行评价而发生的费用，按照相关规定执行。

#### 8.2.3.5　工程研究试验费

按照中国石油天然气股份有限公司 2005 年发布的《钻井工程管理规定》，钻井工程方案前期研究和设计费用纳入钻井工程预算，按钻井工程项目投资的 0.05%～0.1%列支。钻井工程技术先导试验费用纳入工程预算，按年度钻井工程总投资的 0.5%～0.8%列支。对于单井费用预算，可根据工程研究试验项目的数量和预算额度确定。

#### 8.2.3.6　工程保险费

工程保险费根据保险公司的有关规定和保险额度确定，工程保险费率没有统一标准，一般在千分之几。

#### 8.2.3.7　工程预备费

（1）基本预备费。

基本预备费按钻井工程总费用乘以基本预备费费率计算。在勘探开发项目建议书和可行性研究阶段，钻井工程预备费费率一般要考虑 10%～15%；在勘探开发方案编制阶段，钻井工程预备费费率一般要考虑 5%～10%。

（2）涨价预备费。

涨价预备费一般根据国家规定的投资综合价格指数，按估算年份价格水平的投资额为基数，采用复利方法计算，计算公式为

$$PF=\sum_{t=0}^{n} It[(1+f)^t-1]$$

式中，$PF$ 为涨价预备费；$n$ 为建设期年份；$It$ 为建设期第 $t$ 年的投资计划额；$f$ 为年均投资价格上涨率。

# 9　钻井工程造价预算和指标编制

钻井工程造价预算说法很多，如“钻井工程投资预算”、“钻井工程费用预算”、“钻井工程预算”。考虑到钻井工程造价管理的系统性，这里称为“钻井工程造价预算”，并举例说明工程量清单计价模式的钻井工程造价预算编制方法。

钻井工程造价指标包括概算指标、估算指标、投资参考指标和钻井造价指数，是以 1 口井、1 个区块、1 个油田甚至 1 个公司为研究对象和目标，这里给出各种造价指标编制方法和应用说明。

## 9.1　钻井工程造价预算编制

### 9.1.1　钻井工程造价预算书编制内容

单井钻井工程造价预算书编制内容主要包括封面、签字页、目录、正文和附件等 5 部分，其中正文包括编制说明、分部分项工程量清单、分部分项工程造价预算、钻井工程造价预算、技术经济指标分析等 5 项内容。

9.1.1.1　封面

封面模式见图 9-1。

中国石油

构　造：________________

井　别：________　井　型：________

_____井钻井工程造价预算书

中国石油天然气股份有限公司

×××油田分公司

图 9-1　钻井工程造价预算书封面模式

9.1.1.2　签字页

签字页的具体内容需要根据各油田管理模式确定，这里给出一种签字页模式，见图 9-2。

井　　号：________________

编制单位：________________

预 算 额：________________

编 制 人：（签字）________________

日期：________

编制单位审核人：（签字）________________

日期：________

（编制单位盖章）

预算审定额：________________

造价中心审核人：（签字）________________

日期：________

造价中心批准人：（签字）________________

日期：________

（审核单位盖章）

图 9-2　钻井工程造价预算书签字页模式

9.1.1.3　目录

目录内容包括编制说明、分部分项工程量清单、分部分项工程造价预算、钻井工程造价预算、技术经济指标分析和附件等 6 项内容及其对应的页码。

以下面某油田 1 口开发井为例，说明正文和附件的具体编制方法。

如根据某油田钻井地质和工程工程设计，表 9-1 给出某口开发井井身结构要求。

**表 9-1　某油田某口开发井井身结构数据要求**

| 序号 | 钻进井段 | 钻头规格（mm） | 井深（m） | 进尺（m） |
|---|---|---|---|---|
| 1 | 一开钻进 | 444.5 | 850 | 850 |
| 2 | 二开钻进 | 311.1 | 2450 | 1600 |
| 3 | 三开钻进 | 215.9 | 3900 | 1450 |

### 9.1.2 钻井工程造价预算编制方法

9.1.2.1 编制说明

（1）工程概况。

根据钻井地质设计和钻井工程设计以及现场勘察情况，说明与本井相关的工程情况。如井位的地理位置、井位坐标、井场位置的基本地形地貌情况，井别、井型、井身结构设计参数，每次开钻后测井、录井、欠平衡钻井、定向钻井等特殊作业要求，计划开工时间等。

（2）设备和人员。

说明钻井工程施工拟采用的钻井设备、固井设备、测井设备、录井设备、完井设备、定向服务设备、压裂或酸化设备等主要设备以及施工队伍人员情况或钻井承包商和技术服务承包商情况。如本井拟采用长城钻井公司 ZJ-50L 钻机，本井二开采用数控测井系列，三开采用 5700 测井系列，测井作业拟由中油测井公司负责实施等。

（3）主要材料。

说明钻井工程主要材料负责供应单位。如本井套管、油管、采油树、生产套管附件、固井水泥及外加剂为建设单位负责供应并送到井场等。

（4）主要计价依据。

说明工程造价预算编制依据的主要计价标准情况。如某油田公司钻井工程定额，当地政府颁布的土地价格、材料价格、运输价格、税费标准等，本井取增值税、城乡维护建设税和教育费附加的折算税率 1%。

（5）其他需要说明的问题。

说明对本井进行工程造价预算有影响的其他情况或问题。如特殊工程单独采用技术服务承包商报价或询价，本井进行某项新工艺新技术试验等。

9.1.2.2 分部分项工程量清单

分部分项工程量清单指根据钻井地质设计、钻井工程设计和相关技术标准，按钻前工程、钻进工程、固井工程、录井工程、测井工程、完井工程、建设单位管理，分别列出相应的分部分项工程清单。举例如表 9-2 至表 9-8 所示。

**表 9-2 钻前工程量清单**

| 编码 | 项目名称 | 计量单位 | 工程量 | 备注 |
|---|---|---|---|---|
| 110000 | 井位勘测 | | | |
| 113000 | 井位测量 | 井次 | 2 | |
| 120000 | 道路修建 | | | |
| 121000 | 新建道路 | km | 0.8 | |
| 130000 | 井场修建 | | | |
| 131000 | 井场和生活区平整 | | | |
| 131100 | 井场平整 | 井次 | 1 | |
| 131200 | 生活区平整 | 井次 | 1 | |
| 132000 | 池类构筑 | | | |
| 132100 | 沉砂池修建 | 井次 | 1 | |
| 132200 | 废液池修建 | 井次 | 1 | |
| 132300 | 放喷池修建 | 井次 | 1 | |

续表

| 编　码 | 项 目 名 称 | 计 量 单 位 | 工 程 量 | 备　注 |
|---|---|---|---|---|
| 132400 | 垃圾坑修建 | 井次 | 1 | |
| 132500 | 圆井（方井）修建 | 井次 | 1 | |
| 133000 | 现浇基础构筑 | 井次 | 1 | |
| 140000 | 钻前准备 | | | |
| 141000 | 钻井设备搬迁安装 | | | |
| 141100 | 钻机拆卸安装 | 井次 | 1 | |
| 141200 | 钻机搬迁 | 井次 | 1 | |
| 141300 | 野营房搬迁 | 井次 | 1 | |
| 142000 | 井场供水 | | | |
| 142200 | 水井供水 | 口 | 1 | |
| 143000 | 井场供电 | | | |
| 143100 | 自发电供电 | 井次 | 1 | |

**表 9-3　钻进工程量清单**

| 编　码 | 项 目 名 称 | 计 量 单 位 | 工 程 量 | 备　注 |
|---|---|---|---|---|
| 210000 | 钻进作业 | d | 108.00 | |
| 211000 | 一开钻进 | d | 12.92 | |
| 211100 | 钻进施工 | d | 7.86 | |
| 211200 | 完井施工 | d | 5.06 | |
| 212000 | 二开钻进 | d | 41.21 | |
| 212100 | 钻进施工 | d | 29.98 | |
| 212200 | 完井施工 | d | 11.23 | |
| 213000 | 三开钻进 | d | 53.87 | |
| 213100 | 钻进施工 | d | 43.14 | |
| 213200 | 完井施工 | d | 10.73 | |
| 220000 | 主要材料 | | | |
| 221000 | 钻具 | m | 3900.00 | |
| 222000 | 钻头 | | | |
| 222100 | 一开钻进 | m | 850.00 | |
| 222200 | 二开钻进 | m | 1600.00 | |
| 222300 | 三开钻进 | m | 1450.00 | |
| 223000 | 钻井液材料 | | | |
| 223100 | 一开钻进 | m | 850.00 | |
| 223200 | 二开钻进 | m | 1600.00 | |
| 223300 | 三开钻进 | m | 1450.00 | |
| 230000 | 大宗材料运输 | | | |
| 231000 | 钻具运输 | 口井 | 1.00 | |
| 232000 | 钻头运输 | 口井 | 1.00 | |
| 233000 | 钻井液材料运输 | 口井 | 1.00 | |
| 240000 | 技术服务 | | | |

续表

| 编　码 | 项 目 名 称 | 计 量 单 位 | 工 程 量 | 备　注 |
|---|---|---|---|---|
| 243000 | 定向井服务 | | | |
| 243100 | 搬迁 | 井次 | 1.00 | |
| 243200 | 定向施工 | d | 40.00 | |
| 250000 | 其他作业 | | | |
| 251000 | 环保处理 | 口井 | 1.00 | |

## 表 9-4　固井工程量清单

| 编　码 | 项 目 名 称 | 计 量 单 位 | 工 程 量 | 备　注 |
|---|---|---|---|---|
| 310000 | 固井作业 | | | |
| 312000 | 表层套管固井 | 井次 | 1.00 | |
| 313000 | 技术套管固井 | 井次 | 1.00 | |
| 314000 | 生产套管固井 | 井次 | 1.00 | |
| 320000 | 主要材料 | | | 甲方供应 |
| 321000 | 套管 | m | 7153.00 | |
| 321200 | 表层套管 | m | 848.00 | |
| 321300 | 技术套管 | m | 2445.00 | |
| 321400 | 生产套管 | m | 3860.00 | |
| 322000 | 套管附件 | | | |
| 322200 | 表层套管附件 | 口井 | 1.00 | |
| 322300 | 技术套管附件 | 口井 | 1.00 | |
| 322400 | 生产套管附件 | 口井 | 1.00 | |
| 323000 | 井下工具 | 只 | 1.00 | |
| 323100 | 表层套管固井 | 只 | 1.00 | 内管法注水泥器 |
| 324000 | 水泥 | m | 7153.00 | |
| 324200 | 表层套管固井 | m | 848.00 | |
| 324300 | 技术套管固井 | m | 2445.00 | |
| 324400 | 生产套管固井 | m | 3860.00 | |
| 325000 | 水泥外加剂 | m | 7153.00 | |
| 325200 | 表层套管固井 | m | 848.00 | |
| 325300 | 技术套管固井 | m | 2445.00 | |
| 325400 | 生产套管固井 | m | 3860.00 | |
| 326000 | 固井水 | | | |
| 326200 | 表层套管固井水 | m | 848.00 | |
| 326300 | 技术套管固井水 | m | 2445.00 | |
| 326400 | 生产套管固井水 | m | 3860.00 | |
| 330000 | 大宗材料运输 | | | 甲方负责 |
| 331000 | 套管运输 | | | |
| 331200 | 表层套管运输 | 井次 | 1.00 | |
| 331300 | 技术套管运输 | 井次 | 1.00 | |
| 331400 | 生产套管运输 | 井次 | 1.00 | |

续表

| 编 码 | 项 目 名 称 | 计 量 单 位 | 工 程 量 | 备 注 |
|---|---|---|---|---|
| 332000 | 水泥运输 | | | |
| 332200 | 表层套管固井 | 井次 | 1.00 | |
| 332300 | 技术套管固井 | 井次 | 1.00 | |
| 332400 | 生产套管固井 | 井次 | 1.00 | |
| 333000 | 水泥外加剂运输 | | | |
| 333200 | 表层套管固井 | 井次 | 1.00 | |
| 333300 | 技术套管固井 | 井次 | 1.00 | |
| 333400 | 生产套管固井 | 井次 | 1.00 | |
| 334000 | 固井水运输 | | | |
| 334200 | 表层套管固井 | 井次 | 1.00 | |
| 334300 | 技术套管固井 | 井次 | 1.00 | |
| 334400 | 生产套管固井 | 井次 | 1.00 | |
| 340000 | 技术服务 | | | |
| 341000 | 套管检测 | m | 7153.00 | |
| 342000 | 水泥试验 | 次 | 3.00 | |
| 342100 | 表层套管固井 | 次 | 1.00 | |
| 342200 | 技术套管固井 | 次 | 1.00 | |
| 342300 | 生产套管固井 | 次 | 1.00 | |
| 344000 | 下套管服务 | m | 6305.00 | |
| 344100 | 下技术套管 | m | 2445.00 | |
| 344200 | 下生产套管 | m | 3860.00 | |
| 350000 | 其他作业 | | | |
| 352000 | 试压 | 次 | 5.00 | |

**表 9-5　录井工程量清单**

| 编 码 | 项 目 名 称 | 计 量 单 位 | 工 程 量 | 备 注 |
|---|---|---|---|---|
| 410000 | 录井作业 | | | |
| 411000 | 搬迁 | | | |
| 411100 | 地质录井队搬迁 | 井次 | 1.00 | |
| 411200 | 气测录井队搬迁 | 井次 | 1.00 | |
| 412000 | 资料采集 | d | 108.00 | |
| 412100 | 一开井段录井 | d | 13.00 | 地质录井 |
| 412200 | 二开井段录井 | d | 41.00 | 地质录井 |
| 412300 | 三开井段录井 | | | |
| 412310 | 三开井段录井 | d | 54.00 | 地质录井 |
| 412320 | 三开井段录井 | d | 54.00 | 气测录井 |
| 420000 | 技术服务 | | | |
| 421000 | 定量荧光录井 | 井次 | 1.00 | |
| 430000 | 其他作业 | | | |
| 432000 | 卫星传输 | d | 54.00 | |

表 9-6　测井工程量清单

| 编　码 | 名　　称 | 计 量 单 位 | 工 程 量 | 备　注 |
|---|---|---|---|---|
| 510000 | 测井作业 | | | |
| 511000 | 一开井段测井 | | | |
| 511100 | 裸眼井测井 | | | 小数控 |
| 511110 | 路途行驶 | km | 90.00 | 3 台车 |
| 511120 | 资料采集 | | | |
| 511121 | 自然电位 | 计价米 | 1700.00 | |
| 511122 | 自然伽马 | 计价米 | 1700.00 | |
| 511123 | 普通电阻率 | 计价米 | 1700.00 | |
| 511124 | 井径 | 计价米 | 1700.00 | |
| 511125 | 井斜 | 计价米 | 1700.00 | |
| 511130 | 资料处理 | 处理米 | 8500.00 | |
| 512000 | 二开井段测井 | | | |
| 512100 | 裸眼井测井 | | | 3700 |
| 512110 | 路途行驶 | km | 90.00 | 3 台车 |
| 512120 | 资料采集 | | | |
| 512121 | 自然电位 | 计价米 | 4250.00 | |
| 512122 | 自然伽马 | 计价米 | 4250.00 | |
| 512123 | 普通电阻率 | 计价米 | 4250.00 | |
| 512124 | 井径 | 计价米 | 4250.00 | |
| 512125 | 井斜 | 计价米 | 4250.00 | |
| 512130 | 资料处理 | 处理米 | 21250.00 | |
| 512200 | 固井质量检查测井 | | | 3700 |
| 512210 | 路途行驶 | km | 90.00 | 3 台车 |
| 512220 | 资料采集 | | | |
| 512221 | 声幅 CBL | 计价米 | 4900.00 | |
| 512300 | 资料处理 | 处理米 | 4900.00 | |
| 513000 | 三开井段测井 | | | |
| 513100 | 裸眼井测井 | | | 3700 |
| 513110 | 路途行驶 | km | 90.00 | 3 台车 |
| 513120 | 资料采集 | | | |
| 513121 | 自然电位 | 计价米 | 5550.00 | |
| 513122 | 自然伽马 | 计价米 | 5550.00 | |
| 513123 | 双感应/微球形聚焦 | 计价米 | 5550.00 | |
| 513124 | 声波 | 计价米 | 5550.00 | |
| 513125 | 补偿中子 | 计价米 | 5550.00 | |
| 513126 | 补偿密度 | 计价米 | 5550.00 | |
| 513127 | 井径 | 计价米 | 5550.00 | |
| 513128 | 井斜 | 计价米 | 5550.00 | |
| 513130 | 资料处理 | 处理米 | 44400.00 | |
| 513200 | 固井质量检查测井 | | | 3700 |

续表

| 编　码 | 名　　称 | 计 量 单 位 | 工 程 量 | 备　注 |
|---|---|---|---|---|
| 513210 | 路途行驶 | km | 90.00 | 3台车 |
| 513220 | 资料采集 | | | |
| 513222 | 声波变密度 VDL | 计价米 | 7800.00 | |
| 513230 | 资料处理 | 处理米 | 7800.00 | |

**表 9-7　完井工程量清单**

| 编　码 | 项 目 名 称 | 计 量 单 位 | 工 程 量 | 备　注 |
|---|---|---|---|---|
| 610000 | 完井作业 | | | |
| 611000 | 搬迁 | 井次 | 1.00 | |
| 612000 | 井筒准备 | 井次 | 1.00 | |
| 613000 | 配合井下作业 | | | |
| 613100A | 配合射孔 | 井次 | 1.00 | |
| 613100B | 配合射孔 | 井次 | 1.00 | |
| 614000 | 排液求产 | | | |
| 614100A | 排液求产 | 井次 | 1.00 | |
| 614100B | 排液求产 | 井次 | 1.00 | |
| 615000 | 起作业管柱 | | | |
| 615100 | 起射孔管柱 | 井次 | 1.00 | |
| 616000 | 下生产管柱 | | | |
| 616100 | 下油井生产管柱 | 井次 | 1.00 | |
| 617000 | 交井（封井） | | | |
| 617100 | 交井 | 井次 | 1.00 | |
| 620000 | 主要材料 | | | 甲方供应 |
| 621000 | 采油树 | 套 | 1.00 | |
| 622000 | 油管 | m | 3600.00 | |
| 630000 | 大宗材料运输 | | | 甲方负责 |
| 631000 | 采油树运输 | 井次 | 1.00 | |
| 632000 | 油管运输 | 井次 | 1.00 | |
| 640000 | 技术服务 | | | |
| 641000 | 射孔 | | | |
| 641100 | 路途行驶 | km | 90.00 | |
| 641200 | 射孔施工 | 射孔米 | 22.00 | |
| 650000 | 其他作业 | | | |
| 651000 | 环保处理 | | | |
| 651100 | 完井污水处理 | 井次 | 1.00 | |
| 651200 | 废弃完井液处理 | 井次 | 1.00 | |
| 652000 | 地貌恢复 | 井次 | 1.00 | |

**表 9-8 建设单位管理**

| 编 码 | 项 目 名 称 | 计 量 单 位 | 工 程 量 | 备 注 |
|---|---|---|---|---|
| 710000 | 钻井设计 | | | 甲方负责 |
| 711000 | 钻井地质设计 | 口井 | 1.00 | |
| 712000 | 钻井工程设计 | 口井 | 1.00 | |
| 720000 | 土地租用 | 口井 | 1.00 | 甲方负责 |

### 9.1.2.3 分部分项工程造价预算

分部分项工程造价预算指按分项工程量清单和相应预算标准中的综合单价或其他计价标准，计算得出钻前工程、钻进工程、固井工程、录井工程、测井工程、完井工程、建设单位管理等各项工程造价预算。举例如表 9-9 至表 9-15 所示。

**表 9-9 钻前工程造价预算**

| 编 码 | 项 目 名 称 | 计量单位 | 工 程 量 | 综合单价（元） | 金额（元） | 备 注 |
|---|---|---|---|---|---|---|
| 110000 | 井位勘测 | | | | 5978.00 | |
| 113000 | 井位测量 | 井次 | 2 | 2989.00 | 5978.00 | |
| 120000 | 道路修建 | | | | 311309.69 | |
| 121000 | 新建道路 | km | 0.8 | 389137.11 | 311309.69 | |
| 130000 | 井场修建 | | | | 156498.00 | |
| 131000 | 井场和生活区平整 | | | | 82365.00 | |
| 131100 | 井场平整 | 井次 | 1 | 80365.00 | 80365.00 | |
| 131200 | 生活区平整 | 井次 | 1 | 2000.00 | 2000.00 | |
| 132000 | 池类构筑 | | | | 37941.00 | |
| 132100 | 沉砂池修建 | 井次 | 1 | 17855.00 | 17855.00 | |
| 132200 | 废液池修建 | 井次 | 1 | 12580.00 | 12580.00 | |
| 132300 | 放喷池修建 | 井次 | 1 | 3200.00 | 3200.00 | |
| 132400 | 垃圾坑修建 | 井次 | 1 | 1856.00 | 1856.00 | |
| 132500 | 圆井（方井）修建 | 井次 | 1 | 2450.00 | 2450.00 | |
| 133000 | 现浇基础构筑 | 井次 | 1 | 36192.00 | 36192.00 | |
| 140000 | 钻前准备 | | | | 110872.00 | |
| 141000 | 钻井设备搬迁安装 | | | | 83300.00 | |
| 141100 | 钻机拆卸安装 | 井次 | 1 | 37374.00 | 37374.00 | |
| 141200 | 钻机搬迁 | 井次 | 1 | 39154.00 | 39154.00 | |
| 141300 | 野营房搬迁 | 井次 | 1 | 6772.00 | 6772.00 | |
| 142000 | 井场供水 | | | | 16850.00 | |
| 142200 | 水井供水 | 口 | 1 | 16850.00 | 16850.00 | |
| 143000 | 井场供电 | | | | 10722.00 | |
| 143100 | 自发电供电 | 井次 | 1 | 10722.00 | 10722.00 | |

表 9-10 钻进工程造价预算

| 编码 | 名称 | 计量单位 | 工程量 | 综合单价（元） | 金额（元） | 备注 |
|---|---|---|---|---|---|---|
| 210000 | 钻进作业 | d | 108.00 | 56784.00 | 6132672.00 | |
| 220000 | 主要材料 | | | | 3131674.00 | |
| 221000 | 钻具 | m | 3900.00 | 188.37 | 734643.00 | |
| 222000 | 钻头 | | | | 916083.00 | |
| 222100 | 一开钻进 | m | 850.00 | 86.66 | 73661.00 | |
| 222200 | 二开钻进 | m | 1600.00 | 333.41 | 533456.00 | |
| 222300 | 三开钻进 | m | 1450.00 | 213.08 | 308966.00 | |
| 223000 | 钻井液材料 | | | | 1480948.00 | 聚磺体系 |
| 223100 | 一开钻进 | m | 850.00 | 266.00 | 226100.00 | |
| 223200 | 二开钻进 | m | 1600.00 | 404.67 | 647472.00 | |
| 223300 | 三开钻进 | m | 1450.00 | 418.88 | 607376.00 | |
| 230000 | 大宗材料运输 | | | | 57675.55 | |
| 231000 | 钻具运输 | 口井 | 1.00 | 27325.55 | 27325.55 | |
| 232000 | 钻头运输 | 口井 | 1.00 | 3650.00 | 3650.00 | |
| 233000 | 钻井液材料运输 | 口井 | 1.00 | 26700.00 | 26700.00 | |
| 240000 | 技术服务费 | | | | 612578.82 | |
| 243000 | 定向井服务 | | | | 612578.82 | |
| 243100 | 搬迁 | 井次 | 1.00 | 9537.22 | 9537.22 | |
| 243200 | 定向施工 | d | 40.00 | 15076.04 | 603041.60 | MWD |
| 250000 | 其他作业 | | | | 152000.00 | |
| 251000 | 环保处理 | 口井 | 1.00 | 152000.00 | 152000.00 | |

表 9-11 固井工程造价预算

| 编码 | 名称 | 计量单位 | 工程量 | 综合单价（元） | 金额（元） | 备注 |
|---|---|---|---|---|---|---|
| 310000 | 固井作业 | | | | 271940.62 | |
| 312000 | 表层套管固井 | 井次 | 1.00 | 85539.44 | 85539.44 | |
| 313000 | 技术套管固井 | 井次 | 1.00 | 113485.61 | 113485.61 | |
| 314000 | 生产套管固井 | 井次 | 1.00 | 72915.57 | 72915.57 | |
| 320000 | 主要材料 | | | | 5558717.11 | 甲方供应 |
| 321000 | 套管 | m | 7153.00 | | 4820736.26 | |
| 321200 | 表层套管 | m | 848.00 | 758.15 | 642911.60 | |
| 321300 | 技术套管 | m | 2445.00 | 678.13 | 1658016.95 | |
| 321400 | 生产套管 | m | 3860.00 | 652.80 | 2519807.71 | |
| 322000 | 套管附件 | | | | 69733.72 | |
| 322200 | 表层套管附件 | 口井 | 1.00 | 28958.06 | 28958.06 | |
| 322300 | 技术套管附件 | 口井 | 1.00 | 25114.47 | 25114.47 | |
| 322400 | 生产套管附件 | 口井 | 1.00 | 15661.20 | 15661.20 | |
| 323000 | 井下工具 | 只 | 1.00 | | 28500.00 | |
| 323100 | 表层套管固井 | 只 | 1.00 | 28500.00 | 28500.00 | 内管法注水泥器 |
| 324000 | 水泥 | m | 7153.00 | | 224501.58 | |

续表

| 编 码 | 名 称 | 计量单位 | 工程量 | 综合单价（元） | 金额（元） | 备 注 |
|---|---|---|---|---|---|---|
| 324200 | 表层套管固井 | m | 848.00 | 78.96 | 66954.01 | |
| 324300 | 技术套管固井 | m | 2445.00 | 34.31 | 83880.82 | |
| 324400 | 生产套管固井 | m | 3860.00 | 19.08 | 73666.75 | |
| 325000 | 水泥外加剂 | m | 7153.00 | | 413579.53 | |
| 325200 | 表层套管固井 | m | 848.00 | 1.61 | 1365.28 | |
| 325300 | 技术套管固井 | m | 2445.00 | 18.41 | 45012.45 | |
| 325400 | 生产套管固井 | m | 3860.00 | 95.13 | 367201.80 | |
| 326000 | 固井水 | | | | 1666.02 | |
| 326200 | 表层套管固井水 | m | 848.00 | 0.69 | 585.12 | |
| 326300 | 技术套管固井水 | m | 2445.00 | 0.30 | 733.50 | |
| 326400 | 生产套管固井水 | m | 3860.00 | 0.09 | 347.40 | |
| 330000 | 大宗材料运输 | | | | 92724.63 | 甲方负责 |
| 331000 | 套管运输 | | | | 20587.00 | |
| 331200 | 表层套管运输 | 井次 | 1.00 | 4074.00 | 4074.00 | |
| 331300 | 技术套管运输 | 井次 | 1.00 | 8148.00 | 8148.00 | |
| 331400 | 生产套管运输 | 井次 | 1.00 | 8365.00 | 8365.00 | |
| 332000 | 水泥运输 | | | | 58782.47 | |
| 332200 | 表层套管固井 | 井次 | 1.00 | 21702.75 | 21702.75 | |
| 332300 | 技术套管固井 | 井次 | 1.00 | 25872.95 | 25872.95 | |
| 332400 | 生产套管固井 | 井次 | 1.00 | 11206.78 | 11206.78 | |
| 333000 | 水泥外加剂运输 | | | | 881.16 | |
| 333200 | 表层套管固井 | 井次 | 1.00 | 115.50 | 115.50 | |
| 333300 | 技术套管固井 | 井次 | 1.00 | 260.19 | 260.19 | |
| 333400 | 生产套管固井 | 井次 | 1.00 | 505.47 | 505.47 | |
| 334000 | 固井水运输 | | | | 12474.00 | |
| 334200 | 表层套管固井 | 井次 | 1.00 | 4536.00 | 4536.00 | |
| 334300 | 技术套管固井 | 井次 | 1.00 | 5670.00 | 5670.00 | |
| 334400 | 生产套管固井 | 井次 | 1.00 | 2268.00 | 2268.00 | |
| 340000 | 技术服务 | | | | 174092.23 | |
| 341000 | 套管检测 | m | 7153.00 | 15.20 | 108725.60 | |
| 342000 | 水泥试验 | 次 | 3.00 | | 11107.53 | |
| 342100 | 表层套管固井 | 次 | 1.00 | 3702.51 | 3702.51 | |
| 342200 | 技术套管固井 | 次 | 1.00 | 3702.51 | 3702.51 | |
| 342300 | 生产套管固井 | 次 | 1.00 | 3702.51 | 3702.51 | |
| 344000 | 下套管服务 | m | 6305.00 | | 54259.10 | |
| 344100 | 下技术套管 | m | 2445.00 | 8.82 | 21564.90 | |
| 344200 | 下生产套管 | m | 3860.00 | 8.47 | 32694.20 | |
| 350000 | 其他作业 | | | | 38080.00 | |
| 352000 | 试压 | 次 | 5.00 | 7616.00 | 38080.00 | |

表 9-12 录井工程造价预算

| 编 码 | 名 称 | 计量单位 | 工 程 量 | 综合单价（元） | 金额（元） | 备 注 |
|---|---|---|---|---|---|---|
| 410000 | 录井作业 | | | | 508933.00 | |
| 411000 | 搬迁 | | | | 55873.00 | |
| 411100 | 地质录井队搬迁 | 井次 | 1.00 | 25493.00 | 25493.00 | |
| 411200 | 气测录井队搬迁 | 井次 | 1.00 | 30380.00 | 30380.00 | |
| 412000 | 资料采集 | d | 108.00 | | 453060.00 | |
| 412100 | 一开井段录井 | d | 13.00 | 1778.00 | 23114.00 | 地质录井 |
| 412200 | 二开井段录井 | d | 41.00 | 1778.00 | 72898.00 | 地质录井 |
| 412300 | 三开井段录井 | | | | 357048.00 | |
| 412310 | 三开井段录井 | d | 54.00 | 1778.00 | 96012.00 | 地质录井 |
| 412320 | 三开井段录井 | d | 54.00 | 4834.00 | 261036.00 | 气测录井 |
| 420000 | 技术服务 | | | | 3420.00 | |
| 421000 | 定量荧光录井 | 井次 | 1.00 | 3420.00 | 3420.00 | |
| 430000 | 其他作业 | | | | 91854.00 | |
| 432000 | 卫星传输 | d | 54.00 | 1701.00 | 91854.00 | |

表 9-13 测井工程造价预算

| 编 码 | 名 称 | 计量单位 | 工 程 量 | 综合单价（元） | 金额（元） | 备 注 |
|---|---|---|---|---|---|---|
| 510000 | 测井作业 | | | | 1140657.50 | |
| 511000 | 一开井段测井 | | | | 78450.10 | |
| 511100 | 裸眼井测井 | | | | 78450.10 | 小数控 |
| 511110 | 路途行驶 | | | | 2375.10 | 3 台车 |
| 511111 | 仪器车 | km | 90.00 | 10.49 | 944.10 | |
| 511112 | 工作车 | km | 90.00 | 7.95 | 715.50 | |
| 511113 | 源车 | km | 90.00 | 7.95 | 715.50 | |
| 511120 | 资料采集 | | | | 27455.00 | |
| 511121 | 自然电位 | 计价米 | 1700.00 | 2.94 | 4998.00 | |
| 511122 | 自然伽马 | 计价米 | 1700.00 | 3.84 | 6528.00 | |
| 511123 | 普通电阻率 | 计价米 | 1700.00 | 2.94 | 4998.00 | |
| 511124 | 井径 | 计价米 | 1700.00 | 3.38 | 5746.00 | |
| 511125 | 井斜 | 计价米 | 1700.00 | 3.05 | 5185.00 | |
| 511300 | 资料处理 | 处理米 | 8500.00 | 5.72 | 48620.00 | |
| 512000 | 二开井段测井 | | | | 297375.70 | |
| 512100 | 裸眼井测井 | | | | 244922.60 | 3700 |
| 512110 | 路途行驶 | | | | 2375.10 | 3 台车 |
| 512111 | 仪器车 | km | 90.00 | 10.49 | 944.10 | |
| 512112 | 工作车 | km | 90.00 | 7.95 | 715.50 | |
| 512113 | 源车 | km | 90.00 | 7.95 | 715.50 | |
| 512120 | 资料采集 | | | | 120997.50 | |
| 512121 | 自然电位 | 计价米 | 4250.00 | 5.88 | 24990.00 | |
| 512122 | 自然伽马 | 计价米 | 4250.00 | 7.09 | 30132.50 | |

续表

| 编 码 | 名 称 | 计量单位 | 工 程 量 | 综合单价（元） | 金额（元） | 备 注 |
|---|---|---|---|---|---|---|
| 512123 | 普通电阻率 | 计价米 | 4250.00 | 5.17 | 21972.50 | |
| 512124 | 井径 | 计价米 | 4250.00 | 4.90 | 20825.00 | |
| 512125 | 井斜 | 计价米 | 4250.00 | 5.43 | 23077.50 | |
| 512130 | 资料处理 | 处理米 | 21250.00 | 5.72 | 121550.00 | |
| 512200 | 固井质量检查测井 | | | | 52453.10 | 3700 |
| 512210 | 路途行驶 | | | | 2375.10 | 3 台车 |
| 512111 | 仪器车 | km | 90.00 | 10.49 | 944.10 | |
| 512112 | 工作车 | km | 90.00 | 7.95 | 715.50 | |
| 512113 | 源车 | km | 90.00 | 7.95 | 715.50 | |
| 512220 | 资料采集 | | | | 22050.00 | |
| 512221 | 声幅 CBL | 计价米 | 4900.00 | 4.50 | 22050.00 | |
| 512300 | 资料处理 | 处理米 | 4900.00 | 5.72 | 28028.00 | |
| 513000 | 三开井段测井 | | | | 764831.70 | |
| 513100 | 裸眼井测井 | | | | 618702.60 | 3700 |
| 513110 | 路途行驶 | | | | 2375.10 | 3 台车 |
| 512111 | 仪器车 | km | 90.00 | 10.49 | 944.10 | |
| 512112 | 工作车 | km | 90.00 | 7.95 | 715.50 | |
| 512113 | 源车 | km | 90.00 | 7.95 | 715.50 | |
| 513120 | 资料采集 | | | | 362359.50 | |
| 513121 | 自然电位 | 计价米 | 5550.00 | 5.88 | 32634.00 | |
| 513122 | 自然伽马 | 计价米 | 5550.00 | 7.09 | 39349.50 | |
| 513123 | 双感应/微球形聚焦 | 计价米 | 5550.00 | 11.09 | 61549.50 | |
| 513124 | 补偿声波 | 计价米 | 5550.00 | 9.19 | 51004.50 | |
| 513125 | 补偿中子 | 计价米 | 5550.00 | 9.64 | 53502.00 | |
| 513126 | 补偿密度 | 计价米 | 5550.00 | 12.07 | 66988.50 | |
| 513127 | 井径 | 计价米 | 5550.00 | 4.90 | 27195.00 | |
| 513128 | 井斜 | 计价米 | 5550.00 | 5.43 | 30136.50 | |
| 513130 | 资料处理 | 处理米 | 44400.00 | 5.72 | 253968.00 | |
| 513200 | 固井质量检查测井 | | | | 146129.10 | 3700 |
| 513210 | 路途行驶 | | | | 2375.10 | 3 台车 |
| 512111 | 仪器车 | km | 90.00 | 10.49 | 944.10 | |
| 512112 | 工作车 | km | 90.00 | 7.95 | 715.50 | |
| 512113 | 源车 | km | 90.00 | 7.95 | 715.50 | |
| 513220 | 资料采集 | | | | 99138.00 | |
| 513222 | 声波变密度 VDL | 计价米 | 7800.00 | 12.71 | 99138.00 | |
| 513230 | 资料处理 | 处理米 | 7800.00 | 5.72 | 44616.00 | |

表 9-14　完井工程造价预算

| 编　码 | 名　　称 | 计量单位 | 工 程 量 | 综合单价（元） | 金额（元） | 备　注 |
|---|---|---|---|---|---|---|
| 610000 | 完井作业 | | | | 219484.36 | |
| 611000 | 搬迁 | 井次 | 1.00 | 58810.50 | 58810.50 | |
| 612000 | 井筒准备 | 井次 | 1.00 | 27916.00 | 27916.00 | |
| 613000 | 配合井下作业 | | | | 35588.00 | |
| 613100A | 配合射孔 | 井次 | 1.00 | 18623.00 | 18623.00 | |
| 613100B | 配合射孔 | 井次 | 1.00 | 16965.00 | 16965.00 | |
| 614000 | 排液求产 | | | | 69118.86 | |
| 614100A | 排液求产 | 井次 | 1.00 | 16431.00 | 16431.00 | |
| 614100B | 排液求产 | 井次 | 1.00 | 52687.86 | 52687.86 | |
| 615000 | 起作业管柱 | | | | 6437.00 | |
| 615100 | 起射孔管柱 | 井次 | 1.00 | 6437.00 | 6437.00 | |
| 616000 | 下生产管柱 | | | | 7108.00 | |
| 616100 | 下油井生产管柱 | 井次 | 1.00 | 7108.00 | 7108.00 | |
| 617000 | 交井（封井） | | | | 14506.00 | |
| 617100 | 交井 | 井次 | 1.00 | 14506.00 | 14506.00 | |
| 620000 | 主要材料 | | | | 486740.00 | 甲方供应 |
| 621000 | 采油树 | 套 | 1.00 | 43940.00 | 43940.00 | |
| 622000 | 油管 | m | 3600.00 | 123.00 | 442800.00 | |
| 630000 | 大宗材料运输 | | | | 19900.00 | 甲方负责 |
| 631000 | 采油树运输 | 井次 | 1.00 | 1000.00 | 1000.00 | |
| 632000 | 油管运输 | 井次 | 1.00 | 18900.00 | 18900.00 | |
| 640000 | 技术服务 | | | | 183567.10 | |
| 641000 | 射孔 | | | | 183496.00 | |
| 641100 | 路途行驶 | km | 90.00 | 25.60 | 2304.00 | |
| 641200 | 射孔施工 | 射孔米 | 22.00 | 8236.00 | 181192.00 | |
| 650000 | 其他作业 | | | | 38000.00 | |
| 651000 | 环保处理 | | | | 38000.00 | |
| 651100 | 完井污水处理 | 井次 | 1.00 | 3000.00 | 3000.00 | |
| 651200 | 废弃完井液处理 | 井次 | 1.00 | 8500.00 | 8500.00 | |
| 652000 | 地貌恢复 | 井次 | 1.00 | 26500.00 | 26500.00 | |

表 9-15　建设单位管理预算

| 编　码 | 名　　称 | 计量单位 | 工 程 量 | 综合单价（元） | 金额（元） | 备　注 |
|---|---|---|---|---|---|---|
| 710000 | 工程设计 | | | | 48000.00 | 甲方负责 |
| 711000 | 地质设计 | 口井 | 1.00 | 20000.00 | 20000.00 | |
| 712000 | 工程设计 | 口井 | 1.00 | 28000.00 | 28000.00 | |
| 720000 | 土地租用 | 口井 | 1.00 | 665000.00 | 665000.00 | 甲方负责 |

#### 9.1.2.4　钻井工程造价预算

钻井工程造价预算指将计算得出的钻前工程、钻进工程、固井工程、录井工程、测井工程、完井工程、建设单位管理等各项工程造价预算进行汇总，并测算其造价结构比例。举例如表 9-16 所示。

**表 9-16　钻井工程造价预算**

| 编　码 | 名　　称 | 单位 | 金　额 | 占总造价比例（%） | 备　注 |
|---|---|---|---|---|---|
| | 合计 | 元 | 20346357.42 | 100.00 | |
| 100000 | 钻前工程造价 | 元 | 553950.35 | 2.72 | |
| 110000 | 井位勘测费 | 元 | 5978.00 | 0.03 | |
| 120000 | 道路修建费 | 元 | 311309.69 | 1.53 | |
| 130000 | 井场修建费 | 元 | 156498.00 | 0.77 | |
| 140000 | 钻前准备费 | 元 | 110872.00 | 0.54 | |
| 160000 | 税费 | 元 | 5484.66 | 0.03 | 折算税率 1% |
| 200000 | 钻进工程造价 | 元 | 10187466.37 | 50.07 | |
| 210000 | 钻进作业费 | 元 | 6132672.00 | 30.14 | |
| 220000 | 主要材料费 | 元 | 3131674.00 | 15.39 | |
| 230000 | 大宗材料运输费 | 元 | 57675.55 | 0.28 | |
| 240000 | 技术服务费 | 元 | 612578.82 | 3.01 | |
| 250000 | 其他作业费 | 元 | 152000.00 | 0.75 | |
| 260000 | 税费 | 元 | 100866.00 | 0.50 | 折算税率 1% |
| 300000 | 固井工程造价 | 元 | 6140395.72 | 30.18 | |
| 310000 | 固井作业费 | 元 | 271940.62 | 1.34 | |
| 320000 | 主要材料费 | 元 | 5558717.11 | 27.32 | 甲方供应 |
| 330000 | 大宗材料运输 | 元 | 92724.63 | 0.46 | 甲方负责 |
| 340000 | 技术服务费 | 元 | 174092.23 | 0.86 | |
| 350000 | 其他作业 | 元 | 38080.00 | 0.19 | |
| 360000 | 税费 | 元 | 4841.13 | 0.02 | 折算税率 1%，不含主材和运输 |
| 400000 | 录井工程造价 | 元 | 610249.07 | 3.00 | |
| 410000 | 录井作业费 | 元 | 508933.00 | 2.50 | |
| 420000 | 技术服务费 | 元 | 3420.00 | 0.02 | |
| 430000 | 其他作业费 | 元 | 91854.00 | 0.45 | |
| 440000 | 税费 | 元 | 6042.07 | 0.03 | |
| 500000 | 测井工程造价 | 元 | 1184127.54 | 5.82 | |
| 510000 | 测井作业费 | 元 | 1172403.50 | 5.76 | |
| 540000 | 税费 | 元 | 11724.04 | 0.06 | |
| 600000 | 完井工程造价 | 元 | 957168.37 | 4.70 | |
| 610000 | 完井作业费 | 元 | 219484.36 | 1.08 | |
| 620000 | 主要材料费 | 元 | 486740.00 | 2.39 | 甲方供应 |
| 630000 | 大宗材料运输费 | 元 | 19900.00 | 0.10 | 甲方负责 |
| 640000 | 技术服务费 | 元 | 183567.10 | 0.90 | |
| 650000 | 其他作业费 | 元 | 38000.00 | 0.19 | |
| 660000 | 税费 | 元 | 9476.91 | 0.05 | 折算税率 1%，不含主材和运输 |
| 700000 | 建设单位管理造价 | 元 | 713000.00 | 3.50 | |
| 710000 | 工程设计 | 元 | 48000.00 | 0.24 | 甲方负责 |
| 720000 | 土地租用 | 元 | 665000.00 | 3.27 | 甲方负责 |

9.1.2.5 技术经济指标分析

技术经济指标分析指与钻井工程造价预算相关的单项工程平均单位进尺造价、主要材料平均单位进尺造价以及平均单位进尺材料消耗量等，对钻井工程造价预算进行详细分析。举例如表 9-17 所示。

**表 9-17 技术经济指标分析**

| 序　号 | 名　　称 | 单　位 | 数　量 |
|---|---|---|---|
| 1 | 平均造价指标 | | |
| 1.1 | 钻井工程造价 | 元/m | 5217.01 |
| 1.1.1 | 钻前工程造价 | 元/m | 142.04 |
| 1.1.2 | 钻进工程造价 | 元/m | 2612.17 |
| 1.1.3 | 固井工程造价 | 元/m | 1574.46 |
| 1.1.4 | 录井工程造价 | 元/m | 156.47 |
| 1.1.5 | 测井工程造价 | 元/m | 303.62 |
| 1.1.6 | 完井工程造价 | 元/m | 245.43 |
| 1.1.7 | 建设单位管理造价 | 元/m | 182.82 |
| 1.2 | 主要材料 | | |
| 1.2.1 | 钻头费 | 元/m | 234.89 |
| 1.2.2 | 钻井液材料费 | 元/m | 379.73 |
| 1.2.3 | 套管费 | 元/m | 1236.09 |
| 2 | 平均消耗指标 | | |
| 2.1 | 钻头 | m/只 | 216.67 |
| 2.2 | 套管 | kg/m | 105.94 |
| 2.3 | 水泥 | kg/m | 79.49 |

### 9.1.3 附件

附件指与钻井工程造价测算相关的钻头、钻井液材料、套管、套管附件、水泥、水泥外加剂、油管等主要材料消耗以及相关文件、标准等内容。举例如表 9-18 所示。

**表 9-18 钻头消耗**

| 序　号 | 规格（mm） | 型　号 | 单　位 | 数　量 | 单价（元） | 总价（元） | 备　注 |
|---|---|---|---|---|---|---|---|
| 1 | 444.5 | MP1-1 | 只 | 3 | 25282.56 | 75847.68 | |
| 2 | 311.1 | SHT22R-1 | 只 | 2 | 26260.16 | 52520.32 | |
| 3 | | MP2R-1 | 只 | 2 | 15028.08 | 30056.16 | |
| 4 | | HJ517G | 只 | 2 | 64417.92 | 128835.84 | |
| 5 | | BD536 | 只 | 1 | 429027.68 | 429027.68 | |
| 6 | 215.9 | HJ517G | 只 | 8 | 36874.72 | 294997.76 | |

## 9.2 概算指标编制方法与应用

### 9.2.1 概算指标概念

概算指标指完成石油公司所属油田和区块中一口标准井或典型井全部工程量所需要的全

部投资，除工程施工费用外，还包括工程设计费、工程监督费、项目管理费等建设单位费用。

### 9.2.2 概算指标编制方法

#### 9.2.2.1 概算指标编制步骤

（1）编制工程基础数据和工程量清单。

按照标准井或典型井的钻井地质设计和钻井工程设计，或采用某种类型实际完成井工程数据的平均值，确定一口标准井工程基础数据和工程量，编制出工程量清单。

（2）计算工程造价。

按照工程量清单，逐项乘以预算标准中的综合单价，或直接套用概算标准，确定各单位工程造价，将各单项工程造价进行汇总。

（3）编写说明。

对概算指标的使用条件、适用范围、注意事项等进行说明。

#### 9.2.2.2 概算指标编制举例

以某油田公司开发井为例，说明概算指标编制方法，见表9-19。探井概算指标编制方法相似，仅是其中具体参数或少数造价项目发生变化，总体内容一致。

表 9-19 某油田公司开发井概算指标

| 指标编号 | HB1-5 | | |
|---|---|---|---|
| 工程基础数据 | | | |
| 序号 | 名称 | 参数 | 备注 |
| 1 | 油田 | **** | |
| 2 | 区块 | #### | |
| 3 | 目的层 | 沙一段 | |
| 4 | 井别 | 开发井 | |
| 5 | 井型 | 定向井 | |
| 6 | 井深 | 3900m | 水平位移500m |
| 7 | 钻井周期 | 108d | |
| 8 | 钻机类型 | ZJ50L | |
| 9 | 作业机类型 | XJ550 | 100T |
| 10 | 井身结构 | 钻头：444.5mm×850m/套管：339.7mm×848m | 一开 |
| | | 钻头：311.1mm×2450m/套管：244.5mm×2445m | 二开 |
| | | 钻头：215.9mm×3900m/套管：168.3mm×3860m | 三开 |

工程量清单及工程造价

| 编码 | 名称 | 计量单位 | 工程量 | 综合单价（元） | 金额（元） | 备注 |
|---|---|---|---|---|---|---|
| | 工程总造价 | | | | 20346357.42 | 5217.06元/m |
| 100000 | 钻前工程 | | | | 553950.35 | |
| 110000 | 井位勘测 | | | | 5978.00 | |
| 113000 | 井位测量 | 井次 | 2.00 | 2989.00 | 5978.00 | |
| 120000 | 道路修建 | | | | 311309.69 | |
| 121000 | 新建道路 | km | 0.80 | 389137.11 | 311309.69 | |
| 130000 | 井场修建 | | | | 156498.00 | |
| 131000 | 井场和生活区平整 | | | | 82365.00 | |

续表

| 编　码 | 名　称 | 计量单位 | 工程量 | 综合单价（元） | 金额（元） | 备　注 |
|---|---|---|---|---|---|---|
| 131100 | 井场平整 | 井次 | 1.00 | 80365.00 | 80365.00 | |
| 131200 | 生活区平整 | 井次 | 1.00 | 2000.00 | 2000.00 | |
| 132000 | 池类构筑 | | | | 37941.00 | |
| 132100 | 沉砂池修建 | 井次 | 1.00 | 17855.00 | 17855.00 | |
| 132200 | 废液池修建 | 井次 | 1.00 | 12580.00 | 12580.00 | |
| 132300 | 放喷池修建 | 井次 | 1.00 | 3200.00 | 3200.00 | |
| 132400 | 垃圾坑修建 | 井次 | 1.00 | 1856.00 | 1856.00 | |
| 132500 | 圆井（方井）修建 | 井次 | 1.00 | 2450.00 | 2450.00 | |
| 133000 | 现浇基础构筑 | 井次 | 1.00 | 36192.00 | 36192.00 | |
| 140000 | 钻前准备 | | | | 110872.00 | |
| 141000 | 钻井设备搬迁安装 | | | | 83300.00 | |
| 141100 | 钻机拆卸安装 | 井次 | 1.00 | 37374.00 | 37374.00 | |
| 141200 | 钻机搬迁 | 井次 | 1.00 | 39154.00 | 39154.00 | |
| 141300 | 野营房搬迁 | 井次 | 1.00 | 6772.00 | 6772.00 | |
| 142000 | 井场供水 | | | | 16850.00 | |
| 142200 | 水井供水 | 口 | 1.00 | 16850.00 | 16850.00 | |
| 143000 | 井场供电 | | | | 10722.00 | |
| 143100 | 自发电供电 | 井次 | 1.00 | 10722.00 | 10722.00 | |
| 160000 | 税费 | % | 1.00 | | 5484.66 | |
| 200000 | 钻进工程 | | | | 10187466.37 | |
| 210000 | 钻进作业 | d | 108.00 | 56784.00 | 6132672.00 | |
| 220000 | 主要材料 | | | | 3131674.00 | |
| 221000 | 钻具 | m | 3900.00 | 188.37 | 734643.00 | |
| 222000 | 钻头 | | | | 916083.00 | |
| 222100 | 一开钻进 | m | 850.00 | 86.66 | 73661.00 | |
| 222200 | 二开钻进 | m | 1600.00 | 333.41 | 533456.00 | |
| 222300 | 三开钻进 | m | 1450.00 | 213.08 | 308966.00 | |
| 223000 | 钻井液材料 | | | | 1480948.00 | 聚磺体系 |
| 223100 | 一开钻进 | m | 850.00 | 266.00 | 226100.00 | |
| 223200 | 二开钻进 | m | 1600.00 | 404.67 | 647472.00 | |
| 223300 | 三开钻进 | m | 1450.00 | 418.88 | 607376.00 | |
| 230000 | 大宗材料运输 | | | | 57675.55 | |
| 231000 | 钻具运输 | 口井 | 1.00 | 27325.55 | 27325.55 | |
| 232000 | 钻头运输 | 口井 | 1.00 | 3650.00 | 3650.00 | |
| 233000 | 钻井液材料运输 | 口井 | 1.00 | 26700.00 | 26700.00 | |
| 240000 | 技术服务费 | | | | 612578.82 | |
| 243000 | 定向井服务 | | | | 612578.82 | |
| 243100 | 搬迁 | 井次 | 1.00 | 9537.22 | 9537.22 | |
| 243200 | 定向施工 | d | 40.00 | 15076.04 | 603041.60 | MWD |
| 250000 | 其他作业 | | | | 152000.00 | |

续表

| 编　码 | 名　称 | 计量单位 | 工程量 | 综合单价（元） | 金额（元） | 备　注 |
|---|---|---|---|---|---|---|
| 251000 | 环保处理 | 口井 | 1.00 | 152000.00 | 152000.00 | |
| 260000 | 税费 | % | 1.00 | | 100866.00 | |
| 300000 | 固井工程 | | | | 6140395.72 | |
| 310000 | 固井作业 | | | | 271940.62 | |
| 312000 | 表层套管固井 | 井次 | 1.00 | 85539.44 | 85539.44 | |
| 313000 | 技术套管固井 | 井次 | 1.00 | 113485.61 | 113485.61 | |
| 314000 | 生产套管固井 | 井次 | 1.00 | 72915.57 | 72915.57 | |
| 320000 | 主要材料 | | | | 5558717.11 | |
| 321000 | 套管 | m | 7153.00 | | 4820736.26 | |
| 321200 | 表层套管 | m | 848.00 | 758.15 | 642911.60 | |
| 321300 | 技术套管 | m | 2445.00 | 678.13 | 1658016.95 | |
| 321400 | 生产套管 | m | 3860.00 | 652.80 | 2519807.71 | |
| 322000 | 套管附件 | | | | 69733.72 | |
| 322200 | 表层套管附件 | 口井 | 1.00 | 28958.06 | 28958.06 | |
| 322300 | 技术套管附件 | 口井 | 1.00 | 25114.47 | 25114.47 | |
| 322400 | 生产套管附件 | 口井 | 1.00 | 15661.20 | 15661.20 | |
| 323000 | 井下工具 | 只 | 1.00 | | 28500.00 | |
| 323100 | 表层套管固井 | 只 | 1.00 | 28500.00 | 28500.00 | 内插工具 |
| 324000 | 水泥 | m | 7153.00 | | 224501.58 | |
| 324200 | 表层套管固井 | m | 848.00 | 78.96 | 66954.01 | |
| 324300 | 技术套管固井 | m | 2445.00 | 34.31 | 83880.82 | |
| 324400 | 生产套管固井 | m | 3860.00 | 19.08 | 73666.75 | |
| 325000 | 水泥外加剂 | m | 7153.00 | | 413579.53 | |
| 325200 | 表层套管固井 | m | 848.00 | 1.61 | 1365.28 | |
| 325300 | 技术套管固井 | m | 2445.00 | 18.41 | 45012.45 | |
| 325400 | 生产套管固井 | m | 3860.00 | 95.13 | 367201.80 | |
| 326000 | 固井水 | | | | 1666.02 | |
| 326200 | 表层套管固井水 | m | 848.00 | 0.69 | 585.12 | |
| 326300 | 技术套管固井水 | m | 2445.00 | 0.30 | 733.50 | |
| 326400 | 生产套管固井水 | m | 3860.00 | 0.09 | 347.40 | |
| 330000 | 大宗材料运输 | | | | 92724.63 | |
| 331000 | 套管运输 | | | | 20587.00 | |
| 331200 | 表层套管运输 | 井次 | 1.00 | 4074.00 | 4074.00 | |
| 331300 | 技术套管运输 | 井次 | 1.00 | 8148.00 | 8148.00 | |
| 331400 | 生产套管运输 | 井次 | 1.00 | 8365.00 | 8365.00 | |
| 332000 | 水泥运输 | | | | 58782.47 | |
| 332200 | 表层套管固井 | 井次 | 1.00 | 21702.75 | 21702.75 | |
| 332300 | 技术套管固井 | 井次 | 1.00 | 25872.95 | 25872.95 | |
| 332400 | 生产套管固井 | 井次 | 1.00 | 11206.78 | 11206.78 | |
| 333000 | 水泥外加剂运输 | | | | 881.16 | |

续表

| 编　码 | 名　称 | 计量单位 | 工程量 | 综合单价（元） | 金额（元） | 备　注 |
|---|---|---|---|---|---|---|
| 333200 | 表层套管固井 | 井次 | 1.00 | 115.50 | 115.50 | |
| 333300 | 技术套管固井 | 井次 | 1.00 | 260.19 | 260.19 | |
| 333400 | 生产套管固井 | 井次 | 1.00 | 505.47 | 505.47 | |
| 334000 | 固井水运输 | | | | 12474.00 | |
| 334200 | 表层套管固井 | 井次 | 1.00 | 4536.00 | 4536.00 | |
| 334300 | 技术套管固井 | 井次 | 1.00 | 5670.00 | 5670.00 | |
| 334400 | 生产套管固井 | 井次 | 1.00 | 2268.00 | 2268.00 | |
| 340000 | 技术服务 | | | | 174092.23 | |
| 341000 | 套管检测 | m | 7153.00 | 15.20 | 108725.60 | |
| 342000 | 水泥试验 | 次 | 3.00 | | 11107.53 | |
| 342100 | 表层套管固井 | 次 | 1.00 | 3702.51 | 3702.51 | |
| 342200 | 技术套管固井 | 次 | 1.00 | 3702.51 | 3702.51 | |
| 342300 | 生产套管固井 | 次 | 1.00 | 3702.51 | 3702.51 | |
| 344000 | 下套管服务 | m | 6305.00 | | 54259.10 | |
| 344100 | 下技术套管 | m | 2445.00 | 8.82 | 21564.90 | |
| 344200 | 下生产套管 | m | 3860.00 | 8.47 | 32694.20 | |
| 350000 | 其他作业 | | | | 38080.00 | |
| 352000 | 试压 | 次 | 5.00 | 7616.00 | 38080.00 | |
| 360000 | 税费 | % | 1.00 | | 4841.13 | 不含主材和运输 |
| 400000 | 录井工程 | | | | 610249.07 | |
| 410000 | 录井作业 | | | | 508933.00 | |
| 411000 | 搬迁 | | | | 55873.00 | |
| 411100 | 地质录井队搬迁 | 井次 | 1.00 | 25493.00 | 25493.00 | |
| 411200 | 气测录井队搬迁 | 井次 | 1.00 | 30380.00 | 30380.00 | |
| 412000 | 资料采集 | d | 108.00 | | 453060.00 | |
| 412100 | 一开井段录井 | d | 13.00 | 1778.00 | 23114.00 | 地质录井 |
| 412200 | 二开井段录井 | d | 41.00 | 1778.00 | 72898.00 | 地质录井 |
| 412300 | 三开井段录井 | | | | 357048.00 | |
| 412310 | 三开井段录井 | d | 54.00 | 1778.00 | 96012.00 | 地质录井 |
| 412320 | 三开井段录井 | d | 54.00 | 4834.00 | 261036.00 | 气测录井 |
| 420000 | 技术服务 | | | | 3420.00 | |
| 421000 | 定量荧光录井 | 井次 | 1.00 | 3420.00 | 3420.00 | |
| 430000 | 其他作业 | | | | 91854.00 | |
| 432000 | 卫星传输 | d | 54.00 | 1701.00 | 91854.00 | |
| 440000 | 税费 | % | 1.00 | | 6042.07 | |
| 500000 | 测井工程 | | | | 1184127.54 | |
| 510000 | 测井作业 | | | | 1172403.50 | |
| 511000 | 一开井段测井 | | | | 78450.10 | |
| 511100 | 裸眼井测井 | | | | 78450.10 | 小数控 |
| 511110 | 路途行驶 | km | 90.00 | 26.39 | 2375.10 | 3 台车 |

续表

| 编　码 | 名　称 | 计量单位 | 工程量 | 综合单价（元） | 金额（元） | 备　注 |
|---|---|---|---|---|---|---|
| 511120 | 资料采集 | | | | 76075.00 | |
| 511121 | 自然电位 | 计价米 | 1700.00 | 2.94 | 4998.00 | |
| 511122 | 自然伽马 | 计价米 | 1700.00 | 3.84 | 6528.00 | |
| 511123 | 普通电阻率 | 计价米 | 1700.00 | 2.94 | 4998.00 | |
| 511124 | 井径 | 计价米 | 1700.00 | 3.38 | 5746.00 | |
| 511125 | 井斜 | 计价米 | 1700.00 | 3.05 | 5185.00 | |
| 511300 | 资料处理 | 处理米 | 8500.00 | 5.72 | 48620.00 | |
| 512000 | 二开井段测井 | | | | 297375.70 | |
| 512100 | 裸眼井测井 | | | | 244922.60 | 3700 |
| 512110 | 路途行驶 | km | 90.00 | 26.39 | 2375.10 | 3 台车 |
| 512120 | 资料采集 | | | | 120997.50 | |
| 512121 | 自然电位 | 计价米 | 4250.00 | 5.88 | 24990.00 | |
| 512122 | 自然伽马 | 计价米 | 4250.00 | 7.09 | 30132.50 | |
| 512123 | 普通电阻率 | 计价米 | 4250.00 | 5.17 | 21972.50 | |
| 512124 | 井径 | 计价米 | 4250.00 | 4.90 | 20825.00 | |
| 512125 | 井斜 | 计价米 | 4250.00 | 5.43 | 23077.50 | |
| 512130 | 资料处理 | 处理米 | 21250.00 | 5.72 | 121550.00 | |
| 512200 | 固井质量检查测井 | | | | 52453.10 | 小数控 |
| 512210 | 路途行驶 | km | 90.00 | 26.39 | 2375.10 | 3 台车 |
| 512220 | 资料采集 | | | | 22050.00 | |
| 512221 | 声幅 CBL | 计价米 | 4900.00 | 4.50 | 22050.00 | |
| 512300 | 资料处理 | 处理米 | 4900.00 | 5.72 | 28028.00 | |
| 513000 | 三开井段测井 | | | | 796577.70 | |
| 513100 | 裸眼井测井 | | | | 618702.60 | 3700 |
| 513110 | 路途行驶 | km | 90.00 | 26.39 | 2375.10 | 3 台车 |
| 513120 | 资料采集 | | | | 362359.50 | |
| 513121 | 自然电位 | 计价米 | 5550.00 | 5.88 | 32634.00 | |
| 513122 | 自然伽马 | 计价米 | 5550.00 | 7.09 | 39349.50 | |
| 513123 | 双感应/微球形聚焦 | 计价米 | 5550.00 | 11.09 | 61549.50 | |
| 513125 | 补偿声波 | 计价米 | 5550.00 | 9.19 | 51004.50 | |
| 513126 | 补偿中子 | 计价米 | 5550.00 | 9.64 | 53502.00 | |
| 513127 | 补偿密度 | 计价米 | 5550.00 | 12.07 | 66988.50 | |
| 513128 | 井径 | 计价米 | 5550.00 | 4.90 | 27195.00 | |
| 513129 | 井斜 | 计价米 | 5550.00 | 5.43 | 30136.50 | |
| 513130 | 资料处理 | 处理米 | 44400.00 | 5.72 | 253968.00 | |
| 513200 | 固井质量检查测井 | | | | 146129.10 | 3700 |
| 513210 | 路途行驶 | km | 90.00 | 26.39 | 2375.10 | 3 台车 |
| 513220 | 资料采集 | | | | 99138.00 | |
| 513222 | 声波变密度 VDL | 计价米 | 7800.00 | 12.71 | 99138.00 | |
| 513230 | 资料处理 | 处理米 | 7800.00 | 5.72 | 44616.00 | |

续表

| 编　码 | 名　称 | 计量单位 | 工程量 | 综合单价（元） | 金额（元） | 备　注 |
|---|---|---|---|---|---|---|
| 540000 | 税费 | % | 1.00 | | 11724.04 | |
| 600000 | 完井工程 | | | | 957168.37 | |
| 610000 | 完井作业 | | | | 219484.36 | |
| 611000 | 搬迁 | 井次 | 1.00 | 58810.50 | 58810.50 | |
| 612000 | 井筒准备 | 井次 | 1.00 | 27916.00 | 27916.00 | |
| 613000 | 配合井下作业 | | | | 35588.00 | |
| 613100A | 配合射孔 | 井次 | 1.00 | 18623.00 | 18623.00 | |
| 613100B | 配合射孔 | 井次 | 1.00 | 16965.00 | 16965.00 | |
| 614000 | 排液求产 | | | | 69118.86 | |
| 614100A | 排液求产 | 井次 | 1.00 | 16431.00 | 16431.00 | |
| 614100B | 排液求产 | 井次 | 1.00 | 52687.86 | 52687.86 | |
| 615000 | 起作业管柱 | | | | 6437.00 | |
| 615100 | 起射孔管柱 | 井次 | 1.00 | 6437.00 | 6437.00 | |
| 616000 | 下生产管柱 | | | | 7108.00 | |
| 616100 | 下油井生产管柱 | 井次 | 1.00 | 7108.00 | 7108.00 | |
| 617000 | 交井（封井） | | | | 14506.00 | |
| 617100 | 交井 | 井次 | 1.00 | 14506.00 | 14506.00 | |
| 620000 | 主要材料 | | | | 486740.00 | 甲方供应 |
| 621000 | 采油树 | 套 | 1.00 | 43940.00 | 43940.00 | |
| 622000 | 油管 | m | 3600.00 | 123.00 | 442800.00 | |
| 630000 | 大宗材料运输 | | | | 19900.00 | 甲方负责 |
| 631000 | 采油树运输 | 井次 | 1.00 | 1000.00 | 1000.00 | |
| 632000 | 油管运输 | 井次 | 1.00 | 18900.00 | 18900.00 | |
| 640000 | 技术服务 | | | | 183567.10 | |
| 641000 | 射孔 | | | | 183496.00 | |
| 641100 | 路途行驶 | km | 90.00 | 25.60 | 2304.00 | |
| 641200 | 射孔施工 | 射孔米 | 22.00 | 8236.00 | 181192.00 | |
| 650000 | 其他作业 | | | | 38000.00 | |
| 651000 | 环保处理 | | | | 38000.00 | |
| 651100 | 完井污水处理 | 井次 | 1.00 | 3000.00 | 3000.00 | |
| 651200 | 废弃完井液处理 | 井次 | 1.00 | 8500.00 | 8500.00 | |
| 652000 | 地貌恢复 | 井次 | 1.00 | 26500.00 | 26500.00 | |
| 660000 | 税费 | % | 1.00 | | 9476.91 | 不含主材和运输 |
| 700000 | 建设单位管理 | | | | 713000.00 | |
| 710000 | 工程设计 | | | | 48000.00 | |
| 711000 | 地质设计 | 口井 | 1.00 | 20000.00 | 20000.00 | |
| 712000 | 工程设计 | 口井 | 1.00 | 28000.00 | 28000.00 | |
| 720000 | 土地租用 | 口井 | 1.00 | 665000.00 | 665000.00 | |

### 9.2.3 概算指标应用说明

概算指标可以认为是一口标准井钻井工程全部投资的概算，可以在以下几个方面得到具体而广泛的应用。

#### 9.2.3.1 概算指标用于可行性研究报告编制与审查

工程项目投资决策过程一般细分为投资机会研究与项目建议书、初步可行性研究（预可研）、详细可行性研究（可研）三个阶段。投资决策最主要的文件材料是可行性研究报告。

（1）油气勘探项目。

油气勘探项目可行性研究报告主要内容：①总论；②自然地理及社会经济概况；③市场分析预测；④地质资源论证；⑤工程技术论证；⑥勘探方案；⑦投资估算；⑧安全与环保；⑨项目组织机构及人力资源配置；⑩经济评价；⑪风险分析。在第⑤项工程技术论证中，可参考标准井概算指标中的工程量，进行调整后，确定探井或评价井的工程参数；在第⑦项投资估算中，可参考标准井概算指标中的综合单价和工程总造价，确定探井或评价井的工程投资。以标准井的概算指标为基础和尺度，便于很直观地进行审查。

（2）油田开发项目。

油田开发项目可行性研究报告包括 1 个主报告：油田开发工程可行性研究报告；4 个分报告：①油田地质油藏工程可行性研究报告；②油田钻采工程可行性研究报告；③油田地面工程可行性研究报告；④油田开发经济评价可行性研究报告。

油田钻采工程可行性研究报告主要内容：①总论；②油田地质基本概况；③油田开发准备；④钻井工程设计（钻井工程、钻井成本与工程投资测算、钻井工程方案的比选和建议）；⑤采油工程设计（完井工程设计、储层保护工艺技术、自喷开采技术、人工举升方法优选、注水工艺方案设计、压裂酸化增产措施、常用清防蜡技术及防腐技术、生产测试、井下作业、安全环保和节能、采油工程投资估算）。在第④项钻井工程设计，根据项目确定的多种类型开发井，可参考不同的标准井概算指标中的工程量、综合单价和工程总造价，进行调整后，确定开发项目中各种类型开发井的工程参数、工程投资。以标准井的概算指标为基础和尺度，便于很直观地进行审查。

（3）气田开发项目。

气田开发项目可行性研究报告包括 1 个主报告：气田开发工程可行性研究报告；4 个分报告：①气田地质气藏工程可行性研究报告；②气田钻采工程可行性研究报告；③气田地面工程可行性研究报告；④气田开发经济评价可行性研究报告。

气田钻采工程可行性研究报告主要内容：①总论；②气田地质基本概况；③气田开发准备；④钻井工程设计（钻井工程、钻井成本与工程投资测算、工程方案的比选和建议）；⑤采气工程设计（完井工程设计、储层保护工艺技术、生产压力系统分析、气田循环注气开采工艺技术、压裂酸化增产措施、井筒内水合物形成条件及防止、生产测试、井下作业、安全环保和节能、采气工程投资估算）。在第④项钻井工程设计，根据气田开发项目确定的多种类型开发井，可参考不同的标准井概算指标中的工程量、综合单价和工程总造价，进行调整后，确定开发项目中各种类型开发井的工程参数、工程投资。以标准井的概算指标为基础和尺度，便于很直观地进行审查。

#### 9.2.3.2 概算指标用于单井钻井工程预算编制与审查

概算指标中已将 1 口标准井的钻井工程主要工程参数、工程量、工程造价全部表达出来，在进行 1 口井钻井工程设计和编制预算时，参考标准井的概算指标，略加调整，即可快速完成 1

口井的钻井工程预算编制。审查时，以标准井的概算指标为基础和尺度，便于很直观地进行审查。

9.2.3.3 概算指标用于编制钻井工程招标文件

（1）编制工程量清单。

概算指标中已经列出 1 口标准井的钻井工程量清单，略加调整，即可快速完成招标文件中的钻井工程量清单。

（2）编制钻井工程标底。

概算指标中已经列出 1 口标准井的钻井工程量清单和工程造价，略加调整，扣除甲方负责项目，即可快速完成 1 口井的钻井工程标底。

9.2.3.4 概算指标用于钻井工程结算

对于成片开发的油气田或区块，采用钻井工程总承包（大包）方式，以概算指标为基础，进行钻井工程结算。

9.2.3.5 概算指标用于钻井工程投资分析

（1）钻井工程造价结构比例分析。

概算指标中已经列出 1 口标准井钻井工程的各单位工程、分部工程、分项工程造价，可以分析得出每一项工程占钻井工程总造价的结构比例。还可以进一步进行横向对比分析，对不同概算指标中的同一单位工程或同一分部工程甚至同一分项工程的造价额度或结构比例进行对比分析。

（2）钻井工程造价影响因素分析。

概算指标中已经列出 1 口标准井钻井工程的各单位工程、分部工程、分项工程造价，可以分析某一项造价因素发生变化后，对 1 口井的钻井工程总造价影响额度和幅度；如上述开发标准井概算指标中套管费占工程总造价的 23.69%（=482.17 万元÷2034.64 万元），若套管价格上涨 20%，则使工程总造价增加 96.41 万元，上涨幅度达 4.74%。另外，以此为基础，将各个概算指标乘以相应工作量，可以分析得到某个区块、油田甚至地区公司的投资影响额度或变化幅度，为投资决策服务。

## 9.3 估算指标编制方法与应用

### 9.3.1 估算指标概念

估算指标指石油公司所属油田或区块中同一类井钻井工程综合平均造价。

井的类型可分为三大类。按井别分为探井、开发井；按井型分为直井、定向井、水平井、分支井；按井身结构分为一开井、二开井、三开井、四开井。根据某油田或某区块已钻井情况和勘探开发需要，按照上述分类情况进行组合，得出估算指标的钻井工程主要参数，进而确定其钻井工程造价。

钻井工程估算指标是在概算指标基础上进一步综合，比概算指标内容更粗，如某油田 1 个开发井估算指标可能包括 3～5 个概算指标所代表的钻井工程情况。由于估算指标综合性强，因此要考虑工程预备费，主要是基本预备费和涨价预备费。钻井工程预备费一般要考虑 5%～15%，开发井一般较低，探井一般较高，个别探井可能要考虑 25%以上。

### 9.3.2 估算指标编制方法

9.3.2.1 估算指标编制步骤

（1）确定估算指标基本条件。

根据某油田或某区块已钻井情况和勘探开发需要，确定钻井工程估算指标的井别、井型、井身结构等三个基本条件。按井别分为探井、开发井，如有必要还可以从探井中分出评价井；有些区块可能仅有开发井，有些区块可能仅有探井，有些区块可能探井和开发井都有。按井型分为直井、定向井、水平井、分支井；探井基本上都是直井，新区开发井有直井、定向井，少数区块有少量水平井，个别区块有分支井，老区开发井有直井和许多定向井。按井身结构分为一开井、二开井、三开井、四开井、五开井等，目前绝大部分为二开井和三开井。按照上述分类情况进行组合，得出钻井工程估算指标的基本条件。

（2）计算工程主要参数和造价。

钻井工程主要参数是井深和钻井周期。按照钻井工程估算指标的基本条件，选取相应的钻井工程概算指标，分别计算平均井深、平均钻井周期和平均工程造价，在平均工程造价的基础上，再乘以工程预备费率，确定估算指标的工程造价，再除以平均井深，得出单位工程造价。

（3）编写说明。

对估算指标的使用条件、适用范围、注意事项等进行说明。

9.3.2.2 估算指标编制举例

以某油田公司为例，说明估算指标编制方法，见表 9-20。

**表 9-20 某油田公司估算指标模式**

| 序号 | 指标编号 | XJ1-1 | XJ1-2 |
|---|---|---|---|
| 1 | 油田 | AAA | BBB |
| 2 | 区块 | XXX | YYY |
| 3 | 井别 | 探井 | 开发井 |
| 4 | 井型 | 直井 | 定向井 |
| 5 | 井身结构 | 四开 | 三开 |
| 6 | 平均井深（m） | 4870 | 2847 |
| 7 | 平均周期（d） | 280 | 124 |
| 8 | 工程造价（万元） | 2791 | 860 |
| 9 | 单位工程造价（元/m） | 5732 | 3021 |
| 10 | 备注 | 有大段盐丘地层 | |

确定某油田公司所属 XXX 区块钻井工程估算指标的基本条件是：井别为探井，井型为直井，井身结构为四开。该区块对应的概算指标有 2 个，其钻井工程主要参数是：井深分别为 4960m、4780m，钻井周期分别为 296d、264d；计算得出平均井深为 4870m，平均钻井周期 280d。概算指标的工程造价分别为 26263200 元、24487940 元，计算得出平均工程造价为 25375570 元，再考虑 10%工程预备费，则估算指标的钻井工程造价为 27913127 元，即约为 2791 万元，平均单位工程造价为 5732 元/m。需要说明的是，该区块会钻遇大段盐丘地层。

确定某油田公司所属 YYY 区块钻井工程估算指标的基本条件是：井别为开发井，井型为定向井，井身结构为三开。该区块对应的概算指标有 3 个，其钻井工程主要参数是：井深分别为 2980m、2780m、2780m（注：完井作业不同），钻井周期分别为 136d、112d、124d；计算得出平均井深为 2847m，平均钻井周期 124d。概算指标的工程造价分别为 9387000 元、7358660 元、7825700 元，计算得出平均工程造价为 8190453 元，再考虑 5%工程预备费，则估算指标的钻井工程造价为 8599976 元，即约为 860 万元，平均单位工程造价为 3021 元/m。

### 9.3.3 估算指标应用说明

9.3.3.1 估算指标用于油气勘探开发项目前期投资决策

在油气勘探开发项目前期投资决策时，要编制项目建议书和初步可行性研究（预可研）报告。在油气勘探项目中要对探井投资进行估算，在油气开发项目中要对开发井投资进行估算，这时可采用估算指标完成相关的工程投资测算。

9.3.3.2 估算指标用于年度投资计划编制

每年都要进行年度投资计划编制，可根据确定的各油田各区块计划工作量，套用相应的或相近的估算指标，编制出油田地区公司的钻井投资计划。同时，总部和专业公司也可以采用估算指标测算出钻井投资规模，核实油田地区公司的钻井投资计划。

## 9.4 投资参考指标编制方法与应用

### 9.4.1 投资参考指标概念

投资参考指标指石油公司所属油田或区块的钻井工程综合平均投资额度。

投资参考指标分为探井指标、开发井指标以及探井和开发井的综合指标三大类，如有需要，可增加评价井指标。也可根据石油公司管理需要，分为油井指标、气井指标、干井指标和综合指标。

钻井工程投资参考指标是在估算指标基础上进一步综合，比估算指标内容更粗，如某油田 1 个开发井投资参考指标可能包括 2～10 个估算指标所代表的钻井工程情况。

### 9.4.2 投资参考指标编制方法

9.4.2.1 投资参考指标编制步骤

（1）确定投资参考指标编制范围。

根据石油公司所属油田和区块已钻井情况和勘探开发需要，确定编制钻井工程投资参考指标范围。有些区块可能仅有开发井，有些区块可能仅有探井，有些区块可能探井和开发井都有，按实际需要确定编制开发井指标、探井指标、综合指标，若仅有开发井或仅有探井，可不再编制综合指标，直接采用开发井指标或探井指标作为综合指标。

（2）计算钻井工程平均投资额度。

采用加权平均法计算钻井工程平均投资额度。

方法一：采用钻井工程估算指标乘以对应的工程量，再除以总工程量，得出钻井工程平均投资额度。工程量可以是上一年度本区块实际完成的钻井工程量；若上一年度本区块没有实际完成的钻井工程量，或非常少，不具有代表性，也可以采用近 3 年本区块实际完成的钻井工程量。

方法二：采用实际完成投资额度，统计平均得出钻井工程平均投资额度。可以采用上一年度本区块实际完成钻井工程量对应的投资额度统计平均确定；若上一年度本区块没有实际完成的钻井工程量，或非常少，不具有代表性，也可以采用近 3 年本区块实际完成钻井工程量对应的投资额度统计平均确定。

（3）编写说明。

对投资参考指标的使用条件、适用范围、注意事项等进行说明。

9.4.2.2 投资参考指标编制举例

以某油田公司为例，说明投资参考指标编制方法，投资参考指标模式见表 9-21。

**表 9-21　某油田公司投资参考指标模式**

| 序 号 | 指 标 编 号 | ZGSY1-1 | ZGSY1-2 | ZGSY1-3 |
|---|---|---|---|---|
| | | 探井（元/m） | 开发井（元/m） | 综合（元/m） |
| | ZGSY 油田公司 | 4582 | 2654 | 2897 |
| 1 | AA 油田 | 2351 | 1988 | 2078 |
| 1.1 | ###区块 | 2375 | | 2375 |
| 1.2 | ***区块 | 2593 | 2386 | 2489 |
| | …… | …… | …… | …… |
| 2 | BB 油田 | 7681 | 5432 | 6302 |
| 2.1 | +++区块 | 9802 | 6789 | 7356 |
| 2.2 | @@@区块 | | 4321 | 4321 |
| | …… | …… | …… | …… |
| | | | | |

说明：

下面介绍探井投资参考指标 2375 元/m、开发井投资参考指标 2386 元/m 和综合投资参考指标 2489 元/m 的具体编制方法。

（1）探井投资参考指标。

ZGSY 油田公司所属 AA 油田###区块近 3 年共钻探井 5 口，其中 3 口井主探同一目的层，井深范围 2156-2960m；1 口井勘探新层系，井深 4690m；1 口井报废。采用 3 口探井的总投资除以 3 口探井的总进尺，确定钻井工程平均投资额度 2375 元/m，即

2375（元/m）=（5045040 元+6201600 元+6677760 元）÷（2156m+2432m+2960m）

（2）开发井投资参考指标。

ZGSY 油田公司所属 AA 油田***区块开发井有 4 个估算指标，对应的上一年工程量见表 9-22。

**表 9-22　AA 油田***区块估算指标及上一年工程量**

| 序 号 | 指 标 编 号 | XJ1-1 | XJ1-2 | XJ1-3 | XJ1-4 |
|---|---|---|---|---|---|
| 1 | 油田 | AA | AA | AA | AA |
| 2 | 区块 | *** | *** | *** | *** |
| 3 | 井别 | 开发井 | 开发井 | 开发井 | 开发井 |
| 4 | 井型 | 直井 | 直井 | 直井 | 定向井 |
| 5 | 井身结构 | 二开 | 三开 | 四开 | 三开 |
| 6 | 平均井深（m） | 2356 | 2651 | 2870 | 2847 |
| 7 | 平均周期（d） | 86 | 106 | 128 | 124 |
| 8 | 工程造价（万元） | 453 | 598 | 791 | 860 |
| 9 | 单位工程造价（元/m） | 1923 | 2256 | 2756 | 3021 |
| 10 | 上一年工程量（m） | 11780 | 7953 | 2870 | 8541 |

采用估算指标乘以对应的上一年工程量，求得开发井总投资，再除以上一年总工程量，得到开发井投资参考指标 2386 元/m，其具体计算方法如下：

2386（元/m）=（1923 元/m×11780m+2256 元/m×7953m+2756 元/m×2870m+3021 元/m×8541m）÷（11780m+7953m+2870m+8541m）

（3）综合投资参考指标。

以此类推，采用探井和开发井总投资，除以探井和开发井的总工程量，可以得到综合投资参考指标 2489 元/m。

### 9.4.3 投资参考指标应用说明

#### 9.4.3.1 投资参考指标用于油气勘探开发项目前期投资决策

在油气勘探开发项目前期投资决策时，要编制项目建议书和初步可行性研究（预可研）报告。在油气勘探项目中要对探井投资进行估算，在油气开发项目中要对开发井投资进行估算，这时可采用投资参考指标完成相关的工程投资测算。

#### 9.4.3.2 投资参考指标用于年度投资计划编制

每年都要进行年度投资计划编制，可根据确定的各油田各区块计划工作量，套用相应的或相近的投资参考指标，编制出油田地区公司的钻井投资计划。同时，总部和专业公司也可以采用投资参考指标测算出钻井投资规模，核实油田地区公司的钻井投资计划。

## 9.5 钻井造价指数编制方法与应用

### 9.5.1 钻井造价指数概念

钻井造价指数是反映一定时期内由于价格变化对钻井工程造价影响程度的一种指标。

钻井造价指数反映了报告期与基期相比的价格变化趋势，是调整钻井工程造价价差的依据。可以利用钻井造价指数分析价格变动趋势及其原因；可以利用钻井造价指数估计钻井工程造价变化对宏观投资的影响；钻井造价指数是钻井工程承发包双方进行钻井工程估价和结算的重要依据。

### 9.5.2 钻井造价指数分类

#### 9.5.2.1 按工程范围和类别分类

（1）单项价格指数。

是分别反映各项工程的人工、设备、材料报告期价格对基期价格的变化程度的指标，如人工费价格指数、主要设备价格指数、主要材料价格指数等。可利用它研究主要单项价格变化的情况及其发展变化的趋势。

（2）综合造价指数。

是综合反映各项工程的人工费、设备费、材料费等报告期价格对基期价格变化而影响钻井工程造价程度的指标，是研究造价总水平变化趋势和程度的主要依据。如钻井工程造价指数、钻前工程造价指数、固井工程造价指数、测井工程造价指数、完井工程造价指数、建设单位管理造价指数等。

#### 9.5.2.2 按造价资料期限分类

（1）时点指数。

是不同时点价格对比计算的相对数，如 2009 年 9 月 9 日 9 时价格对 2008 年 9 月 9 日 9 时价格。

（2）月指数。

是不同月份价格对比计算的相对数，如 2009 年 9 月价格对 2009 年 8 月价格。

（3）季指数。

是不同季度价格对比计算的相对数，如 2009 年二季度价格对 2009 年一季度价格。

（4）年指数。

是不同年度价格对比计算的相对数，如 2009 年价格对 2008 年价格。

9.5.2.3　按对比基期分类

（1）定基指数。

是各时期价格与某一固定时期的价格对比后编制的指数，如 2001 年价格、2002 年价格、2003 年价格分别与以 2000 年价格为基数对比的指数。

（2）环比指数。

是各时期价格都以前一时期的价格为基础计算的造价指数，如 2001 年价格对 2000 年价格、2002 年价格对 2001 年价格、2003 年价格对 2002 年价格计算得出的造价指数。

### 9.5.3　钻井造价指数编制方法

9.5.3.1　钻井造价指数编制步骤

9.5.3.1.1　确定钻井造价指数编制范围

根据石油公司所属油田和区块已钻井情况和勘探开发需要，确定编制钻井造价指数范围。对于单项价格指数，包括人工费价格指数、主要设备价格指数、主要材料价格指数等；主要材料价格指数是否还要继续编制钻头价格指数、油料价格指数、管材价格指数、水泥价格指数等；管材价格指数是否还要分为套管价格指数、油管价格指数等。另外，需要明确所编制的造价指数是定基指数还是环比指数，若是编制定基指数，还需要明确基期的具体时间。

9.5.3.1.2　计算钻井造价指数

（1）单项价格指数。

编制单项价格指数主要是编制人工、设备、材料等要素价格指数，也是编制钻井工程造价指数的基础。计算公式为

$$Dp=\frac{Pn}{Po}$$

式中，$Dp$ 为单项价格指数，可以是人工价格指数、设备价格指数、材料价格指数中的之一，也可以是钻头价格指数、油料价格指数、管材价格指数、水泥价格指数中的之一，根据需要确定；$Pn$ 为报告期的人工价格、设备价格、材料价格中的之一，或者是钻头价格、油料价格、管材价格、水泥价格中的之一；$Po$ 为基期的人工价格、设备价格、材料价格中的之一，或者是钻头价格、油料价格、管材价格、水泥价格中的之一。

（2）综合造价指数。

①单项工程造价指数。

单项工程造价指数指钻前工程造价指数、钻进工程造价指数、固井工程造价指数、录井工程造价指数、测井工程造价指数、完井工程造价指数和建设单位管理造价指数等。计算公式为

$$Dc=\frac{Cn}{Co}$$

式中，$Dc$ 为单项工程造价指数，可以是钻前工程造价指数、钻进工程造价指数、固井工程造价指数、录井工程造价指数、测井工程造价指数、完井工程造价指数和建设单位管理造价指数中的之一，根据需要确定；$Cn$ 为报告期的单项工程平均造价；$Co$ 为基期的单项工程平均造价。

②钻井工程造价指数。

钻井工程造价指数计算公式为

$$D=\sum_{i=1}^{n}(Dc_i \times X_i)$$

式中，$D$ 为钻井工程造价指数；$Dc_i$ 为单项工程造价指数，包括钻前工程造价指数、钻进工程造价指数、固井工程造价指数、录井工程造价指数、测井工程造价指数、完井工程造价指数和建设单位管理造价指数；$X_i$ 为基期各单项工程造价占钻井工程总造价比例。

9.5.3.1.3　编写说明

对钻井造价指数的使用条件、适用范围、注意事项等进行说明。

9.5.3.2　钻井造价指数编制举例

（1）单项价格指数。

以某油田公司 2008 年对 2000 年的平均人工费、平均钻头费、平均柴油价格、平均套管价格、平均 G 级水泥价格为例，说明单项价格指数编制方法，见表 9-23。

**表 9-23　某油田公司单项价格指数测算**

| 序号 | 项目 | 单位 | 2000 年价格 | 2008 年价格 | 造价指数 |
|---|---|---|---|---|---|
| 1 | 平均人工费 | 元/人年 | 28685 | 58670 | 2.05 |
| 2 | 平均钻头费 | 元/m | 186 | 325 | 1.75 |
| 3 | 平均柴油价格 | 元/t | 1960 | 6500 | 3.32 |
| 4 | 平均套管价格 | 元/t | 6100 | 10150 | 1.66 |
| 5 | 平均 G 级水泥价格 | 元/t | 583 | 780 | 1.34 |

（2）综合造价指数。

以某油田公司 2008 年对 2000 年的单项工程造价为例，说明综合造价指数编制方法，见表 9-24。

**表 9-24　某油田公司综合造价指数测算**

| 序号 | 项目 | 2000 年（元/m） | 2000 年造价比例（%） | 2008 年（元/m） | 造价指数 |
|---|---|---|---|---|---|
|  | 钻井工程造价 | 5271.08 | 100.00 | 6896.24 | 1.31 |
| 1 | 钻前工程造价 | 143.51 | 2.72 | 183.21 | 1.28 |
| 2 | 钻进工程造价 | 2639.24 | 50.07 | 3625.25 | 1.37 |
| 3 | 固井工程造价 | 1590.78 | 30.18 | 1963.12 | 1.23 |
| 4 | 录井工程造价 | 158.10 | 3.00 | 178.31 | 1.13 |
| 5 | 测井工程造价 | 306.77 | 5.82 | 421.67 | 1.37 |
| 6 | 完井工程造价 | 247.97 | 4.70 | 301.52 | 1.22 |
| 7 | 建设单位管理造价 | 184.72 | 3.50 | 223.16 | 1.21 |

### 9.5.4　钻井造价指数应用说明

9.5.4.1　钻井造价指数用于油气勘探开发项目前期投资决策

在油气勘探开发项目前期投资决策时，要编制项目建议书和初步可行性研究（预可研）报告。在油气勘探项目中要对探井投资进行估算，在油气开发项目中要对开发井投资进行估算，这时可采用钻井造价指数完成相关的工程投资测算。

### 9.5.4.2 钻井造价指数用于年度投资计划编制

每年都要进行年度投资计划编制，可根据确定的各油田各区块计划工作量，根据上年或某一年的已完成投资情况，乘以钻井造价指数，编制出油田地区公司的钻井投资计划。同时，总部和专业公司也可以采用历年的钻井造价指数，测算出钻井投资变化趋势和投资规模。

### 9.5.4.3 钻井造价指数用于编制钻井投资规划

采用定基指数或环比指数，根据历年的钻井造价指数变化趋势，预测未来数年的钻井投资变化趋势情况，编制出中长期钻井投资规划。

# 10　钻井工程造价控制方法

钻井工程造价控制方法主要包括全过程钻井工程造价控制方法、钻井单项工程造价控制方法和钻井工程计价标准动态调整。

## 10.1　全过程钻井工程造价控制方法

### 10.1.1　全过程钻井工程造价管理的认识

#### 10.1.1.1　全过程工程造价管理概念

全过程造价管理主要内容包括投资决策阶段工程造价管理、工程设计阶段工程造价管理、招标投标阶段工程造价管理、工程施工阶段工程造价管理、竣工决算阶段工程造价管理。

对于钻井工程而言，全过程造价管理一般有两种情况。一种是以石油天然气勘探项目或石油天然气开发项目的建设全过程为研究对象，分析其中探井或开发井的钻井工程造价确定与控制；另一种是以一口井建井全过程为研究对象，从开钻开始，到完井结束，分析其中钻井工程造价的确定与控制。

这里结合现有管理情况，将上述两种情况进行有机结合，分为投资决策阶段工程造价控制、工程设计阶段工程造价控制、招标投标阶段工程造价控制、工程施工阶段工程造价控制、竣工结算阶段工程造价控制，前两个阶段是站在石油天然气勘探建设项目或石油天然气开发建设项目的角度进行说明，后三个阶段是站在一口井的钻井工程角度进行说明。

#### 10.1.1.2　有效管理工程造价基本原则

（1）以决策和设计阶段为重点的建设全过程造价管理。

工程项目投资决策是选择和决定投资行动方案的过程，是对拟建项目的必要性和可行性进行技术经济论证，对不同建设方案进行技术经济比较及做出判断的决定的过程。据国内外工程实践及工程造价资料分析表明，在项目建设各个阶段中，投资决策阶段影响工程造价的程度最高，达到75%～95%；设计阶段为35%～75%；施工阶段为5%～35%；竣工阶段为0～5%。项目决策正确与否，直接关系到项目建设的成败，关系到工程造价的高低和投资效果的好坏。加强建设项目决策阶段的工程造价管理意义重大。同时，管理工程造价的关键在于设计，设计费一般只相当于建设工程全寿命费用的 1%以下，但设计对工程造价的影响可以达到75%以上，许多重大项目专门有设计监督。另外，工程造价管理必须贯穿于项目建设全过程，如果其中某一个环节出现问题，都会对整个工程造价产生影响，使其他环节所做的大量工作大打折扣，甚至失效。

（2）动态地主动地管理工程造价。

根据工程项目运行的设计、招标、签订合同、施工准备、正式施工、竣工等各个环节，工程造价控制重点应相应变化并采取不同措施，保证达到有效控制造价的目标。

（3）技术与经济相结合是管理工程造价的有效手段。

有效管理工程造价应从组织、技术、经济等多方面采取措施。组织方面：明确项目组织结构，明确造价管理者及任务，明确职能分工；技术方面：进行多设计方案选择，采用先进适用的成熟技术；经济方面：动态比较造价计划值和实际值，严格审核各项费用支出，采取节约奖励措施等。

### 10.1.2　全过程钻井工程造价控制方法

#### 10.1.2.1　投资决策阶段工程造价控制

（1）确定影响钻井工程造价的主要因素。

在石油天然气勘探建设项目或石油天然气开发建设项目投资决策阶段，对于探井或开发井的钻井工程而言，要系统分析地质风险、环境风险、技术风险、经济风险、政治风险等影响钻井工程造价的因素。地质风险主要是因为地下情况复杂而对钻井工程造价造成的影响，如设计地层厚度与实际钻遇地层厚度的变化很大、设计地层压力与实际地层压力差异大等；环境风险主要是因为钻井工程在野外施工，暴风雨、暴风雪、洪水等恶劣天气影响施工以及环保要求导致钻井工程造价发生变化，还有协调社会关系不当可能造成停工或发生额外费用；技术风险是由于设计、施工操作和测量的不完善，可能导致工程报废，甚至发生井喷、火灾等恶性事故，对钻井工程造价造成重大影响；经济风险主要是考虑市场价格变化对钻井工程造价的影响，投资决策时到正式工程施工往往有较长一段时间，油料、化工材料、工具等价格变化会直接影响到工程造价；政治风险主要是考虑油气资源是战略资源，政治经济政策的变化甚至政府的更替都对工程产生直接影响，在国内可不考虑政治风险因素。对于探井，要重点考虑地质风险、环境风险、技术风险、经济风险，对于开发井，则侧重于考虑技术风险、经济风险。

（2）钻井工程造价主要控制方法。

投资决策阶段的主要工作内容是编制投资估算，它是项目建议书和项目可行性研究报告的重要组成部分，投资估算对于项目的决策及投资成败十分重要。编制工程项目投资估算时，注意以下几点。

一是认真收集整理已完工的邻井钻井工程资料和实际造价资料；二是应认真研究石油天然气勘探建设项目或石油天然气开发建设项目的具体内容及国家有关规定；三是合理选择估算指标或投资参考指标等计价标准，以估算编制时的价格进行编制；四是按照有关规定，合理地预测估算编制后到竣工期间的价格、利率、汇率等动态因素的变化；五是合理估算工程预备费，打足建设投资，确保投资估算的编制质量。

#### 10 1.2.2　工程设计阶段工程造价控制

##### 10.1.2.2.1　确定影响钻井工程造价的主要因素

钻井工程造价主要是以钻井日费等周期费用和钻头、钻井液、套管、水泥、油管等主要材料费用组成。影响钻井工程造价的主要因素是井身结构、井型、料材选择、钻井复杂和事故，这 4 个方面对钻井周期和材料消耗均有很大影响。

（1）井身结构对钻井工程造价的影响。

井身结构直接决定了 1 口井的钻井工程量，对钻井工程造价影响最大。华北油田河西务构造务 103 断块油田，由于馆陶组的砾岩井段岩层胶结疏松，常常发生井漏。为了保证钻井工程的顺利进行，过去被迫采取下一层 244.5mm 技术套管的措施，套管下入深度 1800m 左右。后来采用了能够随钻堵漏的钻井液，较好地克服了馆陶组砾岩层的漏失问题，简化了井身结构，省去一层 1800m 长的 244.5mm 技术套管，套管重量约 108t，节约 45t 水泥，钻头和钻井液也大幅度减少，建井周期和钻井周期缩短 50%以上，见表 10-1。一口井节省 200 多万元。

**表 10-1　井身结构对钻井周期影响**

| 序 号 | 项　目 | 单 位 | 简 化 前 | 简 化 后 | 水平提高 |
|---|---|---|---|---|---|
| 1 | 钻速 | m/台月 | 1053 | 2114.5 | 100.8% |
| 2 | 机械钻速 | m/h | 6.07 | 7.92 | 30.5% |
| 3 | 钻井周期 | d | 77.7 | 37.9 | 105.0% |
| 4 | 建井周期 | d | 91.6 | 45.2 | 102.7% |

（2）井型对钻井工程造价的影响。

井型是按井眼轨道分为直井、定向井和水平井，一般定向井工程造价比常规直井要超出 20%～50%，水平井工程造价比常规直井要超出 1～3 倍。表 10-2 给出了某油田开发时直井和水平井工程造价对比结果。

**表 10-2　井型对钻井工程周期和造价影响**

| 项　目 | 平均井深（m） | 周期（d） | 单位费用（元/m） | 单井费用（万元） |
|---|---|---|---|---|
| 直井 | 3904 | 67.5 | 2256 | 881 |
| 水平井 | 4439 | 120.0 | 5081 | 2256 |
| 变化幅度 | 535 | 52.5 | 2826 | 1375 |
| 变化率 | 14% | 78% | 125% | 156% |

（3）钻井材料对钻井工程造价的影响。

钻头、钻井液等钻井材料优化选择对钻井工程造价影响较大。在前面看到钻井液技术水平提高可以简化井身结构。这里再给出优化钻头对钻井工程造价影响的实例。

1998—1999 年，在川西地区使用 PDC 钻头，与牙轮钻头相比，在同地区、同地层、同井段条件下单只钻头进尺和机械钻速都成倍增长，大幅度缩短钻井周期，浅井缩短 6～7d，中深井缩短 30d。每米钻井造价降低 20%～30%左右，见表 10-3。

**表 10-3　钻头优化对钻井工程造价影响**

| 井　型 | 钻头直径（mm） | 钻头类型 | 统计量（只） | 平均单只进尺（m/只） | 平均机械钻速（m/h） | 每米钻井造价（元/m） |
|---|---|---|---|---|---|---|
| 浅井 | $\phi$216 | 牙轮 | 27 | 134 | 2.96 | 282 |
| | $\phi$190 | PDC | 22 | 296 | 5.76 | 222 |
| 对比 | | | | 163 | 2.80 | -60 |
| 变化率 | | | | 122% | 95% | -21% |
| 中深井 | $\phi$216 | 牙轮 | 30 | 225 | 2.23 | 415 |
| | $\phi$190 | 川克 PDC | 6 | 1437 | 3.72 | 271 |
| 对比 | | | | 1212 | 1.49 | -144 |
| 变化率 | | | | 539% | 67% | -35% |

（4）复杂和事故对钻井工程造价的影响。

据近年统计分析，处理复杂情况和钻井事故的时间约占钻井施工总时间的 6%～8%，一个拥有上百台钻机的油田，一年之中就相当于有 6～8 台钻机全年都在处理复杂和事故。

1964—1992 年，胜利油田共发生各类上报事故 2458 起，损失时间达 22612 天 23 小时，折合 754.02 钻机月。按年工作时间 10 个钻机月计算，相当于 75.4 台钻机一年没有生产。如果按处理一起事故平均需用 50 万元计算，则上报的 2458 起事故的经济损失累计为 12.29 亿元。

#### 10.1.2.2.2 钻井工程造价主要控制方法

工程设计阶段的钻井工程造价主要控制方法体现在两个方面，一方面是要全面考虑钻井工程所要遇到的风险和问题，另一方面是采用先进适用的钻井工程技术。

（1）钻井工程设计中应重点考虑的问题。

钻井工程设计中应重点考虑的问题提示如下：井场准备问题；异常地层压力问题；砾石层、高渗透性砂岩或裂缝性地层等的井漏问题；井斜控制问题；易水化分散泥岩段和易泥包钻头井段的问题；机械钻速问题；井眼扩大问题；键槽、压差、井眼不清洁及缩径等卡钻问题；盐岩层和膏岩层问题；浅气层问题；高温问题；沿水泥环的气窜问题；储层损害问题；有毒有害气体问题；岩屑和钻井液的排放问题；气候问题，共 16 个方面问题。

（2）应用先进适用的钻井技术。

应用先进适用的钻井技术是控制钻井工程造价的一个重要手段。

对先进适用的钻井技术应有正确的认识和理解。“适用技术”是指适合工程实际情况、能产生最大的综合经济效益的技术。“适用技术”注重的是效果，而不是单纯的先进技术，先进的适用的钻井技术是保证工程质量、速度和安全性的关键。技术与经济综合分析选用先进适用技术，保证最大限度合理确定工程造价。下面以钻进钻头优化为例进行说明。

钻头选型原则：单只钻头进尺多、机械钻速高、口井钻头消耗数量少、钻井费用低是钻头选型的基本原则。

第一步：根据地层岩石可钻性和研磨性及钻头的破岩机理结构特性选择，钻头选型的实质是使钻头类型与所钻地层的岩性相适应。

第二步：用费用计算方法初选钻头类型

$$C_t = \frac{C_b + C_r(T_r + T_c + T)}{H}$$

式中，$C_t$ 为进尺费用，元/m；$C_r$ 为钻机作业费，元/h；$C_b$ 为钻头价格，元/只；$T_r$ 为起下钻换钻头时间，h；$T_c$ 为钻头纯钻进时间，h；$T$ 为接单根时间，h；$H$ 为钻头总进尺，m。

第三步：用等成本方法调整钻头类型。调整的原则是调整后的钻头类型，应使进尺费用低于或者至少等于调整前的进尺费用。

第四步：用钻井预测方法确定全井钻头序列。

下面以实例说明应用先进适用的钻井技术。表 10-4 是某油田 PDC 钻头实钻资料统计，如单独看价格，同规格的 PDC 钻头比牙轮钻头贵 7～8 倍，但是如果和钻头进尺综合分析，平均每米钻头的费用却比牙轮钻头降低了一半左右。

**表 10-4 PDC 钻头和牙轮钻头效果对比**

| 钻头类型 | 型　号 | 尺寸（mm） | 单价（万元/只） | 平均单只进尺（m/只） | 平均钻头费用（元/m） |
|---|---|---|---|---|---|
| PDC 钻头 | R 系列：536.545 | 216 | 10.30 | 2726.70 | 37.77 |
| | R 系列：536 | 190 | 9.00 | 1837.85 | 48.97 |
| 牙轮钻头 | H517 | 216 | 1.38 | 151.29 | 91.21 |
| | H437 | 216 | 1.38 | 220.62 | 62.55 |

#### 10.1.2.3 招标投标阶段工程造价控制

##### 10.1.2.3.1 工程招标投标对工程造价的影响

自2000年1月1日起施行的《中华人民共和国招标投标法》是推行我国建筑市场走向规范化、完善化的重要举措之一。推行工程招标投标制，对合理控制工程造价具有非常重要的影响，主要表现为以下4个方面。

（1）推行招标投标制，基本形成了市场定价的价格机制，使工程价格更趋于合理。招标投标制最显著的作用是使投标人之间产生市场竞争，最直接、最集中的表现为价格竞争。通过竞争确定工程造价，使其趋于下降，有利于节约投资，提高投资效益。

（2）推行招标投标制，能够不断降低社会平均劳动消耗水平，使工程价格得到有效控制。市场中不同投标者的个别劳动消耗水平是有差异的，通过招标投标，使个别劳动消耗水平最低或接近最低的投标者获胜，这样便实现了生产资源较优配置，也实现了投标者之间的优胜劣汰，进而逐步全面降低社会平均劳动消耗水平，使工程造价更趋合理。

（3）推行招标投标制，便于供求双方更好地相互选择，使工程价格更符合价值基础。建设工程采用招标投标方式，为供求双方在较大范围内进行相互选择创造了条件，为需求者（如建设单位、业主）与供给者（如设计单位、施工单位）在最佳点上的结合提供了可能。建设单位、业主能够选择报价较低、工期较短、具有良好业绩和管理水平的设计单位和施工单位作为承包人，为合理控制工程造价奠定了基础。

（4）推行招标投标制，能够减少交易费用，节省人力、物力、财力，进而降低工程造价。投标时投标人在同一时间、同一地点报价竞争，在专家支持系统的评估下，以群体决策方式确定中标者，必然减少交易过程的费用，这本身就意味着招标人收益的增加，对工程造价必然产生积极的影响。

##### 10.1.2.3.2 招标投标阶段工程造价管理基本内容

（1）发包人选择合适的招标方式。

《中华人民共和国招标投标法》允许的招标方式有公开招标和邀请招标，选择合适的招标方式是合理确定工程合同价款的基础。

（2）发包人选择合适的承包模式。

常见的承包模式有总分包模式、平行承包模式、联合承包模式、合作承包模式。不同的承包模式适用于不同类型的工程项目，对工程造价的控制也体现出不同的作用。

总分包模式的总包合同价格可以较早较快确定，业主可能承担较少风险。而承包商责任重、风险大，获得高额利润的潜力也比较大。

平行承包模式的总包合同价格不容易较早较快确定，从而影响工程造价控制的实施。这种模式工程招标工作量大，需要控制多项合同价格，从而增加了工程造价控制的难度。但对于大型复杂工程，如果分别招标，可参与竞争的投标人多，业主就能够获得具有竞争性的商业报价。

联合承包模式对业主而言，合同结构简单，有利于工程造价的控制。对联合体而言，可以集中各成员单位的资金、技术和管理等方面的优势，增强了抗风险能力。

合作承包模式同联合承包模式相比较，业主的风险较大。

（3）发包人编制招标文件。

工程计量方法和报价方法的不同，会产生不同的合同价格。因此招标前应选择有利于降低工程造价和便于合同管理的工程计量方法和投标报价方法。确定招标工程标底是招标前的另一项重要工作，编制标底应实事求是，综合考虑和体现发包人和承包人的利益。

（4）承包人编制投标文件。

拟投标的承包人通过资格审查后，获取招标文件，编制投标文件。在核实工程量的基础上，依据企业计价标准进行工程估价，在广泛了解潜在竞争者及工程情况和企业情况的基础上，运用投标技巧和正确的策略确定合理的投标报价。

（5）发包人选择合理的评标方式。

评标过程中使用的方法很多，不同的计价方式对应不同的评标方法，正确的评标方法选择有助于科学选择承包人。在正式确定中标单位之前，一般对得分最高的一到二家潜在中标单位进行询标，对不明和笔误之处进一步明确或纠正，以确保发包人和潜在中标人的利益都不受损害。

（6）发包人与承包人签订承包合同。

通过评标定标，选择中标单位，并以中标单位的报价作为合同承包价，签订承包合同。合同的形式应在招标文件中确定，并在投标函中响应。不同的合同格式适用于不同的工程类型，正确选用合适的合同类型是保证合同顺利执行的基础，也为控制工程造价提供了保障。

10.1.2.3.3 钻井工程造价主要控制方法

（1）编制工程量清单。

编制工程量清单应按照有关规定，采用统一的工程项目划分方法、统一的计量单位、统一的工程量计算方法。编制工程量清单时需要注意以下几点：

一是编制依据全面充分。必须全面掌握工程有关资料，如钻井地质设计、钻井工程设计、钻机类型等，实地勘察钻井现场，了解实际施工条件，为计算工程量打好基础，尽量减少日后工程变更，是有效控制钻井工程造价的关键环节之一。

二是工程项目划分科学合理。要求项目之间界限清楚，作业内容、工艺和质量标准清楚，便于计量和报价。项目划分尽量要细，避免不平衡报价。

三是工程量清单项目应尽可能周全。不重不漏是编制招标工程量清单的最基本要求，清单中漏掉的项目会引起工程造价失控。因此，编制清单时应有一定的预见性，增列一些可能发生的项目，列入少量的工程量。

四是清单说明言简意赅。包括工作内容的补充说明、特殊工艺要求、主要材料规格型号及质量要求、现场施工条件、自然条件等。尤其是现场施工条件和自然条件说明，应表述准确，便于投标单位了解情况。

五是配套表格操作性强。清单配套表格设计合理、实用直观，要使投标操作起来不烦琐，又要利于评标方便快捷，不要产生误操作。

（2）编制标底。

工程招标标底是评价投标人所投单价和总价合理性的重要参考依据，是合同管理中确定合同变更、价格调整、索赔和额外工程价格的依据。因此，准确计算标底对控制工程造价具有重要意义。编制标底时需要注意以下几点：

一是标底要符合相关规定。根据国家有关规定、技术标准、工程量清单、招标文件要求，参照国家、行业、地方或企业批准发布的计价标准和要素市场价格，确定工程量和标底，标底价格反映社会平均水平。

二是标底要与市场相吻合。标底作为招标人的期望价格，应力求与市场的实际变化相吻合，要有利于竞争和保证工程质量。

三是标底要控制在限额内。一般应控制在批准的工程投资估算或概算额度以内。

四是标底要考虑价格变化。编制标底时应考虑人工、设备、材料等价格变化因素，采用固定价格时，还要考虑工程风险准备金。

五是一个工程只能编制一个标底。

（3）签订工程合同。

招标投标阶段工程造价控制总体上体现在三个方面：获得竞争性投标报价、有效评价最合理报价、签订工程合同预先控制造价变更。确定合理的合同价格和签订严密的工程合同，是控制工程造价的重要手段之一。签订工程合同需要注意以下几点：

一是确定合同价。合同价款是发包人和承包人双方最关心的核心条款。对于钻井承包商而言，有总包价、进尺价、日费价及各种鼓励性组合计价；对于技术服务承包商而言，有固定合同价、可调合同价及各种鼓励性组合计价。具体工程承包的计价方式可以是单一的计价方式，也可以是采用组合计价方式。前提是有利于控制工程造价。

二是关注合同文件组成部分。招标投标过程中形成的补遗、修改、书面答疑、各种协议等均应作为合同文件的组成部分，特别应注意作为付款和结算依据的工程量和价格清单，应根据评标阶段作出的修正稿重新整理审定，并且应标明按完成的工程量测算付款和按总价付款的内容。

三是关注合同条款的约定。对于程序性条款，包括信息往来程序、计量程序、工程变更程序、索赔处理程序、价款支付程序、争议处理程序等，应注明具体步骤、时间期限，规范工程价款结算依据的形成，预防不必要的纠纷；对于工程计量条款，注意计算方法的约定，一般按工程部位或工程特性确定，以便于核定工程量和计算工程价款；对于价格条款，应特别注意价格调整条款，如未标明价格或无单独标价的工程、工程量变化的价格调整、工程延期的价格调整、材料价格上涨的调整等；对于双方职责条款，详细描述双方职责，量化风险，防止或尽量减少索赔和争议的发生；对于工程变更条款，适当规定工程变更和增减总量的限额及时间期限。

#### 10.1.2.4　工程施工阶段工程造价控制

工程施工阶段是实现钻井工程价值的主要阶段，也是资金投入量最大的阶段。工程造价控制的主要任务是通过工程付款控制、工程变更费用控制、预防并处理好费用索赔、挖掘节约工程造价潜力来实现实际发生的费用不超过计划投资。

##### 10.1.2.4.1　工程造价控制工作内容

工程造价控制的工作内容包括组织、经济、技术、合同等多个方面的内容。

在组织工作方面：项目组中落实造价控制的人员、任务、职能分工；编制造价控制工作计划和详细的工作流程图。

在经济工作方面：编制工程资金使用计划，确定和分解工程造价控制目标；进行风险分析，制定防范性对策；进行工程计量；复核工程付款账单，签发付款证书；施工过程跟踪控制，定期比较实际支出和计划目标，发现偏差及时分析原因，采取纠偏措施；协商确定工程变更价款；审查完工结算；做好造价分析与预测，经常或定期向建设单位提交工程造价控制及存在问题的报告。

在技术工作方面：对设计变更进行技术经济比较，严格控制设计变更；继续寻找通过设计挖潜节约造价的可能性；审核承包人编制的施工组织设计，对主要施工方案进行技术经济分析。

在合同工作方面：做好工程施工记录，保存各种文件资料，特别是注有实际施工变更情况的资料，为正确处理可能发生的索赔提供依据；处理索赔事宜；合同修改、补充工作，着重考虑它对工程造价控制的影响。

10.1.2.4.2　钻井工程造价主要控制方法

（1）编制资金使用计划。

资金使用计划的编制和控制在整个工程建设管理中处于重要而独特的地位，它对工程造价的重要影响表现在以下几个方面。一是编制资金使用计划，可以合理确定造价控制的总目标值、分目标值、各详细目标值，为工程造价控制提供依据，为资金筹集与协调打下基础；二是编制资金使用计划，可以对未来工程项目的资金使用和进度控制进行预测，消除不必要的资金浪费和进度失控；三是通过严格执行资金使用计划，可以有效地控制工程造价上升，最大限度节约投资，提高投资效益。

资金使用计划可按不同子项目编制。首先对工程项目进行合理划分，划分的粗细程度根据实际需要而定，一般分解到各单项工程和单位工程。

资金使用计划也可按时间进度编制。一是确定工程项目进度计划，编制进度计划横道图；二是根据单位时间内完成的实物工程量或投入的人力、物力、财力计算单位时间（月或旬）的投资，在时标网络图上按时间编制资金使用计划；三是计算规定时间计划累计完成的投资额；四是按各规定时间的计划累计完成投资额，编制投资计划值曲线。

（2）准确确定钻井工程施工工程量。

准确签认钻井工程施工工程量是控制钻井工程造价的一个核心环节。

施工工程量和工作量是有所区别的。工程量指完成一口井钻井工程必须的消耗，概括为人工、设备、材料三个方面，分为有形工程量消耗和无形工程量消耗；有形工程量有设备消耗材料、化工材料等，无形工程量有人工工时、设备台时等。工作量指完成一口井钻井工程实际发生的消耗，一般是钻井公司和其他技术服务公司在一口井上实际消耗人工、设备、材料和成本。

二者主要区别：一是工程量是站在建设单位角度，工作量是站在施工单位角度；二是工程量往往不等于工作量，多数情况是小于工作量，有时也大于工作量。

工程量是计算工程造价的基础，必须严格执行设计，认真核实和控制。表 10-5 举例说明了工程量和工作量区别。

**表 10-5　监督确认工程量举例**

| 序号 | 项目 | 工程量 | 工作量 | 监督签认 |
|---|---|---|---|---|
| 1 | 井场修建 | 修 1 个井场，<br>合同价 25 万元 | 钻前工程队实际修该井场花费的成本 18.8 万元 | 修 1 个井场，<br>工程造价 25 万元 |
| 2 | 钻进工时 | 618 小时 | 实际施工 624 小时（其中修理工时超出合同规定 6 小时） | 618 小时 |
| 3 | 罐车送水 | 120 车次 | 125 车次（半路车坏 5 次，未送到井） | 120 车次 |

（3）确定工程变更与变更价款。

工程变更主要包括设计变更、进度计划变更、施工条件变更及原招标文件和工程量清单中未包括的“新增工程”。

由于工程变更会带来工程造价的变化，为了有效控制工程造价，无论任何一方提出工程变更，均需要现场工程师或监督确认，并签发工程变更指令。工程变更的确认一般需要通过以下步骤来实现：一是提出工程变更；二是分析提出的工程变更对工程项目目标的影响；三是分析有关合同条款和会议、通信记录；四是向建设单位提出变更评估报告（初步确定处理工程变更所需要的费用、时间和质量要求）；五是确认工程变更。

工程变更价款的确定方法：一是根据有关规定和标准；二是工程量清单计价工程综合单价确定方法；三是协商单价和价格。

（4）工程索赔。

工程索赔是在工程实施过程中，合同当事人的一方因对方未履行或不能正确地履行合同所规定的义务而受到损失时，向对方提出的赔偿要求。

工程索赔的目的通常有两个，即工期延长和费用补偿。按索赔目的分为工期索赔、费用索赔；按合同类型分总承包合同索赔、分包合同索赔、合伙合同索赔、供应合同索赔、劳务合同索赔等；按处理方式分单项索赔、总索赔。

工程索赔特点主要表现为索赔没有统一标准，但有若干影响因素；不“索”则不“赔”；成功的索赔基于国家法规和合同；索赔以利益为原则。

工程索赔的干扰事件和索赔理由主要有业主（或工程师）违约、合同错误、合同变更、工程环境变化、不可抗力。

合同双方通过谈判，可请人调解或通过仲裁、诉讼，最终解决索赔事件。

（5）工程价款结算。

工程价款结算是对钻井工程的承包合同价款进行约定和依据合同约定进行工程预付款、工程进度款、工程竣工价款结算的活动。

工程价款结算的基本内容和程序：按工程承包合同或协议预支工程预付款，一般不高于合同金额 30%；按照双方确定的结算方式开列月（阶段）施工作业计划和工程价款预支单，预支工程价款；月末（阶段完成）呈报已完工程月（阶段）报表和工程价款结算账单，提出支付工程进度款申请，14 天内发包人向承包人支付工程进度款；跨年度工程年终进行已完工程、未完工程盘点和年终结算；单位工程或单项工程竣工时，办理单位工程或单项工程结算；最后一个单项工程竣工后，发包人支付工程竣工结算价款，保留 5%左右质量保证金。质保期后清算，若有返修，从质量保证金中扣除。

工程价款结算应遵守的一般规定：承包人向发包人收取工程款时，可按规定采用汇兑、委托收款、汇票、本票、支票、期票等各种手续；工程价款无论采用哪种结算方式，也不论工期长短，其施工期间结算的工程价款总额一般不得超过工程合同价值的 95%；工程承发包双方必须遵守结算纪律，不准虚报冒领，不准相互拖欠；工程承发包双方应严格履行承包合同。

（6）投资偏差分析。

投资偏差指投资的实际值与计划值的差异，即

投资偏差 = 已完工程实际投资-已完工程计划投资

已完工程实际投资 = Σ已完工程量（实际工程量）×实际单价

已完工程计划投资 = Σ已完工程量（实际工程量）×计划单价

投资偏差为正，表示投资超支；投资偏差为负，表示投资节约。

投资偏差参数分为局部偏差、累计偏差和绝对偏差、相对偏差以及偏差程度等。局部偏差：一是指各单项工程、单位工程及分部分项工程的投资偏差；二是对于整个项目中每一控

制周期所发生的投资偏差。累计偏差：是一个动态概念，第一个累计偏差在数值上等于局部偏差，最终的累计偏差就是整个项目的投资偏差。绝对偏差指投资实际值与计划值比较所得到的差额。相对偏差 = 绝对偏差/投资计划 =（投资实际值-投资计划值）/投资计划值。投资偏差程度 = 投资实际值/投资计划值。

投资偏差分析方法主要有横道图法、曲线法、表格法。横道图法：用不同的横道标识已完工程计划投资、拟完工程计划投资和已完工程实际投资，横道的长度与其金额成正比例。曲线法：用投资累计曲线（S 形曲线）来进行投资偏差分析。表格法：将项目编号、名称、各投资参数及投资偏差数等综合归纳入一张表格中，并且直接在表格中进行比较。

投资偏差原因分析有物价上涨、设计原因、建设单位原因、施工原因、客观原因等。物价上涨分为人工涨价、材料涨价、设备涨价、利率和汇率变化等；设计原因分为设计错误、设计漏项、设计标准变化等；建设单位原因分为增加内容、投资规划不当、组织不落实、协调不佳、未及时提供场地等；施工原因分为施工方案不当、材料代用、施工质量有问题、赶进度、工期拖延等；客观原因分为自然因素、社会原因、法规变化等。

投资偏差分析要进行纠偏，纠偏的主要对象是建设单位原因和设计原因造成的投资偏差。在组织措施方面：从投资控制的组织管理方面采取措施，落实投资控制的组织机构和人员；明确各级投资控制人员的任务、职能分工、权利和责任；改善投资控制工作流程等。在经济措施方面：主要是审核工程量和签发支付证书。在技术措施方面：主要是对工程方案进行技术经济比较。在合同措施方面：主要是索赔管理。

10.1.2.5　竣工结算阶段工程造价控制

钻井工程完井后，由建设单位、施工单位按照钻井地质设计、钻井工程设计、相关技术标准和规范以及工程合同等依据，通过一定的程序和手段进行验收，验收合格后，进行交井，办理竣工结算。

10.1.2.5.1　竣工结算的概念

竣工结算指承包商完成合同内工程的施工并通过了交工验收后，所提交的竣工结算书经过建设单位和相关管理人员审查签证，送交经办银行或工程预算审查部门审查签认，然后由经办银行办理拨付工程价款手续的过程。分为单位工程竣工结算、单项工程竣工结算和建设项目竣工总结算。

10.1.2.5.2　钻井工程造价主要控制方法

（1）竣工结算编制依据。

工程竣工报告和工程验收证书；承包合同；设计变更通知单和工程变更签证；预算标准、工程量清单、材料价格、费用标准等资料；预算书或报价单；其他有关资料及现场记录等。

（2）竣工结算编制。

核实工程量。将原工程预算中的工程量或招标中使用的工程量清单进行复核，防止错算、重算和漏算，从中找出工程量的量差，即与实际发生工程量不符而产生的工程量的差异，这是编制竣工结算的主要工作内容。量差主要是由设计变更或设计漏项、现场施工变更等原因造成的。

材料价差调整。材料价差指材料的预算价格（报价）和实际价格的差额。由建设单位供应的材料按预算价格转给施工单位的，在工程结算时不做调整，其材料价差由建设单位单独核算，在编制竣工决算时摊入工程成本。施工单位的材料价差必须根据合同中的约定进行调整，应按油田或当地造价管理部门规定的材料品种及当时公布的市场信息价格与材料预算价格找差。

费用调整。若工程量变化超过合同规定的限度，应进行相关单项工程或分部分项工程费用调整。

（3）注意工程计价标准的使用条件和范围。

不但不同的钻井工程施工队伍计价方法和取费标准有很大差别，对于同一施工队伍，其不同施工状态的取费标准也是不同的，各种综合单价、材料价格、运输价格等计价标准的使用是有一定前提条件的。如塔里木钻井日费单价有10种之多，每一种都是有其适用条件和范围。下面以塔里木钻井日费时效划分种类进行说明。

塔里木钻井日费各类费用所含时效划分为10类、12种结算方法，其内容如下。

①钻进日费。

钻井队从开钻到完钻过程中钻进进尺和按设计及监督指令进行地层钻进取心的时间，包括起下钻、接单根、钻进过程中阶段泥浆循环、换钻头（含取心钻头和工具）、钻水泥塞等正常作业的时间，按钻进日费付费。将钻进费率作为1，以下各类不同时效付费系数均与钻进日费比较确定。

②钻前日费。

钻井队提前上井，进行设备安装、质量验收、试车、配泥浆、打鼠洞等其他开钻前准备工作的时间，按钻前日费付费。钻前日费付费定额为5d。付费系数为0.50。

③固井日费。

指电测完后电测队交还钻井队井口起，至注完水泥拆完水泥头止的时间为固井时间，按固井日费付费。固井时间包括下套管前划眼、下套管、注水泥前的泥浆循环、装拆水泥头、注水泥等工序时间；探水泥面、尾管回接也属固井时间。付费系数为0.83。

④测井日费。

指按设计钻完预定井深，钻井队将井口交给测井队时起，至电测完将井口交还钻井队止的时间为测井时间，按测井日费付费。垂直地震测井时间也计为测井时间。付费系数为0.75。

⑤中测日费。

钻井队按设计或监督指令下入封隔器（桥塞），从坐封开始至解封起钻止为中测时间，按中测日费付费。付费系数为0.80。

⑥完井日费。

钻井队钻完设计井深，完井电测完成后或下尾管注完水泥起，至从井架上甩完最后一根钻杆止为完井时间，按完井日费付费。完井电测或下尾管注完水泥后，进行原钻机试油，即按原钻机试油时间和日费计算。试油完毕后属于装拆井口、甩钻杆等工作，仍计作完井时间.按完井日费付费。付费系数为0.80。

⑦原钻机试油日费。

从完井电测后或下尾管注完水泥起至整个试油工作的完成，起出最后一个试油工具装上采油树或封住井口止为原钻机试油时间，按原钻机试油的时效费用标准付费。

⑧辅助生产日费。

辅助生产时间指钻井时效中除本表所列各类项目以外的各种辅助生产时间，包括每钻机月中设备修理定额时间（累计48h）、固井候凝、拆装防喷器、配制处理泥浆及堵漏等时间，按辅助生产日费付费。付费系数为0.75。

⑨停工日费。

由于甲方或钻井队责任造成井上停工的时间，如组织停工等材料、等处理事故措施、超过设备修理时间定额以外的修理时间，因设备损坏而更换设备的时间等，分清甲方或钻井队责任，分别按停工日费中的甲方责任费率或乙方（钻井队）责任费率付费。甲方责任停工费率 0.68，乙方责任停工费率 0.39。

⑩事故处理日费。

由于甲方或钻井队责任造成井下事故如卡钻、顿钻、井下落物、井斜超过规定等，在处理时间中，分清甲方或钻井队责任，分别按事故处理日费中甲方责任费率和乙方（钻井队）责任费率付费。处理事故过程中的等措施、等设备材料按停工时间计，按停工日费付费。活动钻具、循环泥浆、井身纠斜钻进和侧钻钻进按事故处理日费付费。处理地下复杂情况按事故处理日费付费，地下复杂情况必须经指挥部总地质师确认批准。甲方责任事故处理费率 0.91，乙方责任事故处理费率 0.75。

各专业承包服务单位（如测井、固井、测试、下套管服务等）在钻井队服务期间超过指挥部规定的定额工作时间，造成甲方或钻井队的经济损失，按该次全部服务项目总收入金额的 10%罚款。

钻井队钻进取心和下套管超过指挥部规定的定额工作时间，其超过部分时间按辅助生产日费付费。钻井队钻进周期的奖罚在钻井承包合同中规定。

属于人力不可抗拒因素造成停工，在 1 个月内按钻前日费付费。超过 1 个月不能恢复生产，从第 2 个月的第一天起改成按钻井队待命费付费。如仍不能恢复生产，从第 3 个月第一天起，合同即行终止。人员撤离钻井现场，从撤出之日起 10d 内按钻前日费付费，超过 10d 即从第 11d 起按钻井队待命费付费至撤离现场的第 2 个月底止；付费期间临时生活补贴按轮休标准发给。

钻井开钻日期从钻 26in 井眼开始计算，钻井队下入$\phi$720mm 或$\phi$820mm 导管不属开钻。为考虑下导管的消耗，另加付一定钻进日费，边缘钻井队另加付钻进日费 3d，腹地钻井队另加付钻进日费 5d。如果基础施工接好导管的井，不再加付此项费用。

（4）竣工结算审查和付款。

工程竣工结算由承包人编制，发包人审查。发包人收到承包人递交的竣工结算报告及完整的结算资料后，应在规定的期限内进行核实，给予确认或提出修改意见。发包人根据确认的竣工结算报告向承包人支付工程竣工结算价款，根据合同约定保留一定比例的质量保证金，待工程交付使用质保期到期后清算。

## 10.2 钻井单项工程造价控制方法

这里对钻井工程中的钻前工程、钻进工程、固井工程、录井工程、测井工程、完井工程六个单项工程造价控制方法进行简要阐述。

### 10.2.1 钻前工程造价控制方法

#### 10.2.1.1 选择井位

在满足钻井目的的前提下，科学合理的选择钻井井位，是控制钻前工程造价重点，也是保证是否顺利钻达目的层的关键环节。井位选择合理，一是可降低钻前施工工作量，缩短施工周期，降低工程造价；二是为选择较简单的钻前构筑物型式、结构等打下基础，降低材料消耗和人工机械消耗；三是可减少钻前临时道路的修建，降低钻前工程造价；四是可减少土地征用费。如井位选址不当，则会使钻前工程费用增加，造成不必要的浪费；也会给钻井工程带来很大的困难，影响钻井的速度，造成不必要的人力物力的损耗；更为严重的是井位坐标选错，达不到钻探目的，造成工程报废或地质报废。

10.2.1.2　钻前工程施工方案

钻井井位确定后，施工方案的选择是钻前工程施工组织中的核心，是直接影响工程施工效果和工程造价的关键。如在施工规模较小的工程中，使用施工机械甚至大型施工机械施工，将使设备产生过剩功能，增加相应的机械运输、安装和附属设施费用，造成工程费用增加。如果违背钻前工程是临时性工程的这一特点，盲目提高工程等级，也会使钻前工程建筑产生过剩功能，加大原材料和工期消耗，造成工程费用增加。因此选择合理的施工方案，保证施工方案的可行性和经济合理性，是降低工程造价的有效途径之一。

10.2.1.3　协调社会各方关系

钻前工程是一项社会性、政策性很强的工作，同一施工项目，因地区不同、管理部门不同，使用标准也不同。如河南石油勘探局在河南省境内按《污水综合排放标准》（GB8977—96）的规定，钻井废水可以外排；但在新疆焉耆地区，要求废水集中处理，不得外排。不论是井场、道路、土地、供排水和供电方案的落实，都涉及地方及群众的利益。如果与社会各方关系协调不好，或有关政策掌握不准，都难以实现施工的最优方案，而且要花许多冤枉钱。所以要能有效地进行钻前工程造价控制，首先要充分了解施工地区的风土民情和相关政策，尊重当地习俗，遵守当地法律法规，争取地方与群众的理解和支持，建立起良好的社会关系。

10.2.1.4　环境保护

钻前工程涉及的环境保护工作量较大，不论是道路施工，还是场地平整，各种废液池的砌筑回填，都是在和环境打交道，都涉及到对植被环境的保护以及人畜的安全。如果未按指定路线超范围行车，破坏了植被、农田；各种废液池未能及时回填，致使人畜掉入等等，都会造成额外的赔偿和长期的经济纠纷隐患，使工程造价难以控制。例如，1994 年华北油田在内蒙草原施工，由于车辆不按路线行驶，破坏了草原植被，仅此一项增加赔偿近百万元。所以要严格按环保要求施工，并采取相应的保证措施，如钻前施工时要划定行车路线，设置指路牌，发放行车路线图等，以避免不必要的赔偿损失。

### 10.2.2　钻进工程造价控制方法

10.2.2.1　推广应用先进适用的钻井技术

钻进工程实施的是地下隐蔽性工程，技术含量高，如高压喷射钻井技术、平衡压力钻进技术、防斜打直技术、井控技术、油气层保护技术等等，钻井新技术在提高钻速、缩短钻井周期、保证井身质量、降低工程造价等方面起着重要作用。

推广先进适用的钻井技术，要正确处理新技术的应用和降低工程成本的关系，不能孤立的只算投入，不算产出，要用钻井新技术增加的投入和提高钻井速度、质量带来的收益进行综合分析，从钻井工程的整体效益权衡进行决策。如陕北有些地方的油层很浅，但物性较差，用比较原始的顿钻钻井，费用很低，很合算，但如果用 2000m 的旋转钻机，钻进费用就会大幅度上升。又如欠平衡钻井新技术，有利于发现低压储层和保护油气层，并能提高钻速，降低钻井费用，但是只有在合适的地质条件下，如硬地层、欠压或衰竭地层、高渗（大于 1000mD）、胶结良好的晶间砂岩和碳酸盐岩、高渗弱胶结砂岩等地层，才能取得较好的效果，否则难以补偿欠平衡钻井装备的巨额投入。因此要在推广使用新技术时，必须要注意各种钻井新技术的使用条件，要考虑技术选择的经济效果，要从技术的先进性、适用性综合考虑，不要脱离生产经营实际，单纯的为使用新技术而使用新技术。

10.2.2.2　*严密组织现场施工*

钻进工程需要多工种共同配合才能完成，必须保证钻进施工的有序性、连续性、平行性、均衡性，才能很好控制工程造价。做到钻井的各阶段各工序之间，在时间上紧密衔接，实行平行交叉作业。例如，在完井电测期间，可同时进行下套管准备和设备检修，以有效的利用时间空间，缩短建井周期。比如一口 3000m 深的井，电测需要时间 24h，通井需要 16h，下套管准备（丈量套管、套管编号、通套管、套管检测、洗刷丝扣、组装下部结构）需要 24h。如果安排平行作业，总共需要 24h（电测时间）+16h（通井时间）=40h。如果不安排平行作业总共需要 24h（电测时间）+16h（通井时间）+24h（下套管准备时间）=64h。见图 10-1。由此例可见，平行作业比非平行作业节约 24h，仅此一项，可节约钻进日费数万元。

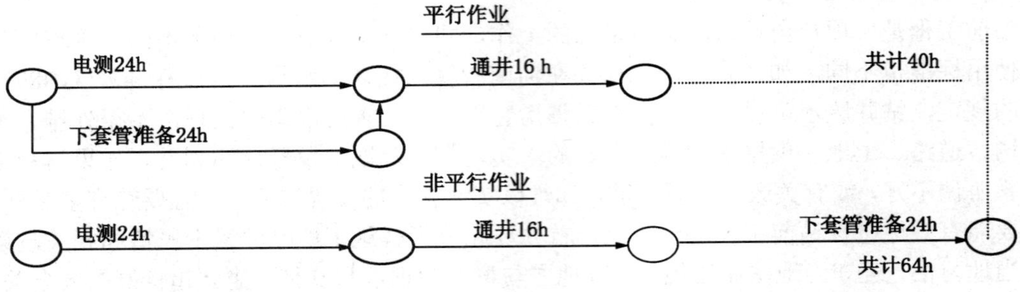


图 10-1　平行作业与非平行作业时间利用比较

10.2.2.3　*提高抗风险能力*

由于地下情况未知因素多，在钻进过程中常常会遇到许多无法预测的突发性事件，这就需要工程和地质人员要有扎实的技术和知识、丰富的现场施工经验，能当机立断做出决策，避免事态恶化。如果高压层或蠕变层下部有低压层或漏失层，就要果断的把高压层或蠕变层用套管封掉，不能盲目向深部钻进。发现井下复杂情况后，优柔寡断，就会把本不复杂的问题复杂化，不只丧失时机，还会造成停工过多的恶果，而且组织停工时间越长，产生复杂情况的概率也就越大，尤其在裸眼井段内长时间停止循环，把本不应该发生的事故人为的造成了事故。另外，一些井下复杂和事故往往同“偷工减料”有关，有时为了节省投资，该下的套管不下，该加的钻井液处理剂不加，该配备的井控装置不配等，结果因小失大，使工程对复杂的地下情况失去了抵御能力，酿成更大的事故。

### 10.2.3　固井工程造价控制方法

10.2.3.1　*优化套管程序*

在套管柱设计中，根据井深和油气层的情况，一口油气井通常选用的套管程序一般有以下几种：

浅井和中深井一般选用：导管+表层套管+生产套管；

中深井和深井一般选用：导管+表层套管+技术套管+生产套管；

导管+表层套管+技术套管+尾管。

深井和超深井一般选用：导管+表层套管+技术套管 1+技术套管 2+尾管。

选用何种套管程序对造价影响很大。如中深井，选用“表层套管+技术套管+尾管”这种套管层次结构，就比选用“表层套管+技术套管+生产套管”的套管层次结构节约套管用量，费用较低。选用不同套管层次结构和各级套管的长度是工程设计人员十分重要的工作，只有优选套管程序才能降低工程造价。若能减少一层套管，固井工程造价将会大幅度降低，并且会使一口井的造价明显降低。在前面讲的华北油田实例中，省去一层 1800m 长的 244.5mm 技术套管（重量约为 108t），节约 45t 水泥，减少一次固井作业。全井共节省 200 多万元。

套管设计要因井的类型不同而有所区别。对于地层压力低的开发井，可不用全井下生产套管，而采用高强度的技术套管和尾管完井，节约套管用量和水泥用量，降低固井规模，减少工程造价。某些探井可以使用重量轻的技术套管完井，然后试井，如无开发价值，最后用水泥塞封死，虽然多下了层套管，但由于用的是轻量级的套管，又是一次完成，可以多试一层，多取得一些地下资料，即使无开发价值，经济上也合算。

10.2.3.2 优选固井材料

以套管为例。不同钢级的套管，价格相差较大，H40、J55、K55 等强度较低的套管价格相对便宜，N80 这种强度适中的套管价格也适中，P110、Q125 这种强度较高的套管价格较贵。目前市场套管价格都按“元/吨”计算，同种钢级的套管，壁越厚，单位长度套管就越重，每米费用就越高。表 10-6 给出了某油田 244.5mm 套管参考价格。

**表 10-6 某油田 244.5mm 套管参考价格**

单位：元/m

| 序 号 | 壁厚（mm） | J-55（国产） | N-80（国产） | N-80（进口） | P-100（国产） | P-110（进口） |
|---|---|---|---|---|---|---|
| 1 | 10.03 | 315 | 345 | 518 | 375 | 482 |
| 2 | 11.05 | 343 | 375 | 563 | 408 | 524 |
| 3 | 11.99 | 371 | 406 | 608 | 441 | 567 |

如表 10-6 所示，一是同种壁厚套管，钢级越高，套管价格也比较高；二是进口套管普遍比国产套管价格高出许多；三是同种钢级套管，管壁越厚每米成本就越高，每增加一个厚度等级，价格约上升 10%；因此选择不同钢级的套管，价格也相差较大，对固井工程造价造成很大影响。

因此，在套管设计时，应避免将套管安全系数定得过大，造成不必要的浪费。应根据井眼的实际情况进行套管设计，在满足油气井安全的前提下，应按井的不同深度、不同压力，根据强度校核分段选用不同钢级、不同壁厚的套管。例如：表层套管由于本身不承受大的地层压力和套管拉力，因此应选择强度低的壁薄的套管；技术套管和生产套管也应根据在井下实际受力情况，分段选用不同钢级、不同壁厚的套管，只有这样才能降低工程造价。

10.2.3.3 优化固井配置

固井设备的配置对工程造价影响很大。根据固井特种车辆的产地和性能，不同的特车价格相差很大。例如同是水泥车，CPT—986 和哈里伯顿水泥车价格昂贵，但它们具有马力大、功能全，能适应各类固井作业需要。国产 SNC35—16Ⅱ型和罗马尼亚的 AC—400B、AC—400C 型水泥车相对价格便宜，一般中深井都能固，使用费用低。因此，固井队应根据生产实际合理配置水泥车，即有适应深井和超深井固井用的大马力进口水泥车，也有适应固浅井、中深井用的国产水泥车。根据所固井的类型合理配置车型，避免出现大马拉小车的现象。如果不管所固井的深浅，一味追求使用大马力性能优越的进口水泥车固井，势必浪费资源，固井作业费用高。

### 10.2.4 录井工程造价控制方法

#### 10.2.4.1 合理选择资料录取要求

不同类别的井，担负地质任务和目的不同，录取资料的项目、数量均有很大的差别，导致工程造价也有所不同。表10-7至表10-9给出了各类井录取资料的基本要求对比情况。资料录取的项目、内容、数量不是越多越好，超过了规定要求，就会造成无效工作量，因此提出了“不多取一包无效岩屑，不多取一米无效岩心”的建议。但是在目的层段必须要取的岩屑、岩心资料一点也不能少。另外，在保证地质任务完成的前提下，取心长度尽量与取心筒长度相配，以减少起下钻的次数，缩短钻井周期。

**表10-7 各类井上交资料数量及钻井取心进尺要求**

| 井的类别 | 资料上交数量（项） | | | 钻井取心进尺 |
|---|---|---|---|---|
| | 原始资料 | 完井资料 | 分析化验资料 | |
| 区域探井 | 15 | 23 | 16 | 大于设计井深进尺3% |
| 预探井 | 14 | 23 | 17 | 大于设计井深进尺1% |
| 评价井 | 13 | 21 | 3 | 部分井取心 |
| 开发井 | 13 | 21 | 3 | 少数井取心 |

**表10-8 各类井岩屑录井录取资料量要求**

| 井的类别 | 非目的层 | | 目的层 | |
|---|---|---|---|---|
| | 浅层（m/包） | 中深层（m/包） | 砂泥岩（m/包） | 碳酸盐岩（m/包） |
| 区域探井 | 5～10 | 2～5 | 1～2 | 0.5～1.0 |
| 预探井 | 10 | 5 | 1～2 | 0.5～1.0 |
| 评价井 | | | 1～2 | 0.5～1.0 |
| 开发井 | | | 1～2 | 0.5～1.0 |

**表10-9 各类井分析化验项目及录井仪器选择**

| 井的类别 | 分析化验项目 | 录井仪器 |
|---|---|---|
| 区域探井 | 岩石矿物、油层物性、古生物等共16项 | 全井综合录井 |
| 预探井 | 岩石矿物、油层物性、古生物等共16项 | 全井气测录井、个别井综合录井 |
| 评价井 | 岩石矿物、油层物性、油气水分析共3项 | 部分井气测录井，其余用简易或自动录井仪录井 |
| 开发井 | 岩石矿物、油层物性、油气水分析共3项 | 油层段用简易或半自动仪录井，不做气测录井 |

#### 10.2.4.2 优选录井仪器

完成同样的地质录井任务，不同的录井仪器所需的费用差别很大。一般来讲，国产综合录井仪录井比气测录井仪录井每日费用多25%左右，进口综合录井仪录井比气测录井仪录井每日费用多85%，进口综合录井仪录井比国产综合录井仪录井每日费用多50%左右。区域探井、重点预探井、水平井和井深超过3500m的中深井一般使用综合录井仪，区域探井和重点预探井必要时使用进口综合录井仪，其余井均可采用气测录井仪，开发井基本使用简易地质录井仪就可完成地质录井任务。这就要综合各种因素分析考虑，究竟选用哪种仪器，既能满足地质的需要，又可以节省录井工程费用。另外，除非一些重点探井或特殊井复杂井，需要立即得到一些分析化验资料外，一般在化验室内可解决油气评价问题的化验项目就不必一定要进行现场定量分析化验，因为一旦仪器搬往现场，其费用就要增加许多。因此，选择录井仪器是降低录井工程造价的重要因素。

10.2.4.3 提高现场录井管理水平

一是维护好各种录井仪器，保证各种仪器设备在录井中正常运转，能及时发现问题，排除故障，保障仪器设备不出现人为的责任事故。二是合理使用各种录井材料。三是与钻井、测井、测试施工队的协调配合，及时准确的进行地质、工程事故及事故隐患预报。四是能清楚地掌握井下情况，不漏取资料，准确的卡准取心层位和完钻井深，不延误录井时间，达到录井资料质量的标准要求，即资料全准率 100%、油气显示发现率 100%、取心层位卡准率大于 90%；剖面符合率大于 80%。

这样，不仅可节约录井成本，降低录井造价，还能缩短钻井周期，降低整个钻井工程造价。

### 10.2.5 测井工程造价控制方法

10.2.5.1 合理选择测井系列和设备

测井工程费是按测井项目和选用的测井仪器计价的，因此测井工程费取决于测井系列和设备。需要根据不同地区、不同类型油气藏和不同的井别 （区域探井、预探井、评价井、开发井），优选测井系列，否则就会造成浪费。而可以完成相同地质任务的同一测井项目，不同的测井仪器，测井价格相差很大，如引进数控测井一般为国产数控测井的 2.5 倍左右。因此能用国产数控测井仪器完成地质任务的，就不必用引进数控测井仪器，需要慎重对待测井仪器的选择。在选用测井系列时，一定要从实际出发，要根据所测对象、所要解决的任务和仪器的技术性能，选择适用的不同的下井仪器，做好性能价格比分析，这是降低工程造价的关键。

但是对于一些特殊地质条件，一些常规的测井方法难以完成地质任务，就必须要优选适用的特殊测井方法，如在低饱和度的地层中，精度差的仪器可能会减弱气层的异常指示，对地层含气异常指示不明显，容易导致电测解释失误，影响油气层判别，这就要选择新方法测井，不能因为新方法测井费用高而不用。

10.2.5.2 提高测井资料采集质量水平

测井资料采集质量水平主要表现在测井曲线一次成功率和及时性上，测井一次成功率越高，测井曲线合格率和优良率就会提高，不仅因减少返工而降低了测井工程费用，而且有利于保证钻井质量。反之，测井曲线一次成功率低，测井时间越长，就容易造成井下复杂，测井遇阻的概率就越高，形成一种恶性循环。测井越及时，就越能提高其采集数据的准确性，因此要求油气层钻穿后 7～10d 内进行综合测井，固井质量检查在固井后 24～48h 以内测井，否则不但影响测井解释成果的精确度，还会因为测井时间长，加大钻井成本的支出。

测井曲线一次成功率 = 一次成功曲线条数÷实测曲线条数×100%。

10.2.5.3 提高测井资料处理解释符合率

测井资料处理解释结果直接关系到一口井和一个地区有无油气的判断，如果将油层解释为水层或干层，就会造成决策的失误，严重的会失掉或推迟一个油气田的发现；如果将水层或干层解释为油层，就会造成多下套管和试油等一系列的浪费；而解释的可疑层过多，同样也会造成人力物力不必要的浪费。虽然这些对测井工程造价本身影响不大，但是却造成了勘探开发费用的无效投入，是一种最大的浪费。所以提高测井资料处理解释符合率，既是提高勘探开发整体效益的需要，也是测井工程发展的需要。

测井解释符合率 = 解释符合层数÷总解释层数×100%。

### 10.2.6 完井工程造价控制方法

#### 10.2.6.1 优选完井方式

完井方式不同所需要的材料差异很大，工艺也不相同，因此工程造价也相差很多。如普通裸眼完井只需把技术套管下至目的层顶部固井，然后再钻开目的层完井，这样工序相对简单，造价相对便宜；而用射孔完井，就比裸眼完井多一道射孔工艺；如果需要下入各种筛管或封隔器完井，工艺就更复杂，井下工具多，造价就更高一些。但也不是完井方式越简单越好，而是要根据储层特点，在保证完成勘探开发任务的前提下，优选完井方式，讲求完井工程效益，避免产生过剩功能。

#### 10.2.6.2 合理选择试油层位

试油是对一个层、一口井或是一个构造有油无油下结论的工程，试油层位的选择关系到试油有效工程量，对工程造价影响很大，是降低勘探工程造价的关键。

要提高试油的投资效益，就要树立用较少的试油工作量，较快的搞清地下情况的观点，克服试油层位越多越放心的心理。试油层位的确定要分清重点层位和次要的验证层位，提出不同的取资料要求，切忌分层过细，主次不分，造成试油时间过长。在确定层位时首先打开最理想的层，以尽快取得资料。各油田都有不少由于试油层位选择不当，主次不分，造成“好事多磨”、“溃于试油一战”的沉痛教训，花费了巨额代价。

试油层位选择遵循二个基本原则：一是根据不同勘探阶段的钻探目的进行选择，区域探井钻探目的是了解勘探地区的地层层序、岩性厚度以及生油条件、储盖层组合情况，试油层位首先选择最好的油气显示层射开试油；预探井钻探目的是查明油气层位及确定有无工业价值，试油层位应首先打开最理想的层段；评价井钻探目的是探明油气层特性及油气边界，圈定含油气面积，试油层位的选择应以搞清油气水层分布、油层物性、产能特征、压力系统和油气藏的驱动类型及特征为目的，合理选择试油层位。二是对所选择的层位要自下而上进行试油。

#### 10.2.6.3 合理选择完井设备和工具

完井设备和工具对完井工程的顺利实施起决定性作用。试油作业设备选型的基本原则是要保障地面、井下设备无故障的安全作业，所选设备负荷在满足作业区实际情况的条件下要留有一定的安全系数。任何一次酸化、压裂的成功作业均取决于酸化、压裂地面动力设备无故障的运转，常规酸化作业酸量小、排量低、压力低，用 ACF-400 或 ACF-700 泵车即可；酸压作业酸量大、排量大、压力高，要采用 1000 型压裂泵车；压裂作业可根据设计的水马力（HHP）合理调整主压泵车数，配套压裂设备。

严格要求井下工具选型。如压裂时要向井中加砂，若出现砂卡封隔器，将是一次恶性井下事故；因此，深井压裂封隔器基本上都采用由美国引进的高性能封隔器，但价格也很贵。而酸化时不向井中加砂，技术要求相对较低；因此，酸化时多采用国产封隔器，结构比较简单，价格较低。入井测试工具应根据设计工序要求和井筒条件进行选型。

#### 10.2.6.4 提高完井作业时效

完井作业时涉及施工单位多、工序多、设备多，非生产时效高达 20%～50%，甚至更高，致使无功费用高，提高生产时效是降低完井工程费的有效途径。因此，要尽量连续组织作业，减少非生产时间。完井测试最好用地面直读方式以防止返工；对于射孔—测试联作、二开或三开加抽汲等有关协作配合作业，施工现场要严密组织生产，实现安全无事故施工。

## 10.3 钻井工程计价标准动态调整

动态调整钻井工程计价标准是合理确定和有效控制钻井工程造价的必要手段之一。这里主要从所建立的基础标准、消耗标准、费用标准、预算标准、概算标准、概算指标、估算指标、投资参考指标这一钻井工程计价标准体系出发，介绍如何进行钻井工程计价标准动态调整。

### 10.3.1 钻井工程计价标准调整需求分析

#### 10.3.1.1 钻井工程预算和结算管理需求

钻井工程预算和结算管理对钻井工程计价标准调整的需求量最大，从国内来看，每年有2～3万口井需要进行钻井工程预算和结算管理。从井的类别角度分析，这些井绝大部分是在老油田实施的开发井，部分井是新油田实施的开发井，约有10%左右的探井和评价井。从生产管理角度分析，油田公司同钻探公司（钻井公司）、测井公司等技术服务公司进行预算和结算。计价标准调整需求主要是预算标准中相关价格的变化，如油料价格、钻头价格、钻井液材料价格、套管价格、油管价格、井下工具价格等。另外需要新编制少量的从基础标准到概算标准的全套计价标准。

#### 10.3.1.2 石油天然气勘探开发项目管理需求

石油天然气勘探开发项目管理需求主要反映在石油天然气勘探开发项目可行性研究报告中钻井投资估算的编制与审查，计价标准调整需求主要是微调部分钻井工程概算指标和估算指标，新编制少量的钻井工程概算指标和估算指标。

#### 10.3.1.3 年度投资计划编制需求

年度投资计划编制需求主要是在应用估算指标和投资参考指标，计价标准调整需求除了反映在预算标准中的价格变化以外，还要考虑每年工程量结构变化，如同一区块直井、定向井、水平井数量的变化。

#### 10.3.1.4 投资决策分析需求

投资决策分析需求要对发生明显变化的项目都进行分析，可能是市场价格方面的，也可能是工程量结构变化方面的。因此要对计价标准进行较全面的梳理。通常情况下是对主要材料价格进行分析。

### 10.3.2 钻井工程计价标准调整基本要求

#### 10.3.2.1 动态地调整计价标准

钻井工程计价标准必须随着时间的变化而动态调整，这是市场经济客观规律所要求的。根据钻井工程建设的特点和石油天然气勘探开发项目管理的需要，原则上应该每年进行一次比较全面的计价标准调整，重点是费用标准、预算标准，相应的概算指标、估算指标和投资参考指标每年进行一次微调和补充，并发布调整或补充说明；个别变化比较频繁且比较敏感的计价标准项目可考虑半年调整发布一次，如柴油价格；3～5年对全套计价标准进行一次全面系统地修订。计价标准调整不能太频繁。

#### 10.3.2.2 区别对待调整计价标准

（1）关于人工费的调整。

正常情况下，一般1～3年调整人工费一次；若集团公司或政府相关部门发布调整人工费相关项目的规定，可在当年进行调整。对于新的工程技术服务项目中的人工费，按当年人工费标准补充。

（2）关于设备费的调整。

正常情况下，3～5 年调整一次设备费；若集团公司或政府相关部门发布调整设备费相关项目的规定，可在当年进行调整。对于新的工程技术服务项目中的设备费，按当年设备费标准补充。

（3）关于材料费的调整。

主要材料价格基本上每年调整一次，但只有在材料价格上涨或下降超过一定幅度以后（如10%以上）才做调整。

（4）关于其他费的调整。

一般情况下，其他材料费和其他直接费 3～5 年修订一次，但只有在费用额度或费率上涨或下降超过一定幅度以后（如 20%以上）才做调整。

（5）关于间接费的调整。

管理费等间接费一般按费率标准执行，一般情况下，3～5 年修订一次，除特殊情况外。

（6）关于工艺或工序变化的调整。

若钻井工程中的工艺或工序发生重大变化，在当年调整基础标准和消耗标准，其他标准相应调整。一般情况下，3～5 年修订一次。

（7）关于新区块计价标准的调整。

对于新区块的钻井工程，每年进行一次补充计价标准编制，及时编制出新区块钻井工程计价标准。

10.3.2.3　计价标准调整管理

为了有效管理钻井工程造价，计价标准的调整管理工作应分油田公司和集团公司两个层次。油田公司造价业务管理部门具体负责本油田公司所属钻井工程计价标准动态调整，并上报；集团公司造价主管部门负责审批和发布修订后的配套的钻井工程计价标准，集团公司造价业务管理部门具体负责组织每年的钻井工程计价标准动态调整，并对油田公司上报的调整后计价标准进行审查和备案。

10.3.2.4　计价标准发布

（1）钻井工程计价标准。

以油田公司为基本单位，《×××油田钻井工程计价标准（2008）》分为钻前工程、钻进工程、固井工程、录井工程、测井工程、完井工程、建设单位管理等 7 个分册，每个分册包括分部分项工程的基础标准、消耗标准、费用标准、预算标准、概算标准。3～5 年编制修订1 次。

（2）钻井工程预算标准。

将《×××油田钻井工程计价标准（2008）》的预算标准中综合单价一项抽出来，单独汇编成 1 册，分为钻前工程、钻进工程、固井工程、录井工程、测井工程、完井工程、建设单位管理等 7 项内容，定为《×××油田钻井工程预算标准（2008）》。每年修订并发布 1 次，用于当年预算结算。

（3）钻井工程概算标准。

将《×××油田钻井工程计价标准（2005）》的概算标准中综合单价一项抽出来，单独汇编成 1 册，分为钻前工程、钻进工程、固井工程、录井工程、测井工程、完井工程、建设单位管理等 7 项内容，定为《×××油田钻井工程概算标准（2008）》。每年修订并发布 1 次。

（4）钻井工程概算指标。

根据《×××油田钻井工程预算标准（2008）》和《×××油田钻井工程概算标准（2008）》，每年修订并发布1册《×××油田钻井工程概算指标（2008）》。

（5）钻井工程估算指标。

根据《×××油田钻井工程预算标准（2008）》和《×××油田钻井工程概算标准（2008）》，每年修订并发布1册《×××油田钻井工程估算指标（2008）》。

（6）钻井工程投资参考指标。

根据《×××油田钻井工程预算标准（2008）》和《×××油田钻井工程概算标准（2008）》，每年修订并发布1册《×××油田钻井工程投资参考指标（2008）》。

当然，若概算指标、估算指标、投资参考指标变化量不大时，可考虑一起出1册修订（补充）本，仅对少量变化的指标进行说明并给出相应指标。

### 10.3.3 钻井工程计价标准调整基本方法

基础标准、消耗标准、费用标准、预算标准、概算标准、概算指标、估算指标、投资参考指标是一套环环相扣的计价标准体系，相关项目之间由计算公式相联系。根据实际生产需要，可随时随地快速地进行计价标准动态调整和修订。

#### 10.3.3.1 计价标准数量的调整

人工费变化是一个比较突出的问题，基础标准中已给出年人工费标准，如人工费调增20%，费用标准中的人工费标准自动增长20%，按前文中给出的ZJ70D钻机夏季日费综合单价，其钻井日费会随着增长2.25%，概算标准、概算指标和估算指标也会进行相应的变化，其变化值会因人工费占概算标准、概算指标和估算指标总费用的比例不同而变化值有所差别。材料价格上涨是一个普遍的问题，比如柴油价格上涨30%，将相关价格中的柴油价格调整到涨价以后的价格，费用标准中的油料费标准自动上涨30%，按前文中给出的ZJ70D钻机夏季日费综合单价，钻井日费会随着增长7.07%，概算标准、概算指标和估算指标也会进行相应的变化。钻井周期计价标准可按文中给出的分段加权系数法每年调整一次。

#### 10.3.3.2 计价标准项目的调整

如根据生产需要，新增加ZJ50D钻机，需要补充相应的计价标准，可按照钻井工程计价标准编制的配套方法相应编制出基础标准、消耗标准、费用标准、预算标准，进而结合工程设计，编制出相应的概算标准、概算指标和估算指标。再如施工队伍为本企业内部下属的二级单位，进行成本核算，可不考虑管理费、风险费、利润等间接费项目，而采用综合单价中的直接费部分计价标准进行费用计算。

# 附录 A　钻井工程费用预算模式

## A.1　美国模式

美国每年钻井工作量占全球的 40%以上，作为世界上钻井工作量最大的国家，其石油公司采用的钻井工程预算模式在全球钻井行业中具有重要影响。根据美国会计和税收规定，将钻井工程费用分为有形费用和无形费用，同时从工程角度考虑分为干井费用和完成井费用，主要内容形式见表 A-1 和表 A-2，表 A-3 摘录翻译了采用计算机软件进行海上 1 口井钻井工程预算的 1 个实例。

表 A-1　钻井工程费用批准书（AFE）

<table>
<tr><td colspan="3">作业者：Little Pecan Lake Ltd</td><td>日期：1999 年 6 月 14 日</td></tr>
<tr><td colspan="3">探（矿）区：Denex 井 1</td><td>油（气）田：Go Around Bayou Field</td></tr>
<tr><td>镇：29</td><td>乡：14S</td><td>区：4W　郡：Cameron</td><td>州：LA</td></tr>
<tr><td>编　码</td><td>项　目</td><td>干井（$）（24.5d）</td><td>完成井（$）（32.5d）</td></tr>
<tr><td colspan="2">无 形 费 用</td><td>809927.93</td><td>1118147.46</td></tr>
<tr><td>100</td><td>井场准备</td><td>30000.00</td><td>65000.00</td></tr>
<tr><td>200</td><td>钻机和工具</td><td>293185.72</td><td>361612.94</td></tr>
<tr><td>300</td><td>钻井液</td><td>113543.19</td><td>113543.19</td></tr>
<tr><td>400</td><td>租赁设备</td><td>77896.38</td><td>133784.70</td></tr>
<tr><td>500</td><td>注水泥</td><td>49534.68</td><td>54368.73</td></tr>
<tr><td>600</td><td>支持服务</td><td>152285.46</td><td>275647.40</td></tr>
<tr><td>700</td><td>运输</td><td>70200.00</td><td>83400.00</td></tr>
<tr><td>800</td><td>监督和管理</td><td>23282.50</td><td>30790.50</td></tr>
<tr><td colspan="2">有 形 费 用</td><td>422964.87</td><td>1018447.37</td></tr>
<tr><td>900</td><td>管子及附件</td><td>406100.87</td><td>846529.37</td></tr>
<tr><td>1000</td><td>井口装置</td><td>16864.00</td><td>156201.00</td></tr>
<tr><td>1100</td><td>完井工具</td><td>0.00</td><td>15717.00</td></tr>
<tr><td colspan="2">合计</td><td>1232892.80</td><td>2136594.83</td></tr>
<tr><td colspan="2">风险费用（15%）</td><td>184933.92</td><td>320489.22</td></tr>
<tr><td colspan="2">总计</td><td>1417826.72</td><td>2457084.05</td></tr>
</table>

表 A-2　钻井工程费用批准书详细预算

| 编　码 | 项　目 | 干井（$）（24.5d） | 完成井（$）（32.5d） |
|---|---|---|---|
| 无 形 费 用 | | 809927.93 | 1118147.46 |
| 100 | 井场准备 | 30000.00 | 65000.00 |
| 110 | 许可证 | 500.00 | 2500.00 |
| 120 | 测量 | 2500.00 | 7500.00 |

续表

| 编 码 | 项 目 | 干井（$）（24.5d） | 完成井（$）（32.5d） |
|---|---|---|---|
| 130 | 道路通行权，特殊许可证等 | 2000.00 | 2000.00 |
| 140 | 井场实地准备 | 20000.00 | 48000.00 |
| 150 | 清理（完井或完钻后） | 5000.00 | 5000.00 |
| 200 | 钻机和工具 | 293185.72 | 361612.94 |
| 210 | 搬迁 | 57135.37 | 57135.37 |
| 220 | 进尺报价 | 0.00 | 0.00 |
| 230 | 不变日费报价 | 182327.06 | 241862.44 |
| 240 | 燃料 | 32915.79 | 41018.13 |
| 250 | 水 | 0.00 | 0.00 |
| 260 | 钻头 | 20807.50 | 21597.00 |
| 270 | 完井钻机 | 0.00 | 0.00 |
| 300 | 钻井液 | 113543.19 | 113543.19 |
| 310 | 钻井液 | 113543.19 | 113543.19 |
| 320 | 封隔器液 | 0.00 | 0.00 |
| 330 | 完井液 | 0.00 | 0.00 |
| 400 | 租赁设备 | 77896.38 | 133784.70 |
| 410 | 井控设备 | 29852.00 | 43262.00 |
| 420 | 旋转钻井工具及附件 | 6794.22 | 22425.67 |
| 430 | 固控设备 | 19475.00 | 23856.87 |
| 440 | 套管工具 | 21775.16 | 44240.16 |
| 450 | 杂项 | 0.00 | 0.00 |
| 500 | 注水泥 | 49534.68 | 54368.73 |
| 510 | 导管 | 0.00 | 0.00 |
| 520 | 表层套管 | 20121.85 | 20121.85 |
| 530 | 技术套管 | 15619.91 | 15619.91 |
| 540 | 第一层尾管 | 0.00 | 0.00 |
| 550 | 第二层尾管 | 0.00 | 0.00 |
| 560 | 生产套管 | 0.00 | 18626.97 |
| 570 | 挤水泥 | 0.00 | 0.00 |
| 580 | 打水泥塞 | 13792.92 | 0.00 |
| 600 | 支持服务 | 152285.46 | 275647.40 |
| 610 | 下套管队 | 11759.15 | 23536.71 |
| 620 | 测录井 | 110136.56 | 186607.94 |
| 621 | 录井 | 18000.00 | 18000.00 |
| 622 | 电缆测井 | 77656.56 | 109083.94 |
| 623 | 射孔 | 0.00 | 11447.00 |
| 624 | 测试 | 14480.00 | 14480.00 |
| 625 | 完井服务 | 0.00 | 33597.00 |
| 630 | 管子检验 | 19539.75 | 51712.75 |
| 631 | 表层套管 | 4896.45 | 4896.45 |

续表

| 编码 | 项目 | 干井（$）(24.5d) | 完成井（$）(32.5d) |
|---|---|---|---|
| 632 | 技术套管 | 14643.30 | 14643.30 |
| 633 | 第一层尾管 | 0.00 | 0.00 |
| 634 | 第二层尾管 | 0.00 | 0.00 |
| 635 | 生产套管 | 0.00 | 18213.00 |
| 636 | 回接管柱 | 0.00 | 0.00 |
| 637 | 油管 | 0.00 | 13960.00 |
| 638 | 杂项 | 0.00 | 0.00 |
| 640 | 食宿 | 0.00 | 0.00 |
| 650 | 焊接、劳务、租赁设备 | 10850.00 | 13790.00 |
| 660 | 地层测试 | 0.00 | 0.00 |
| 670 | 打捞和定向钻井咨询（顾问） | 0.00 | 0.00 |
| 680 | 酸化、压裂和砾石充填 | 0.00 | 0.00 |
| 690 | 杂项 | 0.00 | 0.00 |
| 700 | 运输 | 70200.00 | 83400.00 |
| 710 | 卡车运输 | 70200.00 | 83400.00 |
| 720 | 海上运输 | 0.00 | 0.00 |
| 730 | 空中运输 | 0.00 | 0.00 |
| 800 | 监督和管理 | 23282.50 | 30790.50 |
| 810 | 现场监督 | 16250.00 | 20250.00 |
| 820 | 办公室监督 | 7032.50 | 10540.50 |
| 830 | 保险及契约 | 0.00 | 0.00 |
| 有形费用 | | 422964.87 | 1018447.37 |
| 900 | 管子及附件 | 406100.87 | 846529.37 |
| 905 | 打入管 | 7498.00 | 7498.00 |
| 910 | 导管 | 0.00 | 0.00 |
| 915 | 表层套管 | 71006.56 | 71006.56 |
| 920 | 技术套管 | 321156.31 | 321156.31 |
| 925 | 第一层尾管 | 0.00 | 0.00 |
| 930 | 第二层尾管 | 0.00 | 0.00 |
| 935 | 生产套管 | 0.00 | 325291.00 |
| 940 | 回接管柱 | 0.00 | 0.00 |
| 950 | 油管 | 0.00 | 113048.50 |
| 960 | 套管附件 | 6440.00 | 8529.00 |
| 961 | 打入管 | 230.00 | 230.00 |
| 962 | 导管 | 0.00 | 0.00 |
| 963 | 表层套管 | 3500.00 | 3500.00 |
| 964 | 技术套管 | 2710.00 | 2710.00 |
| 965 | 第一层尾管 | 0.00 | 0.00 |
| 966 | 第二层尾管 | 0.00 | 0.00 |
| 967 | 生产套管 | 0.00 | 2089.00 |

续表

| 编　码 | 项　　目 | 干井（$）（24.5d） | 完成井（$）（32.5d） |
|---|---|---|---|
| 1000 | 井口装置 | 16864.00 | 156201.00 |
| 1010 | 套管头 | 3220.00 | 3220.00 |
| 1020 | 技术套管用双法兰短节 | 13644.00 | 13644.00 |
| 1030 | 油管用双法兰短节 | 0.00 | 55465.00 |
| 1040 | 采油树 | 0.00 | 83872.00 |
| 1050 | 杂项 | 0.00 | 0.00 |
| 1100 | 完井工具 | 0.00 | 15717.00 |
| 1105 | 封隔器 | 0.00 | 2059.00 |
| 1110 | 防冲蚀短管及联顶节 | 0.00 | 3955.00 |
| 1115 | 特殊衬管 | 0.00 | 0.00 |
| 1120 | 安全接头 | 0.00 | 796.00 |
| 1125 | 井下安全装置 | 0.00 | 4388.00 |
| 1130 | 密封组件 | 0.00 | 4519.00 |
| 1135 | 气举设备 | 0.00 | 0.00 |
| 1140 | 砾石填充设备 | 0.00 | 0.00 |
| 1145 | 杂项 | 0.00 | 0.00 |
| 合计 | | 1232892.80 | 2136594.83 |
| 风险费用（15%） | | 184933.92 | 320489.22 |
| 总计 | | 1417826.72 | 2457084.05 |

**表 A-3　钻井工程费用批准书（AFE）**

| 钻井基础数据 | | |
|---|---|---|
| 井号：T | 数量：1 | 油田：TF |
| 公司：XYZ | 区域：海上 | 费用批准书号：123456 |
| 工程师：ABC | 垂直井深：8500ft | 计算井深：11620ft |
| 海拔：125ft | 水深：1000ft | 中靶点：4500ft |
| 钻机类型：PLAT | 射孔段长：200ft | 是否报废（Y/N）：Y |

费　　用

| 井　　段 | 作 业 内 容 | 无形费用（$） | 有形费用（$） | 费用累计　（$） |
|---|---|---|---|---|
| 导管 1 | 钻机动员 | 100000 | | 100000 |
| 导管 1 | 钻机安装 | 11100 | | 111100 |
| 导管 2 | 试车/打导管 | 6937 | 242250 | 360287 |
| 导管 2 | 配钻井液 | 64707 | | 424994 |
| 导管 2 | 钻进 | 12237 | | 437231 |
| 导管 2 | 下导管固井 | 104559 | 194218 | 736008 |
| 导管 2 | 候凝/一开准备 | 3000 | | 739008 |
| 表层套管井段 | 钻进 | 33367 | | 772375 |
| 表层套管井段 | 下套管固井 | 131284 | 249890 | 1153549 |
| 表层套管井段 | 候凝/二开准备 | 6021 | | 1159570 |
| 技术套管井段 | 钻进 | 415260 | | 1574830 |

续表

| 井段 | 作业内容 | 无形费用（$） | 有形费用（$） | 费用累计（$） |
|---|---|---|---|---|
| 技术套管井段 | 裸眼测井 | 266890 | | 1841720 |
| 技术套管井段 | 下套管固井 | 227231 | 392709 | 2461660 |
| 技术套管井段 | 候凝/三开准备 | 26586 | | 2488246 |
| 生产套管井段 | 取心 | 86775 | | 2575021 |
| 生产套管井段 | 钻进 | 121731 | | 2696752 |
| 生产套管井段 | 技术服务 | 144518 | | 2841270 |
| 生产套管井段 | 取心 | 110930 | | 2952200 |
| 生产套管井段 | 钻进 | 117713 | | 3069913 |
| 生产套管井段 | 定向段钻进 | 24270 | | 3094183 |
| 生产套管井段 | 稳斜段钻进 | 51823 | | 3146006 |
| 生产套管井段 | 增斜段钻进 | 77016 | | 3223022 |
| 生产套管井段 | 水平段钻进 | 282872 | | 3505894 |
| 生产套管井段 | 预期复杂事故 | 19216 | | 3525110 |
| 生产套管井段 | 裸眼测井 | 371104 | | 3896214 |
| 生产套管井段 | 下套管固井 | 268753 | 69360 | 4234327 |
| 生产套管井段 | 候凝/完井准备 | 16683 | | 4251010 |
| 生产套管井段 | 完井 | 711303 | 214270 | 5176583 |
| 生产套管井段 | 报废井处理 | 112169 | | 5288752 |
| 生产套管井段 | 钻机复员 | 200000 | | 5488752 |

费用汇总

| 项目 | 时间（d） | 无形费用（$） | 有形费用（$） | 费用合计（$） |
|---|---|---|---|---|
| 钻井 | 51.8 | 3033829 | 1079067 | 4112895 |
| 完井 | 17.3 | 980056 | 283630 | 1263686 |
| 报废井处理 | 3.4 | 112169 | | 112169 |
| 干眼报废 | 55.2 | 3145998 | 1079067 | 4225065 |
| 试油报废 | 72.5 | 4126053 | 1362697 | 5488751 |
| 完井投产 | 69.1 | 4013884 | 1362697 | 5376581 |

## A.2 加拿大模式

加拿大每年钻井工作量居世界第二位，其钻井工程预算模式与美国模式有些相似，但其分类项目与美国模式有所不同，特别是完井部分。表 A-4 摘录并翻译出加拿大石油公司钻井工程预算模式。

**表 A-4 钻井工程费用预算**

| 井号：Bentz 11-20-32-6 | | | 费用批准书：1640601 | 日期：2003-10-29 |
|---|---|---|---|---|
| UWI：02/11-20-032-06 W5 | | | 地区：Elkton | 垂直井深：3250m |
| 钻井—井位 | | | | |
| 分类 | 代码 | 序号 | 项目 | 费用（$） |
| D | IL | 01 | 租借土地 | |
| D | IL | 02 | 油井许可证 | |

续表

| 分类 | 代码 | 序号 | 项目 | 费用（$） |
| --- | --- | --- | --- | --- |
| D | IL | 03 | 井位测量 | |
| D | IL | 04 | 环境评估 | |
| D | IL | 05 | 道路井场修建 | |
| D | IL | 06 | 井场平整 | |
| D | IL | 07 | 企业资源计划设计 | |

钻井—服务

| 分类 | 代码 | 序号 | 项目 | 费用（$） |
| --- | --- | --- | --- | --- |
| D | IS | 01 | 鼠洞/导管 | |
| D | IS | 02 | 钻机搬迁 | |
| D | IS | 03 | 钻井日费$13000/d,35d | |
| D | IS | 04 | 钻井进尺费 | |
| D | IS | 05 | 等待费 | |
| D | IS | 06 | 人工费$1155/d,38d | |
| D | IS | 07 | 锅炉燃料$2000/d,37d | |
| D | IS | 08 | 钻头 | |
| D | IS | 09 | 日常运输 | |
| D | IS | 10 | 钻井液及处理剂 | |
| D | IS | 11 | 钻井液处理 | |
| D | IS | 12 | 定向钻进$6000/d, 25d | |
| D | IS | 13 | 井下设备租用和修理 | |
| D | IS | 14 | 地面设备租用和修理 | |
| D | IS | 15 | 固控设备租用$2000/d,35d | |
| D | IS | 16 | 供水和运输$1000/d,35d | |

钻井—表层/技术套管

| 分类 | 代码 | 序号 | 项目 | 费用（$） |
| --- | --- | --- | --- | --- |
| D | IS | 17 | 表层套管 620m,$71.5/m | |
| D | IS | 18 | 技术套管 | |
| D | IS | 19 | 表层套管浮箍 | |
| D | IS | 20 | 技术套管浮箍 | |
| D | IS | 21 | 表层套管注水泥 | |
| D | IS | 22 | 技术套管注水泥 | |
| D | IS | 23 | 运输 | |
| D | IS | 24 | 动力钳 | |
| D | IS | 25 | 套管附件 | |
| D | IS | 26 | 焊接 | |

钻井—技术服务

| 分类 | 代码 | 序号 | 项目 | 费用（$） |
| --- | --- | --- | --- | --- |
| D | IS | 27 | 钻杆测试和分析 | |
| D | IS | 28 | 取心和分析 | |
| D | IS | 29 | 裸眼测井 | |

续表

| 分类 | 代码 | 序号 | 项　　目 | 费用（$） |
|---|---|---|---|---|
| D | IS | 30 | 地质录井$250/d，25d | |
| D | IS | 31 | 打捞/钢丝服务 | |
| D | IS | 32 | 井场拖车$350/d，37d | |
| D | IS | 33 | 通讯 | |
| D | IS | 34 | 安全服务$4000/d，10d | |
| D | IS | 35 | 杂项 | |
| D | IS | 36 | 劳动保险差旅费用 | |
| D | IS | 37 | 钻井监督 | |
| D | IS | 38 | 地质监督 | |
| D | IS | 39 | 工程管理 | |
| D | IS | 40 | 风险费（10%） | |
| | | | 钻井—管理费 | |
| 分类 | 代码 | 序号 | 项　　目 | 费用（$） |
| D | IS | 41 | 三级管理费 | |
| | | | 钻井（下套管深度）小计 | |
| | | | 弃井处理费 | |
| 分类 | 代码 | 序号 | 项　　目 | 费用（$） |
| D | AB | 01 | 打水泥塞/弃井 | |
| | | | 全部干眼费用 | |
| | | | 生产套管—无形费用 | |
| 分类 | 代码 | 序号 | 项　　目 | 费用（$） |
| D | IC | 01 | 注水泥服务 | |
| D | IC | 02 | 动力钳及下套管 | |
| D | IC | 03 | 运输 | |
| D | IC | 04 | 焊接 | |
| | | | 生产套管—有形费用 | |
| 分类 | 代码 | 序号 | 项　　目 | 费用（$） |
| D | IC | 01 | 生产套管 177.8mm，43.16kg/m，$61.25/m | |
| D | IC | 02 | 套管浮箍/附件 | |
| D | IC | 03 | 尾管/割缝尾管 | |
| D | IC | 04 | 尾管悬挂器/管外封隔器 | |
| | | | 生产套管—管理费 | |
| 分类 | 代码 | 序号 | 项　　目 | 费用（$） |
| D | IC | 05 | 三级管理费 | |
| | | | 全部套管费用 | |
| | | | 全部钻井和套管费用 | |
| | | | 完井—无形费用 | |
| 分类 | 代码 | 序号 | 项　　目 | 费用（$） |
| C | IS | 01 | 道路井场修建 | |
| C | IS | 02 | 作业机搬迁 | |

续表

| 分 类 | 代 码 | 序 号 | 项　　目 | 费用（$） |
|---|---|---|---|---|
| C | IS | 03 | 作业机安装 | |
| C | IS | 04 | 维修作业机 | |
| C | IS | 05 | 连续油管 | |
| C | IS | 06 | 锅炉 | |
| C | IS | 07 | 热油服务 | |
| C | IS | 08 | 套管内测井和射孔 | |
| C | IS | 09 | 下封隔器/桥塞/承托环 | |
| C | IS | 10 | 永久桥塞/承托环/封隔器 | |
| C | IS | 11 | 补注水泥 | |
| C | IS | 12 | 井下工具租用和修理 | |
| C | IS | 13 | 地面设备租用和修理 | |
| C | IS | 14 | 酸化增产措施 | |
| C | IS | 15 | 压裂增产措施 | |
| C | IS | 16 | 加重完井液 | |
| C | IS | 17 | 完井液处理 | |
| C | IS | 18 | 完井液运输 | |
| C | IS | 19 | 设备工具运输 | |
| C | IS | 20 | 打捞/钢丝服务 | |
| C | IS | 21 | 安全服务 | |
| C | IS | 22 | 专项技术服务 | |
| C | IS | 23 | 生产测试 | |
| C | IS | 24 | 压力测量 | |
| C | IS | 25 | 流体压力分析 | |
| C | IS | 26 | 杂项 | |
| C | IS | 27 | 劳动保险差旅费用 | |
| C | IS | 28 | 完井监督 | |
| C | IS | 29 | 工程管理 | |
| C | IS | 30 | 风险费（%） | |

完井—有形费用

| 分 类 | 代 码 | 序 号 | 项　　目 | 费用（$） |
|---|---|---|---|---|
| C | TE | 01 | 油管和附件 | |
| C | TE | 02 | 井口装置 | |
| C | TE | 03 | 喷嘴/井下阀 | |
| C | TE | 04 | 封隔器/地锚 | |
| C | TE | 05 | 加热/化学剂注入管线 | |

完井—管理费

| 分 类 | 代 码 | 序 号 | 项　　目 | 费用（$） |
|---|---|---|---|---|
| C | IS | 01 | 三级管理费 | |
| 全部完井费用 | | | | |
| 全部钻井和完井费用 | | | | |

## A.3 委内瑞拉模式

委内瑞拉国家石油公司做预算时分别列出钻井和完井费用，预算模式参见表 A-5。

表 A-5 钻井工程费用预算

| 井号：C19 | 设计钻井周期：19d | | 钻机：CPV-9 |
|---|---|---|---|
| 油田：FINCA | 设计完井周期：6d | | 作业机：SPA-18 |
| 井型：直井 | 设计井深：6940ft | | |
| 项　目 | 钻井费用（$） | 完井费用（$） | 总费用（$） |
| 一、甲方费用 | | | |
| 1. 直接人工费 | 3800 | 1680 | 5480 |
| 2. 间接人工费 | 2850 | 600 | 3450 |
| 3. 雇员福利 | 0 | 0 | 0 |
| 4. 技术支持 | 0 | 0 | 0 |
| 二、技术服务费 | | | |
| 1. 固井 | 35000 | 0 | 35000 |
| 2. 射孔 | 0 | 20000 | 20000 |
| 3. 测井 | 30000 | 6000 | 36000 |
| 4. 钢丝作业 | 0 | 638 | 638 |
| 5. 取心服务 | 0 | 0 | 0 |
| 6. 压裂 | 0 | 0 | 0 |
| 7. 填砂服务 | 0 | 0 | 0 |
| 8. 钻具检测 | 0 | 0 | 0 |
| 9. 打捞服务 | 0 | 6000 | 6000 |
| 10. 定向井服务 | 0 | 0 | 0 |
| 11. 钻井液技术服务 | 11380 | 0 | 11380 |
| 12. 钻井液材料费 | 42840 | 0 | 42840 |
| 13. 测斜服务 | 0 | 0 | 0 |
| 14. 录井服务 | 18000 | 0 | 18000 |
| 15. 封井器检测 | 0 | 0 | 0 |
| 16. 试压车服务 | 0 | 0 | 0 |
| 17. 柴油完井液供应 | 0 | 0 | 0 |
| 18. 其他 | 0 | 437 | 437 |
| 三、地面运输服务费 | | | |
| 1. 钻机搬迁 | 58156 | 3404 | 61560 |
| 2. 材料运输 | 1500 | 780 | 2280 |
| 3. 罐车服务 | 8550 | 1702 | 10252 |
| 4. 叉车服务 | 9175 | 0 | 9175 |
| 5. 其他运输服务 | 1900 | 600 | 2500 |
| 四、辅助服务费 | | | |
| 1. 安装 30in 导管 | 0 | 0 | 0 |
| 2. 清扫野营房 | 5000 | 2000 | 7000 |

续表

| 项 目 描 述 | 钻井费用（$） | 完井费用（$） | 总费用（$） |
| --- | --- | --- | --- |
| 3. 下套管服务 | 3214 | 0 | 3214 |
| 4. 焊接服务 | 2705 | 0 | 2705 |
| 5. 地面管线维修 | 0 | 0 | 0 |
| 6. 供水 | 0 | 2200 | 2200 |
| 五、钻机日费 | 183616 | 41460 | 225076 |
| 六、设备租赁费 | | | |
| 1. 震击器和扶正器 | 3770 | 0 | 3770 |
| 2. 固控设备 | 59945 | 0 | 59945 |
| 3. 封井器 | 0 | 0 | 0 |
| 4. 其他设备 | 0 | 0 | 0 |
| 七、材料费 | | | |
| 1. 井口 | 12000 | 0 | 12000 |
| 2. 尾管悬挂器 | 0 | 0 | 0 |
| 3. 完井井下工具 | 0 | 35000 | 35000 |
| 4. 潜水泵 | 0 | 0 | 0 |
| 5. 其他材料 | 0 | 0 | 0 |
| 八、管材费 | | | |
| 1. 导管 | 0 | 0 | 0 |
| 2. 套管 | 80401 | 0 | 80401 |
| 3. 尾管 | 0 | 0 | 0 |
| 4. 油管 | 0 | 20820 | 20820 |
| 5. 地面管线 | 0 | 500 | 500 |
| 九、钻头 | | | |
| 1. 钻头 | 9000 | 0 | 9000 |
| 十、井场建设费 | | | 0 |
| 1. 道路 | 0 | 0 | 0 |
| 2. 井场建设 | 45000 | 0 | 45000 |
| 十一、土地赔偿费 | 15647 | 851 | 16498 |
| 十二、环保费用 | 18180 | 0 | 18180 |
| 总计 | 652629 | 144673 | 797302 |
| 当量费用 | 652700 | 144700 | 797400 |

## A.4 中国模式

中国每年钻井工作量居世界第三位，其钻井工程预算模式具有其特殊性。表 A-6 摘录了中国石油天然气股份有限公司钻井工程预算项目。

表 A-6　钻井工程投资预算

| 项　　目 | 单 位 | 预 算 金 额 | 备 注 |
|---|---|---|---|
| 一、探区临时工程 | 元 | | |
| 1. 井位、道路勘察、设计费 | 元 | | |
| 2. 道路修建费 | 元 | | |
| 3. 临建工程费 | 元 | | |
| 4. 供水工程费 | 元 | | |
| 5. 土地征（租）用费 | 元 | | |
| 6. 井场通讯 | 元 | | |
| 7. 其他费用 | 元 | | |
| 二、钻前工程 | 元 | | |
| 1. 井场、住地修建费 | 元 | | |
| 2. 井场、住地电器拆、安 | 元 | | |
| 3. 钻井设备、住地动复员及安装 | 元 | | |
| 4. 钻具检测、搬迁 | 元 | | |
| 5. 野营房摊销 | 元 | | |
| 6. 井位复查费 | 元 | | |
| 7. 其他 | 元 | | |
| 三、钻井工程 | 元 | | |
| （一）材料 | 元 | | |
| 1. 钻头 | 元 | | |
| 2. 钻井液 | 元 | | |
| 3. 钻具摊销 | 元 | | |
| 4. 柴油 | 元 | | |
| 5. 机油 | 元 | | |
| 6. 其他材料 | 元 | | |
| （二）井队人员工资及附加 | 元 | | |
| （三）井队直接费 | 元 | | |
| 1. 设备折旧费 | 元 | | |
| 2. 井控设备摊销或租赁费 | 元 | | |
| 3. 运输费 | 元 | | |
| 4. 水、电费 | 元 | | |
| 5. 维修费 | 元 | | |
| 6. 保温费 | 元 | | |
| 7. 固控设备摊销 | 元 | | |
| 8. 劳保及保险费 | 元 | | |
| 9. 福利费 | 元 | | |
| 10. 其他费用 | 元 | | |
| 四、环境保护费 | 元 | | |
| 1. 污水处理设备折旧费 | 元 | | |
| 2. 污水处理材料费 | 元 | | |
| 3. 残酸、残液处理材料费 | 元 | | |

续表

| 项　　目 | 单 位 | 预 算 金 额 | 备　注 |
| --- | --- | --- | --- |
| 4. 废钻井液、岩屑处理费 | 元 | | |
| 5. 环保监测费 | 元 | | |
| 6. 环境评价费 | 元 | | |
| 7. 地貌复原费 | 元 | | |
| 8. 其他费用 | 元 | | |
| 五、录井费用 | 元 | | |
| 1. 综合录井费用 | 元 | | |
| 2. 地化录井费用 | 元 | | |
| 3. 地质分析化验费 | 元 | | |
| 六、测井费用 | 元 | | |
| 1. 测井费用 | 元 | | |
| 2. 地震测井费 | 元 | | |
| 七、固井工程 | 元 | | |
| （一）套管及附件 | 元 | | |
| 1. 表层 | 元 | | |
| 2. 技套 | 元 | | |
| 3. 油层 | 元 | | |
| 4. 附件 | 元 | | |
| 5. 套管检、试、供、送 | 元 | | |
| （二）水泥及水泥外加剂 | 元 | | |
| 1. 水泥 | 元 | | |
| 2. 水泥外加剂 | 元 | | |
| （三）固井作业费 | 元 | | |
| 1. 表层 | 元 | | |
| 2. 技套 | 元 | | |
| 3. 油层 | 元 | | |
| 4. 试压费 | 元 | | |
| 八、工程设计费 | 元 | | |
| 1. 地质设计费 | 元 | | |
| 2. 工程设计费 | 元 | | |
| 3. 固井设计费 | 元 | | |
| 4. 其他设计费 | 元 | | |
| 九、施工管理费 | 元 | | |
| 1. 甲方管理费 | 元 | | |
| 2. 油气田分（子）公司管理费 | 元 | | |
| 3. 乙方管理费 | 元 | | |
| 十、专用设备、工具租赁费 | 元 | | |
| 十一、特殊钻井工艺服务费 | 元 | | |
| 十二、风险费 | 元 | | |
| 十三、税金 | 元 | | |

续表

| 项　目 | 单位 | 预算金额 | 备注 |
|---|---|---|---|
| 一四、利润 | 元 | | |
| 钻井工程预算投资 | 元 | | |
| 综合单位造价 | 元/m | | |
| 井队直接投资 | 元/m | | |

# 附录B　完井工程施工工序及操作规程举例

## B.1　完井工程主要施工工序

某油田完井工程主要施工工序参见表B-1。

表B-1　完井工程施工工序

| 序号 | 石油开发井 | 石油探井 | 天然气开发井 | 天然气探井 |
|---|---|---|---|---|
| 1 | 搬安准备 | 搬安准备 | 搬安准备 | 搬安准备 |
| 2 | 搬安 | 搬安 | 搬安 | 搬安 |
| 3 | 施工准备 | 施工准备 | 施工准备 | 施工准备 |
| 4 | 通井 | 通井 | 通井 | 通井 |
| 5 | 洗井 | 洗井 | 洗井 | 洗井 |
| 6 | 试压 | 试压 | 试压 | 试压 |
| 7 | 射孔 | 射孔 | 射孔 | 射孔 |
| 8 | 备水 | 备水 | 备水 | 备水 |
| 9 | 配液 | 配液 | 配液 | 配液 |
| 10 | 压裂 | 压裂 | 压裂（压第1层—投球—压第2层—投球—压第3层） | 压裂（酸化） |
| 11 | 排液求产 | 排液求产 | 关放排液 | 关放排液 |
| 12 | 冲砂 | 填砂 | 关井（测试前恢复压力） | 关井（测试前恢复压力） |
| 13 | 完井 | 封隔下层（或封堵） | 测试求产 | 测试求产 |
| 14 | | 射孔 | 完井 | 关井测压（测压力恢复曲线） |
| 15 | | 备水 | | 压井 |
| 16 | | 配液 | | 封隔下层（或封堵） |
| 17 | | 压裂 | | 射孔 |
| 18 | | 排液求产 | | 备水 |
| 19 | | 填砂 | | 配液 |
| 20 | | 封隔下层（或封堵） | | 压裂（酸化） |
| 21 | | 射孔 | | 关放排液 |
| 22 | | 备水 | | 关井（测试前恢复压力） |
| 23 | | 配液 | | 测试求产 |
| 24 | | 压裂 | | 关井测压（测压力恢复曲线） |
| 25 | | 排液求产 | | 压井 |
| 26 | | 冲砂 | | 封隔下层（或封堵） |
| 27 | | 完井 | | 射孔 |
| 28 | | | | 备水 |
| 29 | | | | 配液 |
| 30 | | | | 压裂（酸化） |

续表

| 序 号 | 石油开发井 | 石 油 探 井 | 天然气开发井 | 天然气探井 |
|---|---|---|---|---|
| 31 | | | | 关放排液 |
| 32 | | | | 关井（测试前恢复压力） |
| 33 | | | | 测试求产 |
| 34 | | | | 关井测压（测压力恢复曲线） |
| 35 | | | | 完井 |

## B.2 某储气库注采井完井作业操作规范

### B.2.1 通井、替完井液

（1）丈量油管。73mm（$2^7/_8$in）油管丈量三遍，误差小于 0.2%。用长 0.8m 的 59.5mm 通管规通油管。

（2）通井。73mm（$2^7/_8$in）油管底带 150mm×2m 通井规，通井到人工井底，反复探底 3～5 次，加压不超过 30kN。注意分级箍位置，必要时反复上下 3～5 次。通井中途遇阻加压不超过 30kN。

（3）替完井液。通井到人工井底后，上提管柱 1.5～2m，用清水替出井内全部完井液，达到进口和出口流体性能一致，泵车排量大于 1m$^3$/min。

（4）起油管。起出油管和通井规，仔细检查通井规是否变形，并分析原因。

### B.2.2 刮削、洗井、试压、替射孔液

（1）刮削。下 73mm（$2^7/_8$in）油管底带 177.8mm 套管刮削器，在分级箍、封隔器坐封井段、射孔井段反复刮削三次以上。如遇阻，反复刮削到悬重正常。

（2）洗井。刮削到人工井底后，上提管柱 1.5～2m，用清水反洗井，泵车排量大于 1m$^3$/min，达到进口和出口流体性能一致。洗井结束之前，每隔 2m$^3$ 取出口液体样品一瓶，共取三瓶。

（3）试压。清水对套管试压 20MPa，稳压 30min，再升压到 30MPa，稳压 30min。压降小于 0.5MPa 为合格。

（4）替射孔液。正替射孔液，顶清水若干方（考虑地面管线附加），使人工井底到油层顶界以上 20m 的井筒内为射孔液。

（5）起油管。起出油管和刮削器，仔细检查刮削器是否变化，并分析原因。

### B.2.3 磁性定位、测量

（1）磁性定位测井，落实短套管到油层顶界距离，短套管记号深度。

（2）装枪时旁站监理，数清弹的数量、下入长度。所有入井的井下工具长度、内外径必须亲自测量，油管短节用相应通管规通过。计量出第一发炮弹与放射性接箍的准确距离。

### B.2.4 下完井管柱

（1）下尾声弹、射孔枪总成、机械点火头。

（2）下 73mm（$2^7/_8$in）平式油管 1 根。

（3）下加厚变平式变扣接头、短节、射孔枪丢手、短节。

（4）下 73mm（$2^7/_8$in）变 89mm（$3^1/_2$in）加厚变扣接头、平衡隔离工具、89mm（$3^1/_2$in）加厚变平式短节。

（5）下 89mm（$3^1/_2$in）平式油管 1 根。

（6）下 OTIS-XN 座落接头、带孔管、OTIS-X 座落接头、89mm（$3^1/_2$in）平式油管 1 根。

（7）下 114.3mm（$4^1/_2$in）VAM 扣变 89mm（$3^1/_2$in）平式扣变扣接头（下加放射性胶带）、磨铣延伸管、MHS 封隔器、锚定密封总成、89mm（$3^1/_2$in）TM 扣短节。

（8）下 89mm（$3^1/_2$in）TM 扣油管 1 根。

（9）下 89mm（$3^1/_2$in）TM 扣短节、伸缩接头、89mm（$3^1/_2$in）TM 扣短节。

（10）下 89mm（$3^1/_2$in）TM 扣油管 1 根。

（11）下 89mm（$3^1/_2$in）TM 扣短节、OTIS-XD 循环滑套、89mm（$3^1/_2$in）TM 扣短节。

（12）下 TM 扣油管到 100m 左右。

（13）下 89mm（$3^1/_2$in）TM 扣短节、流动接箍、井下安全阀、流动接箍、89mm（$3^1/_2$in）TM 扣短节。

（14）下 TM 扣油管到井口，每根油管上加一个控制管线接箍。

（15）准备好油管挂及双公短节。

**B.2.5　磁性定位**

（1）磁性定位测井，落实放射性接箍位置到油层顶界距离，计算出调整长度。

（2）调整管柱，使射孔枪对准目的层，封隔器避开套管接箍。（要考虑上提油管 1.5m 的深度校正）

**B.2.6　钢丝作业**

（1）通油管。下 71mm 通管规到 XN 座落接头。通管规在 X 座落接头、封隔器、伸缩接头、滑套及井下安全阀等处必须小心慢行。钢丝作业 1 次。

（2）油管试压。下入 X 型锁定心轴，坐落于滑套锁面上，再下入 PXX 堵塞杆于 X 型锁定心轴。对油管试压 35MPa，10min 不降为合格。放压，钢丝作业起出堵塞杆和 X 型锁定心轴。钢丝作业 4 次。

（3）坐封封隔器。下入 X 型锁定心轴，坐落于 X 座落接头，再下入 PXX 堵塞杆于 X 型锁定心轴。调整并上提油管，使油管挂位置要高出四通面 1.5m，保证射孔枪第一弹对准油层顶界。接上泵车，打压 15MPa，稳 5min；增压至 25MPa，稳 5min；增压至 35MPa，稳 10min。释放压力后，上提油管，指重表悬重上升不超过 30kN，判断坐封情况。钢丝作业 2 次。

（4）试压。座油管挂，对油管挂及油管帽试压，对井下安全阀试压 35MPa，装采气树，对采气树试压 35MPa，15min 压降小于 0.5MPa 为合格。对地面流程试压。

（5）验封隔器。起出 PXX 堵塞杆和 X 型锁定心轴。清水环空反试压 30MPa，10min 压降小于 0.5MPa 为合格。钢丝作业 2 次。

（6）开滑套。下入 BO 型移位工具，开滑套。钢丝作业 1 次。

（7）替环空保护液。

（8）降液面。安装防喷盒，用液氮顶替环空保护液正举掏空油管内液面 2000m，液氮气举 20MPa 左右或环空出液 $9m^3$ 停泵。

（9）替防冻液。环空替入柴油 300L，少量放油管内压力，使套压降为 0。

（10）关滑套。钢丝作业 1 次。

（11）从生产闸门放掉油管内压力，同时分步降压，利用剩余油管内的气体压力分别对点火管线、三相分离器、出油管线和出水管线试压。

（12）测液面并验滑套。下小压量精度高的压力计，测液面位置并测压 30min，验证滑套密封性。起出压力计。钢丝作业 1 次。

### B.2.7 放喷测试

（1）准备好火把、点火棒、电子压力计、防喷盒，记录人员到位。

（2）点火。投棒点火，记准点火时间，注意听两声炮响。

（3）放喷。用可调油嘴到 8mm，排出井筒内积液，进三相分离器放喷。

（4）测试。产量稳定后，转成 12.7mm 油嘴测试 30～60min。

### B.2.8 丢枪

（1）捞点火棒。钢丝作业 1 次。

（2）丢枪。下丢手释放工具，将机械枪丢手释放。钢丝作业 1 次。

## B.3 某油田天然气开发井完井作业实例

### B.3.1 基础数据

某油田天然气开发井的基础数据参见表 B-2 至表 B-4。

**表 B-2 完井基础数据**

| | | | |
|---|---|---|---|
| 井　别 | 开 发 井 | 开 钻 日 期 | 2009 年 4 月 11 日 |
| 地理位置 | ********** | 完钻日期 | 2009 年 5 月 5 日 |
| 构造位置 | ******* | 完钻井深（m） | 3168.00 |
| 人工井底（m） | 3144.00 | 套补距（m） | 7.93 |

**表 B-3 套管程序**

| 套管名称 | 外径（mm） | 壁厚（mm） | 内径（mm） | 钢 级 | 下入深度（m） | 水泥返高（m） |
|---|---|---|---|---|---|---|
| 表层套管 | 244.5 | 8.94 | 226.62 | J55 | 408.04 | 地面 |
| 生产套管 | 139.7 | 9.17 | 121.36 | N80 | 3167.66 | 2400 |
| 短套管位置（m） | | 2978.65～2981.80m | | | | |
| 生产套管固井质量 | | 0～1076m 合格；1076～2400m 无水泥；2400～3144m 合格 | | | | |

**表 B-4 气层数据**

| 层 位 | 气层井段（m） | 厚度（m） | 地层压力（MPa） | $H_2S$ 含量（$mg/m^3$） | 密度（$g/cm^3$） | 泥质含量（%） | 视孔隙度（%） | 基质渗透率（$10^{-3}\mu m^2$） | 视含气饱和度（%） | 解释结果 |
|---|---|---|---|---|---|---|---|---|---|---|
| $S^2$ | 3049.7～3055.1 | 5.4 | 27.87 | 1.45 | 2.51 | 16.46 | 9.17 | 0.500 | 47.55 | 差气层 |

### B.3.2 完井要求

（1）射孔方案参见表 B-5。

**表 B-5 射孔方案**

| 层 位 | 气层井段（m） | 厚度（m） | 射孔井段（m） | 厚度（m） | 射孔枪弹 | 射孔相位 | 孔密（孔/m） |
|---|---|---|---|---|---|---|---|
| $S^2$ | 3049.8～3055.1 | 5.4 | 3050.0～3053.0 | 3.0 | SYD-102（127） | 60° | 16 |

（2）储层改造方式采用 $2^7/_8$in 油管对该井 $S_1{}^2$ 层进行压裂排液求产。

（3）完井作业管柱。

完井压裂试气作业管柱结构见图 B-1。

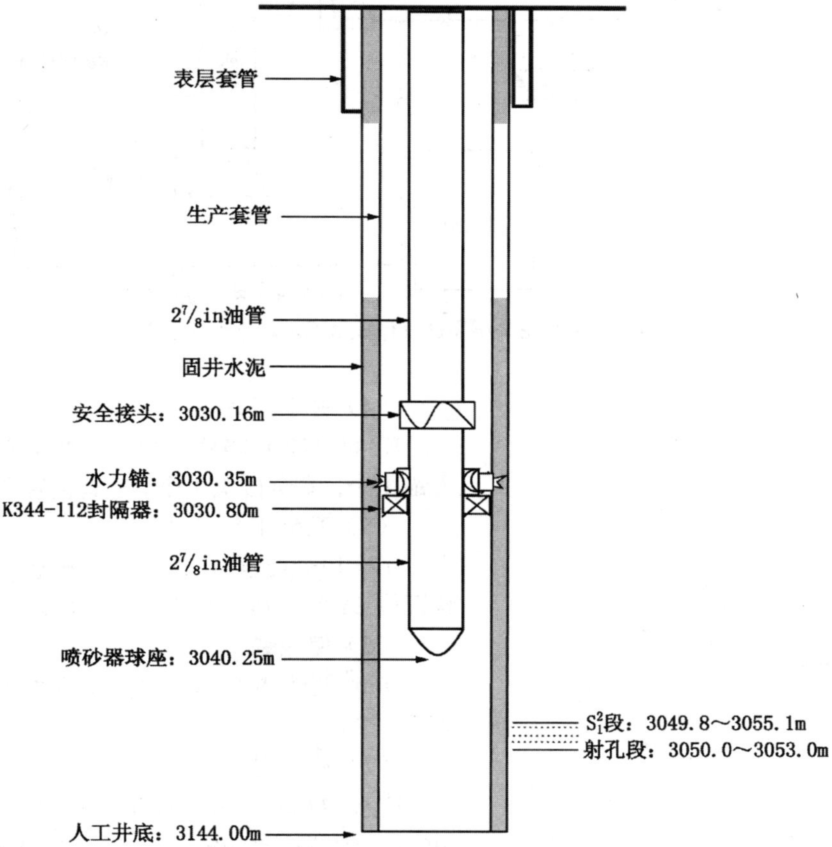


图 B-1　某井完井压裂试气作业管柱结构示意图

（4）地面流程。

完井压裂试气作业地面流程见图 B-2。

（5）采气树。

完井压裂试气作业 5 阀采气树见图 B-3。

### B.3.3　完井作业准备

（1）井口装置。

采用 KQ65-70 下悬挂采气树，油管用直坐式连接。

（2）排污设施。

井场挖好能容纳所有施工液体的排污坑和排污渠，以免污染环境。

（3）油管。

$2^7/_8$in（N80-EUE）油管 3050m（表 B-6）；内径大于 $\phi$ 59mm 长度不等、带变扣的 $2^7/_8$in 调整短节 20m。

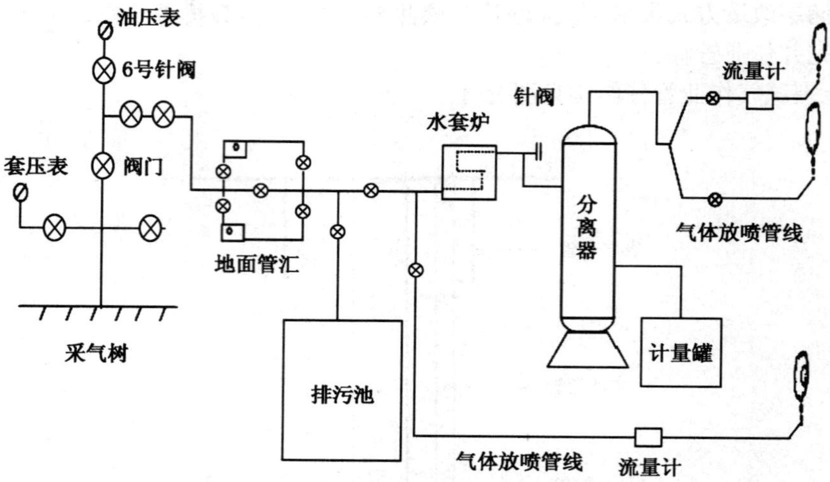


图 B-2　某井完井压裂试气作业地面流程平面示意图

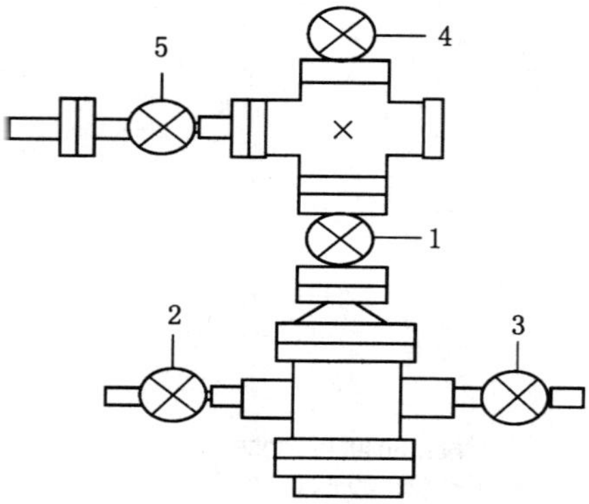


图 B-3　某井完井压裂试气作业采气树阀门编号图

（4）井下工具。

K344-112 封隔器 1 套；喷砂器球座 1 个；水力锚 1 个；安全接头 1 个。工具位置参见表 B-7。

（5）其他工具。

十一口分配器 1 个；八口分配器 1 个；4in 软管线 24 条，其中 8 条两端分别为公扣和母扣。

（6）储液罐。

30m³ 储液罐 8 个，闸门配齐由壬头；2.0m³ 池子 1 个。

（7）施工用水。

清水 242m³，其中配前置酸 16m³、配原胶 196m³、配活性水 30m³，其他工作液体另备。

**表 B-6　油管参数**

| 规　格 | 钢级 | 壁厚（mm） | 内径（mm） | 外径（mm） | 重量（kg/m） | 抗拉强度（t） | 抗内压强度（MPa） | 抗外挤强度（MPa） | 抗拉安全系数 |
|---|---|---|---|---|---|---|---|---|---|
| $2^7/_8$in 外加厚 | N80 | 5.51 | 62.0 | 73.0 | 9.67 | 65.75 | 74.3 | 66.2 | 2.24 |

**表 B-7　井下工具位置**

| 工 具 名 称 | 喷砂器球座 | K344-112 封隔器 | 水 力 锚 | 安 全 接 头 |
|---|---|---|---|---|
| 深度（m） | 3040.25 | 3030.80 | 3030.35 | 3030.16 |

（8）工作液配方及数量。

①前置酸配方（略）。

②胍胶基液配方（略）。

③交联液配方（略）。

④活性水：清水+0.3%D-60+0.3%A-26。

⑤破胶剂。

准备 APS 30kg、LZEN 40kg。加量按 0.005%-0.008%-0.01%-0.03%-0.05%-0.07%-0.09%人工楔型追加。

配液说明：配基液时，在上满清水的大罐中先加杀菌剂，再加黏土稳定剂、KCl，用射流真空吸入稠化剂，防止形成鱼眼；循环 40～50min，再加入 WD-01、$Na_2CO_3$、QP-202、CF-5E，要求最终基液黏度大于 60mPa·s，基液数量达到设计要求。配液过程中，要保证所有罐中液体循环均匀。

（9）外加剂用量参见表 B-8。

**表 B-8 外加剂用量**

| 序号 | 材料名称 | 材料型号 | 设计量（kg） | 准备量（kg） | 备注 |
|---|---|---|---|---|---|
| 1 | 羟丙基瓜胶 | GRJ-11 | 1100 | 1100 | 鲁源科工贸 |
| 2 | 高温助排剂 | D-60 | 1200 | 1200 | 鲁源科工贸 |
| 3 | 高温发泡剂 | QP-202 | 1000 | 1000 | 鲁源科工贸 |
| 4 | 杀菌剂 | S-100 | 200 | 200 | 鲁源科工贸 |
| 5 | 温度稳定剂 | WD-01 | 200 | 200 | 鲁源科工贸 |
| 6 | 氯化钾 | KCl | 3000 | 3000 | 俄罗斯 |
| 7 | 黏土稳定剂 | A-26 | 1000 | 1000 | 鲁源科工贸 |
| 8 | 纯碱 | $Na_2CO_3$ | 360 | 360 | 内蒙古乌海 |
| 9 | 交联剂 | C-300 | 600 | 600 | 鲁源科工贸 |
| 10 | 盐酸 | 31%HCl | 600 | 600 | / |
| 11 | 乙酸 | $CH_3COOH$ | 500 | 500 | / |
| 12 | 甲酸 | HCOOH | 1000 | 1000 | / |
| 13 | 柠檬酸 | $C_6H_8O_7$ | 24 | 24 | / |
| 14 | 缓蚀剂 | HJF-94 | 240 | 240 | / |
| 15 | 胶囊破胶剂 | LZEN | 25 | 25 | 鲁源科工贸 |
| 16 | 过硫酸胺破胶剂 | APS | 50 | 50 | 山东淄博 |

（10）支撑剂规格及类型参见表 B-9。

**表 B-9 支撑剂规格**

| 支撑剂名称 | 目数 | 粒径（mm） | 体积密度（$g/cm^3$） | 真密度（$g/cm^3$） | 52MPa 破碎率（%） | 数量（$m^3$） | 重量（kg） |
|---|---|---|---|---|---|---|---|
| 陶粒 | 20～40 | 0.425～0.85 | 1.76 | 3.33 | ≤4 | 25.6 | 45056 |

（11）压裂施工设备参见 B-10。

**表 B-10 压裂施工设备**

| 序号 | 设备名称 | 规格型号 | 单位 | 数量 | 备注 |
|---|---|---|---|---|---|
| 1 | 主压车 | 2000 型 | 台 | 4 | 满足设计压裂液排量要求 |
| 2 | 混砂车 | | 台 | 1 | 与主压车配套，保证连续加砂，配齐比例泵 |

续表

| 序号 | 设备名称 | 规格型号 | 单位 | 数量 | 备注 |
|---|---|---|---|---|---|
| 3 | 仪表车 | | 台 | 1 | 现场必须能打印出施工曲线 |
| 4 | 压裂管汇 | | 套 | 1 | 与主压车配套 |
| 5 | 水泥车 | 400 型 | 台 | 1 | |
| 6 | 砂罐车 | | 台 | 2 | 砂罐容积大于 10m³，满足施工需要 |
| 7 | 配液设备 | | 套 | 1 | |
| 8 | 液氮泵车 | | 台 | 1 | 必须满足泵注程序液氮最大排量要求 |
| 9 | 液氮罐车 | | 台 | 1 | |

**B.3.4 完井作业工序及要求**

（1）井筒准备。

井筒准备包括通井、洗井、试压、替射孔液。

用$\phi$115mm 通井规通井，实探人工井底。

用“1% KCl+0.3% A-26+清水”洗井液 56m³ 洗井，排量不小于 650L/min，返出洗井液机械杂质含量小于 0.2%，至进出口水色一致。并再次实探人工井底。

全井筒试压 25MPa，30min 压降小于 0.5MPa 为合格。

按照设计要求替入射孔液 37.0m³，液面到井口。射孔液配方：1% KCl+0.3%A-26+清水。

（2）下压裂作业管柱。

按照“喷砂器球座+$2^7/_8$in 油管+K344-112 封隔器+水力锚+安全接头+$2^7/_8$in 油管”管串结构下入压裂作业管柱。

（3）射孔。

采用过油管电缆射孔方式，由射孔队装好 SYD-102 射孔枪和 127mm 射孔弹，下入到设计深度实施射孔。

（4）压裂施工。

按设计泵注程序施工（表 B-11）。

**表 B-11 压裂施工泵注程序**

| 阶段 | 分段时间（min） | 累计时间（min） | 液体类型 | 液量（m³） | 支撑剂浓度 | | 陶粒量 | | 排量（m³/min） | 液氮排量（m³/min） |
|---|---|---|---|---|---|---|---|---|---|---|
| | | | | | （kg/m³） | （%） | （t） | （m³） | | |
| 1 | 低替 | | 活性水 | 2.0 | | | | | 0.3～0.5 | / |
| | | | 前置酸 | 5.2 | | | | | 0.3～0.5 | |
| 2 | 坐封 | | 前置酸 | 2.0 | | | | | 0.5～1.5 | / |
| 3 | 5.33 | 5.33 | 前置酸 | 8.0 | | | | | 1.5 | 0.20 |
| 4 | 4.00 | 9.33 | 瓜胶基液 | 6.0 | | | | | 1.5 | 0.20 |
| 5 | 7.08 | 16.42 | 交联瓜胶 | 17 | | | | | 2.4 | 0.20 |
| 6 | 4.29 | 20.71 | 交联瓜胶 | 10 | 100 | 5.68 | 1.0 | 0.6 | 2.4 | 0.20 |
| 7 | 11.67 | 32.38 | 交联瓜胶 | 28 | | | | | 2.4 | 0.20 |
| 8 | 5.30 | 37.68 | 交联瓜胶 | 12 | 200 | 11.4 | 2.4 | 1.4 | 2.4 | 0.10 |
| 9 | 6.85 | 44.53 | 交联瓜胶 | 15 | 320 | 18.2 | 4.8 | 2.7 | 2.4 | 0.10 |
| 10 | 10.79 | 55.32 | 交联瓜胶 | 23 | 420 | 23.9 | 9.6 | 5.5 | 2.4 | 0.10 |

续表

| 阶段 | 分段时间（min） | 累计时间（min） | 液体类型 | 液量（$m^3$） | 支撑剂浓度 | | 陶粒量 | | 排量（$m^3$/min） | 液氮排量（$m^3$/min） |
|---|---|---|---|---|---|---|---|---|---|---|
| | | | | | （kg/$m^3$） | （%） | （t） | （$m^3$） | | |
| 11 | 12.94 | 68.26 | 交联瓜胶 | 27 | 500 | 28.4 | 13.5 | 7.7 | 2.4 | |
| 12 | 6.83 | 75.09 | 交联瓜胶 | 14 | 570 | 32.4 | 8.0 | 4.5 | 2.4 | |
| 13 | 4.46 | 79.55 | 交联瓜胶 | 9 | 630 | 35.8 | 5.7 | 3.2 | 2.4 | |
| 14 | 4.09 | 83.64 | 瓜胶基液 | 9.0 | | | | | 2.2 | |
| 累计 | | | 瓜胶液总量：170.0$m^3$<br>前置酸：15.2$m^3$ | | | | 44.0t | 25.0$m^3$ | / | 9.2$m^3$ |

（5）诱喷排液。

压裂施工结束后 20～40min 开井，初期采用 3～8mm 油嘴、排量 100-200-300L/min 控制放喷，根据压力变化情况用针形阀控制逐渐放大放喷。放喷排液时套管闸门关闭。准确记录油管压力和套管压力，计量排出液量。若不自喷，可采用气举方式诱喷排液，按照 SY/T 5587.3—2004 执行。

①开井程序：

a. 检查地面流程中的针阀处于关闭状态；

b. 全开 1 号闸阀；

c. 全开 5 号闸阀；

d. 全开 6 号针阀；

e. 开地面针阀；

f. 地面针阀按照 1/4、1/3、1/2 等逐渐开大，每个开启度间隔时间不得小于 30min；

g. 随后依照压力降落情况逐渐增加开度；

h. 在井口油压高于 10MPa 时，不允许将地面针阀开到 2 圈以上。

②关井程序：

a. 全关地面针阀；

b. 全关 6 号针阀；

c. 全关 5 号闸阀。

（6）求产。

返排压裂液开始的 0.5h、1h、2h、4h、8h、16h、24h 分别取样，测返排液的 pH 值、黏度及 $Cl^-$含量，以后每天取样检测一次 pH 值及 $Cl^-$含量。排液量达到压入地层压裂液量 80%以上，且 $Cl^-$含量在 3d 内波动值小于 5%后关井测静压。

选择一个合适的可控稳定产量采用一点法进行求产，该产量控制在无阻流量的 25%～50%。求产时间确定原则为：求产期间稳定时间不少于 8h，产量波动范围小于 10%，压力下降小于 0.1MPa，视为稳定。

求产过程中每 30min 记录一次油、气、水产量及井口压力，每 8h 取一次水样进行 $Cl^-$含量分析。在求产结束前及加甲醇之前，取油、气、水全分析样品 2 个，记录采样日期及时间，并及时送交化验单位进行分析。

（7）环保处理及地貌恢复。

气井投产后按环保要求进行掩埋泥浆池、平整场地等标准化建设，并进行植被恢复。

# 附录 C　石油天然气钻井工程造价理论体系及架构

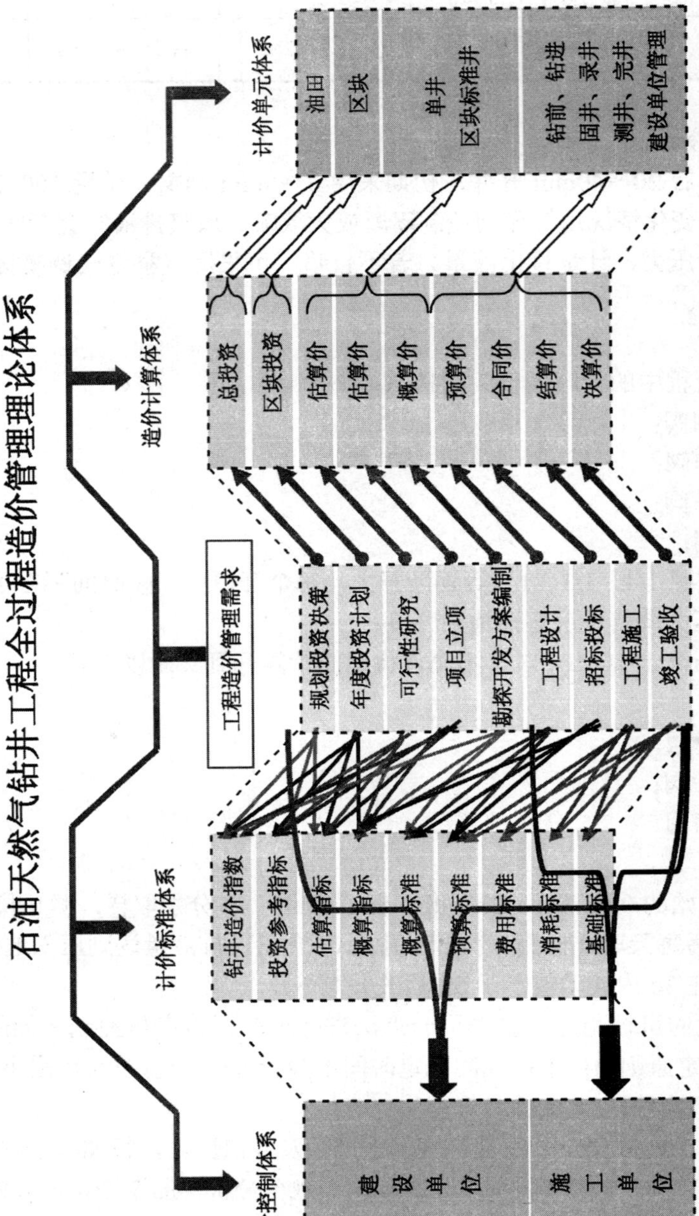

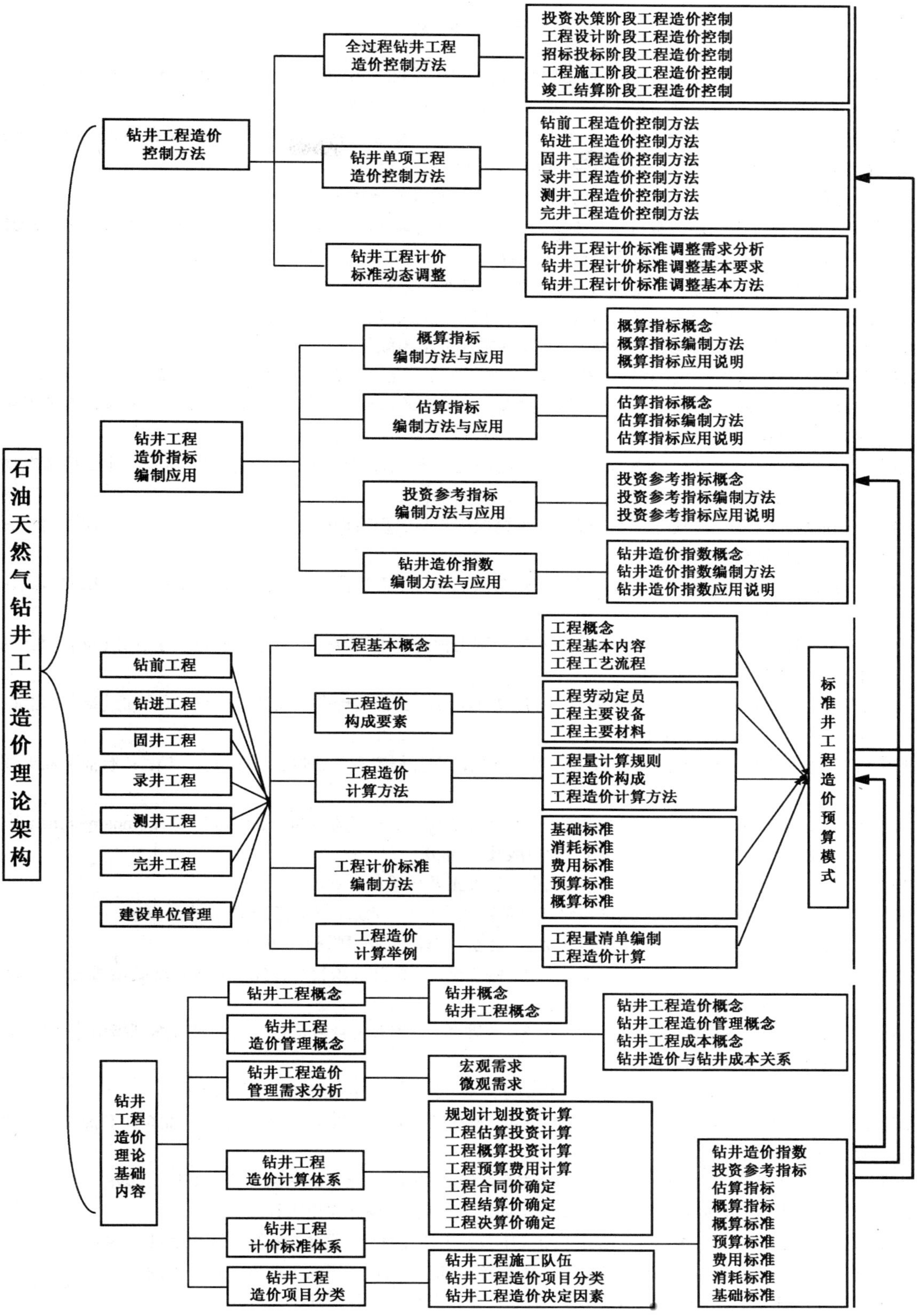
石油天然气钻井工程造价理论架构
钻井工程造价控制方法
全过程钻井工程造价控制方法
投资决策阶段工程造价控制
工程设计阶段工程造价控制
招标投标阶段工程造价控制
工程施工阶段工程造价控制
竣工结算阶段工程造价控制
钻井单项工程造价控制方法
钻前工程造价控制方法
钻进工程造价控制方法
固井工程造价控制方法
录井工程造价控制方法
测井工程造价控制方法
完井工程造价控制方法
钻井工程计价标准动态调整
钻井工程计价标准调整需求分析
钻井工程计价标准调整基本要求
钻井工程计价标准调整基本方法
钻井工程造价指标编制应用
概算指标编制方法与应用
概算指标概念
概算指标编制方法
概算指标应用说明
估算指标编制方法与应用
估算指标概念
估算指标编制方法
估算指标应用说明
投资参考指标编制方法与应用
投资参考指标概念
投资参考指标编制方法
投资参考指标应用说明
钻井造价指数编制方法与应用
钻井造价指数概念
钻井造价指数编制方法
钻井造价指数应用说明
钻前工程
钻进工程
固井工程
录井工程
测井工程
完井工程
建设单位管理
工程基本概念
工程概念
工程基本内容
工程工艺流程
工程造价构成要素
工程劳动定员
工程主要设备
工程主要材料
工程造价计算方法
工程量计算规则
工程造价构成
工程造价计算方法
工程计价标准编制方法
基础标准
消耗标准
费用标准
预算标准
概算标准
工程造价计算举例
工程量清单编制
工程造价计算
标准井工程造价预算模式
钻井工程造价理论基础内容
钻井工程概念
钻井概念
钻井工程概念
钻井工程造价管理概念
钻井工程造价概念
钻井工程造价管理概念
钻井工程成本概念
钻井造价与钻井成本关系
钻井工程造价管理需求分析
宏观需求
微观需求
钻井工程造价计算体系
规划计划投资计算
工程估算投资计算
工程概算投资计算
工程预算费用计算
工程合同价确定
工程结算价确定
工程决算价确定
钻井工程计价标准体系
钻井造价指数
投资参考指标
估算指标
概算指标
概算标准
预算标准
费用标准
消耗标准
基础标准
钻井工程造价项目分类
钻井工程施工队伍
钻井工程造价项目分类
钻井工程造价决定因素

## 参 考 文 献


[1] 高德利. 钻井科技发展的历史回顾、现状分析与建议［J］. 石油科技论坛. 2004,（4）：29～39

[2] 刘广志. 中国钻探科学技术史［M］. 北京：地质出版社，1998

[3]［美］M. J. 埃克诺米德斯，L. T. 沃特斯，S 邓恩-诺曼编著. 万仁溥，张琪编译. 油井建井工程——钻井·油井完井［M］. 北京：石油工业出版社，2001

[4] 万仁溥. 现代完井工程（第二版）［M］. 北京：石油工业出版社，2000

[5] 全国造价工程师考试培训教材编写委员会. 工程造价的确定与控制［M］. 北京：中国计划出版社，2001

[6] 戚安帮. 工程项目全面造价管理［M］. 天津：南开大学出版社，2000

[7] 严玲，尹贻林. 工程造价导论［M］. 天津：天津大学出版社，2004

[8] 李景云，但霞. 建筑工程定额与预算［M］. 重庆：重庆大学出版社，2002

[9] 吴心伦. 安装工程定额与预算［M］. 重庆：重庆大学出版社，2002

[10] 黄伟和. 石油钻井系统工程造价技术体系研究［M］. 北京：石油工业出版社，2008

[11] 魏伶华，黄伟和，周建平. 石油天然气勘探与钻井工程量清单计价规范研究［M］. 北京：石油工业出版社，2007

[12]《石油勘探工程与工程造价》编委会. 石油勘探工程与工程造价——概论［M］. 北京：中国广播电视出版社，2005

[13]《石油勘探工程与工程造价》编委会. 石油勘探工程与工程造价——钻井工程与工程造价［M］. 北京：中国广播电视出版社，2005

[14]《石油勘探工程与工程造价》编委会. 石油勘探工程与工程造价——测井工程与工程造价［M］. 北京：中国广播电视出版社，2005

[15]《石油勘探工程与工程造价》编委会. 石油勘探工程与工程造价——录井工程与工程造价［M］. 北京：中国广播电视出版社，2005

[16]《石油勘探工程与工程造价》编委会. 石油勘探工程与工程造价——试油工程与工程造价［M］. 北京：中国广播电视出版社，2005

[17]《油气勘探工程定额与造价管理》编写组. 油气勘探工程定额与造价管理［M］. 北京：石油工业出版社，1999

[18] Bush J.，Johnston D. 著，王国梁等译. 国际石油公司财务管理（International Oil Company Financial Management）［M］. 北京：石油工业出版社，2000

[19] 龚光明. 油气会计准则研究［M］. 北京：石油工业出版社，2002

[20] 黄楠，王国樑，杨峰. 钻井成本核算与财务管理［M］. 北京：石油工业出版社，1994

[21] 韩世全. 国外石油公司改革与管理［M］. 北京：石油工业出版社，1997

[22]《油田开发项目可行性研究报告编制指南》编委会. 油田开发项目可行性研究报告编制指南［M］. 北京：石油工业出版社，2003

[23]《气田开发项目可行性研究报告编制指南》编委会. 气田开发项目可行性研究报告编制指南［M］. 北京：石油工业出版社，2003

[24] 李华启等. 油气勘探项目可行性研究指南［M］. 北京：石油工业出版社，2003

[25]《石油勘探开发建设项目管理》编辑委员会. 石油勘探开发建设项目管理［M］. 北京：石油工业出版社，1991

[26] 中国石油天然气总公司勘探局. 油气勘探经营管理［M］. 北京：石油工业出版社，1998

[27] 唐广庆. 建设工程实施阶段的项目管理［M］. 北京：知识产权出版社，2005

[28]《钻井手册（甲方）》编写组. 钻井手册（甲方）上册［M］. 北京：石油工业出版社，1990

[29] 刘宝和. 中国石油勘探开发百科全书·工程卷［M］. 北京：石油工业出版社，2008

[30] 何生厚. 油气开采工程师手册［M］. 北京：中国石化出版社，2006

[31] 黄伟和. 国际石油钻井市场计价模式分析 [J]. 石油工程造价管理，2006，9（4）：11～16
[32] 查金才，金士良. 鼓励性钻井承包 [J]. 世界石油工业，1998，9（8）：27～33
[33] 于文平. 国际钻井成本的测算 [J]. 石油钻探技术，1998，26（3）：47～49
[34] 廖鲁海，卢爱珠. 国际石油工业投资的风险管理及其启示 [J]. 石油大学学报（社会科学版），1997，（4）：11～15
[35] 曹征远，羊文忠，王俐. 石油开发投资构成分析 [J]. 石油化工动态，1998，6（6）：22～29
[36] 蒲志仲. 解读壳牌：西方石油企业集团组织运行机制分析 [J]. 石油大学学报（社会科学版），2002，18（2）：1～5
[37] 刘洪波，杜吉家，张光华等. 国外大石油公司勘探开发投入产出分析 [J]. 当代石油石化，2002，10（6）：10～16
[38] 杨海滨编译. 美国预测钻井成本的主要参数 [J]. 石油知识，1994，（2）
[39] 黄伟和，闫福宏. 钻井系统工程定额体系新论 [J]. 中国石油企业，2003，11：62～63
[40] 黄伟和，郭正，魏伶华. 浅谈钻井系统工程造价指标体系 [J]. 天然气工业，2004 增刊 A：102～104
[41] 黄伟和，郑丕谔. 钻井周期预测新方法的建立 [J]. 天然气工业，2006，26（9）：93～95